KB263183

吳金成著作集 3

矛·盾의 共存

— 明清時代 江西社會 研究 —

吳金成

지식산업사

著者 吳金成

전북 정주에서 출생(1941)

서울대학교 사범대학 역사과 졸업(1964)

서울대학교에서 「明代 紳士層 硏究」로 박사학위 받음(1986)

서울대학교 동양사학과 교수로 재직(1972~2007)

서울대학교 명예교수

주요 저술

『中國近世社會經濟史硏究—明代紳士層의 形成과 社會經濟的 役割—』; 『國法과 社會慣行—明淸時代 社會經濟史 硏究—』; 『明末淸初社會의 照明』(共著); 『近世 東아시아의 國家와 社會』(共著) 등의 著書 외 다수.

矛·盾의 共存
— 明淸時代 江西社會 硏究 —

초판 제1쇄 인쇄   2007. 5. 20.
초판 제1쇄 발행   2007. 5. 25.
지은이   오금성
펴낸이   김경희
펴낸곳   ㈜지식산업사
            서울시 종로구 통의동 35-18
            전화 (02)734-1978(대) 팩스 (02)720-7900
            인터넷한글문패   지식산업사
            인터넷영문문패   www.jisik.co.kr
            전자우편   jsp@jisik.co.kr
            등록번호   1-363
            등록날짜   1969. 5. 8.

책값은 뒤표지에 있습니다.

ⓒ 오금성, 2007
ISBN 978-89-423-2071-4   93910

이 책을 읽고 문의하고자 하는 이는 지식산업사 전자우편으로 연락 바랍니다.

머리말

　　강서지방을 공부하기 시작한 지 어언 25년이 되었습니다. 처음에는 호광(호남+호북)지방을 이해하기 위한 방편에 불과했습니다. 398,000㎢나 되는 호광을 둘러보기도 벅찬 터에 또다시 164,800㎢나 되는 강서를 돌아보는 것은 불가능하다고 생각하였기 때문입니다. 우선은, 제가 사회경제사를 공부하면서 제일 먼저 손을 댄, '명대 호광지방의 수리개발과 신사'에 조응하여 '명대의 강서지방의 수리개발과 신사'라는 주제를 잡았습니다.

　　그 과정에서 이상한 현상을 발견하였습니다. 강서지방은 강남 델타지방과 어깨를 견줄 정도로, 명초 이래 문운(文運)이 발전한 지역이었고, 호광성과 함께 대표적인 중국의 곡창지역이지만, 어찌된 일인지 이 지역에서는 식량과 인구가 동시에 유출되고 있었습니다. 이렇게 사회경제적인 '모·순(矛·盾)'이 공존하는 것에 매력을 느껴, 그만 강서 연구에 주저앉은 것이 벌써 25년이나 되었습니다. 그러나 지역사 연구를 위하여 본격적으로 강서성을 택한 뒤 어려움도 많았습니다. 무엇보다 강서성은 외국인에게 중요한 도서관을 개방하지 않기 때문에 자료를 모으기가 대단히 힘들었습니다. '강서성을 택한 것이 잘못'이었다는 생각이 들 때도 있었습니다.

　　이 책이 나오기까지 많은 분들의 도움을 받았습니다. 1983년 10월에 창립한 이래, 명청사학회(明淸史學會)의 동학들과 토론하는 과정에서 참으로 많은 것을 배웠습니다. 그리고 적극적이고 총명한 서울대학교 동양사학과 학생들과 함께 공부하면서, 늘 '교학상장(敎學相長)'의 덕을 보아 왔습니다. 강서사범대학 방지원(方志遠) 교수의 각별한 호의는 늘 마음에 간직하고 있습니다. 지식산업사 김경희 사장님은 어려운 출판 여건 속에서도 흔쾌히 출판을 허락하셨고, 박효근 선생은 난삽한 원고를 이렇게 보기 좋게 정리하여 주셨습니다.

4

이 글을 출판사에 넘기고자 정리할 때부터 자기 글같이 교정 작업에 헌신한 조영헌 박사와 이지영·박민수·강원묵 군, 그리고 많은 대학원생들에게도 깊은 감사를 보냅니다.

이제는 정말 푹 쉬고 싶습니다. 그러나 그동안 여러 분들에게 받은 사랑과 진 빚이 너무도 많아, 그 생각을 하면 마음 편히 쉴 수도 없습니다. 그래서 눈감을 때까지는 조금이라도 더 갚으려고 노력하겠습니다. 이미 하늘나라로 가신 분들에게는 저도 하늘나라로 가서 잊지 않고 감사를 드리렵니다.

쑥스럽지만 아내에게도 감사함을 표하고 싶습니다. 처음엔 좋은 동무였고, 주님의 축복을 받은 후로는 팔방미인이 되어 집안일을 돌보고 그 고달픔을 학교에 나가 풀었고, 언제부터인가는 듬직한 보호자가 되어 있는 아내에게.

그리고 보잘 것 없지만, 이 책을 저의 하나님께 바치렵니다. 저를 지으시고 대속하여 주시고 아들삼아 주시고, 이 책을 정리할 수 있도록 지혜를 주시고, 그의 나라로 받아주실 하나님께. 그리고 주님이 부르시는 날, 바로 그날, 감사한 마음으로, 적신으로 저의 주님께 안기고 싶습니다.

2006년 10월 1일(제65회 생일에)
관악산 일우에서

吳金成

目 次

제2편 江西의 紳士

제3편 都市·居民·商人

導 論

I

　세상에는 창[矛]과 방패[盾]가 함께 있어 재미가 있다. 만일 창만 있다면 세상은 폭력이 난무하는 일원적인 사회가 될 것이고, 방패만으로는 아무것도 할 수 없다. 그 둘이 공존해야만 균형 잡힌 사회가 될 수 있다. 아무리 번영하는 사회에도 가난하고 어려운 사람이 있는 것처럼, 동서고금의 역사에서도 항상 빛과 그림자가 동시에 존재하였다. 그것은 인간이 역사의 주체이기 때문이고, 재화(財貨)는 한정되어 있는데 인간의 욕망은 끝이 없기 때문이다.

　이 책에서는 명청시대에 정치·사회·경제적인 '모·순'이 공존하면서 발전하여 간 강서사회(江西社會)를 분석하였다. 강서성(넓이 약 164,800㎢)은 양자강 중류 남측에 세로로 길게 자리 잡고 있다. 강서지방은 명초 이래 문운(文運)이 발전하여 진사 합격자의 수가 강남지방과 어깨를 나란히 할 정도로 많았고, 호광(호남+호북)성과 함께 중국의 곡창지역이었지만, 식량과 인구를 동시에 유출시킨 이상한 지역이었다. 19세기 중엽부터는 경제가 급전직하 위축되기 시작하여 현재 중국 본토에서 가장 낙후된 지역 가운데 하나로 꼽히고 있다. 강서성의 이러한 변화의 원인은 무엇이고, 그것은 어떤 의미가 있는지를 분석하는 것이 이 책의 목표이다.

　이 책은 동시에 간행될, 『국법과 사회관행 ― 명청시대 사회경제사 연구』의 사례연구(事例研究)이다. 따라서 『국법과 사회관행』 각 편의 주제와 이 책 각 편의 주제는 어느 정도 서로 조응된다. 그러므로 본서는 『국법과 사회관행』과 마찬가지로, 정치·사회적 지배층이었던 신사(紳士)를 중심으로 하여, 그 주변에서 이들과 깊은 관계를 맺으며 존재하던 서리·상인·무뢰의 존재양태를 고찰하려 한다. 이를 통해서 명청시대에 서서히 변화되어 가던 강서사회의 실제의 모습을 이해할 수 있을 것이다.

Ⅱ

제1편 모순(矛盾)의 사회는 명청시대의 강서사회가 변화되어 가는 과정에서, 언제나 긍정적인 면과 부정적인 면이 공존하였음을 분석한 글을 모았다. 그러므로 제1편에서 볼 수 있는 강서사회의 다양한 현상은, 단지 강서사회에만 한정되는 것이 아니라, 중국 어느 곳에서나 나타날 수 있는 보편적 현상이었다.

제1장 「사회의 동요와 재편」은 명 중기(15세기 중엽~16세기 중엽)에 전국적으로 진행된 사회의 동요와 재편 현상의 구체적인 모습을 강서사회를 통해서 확인한 글이다.

강서지방은 명초에 농촌사회가 안정되면서 경지가 빠르게 회복되어, 1400년 무렵에 이르면, 호광성의 4배 정도의 농업생산력을 가지게 되었다. 그러나 명 중기부터 강서사회가 심각하게 동요하고 통계적으로는 인구가 감소되어 갔다. 각지에서 이갑제(里甲制)가 해체되면서 토착인이 유산(流散)하고, 대대적인 인구이동이 시작되었다. 그들의 이동방향은 대개 ① 농촌지역→ 금산구(禁山區), ② 선진경제 지역[인구가 과밀한 협향(狹鄕)]→ 낙후 지역[관향(寬鄕)], ③ 농촌지역→ 도시·수공업 지역 등으로 유형화할 수 있었다.

이러한 인구이동으로, 강서 내부뿐 아니라 중국 각지에서 인구가 재편되었다. 이러한 인구이동의 결과, 긍정적인 면과 부정적인 면이 같이 나타났다. 우선 긍정적인 결과는, 강서의 모든 지역에서 새로운 경지가 개간된 점이다. 선진 문화와 기술, 새로운 종자도 전파되었다. 강서성이 식량 수출지역으로 발돋움한 것은 그러한 결과였다. 또한, 종래부터 존재한 대도시는 물론, 교통의 요지에 새로이 수많은 중소 도시와 정기시가 나타났다. 도자기·종이·차엽·죽기(竹器)·하포(夏布) 등 수공업도 발달하였다.

반면, 인구이동은 부정적인 영향도 가져왔다. 15세기 중엽부터 강서 각지의 산구(山區)에서 구적(寇賊)의 봉기가 연이어 일어난 것이다. 중국 전체로 보면, 형양(荊襄; 호광의 서북부를 중심으로 한 4성교계지역)과 남감(南贛; 강서 남부를 중심으로 한 4성교계지역)에서 일어난 구적의 봉기가 가장 컸다. 경지가 개간되었지만, 재화의 분배가 공평하지 못하고 농경지에 견주어 인구가 너무 많았기 때문에, 강서는 식량과 함께 인구도 외지로 내보내는, 이상한 현상이 나타나는 지역이 되었다. 또한 지역에 따라서는 외부에서 들어온 객민은 정착하는데, 토착인은 오히려 몰락하여 유산하는, '인구의 대류현상'도 나타났다. 도시에는 실업자와 무뢰(無賴; 일종의 조직폭력배)도 증가하여 새로운 사회계층으로 성장하여 갔다. 명 중기에 나타난, 강서사회의 이러한 상반된 변화는 중국의 다른 지역에서도 비슷하게 나타난 현상이었다. 강서지방도, 중국의 다른 지역도, 모두 다 '모·순이 공존'하는 사회였기 때문이다.

제 2 장 「양명학(陽明學)의 요람, 강서사회」는 제 1 장에서 본, '모·순이 공존'하던 명 중기의 강서사회가 바로 '양명학의 요람'이었음을 분석한 글이다. 왕수인[王守仁; 호는 양명(陽明), 1472~1528]은 28세(홍치 12년, 1499)에 진사에 합격하였으나 학문적으로 방황하다가 환관 유근(劉瑾)의 정치적 횡포에 반대하여 귀주성 용장(龍場)의 역승(驛丞)으로 유배되었다. 그곳은 요족(猺族)이 거주하는 산악지역으로 한적한 곳이었다. 할 일 없이 동굴에서 명상하다가 "성인의 도가 나의 성(性)에 만족하니 따로 다른 사물에서 이(理)를 구하는 것은 잘못"임을 깨달았다. 이것이 이른바 '용장의 깨달음'으로, '심즉리(心卽理)'를 주장하게 된 계기가 되었다.

그 후 양명은, '모든 사람이 스스로 양지(良知)를 이룰 수 있음을 알게 하여 대동적(大同的) 이상사회를 실현'하려 하였다. 그러다가 양명은 남감순무(南贛巡撫)로 임명되었으나(1516), 당시의 중국 사회는 양명이 갈망하던 것과는 반대 방향으로 흐르고 있었다. 더구나 양명의 부임지인 강서 남부의 4성교계지역은 전국에서 가장 치열하게 구적의 봉기가 일어나던 곳이었다. '심즉리(心卽理)'·'친민(親民)'·'길거리에 가득한 백성 모두가 성인[滿街都是聖人]'·'사농공상의 사민은 하는 일은 다르지만 도(道)는 같다[四民異業而同道]' 등을 주장하던 양명은 평소 자기의 주장과는 정반대로 진행되는 사회로 밀려들어가게 되었다. 심각한 모순에 직면하게 된 것이다.

현지에 부임한 양명은 먼저 무자비할 만큼 구적세력(寇賊勢力)을 소탕하였다. 거기에는 두 가지 목적이 있었다. 첫째는 봉기를 주도한 두목들을 철저하게 제거하여 사회혼란의 근원을 제거하려는 것이었고, 둘째는 두목과 협종자(脅從者)를 구별하여, 협종자는 신민(新民)으로서 향촌에 안주시키기 위함이었다. 이를 위하여, 필요한 지역에 신현(新縣)을 설치하고, 향약과 보갑법을 실시하며, 사학(社學)을 설립하여 교화했을 뿐 아니라 토지를 조사하여 세역을 공평하게 하며 필요한 경우 감면해 주는 등 선후책(善後策)을 강구하였다. 이것은 국가권력의 위임 아래, 향촌의 신사가 중심이 된, 기존의 사회질서를 그대로 이용한 것이었다. 그리고 양명은 그 동안에도 틈틈이 제자들과 학문적 토론을 벌이면서 '치양지(致良知)' 등 자기의 학설을 설파하는 데 진력하였다.

양명은 구적세력의 평정과 초무(招撫), 그에 이은 선후책을 통하여 향촌질서를 재편하는 과정에서, 서민들의 '양선(良善)'함과 '양지(良知)'의 능력을 확신하게 되었다. 바로 '용장의 깨달음'을 재확인한 것이다. 그의 사상의 내면적 발전과 강서 현장의 정치적·군사적 체험이 융합되어 최후로 '치양지(致良知)' 설이 완성되었다(정덕15년, 양명 49세). 양명도 50세에 이르러, "최근에야 '치양지' 세 글자를 믿게 되었다. … 전에는 의심하며 확신을 갖지 못하였으나, 많은 일을 겪고 난 지금은 이 '양지'에 대단히 만족하게 되었다. … 내가 말하는 이 '양지'는 '백사천난(百死千難)' 가운데서 겨우 얻은 것"이라고 술회하고 있다. '심즉리·지행합일(知行合一)·치양지' 등의 학설을 중핵으로 하는 양명학은, 말하자면 ① 당시의 강서의 사회상을 체현한 사상인 동시에, ② 당시의 사회혼란을 극복하여 궁극적으로 대동적 이상사회를 실현하려는 '실천적'인 사상이었으며, 또한, ③ 명 중기 서민층의 소망을 반영한 사상이었다. 이념과 현실 사이에 가로 놓인 너무 큰 괴리에 직면한 양명! 고뇌에 찬 나날을 보내다가, 마침내 그 해답을 얻었다. 놀랍게도, '동요하던 강서사회'가 바로 '양명학의 요람'이 되었던 것이다.

제 3 장 「'광동체제(廣東體制)'의 빛과 그림자」는, '광동무역체제(건륭22

년~도광22년; 1757~1842)'를 통하여, 국가의 정책이 사회변화에 미치는 영향을 분석한 글이다. '광동체제'는 청조가 서양과의 무역항을 광주로만 제한하고, 대외무역은 '13행(行)'이라는 특정 상인에게만 독점적으로 허가한 무역제도이다. 이로 말미암아, '북경—대운하—양자강—감강(贛江) — 대유령 — 주강—광주'로 이어지는 교통로가 수도 북경에서 광주에 이르는 최단거리 교통로가 되었는데, 강서성은 바로 이 중앙에 위치하였으므로 내륙 지역임에도 그 혜택을 가장 많이 받게 되었다.

강서성은, 18세기 전반기까지는 식량생산과 상품작물의 재배 및 수공업을 기초로 점진적으로 발전하였으나, 문화면에서는 중국의 선진지역으로 일컬어졌다. 그러다가 '광동체제'가 시행되면서, 강서지방에는 다음 두 가지 영향이 나타났다. 첫째는 긍정적인 면이다. 강서성 중앙을 남북으로 관통하는, 양자강—파양호—감강—대유령으로 이어지는 교통로는 남북 교역의 가장 중요한 통로였다. 이 교통로를 거쳐 수많은 상인과 상품이 이동하였다. 그 결과 감강 연안에는 기존의 도시가 더욱 번성하였을 뿐 아니라, 새로이 수많은 중소도시와 정기시(定期市)가 무더기로 생겨나고, 각지에서 차수(茶樹)·저마(苧麻)·면화·사탕수수·연초(煙草) 등 상품작물의 재배가 활발해지고, 종이·도자기 등 수공업도 공전의 번영을 누렸다. 또한 수많은 운수노동자, 상품작물의 재배를 위한 노동자들의 일자리가 창출되어, 강서 경제가 전반적으로 상승하였다. 광동체제 기간에 강서사회의 번영은 중국 역사에서 전무후무(前無後無)한 것이었다. 처음에는 교통로 주변 지역이 번영하였고 그 여파는 점진적으로 그에 인접한 내륙지역으로 확산되었다. 그러나 광동체제로 강서사회가 얻은 이익은, 도자기와 차엽 수출을 제외하면, 대부분은 과경무역(過境貿易)에 소요되는 서비스업을 통한 것이었다. 그러므로 이 시기에 강서 내륙지방에 진행된 정기시의 발전, 상품작물의 재배와 수공업의 발전 등의 현상은, 광동체제로 말미암은 직접적인 영향이라기보다는, 강서사회 전반적인 발전과 궤를 같이 하는 것이었다.

둘째는 부정적인 측면이다. 이러한 사회변화로 성 안팎 인구의 왕래가 빈번해지면서 그로 말미암은 치안문제가 심각하게 대두되었다. 가장 심각한 것은, 19세기 중엽에 광동체제가 폐지되면서 강서의 경제가 급격하게 쇠퇴의 길을 걷게 되고, 그로 말미암아 여러 가지 부작용이 나타났다는 점이다. 강서성은 지금도 중국 본토에서 가장 낙후된 지역 가운데 하나로 꼽히고 있다. 광동체제의 성립과 폐지로, 강서는 강서인들의 의지와는 상관없이, 번영과 낙후를 모두 맛보게 된 것이다.

Ⅲ

제 2 편 강서의 신사는『국법과 사회관행』의 제2편 '국가권력과 신사'와 조응된다. 명청시대 사회의 지배층이었던 신사의 일반적인 존재 양태를 강서사회에서 구체적으로 확인해 보려는 것이다.

제 1 장「최초의 반기독교(反基督敎) 운동, 남창교안(南昌敎案)」은 1607년에 강서성 성도(省都) 남창에서 발생한 생원 주동의 반천주교 운동을 통하여, 신사의 의식과 사회활동을 분석하였다. 1607년에 남창에는 기독교 신도가 이미 600여 명이나 될 정도로 중국의 중요한 선교 기지였는데, 바로 그 해에 생원들이 선교사를 남창에서 몰아내고자 지방 관부에 연명으로 고소장을 제출하였다.

마테오 리치[Matteo Ricci; 1552~1610, 중국명 이마두(利瑪竇)]를 비롯하여, 명말에 중국에 들어온 예수회 선교사들은 크게 다음 두 가지 방법을 통하여 선교하였다. 첫째는 관료·신사 등 지배층과 우호관계를 맺었고, 둘째 중국의 전통문화나 가치관과의 충돌을 피하고자 유교와 기독교의 공통점을 강조하였다. 이러한 선교 전략으로, 기독교에 우호적인 신사들을 상당수 확보하였고 그들 가운데 일부는 입교하였으며, 전국의 신도 수도 1605년에 천여 명, 1610년에 2천5백여, 1650년 무렵에는 1만 5천여 명으로 증가하였다.

그러나 절대다수의 신사와 백성은 천주교에 극도의 거부감을 느끼고 있었다. 1616년까지 전국에서 54회의 교안이 발생하였던 것은 이를 말해주는 것이다. 주로 관료와 신사를 의지하여 천주교를 전파하려 하였던 선교사들의 노력에도 불구하고, 반천주교 운동을 주도한 사람들은 바로 그들이었다. 천주교에 대해서는 신사들 가운데에서도 특히 하위 신사인 생원층의 거부감이 더 심하였다.

남창의 생원들은, 선교사를 몰아낼 계획을 추진하는 과정에서, 처음에는 소수의 힘만으로 계획을 관철시키려 하였다. 그러나 그들의 힘만으로는 불가능하게 되자, 평소 그들 사이에 널리 존재하던 동류의식(同類意識)과 사인공의(士人公議)에 호소하여 다수가 모였고, 그것으로도 부족함을 느끼자 신사공의(紳士公議)에 호소하여 관료와 향신의 힘을 빌렸다. 생원들의 이러한 동류의식과 사인공의 내지 신사공의의 결절점(結節點)은 유학(儒學)의 공자묘(孔子廟)와 서원(書院)이었다. 남창의 생원들이 처음 내세운 명분은 사대부로서 당연한 사명의식이었다. 그러나 심리적인 내면에는 천주교로 말미암아 자신들의 사회적 위상과 영향력이 위축될 수 있다는 위구심이 더 컸다.

제 2 장 「양명학파의 서원 강학운동(講學運動)」은, 양명이 주장한 학설과 실천적인 행동에 영향을 받은 신사들, 그 가운데에서도 길안부(吉安府) 신사들이 서원을 건립하고 강학운동을 벌인 내용을 통하여, 신사의 존재양태를 확인한 글이다.

명대에 길안부는 진사 합격자가 강서 진사 총수의 1/3이나 되었고, 홍무에서 성화년간까지 100여 년 동안에는 전국 진사의 1/10, 일갑진사(一甲進士) 1/4, 장원을 1/3이나 점하였다. 이러한 학문적 토양이 있었기에, 강서지방에 양명의 제자가 가장 많았고, 그 가운데에서도 길안부에 가장 많았다. 그러므로 양명의 유업(遺業)을 계승한 신사들의 사회활동도 길안부에서 가장 활발하고 다양하게 전개되었다. 명대에 길안부 신사들은 수리개발, 교량과 도장(渡場) 설치, 향약 실시, 서원의 건립과 강학(講學) 등 광범한 공익사업에 참여하였다. 그 가운데 가장 두드러진 활동은 서원을 건립하고 강학을 시행한 것이었다.

길안지역은 명대에 서원이 전국에서 가장 많았고, 그에 따라 신사의 문회(文會)나 문사활동도 대단히 활발하였다. 길안지역의 서원은 두 계통이 있었다. 그 하나는 백로주서원과 같이, 전대에 건립된 서원이 명대에도 계속하여 발전하는 과정에서, 크건 작건 간에 양명학의 영향을 받은 것이었고, 또 하나는 양명과 양명학의 영향으로 새로이 건립된 경우이다. 새롭게 건립된 서원 가운데에는, 처음 강회활동(講會活動)으로 시작한 뒤 서원으로 발전한 사례도 많았다.

서원의 건립과 수리, 또는 중수(重修)할 때, 신사들이 적극적으로 참여하였다. 신사들이 지방관에게 건의하면, 상하 지방관들의 협의를 거쳐 공사를 허락하고, 신사들의 적극적인 협조(여론 환기·인력 동원·공사비 염출·공사 감독)로 공사가 완성되며, 그 후 신사를 통해 서원이 유지되었다. 길안부에 부임한 지방관은 서원을 구심점으로 하여 그 지역 신사와 긴밀한 협조관계를 유지한 덕에, 근무평가를 잘 받을 수 있었다. 또한 신사도 지방관과 우호관계를 잘 유지함으로써 더욱 공고한 사회지배력을 유지할 수 있었다.

길안부의 신사들은 강회활동과 서원강학을 통하여 그들 사이의 동류의식을 돈독히 하였다. 강회나 서원에 모이는 신사들은 서로를 '동지(同志)'로 부르고 자기들의 모임을 '오당(吾黨)'이라 일컬을 만큼 결속력이 강하였다. 그곳에 와서 구경하는 서민들도 모두가 교화(敎化)와 순치(馴致)가 이루어질 수 있었다. 그뿐 아니라 길안에서 발전한 양명학은 이윽고 이웃 호광에 전파되어, 명말에는 호북의 경능에 '경능학파'가 나타났다.

제 3 장 「명청교체(明淸交替)와 신사」는, 명청 왕조가 교체되던 동란기에 강서 남부지역 신사의 향배를 분석한 글이다. 이 지역은 명 중기에 양명이 구적을 소탕하고 사회 재편에 힘쓴 지역이었지만, 그 후로도 수시로 구적이 봉기하였고, 명청교체기에는 더욱 혼란한 사회가 되었다.

청군은 처음 강서성에 들어오자 무자비한 살육을 자행하였다. 그 때문에 강서성 내 각지에서는 신사의 근왕기병 등 크고 작은 반청기병이 많았다. 청군과 신사의 근왕기병군 사이에는 전세가 몇 번이나 반전되었다. 지역의 신사들과 근왕군을 지휘하는 향신(鄕紳)은 서로 좌주문생(座主門生) 관계이기도 했고 또는 복사(復社) 등 문사의 동인들이 근왕군에 참가한 사례도 많았으므로 신사와 근왕군의 관계는 각별하였다. 그럼에도 불구하고 근왕군이 청군에게 정복된 원인은, ① 근왕군의 조직은 급조된 오합지졸이었으므로 무기도 모자랐고 군기와 전투능력도 부족하였으며 ② 통합된 지휘 체제와 무장(武將)이 없어서 그들 사이에 협조가 불가능하였고 ③ 군량이 부족하여 약탈을 일삼았으므로 향촌민의 협조도 얻지 못하였고 ④ 지도부 내의 불화, 특히 문관과 무관 사이의 갈등과 반목이 심하여 번번이 전기(戰機)를 잃었기 때문이다.

청군과 신사의 근왕기병군 사이의 전투를 틈타서, 각지에서는 유구(流寇)와 토적(土賊)이 횡행하며 약탈을 자행하였다. 이들의 활동은, ① 적으면 수백, 많으면 수만에 달하였고, ② 여러 지역에서 각 계층의 민중이 연합하거나, 혹은 여러 개 집단이 기각지세(掎角之勢)로 봉기하였고, ③ 좁으면 1개 향(鄕), 넓게는 여러 현(縣), 심지어 여러 부(府) 지역을 횡행하였으며, ④ 짧으면 며칠, 길면 몇 개월, 심하면 몇 년에 걸쳐 현성(縣城)을 점거하는 등 횡포가 극심하였다. 나아가 ⑤ 심한 경우 같은 지역에서 1년에 6회를 약탈했다는 기록까지 전한다.

명이 망하고 청군이 완전 장악하기까지, 동란기 강서의 혼란과 참상은 화북이나 강남보다도 더 지속적이고 처절한 것이었다. 신사나 족장은 종족 단위 또는 여러 촌락이 연합해서 보채(堡寨)를 구축하고 향병·의병(義兵)을 조직하여 자위하면서 강력한 보호자의 출현을 기다릴 수밖에 없었다. 바로 이러한 시기에 청군이 진입하였다. 그러나 청군도 전세가 반드시 유리하지 않았고 일단 접수한 지역의 질서유지도 그리 쉽지 않았다. 군대의 수·군기·군량 등의 면에서, 청군은 상대적으로 열세였거나 적어도 우세한 입장은 아니었다. 청군도 수시로 군량 명목의 약탈을 자행하였고, 불응하면 도살하는 행태는 구적이나 다름없었다. 상당한 기간이 지날 때까지 청군은 현성과 그 주변지역만 장악했을 뿐, 농촌지역은 여전히 도적에게 방치해 놓기 일쑤였다.

강서 남부의 신사는 이렇게 오랫동안 대단히 어려운 여건에 처해 있었다. 한편, 청조로서도 점령지의 질서회복을 위해서 경제력과 무력을 갖춘 신사의 협조가 긴요하였다. 청조와 신사, 양자는 서로 상대의 협조를 필요로 하였다. 그 때문에 청조는, 「순치제즉위조(順治帝卽位詔)」와 각 성 「은조(恩詔)」를 반포하여, 신사의 기득권과 특권을 명대 이상으로 인정해 주었다. 신사들은 치발(薙髮＝辮髮)을 감수하면서 이민족 왕조를 수용하고, 무장 지원(병력과 군량)·참모 역할 등을 통하여 청군에 적극적으로 협조하였다. 결과적으로 보면, 신사층은 자신들의 '보신가(保身家)'를 위하여, '국가'를 '이민족[즉 여진족(女眞族)]'에게 헌상하고 만 셈이었다. 강서남부에서 이렇게 양자가 결합하게 된 배경은 화북·강남·사천의 경우와 비슷하였다.

Ⅳ

제3편 도시·거민(居民)·상인은 『국법과 사회관행』의 제3편 '도시와 무뢰'와 조응된다. 명 중기 이후, 위에서 본 인구이동의 제③유형(농촌→도시)의 결과, 강서성에도 중소도시가 많이 생겨났다. 그 가운데 경덕진·하구진·장수진·오성진 등 4대진(大鎭)의 발전이 돋보였다.

명청시대의 중국의 도시는 대개 두 가지 유형으로 나눌 수 있다. 그 하나는, 강남의 사례에서 보듯이, 기존의 거대도시 주변에 무수한 중소도시[시진(市鎭)]가 마치 '포도송이' 형태를 이루고 있는 것이다. 이들 도시는 잘 발달된 수륙교통으로 연결되어 있었으므로 정기시(定期市)는 그다지 발달하지 못하였다. 또 하나는 그 밖의 중국 모든 지역의 경우로서, 마치 평야지역에 우뚝 솟아 있는 '태산(泰山)'과 같이 일정한 지역에 고립되어 발전한 도시로서, 그 주변에는 많은 정기시가 발달하였다. 이러한 도시들은 대개 부주현(府州縣) 소재지와 같이 지방행정의 중심지인 경우가 많았으나, 명 중기부터는 교통의 중심지에도 시(市)나 진(鎭)이 발달하기 시작하였다.

제1장 「천년(千年) 자도(瓷都), 경덕진(景德鎭)」은 명청시대 중국 제1의 도자기 전업(專業) 도시였던 경덕진의 발전상과 거민(居民)의 존재양태를 분석한 글이다. 경덕진은 강서성 파양호 동북편으로 유입되는 창강 중류의 3개 지류가 모이는 항구인데다 고령토와 연료의 수급 등 지리적으로 유리한 조건을 가졌고 기술적으로도 우위를 점하였으므로, 이미 명 중엽부터 도자기 전업도시로 명성을 떨쳤다.

경덕진은 16세기 중기에 이르면 토착인과 객민을 합한 거민이 10만이나 되었고, 만력년간(1573~1620)에는 용공[(傭工), 날품팔이]이 매일 수만 명이나 되었으며, 18세기에는 '수십만'에 이른다는 명성을 얻기도 하였다. 이들 용공은 모두 그날 벌어 그날의 호구(糊口)를 해결해야 할 정도로 대단히 어려운 생활을 하였다. 경덕진에서 도자기 생산으로 발생하는 이익은, 직접 생산자인 요호(窯戶)나 용공보다도 휘주상인 등 돈 많은 외래 객상이 독점하였다. 이러한 현상은 경제적으로 가장 선진 지역이었던 강남지방을 위시하여 중국의 다른 지역에서도 일반적인 현상이었다.

경덕진에는 수많은 민변(民變)이 있었는데, 크게 보면 다음 두 가지 형태였다. 첫째는 계투(械鬪; 집단투쟁) 성격의 분쟁이었고, 둘째는 만력년간의 '반광세사(反礦稅使)' 민변이었다. 먼저 계투 성격의 분쟁을 보면, 경덕진 거민의 구성이 대단히 복잡하였던 까닭에, 그들 사이에 이해의 대립이 매우 심하였다. 이 경우, ⓐ 외래 상인과 객민들은 출신 지역별로 뭉쳐 대결하였다. 외래인들은 대개 동향인끼리, 혹은 종족끼리 모여 살면서 상호부조하고 같은 업종에 종사하고 있었기 때문이었다. ⓑ 요호[窯戶; 요주(窯主)라고도 함]와 용공 사이의 관계는 완전한 계약관계가 아니어서 수재(水災)와 같이 어려운 상황에 봉착하면 그 관계가 쉽게 악화될 수도 있었다. 한편, 반광세사 민변의 경우, 경덕진 거민에 대한 광세사의 횡포와 수탈에 대해서는, 앞에서 본 출신지역 내지 종족, 또는 노사 사이의 이해관계의 대립을 잠시 접어두고, 거민 모두가 하나로 결속되어 분기(奮起)하였다. 경덕진에서 발생한 이러한 민변의 성격은 다른 지역과 비슷한 양상을 띠었다.

명청시대에 경덕진의 인구 구성은 관리·신사, 도자기 생산자, 상인과 외래 객상(客商), 각종 노동자와 기능인, 각종 서비스업 종사자 및 무뢰 등 대단히 복잡하였다. 그러나 이곳에서도 향촌사회에서와 비슷하게, 신사의 사회적 영향력은 대단히 컸다. 그리고 사회의 일각에는 무뢰가 또 하나의 사회계층으로 존재하면서, 수시로 사회의 불안요소로 작용하였다. 경덕진 사회의 이러한 정황은, 역시 명청시대 다른 지역의 도시사회와 비슷하였다. 바꾸어 말하면, 경덕진 거민의 행동양식과 사유양식 또는 도시사회 내부에서 나타나는 사회현상은 다른 지역의 도시들에서 나타나는 현상과 유사하였다.

제 2 장 「행운의 산구(山區)도시, 하구진(河口鎭)」은 금산구(禁山區)인 무이산맥의 북변에 위치하면서도, 명 중기에 자연환경의 변화로 말미암아 극적으로

발전할 수 있었던 하구진의 모습과 거민의 존재양태를 분석한 글이다.

하구진은 명말에 이미 2만 정도의 도시로 성장하였고, 18세기 말 청대에는 인구 10만의 상공업 대도시로 발전하였다. 하구진이 이렇게 발전할 수 있었던 것은 ⓐ 교통의 중심지였고 ⓑ 제지업 중심지를 배후에 두었기 때문에 종이를 가공하고 집산, 판매하는 중심지로 발전하였고 ⓒ 주위에 질 좋은 차엽(茶葉) 산지가 있어, 차엽을 가공하고 교역하는 중심지로 발전할 수 있었기 때문이다.

하구진은 말하자면 '이민도시(移民都市)'였다. 일부는 주변지역에서 들어온 농민이었고, 대부분은 복건인이었는데, 대부분의 거민은 대단히 어려운 생활을 하였다. 하구진 거민 가운데에는 상인의 존재가 두드러졌다. 이들은 명청시대에 걸쳐 성쇠(盛衰)가 엇갈렸다. 지상(紙商)의 경우, 명대에는 성내 길안상인과 이웃 휘주상인이 주도하였으나, 청 중엽부터는 복건상인이 주도하였고, 소수의 산섬상인도 나타났다. 차상(茶商)의 경우에는, 청 중기까지는 휘주와 산섬상인이 주도하였으나, 점차로 산섬상인의 세력이 휘주상인을 압도해 갔다.

하구진의 상인들은 때로는 자발적으로, 때로는 관청이나 거민의 요청에 응해서, 다양한 공익사업을 수행하였다. 그렇게 함으로써 관부와의 관계를 돈독히 할 수 있었고, 거민들의 호감도 살 수 있었다. 상인의 이러한 존재양태는 외형적으로는 신사의 존재양태와 비슷한 것으로, 전국적인 현상이었다. 그러나 신사는, '천하가 근심하기에 앞서 근심하고, 천하가 기뻐한 후에 기뻐한다'는 '선우후락(先憂後樂)' 정신에 바탕을 둔, 천하에 대한 사명의식이 있었지만, 상인은 이런 의식보다는 자신들의 상업을 원활히 하기 위한 수단으로 공익사업에 참여하곤 했다. 하구진 거민의 구성은 다양하였지만, 신사가 여론의 중심축이 되고 상인과 무뢰가 그 두 바퀴처럼 존재하는 사회였다. 하구진 거민의 구성, 행동양식과 사유양식 또는 도시사회 내부의 사회현상은, 경덕진 기타 강남 등 다른 지역의 도시들에서 나타나는 현상과 비슷하였다.

제3장 「강서 상인의 선택과 운명」은 명청시대 10대 상방(商幇; 상인 집단) 가운데, 상인의 수, 활동지역의 광범성, 취급상품의 다양성 등에서 탁월하였던, 강서 출신 상인의 활동을 분석한 글이다.

　　강서상인은 명초부터 강서인이 외성으로 이동하던 시기에 함께 흥기하여, 19세기 중엽까지 500여 년 동안 활동하다가 개항을 계기로 쇠퇴하고 말았다. 강서상인의 흥쇠(興衰)는 강서지방의 사회경제의 변화와 궤(軌)를 같이 하는 것이었다. 강서인은 명초부터 성내는 물론이고 전국 각지로 이동하였는데, 그 가운데 일부가 상업을 영위하였다. 명 중기부터 강서상인은 중국의 거의 모든 지역으로 진출하였는데, 특히 많이 진출한 곳은 북부·서부·남부로 활 모양[弓形]을 이루며 진출하였다. 그 가운데 강서와 이웃한 호광에는 강서상인들이 마치 앞마당 나다니듯이 많이 진출하였으므로, "강서인이 호광을 메운다[江西塡湖廣]"는 속담까지 생겼다. 전체적으로 보면, 강서상인이 진출한 대부분 지역은 경제와 문화 수준이 강서보다 낮았다. 강서상인은 경제·문화의 선진성을 배경으로 하여, 경제·문화적으로 낙후된 지역으로 많이 진출하였던 것이다.

　　강서상인이 다른 성에 진출해서 보여 준 역할 가운데는 순기능과 역기능이 함께 있었다. 각종 공익사업 참여, 지역개발, 상공업과 도시의 발전 등이 강서상인 진출의 순기능이라고 할 수 있다. 강서상인은 그곳에서 정착하여 경제적으로 성장하게 되면, 자제에게 거업(擧業)을 권장하여 신사를 배출하기도 하였다. 그러나 오히려 "백성의 삶을 위태롭게 하여 민변을 야기[害民激變]"하는 역기능을 일으키는 경우도 많았다. 상권을 장악하고 물가와 도량형기를 조작하거나, 전당업과 고리대 또는 고리전대(高利前貸)로 폭리를 취하였기 때문이다. 강서상인의 이러한 상반된 역할은 다른 모든 상인에게서도 나타나는 보편적인 현상이었다.

　　강서상인의 흥망성쇠 과정은 이웃한 휘주상인과 견주어 보면 쉽게 이해할 수 있다. 휘주상인은, ① 지연과 혈연을 배경으로 강력한 응집력을 발휘하였고 ② 다양하고 복잡한 상업적 비결을 잘 전수하였고 ③ 흡현 출신은 염상(鹽商), 무원 출신은 차상(茶商)·목재상, 휴녕출신은 전당상(典當商) 하는 식으로 전문성을 살렸고 ④ 거대한 자본을 배경으로 관부와 우호관계를 잘 유지하였다. 그 방편으로서 ⓐ 연납(捐納) 등을 통하여 관리가 되거나 ⓑ 거업(擧業)을 통하여 자제를 관료로 진출케 하거나 ⓒ 종족 자제 가운데 우수한 자를 보조하여 관료로 진출케 하거나 ⓓ 관료나 신사들을 우익으로 삼거나 ⓔ 필요하면 중앙정부나 지방관부에 거액을 제공하고 ⓕ 진출한 지역에서 적극적으로 공익사업에 참여하는 방법 등을 사용하였다.

이에 견주어 강서상인의 경쟁력은 시대가 지날수록 감소되어 갔다. 첫째는 자본의 영세성 때문이었고, 둘째는 진출지역에 정착했기 때문에 고향인 강서와의 관계가 점차 소원해지거나 심지어 완전히 단절되는 경우도 많았고, 셋째 관부와의 관계도 휘주상인이나 산서상인처럼 돈독하지 못하였기 때문이다. 그 때문에 청대에는 진출지역에서 다른 외지 상인이나 그곳 현지 상인에게 점차 우위를 빼앗기게 되었다. 더욱 큰 문제는, 강서성 내부에서조차 외부 상인에게 상권을 빼앗기고 추월당하였다는 점이었다. 강서상인 쇠퇴과정에 결정적인 타격을 준 것은 청말의 개항이었다. 강서상인은 명초에 강서사회의 발전과 함께 흥기하기 시작하였으나, 청말에는 강서경제와 전국적 경제구조의 변화에 적응하지 못하여 쇠락하고 말았다.

V

이 책에 포함된 논문은 모두가 이전에 역사학 잡지나 논문집에 발표하였던 것들이다. 어떤 글은 거의 새 논문 수준으로 수정한 것도 있지만, 어떤 글은 나의 능력 때문에 어쩔 수 없이 약간의 수정 보완에 그친 것도 있다.

이 책의 각 편 각 장의 내용을 분석해 가는 과정에서 가끔 중복되는 부분이 있다. 그것은, 그 부분에 그 내용을 설명하지 않으면 이해가 어렵기 때문에 차용한 고육책이다. 그 때문에 다른 장에 나오는 내용을 일일이 들추어 보는 번거로움을 최소화하는 범위에서, 각 장을 설명하는 데 필요한 만큼만 반복하여 기술하였다. 이 책에서 표기하는 연월일은 모두가 음력이다. 이 책에서는 분량을 줄이기 위하여 모든 논저를 마지막에 일괄 정리하였다. 그리고 각주의 참고 문헌은 '홍길동, 1977' 식으로 적었다. 이 경우, 본서 말미의 참고문헌에 '홍길동'의 논저를 참조할 수 있게 하였다.

이 책에 수록된 논문의 원래의 주제를 아래에 정리하였다.

제1편　矛盾의　社會

제1장 :「明中期以後江西社會的動搖及其性格」,『第7屆明史國際學術討論會論文
　　　　集』, 東北師範大學出版社, 長春, 1999.

제2장 :「明 中期의 江西社會와 陽明」,『明淸史硏究』6, 1997.

제3장 :「廣東貿易體制 下의 江西의 社會變化」,『歷史敎育』86, 2003

제2편　江西의　紳士

제1장 :「1607年의 南昌敎案과 紳士」,『東洋史學硏究』80, 2002(→『中國敎會
　　　　와 歷史』4, 2003;「1607年的南昌敎案和紳士」,『第十屆明史國際學術
　　　　討論會論文集』, 人民日報出版社, 2005).

제2장 :「陽明學과 明末 江西 吉安府의 紳士——書院 講學을 中心으로—」,『明淸
　　　　史硏究』21, 2004.

제3장 :「淸朝權力의 地方浸透過程—明末·淸初의 江西南部地方을 中心으로—」,『東
　　　　洋史學硏究』35, 1991(←「明末·淸初江西南部の社會と紳士—淸朝權力の地方
　　　　浸透過程と關聯して—」,『山根幸夫敎授退休記念 明代史論叢』, 東京, 1990).

제3편　都市·居民·商人

제1장 :「明末淸初의 社會變化와 都市社會—景德鎭과 그 周邊 地域을 中心으로—」,
　　　　『東亞文化』37, 1999.

제2장 :「明淸時代의 社會變化와 山區都市의 運命—江西 河口鎭을 中心으로—」,
　　　　『明淸史硏究』12, 2000.

　　　　「明淸時代 河口鎭 居民의 存在樣態」,『東洋史學硏究』74, 2001.

제3장 :「明淸時代의 社會變化와 江西商人」,『明淸史硏究』9, 1998(→「明淸時
　　　　期在湖廣的江西商人」,『第八屆明史國際學術討論會論文集』, 龍西斌·余
　　　　學群編, 湖南人民出版社, 2001)

제1편 矛盾의 社會

제1장 社會의 動搖와 再編

序 言

명조가 건국하여 30~40년 동안 중국사회는 어느 정도 안정되었고 그 결과 각지에서 농업생산력이 빠르게 회복되었다. 그것은 권농·개간 정책과 이갑제 (里甲制)의 실시 등, 명조의 적극적인 사회 안정책이 주효하였기 때문이다. 그러나 1400년대에 들면서부터 여러 가지 사회모순으로 말미암아 명조의 국가 기반이었던 이갑제 질서가 해체되기 시작하였고, 그 결과 각지에서 농촌사회가 분해되어 농민이 유산(流散)하게 되었다. 명 중기(15세기 중엽~16세기 중엽)에는 섭종류(葉宗留)·등무칠(鄧茂七)의 난이 일어났고, 연이어 형양(荊襄; 호광의 서북부)·남감(南贛; 강서 남부)·사천(四川)의 구적(寇賊) 봉기와 유육(劉六)·유칠(劉七)의 반란 등 수많은 반란이 봉기한 것은 바로 이갑제 질서 해체의 결과였다.

그러나 명 중기에는 이렇게 사회가 동요하기만 한 것은 아니고 여러 가지 사회변화 역시 동시에 진행되었다. ① 경제적 측면에서는, 농업생산력의 향상, 경제중심의 분화, 상품경제의 발전, 중소 도시의 발달, 장거리 교역의 확대, 정기시의 총생(叢生) 등을 들 수 있고, ② 사회적 측면에서는, 이갑제 질서의 해체, 대규모의 인구이동, 전통적 계층사회 특징의 변화 등이 일어났으며, ③ 문화·사상적 측면에서는, 전통 사상의 변이(變異), 서민의식의 고양 등 여러 방면에서 변화가 진행되었다.

이상은 명 초기에서 중기에 이르는 시기의 중국사회에 대한 세계 역사학계의 공통된 인식이다. 그러나 중국의 중요한 지역에 대하여, 그 사회의 구체적인 실상에 대한 연구가 반드시 완결된 것은 아니다.

　이 장은 명 중기의 강서사회(江西社會)를 분석대상으로 삼고자 한다. 강서성은 양자강 중류에 위치하며, 남에서 북으로 모든 성을 관통하는, 감강(贛江)을 축으로 하는 하나의 독립된 경제구역으로 파악할 수 있다. 그리고 명 중기의 강서사회는 다음 세 가지 면에서 우리의 관심 대상이 된다. 첫째, '명 중기에 강서사회 자체는 실제 어떠하였나?'하는 문제이다. 강서에서도 명 초기에서 중기에 이르는 시기에 위와 비슷한 변화과정을 겪으면서 심각하게 동요하고 있었다. 1500년을 전후한 시기에 각지에서 수없이 많은 구적의 봉기가 있었다. 명청시대 지방지(地方志)의 호구조(戶口條)에는, 이미 영락년간(永樂年間; 1403~1424)부터 강서의 거의 모든 지역에서 인구가 감소되는 것으로 기록되어 있다. 그러면 그 지역의 인구는 실제로 감소되었던가? 감소되었다면 얼마나 감소되었고, 그러한 현상은 왜 일어났던가? 그런데 또 한편, 강서지역은 15세기 이후에도 농토가 꾸준히 증가되었고 강남지방으로 식량을 수출하였으며, 중소 도시도 많이 생겨났다. 그러면 강서사회의 이러한 모순 현상을 어떻게 이해할 것인가?

　둘째, 그러한 현상은 명 중기 중국의 다른 지역에서 일어난 현상과 어떠한 차이가 있는가? 셋째, 명 중기는 대사상가 왕양명(王陽明)의 활동기이고 양명사상의 완성기인데, 그것은 명 중기의 강서사회와 어떠한 상관성이 있는가? 등이다. 이 글은 명 중기 강서사회의 다양한 실상을 분석해 봄으로써, 그것이 가지는 다양한 역사적 의미를 재음미해 보려 한다.

Ⅰ. 明 中期 江西社會의 動搖

　명초 30~40년 동안은 권농·개간정책과 이갑제의 실시 등으로 강서사회가 어느 정도 안정된 결과 각지에서 농업생산력이 빠르게 회복되었다.[1] 그러나 영락년간부터는 여러 가지 사회모순으로 말미암아 이갑제 질서가 점차 해체

---

1) 吳金成 1986, 第Ⅱ編 第1章 「江西 鄱陽湖 주변의 농촌사회와 신사」 참조.

되고 각지에서 농촌사회가 분해되어 농민이 유산하기 시작하였다. 그 원인은, 첫째 새로이 지배층으로 성장해 간 신사나 세호가에게 토지가 집중되어 갔고,[2] 둘째 점차로 부역이 과중해지고 불공평해졌으며, 셋째는 "땅은 좁고 인구는 많다"고 하는, '인구과밀' 문제가 점차 심각한 상태에 이르게 되었기 때문이다. 그 결과 갑수호층(甲首戶層)인 중소농민은 더 이상 생존을 지속할 수 없게 되었고, 심지어 지주층인 이장호(里長戶) 가운데에서도 몰락자가 속출하게 되었다.[3]

이러한 구체적인 정황을 먼저 강서 북부지역을 중심으로 살펴보자. 강서성 북부, 즉 감강 중상류 지역과 파양호 주변지역은 이미 송대부터 현저하게 개발되어 양자강 중류 지역의 경제적 중심지로서의 위치를 확립하고 있었다. 구강부(九江府)의 경우, 정통년간(正統年間)의 기록에 "백성은 많이 도산하고 재산은 호우(豪右)가 차지하였다"고 하였고,[4] 만력년간의 기록에는 "팽택현의 호구는 홍무년간에 견주면 절반으로 감소되었고, 영락년간에 비하면 1/3로 줄었다"고 한다.[5] 파양호 북쪽 연안의 남강부에 대해서도, "땅은 좁아 농사지을 장소가 모자란다. 백성들은 무거운 세·역에 시달리고, 사방으로 나가 호구를 해결하는 사람이 많다"고 한다.[6] 남창부의 경우에도 홍치년간의 기록에,[7] "세와 역의 부담이 무거워 부자는 가난해지고 가난한 사람은 살길이 막막하다. … 더구나 관리의 가렴주구가 심하여 근심으로 밤을 지샌다", 혹은 "땅은 좁고 인구는 많아, 대개는 기술과 가정교사로 살아간다. 먹고 살기 위해 사방으로 나가는 사람이 많아서, 남북의 교통 요지에는 강서사람의 거리가 생기는데, 이를 일러 남창가(南昌街)라 한다"고 하고, 그들이 이동해 가는 곳은 "산서·섬서·사천·산동·호광·복건·광동 그 어디나 이웃으로 생각하고, 객지를 떠돌아다니다 돌아오지 못하는 자가 10명 가운데 네 명이나 된다"고 하고 있으며,

---

2) 吳金成, 2007-A, 제2편 제3장.

3) 許懷林, 1993, pp. 505~512; 吳金成, 1986, 第Ⅱ編 第1章.

4) 同治『九江府志』卷13, 名宦, 陳元宗.

5) 萬曆『彭澤縣志』卷3, 食貨志, 戶口.

6) 王世懋, 「饒南九三府圖說」, 『紀錄彙編』卷209, 南康府 安義縣條.

7) 萬曆『南昌府志』卷3, 風俗.

만력 초의 기록에는 "부민(府民)의 절반 이상이 외지로 도망하고 돌아오지 않는다"[8]고 하고 있다. 금강 중류의 서주부의 경우에도, 중기 이후로 신사와 지주의 토지겸병으로 말미암은 부역불균(賦役不均) 때문에 중소농민이 파산하여 달아났고 그 결과 정덕년간에는 반란까지 일어났다.[9] 동북지역인 요주부의 지방지에도, 명초부터 통계상으로 호구가 횡보(橫步)를 걷거나 감소되어간 것으로 기재되어 있다.[10]

이러한 현상은 강서의 중부지역에서도 비슷하였다. 임강부의 경우에도, 신감현은 명초에 570개 리(里)에서 가정(嘉靖) 초에는 520개 리(里)로 줄었는데, "리가 합쳐진 곳은 모두 간사한 무리들이 살고 있다"고 하고, 소민(小民)은 "타향으로 흩어졌거나 다른 성에 가서 상업을 하거나, 아니면 세요가(勢要家)에 들어가 노비나 전호가 되었다"[11]고 한다. 그 때문에 "힘 있는 자는 토지와 사람을 겸병하고 약자들은 달아나서, 리에는 겨우 2갑~3갑(甲)이 남고, 갑에는 겨우 1호~2호(戶)가 남으며, 심지어 리에 1갑도 없거나 갑에 1호도 없는 경우"[12]도 많았다. 이와 비슷한 현상은 무주부에서도 일어났다.[13] 특히 길안부의 경우, 명초에 문운(文運)은 높았지만, 경지개간율(耕地開墾率; 총면적에 대한 등록전지의 비율)은 북부의 최하위권인 남창부와 비슷할 정도로 낮았고 1인당 평균 농경지 면적도 2.8무(畝)에 불과할 정도로 인구과밀 상태였다. 이러한 상태는 15세기부터 오히려 더욱 악화되어, 15세기 중엽에는 중등호(中等戶)뿐 아니라 상등호(上等戶)까지도 몰락하였으며,[14] 성화년간(成化年間; 1465~1487)에 이르면, "호강(豪强)들이 토지를 겸병하고 반당(伴當; 사가 노복)을 조아(爪牙)로 하여 온갖 횡포와 수탈을 자행하고, 관부에서도 세량(稅糧)을 과도하게 징수하기" 때문에 소민들은 "평안하게 살 수 없어 타지로 도망하

---

8) 萬曆 『南昌府志』 卷7, 戶口.
9) 嘉靖 『上高縣志』 卷4, 風俗, 「舊志云」; 戴佳臻, 1984.
10) 본서 제3편 제1장 참조.
11) 錢琦, 「設縣事宜」, 『皇明經世文編』 卷226, 「東畬先生集」.
12) 錢琦, 「恤新縣疏」, 康熙 『西江志』 卷146, 藝文, 奏疏.
13) 川勝守, 1980, pp.240~241.
14) 羅崙, 「與府縣言上中戶書」, 『明經世文編』 卷84.

는 사람이 많다"고 하였다.[15] 그 때문에 길안부의 호구는 명초 이래 계속해서 감소하였고, 특히 만력 초부터는 감소가 더욱 심각하였다.[16] 길안인들은 성 안 남부지역으로 도망간 자들이 많았다. 임강부에서는, 토호들이 길안부에서 도망 온 농민들을 모아 장원(莊園)에 거주시키고 무예를 가르쳐 향인(鄕人)과의 계투(械鬪)를 벌이기도 하였다.[17] 그리하여 15세기 후반에는 명조 정부에서도,

길안부는 땅은 넓지만 경작할 땅은 매우 적고, 인구는 많지만 재화와 곡식의 이익은 풍부하지 못합니다. 문인(文人)과 현사(賢士)가 많지만, 강종(强宗)과 호우(豪右)도 적지 않아서 [이권을 위하여] 서로 싸우므로 소송이 대단히 많습니다. 가까이는 지방 관청에 고소장을 내니 매일 팔구백에 달하고, 멀리는 성대(省臺)에 제출하는 것이 매년 삼사천에 이르며, 왕왕 걸려드는 사람이 적게는 수십, 많게는 백천(百千)에 이릅니다. … 선량한 사람은 억울하게 해를 입으니 소민은 편히 살 수가 없습니다. 더구나 부역의 부담이 무겁고 위치가 교통의 요지여서 더욱 어렵습니다.[18]

고 할 정도로 그 심각성을 인식하게 되었다. 강서 모든 지역을 보면, 인구 유출 현상은 어디나 비슷하였지만, 그 가운데 길안부 사람들의 이동이 가장 많았고 다음이 임강부였다.[19]

---

15)『皇明條法事類纂』(古典硏究會, 東京, 1966) 卷20, 「債主關俸問不應」(上卷, pp.500~501).

16) 〈明代吉安府登錄戶口〉

年度	洪武24年	弘治間	嘉靖初	萬曆10年
戶數	343,791	315,560	310,998	279,807
口數	1,717,933	1,283,129	1,118,068	402,833

* 出典: 嘉靖『江西通志』卷24, 戶口, 吉安府; 萬曆『吉安府志』卷13, 戶賦志, 戶口.
* 단, 乾隆『吉安府志』卷33, 賦役志, 戶口考에는, 洪武 24年의 丁口가 2,061,723口로 되어 있음.

17)『皇明條法事類纂』卷 13, 「禁約侵占田産例」(上卷, pp. 321~322).

18) 明『憲宗實錄』卷56, 成化4年 7月 癸未條, 吉安知府 許聰 上言(pp.1152~1153).

19) 唐龍, 「均田役疏」, 『昭代經濟言』卷3.

이러한 현상은 강서 남부의 남안부와 감주부(贛州府) 지역에서도 비슷하게 일어났다.[20] 이 지역은,

> (1) 감주지방은 호광·복건·광동과 접하고 있어 바위가 험하기로 천하에 알려져 있다. 계곡이 깊어 천 리나 되니, 무뢰들이 소굴로 삼아 숨어서 난을 일으키기 일쑤이다.[21]
>
> (2) 감주는 복건·광동·호광과 접하고 있어, 천 단위의 유적(流賊)들이 쉽게 모이고 흩어진다.[22]

고 할 정도로 산이 많은 금산구였다. 그 때문에 경제적으로도 낙후했을 뿐만 아니라 사회질서도 대단히 불안하였다. 우선 감주부에서는, 호구는 "영락년간(1402-1424)에 반으로 줄고, 성화년간(1464-1487)에 다시 삼분의 일로 줄었다"[23]고 하였고, 리(里)의 개수도 "홍무 초에 편호(編戶) 637개 리→ 가정년간에 340.5개 리→ 천계년간(1620-1627)에 겨우 1/6"[24]로 감소하여 갔다. 실제 호구통계를 보아도, 홍무→만력 사이에, 호(戶)는 56%(82,000호→36,000호), 구(口)는 63%(366,000구→134,000구)나 감소하였지만, 농토는 오히려 72%(19,518경→33,527경)가 증가하였다. 특히 감주부 우도현의 경우에는, 리의 개수가 홍무 30개 리→ 정통 17개 리→ 홍치 11개 리로 감소되어 갔다.[25] 남안부에서는, 홍무24년→ 영락10년→ 성화8년→ 정덕14년→ 만력20년에 이르는 기간에 호는 각각 17,968호→13,270호→7,173호→6,915호(홍무년간보다 62%나 감소)→8615호로 감소되었으나, 전토는 오히려 50%(5,866경→8,799경)가 증가하였다.[26]

---

20) 海瑞, 『海瑞集』(北京, 1962), 「興國八議」, 「均賦役」·「招撫逃民」條; 唐立宗, 2002; 饒偉新, 2000; 張祥浩, 2002.

21) 談愷, 『虔臺續志』(嘉靖34年序刊) 卷1, 輿圖記

22) 明 『孝宗實錄』 卷8, 成化 23年 12月 癸酉, 「江西巡撫李昂的報告」

23) 同治 『贛州府志』 卷首, 「舊序」

24) 嘉靖 『贛州府志』卷4, 食貨志, 里甲; 天啓 『贛州府志』 卷3, 輿地志, 坊都.

25) 康熙(元年) 『雩都縣志』, 卷首, 高伯齡, 「弘治己未志序」; 同書 卷4, 戶口條.

이러한 호(戶)와 구(口)의 격감은 명조 지배의 근간이었던 이갑제 질서가 붕괴되어가고 있었음을 의미하는 현상이었다. 호구가 격감하고 그 사이에 간호(奸豪)가 토지를 겸병하였으므로, 일반 농민의 요역 부담이 급격히 가중되어 중소농민은 물론, 지주인 이장호마저 몰락하여, 궁극적으로는 이갑제의 붕괴를 가속화했다. 그 반면, 전토 면적이 증가하였다는 것은 산악지역으로서 경제가 낙후되었던 강서 남부 지역이 빠른 속도로 개발되고 있었음을 보여 주는 것이다. 그러한 모순 현상이 가능했던 것은 외부에서 유민(流民)·도호(逃戶)가 계속 유입되었기 때문이다. 이들 외래인은 ⓐ 길안부 등 강서 중부 출신, ⓑ 광동 북부 출신, ⓒ 복건 서북부 출신, 이렇게 세 계통의 이민이 주류를 이루었다.27)

명 중기부터 강서 모든 지역에서 이렇게 인구의 유동이 극심하였다. 많은 지방지에서, 강서의 인구가 이미 14세기 초 영락년간부터 감소했다는 기록은 이러한 사정을 말해 준다.

그러면 강서의 인구는 실제로 감소되어 갔던가? 그러한 현상은 왜 일어났던가? 이제 이 문제의 실마리를 풀기 위하여 『남창부지』에 기록된 다음과 같은 내용을 음미해 보자.

> 융경(隆慶)6년 이후 호는 거의 30만, 구는 거의 90만인데, 이는 성인 남녀〔成丁〕를 나타내는 것이다. 〔또한〕 미성년자와 나이 들거나 병든 남녀가 적어도 100만은 될 것이고, 호마다 보고하지 않은 수를 모두 합하면 수십만은 될 것이다. 여기에 유민이호(流民移戶)는 빠져 있으니, 이 모두를 합하면 거의 200여만 구(口)나 될 것이다. 만력14년에 관민(官民)의 전지산당(田地山塘)을 측량하여 보니 7만여 경 정도였는데, 그 가운데 농토로 경작할 수 있는 땅은 겨우 5만여 경에 불과하였다. 토양은 원래 비옥하지 못하여 상·중·하 전(田)을 평균하면 1경의 소출은 대개 150석 정도밖에 안되는데, 수재나 한재(旱災)로 줄어드는 경우에는 100석 정도에도 미치지 못한다. 이것으로는 겨우 20구(口)의 식량도 부족하니,

---

26) 萬曆『南安府志』권12, 食貨志 上.

27) 唐立宗, 2002, pp.104~133; 饒偉新, 2000 참조.

총 5만 경의 소출로는 겨우 100만 구를 부양할 수 있을 뿐이어서, 나머지 100만 구는 부양할 길이 없다. 이 때문에 부민(府民)의 태반이 도망하거나 객민으로 외지에 나가 돌아오지 않아서, 종신토록 부모처자를 보지 못하는 경우도 많다.[28]

이 내용은, 첫째 융경 말~만력 초(17세기 후반) 남창부의 등록 호구는 30만 호에 90만 구 정도였는데 이것은 성인남녀[成丁]만의 수이고,[29] 미성년[未成丁]과 노약자 및 미보고자(노비·유민)의 수까지 합하면, 실제 거주 인구는 등록인구의 배가 넘는 200여만은 될 것이라는 것, 둘째 만력14년의 토지 통계가 7만 경 정도(실제 통계는 71,218경, 〈표1-1-2〉 참조)인데, 이것으로는 100만 구, 즉 실제 주민의 1/2 정도만 부양할 수 있는 능력밖에 안 되므로, 나머지 100만 구는 인구과밀이고, 그 때문에 "백성의 태반이 도망하거나 외지에 나가 돌아오지 않는" 현상이 나타난다는 점 등을 전해주고 있다.

따라서 이 자료를 통하여, 위에서 제시한 의문점을 어느 정도 해결할 수 있다. 첫째, 남창부의 등록 호구는 감소되었지만, 실제 인구는 오히려 계속 증가하였다. 바꾸어 말하면, 지방지 등에 기록된 인구와 실재 인구 사이에는 상당한 괴리가 있었다. 둘째, 지방관부에서 파악하지 못한 인구[미성정 및 노약자, 보고되지 않은 사람·유민]가 등록인구보다 훨씬 더 많았다. 셋째, 앞에서 서술한 것처럼, 남창부에서는 이갑제의 해체과정에서 수많은 농민이 유산하였는데, 이들 수십만에 이르는 보고 누락자는 부역황책(賦役黃冊)에는 기록되지 않은 상태로, 대개 그 지역 세호가의 전호(佃戶)나 노복으로 거주하고 있었고, 그들 가운데 일부가 외지로 이동하였다. 넷째, 유민, 즉 외지에서 유입한

---

28) 萬曆 『南昌府志』 卷7, 戶口.

29) 明代의 人口統計가 대부분 成丁이었던 점은, Ho, Ping-ti, 1959에서 이미 指摘한 바 있다. 그런데 같은『南昌府志』(卷7, 戶口)에 등록된 戶口는 다음 〈표〉와 같다. 이를 보면, 남창부의 인구는 萬曆年間에 들어와 극심하게 감소되었다.

年度	洪武14年	洪武24年	永樂10年	弘治5年	嘉靖初	萬曆14年
戶數	163,780	196,948	220,762	220,761	238,849	268,887
口數	804,848	1,110,444	1,126,119	1,126,119	1,159,714	580,174

객민도 많았다.[30] 이갑제의 편성 원리에 따르면, 이갑호로서 몰락하여 스스로 재생산이 불가능하게 된 기령호[畸零戶; 전호·노복·환과고독자(鰥寡孤獨者)]는 부역황책에 등록시키지 않았다. 그리고 명조는 이갑제를 유지하기 위해서 원칙적으로 '원적발환주의(原籍發還主義)'를 고수하였고 특별한 경우에만 '부적주의(附籍主義)'를 인정하였기 때문에, 명대에 다른 지역으로 이동한 객민들은 옮겨간 곳에서 경제적으로 성장하는 경우에도 그 지역의 부역황책에 등록하지 않음으로써 부역부담을 피할 수 있었으므로, 미등록 유민이호가 생길 수 있었던 것이다.[31]

이상의 남창부의 내용을 강서 모든 지역에 확대해서 적용하여 보면, 명 중기에 강서 모든 지역에서, 지방지의 통계상으로는 인구가 감소되었지만, 실제로는 오히려 계속하여 증가한 결과 인구과밀상태[32]였음을 추측할 수 있다. 통계상의 호구감소는 단지 명조의 통계원칙과 지방관부의 인구파악 능력의 약화를 웅변해주는 것에 불과하였다.

명 중기의 강서지방은 국가의 입장에서 보면, 이갑제가 해체되어 가면서 심각하게 '동요'하던 사회였다. 실제로 명 중기의 강서는 대단히 유동적인 사회였다. 바꾸어 말하면, 한편으로는 선·후진 지역을 불문하고 농지의 개발이 상당히 진전되었다(後述). 그러나 또 한편, 신사나 대지주의 토지겸병, 고리대의 만연, 부역의 과중과 불균형,[33] 인구의 과밀 등으로 말미암아 농민이 점차 분해되어 유산하였다.[34] 그 가운데 부역의 과중과 불균형은 심각한 문제를 야기하였다. 『실록』에서도, "관부에서는 신사·대호(大戶)의 위세에 눌려 부역을 공정하게 부과하지 못하고 그 부분을 소민(小民)에게 전가시키는데, 이에 곤궁해진 소민은 견디다 못해 도적이 된다. 부호(富戶)들은 이들을 전객[佃客; 소작인이나 노비] 등의 명목으로 수용하여 감추어 주고, 그 사실이 발각되면

---

30) 嘉靖『進賢縣志』卷1, 風俗; 趙秉忠, 「江南輿地圖說」,『紀錄彙編』卷208等 참조.

31) 吳金成, 1986, 第2編.

32) 萬曆『南昌府志』卷3, 風俗.

33) 唐立宗, 2002, pp.106~108; 范金民, 1995, 鄭克晟, 1993.

34) 吳金成, 1986, 第Ⅱ編 第1章 「江西 鄱陽湖 周邊의 農村社會와 紳士」 참조.

관부에 회뢰(賄賂)를 써서 피해 버린다. 도적의 활동이 많아져도 관부는 책임 추궁이 두려워 보고를 하지 않는다"고 하면서, "강서에서 도적이 봉기하는 원인은 부역(賦役) 불균(不均) 때문"이라 하고 있다.[35] 강서 순무 임준(林俊; 1452~1527)도,

> 강서는 몇 년 동안 세역이 무거워 백성을 도적으로 내몬 격이었다. 그들이 살인과 방화를 하고, 향촌을 떠돌면서 약탈을 일삼고, 무기를 들고 군대에 항거하니 그 해가 이루 말할 수 없다.[36]

고 지적하였다.

그러면 이미 15세기부터 강서 각지에서 유산한 인구는 어디로 이동하였고, 그곳에서는 어떻게 살았던가? 강서인은 대부분 호광성 등 주변 여러 성으로 이동하였지만,[37] 강서성 안에서 이동한 경우도 적지 않았다. 강서인의 이동은 대개 ① 농촌지역→ 금산구, ② 선진경제 지역[인구가 과밀한 협향(狹鄕)]→ 낙후 지역[관향(寬鄕)], ③ 농촌지역→ 도시·수공업 지역 등으로 유형화해 볼 수 있다.[38] 이상의 3가지 유형 가운데, 제①유형의 결과, 한편으로는 강서의 산구(山區)가 개발되었지만, 또 일부의 유민이 유구(流寇)나 도적으로 변하여 사회혼란을 야기하기도 하였다. 한편, 제②유형의 인구이동으로 강서의 낙후 지역이 개발되었다. 한편, 제③유형의 이동으로 많은 중소도시가 성장하였다. 이제 이러한 인구이동과 그것이 사회에 미친 영향을 개별적으로 살펴보겠다.

---

35) 『孝宗實錄』 卷191, 弘治15년 9월 癸巳(pp.3533~3534).

36) 林俊, 『見素集奏議』(文淵閣四庫全書本) 卷1, 「處置缺少糧科疏」, p.43a

37) 葛劍雄·曹樹基, 1993; 梅莉, 1995; 張國雄, 1995; 曹樹基, 1997B; 吳金成, 1986, 第2編 等 참조.

38) 吳金成, 1986, 第Ⅱ編, 第1章 참조

Ⅱ. 山區 寇賊의 蜂起

영락년간부터는 강서 각지에서 이갑제 질서가 이완되고 농촌사회가 분해되어 농민이 유산하기 시작하였다(前述). 그 결과 강서에서는 이미 15세기 중엽부터 각지에서 구적의 봉기가 연이어 일어났다. 이러한 정황에 대하여, 형부상서 등은,

근년에 강서지방에 도적이 수시로 나타나서, 혹은 관리를 살해하고 창고를 약탈하고, 혹은 옥을 부수고 방화하는 등, 다른 곳의 강도에 비하여 훨씬 흉폭하다. 그 가운데에 각지의 유이민(流移民)이 끼어 있으니, 반드시 '와주(窩主)'가 있을 것이다.[39]

라고 지적하였다. 그 때문에 명조는 홍치8년(1495)에 처음으로 남감순무(南贛巡撫)를 설치하여, 광동 좌포정사(左布政使) 김택(金澤)을 임명하였다. 김택은 감주에 개부(開府)하였다. 그후 한방문(韓邦問)이 이를 계승(1499)하였고, 5년 후에는 이 지역이 안정되었다고 판단되어 순무를 없앴다(1504).[40]

그런데 정덕3년(1508)에 강서성 각지에서 또 다시 구적의 봉기가 창궐하였다. 그 가운데 비교적 큰 무리는, ⓐ 정안의 적[賊; 남창부 정안현의 마노채·월왕령 지역], ⓑ 요원의 적[요주부 여간현 요원동, 왕호팔(王浩八)이 주도], ⓒ 화림의 적[서주부의 선녀채·계공령 지역], ⓓ 동향의 적[무주부 동향현, 악경이(樂庚二)·진방사(陳邦四) 주도], ⓔ 대모산의 적[감주부 안원현과 광동·복건 교계지역] 등 5개 세력이었다.[41] 실로 강서 모든 지역에서 봉기하였는데,

---

39) 『皇明條法事類纂』 卷35, 「禁約江西大戶逼迫故縱佃僕爲盜其窩盜三名以上充軍例」(成化12년, 1476). 이 部分은 『皇明條法事類纂』의 原本에는 「補遺」(不分卷, 下卷, pp. 720~721)에 收錄되어 있다. 그러나 日本學者 大宅顯浩 1990에 따라 '卷35'로 修訂하였다.

40) 明 『孝宗實錄』 卷99, 弘治 8년 4월 辛巳(p. 1829); 康熙 『南安府志』, 卷16, 事攷 上, 12a 참조

41) 이하에서 正德 9년 3월에 일단 진압될 때까지의 강서 寇賊의 전말은 高岱, 『鴻猷錄』 卷12, 「平江西寇」; 谷應泰, 『明史紀事本末』 卷48, 「平南贛盜」; 『明史』 卷187, 「陳金」·「兪諫」·「周南」 列傳 등 참조.

그 가운데 왕호팔이 이끄는 요원의 세력이 가장 컸다. 이러한 구적의 봉기가 야기하는 또 하나의 심각한 문제는,

> 처음에는 촌락을 약탈하다가 관군이 토벌하려 하면 산골짜기로 숨어 버린다. 그들은 무뢰들을 끌어 모으는데 빈민들도 많이 들어간다. 각기 험한 곳에 채(寨)를 세우고 동시에 봉기하여 서로 협조하기 일쑤이다.[42]

고 하듯이, 각처의 유이민·무뢰·빈민 등이 이들과 합세했던 점이었다.

16세기 초의 정덕년간(1506~1521)에는 사회혼란이 심화되어, 전국적으로 대규모의 반란이 일어났다. 그 가운데 화북의 유육(劉六)·유칠(劉七)의 란, 호광 북부 형양(荊襄)의 난, 사천의 난 등의 규모가 컸다.[43] 그리고 강서성에서도 이와 비슷한 봉기가 있었던 것이다. 이에 명조는 일단 폐지시켰던 남감순무를 다시 설치하여 주남(周南)을 임명하고(정덕 6년, 1511), 우도어사(右都御史) 진금(陳金)과 우도부어사(右副都御史) 유간(俞諫)으로 하여금 이들을 도와 진압하도록 하였다. 진금·유간 등은 심지어 광서성 전주 등지에서 모집한 군대[이들을 낭병(狼兵)이라 부름]까지 동원하면서 초무와 안삽을 반복한 끝에, 정덕9년(1514) 3월에 가서야 겨우 강서 북부지역의 구적을 어느 정도 진압할 수 있었다.[44] 그 과정에서 정덕7년에 무주부에 동향현, 정덕8년에 요주부에 만년현을 새로 건립하였다.[45]

그러나 강서 남부의 구적은 오히려 더욱 확산되고 있었다. 즉, ① 첨사부·온화소 등이 만여 명의 무리를 이끌고 봉기한 복건 장주적(漳州賊), ② 사지산(謝志珊)·남천봉 등이 만여 명을 이끌고 80여 산채에 웅거한 강서 남부 횡수·

---

42) 高岱,『鴻猷錄』卷12,「平江西寇」.

43) 趙儷生, 1954.

44) 王陽明 이전의 巡撫와 그 활동에 대해서는 天啓『贛州府志』卷8,「統轄志」, '督撫' pp. 519~521; 高岱,『鴻猷錄』, 卷12,「平江西盜」, p.273 참조. 이때 강서의 반란 진압에 임했던 陳金은, "況姚源賊巢, 雖餘干一縣所管, 實鄱陽·樂平·貴溪四縣之中. … 欺公玩法, 獷悍冥頑, 差役不當, 稅糧弗納"라 하고 있다.(陳金,「請建萬年縣疏」, 同治『萬年縣志』卷9, 藝文志, 奏疏).

45) 許懷林, 1993, pp.492~495

좌계·통강의 적, ③ 지중용(池仲容) 등이 5,000여 무리를 이끌고 봉기한 광동 북부 대모산·이두의 여러 도적, ④ 공복전 등이 봉기한 호광 남부 침주의 적, ⑤ 고중인 등이 봉기한 광동 북부 소주부 악창의 적 등 수없이 많은 구적[대개는 사족(畬族) 등 소수민족 또는 부근 주현에서 석출된 도민(逃民)]의 봉기가 만연하였다. 이들은 2~3년 전에는 3,000여 명에 불과하였으나 이제는 수만 명으로 증가하였고, 4개성의 교계(交界) 지역을 넘나들면서 마음대로 약탈을 자행하고 있었다.46) 이들은 적으면 3백~4백 명, 많으면 3천~4천 명씩 무리를 이루어, '신사와 인민을 죽이고 노략질하고, 현성을 포위하고 감옥을 파괴하고, 민간의 가옥을 불사르고 부녀들을 간음'하는 등 무소불위로 만행을 자행하였다.47)

정덕11년 9월 14일에 양명이 남감순무(南贛巡撫)로 임명된 것은 그에 대한 대응책이었다.48) 당시 강서 남부사회에 대한 양명의 인식은,

⑴ 감주부 지역은 … 산곡이 험하고 삼림이 무성하여 도적이 1/3이나 장악하고 … 백성이 크게 해를 당하고 있다. … 감주부만 보아도, 재화는 말라버렸고 병력은 약하고 모자라며 위소(衛所)의 군정(軍丁)은 장부(帳簿)로만 갖추어져 있고 … 도적을 소탕할 방편은 백에 하나도 갖추어져 있지 않다.49)

⑵ 강서·호광·복건·광동이 접하고 있는 산곡에는 도적의 소굴이 없는 곳이 없다. (그런데도) 지방관들은 지위의 고하를 막론하고 [그저] 속수무책으로, '토벌할 수 없다'고만 할 뿐…50)

---

46) 『王陽明全集』(이하 『全集』으로 약칭함) 卷9, 別錄 1, 奏疏 1, 「申明賞罰以勵人心疏」 (正德12年 5月 8日, pp.307~311). 당시 양명도 "照得撫屬地方, 界連四省, 山溪竣險, 林木茂深, 盜賊潛處其間, 不時出沒剽劫, 東追則西竄, 南捕則北奔, 各省巡捕等官, 彼此推調觀望, 不肯協力追剿, 遂至延蔓日多"(『全集』 卷16, 別錄8, 公移1, 「巡撫南贛欽奉敕諭通行各屬」, p.525)라 하고 있다.

47) 『全集』 卷9, 「申明賞罰以勵人心疏」·「攻治盜賊二策疏」.

48) 谷應泰, 『明史紀事本末』 卷48, 「平南贛盜」. 양명의 정식 관직은 도찰원좌첨도어사(都察院左僉都御史) 남감정장등처순무(南贛汀漳等處巡撫)였다.

49) 『全集』 卷16, 別錄 8, 「選揀民兵」, p.527.

50) 黃綰, 「陽明先生行狀」, 『全集』 卷38, 世德紀(p.1410).

이라는 것이었다.

앞에서 서술한 것처럼, 명 중기 이후에 이 지역에서도 심각한 농민유산 현상이 있었다. 그러면서도, 감주부는 명대에 농토가 72% 증가하였고, 남안부도 농토가 50%나 증가하였다. 극도로 불안한 사회에서 이렇게 높은 경지증가율이 나타난 기현상이 가능했던 것은, 외부에서 유민·도호가 계속하여 유입되었기 때문이다.

강서 남부의 4성교계지역에 자리한 감주부는 인구이동 유형 가운데, ①·② 번 유형 모두에 가장 잘 부합되는 곳으로, 외부인구가 가장 많이 유입되었다. 이곳에 유입한 외래인은, 앞에서 살펴본 것처럼, ⓐ 길안부 등 강서 중부 출신, ⓑ 광동 북부 출신, ⓒ 복건 서북부 출신 이렇게 세 계통의 이민이 주류를 이루었다. 그리고 강서 내부에서 인구의 유출이 가장 많은 지역은, 해서(海瑞)의 지적대로,51) 길안부·무주부·남창부·광신부였다. 이들 4개 지역은 남부 산구에 비하면 월등한 선진 경제지역이었지만, 위에서 지적한 바와 같은 갖가지 사회모순이 진행되고 있었기에 인구유출이 심각했다. 그 가운데 특히 길안인의 이동은 유명하였다.52) 앞에서 서술한 바와 같이, 명조 정부에서도 '땅은 적고 사람은 많으며, 세호가의 횡포와 그로 말미암은 수많은 소송사건' 등, 이 지역의 사회모순의 심각성을 인식하고 있었다.53)

강서 남부에 유입한 외래인 가운데, 강서 북부지역에서 유입한 객민의 대부분은 남감지방 세호가의 전호나 노복으로 정착하였으며, 일부는 자작농으로 성장하였고, 일부는 기장호(寄莊戶)로서 20%~30% 또는 50% 가까운 전토

---

51) 海瑞, 『海瑞集』(中華書局 本, 1962) 上, 「興國八議」, 地利條에 "今吉·撫·昌·廣數府之民, 雖亦佃田南·贛, 然佃田南·贛者十之一, 遊食他省者十之九"라 하고 있다. 그들 북부 流散人口의 대부분은 他省으로 이동하였고, 10% 정도만이 南贛山區로 이동하였다는 것이다. 명대에 "강서인이 호광을 메웠다"는 속담이 유행할 정도로, 강서인은 성내 이동보다도 이웃한 호광 등 외지로 이동한 수가 훨씬 많았다. 이에 대해서는 본서 제3편 제3장 참조.

52) 『皇明條法事類纂』 卷20, 「債主關体問不應」(上卷, pp.500~501).

53) 『憲宗實錄』 卷56, 成化4년 7月 癸未(pp.1152~1153); 唐立宗, 2002, pp.104~133; 方志遠, 1987 등 참조.

를 소유하고 있었다.54) 그러나 이들 외래인들은 객적(客籍)을 가진 채 들어와 부정한 방법으로 토지를 점유하면서도 부역황책에는 등록되지 않아서 부역을 탈면하였으므로, 다수의 토착 농민이 토지를 잃게 되었고, 토착인의 부역 불균형 현상은 날로 심화되어 결국 유산할 수밖에 없었다. 말하자면, 외래인은 남감지방에 정착하고 토착인은 유산하는, '인구의 대류현상(對流現象)'이 일어났던 것이다.

이렇게 남감지역에서 석출(析出)된 인구는 대부분은 인근의 호광·광동·복건 등 지역으로 유출되었지만,

(1) 남안과 감주, 두 지역은 땅은 넓고 산은 깊고 거민은 아주 적다. 어떤 부호나 대호(大戶)는 본분을 지키지 않고 소민의 농토를 겸병하여 사방에 장원을 설치한다. 이웃 소민들은 요역을 피하기 위하여 가족을 이끌고 도망해 와서 전호로 의지하거나 노복이 된다. … 소호(小戶)들이 가난해져서 살기가 어려워지면 부득이 도호(逃戶)들을 모아 사방으로 돌아다니며 약탈하거나 현지의 도적을 끌어들여 주인집을 약탈한다. 개중에는 대호의 자제나 노복이 도적과 내통하여 봉기하는 경우도 있다. … 이러한 일은 남안·감주, 2부 지방에만 있는 일이 아니다.55)

(2) 그때에 남안·감주부에 도적이 수시로 봉기하자, 민규(閔珪)·진수태감 등원·순안어사 장내(張鼐) 등이 그 일을 상주하였다. 〔황제는 그 일을〕 법사(法司)에 내려보내, '강서에 세호가가 유이민을 노비나 전호로 숨기고, 도적들과 내통하여 〔약탈물을〕 서로 나누어 가지는 일'을 상의케 하였다.56)

고 한 기록에서 보듯이, 현지에서 세요가(勢要家)의 노복이나 전호로 정착

---

54) 康熙(元年)『雩都縣志』卷4, 食貨志에, "正德以後, 凋弊益甚, 或産去糧存, 或戶存人絶, 産之歸於吉安之寄莊戶者已十之二三矣"라 하였고, 天啓『贛州府志』卷3, 輿地志, 土産條에는 "田土强半隣壤占籍"이라 하고 있다.

55) 『皇明條法事類纂』卷35, 「禁約江西大戶逼迫故縱佃僕爲盜其窩盜三名以上充軍例」. 이 部分은『皇明條法事類纂』의 原本에는 「補遺」(不分卷, 下卷, pp.719~722)에 收錄되어 있다. 그러나 日本學者 大宅顯浩, 1990에 따라 '卷35'로 修訂하였다.

56) 『憲宗實錄』卷281, 成化22年 8月 癸酉條, 贛州府知府李璜上奏

한 자들도 있었고, 외래인과 함께 도적이 되기도 하였다. 또 다른 성에서 들어온 객민들도, 일부는 남감지역에서 전호나 노복으로 정착하였고, 또 일부는 남감사회에 적응하지 못하여 결국 도적이 되었다. 앞에서 서술한 바와 같이, 강서 남부 4성교계지역에서 창궐한 5개의 대규모 봉기는 바로 그러한 원인에서 나타났고, 정덕11년(1516) 9월에 양명이 남감순무로 임명된 배경이기도 하였다.

남감지역의 구적집단들은 이렇게 세력을 확장하면서 지구전을 펴고 있었다. 그렇게 할 수 있었던 원인은, 남안부 소속의 상유현의 경우 "거민이 살육 당하고 농토를 점거 당하였고", 대유현에서는 "도적이 농토 절반을 점령"하였고, 남강현에서는 "도적이 농토를 6리 반이나 점거하였다"고 하고,[57] 광동 북부의 경우에도, "처음에는 농민의 전지를 빼앗아 농사짓고, 후에 다른 군현(郡縣)을 공격하였다"고 하였듯이,[58] 공개적으로 현민의 농토를 빼앗아 농사를 지으며 버티고 있었기 때문이다.[59] 그러기에 양명조차도 남감지역 전체로는 구적세력이 점유한 전토가 "수천만 경"이라고 탄식할 만큼 심각하였다.[60]

그런데 이들 구적세력의 횡행이 야기한 또 한 가지의 심각한 문제는,

상유현 … 등의 지역에는 도적의 소굴이 80여나 되는데, 3개현의 중간에 위치하여 동서남북으로 3백여 리나 떨어져 있어 (관부의) 명령이 미치지 못하며 인적도 드문 지역입니다. 사족(畲族)은 본래 광동에서 흘러 들어왔습니다. … 세월이 흐르자 인구가 날로 증가하고 우익이 점차 많아지게 되어, 거민은 이들에게 살육을 당했으며, 농토도 이들에게 점거 당했습니다. 또 만안·용천 등 현의 세역을 피해 도망해온 사람·기술자·떠돌며 걸식하는 자들을 끌어들여 이곳에 잡

---

57) 『全集』卷10, 別錄 2, 奏疏 2, 「立崇義縣治疏」(正德12년 閏12월 5일, p. 350)

58) 『全集』권11, 別錄 3, 奏疏 3, 「添設和平縣治疏」(正德13년 5월 1일, p. 367)

59) 『全集』권10, 別錄 2, 「南贛擒斬功次疏」(正德12년 7월 5일, p. 329)에 "其精壯賊徒, 晝則下山耕作, 夜則各遁山寨"

60) 『全集』권9, 別錄 1, 奏疏 1, 「攻治盜賊二策疏」(正德 12년 5월 28일, p. 313). 단, 萬曆年間의 총 등록 田地를 보면, 南安府가 8,797頃(康熙 『南安府志』권6, 田賦), 贛州府가 33,527경(乾隆 『贛州府志』권17, 賦役)이었으므로, 數千萬頃이라는 숫자는 굉장히 많았다는 의미의 과장이었다.

거하면서 무리를 이루어 활동함이 만수를 헤아리게 되었습니다. 처음에는 향촌을 노략질하더니, 뒤에는 부현(府縣)까지 공격하여 약탈하였습니다.[61]

라는 기록에 잘 요약되어 있다. 이 내용에서는 다음 두 가지 사실을 엿볼 수 있다. 첫째는 '사족(畲族)'의 존재이다. 이들은 복건·광동·강서·절강·안휘 등지에 거주하는 요족계(猺族系) 소수민족이다.[62] 『남안부지』에도, "전에 광동·호광에 기근이 들어 두 성의 유민이 상유현의 깊은 산에까지 도망쳐 왔기에 이들을 안주시켰는데, 점차로 거민의 곡식을 탈취하고 가축을 훔쳤다. 후에 사지산 등이 사방을 약탈하고 돌아다니며, 자기들은 사적(畲賊)이라 자칭하였다"는 내용이 보인다.[63] 이들은 홍치8년에 받아들여 안주시킨 무리이지만 수가 점차 증가하면서 '거민이 살육당하고 농토를 점거' 당하기에 이르게 되었다는 것이다. 둘째는 북쪽에 접경하고 있는 길안부에서 세역을 피해 도망쳐 온 사람·기술자·떠돌며 걸식하는 자들이 유입되어 사족과 잡거하면서 만수로 증가된 무리들이 횡행하고 있었다는 점이다. 광동 동북부의 이두 지역에서 횡행한 '이두의 적'에 대해서도, 양명은 '삼성의 도망자들'[64] 또는 '사방의 무적(無籍)자들과 사교(邪教)를 믿는 자들'이라 규정하였고,[65] 또한 호광성 침주 지역의 도적집단이 초무되었을 때 그 두목에게 요관(猺官)의 지위를 주었던 사실도 전하고 있다.[66] 그러므로 강서 남부지역의 사회를 말할 때에는 반드시 사족 등 소수 민족의 존재도 함께 고려하여야 한다.

이상과 같이, 명 중기 이후의 강서사회는 이갑제가 심각하게 해체되어 가고 있었다. 특히 남부의 4성교계의 산구에서는 각지에서 석출된 유민·도호의 결집, 사회불안, 극도로 혼란한 치안, 토착민과 객민 혹은 한인과 소수민족 사

---

61) 『全集』 卷10, 別錄2, 「立崇義縣治疏」(正德12年 閏12月 初5日), p.350.

62) 畲族簡史編寫組, 1980.

63) 萬曆 『南安府志』 卷3, 政事紀, p.26b.

64) 『全集』 卷11, 別錄3, 「添設和平縣治疏」(正德13년 5월 1일, p.367).

65) 『全集』 권11, 別錄 3, 「浰頭捷音疏」(정덕13년 4월 20일, p. 365).

66) 『全集』 卷9, 別錄1, 奏疏1, 「攻治盜賊二策疏」(p.216).

이의 갈등 등으로 말미암아, 이갑제 질서는 이미 붕괴된 상태였고, 그 결과 도적의 소굴이 없는 곳이 없고, 도적들은 아예 농사를 지으면서 장기간에 걸쳐 만행을 일삼는 혼란한 사회가 되고 말았다. 바로 이러한 시기에 남감순무로 부임하여 구적초무(寇賊招撫)와 선후책(善後策)을 시행하였던 양명(陽明)은, "최근에야 치양지(致良知) 세 글자를 믿게 되었다. … 전에는 의심하며 확신을 갖지 못하였으나, 많은 일을 겪고 난 지금은 이 '양지(良知)'에 대단히 만족하게 되었다. … 내가 말하는 이 '양지' 두 글자는 실로 … 한 방울의 골혈(骨血)이다. 또한 나의 이 양지설은 '백사천난(百死千難)' 가운데에서 겨우 얻은 것"이라 하였다. 자기의 사상은 강서 남부의 사회가 처한 사정을 몸소 '목도하고 경험'한 위에서 이루어졌음을 고백한 것이다.67)

Ⅲ. 江西 各地 開發의 進展

1. 鄱陽湖 周邊의 開發

강서의 곡창지역인 감강 중·하류 지역과 파양호 주변 일대는 이미 송대에 상당히 개발되었으나 원말 전란기에 황폐해졌다가, 홍무년간에 들어와 다시 빠르게 회복되어, 홍무 말기에 이르면 호광지방의 4배 정도의 농업생산력을 지니게 되었다. 명초에 감강 중·하류 지역과 파양호 주변 지역에서 진사와 고관이 많이 배출된 것은 여기에 기인한 것이었다.68)

이러한 사실은 〈표 1-1-1〉을 보면 알 수 있다. 즉, 감강 하류와 파양호 주변 등 북부 6개 부 지역과 감강 중류 지역에 위치한 중부 5개 부 지역, 및 감강 상류에 위치한 남부 2개부 지역은 전체 면적이 북부〉중부〉남부 순으로 약간의 차이가 있는데, 부역황책에 등록된 홍무24년의 각 부의 전지산당(田地山塘)의 면적은, 북부 6부가 212,538경으로 강서 전체 경지의 53.7%를 점하고,

---

67) 『全集』, 「年譜」2. 양명사상의 이념과 寇賊 초무 활동 사이에 일견 모순되는 문제의 整合性에 대해서는 다음 장 참조.
68) 許懷林, 1982; 楊訥, 1982; 吳金成, 1986, 第2編 第1章參照.

〈표1-1-1〉 明代 江西의 登錄田地 統計

府名	洪 武	24년(1391)	萬曆丈量	結果
	田地 面積(頃)	人 口(口)	田地 面積(頃)	洪武對比率(%)
九 江 府	8,233	74,759	12,486	151.7
南 康 府	15,511	196,549	18,343[a]	118.3
南 昌 府	50,265	1,138,182	71,218[b]	141.7
饒 州 府	60,657	821,077	70,578[c]	116.4
瑞 州 府	36,263	428,602	37,732	104.1
廣 信 府	41,609	506,908	48,111[d]	115.6
北部 6個府 小計	212,538	3,166,077	258,468	121.6
袁 州 府	16,551	381,745	23,436	141.6
臨 江 府	33,547	546,111	34,038	101.5
撫 州 府	45,918	1,201,797	49,850[e]	108.6
吉 安 府	48,534	1,717,933	55,050	113.4
建 昌 府	13,685	513,116	17,016	124.3
中部 5個府 小計	158,235	4,360,702	179,390	113.4
南 安 府	5,866	74,858	8,797	150.0
贛 州 府	19,518	366,165	33,527	171.8
南部 2個府 小計	25,384	441,023	42,324	166.7
總 計	396,157	7,967,802	480,182	121.2

〈出典〉 吳金成, 1986, 제2편 제1장 참조.
 a) 正德13年, 南康府 安義縣을 建置할 때, 南昌府의 新建·奉新 兩縣의 一部分 田土를 安義縣에 割讓함.
 b) 正德7年, 撫州府 東鄕縣을 建置할 때, 南昌府 進賢縣의 457畝를 東鄕縣에 할양하였고, 正德 13年, 南康府 安義縣을 建置할 때, 南昌府 新建·奉新 兩縣의 一部分 田土 安義縣에 할양함.
 c) 正德 7年, 撫州府 東鄕縣을 建置할 때, 饒州府 餘干縣의 一部分 田土를 할양하였고, 同年에 萬年縣을 건치할 때, 廣信府 貴溪縣의 一部分의 田土를 萬年縣에 할양함.
 d) 正德7年, 饒州府 萬年縣을 建置할 때, 貴溪縣의 一部分 田土를 萬年縣에 할양함.
 e) 正德7年, 東鄕縣을 建置할 때, 南昌府 進賢縣의 457畝를 東鄕縣에 할양함.

중부 5부는 158,235경으로 39.9%를 점하였고, 남부 2부는 25,384경으로 겨우 6.4%에 불과할 정도로 낙후되어 있었다. 한편, 1인당 평균 전지면적은 북부 6부 지역은 6.7무였고, 중부 5부 지역은 3.6무로 인구과잉 상태였다. 이에 비해서 남부 2부 지역은 5.8무로, 개발은 낙후되었지만 인구가 희소하였기에 농토에는 다소 여유가 있었다.

명초에는 이러하였던 강서사회가, 위에서 본 바와 같이, 명 중기에는 심각하게 동요하였다. 각지에서 토착인이 유산하고, 경우에 따라서는 그 자리에 외부에서 들어온 객민이 정착하는 '인구의 대류현상'마저 나타났다. 그러나 또 한편, 〈표1-1-1〉을 보면, 강서지역은 15세기 이후에도 산야의 개간과 수리시설[水利施設; 우(圩)·제(堤)·피(陂)·당(塘) 등]의 수축을 통하여 농토가 꾸준히 증가하였다. 사회가 동요하면서 인구가 유산하는데도, 반대로 농경지는 꾸준히 증가하였고 도시도 발달하였다(後述). 이렇게 언뜻 보기에 모순되는 듯한 현상을 이해하기 위해서는 다른 방향의 분석이 필요하다.

이를 위해서, 우선 명 중기 강서의 농경지 증가의 실상을 보기로 하자. 먼저 〈표1-1-1〉을 통해서 북부 6부 지역을 보면, 전체적으로는 홍무24년부터 만력장량기(萬曆丈量期)까지 총 경지가 38% 증가하였다. 그러나 명 중기를 거치는 동안에 경지개발에 차이가 생겼다. 명초에 경지개간율(耕地開墾率; 총 면적에 대한 등록전지의 비율)이 가장 앞섰던 서주부는 경지증가가 거의 없었다. 그러나 가장 뒤졌던 구강부는 51.6%로 1위를 기록하였고, 특히 구강부의 덕안현은 200% 이상의 증가율(584경→1,758경)을 기록하였다. 또한 인구도 강서의 대부분의 지역에서 15세기 이래 감소되었다는 기록과는 대조적으로, 덕안현에서는 홍무24년부터 가정년간(1522~1566)까지 인구가 거의 250%나 증가하였다.[69]

북부 6부 지역 가운데 명 중기에 가장 크게 발전한 곳은 남창부였다. 남창부는 명초 경지개발율(耕地開發率)이 7위로 가장 낙후된 지역이었다. 그러나 중기를 지나서 만력장량기(萬曆丈量期)까지 41.7%나 증가하여 북부에서 증가율로 2위를 기록하였고, 실제 증가한 경지도 강서성에서 가장 많은 2만 천여 경이나 되었다. 남창부의 지리적 환경은 허리 부분을 중심으로 동부 4현과 서부 4주현 지역으로 나눌 수 있다. 이제 〈표1-1-2〉를 통하여 명 중기 남창부의 사회변화를 보기로 하겠다.

남창부는 홍무14년부터 24년까지 10년 동안, 동부의 인구는 34.6%, 서부의

---

69) 康熙『九江府志』卷3, 戶口; 同治『德安縣志』卷5, 食貨, 田賦.

〈표1-1-2〉 明代 南昌府의 登錄 人口·田土 統計

州 縣 名	洪武 14年 人 口(口)	洪武 田地面積(頃)	24年 人口(口)	萬曆丈量 田地面積(頃)	結果 洪武對比率
南昌縣	281,212	11,721	338,782	14,375	122.6%
新建縣	114,591	5,610	134,325	11,689[a]	208.4
豊城縣	157,405	10,579	249,079	14,455	136.6
進賢縣	99,383	8,259	156,145	9,438[b]	114.3
東部 4縣 小計	652,591	36,169	878,331	49,957	138.1
奉新縣	91,304	4,041	118,315	5,045[c]	124.8
靖安縣	22,294	1,898	27,268	2,671	140.7
武寧縣		3,921	33,515	5,782	147.5
寧 州	49,762	4,236	80,753	7,763	183.3
西部 4縣 小計	163,360	14,096	259,851	21,261	150.8
府 總計	815,951	50,265	1,138,182	71,218	141.7

〈出典〉 吳金成, 1986, 제2편 제1장 참조.
   a) 正德13年, 南康府 安義縣 建置時, 新建縣의 一部分 田土를 安義縣에 劃入함.
   b) 正德7年, 撫州府 東鄕縣 建置時, 進賢縣의 45畝를 東鄕縣에 劃入함.
   c) 正德13年, 南康府 安義縣 建置時, 奉新縣의 一部分 田土를 安義縣에 劃入함.

인구는 59.1% 증가하여 부 전체로는 39.5%(322,231명) 증가하였다. 동·서부 지역의 면적은 비슷한데도, 홍무14년의 인구는 동부 대(對) 서부가 8 : 2였고, 홍무24년에는 77.2 : 22.8로서 동부에 집중되었고, 등록전지도 72 : 28로 동부가 압도적으로 많았다. 한편, 명 중기 이후의 변화를 보면, 전지증가율(田地增加率)이 동부는 38.1%였고, 특히 신건현[남창현과 함께 남창부의 부곽(附郭)]은 108.3%나 증가하였다. 서부는 50.8%가 증가하였고, 특히 정안현과 무령현의 증가율이 비교적 높았으며 가장 높은 곳은 영주로 83.2%가 증가하였다. 명대에 변경지역이 이렇게 급속히 개발된 배경은, 명 중기 이후 대대적인 인구이동의 결과였다.[70] 남창부 서부의 경우에도, 정안현은 홍무24년에 26,786구(口)에서 가정41년에 50,185구로,[71] 무령현(武寧縣)은 홍무24년에 33,515구에

---

70) 吳金成, 1986, 第Ⅱ編; 吳金成, 1993等 참조.
71) 嘉靖『靖安縣志』卷3, 戶口.

서 가정 초기 70,323구로, 영주는 홍무24년에 80,753구에서 가정 초 134,843구로 각각 증가하였다.[72] 그런데 전지증가율로 보면 서부가 동부보다 월등히 높았으나, 실제 증가된 면적은 서부 전체가 겨우 7,000여 경 정도로서, 동부의 신건현 한 현의 증가분인 6,000여 경을 약간 웃도는 것이었다. 남창부에서 이렇게 전지가 증가한 것은, 동부는 산야의 개간 외에도 감강 하류와 파양호 서·남부 지역에 다양한 수리시설을 수축하여 확보한 것이었고, 서부는 단지 산야를 개간한 것이었다.

그러므로 명 중기 이후 남창부의 여러 변화는 다음과 같이 정리할 수 있다. 감강(贛江) 하류에 위치하여 비교적 평탄하고 저습지가 많았던 동부지역은 명 초에 일찍이 농업생산력을 회복한 후, 중기에는 서서히 발전하여 갔다. 비교적 산야가 많은 서부는 명초에는 낙후된 지역이었으나 중기부터 급속히 개발되었다. 그러나 실제 증가된 전지면적은 동부가 서부보다 2배 가까이 많았다.

2. 贛南山區 開發의 擴大

명 중기 이후 남창부에서 나타난 이러한 변화 현상은 〈표1-1-1〉을 통하여 강서성 모든 지역에 적용해 보면 비슷한 결과가 나온다. 즉, 비교적 산야가 적은 북부지역은 명초에 비교적 빨리 농업생산력을 회복한 후, 중기 이후에는 서서히 발전하여 갔다. 이에 비하여 중부 5부 지역에서는 산구(山區)인 건창부 지역만 약간 개발되었다. 그런데 산구인 남부 2부 지역은 명초에는 낙후되어 있었으나 중기 이후에는 급속히 개발되었다. 남부의 등록전지 증가율(66.7%)은 북부(21.6%)의 3배, 중부(13.4%)의 거의 6배나 되었다. 그러나 실제 증가된 경지면적은 북부(45,930경 증가)가 남부(16,940경 증가)보다 약 28,990경이나 더 많았다.

명 중기부터 강서 남부의 전지가 이렇게 개발된 배경은, 첫째, 먼저 개발된 북부와 중부의 농촌에서 석출(析出)된 대량의 농민이 남부로 들어가, 일부는

---

72) 萬曆 『南昌府志』 卷7, 戶口.

구적세력에 가담하였지만, 또 일부는 산구의 개간에 참여한 결과였고, 둘째, 남부의 복건과 광동에서 들어온 이민들이 개간에 참여한 결과였다.[73] 즉, 남안부 지역의 호(戶)는 홍무 이래 계속하여 감소되어 갔으나, 전토는 오히려 49.9%(5,866경→8,799경)가 증가하였다(〈표1-1-1〉 참조). 강서남부에서 가장

〈표1-1-3〉 明代 贛州府의 登錄戶口·田土 統計

府縣名	戶 數		口 數		田土 面 積	
	洪武24年	萬曆年間	洪武24年	萬曆年間	洪武24年	萬曆丈量
贛州府	82,000戶	36,000戶	366,000口	134,000口	19,518頃	33,527頃
贛 縣	24,206	13,812	144,678	49,300[a]	3,835	6,163
寧都縣	32,703	11,071	157,306	48,206		8,322
雩都縣	3,911	2,176	16,698	5,604	802	1,008
興國縣	14,153	6,166	56,371	26,834	3,101	2,939
石城縣	2,807	899	16,754	6,879	1,427	2,031
龍南縣	260	766	1,246	2,790		1,664[b]
安遠縣	292	551	1,445	1,681		1,541
瑞金縣	1,421	707	5,722	1,588	289	2,797
信豊縣	638	1,470	3,109	3,846	115	4,628[c]
會昌縣						1,595
定南縣		310		1,855[d]		777
長寧縣						62

〈出典〉吳金成, 1986, 제2편 제1장 참조.
  a) 嘉靖年間統計.
  b) 隆慶2年, 分設定南縣時, 龍南縣132頃劃入定南縣.
  c) 隆慶3年, 信豊縣給了定南縣14頃.
  d) 隆慶3年, 定南縣分設獨立時的統計.

주목되는 지역은 감주부 지역이었다. 〈표1-1-3〉에서 보는 바와 같이, 홍무에서 만력년간까지 호와 구가 모두 감소하였으나, 전지는 오히려 71.8%(19,518경→33,527경)나 증가하였다.

  명 중기 이후 강서사회가 이렇게 변화하고 있을 때, 양자강 하류 일대에서

---

73) 南贛지역의 開墾에는 江西 北·中部人뿐 아니라, 閩·粤地域의 流移民도 많았음은 물론이다. 唐立宗, 2002, pp.70~75; 饒偉新, 2000 등 참조.

는 상공업과 중소도시가 발달하고 인구가 급증한 때문에 식량의 수요가 점차 증가하고, 결국 다른 지역에서 식량을 수입하지 않으면 안 될 지경에 이르렀다.[74] 바로 이때 새로운 곡창지대로 등장한 곳이 호광지역이었다. 15세기 중엽의 천순(天順)년간부터 "호광에 풍년이 들면 천하가 족하다"란 속담이 유행한 것은 바로 그 때문이었다.[75] 그런데 사료에서는, 명 중기 이후에 강남지방이 필요한 미량(米糧)을 수입해 온 곳을 대개 '강우형초(江右荊楚)'로 연칭하고 있다. 이로써 호광뿐 아니라 강서지역에서도 미량을 수출하였음을 알 수 있다. 또한 실제로 많은 강서 사료에서도 이를 확인할 수 있고, 만력년간 이후에는 심지어 강서 남부 지역에서도 강남지방으로 식량을 수출한 기록이 남아 있다.[76]

Ⅳ. 新都市의 發達

명 중기 이후의 인구이동의 제③유형은, 농촌에서 도시나 수공업 지역으로 이동하여 상인이나 날품팔이 혹은 무뢰가 되는 경우였다. 이로 말미암아 중소도시가 많이 성장하였다. 강서성에는 명청시대에 경덕진·하구진·장수진·오성진 등 4대진(大鎭)이 발전하였다.

1. 瓷都 景德鎭의 發展[77]

먼저 강서 동북지방에 위치한 요주부 부량현의 경덕진을 보자. 경덕진은 그 위치가 교통의 요지도 아니고 오히려 창강(昌江) 중류의 구릉지대에 위치하였지만, 당대(唐代) 이래 천여 년 간 도자업 단일 품종의 생산 중심지로 면

---

74) 吳金成, 1997B.

75) 張國雄, 1995; 梅莉, 1995; 吳金成, 1986, 第2編; 吳金成, 2007-A, 제1편 제2장 및 〈附論1〉 참조.

76) 吳金成, 1986, pp. 99~101.

77) 이하에서 명청시대 景德鎭의 都市化 過程과 그 影響에 대해서는, 別註가 없는 한 梁淼泰, 1991; 본서 제3편 제1장 참조.

면히 이어온 '자도(瓷都)'였다. 송대부터는 중국 도자기의 중심지로서의 명성을 얻게 되었고, 명대에는 어기창(御器廠)이 설치되면서 번영하였으므로, 강서성 안팎의 상인·유민·무뢰들이 수없이 많이 모여들었다. 경덕진이 이른바 중국의 '자도'로서 명성을 떨치게 된 것은 명 중기, 16세기 중엽부터였다. 즉, 가정년간(1522~1566)부터는 경덕진의 민요가 900여 호나 되었고 인구는 만여 명에 이르렀다.[78] 명 중기부터 명조에서는 주변 향촌에 산재해 있던 민요(民窯)를 진구(鎭區)로 집중시켰는데, 이렇게 도자업이 발전할수록 경덕진 도시 구역의 범위도 확대되었다. 만력년간(1573~1619)에 이르면, "경덕진은 그 10리(5㎞) 일대가 화산이 불을 뿜는 듯하다"[79]고 하였고, "경덕진의 용공(傭工; 날품팔이)은 모두 사방에서 온 떠돌이들인데 매일 모여드는 수가 수만 인"[80]이나 된다고 하고 있다. 그 결과 경덕진은 "천하 도자기의 중심지로서 그곳의 거민은 많고 부요하여 강서성 제일의 도시"이라는 평판과 함께, "일년 내내 불이 꺼지는 날이 없다"[81]는 명성을 얻게 되었다. 명말에 이르면 경덕진의 인구는 10여 만으로 알려졌는데, 그 가운데 토착인은 겨우 10%~20%에 불과하였다. 외래인은 요주부 소속 7개 현민과 남창부 남창현민·남강부 도창현민(都昌縣民)이 가장 많았고, 기타 무주부·광신부와 남직예(南直隸) 휘주부 사람도 많았다. 이들 대부분은 농촌에서 석출된 농민이었고, 일부는 상인이었다.

경덕진의 인구가 이렇게 급증해 가고 진민의 구성이 복잡해지자, 토착인과 외지인 사이에 자연히 이해의 대립과 분쟁이 끊이지 않았고, 수많은 민변(民變)과 파공(罷工)·파시(罷市)가 발생하였다. 특히 경덕진에서는 15세기 말, 가정 19년(1540)·26년·36년, 만력 25년(1597)·27년·29년·30년·32년, 강희 50년(1711), 건륭원년(1736)·건륭초년·건륭년간, 가경원년(1796), 도광원년(1821)·30년·도광년간, 광서(光緖)2년(1876)·30년, 민국(民國) 9년(1920)·12년·16년에도 각각 민변이나 파공·파시 사건이 있었다. 그 밖에 확실한 연대가 알려지지

---

78) 明『世宗實錄』卷240, 嘉靖19年, 8月 戊子조, p.4871.

79) 王士性, 『廣志繹』 卷4, 「江南諸省」.

80) 蕭近高, 「參內監疏」, 康熙 『西江志』 卷146, 藝文.

81) 王世懋, 『二酉委譚摘錄』, 『紀錄彙編』 卷206.

않은 민변도 많았으며, 청대에는 특히 파공·파시사례도 수없이 많았다.[82]

명말청초 동란기를 거치면서, 토착 부량인(浮梁人)보다도 오히려 이웃한 도창현 사람이 경덕진 도자업 경영층의 주류를 이루게 되었다. 그리고 옹정·건륭년간, 즉 18세기 중엽부터는 경덕진의 상주인구가 20여 만에 달하였고, 청말에는 25만에 달하였으며, 도자기를 생산하는 시기의 인부가 10여 만에 이르게 되었다. 그 결과 경덕진은 하남의 주선진, 광동의 불산진, 호북의 한구진과 함께 중국의 4대 중진(重鎭)의 하나로서, 그리고 나아가서는 중국 제일의, 아니 세계 제일의 도자기 전업도시(專業都市)라는 명성을 얻게 되었다.

2. 河口鎭의 發展[83]

한편, 역시 강서의 동북지역에 위치한 광신부는 명 초기부터 제지업으로 이름을 떨쳤다. 16세기 중엽에 이르면, 지조[紙槽; 제지공장]의 수가 600여 좌(座)에 달했는데, 그 가운데 옥산현 500여 좌, 영풍·연산·상요 세 현이 약 백여 좌에 달했다.[84] 특히 연산현의 하구진은 신강과 연산하가 합류되는 지점에 위치한 지리적 이점 때문에, 점차로 금강 유역 최대의 도시로 성장해 갔으며, 제지업뿐 아니라 인근 지역과 남쪽 복건 무이산차(武夷山茶)의 집산지로서, 상업 중심지로 유명하였다. 전에는 거민이 겨우 2~3가(家)에 불과하였으나 가정~만력년간에는 거대 시진으로 성장하였다.[85] 거민은 "토착인이 열 명 중 세 명이고 객민이 열 명 가운데 일곱 명"의 비율로, 외래인이 압도적으로 많았다.[86] 청대에는 산서상인이 하구진에 들어와 차를 중앙아시아로 운반하였고, 중국의 대외무역항을 광주 한 곳만으로 한정시켰던, 소위 '광동체제(175

---

82) 『景德鎭陶磁史稿』, 1959, pp.238~241; 梁淼泰, 1991; 中國人民大學淸史硏究所, 1979, pp.530~533; 邱國珍, 1994, p.1; 巫仁恕, 1996; 新編『景德鎭市志』pp.26~33; 佐久間重男, 1964 등 참조.

83) 본서 第3편 제2장 참조.

84) 萬曆『江西省大志』卷8,「楮書」

85) 許大齡, 1957, pp.1049~1050 참조.

86) 萬曆『鉛書』卷2.

7~1842)' 아래에서는, 광신부 일대의 차엽뿐 아니라 무이산 남록(南麓)에서 생산되는 차엽까지도 일단 하구진에 운반되고, 이곳에서부터 파양호→오성진 →대유령→광주로 이어지는 수륙 교통로를 따라 유럽에 수출되었으므로, 더욱 번영을 구가하였다. 청말에는 상주인구 5만을 포함하여 10여만의 인구가 살았다.

3. 樟樹鎭의 發展[87]

임강현 소속의 장수진은 강서성의 남북을 관통하는 감강과 호남성으로 통하는 원수(袁水)가 합류하는 지점에 위치한, 강서성 중부의 수륙교통의 중심지였다. 장수진은 당대(唐代)에 이미 '약허(藥墟)'가 있었고, 남송시대에는 '약시(藥市)'가 있었다. 명 중엽부터는 '약도(藥都)'라고 할 만큼 약재시장으로 유명하였다. 명말·청초에 이르면 약포(藥舖)가 200여 가나 되었고, "거민이 수만호(戶)나 되고 강서성과 광동성의 모든 화물이 왕래하고 남북의 약재가 모이는 곳으로 족히 웅진(雄鎭)이라 할 만하다"고 할 정도로 번영하였다.[88] 청대에는 강서성 제2의 대진(大鎭)으로 강서 중부의 상업 중심지였다.[89] 장수진은 그 지리적 이점 때문에, 약재의 집산지로서의 경쟁력이 청말까지 지속되어 명청시기 500년 동안 번영을 누렸다.

기타 명 중기 이후에 발전해 간 도시로, 우선 광신부 익양현 횡봉진을 들 수 있다. 횡봉진도 도자기 생산지로서, 익양과 상요현 사이에 위치하였는데, 명초에 순검사를 증설하였고, 명 중기부터는 강서성 안팎의 유민이 운집하여 분쟁이 끊이지 않았다. 이에 새로운 현을 설치하자는 논의가 제기되어, 가정 39년에 흥안현을 신설하였다.[90] 또 광신부 연산현 석당진 역시 전국적인 제

---

87) 본서 제1편 제3장 참조.

88) 王士性,『廣志繹』(中華書局, 1981) 卷4,「江南諸省」; 劉石吉, 1989.

89) 樟樹鎭과 그 주변지역은 실제로는 그리 풍부한 藥材의 출산지는 아니었으므로, 장수진이 소속된 淸江縣 출신 상인이 주로 兩廣·四川·湖廣로부터 약재를 수입하여 이곳에서 제조하여 내다 팔았다.

90) 康熙『廣信府志』卷1, 輿地志, 疆域, 興安縣條;『世宗實錄』卷487, 嘉靖39年 8月丁巳條.

지업의 중심지로, 경덕진과 함께 장강 중하류의 5대 수공업 지역으로 명성을 떨쳤다. 이곳에는 명 중기부터 주변 각지로부터 유민이 모여들어 용공으로 일하였는데, 만력28년에는 "제지공장이 30여 호나 되고 공장마다 일꾼이 1,000명~2,000명이나 되었다"[91]는 과장이 나올 정도였고, 만력년간에는 지공(紙工)의 수가 4만~5만이나 될 만큼 발전하였다.[92] 또한 감주는 강서 남부의 최대 도시로 번영하였다.[93] 감주는 남부에서 서북으로 흐르는 공수(貢水)와, 광동성과의 경계지역에서 대유를 지나 북쪽으로 흐르는 장수(章水)가 합류하여 감강을 이루는 삼각지점에 위치하며, 이곳으로부터 감강이 북으로 강서성 중앙을 관통하여 파양호로 유입된다. 감주는 이미 당송시대부터 감강 수로의 시발점으로서 교통의 중심지였고, 명청시대에는 줄곧 감주부성과 감관(贛關)의 소재지로 번영을 누렸다.

그 밖에도 강서성 내에서 명 중기 이후에 성장한 중소 시진과 허시(墟市; 정기시)는 매우 많았다.[94] 다만, 그 많은 강서 시진과 허시가 명대의 어떤 조건, 어떠한 과정을 통해서 나타났고, 그 기능은 어떻게 변화되었는가, 강서의 시장공동체의 특징은 무엇이라 할 수 있는가, 강서의 도시나 시장을 지배하였으리라고 추측되는 신사·서리·아행·무뢰 등의 구체적 존재형태는 어떠하였던가 등에 대해서 앞으로 더욱 천착해야 할 것이다.

小　結

강서지방은 명초에 농촌사회가 안정되면서 경지가 빠르게 회복되어, 홍무 말기에 이르면 호광의 4배 정도의 농업생산력을 가지게 되었다. 그러나 명 중기부터 강서사회가 심각하게 동요하고 인구가 감소되었다. 수많은 지역에서

---

91) 康熙 『上饒縣志』 卷10, 「要害志」. 제지공장의 일꾼들이 공장마다 1,000명~2,000명이었다는 것은 과장일 것이다.
92) 雍正 『江西通志』 卷27, 土産; 許大齡, 1957; 彭澤益, 1957 等 참조
93) 본편 제3장 참조.
94) 본편 제3장 참조.

농민이 유산하고, 외래 객민이 오히려 정착하는 '인구의 대류현상'마저 나타났다. 명 중기부터 강서사회는, 국가의 입장에서 보면 확실히 '동요'하고 있었고 이갑제가 심각하게 해체되어가고 있었다. 농민 입장에서 보아도 토지편중과 세역의 과중과 불균형 등으로 말미암아 생활이 매우 어려운 사회였다. 각지 인구의 유산(流散) 현상과 산구에서 지속된 구적의 봉기는 그 때문에 나타난 것이었다.

그러나 지방지(地方志)의 통계와는 달리, 인구는 오히려 계속하여 증가해갔고, 외부 인구마저 유입되어 인구과밀 상태였다. 호구의 감소는 단지 통계로 본 수치일 뿐이며, 지방관부의 인구파악 능력의 약화를 웅변해 주는 것이었다. 지방지에서 유산한 것으로 기록된 인구는 다음 네 가지 측면을 생각해 볼 수 있다. 첫째, 유산한 인구의 일부는 그 지역 세호가의 전호나 노복으로 전락하여 여전히 토착하고 있었다. 둘째, 또 일부는 강서성 내부의 낙후지역이나 금산구로 이동하였다. 이들 가운데 대부분은 그 곳에서 전지를 개간하며 정착하였으나, 일부는 그곳에서도 적응하지 못하여 구적으로 변하였다. 셋째, 또 일부는 도시지역으로 이동하여, 수공업 노동자 아니면 날품팔이가 되거나, 무뢰로 전락하였다. 넷째 유산 인구의 과반수는 호광성 등 다른 성으로 이동하였는데, 그곳으로 이주한 사람들도 강서성 내부의 이동 유형과 비슷한 형태로 적응하였다.

그러한 인구이동 과정에서 강서성 내의 인구가 재편되었고, 강서의 모든 지역에서 새로운 경지가 개간되었다. 낙후지역에서는 산야가 개간되었고, 파양호 주변에서는 이전에 방치되었던 저습지가 우전(圩田)으로 개발되었으며, 남부에서는 산구가 개발되었다. 명 중기부터 강서 모든 지역에서 이렇게 경지가 꾸준히 개간되고 증가한 결과, 식량이 모자랐던 강남으로 식량을 수출할 수 있게 되었다. 다만, 재부의 분배가 공평하지 못하였기에, 강서지방은 인구와 식량을 동시에 송출하는, 모·순이 공존하는 성(省)으로 알려졌다. 또 유동인구의 증대로 많은 도시가 발달하였고 도자기·종이·차엽·죽기 등 수공업도 발달하였다. 그러는 중에 도시지역에 직업이 없는 유민이나 무뢰도 증가하여 새로운 사회계층으로 성장하여갔다.

그러므로 명 중기부터 진행된 강서사회의 동요는 단지 부정적인 결과만 초래한 것은 아니었다. 그리고 명 중기 강서사회의 이러한 변화는 중국의 다른 지역의 변화와 궤를 같이 하는 것이었다.

제 2 장 陽明學의 搖籃, 江西社會

序　言

　　양명사상(陽明思想)이 나타난 것은 명 중엽이었다. 당시 중국의 모든 지역
에서는 심각한 사회변화가 진행되고 있었다. 왕수인(王守仁; 호 양명, 1472~
1528)은 바로 이러한 시기에, 국가의 지도이념이었던 주자학의 정리론[定理論,
정분론(定分論)이라고도 함]을 대신하여 자신의 학설[즉, 양명학]을 주장하였
다. 그는 이미 남경 홍려시경으로 재직할 때(정덕9년 5월), "나는 근년에 풍속
의 퇴폐를 바로 잡고 … 시폐(時弊)를 구하려 하였다"고 하였고,1) 또 「전습록
(傳習錄)」에서도,

> 이제 진실로 호걸동지(豪傑同志)의 사(士)를 얻어 서로 돕고 보충하여 함께 '양
> 지'의 학을 세상에 밝혀, 모든 사람들이 누구나 스스로 양지(良知)를 이룰 수 있
> 음을 알게 함으로써, … 자사자리(自私自利)의 폐를 버리고 시기와 질투하는 습
> 성을 일소하여 마침내 대동(大同)을 실현하게 되면, 나의 미친병이 쾌유될 뿐
> 아니라 마침내 상심지환(喪心之患)도 면하게 될 터이니…2)

라고 하여, 시폐(時弊)를 광정(匡正)해서 대동적 이상사회를 실현시키고자
하였다.3) 말하자면, "천하가 근심하기에 앞서 근심하고, 천하가 기뻐한 후

---

1) 『王陽明全集』 卷33, 「年譜」 1, p.1237. 이하에서는 『王陽明全集』은 『全集』으로 略稱하
　　고, 卷33·34의 「年譜」 1·2는 「年譜」로 약칭함.
2) 『全集』 卷2, 語錄2, 「傳習錄」(中), 「答聶文蔚」, p.81.

에야 기뻐한다"는, "구세지민(救世濟民)을 자기의 임무"로 생각하는 사대부의 사명감에서, "만세(萬世)를 위하여 태평한 세상을 여는" 이상사회를 열어보려 하였던 것이다.

그런데 명 중엽의 중국사회는 여러 가지 원인으로 말미암아, 오히려 양명이 갈망하는 것과는 반대 방향으로 진행되고 있었다. 즉, 전국적으로 황제 지배체제가 이완되는 현상이 점차 심화되고 있었다. 구체적으로는 토지와 인구의 불균형, 신사와 대호(大戶)의 토지 겸병과 각종 부역 부담의 불균형 등으로 말미암아, 농촌에서 농민층이 분화하여 도시나 산악지역, 인구 희소 지역 등으로 달아나는 현상이 나타났다.[4] 이러한 현상이 곧 명 중기에 시작된 이갑제(里甲制) 질서의 해체였다.[5] 양명이 구적(寇賊) 초무활동(招撫活動)을 벌인 남감[강서 남부의 남안부와 감주부] 지역은 강서·복건·광동·호남의 4성교계지역에 위치하며, 양자강 중류에서 파양호에서 감강을 통하여 광동과 복건으로 가는 중요한 유통로에 위치하였지만, 모두가 금산구로 지정된 산악지역이었다. 그 때문에 명의 성화년간(1465~1487)부터 명말·청초에 이르기까지 오랫동안 구적세력이 수시로 봉기하고 사회불안이 계속된 지역이었다.[6] 양명은 바로 이러한 시기에 강서에 와서 구적의 초무와 선후책(善後策)을 비교적 성공적으로 수행하였다.[7]

명 중기의 양명학의 대두와 전개에 대해서는 지금까지 이루 헤아릴 수 없이 많은 연구가 축적되어 왔다. 그러한 연구를 정리해 보면, ① 송·명 이학사(理學史) 또는 사상사의 범주에 속하는 연구 ② 정치가 내지 군략가(軍略家),

---

3) 陽明의 理想社會論은 『全集』 卷2, 語錄2, 「傳習錄」 中, 「答顧東橋書」, pp.53~55에 보이는 「拔本塞源論」과 『全集』 卷26, 續編1, 「大學問」, p.968에도 잘 나타나 있다.

4) 본편 제1장 참조.

5) 吳金成, 2007, 제1편 제1장, 「明末·淸初의 社會變化」 참조.

6) 唐立宗, 2002; 馬楚堅, 1995; 傳衣凌, 1947(→同氏, 1982); 傳衣凌, 1961; 謝重光, 2004; 饒偉新, 2000; 張克偉, 2000; 張祥浩, 2002; 黃志繁, 2002; 森正夫, 1973·1974·1978; 森正夫, 1991; 野口鐵郎, 1982; 今湊良信, 1986; 吳金成, 1991; 吳金成, 1996; 본편 제1장 등 참조.

7) 양명의 이상과 같은 戰功 때문에, 『明史』에서는 "平數十年巨寇, 遠近驚爲神" 혹은 "終明之世, 文臣用兵制勝未有如守仁者"라 하고 있는 것이다.(『明史』 卷195, 王守仁傳)

또는 교육가로서의 양명 개인에 대한 연구 등으로 나누어 볼 수 있는데, 이 두 연구 유형은 각각 아무런 연관 없이 별개로 진행되어 왔다고 해도 지나친 말이 아니다. 주지하는 바와 같이, 양명에게서는 사상가·교육가로서의 측면과 정치가·전략가로서의 측면, 이렇게 현격하게 다른 두 가지 면모를 다 볼 수 있다. 대륙 학계의 일부 학자는 이러한 양명의 사상과 행동을 함께 고려하였지만, '유물론'에 입각하여 양명의 '유심론'의 오류를 비판하고 인민봉기를 진압한 것을 단지 '폭거(暴擧)'로 비판하는 데 그치고 있다.[8] 일본 학계의 경우에도 양명사상의 '계급적' 본질에 초점을 맞춘 연구가 주류를 이루었으며,[9] 향촌질서의 재편과 관련하여 양명의 사상을 긍정적으로 해석하려는 일부의 연구조차도 그의 사상과 행동이 가지는 상호 연관성에 대한 추구는 여전히 미흡한 실정이다.[10]

물론 한 사람의 주장(학문과 사상)과 행동(정치와 전략)이 일치하지 않는 경우도 많다. 그러나 사람의 행동은 평소 그의 사상에서 우러나오는 경우가 많고, 반대로 사상 또한 그의 현실 경험과 유리된 채 전개될 수는 없다. 또한, 사상은 그가 살고 있는 시대의 사회상을 반영한다는 인식이 일반적인 추세이다. 양명은 남감지방의 소수민족 및 구적세력의 봉기를 진압한 뒤 얼마 안 된 정덕15년(1520) 6월에 감주에서 정식으로 '치양지(致良知)'설을 제창함으로써 그의 주관유심주의(主觀唯心主義)적 심학체계(心學體系)를 완성하였다.[11] 그리고 그는 '양지'를 말하면서,[12] "내가 말하는 이 '양지' 두 글자는 실로 천고에 대대로 전해 내려오는 한 방울의 골혈(骨血)"이라고 하면서, "백사천난(百死千難)"의 어려움 속에서 얻은 것이라 하고 있다. 더구나 양명은, ① 주자(朱子)의

---

8) 侯外廬, 1962, 第4下卷; 張顯淸, 1979 참조.

9) 奧崎裕司, 1978, 第五章 「鄕紳地主の思想」 참조.

10) 溝口雄三, 1987; 曺永祿, 1989.

11) 「年譜」2, p.1278에서는 정덕16년 正月 南昌에서 "先生始揭致良知之敎"라고 되어 있다. 그런데 陽明의 '致良知'說 提倡年代에 대해서는 현재 정덕15년설과 16년설이 있으나, 山下龍二, 1971, 제2편 제3장 王陽明, pp.200~203에 따라, 일단 정덕15년으로 보았다.

12) 「年譜」2, p.1279.

'신민(新民)'이 아닌 '친민(親民)'을 주장하고,13) '양지'설을 제창함으로써, 서민 대중의 도덕적 자발성과 주체성을 인정하였으며, ② '지행합일(知行合一)'을 특히 강조하고 스스로 실천하려고 부단히 노력한 사람이었다는 것이 학계의 일반적인 인식이다. 그러므로 양명의 사상체계의 진정한 의미는 강서에서 보여준 양명의 활동과 경험을 배제하고는 이해할 수 없다. 바꾸어 말하면, 양명의 사상체계의 중요 부분은 강서에서 봉기군을 진압하고 선후책을 시행하던 경험이 투영된 것이고, 또한 그로부터 영향을 받은 것이라고 말할 수 있다.

그러면 단계적으로 발전해 간 그의 사상과 정치·군사 활동 및 선후책은 서로 어떻게 조응되며 영향을 주고받았을까? 이상의 문제의식을 가지고, 이 글에서는, ⓐ 양명이 강서에 부임하여 벌인 구적 진압활동, ⓑ 그 후에 시행한 선후책의 내용과 그 사회경제적 의미, ⓒ 양명사상의 이념과 실제 등을 분석해 보려한다.

Ⅰ. 陽明의 赴任과 寇賊 鎭壓

명 중엽의 강서사회는 향촌의 질서유지 기능을 가진 이갑제가 심각하게 이완되고 있었다. 특히 4성교계지역의 산악지대에서는 각지에서 유산하여 모여든 유민(流民)·도호(逃戶)의 결집, 사회불안, 극도로 불안한 치안상태, 토착민이나 객민 또는 한인과 소수민족 사이의 갈등 등으로 말미암아, 이갑제 질서는 거의 붕괴된 상태였다. 그 결과, "강서·호광·복건·광동성이 접하는 4성교계의 산악지대에는 골짜기마다 도적의 소굴이 있어, 대소의 지방관들은 속수무책이고, 이구동성으로 어떻게 제거할 도리가 없다"14)는 말이 나올 정도로 어려운 상황이었다.

양명은 병부상서 왕경(王瓊)의 추천을 받아 정덕11년 9월에 남감정장등처(南贛汀漳等處) 순무로 임명되었다. 그리고 정덕12년 정월 16일에, 바로 이러한 상황에 있던 감주에 도착해서 만 5년 동안 강서성 남안·감주부, 복건성 정

---

13) 『全集』 卷1, 語錄1, 「傳習錄」(上), p.2.
14) 黃綰, 「陽明先生行狀」, 『全集』 卷38, 世德紀, p.1410.

〈표1-2-1〉 陽明의 南贛巡撫 時期의 活動內容

正德5年(1510, 39歲)	3月	江西 廬陵縣 知縣으로 부임, 7개월여 재임
正德11年(1516,45歲)	9月	都察院 左僉都御使로 南贛·汀漳巡撫 被任됨16)
正德12年(1517,46歲)	正月	贛州에 도착, 開府/十家牌法 施行/民兵 選拔·組織
	2月	漳寇 平定 出陣
	4月	班師
	5月	立兵符/平和縣 設置 奏請/兵符制度 시작/「告諭浰頭巢賊」
	6月	疏通鹽法 疏請
	7月	南安府 大庚嶺 일대의 陳曰能 賊 掃蕩
	9月	提督南贛汀漳等處軍務로 改授, 軍令·賞罰權 위임받음 撫諭賊巢 /「議南贛商稅疏」
	10月	橫水·桶岡 諸寇 平定
	12月	班師
	閏12月	崇義縣治 設置 上奏
正德13年(1518,47歲)	正月	三浰 征伐
	2月	小溪驛 移轉 上奏
	3月	疏乞致仕, 不允/大帽·浰頭 諸寇 平定17)
	4月	班師/社學 開設/保甲法 擴大 實施
	5月	和平縣 設置 上奏
	6月	都察院右副都御史(正3品)로 昇進
	7月	古本『大學』刊行/『朱子晚年定論』刊行
	8月	門人 薛侃이 『傳習錄』(上) 刊行
	9月	濂溪書院 修復
	10月	南贛에서 鄕約 施行/「再請疏通鹽法疏」
正德14年(1519,48歲)	6月	宸濠의 反亂消息 듣고 吉安에서 義兵 募集
	7月	宸濠 起兵 42일 만에 南昌 부근에서 宸濠 체포
	8月	正德帝의 親征 挽留 上疏/江西의 稅 減免 등 9件 上疏
	10月	江西巡撫, 南昌 歸任18)
正德15年(1520,49歲)	正月	赴召次蕪湖. 尋得旨, 返江西
	2月	九江으로 갔다가 南昌으로 돌아옴
	3月	請寬租
	5月	江西에 큰 홍수가 나자, 自劾疏를 올림
	6月	贛州로 감, '致良知說' 제창
	7月	江西捷音을 重上
	9月	南昌으로 귀환, 居住, 王心齋 入門
正德16年(1521,50歲)	5月	門人을 白鹿洞書院에 모아 講學함
	6月	奉世宗敕旨
	7月	南京 兵部尚書로 陞任
	11月	封新建伯

주·장주부, 광동성 남웅·소주·혜주·조주부, 호광성 침주 등지의 구적세력에 대한 초무와 선후책을 강구하였다. 강서에서 양명이 활동한 내력을 『연보(年譜)』의 기록에 따라 간략히 정리해 보면 <표1-2-1>과 같다.15)

---

15) 「年譜」 1~2.

　양명은 남감지역에 도착하여 개부(開府)하자, 먼저 사회를 안정시키고 병력을 확보하기 위하여 두 가지 방책을 시행하였다. 첫째는 '구체적인 계획을 세워 구제사업을 펼치고 유민을 초무'[19]하는 한편, 도시지역에 '십가패법(十家牌法)'을 시행한 것이다. 그런데 양명은 전에 길안부 여능현 지현으로 있을 때 (정덕5년, 1510, 3월부터 약 7개월 동안 재직) 이미 십가패법과 유사한 제도를 시행한 경험이 있었다. 그의 「고유여능부로자제 (告論盧陵父老子弟)」에서,

> 지금 여능현 경계에는 도적이 많다. 지방관이 제대로 무마하여 안주시키지 못하고, 민간에서도 자위할 방법이 없기 때문에, 도적이 갈수록 횡행하는 것이다. … 성곽 내에 거주하는 자는 십가(十家)를 갑(甲)으로 삼고, 향촌 거주자는 촌 단위로 보(保)를 만들도록 하라. 평시에는 함께 강신수목(講信修睦)하고, 구적이 이르면 힘써 서로 구원해 주고, 함께 출입하고 서로 도와 지키는 뜻을 이루도록 하라.[20]

고 한 것이 그것이다. 여기서 주목되는 점은, 첫째 성곽 즉 여능현청이 있는 도시에서는 10가(家)를 단위로 갑(甲)을 조직하고, 농촌지역에서는 촌락을 단위로 보(保)를 조직하라고 함으로써, 도시와 농촌지역의 조직을 달리하는 것이었고, 둘째 그러한 조직의 목적이 '도적이 나타나면 서로 도와 구원'하고 나아가서는, 강신수목·출입상우(出入相友)·수망상조(守望相助) 등 향약의 기능도 기대하였다는 점이다.[21] 정덕12년 정월, 그가 부임하여 불

---

16)『武宗實錄』正德11년 8월 戊辰條에는 8월로 됨.

17) 이러한 토벌작전 중에도, 짬을 내어 수많은 門人들과 학문적인 토론을 계속했다.

18) 이 해에 '致良知'說 確立.

19) 馮夢龍,『王陽明出身靖亂錄』(中田勝 注釋, 1988), p.112.

20)『全集』卷28, 續編3,「告論盧陵父老子弟」, p.1029.「年譜」1, p.1230에 따르면, 양명은 盧陵 知縣으로 부임하자, "莅任初, 首詢里役, 察各鄕貧富奸良之實而低昂之. 獄牒盈庭, 不卽斷射. 稽國初舊制, 愼選里正·三老, 坐申明亭, 使之委曲勸論. …由是圄圄日淸. 在縣七閱月, 遺告示十有六, 大抵諄諄慰父老, 使敎子弟, 毋令蕩僻. … 定水次兌運, … 立保甲以弭盜, 淸驛遞以延賓旅. 至今數十年猶踵行之" 하였다 한다.

21) 같은 해에, 吉安府 吉水縣에서 土民의 봉기가 있자, 鄕紳 曾昂이 '團保法'을 만들어 도적을 방어한 것도 이와 유사한 것이었다. 栗林宣夫, 1971, p.259 참조.

과 10일 만에 남감에서 실시한 십가패법도 아마 이 내용을 발전시킨 것이라고 생각한다.

양명은, 자기가 부임하기 전에 남감지역에서 구적을 소탕할 수 없었던 원인은 감주인들이 동적[洞賊; 그 지역의 소수민족]의 눈과 귀가 되어 관부의 동정을 사전에 유출하기 때문이라고 인식하였고,[22] 또한

도적과 가까이 사는 자는 그 병사가 되고, 먼 곳에 사는 자는 향도(嚮導)가 되며, 성곽에 안에 사는 자는 서로 도와주고 관부에 있는 자는 간첩이 된다. 처음에는 화를 피하기 위해서였지만 나중에는 이익으로 여겼다.[23]

고 인식하고 있었다. 그러므로 양명이 남감 도착 즉시 도시지역에 십가패법을 실시한 목적은 바로 관부의 정보 유출을 막고자 함이었다.

양명이 남감의 도시지역에서 실시한 십가패법의 내용을 보면,[24] 10가를 하나의 패(牌)로 편성하고 패를 지급해서, 패의 앞면에는 각 호의 성명을 적고 뒷면에는 순무인 양명 자신의 고유(告諭)를 써넣게 하는 '십가패식(十家牌式)'과, 성 안의 거민 매 호마다 패(명찰)를 주고, 거기에 각 호의 본적·성명·연령·얼굴 모양·직업 및 인정(人丁)의 수, 오가는 사람의 숙박 내용 등을 적어서 집집마다 문 앞에 게시하게 하는 '각가패식(各家牌式)'으로 되어 있었다. 그리고 구성 대상은 민호뿐 아니고 군(軍)·장(匠)·객(客)·관호(官戶) 모두를 포함했는

---

22) 『全集』卷16, 別錄8, 公移1, 「案行各分巡道督編十家牌」, p.531에서는 "所屬軍民之家, 多有規圖小利, 寄住來力不明之人, 同爲狡僞欺竊之事, 甚者私通畬賊, 而與之傳遞消息, 窩藏姦宄, 而爲之盤據夤緣, 盜賊不靖, 職此其由"라 하고, 「年譜」1, p.1238에서는 "先是贛民爲洞賊耳目, 官府擧動未形, 而賊已先聞. 軍門一老隸奸尤甚. 先生偵知之, 呼入臥室, 使之自擇生死. 隸乃輸情吐實, 先生許其不死. 試所言悉驗. 乃於城中立十家牌法"이라 하고 있다.

23) 『全集』卷9, 別錄1, 「申明賞罰以勵人心疏」, p.309.

24) 『全集』卷16, 別錄8, 「十家牌法告諭各府父老子弟」, pp.528~531;『全集』卷16, 別錄8, 「案行各分巡道督編十家牌」, p.531. 특히 「十家牌法告諭各府父老子弟」의 서문에는, "自今各家務要父慈子孝, 兄愛弟敬, 夫和婦隨, 長惠幼順. 小心以奉官法, 勤謹以辦國課, 恭儉以守家業, 謙和以處鄉里. 心要平恕, 毋得輕意忿爭, 事要含忍, 毋得輒興詞訟, 見善互相勸勉, 有惡互相懲戒. 務興禮讓之風, 以成敦厚之俗"이라 하고 있다.

데, 매일 유시[(酉時; 저녁 7~9시]에 1가(家)가 윤번으로 이 패를 가지고 각호의 문 앞에 가서 패의 내용에 따라 거민의 변화 유무를 살피도록 하고, 만일 수상한 자를 은닉하는 경우에는 10가에 연좌죄를 적용토록 하였다.

그러므로 양명의 이러한 '십가패법'의 특징은 다음과 같이 정리해 볼 수 있다. 즉, ① 각 호의 상황을 매우 상세하게 기록하게 하고, 특히 유동인구 파악에 매우 세심한 주의를 기울여, 도시에 존재하는 유동인구(성내 거주 외래 객인)를 파악하여 관부의 정보유출을 막으려 하였고, ② 편성 단위를 방(坊)·도(都)로 하고 십가를 1패(牌)로 함으로써, 아직은 기능을 유지하고 있던 이갑제와 서로 배치되지 않으면서도, ③ 이갑제가 자급자족이 가능한 갑수호(甲首戶)로만 편성하는 것과는 달리, 십가패법은 원리상 자급자족이 불가능한 전호까지 포함시키는 조직이었고, ④ 삼강오륜과 홍무제의 '육유(六諭)'를 권면하여, 전부터 내려오는 공동체적 전통과 종족조직을 기반으로 하여 자율적으로 향촌교화, 권선징악, 상호부조, 분쟁조정 등 질서유지를 도모하려 했다고 할 수 있다. 그런데 고유(告諭)에는 또한 "조심해서 관법을 봉행하고, 부지런히 나라의 세금을 납부하라"고 하고 있으므로, '십가패법' 실시의 목적에는 단순히 질서유지와 정보유출의 방지뿐 아니라, 나아가서는 원활한 부역징수 역시 염두에 두었음을 알 수 있다. 한편, 양명은 이 십가패법을 1개월 안에 실시하도록 지시하였으나,25) 그 시행을 위한 준비 작업에 막대한 노력이 필요했기 때문에 실질적으로는 상당한 시일이 걸렸다.26) 그러나 십가패법은 대체로 시행되었고, 곧 이어 보갑법으로 확대하여 향촌에까지 적용하는 등, 상당한 성과도 얻었다.27)

---

25) 『全集』 卷16, 別錄8, 公移1, 「案行各分巡道督編十家牌」, p.531. 뒤에 保甲法을 실시할 때에도 1개월의 時限을 정하였다. 『全集』 卷17, 別錄9, 公移2, 「曉諭安仁餘干頑民牌」(정덕15년 2월), p.612 참조.

26) 嘉靖 『惠州府志』, 卷1 事紀, p.20a에 따르면, 광동 혜주부의 경우 명령한 4개월 후인 정덕12년 5월에야 실시되었다.

27) 嘉靖 『惠州府志』, 卷1 事紀, p.20a는 十家牌法의 시행으로 "奸宄衰息"의 성과를 거두었다고 기록하고 있다. 또한 陽明 자신도 "本院舊在南贛, 曾行十家牌式, 軍民頗安, 盜賊頗息"이라고 자부한 바 있다.(『全集』 卷17, 別錄9, 公移2, 「告諭安義等縣漁戶」, p.596)

양명이 남감에 도착하여 실시한 두 번째의 조치는 민병(民兵)을 조직한 것
이었다.[28) 당시 양명의 인식은, 감주부 지역은 도적이 1/3이나 장악하고 횡행
하는데도, 감주부의 병력은 모자란다는 것이었다(前述). 이에 양명은 강서·복
건·광동·호광 등 4성 병비관(兵備官)에게 사람을 보내서, 용기와 담력이 있고
여러 가지 기능[노수(弩手)·타수(打手)·기쾌(機快) 등]을 보유한 자를 현마다
10명 안팎의 비율로 모집하되, 강서·복건 병비관은 각각 5백 명~6백 명, 광동
·호광 병비관은 각각 400명~500명을 모집하도록 하였다. 그리고 그 경비는
상세(商稅)나 벌금 등으로 충당케 하였다.[29) 말하자면 민병을 소수 정예로 재
편성하려는 목적이었다. 그리고 5월에는, 자의적으로 편성을 바꾸거나 규율
이 이완되는 것을 막기 위하여, 병부제도(兵符制度)를 실시해서 군대 편성을
확실하게 정비하였다.[30) 그리고 이렇게 구성되는 군대의 편성을 표에 적어,
각 대(隊)와 사령부에 보관하도록 조치했다. 이를 통해 유사시에 군을 정확히
파악할 수 있었고, 훈련과 행진에도 유효하였다.

양명은 이렇게 십가패법을 실시하여 성내의 안정을 도모하고, 소수정예의
민병을 선발하는 등의 준비를 갖춘 후에야 구적 진압활동을 전개하였다. 복건
성 장주부 일대의 도적 토벌(정덕12년 2월~4월)을 필두로 하여, 횡수·통강지
역의 여러 도적집단 평정(정덕12년 10월~12월), 삼리(三浰) 정벌(정덕13년 정
월), 대모산·이두지역의 여러 도적 평정(정덕13년 3월~4월) 등 연이은 토벌
이 그것이었다.[31) 이를 위해 양명은 성동격서(聲東擊西)·양동음동(陽動陰動)·

---

28) 『全集』 卷16, 別錄8, 公移1, 「選揀民兵」, pp.527~528; 酒井忠夫, 1962; 前田司, 1981;
元廷植, 1990.

29) 『全集』 卷10, 別錄2, 奏疏2, 「議南贛商稅疏」(정덕12년 9월 25일); 同書 卷30, 속편5,
南贛公移, 「行漳南道禁支稅牌」(정덕13년 6월 28일) 등에도 보임.

30) 『全集』 卷16, 別錄8, 公移1, 「兵符節制」, pp.541~542; 「年譜」1, p.1241 참조. 구체적
으로 보면, 병사 25명을 오(伍)로 하고 그 상급 부대로서 대(隊; 50인)→초(哨; 200
인)→영(營; 400인)→진(陳; 1,200인)→군(軍; 2,400인)으로 하여, 각각 소갑(小甲)·총
갑(總甲)·초장(哨長)·영관(營官)·편장(偏將)·부장(副將)을 두어 장(長)으로 하였다.

31) 『全集』 卷9, 別錄1, 「閩廣捷音疏」(正德12年 5월 초8일); 卷10, 別錄2, 「橫水桶岡捷音
疏」(正德12년 閏12월 초2일); 卷11, 別錄3, 「浰頭捷音疏」(正德13년 4월 20일); 卷11,
別錄3, 「三省夾剿捷音疏」(正德13년 6월 15일). 이상 여러 번의 捷音疏는 양명이 직
접 참가한 대규모 작전에 대한 전과이고, 이 기간 동안 다른 지방관들이 소규모로

각개격파·기습과 같은 작전을 구사하였다. 그리고 이렇게 매번 평정이 끝나면, 뒤에서 다시 살펴보겠지만, 여러 가지 선후책(善後策)을 시도하였다.

먼저 복건성 장주부 일대의 평정활동을 보기로 하자. 양명은 정덕12년 2월부터 4월까지 속전속결과 각개격파 전략으로, 장주부 일대의 구적을 평정하였다.[32) 장주부 남정현의 노계와 하두 지방은 주위에 있는 다른 현과 '닷새나 걸리는 거리'만큼 떨어져 있는 산간벽지로 항상 도적이 봉기하여 약탈하는 일이 많았고, 관군이 그 두목들을 없앤다 하여도 곧 다시 봉기하는 악순환이 계속되어 왔다.[33) 양명은 감주로 부임해 오는 도중, 정덕11년 11월 말에 이미 장남도(漳南道) 병비첨사 호련(胡璉) 등 삼성병비(三省兵備)에게 도적 두목 첨사부를 공격케 하였다.[34) 이에 호련 등은 정덕12년 정월 중순 약 5천 명의 병력을 이끌고 적의 소굴을 공격하여, 처음에는 상당한 승리를 거두었으나, 달아난 적당을 추격하던 도중 크게 패하고 말았다. 이에 양명은 2월에 군사를 이끌고 감주를 떠나 장정·상항 등 지역에 진출하여 약 3개월 동안에, 복건병은 적의 소굴 30여 곳, 광동병은 13곳을 없앴고, 첨사부·온화소 등 적수(賊首) 7천여 명를 참수하였고, 포로와 전리품도 매우 많이 얻었다. 실로 "장주부 이남에서 수십 년 동안 횡행하던 도적들을 모두 소탕하였다"고 할 정도로 큰 승리를 거두었다.[35) 이때의 양명의 생각은, "한편으로는 군대를 나누어 나머지 두목들을 찾아 참수함으로로써 재차 봉기하는 것을 방지하고, 죄악이 크지 않아 초납(招納)이 가능한 자들은 받아들임으로써, 두목들과 함께 도륙(屠戮)되지 않게"[36)하려 한 것이었다. 그리고 이렇게 남정현 일대를 평정한 후, 5월

벌인 작전의 전과는 「類奏擒斬功次疏」(정덕12년 5월 28일. 『全集』卷9, 別錄1); 「南贛擒斬功次疏」(정덕12년 7월 초5일. 卷10, 別錄2) 등이 있다.

32) 『全集』卷16, 別錄8, 公移1, 「案行廣東福建領兵官進剿事宜」, pp.533~534.

33) 『全集』卷9, 別錄1, 奏疏1, 「添設淸平縣治疏」(정덕12년 5월 28일), pp.318~321; 康熙 『平和縣志』卷12, 寇變; 光緒 『長汀縣志』卷15, 武功.

34) 『全集』卷30, 續編5, 南贛公移, 「批漳南道敎練民兵呈」(正德11년 11월 25일), p.1074; 同, 「批漳南道進勦呈」(正德11년 11월 26일), p.1075.

35) 『全集』卷9, 別錄1, 奏疏1, 「閩廣捷音疏」, pp.302~307; 「年譜」1, p.1240; 康熙 『平和縣志』卷12, 寇變; 光緒 『長汀縣志』卷15, 武功; 民國 『連城縣志』卷3, 大事志.

36) 『全集』卷16, 別錄8, 公移1, 「案行領兵官搜剿餘賊」, p.537.

에는 하두에 평화현을 설치하고, 하두순검사를 방두(枋頭)에 옮기도록 주청하였다.

양명은 12년 10월부터 12월에 걸쳐 강서 남부 남안부의 횡수·좌계·통강 지구의 여러 도적들을 평정하고,[37] 이어서 숭의현 신설을 주청하였다. 남안부 일대는 호남·광동과의 3성교계의 금산구였는데, 일찍부터 광동에서 들어온 사족(畲族)이 토착인과 함께 잡거(雜居)하였고, 후에는 그들이 토착인을 살육하고 농토도 빼앗았다. 또한 명초 이래, 북쪽에 위치한 길안부에서, '요역을 피해 도망해 온 사람과 각종 기능인이나 무뢰'가 들어와 잡거하는 수가 만 명을 단위로 헤아릴 정도로 많아졌고, 이들은 수시로 약탈을 일삼는 등 문제를 일으켰다. 16세기 초에는 이들 한인과 사족의 소굴이 80여 군데나 되었는데, 횡수의 대채(大寨)에는 천 무 이상의 논이 있었고, 통강의 산채에는 수없는 제전(梯田)이 있어, "낮에는 산을 내려와 경작하고 밤에는 각각 산채에 숨어" 살면서, 벼·밀·서(薯)·모시 등의 작물을 재배하였다. 이곳의 여러 도적 가운데 특히 사지산[횡수의 대적수(大賊首)]·남천봉[통강의 대적수]·진왈능[대유의 대적수]·고쾌마[악창의 대적수]·지중용[이두의 대적수] 등 30여 명의 두목들이 거느리는 세력은 천리에 미쳤는데, 이들은 각기 왕호(王號)나 총병(總兵)을 참칭하였다.[38] 그들은 여공차(呂公車) 등의 전비를 갖추고, 서로 약속하여 도당 수천을 모아 3성을 넘나들며 가는 곳마다 약탈해 온 것이 이미 수십여 년이 되었다.[39] 이 때 양명은 80여 곳의 소굴을 격파하고, 대적수 사지산·남천봉 등 90명을 잡아서 처형하고, 도적을 따라간 자의 수급 3,272개를 베고, 4,624명을 체포하는 등의 전과를 올렸다. 이로써 '수십 년의 환란'이 제거되었다고 자찬할 정도였다.[40] 12월에 회군할 때, 남안부 남강현의 백성들은 연도

---

37) 『全集』卷10, 別錄2, 「橫水桶岡捷音疏」(正德12년 閏12월 초2일), pp.338~349; 「年譜」1, pp.1246~1247 참조.

38) 특히 大賊首 謝志珊·藍天鳳은 '盤皇(殷代의 盤庚)子孫'이라 자칭하여 도적들을 현혹하고 있었다.

39) 『全集』卷4, 文錄1, 「寄薛尙謙(二)」, p.170에도, "此間賊巢乃與廣東山後諸賊相連, 餘黨往往有從遁者, 若非斬絶根株, 意恐日後必相聯而起, 重爲兩省之患"이라 하고 있다.

40) 「年譜」1, pp.1246~1247. 그러나 「橫水桶岡捷音疏」 pp.348~349에서는 2개월 동안 올린 전과를, 賊巢 84餘處 파괴, 대적수 謝志珊 등 86명과 從賊者 3,168명 처형,

에서 향을 사르며 절을 하였고, 양명이 지나가는 주·현에서는 각기 생사(生祠)를 세웠으며, 먼 곳에서는 각기 조당(祖堂)에 초상을 걸어놓고 절기마다 제사를 드렸고, 양명의 사당을 세우거나 심지어 성황묘에도 양명의 초상을 걸어놓고 그를 추앙하기도 하였다.

한편, 이때 요성(廖成)·요만·요빈 등의 두목이 도적 142명을 이끌고 투항하여, 자기들은 '위협 때문에 따를 수밖에 없었던, 무고한 사람들'이라고 호소하였다. 양명은 그들을 받아들여 신민(新民)으로 삼고, 요성을 영초의관(領哨義官)으로, 요만·요빈은 순포노인으로 삼고 그 무리를 신설하는 현[뒤에서 설명할 숭의현]의 성내에 거주하도록 하였다.41) "산 중의 적을 없애기는 쉬우나 마음속의 적을 없애기는 어렵다"는 양명의 말은 바로 이 시기에 나온 것이었다.42)

정덕13년 정월 초부터 3월 초에 걸쳐서 광동 이두(浰頭)의 여러 도적을 평정하고 그곳에 화평현을 신설하였다.43) 광동 동북부의 이두·잠강(岑岡) 등 산간지방은 강서의 감주부와 접하고 있는데, 동·서·북으로 다른 현성과 각각 수일이 걸릴 정도로 떨어져 있어, 인적이 드물고 도적이 많았다. 바로 이 지역의 대적수 지중용[지대빈이라고도 함)]의 무리는 괴수가 지중영 등 110여 명에 이르렀으며, 추장과 호족 등도 참여하고 있었다. 그들은 각기 수천의 도당을 거느리고 왕을 참칭하면서 서로가 우익이 되어 남감지방을 겁략하고 민전(民田)을 빼앗아 경작하는 등 이미 20여 년 동안 횡행하고 있었다. 이 때 이들에 대한 양명의 생각은, '모든 뿌리를 뽑아 버려 후환을 남기지 않는 것'이었다.44)

2,336명 포로, 被虜남녀 83명, 牛馬驟 608필, 贓仗 2,131건, 金銀 113兩을 회수하였다고 하고 있다.

41) 『全集』 卷16, 別錄8, 公移1, 「牌行招撫官」, pp.558~559.

42) 『全集』 卷4, 文錄1, 「與楊仕德薛尙謙」(丁丑＝正德12년), p.168. 단, 「年譜」1, p.1248에서는 이 내용을 정덕13년 正月條에 기록하고 있다.

43) 『全集』 卷11, 別錄3, 奏疏3, 「浰頭捷音疏」·「添設和平縣治疏」, pp.355~371; 唐立宗, 2002, pp.188~191 참조

44) 『全集』 卷16, 別錄8, 「批留兵搜捕呈」, p.560.

　그런데 특히 지중용에 대해서는, ① "그 추장 지중용·고비갑 등을 잡았다" (「이두첩음소(浰頭捷音疏)」, p.360)라거나, ② 이들 무리는 "두목들이 백 십, 도당이 수천"(「첨설화평현치소(添設和平縣治疏)」, p.367)이라거나, ③ 고염무(顧炎武)도 "이두동의 요적 지중용"이라 했고,[45] 또한 ⓐ "노가·정지고·진영 등은 모두 용천지역의 이전 백성으로 그 수가 3천여 명이다. 모두 지중용의 협박으로 그를 따랐으나, 오직 이 세 사람만은 항거하였으므로, 도적들이 원수로 알고 이를 갈았다"(「이두첩음소(浰頭捷音疏)」, p.361)고 한 것, ⓑ 앞에서 언급한 요성·요만·요빈 등의 사례 등의 내용을 아울러 고려해 보면, 당시 이 지역에 모여든 무리들은 아마도 3성에서 부역을 피하여 도망쳐 온 농민들 외에도, 3성교계지역에 살던 소수민족의 집합체였을 가능성이 많다.[46]

　양명은 복건성 장주부 일대를 평정한 후, 두 번째로 이들 지역의 평정을 시도하였다. 이를 위해서 이미 정덕12년 5월에 이두의 적에게 소·술·은(銀)·면포 등을 나누어 주며 다음과 같이 고유(告諭)를 내렸다.[47] 즉, '그대들은 관청의 핍박이나 대호들의 침탈로 할 수 없이 도적이 된 협종자(脅從者)들이다. 나는 그대들을 생각할 때마다 밤에도 잠을 이룰 수 없다. 그대들을 살리고 싶지만, 그대들이 너무 완악(頑惡)해서 할 수 없이 군대를 일으킨 것이다. 그러므로 내가 죽이는 것이 아니고 하늘이 죽이는 것이다. 그대들이 만일 행실을 바꾼다면 양민으로 보아 구악(舊惡)을 묻지 않겠지만, 그렇지 않으면 내가 대군을 친히 인솔하여 끝까지 토벌할 것이다. 끝내 그대들을 구하지 못하고 죽이

---

45) 顧炎武, 『天下郡國利病書』第29冊, 廣東(下).

46) 今湊良信, 1986, p.157에서도 그렇게 보고 있다. 한편, 『王陽明靖亂錄』, pp.141～142 에는, 池仲容 삼형제는 광동 龍川縣의 大戶인데 仇家가 관부에 告害하여 일시적인 憤氣로 동생 2명과 家丁·庄戶를 모아 仇家 11口를 살해하고 "招集亡命, 占住三浰" 하여 도적이 되었다고 하고, 이들과 대항한 盧珂·鄭志高·陳英 등도 각기 1,000여 명을 이끄는 호족이었다고 한다.

47) 『全書』卷16, 別錄8, 公移1, 「告諭浰頭巢賊」(正德12년 5월), pp.560～563; 「年譜」1, pp.1244～1245. 당시 陽明의 의중에는, 四省交界地域의 諸賊 가운데 먼저 橫水지역을 평정하고 다음에 桶岡을, 그리고 최후로 廣東의 군사를 모아 서서히 浰頭지역을 평정하는 것이 순서라 생각하였으나, 橫水를 공격할 때 浰頭의 적이 그 틈을 타서 겁략할 것이 두려웠으므로, 그들을 안심시키고자 먼저 告諭를 내렸던 것이다. 『全集』卷11, 別錄3, 奏疏3, 「浰頭捷音疏」, pp.355～366; 「年譜」1, p.1249 참조.

는 일이 생긴다면 정말 슬픈 일이 아닐 수 없다. 눈물이 흘러 말을 이을 수가 없다'는 내용이었다. 이 고유에 감동하여 추장 황금소·유손·노가 등이 무리를 이끌고 투항하여 왔으나 지중용만은 거절하였다.[48] 양명은 투항한 사람 가운데 500명을 선발하여 횡수 공격에 참여시켰다.[49]

정덕12년 10월부터 12월에 걸쳐 횡수·통강·좌계 일대를 평정한 후, 13년 정월 초부터 3월 초에 걸쳐서 대모(강서·광동 교계 산지)로부터 이두(삼리라고도 함)에 이르는 지역의 구적세력을 평정하였는데, 실제 작전은 겨우 20일에 지나지 않았다.[50] '고유'를 보내고 반 년 이상 지난 후였다. 이 두 지역 작전에는 보효(報效; 연납) 생원 황표(黃表)·의민(義民) 주상(周祥)·청선관(聽選官) 뇌제(雷濟) 등이 투항 설득과 허실 탐지를 위해 참여하였고, 일찍이 용천에서 초무되었고 무리를 3천여 명이나 이끌고 있던 신민 노가·정지고·진영 등은 그들의 무리 3천여 명을 이끌고 전투에 참여해서 적극적으로 협조하였다. 2개월 동안의 전과를 보면, 불과 수천 명의 병력으로 파괴한 적소가 38곳, 대적수(大賊首) 29명과 차적수(次敵首) 38명 및 종적(從賊) 2,006명, 도합 2,073명을 잡아 처형하였다. 또 부녀 890명, 소와 말 122필, 전투용 병기 2,870건, 숨겨 둔 은(銀) 70냥 등을 거두었다.[51] 그러나 몇 차례에 걸친 설득도 무위로 끝나서 참수할 수밖에 없자, 양명은 종내 그들을 교화하지 못한 것을 애석하게 여겨 때가 되어도 밥을 먹지 않을 정도였다.[52] 그리고 5월에는, 광동성 용천의 서북에 화평현의 신설을 상주하였다(後述).

양명은 정덕14년(1519) 7월에는 영왕(寧王) 신호의 모반을 42일 만에 진압하였다.[53] 즉, 6월에 복주 삼위(三衛)의 군인 진귀 등이 모반하자, 9일에 복건에 이르러 제압하고, 6월 15일에 남창부 풍성에 도착했을 때, 지현 고필(顧佖)로부터 영왕 신호의 모반을 보고 받고, 즉시 길안으로 되돌아가서 격문을 발

---

48)「年譜」1, p.1245.

49)『全集』卷11, 別錄3, 奏疏3,「浰頭捷音疏」;「年譜」1, p.1249.

50) 唐立宗, 2002, pp.181~185 참조.

51)『全集』卷11, 別錄3, 奏疏3,「浰頭捷音疏」, pp.355~366.

52)「年譜」1, p.1250에 "先生自惜終不能化, 日已過未刻, 不食, 大眩暈, 嘔吐"라 하고 있다.

53) 奧山憲夫, 1983.

해 의병을 모집하였다. 7월 20일에 남창을 탈환하고 26일에는 파양호 남안의 초사(樵舍)에서 신호를 체포하였다. 그러나 이때의 양명의 기병은 '의병'일 뿐,54) 황제의 칙명(勅命)을 받고 기병한 것이 아니었으므로, 전제군주제 아래에서는 '월권행위' 내지 '반체제'로 오해받을 수 있었다. 신호의 모반이 사적인 군사행동이라면, 양명의 의병 또한 사적인 군사행동이었기 때문이다. 당시의 원리로 보면 모반과 의병은 종이 한 장 차이에 불과하였다. 명조의 권위나 체제 논리로 보면, 양명의 근왕기병(勤王起兵) 역시 정도를 벗어난 것이었고, 위험을 내포한 것이었다. 북경의 통치자 측의 논리와 남쪽의 근왕군 사이에는 이렇게 미묘한 시각차이가 있었던 것이다.

Ⅱ. 陽明의 善後策

위에서 본 바와 같이, 강서 남부를 중심으로 한 4성교계지역에서, 15세기 말부터 16세기 초에 걸쳐서 수없이 많은 구적세력이 연이어 봉기하였다. 그 때문에 인민은 유리(流離)하고 농토는 황폐해져 사회는 극도의 혼란에 빠졌다. 또한 구적세력 토벌을 위한 양명의 초무활동은 많은 군비가 필요했으므로, 강서인들의 곤란은 이루 형언할 수 없었다. 이에 양명은 토벌을 마친 후, 아래에서 보는 바와 같이 적극적으로 갖가지 선후책을 시행하여 세밀하게 민생을 배려했기 때문에, 종래에는 토벌이 끝나도 곧 이어 소란이 재발하던 것과는 달리, 사회가 상당히 안정되었다.

1.新民의 安插과 行政區域의 再編

1) 新民의 安插

양명이 강서 남부 4성교계지역의 구적세력을 평정한 궁극적인 목표는 이 지역의 사회질서를 오랫동안 안정시키기 위함이었다. 그러기 위해서는 구적

---

54) 이때 많은 門人들이 양명을 隨行하며 參贊軍務하고 講學·論事하였다. 李才棟, 1993, p.310; 奧山憲夫, 1983 등 참조.

의 봉기에 가담했던 대부분의 협종자들을 향촌에 안주시켜야 되었다. 이들 신민은 전에는 '항복과 봉기를 밥 먹듯 뒤집는' 무리였으므로 확실하게 안주시킬 정책이 필요하였다.[55] 그러나 앞에서 서술한 것처럼, 오랫동안의 전란으로 감주부의 관부 통계상의 호구는 홍무년간보다 이미 50% 이상, 남안부 지방은 60% 이상이나 감소된 상태였다. 이렇게 절실한 상태에서 나온 양명의 신민 안삽책의 구체적인 내용은 그가 횡수·통강의 적을 진압한 후 현승 서부에게 지시한 내용에 잘 나타나 있다. 즉,

현승 서부는 '신민(新民) 요성을 영초의관에 임명하고 요만·요빈을 순포노인에 임명하여, 새로 투항한 신민을 나누어 통할하고 패갑(牌甲)을 편성케 하라. 그들을 골라 보내 적을 죽여서 새로운 전공을 세움으로써 전날의 잘못을 속죄케 하라. 그들을 횡수에 새로 건립할 현성 내에 거주하게 하고 전토를 나누어 주고 전례에 따라 부역을 담당케 하라. … 신민들은 모두 진심으로 마음을 고쳐먹고 영원히 선량한 사람이 되라. 경솔하게, 향촌민의 위협하는 말을 듣고 놀라서, 또 다른 죄를 범하지 않도록 고유하라. 또 지금은 농번기가 되었으나 신민은 아직 농기구와 종자를 준비하지 못했으므로, 이제 특별히 상세(商稅) 은 100냥을 발급하니, 본관은 소와 농구를 구매하여 나누어 주고 때를 맞춰 파종케 하라. 당장 굶주리는 자에게는 쌀과 소금도 지급하라.'[56]

고 한 것이 그것이다. 이 내용에서는 다음 몇 가지가 주목된다. 첫째, 요성·요만·요빈 등 적수(賊首) 출신에 대한 처리이다. 그들은 횡수의 적으로서 일단 초무된 다음에 다른 무리 142명을 투항케 하였다. 이에 양명은 그들 3명에게 영초의관 혹은 순포노인의 직함을 주고 그들이 초무한 142명을 통할하게 하였다. 그리고 그들을 모두 패갑으로 편성하여 통할하고, 명령이 있을 때는 출동하여 구적 소탕의 전투에도 참여하게 하였다.[57] 둘째,

---

55) 『全集』 卷16, 別錄8, 公移1, 「批汀州知府唐淳乞休申」(정덕13년), p.565.

56) 『全集』 卷16, 別錄8, 公移1, 「牌行招撫官」(正德13년 2월), pp.558~559.

57) 앞에서 언급한 「浰頭捷音疏」에는 盧琢·王受·黃金巢·梅南春·盧珂·鄭志高·陳英 등을

그들 신민을 곧 신설될 현성(즉 숭의현) 내에 집을 지어 거주케 하고 전토·농기구·종자 등을 나누어 주며 당장 굶주리는 자에게는 소금과 쌀도 지급토록 하여 안주시켰다. 셋째, 이들 신민에게도 부역을 담당시켰다는 점이다.58) 그러므로 양명이 시도한 신민의 초무와 안삽의 목적은 그들을 안주시켜 양민으로 만들어 사회질서를 회복하고, 궁극적으로는 그들에게도 부역을 부담시키며, 필요할 때는 그들도 군사력으로 활용하려는 것이었다.

그런데 이렇게 신민을 안삽시킬 때 문제가 되는 요소는 여러 가지가 있었다. 첫째는 바로 얼마 전에 이들에게 약탈을 당하거나 농토를 빼앗기는 등 피해를 당했던 향촌민과 새로 안삽된 신민 사이에서 갈등이 일어날 가능성이다.59) 관부에서는 대국적인 입장에서는 이들의 투항을 받아들인 후, 그들이 빼앗은 전토를 모두 돌려주게 하였지만,60) 향촌민[구민(舊民)이라고도 부름]의 입장은 아직도 달랐기 때문이다.61) 그러기에 현승에게 '신민들은 모두 진심으로 마음을 고쳐먹고 영원히 선량한 사람이 되라. 경솔하게 향촌민의 위협하는 말을 듣고 놀라서 또 다른 죄를 범하지 않도록 하라'고 고유케 하였던

소개하고 있다. 또 龍川縣의 賊首 盧源·陳秀堅·謝鳳勝 등도 투항하여 新設 和平縣에 안삽된 후에 手下甲衆을 嚴束하도록 명령을 받았다.(『全集』 卷16, 別錄8, 「行龍川縣撫諭新民」, p.569) 이렇게 賊首가 投降하여 安插된 후에도 여전히 그 影響力을 유지하도록 한 조치는, 그들이 후에 재차 반란을 일으킬 수 있는 화근이 되었다. 그러한 예는 正德年間에서 崇禎6년에 이르기까지 이 지역에서 招撫와 叛亂을 반복한 葉氏의 일족의 사례에서 잘 나타난다. 今湊良信, 1986, pp.159~166 참조.

58) 이것은 '附籍主義'에 따라, 이들 신민을 里甲에 편입시켰음을 의미하는 것이다. 명 중기에 명조가 原籍發還主義 대신에 附籍主義를 택했던 顚末은 吳金成, 1986, 第2編 참조.

59) 앞에서 서술한 바와 같이, 南安府 上猶縣에서는 "田地被其占據"되었고, 大庚縣에서는 "田地賊占一半"하였고, 南康縣에서는 "田地被賊阻荒, 總計賊占田地六里有半"이었다. 또 다른 곳에서는 南贛지방에서 구적세력이 점거한 "居民田土數千萬頃"이라고 한다.

60) 『全集』 卷11, 別錄3, 「添設和平縣治疏」(정덕13년 5월 1일), p.368에 "除良民産業被賊占耕者照數給主外"라 하고 있고, 뒤에서 설명할 「南贛鄕約」 제11조에도 "所占田産, 己令退還"이라 하고 있다.

61) 高岱, 『鴻猷錄』 卷13, 「再平江西」에 따르면, 陳金이 正德6년에 招撫策을 써서 寇賊들을 新民으로 삼았으나, 그들에게 피해를 당했던 사람들과 갈등 때문에 결국 몇 년 안 되어 다시 盜賊이 되었다고 한다.

것이다. 특히 뒤에서 설명할 「남감향약」의 서론 부분에서는,

> **민속의 선악은 오래된 관습 때문이다. 이전에 신민이 자신의 종족(宗族)을 버리고 향리를 떠나 사방으로 떠돌며 포악한 짓을 한 것이 어찌 그 인성이 다른 때문이며 그 사람만의 죄이겠는가? 역시 우리 유사(有司)의 다스림이 무도하고 가르침이 모자랐기 때문이다. … 그대들 부노(父老)·제자(弟子)는 신민의 구악(舊惡)을 기억하여 악으로 대하지 말라. 저들이 일념(一念)으로 선을 행하면 곧 선인(善人)이다. … 그대들도 일념으로 악을 행하면 곧 악인이다. 사람의 선악은 마음에서 우러나는 것이다.**[62]

라고 적고 있다. 바꾸어 말하면, 토착인이나 신민 모두의 선·악, 즉 모든 인간의 선악은 '인성(人性)'에서 유래하는 것이 아니고, 일념으로 '선'을 닦느냐의 여부에 달려 있는데 신민들이 선하게 살지 못한 원인은 '지방관들의 다스림이 무도하고 가르침이 모자랐기 때문'이라고 하여, 지방 목민관의 분발을 촉구하였다. 그리고 「남감향약」의 제11조에서는 각 채의 거민(즉, 구민)이 전에 신민(이전의 구적)에게 당한 해는 말로 다 표현할 수 없지만, 빼앗겼던 전산(田産)을 이미 돌려주고 난 뒤에는, 신민과 오래된 원한으로 갈등을 일으키지 않도록 약장(約長)이 감독하도록 지시하고 있고, 또 제12조에서는, "초무에 응해 온 신민들은 오직 한 마음으로 선을 행하여 자신의 죄를 갚아라. … 경작과 직조에 힘쓰고, 정상적인 값으로 매매하라. … 약장 등은 각기 때에 따라 마땅히 이들을 타이르고 종전과 같은 잘못을 저지르는 자는 관에 알려 다스리게 하라"고 하고 있다. 바꾸어 말하면, 향약을 통해서 신·구민의 갈등을 해소시켜 촌락에 자치적인 질서를 회복하고자 노력하였다.

신민을 안삽시킬 때 발생한 두 번째 문제는, 자진해서 투항한 신민의 경우 자기 예하의 세력을 그대로 유지하게 해 준 점이었다. 앞에서 서술한 바 있는

---

62) 『全集』 卷17, 別錄9, 「南贛鄕約」, pp.599~600.

노가·정지고·진영의 사례나 요성·요만·요빈의 사례가 그러했다. 향촌의 유력자는 평소에 민병을 조직하여 자위하다가 세가 불리해지면 도적이 되고, 또 불리하면 관군에 투항하여 그 세력을 온존한 채 신민이나 의민이 되었다.[63] 그러므로 이러한 경우에는 관부의 감독은 더욱 엄밀해야 하였다. 그 때문에 이렇게 신민을 일단 안삽시키고 보갑법과 향약으로 안돈시킨 후에는, 지방관으로 하여금 끊임없이 적극적으로 위로하고 어루만져서, 신민뿐 아니라 구 이갑민까지도 다시는 '함부로 국가의 법을 범'하는 완민(頑民)이 되지 않도록 하였던 것이다.[64]

2) 新縣의 設置

양명이 각지의 구적세력을 평정한 후, 신민을 안삽한 것과 동시에 강구한 선후책이 신현 설치를 주청하여 실현시킨 것이었다.[65] 양명의 생각은,[66] 비록 남감 구적세력의 소굴을 평정하였다고는 하지만, 천 수백 리 봉우리마다 삼림이 깊어서 완전 소탕된 상태도 아니고, 소속현은 "닷새나 걸리는 거리" 또는 '삼백여 리' 또는 '며칠이나 걸리는 거리'로 멀리 떨어져 있어 정교(政敎)가 미치지 못하는 상태였으므로, 새로운 현을 설치하여 그 발생 원인을 제거시키지

---

63) 今湊良信, 1986, p.157에서도 그렇게 보고 있다.

64) 『全集』 卷17, 別錄9,「牌行崇義縣查行十家牌法」, p.615에 "大抵風土習尚雖或有異, 而天理民彝則無不同, (縣官된 자가) …盡其撫輯敎養之道, 雖在蠻貊, 無不可化, 況此中土郡縣之區, 向附新民, 本多善類, 我能愛之如子, 後亦焉有不愛我如父者乎? …若此新民之中, 及各縣分割都圖人戶, 果有頑梗强橫不服政化者, 卽仰遵照本院欽奉敕諭事理, 具由申請, 卽行擒拿, 治以軍法"이라 하고 있다.

65) 『重修虔台志』(天啓3년刊) 卷2,「開設」.

66) 양명의 생각은 대개 아래와 같았다. 즉, ① "南·贛盜賊, 雖已仰仗天威, 克平巢穴, 然漏殄殘黨, 難保必無. 且地連三省, 千數百里之內, 連峯參天, 深林蔽日, 期間已招之新民, 尚懷反覆, 未平之賊壘, 多相勾聯, 乘間窺竊, 不時而有. 方圖保戌之策, 未有撤兵之期"(『全集』 卷11,「再請疏通鹽法疏」), ② "地理遙遠, 政敎不及, 小民罔知法度, … 兩省居民, 相距所屬縣治各有五日之程, … 爲照建立縣治, 固係禦盜安民之長策, … 舊因縣治不立, 征剿之後, 浸復歸據舊巢, 亂亂相承, 皆原於此"(『全集』 卷9,「添設淸平縣治疏」), ③ "江西南安·贛州地方, 與福建汀·漳二府, 廣東南·韶·潮·惠四府及湖廣郴州桂陽縣, 壤地相接, 山嶺相連, 其間盜賊不時生發, 東追則西竄, 南捕則北奔. 蓋因地分各省, 事無統屬, 彼此推調, 難爲處置"(『全集』 卷10,「換敕謝恩疏」).

않으면 일 년이 못 되어 "투항해 온 신민들이 틀림없이 다시 도적으로 바뀔 것"이라고 하고 있다.67)

그리하여, 먼저 정덕12년 2월~5월에 걸쳐 장주부 일대를 평정한 후, 5월에는 "도적을 제압하여 백성을 안돈시키는 좋은 정책" 내지 "한편으로는 등을 어루만지고, 한편으로는 요충지를 지키는 정책"으로서, 하두·평화(平和) 지역의 요충지인 하두에 평화현을 설치할 것과 하두순검사를 방두 지역에 옮길 것을 주청하였다. 양명의 이러한 상주는 가납되어, 남정현과 장포현에서 총 12개 도(都)를 할애 받아 평화현이 신설되었다.68) 또한, 정덕12년 10월~12월에 걸쳐 횡수·좌계·통강지구의 여러 도적세력을 평정한 후, 윤12월에는 강서 남안부에 숭의현 신설과 3개 순검사 신설을 주청하였다.69) 또한 양명은 '횡수·통강·좌계의 도적들의 소굴은 80여 곳인데, 상유·대유·남강현 등과 접하고 있고, 거리가 서로 300여 리(150여 ㎞)나 되어 관부의 명령이 미치지 못해 도적이 웅거하는 곳으로 변하였고', 따라서 "도망한 백성도 그곳으로 들어갈 것"이므로, 반드시 현치(縣治)를 건립하여 통제할 필요가 있다는 내용의 주청을 올렸다. 14년 3월에 조정에서는 현의 이름을 숭의현으로 결정하였다. 또 13년 정월~3월에 걸쳐 대모·이두 지방의 구적을 평정한 후, 5월에는 광동성의 혜주부 용천현 서북에 화평현의 신설과 순검사의 개편을 상주하였다. 그리고 이 건의가 받아들여져 용천현 화평·인의·광삼도, 하원현 혜화도, 강서성 용남현 일부를 할양받아 화평현을 설치하였다.70)

---

67) 『全集』 卷11, 別錄3, 奏疏3, 「添設和平縣治疏」(정덕13년 5월 초1일), p.370; 「年譜」1, p.1242.

68) 『全集』 卷9, 別錄1, 奏疏1, 「添設清平縣治疏」, pp.318~321; 同書 卷11, 別錄3, 奏疏3, 「再議平和縣治疏」, pp.380~383; 「年譜」1, p.1242.

69) 『全集』 卷10, 別錄2, 奏疏2, 「橫水桶岡捷音疏」 pp.338~349; 同書, 同卷, 「立崇義縣治疏」 p.350; 「年譜」1, p.1247; 周用, 「乞專官分守地方疏」, 雍正 『江西通志』 卷117; 許懷林, 1984, pp.183~184 등 참조.

70) 『全書』 卷11, 別錄3, 奏疏3, 「添設和平縣治疏」(정덕13년 5월 초1일), pp.366~371.

2. 鄕村秩序의 再編

1) 保甲法의 實施

양명이 강서 남부 4성 교계지역의 구적세력을 평정한 후 강구한 또 하나의 선후책은 이미 도시지역에 실시하고 있던 십가패법을 보갑법으로 보강하여 농촌과 산간지역에까지 확대 실시한 것이었다.[71] 앞에서 서술한 것처럼, 정덕 12년 정월에 실시한 십가패법은 도시 지역에 거주하는 유동인구를 파악하여 관부의 정보 유출을 막으려 한 것이었으나, 이제는 이미 평정한 4성교계지역에 새로 보갑법을 시행하려는 것이었다. 그런데 일단 구적세력은 평정하였지만, 앞에서 서술한 것처럼, 오랫동안 지속된 전란으로 감주부 지방의 호구는 홍무년간보다 이미 50% 이상, 남안부 지방은 60% 이상이나 감소된 상태였다. 재편된 보갑법은 이렇게 절실한 상태에서 나왔는데, 그 특징은 대개 다음과 같았다. 첫째 종전의 십가패법은 도시 지역에만 한정되었는데 이제 범위를 넓혀 농촌과 산간지역에 확대시켰으니,

> 본부(남안·감주부)의 관리는 즉시 고유(告諭)를 발송하라. 양식에 맞추어 인쇄하여 … 소속 각 현에 발송하되, 십가패갑(十家牌甲)에 맞추어 집집마다 한 통씩 주라. 향촌과 산간 마을 역시 둔보(屯堡)·이갑에 따라 나누어주고, 고유에 따라 … 서로 경계하고 권면하여, 함께 검소하고 다소곳한 풍습을 이루게 하라. 해당 부는 각 현에 가서 도시와 향촌에서 소행(素行)이 단정하고 타인의 신임을 받는 사람 몇 명을 선발하여 불시에 순행(巡行)하여 효유(曉諭)하고, 서로 예로써 우대하고 선량한 일을 행하도록 하라.[72]

---

71) 양명 자신은 十家牌法과 保甲法을 混用하고 있다. 그리고 십가패법을 보갑법으로 보강하여 농촌지역에까지 확대 실시한 정확한 시기도 不明이다. 그러나 아래에서 인용하는 「仰南安贛州印行告諭牌」에는 "今幸盜賊稍平, 民困漸息"이라 하고 있어, 일단은 三浰의 구적을 평정하고 돌아온 13년 4월 이후의 어느 시기라고 생각한다. 단, 「年譜」1, p.1256에서는, 아래에서 인용할 「告諭父老子弟」(正德14년 2월, 『全集』卷16, 別錄8, 公移1, pp.568~569)의 내용을 정덕13년 10월의 「擧鄕約」條에서 인용하고 있다. 이로 보면, 향촌과 산간지역에까지 보갑법을 확대실시한 시기는 빠르면 13년 4월, 늦어도 鄕約의 시행과 같은 시기였다고 생각한다.

고 한 것이 그것이다. 보갑법의 두 번째 특징은 새로이 각 촌마다 '소행이 단정하고 타인의 신임을 받는 사람'을 뽑아 보장(保長)을 세우고, 요지에 고루(鼓樓)를 세워 도적이 출몰하는 경우에는 북을 쳐서 알리고 각 갑을 통솔하게 함으로써, 도적의 방어와 치안의 유지를 도모한 것이었다.[73] 단, 보장이 평시에 각 갑의 소송사건에 간여하는 것을 금지해서, 보장이 향촌에서 마음대로 행동할 가능성을 미연에 방지하려 하였다.

그러나 보갑법은 당시의 여건상 양명의 의도대로 시행될 수는 없었다. 우선 각처의 관원들은 입법 취지도 잘 이해하지 못하였고 시행하려는 의지도 박약하였으며 또한 그러한 정신적인 여유도 없었다. 더구나 당시 남감지방 향촌의 여건은, 앞에서 서술한 것처럼, 이미 명초 이래 향촌질서 유지의 근간이었던 이갑제 질서가 심각하게 붕괴되던 상태였으므로, 가장 필수적인 향촌민의 협조도 기대하기 어려웠다.

그 때문에 농촌지역에까지 실시하는 보갑법은 지현이 강력하게 장악하도록 하였으니, 이것이 그 특징의 셋째이다. 양명은 이전의 십가패법의 내용과 운용방식을 재천명하고, 패에 "호적과 토지·조세의 액수"까지 기재토록 하고, 이어서

> 십가패식은 … 만일 유사(有司)가 착실히 실행할 수 있다면, 도적이 없어질 뿐만 아니라 사송(詞訟) 또한 간결해질 것이다. 이것을 보완하여 여러 폐단을 없애면 부역도 균등해질 수 있고, … 이를 보완하여 경박함을 경계하고 순박함을 권면하면 풍속도 따뜻해질 수 있다. 이를 보완하여 덕으로 이끌고 학문으로 훈계하면 예악(禮樂)도 흥할 수 있다. … 크게 힘들이지 않고도 한 현의 정치가 이루어 질 수 있을 것이다.[74]

---

72) 『全集』 卷16, 別錄8, 公移1, 「仰南安贛州印行告諭牌」, p.566.

73) 『全集』 卷17, 別錄9, 公移2, 「申論十家牌法增立保長」, p.610에는, 前에 各 甲에 牌頭를 두지 않았던 것은 "所以防脅制侵擾之弊, 然在鄉村, 遇有盜賊之警, 不可以無統紀, 合立保長督領, 庶衆志齊一, …… 於各鄉村推進才行爲衆信服者一人爲保長, 專一防禦盜賊. 平時各甲詞訟, 悉照牌諭, 不許保長干與, 因而武斷鄉曲, 但遇盜警, 卽仰保長統率各甲設謀截捕"라 하고 있다.

라고 하는 고유(告諭)를 발하였다. 바꾸어 말하면, 보갑법은 예전의 십가패법보다 규정이 훨씬 강화되었고 지방관부의 강력한 향촌장악 의지가 내포된 것이었다. 그리고 지현은 "도시나 농촌에서 나이가 많고 덕이 있어 모든 사람의 존경을 받는 사람을 택하여" 심산궁곡(深山窮谷)까지 찾아가서 효유(曉喩)하도록 하고 있다.75) 그리고 아울러, "각 가족에서 부자가 애정과 효도를 행하고, 형제가 서로 우애하며, 부부가 서로 화합하고 어른과 아이가 자애와 순종을 행해야 한다"고 하여,76) 보갑법의 실시에 가족제도를 근간으로 한 부노(父老), 부형의 자애와 자제의 효제(孝悌)를 강조하고 있다.77)

그러므로 보갑법은 양명이 남감지방에서 체득한 경험을 살려서, 뒤에서 서술할 향약과 상호보완적인 관계 아래에서, 기존의 향촌공동체적 전통과 종족조직을 기반으로, 자율적으로 향촌교화, 민중 상호간의 권선징악, 상호부조, 분쟁조정, 질서유지 등을 도모하여, 사회의 안정과 이풍역속(移風易俗)을 구하기 위한 것이었다.78) 바꾸어 말하면 보갑법은 방도(防盜)·군사(軍事)·균부(均賦)·교화(敎化) 등 다양한 기능을 발휘할 수 있어, 잘만 운용하면 이미 유명무실해진 이갑제 질서를 회복할 수 있다고 양명은 생각하였다. "크게 힘들이지 않고도 한 현의 정치가 이루어 질 수 있을 것"이라 기대한 것은 바로 이 때문이었다.79)

---

74) 『全集』 卷17, 別錄9, 「申諭十家牌法」, p.609.

75) 『全集』 卷31, 續編6, 「申行十家牌法」, p.1153.

76) 『全集』 卷16 別錄8, 公移1, 「十家牌法告諭各府父老子弟」, p.530. 『全集』 卷16, 別錄8, 公移1, 「告諭父老子弟」(正德14년 2월), pp.568~569에도 "今倡亂渠魁, 皆就擒滅, 脅從無辜, 悉已寬貸, 地方雖以寧復, 然創今圖後, 父老所以敎約其子弟者, 自此不可以不豫. 今特爲保甲之法, 以相警戒聯屬, 父老其率子弟愼行之, 務和爾鄰里, 齊爾姻族, 道義相勸, 過失相規, 敦禮讓之風, 成淳厚之俗"이라 하고 있다. 한편, 「年譜」1, p.1256에서는, "道義相勸"의 '道'가 '德'으로 되어 있다.

77) 이것은 명 중기부터 중국 각지에서 宗族結合 풍조가 만연한 것과 관계가 있다.

78) 「年譜」1, p.1256. 正德12년 초에 처음으로 十家牌法을 실시할 때 양명이 발한 고유에도 "見善互相勸勉, 有惡互相懲戒, 務興禮讓之風, 以成敦厚之俗"(『全集』 卷16, 別錄8, 公移1, 「十家牌法告諭各府父老子弟」, pp.528~531)이라는 내용이 있어 십가패법의 이러한 성격을 잘 보여 준다.

2) 社學의 建立

양명은 강서에서 '군사 토벌[破山中賊]'을 하는 동안에도 결코 "마음속에 있는 적을 없애기[破心中賊]"와 "교화"를 잊지 않았다. 그리고 삼리(三浰)의 구적을 평정하고 회군한 정덕13년 4월부터 또 하나의 선후책으로 남감의 각 현에 사학(社學)을 건립토록 하였다.80) 당시 양명은, '근래의 아동교육은 오로지 책을 읽는 법이나 과거 시험을 위한 준비만 시킬 뿐, … 회초리로 때리고 새끼로 묶어 흡사 죄수를 대하듯 하므로, 아동은 학교를 마치 감옥처럼 생각하여 들어가려 하지 않고, 스승을 원수로 생각하여 얼굴을 보려고도 하지 않는다' 고 하고,81) 또한 "백성의 풍속이 선하지 못하면 교화도 이룰 수 없다"는 인식 아래, "이풍역속(移風易俗)"을 위해 사학을 건립토록 하였다. 그 가운데 후대 까지 알려진 것으로, 감주의 동쪽에 의천서원, 남쪽에 정몽서원, 서쪽에 부안 서원과 진녕서원, 북쪽에 용지서원 등이 있다.82)

양명은 이를 위해서 세밀하고 구체적으로 매일의 지도법을 제시하는 한 편,83) 남감 소속 각 현의 부노자제(父老子弟)에게 고유하여, 지식의 습득과 규 칙의 준수와 함께 예의범절을 가르치도록 하였다. 그 결과 '도시와 농촌에서 아침저녁으로 노랫소리가 들리고 점차로 예의범절을 알게 되었다"고 과장(誇 張)하고 있다.84)

---

79) 양명은 또한, 南贛지역의 백성들이 부모의 시신을 물과 불 속으로 간단히 던져 버리는 풍습, 혹은 迎神賽會를 크게 열어 재물을 낭비하는 등 잘못된 풍속이 많았던 점을 고치도록 告諭하였다(『全集』卷16, 別錄8, 公移2, 「告諭」, 正德13년, pp.565~566 참조). 그러나 보갑법의 일사불란한 시행은 여전히 어려운 실정이었음은, 정 덕15년 10월에 「申行十家牌法」(『全集』卷31, 續編 6), 11월 29일에 「批再申十家牌法 呈」(『全集』卷31, 續編 6), 嘉靖7년 6월에 兩廣地方에 「批嶺東道額編民壯呈」(『全集』 卷18, 別錄10, 公移3) 등의 公移를 내려 독려한 것으로도 추측할 수 있다.

80) 『全集』卷17, 別錄9, 「興擧社學牌」, p.604; 「頒行社學教條」, pp.610~611; 「年譜」1, p.1252; 畢誠, 1992, pp.287~290. 한편 明初의 社學의 건립과 그 의의에 대해서는 全淳東, 1991, pp.167~182 참조.

81) 『全集』卷2, 語錄2, 「傳習錄」2, 「訓蒙大意示教讀劉伯頌等」, pp.87~88.

82) 贛州人들은 양명이 세운 社學을 모두 書院이라 불렀다. 李才棟, 1993, p.312 참조.

83) 『全集』卷2, 語錄2, 「傳習錄」2, 「教約」, pp.88~89.

84) 「年譜」1, pp.1252.

그런데 사학은 기본적으로 미성년 자제를 대상으로 하고 있다. 그러므로 그 부형(父兄)들의 언행 순화가 선행되어야 하였다. 따라서 아래에서 보려는 향약의 시행과 상호 보완적인 성격을 지니는 것이었다.

3) 鄕約의 施行과 그 意義

이상에서 본 것처럼, 양명은 4성 교계지역의 구적을 어느 정도 평정하고 복건 장주부에 평화현, 강서 남안부에 숭의현, 광동 혜주부에 화평현 등을 신설토록 주청하고 십가패법을 보갑법으로 보완해서 농촌에 확대실시하고 사학을 설립하는 등의 선후책을 강구한 후에, 최후의 초무책으로 향약을 실시하였다. 정덕13년 10월 남감지방에서의 일이었다.[85] 이때는 이미 『고본대학(古本大學)』과 「주자만년정론(朱子晚年定論)」, 『전습록(傳習錄)』 등을 간행하였고 염계서원 등을 개수(改修)한 후였다.

그런데 십가패법은 도시지역에서는 비교적 쉽게 실시될 수 있었지만, 농촌과 산간지방까지 확대하기에는 적합하지 못한 점이 있었다. 더구나 장기간의 전란으로 감주부 지방의 호구는 홍무년간보다 50% 이상 감소된 상태였다. 그러므로 양명이 향약을 시행한 배경은, 농촌지역에 확대실시하려는 보갑법이 자칫 형식에 흐르지 않도록 보완하면서 향촌질서를 안정시키기 위함이었다.

양명의 「남감향약」은 크게 서론 부분과 본론 15개 조로 구성되어 있다. 먼저 본론 부분을 보면, 제1조는 〈표1-2-2〉와 같이 총 17명으로 구성되는 향약의 임원 조직을 규정하고 있다. 그런데 다음 해인 14년 6월 중순에 영왕 신호의 반란이 일어났으며 각지에서 민중이 봉기하고, "아울러 가뭄이 들어 추수를 기대할 수 없고, … 무뢰들이 그때를 틈타 일어나 각지를 소란케 하고", 대호(大戶)는 빚을 독촉하고 소민(小民)은 생계가 막연한 상태가 되자, 약장(約

---

85) 『全集』卷17, 別錄9, 公移2, 「南贛鄕約」, pp.599~604.; 「年譜」1, pp.1255~1256; 常建華, 2004; 李江, 1994; 曹國慶, 1993; 黃志繁, 2002; 宋正洙, 1994; Hauf, Kandice, 1996. 이러한 일련의 과정을 「年譜」1, p.1255에서는 "先生自大征後, 以爲民雖格面, 未知格心, 乃擧鄕約告諭父老子弟, 使相警戒"토록 하였다고 설명하고 있다. 그런데 양명의 향약 실시연대에 대해서는, 嘉靖 『虔臺續志』 卷3, 紀事2와 萬曆 『重修虔臺志』 卷4, 紀事1에서는 正德12년 8월로 기록되어 있다.

〈표1-2-2〉 南贛鄉約 任員組織表

約長	同約中推年高有德爲衆所敬服者 1名
約副	(위와 같은 사람) 2명
約正	公直하고 果斷한 자 4명
約史	通達·明察한 자 4명
知約	精健·廉幹한 자 4명
約贊	禮儀를 習熟한 자 2명
3권의 文簿 작성 備置	제1권은 同約의 姓名과 每日의 出入所爲를 기록, 知約이 관리 제2권은 善의 表彰을 기록, 約長이 관리 제3권은 糾過를 기록, 約長이 관리

長)과 약부(約副)의 자격을 더욱 강화하고 동시에 보갑조직과 향약을 하나로 결합시켰다.86) 즉, 전에는 "같은 향약 가운데 나이 많고 덕이 있어 모든 사람의 신임을 받는 사람 하나를 약장으로 하고 다른 두 사람을 약부"로 정했으나, 이번에는 "농촌의 거민이 재산이 많고 행동거지가 단정한 한 사람을 추천하여 약장으로 하고 다른 두 사람을 약부로 하며, 향민들은 반드시 보갑으로 편성하여 서로 경계하고 지켜서 충성을 보이도록" 하고, "약장은 기회를 엿보아 향민들을 침해"하는 일이 없도록 지방관의 감독과 피해자의 고발을 권장하고 있다.

제2조는 회합 때마다 각각 은 3분(分)을 그 비용으로 납부할 것, 제3조는 납득할 만한 이유 없이 회합에 불참한 사람에게 1냥의 벌금 부과, 제4조는 약소(約所)의 설립과 창선(彰善)·규과(糾過)의 방식 등을 제시하고 있다. 제5조에서는 위급하거나 어려운 일이 있을 경우에 약장 이하의 임원과 동약지인(同約之人)이 함께 처리할 것을, 제6조는 기장호[寄莊戶; 부재지주]가 세량(稅糧)의 납부와 요역의 부담을 회피하는 것을 약장 등이 고발하여 처벌케 함과 동시에 기장(寄莊)을 취소시킬 것, 제7조는 본지(本地)의 대호나 외래 객상이 고리대를 하면 관에 고발할 것을, 제8조는 사소한 분쟁은 약장이 중재·판결할 것을,87) 제9조는 군·민이 도적과 내통하지 못하도록 약장이 감독할 것을, 제10

---

86) 『全集』 卷17, 別錄9, 公移2, 「寬恤禁約」, p.574. 이러한 의견은 曹國慶, 1993에서 이미 피력하고 있다.

87) 이 규정은 종래의 里老人의 역할이었으나, 이갑제가 점차 이완되면서 동시에 이로

조는 서리·의민(義民)·총갑(總甲)·이노(里老)·백장(百長)·궁병(弓兵) 등이 향촌에서 금품 등을 요구하면 약장이 관에 고발할 것을, 제11조는 점거했던 전산(田産)을 이미 돌려준 신민과의 묵은 원한 때문에 더 이상 갈등을 일으키지 말도록, 약장이 잘 감독하고 이를 듣지 않는 사람은 관에 고발할 것을, 제12조는 신민이 다시 잘못을 되풀이 하지 않도록 약장 등이 효유(曉諭)하고 여전히 이전의 잘못을 되풀이한다면 관에 고발할 것을, 제13조는 혼인 때, 제14조는 장례 때 과도한 사치를 못하도록 약장이 감독할 것을 각각 규정하고 있다. 그리고 제15조는 같은 향약에 속한 사람들이 회합에서 지켜야 할 구체적인 절차를 자세하게 규정하고 있다.

한편, 「남감향약」의 서론 부분에는 향리가 통치되지 않는 원인을 지적하고 향약의 지도이념과 목적 및 의의를 개진하면서, 봉기한 구적의 성품이 본래 악렬(惡劣)한 때문이 아니고, 유사(有司)의 '다스림이 무도하고 가르침이 모자라며', 부노자제들이 '분을 이기지 못하여 서로 공격하고 서로 속여 해를 끼치기' 때문에 조성된 것이라고 하면서,

> 이제 특별히 향약을 권면하니 이로써 너희 민이 협조하고 화합토록 하라. 지금부터는 같은 향약의 백성은 응당 부모에게 효도하고 형장(兄長)을 공경하고 자손을 교훈하고, 향리에서 화순(和順)하고 사상상조(死喪相助)하고 환난상휼(患難相恤)하며, 선은 서로 권면하고 악은 서로 경계하며, 다툼과 소송을 없애고 서로 화목하여 힘써 선량한 백성이 되라. … 일념으로 선을 행하면 곧 선인이고 … 일념으로 악을 행하면 곧 악인이다. 사람의 선악은 마음에서 우러나는 것이다.[88]

라고 적고 있다. 따라서 이 내용은 "덕업상권(德業相勸), 과실상규(過失相規), 예속상교(禮俗相交), 환난상휼"을 권면한 송대 여씨향약의 규약과 "효순부모(孝順父母), 존경장상(尊敬長上), 화목향리(和睦鄉里), 교훈자손(敎訓子孫), 각안생리(各安生理), 무작비위(毋作非爲)"[89] 등을 권면한 명 태조의 육유(六諭)

인의 권위와 기능도 약화되었으므로, 이렇게 약장에게 위임하고 있는 것이다.

88) 『全集』 卷17, 別錄9, 「南贛鄉約」, p.600.

의 이념을 종합하여 계승한 것이라 할 수 있다. 그리고 약소(約所)를 설립하고 창선부(彰善簿)와 규과부(糾過簿)를 두도록 한 것은 명초 이갑제 아래의 이노인이 주관하던 신명정(申明亭)과 정선정(旌善亭)의 이념을 더욱 강화시킨 것이라 할 수 있다. 육유의 이념은 전통적인 향촌사회에서 자연스럽게 전승되어 온 공동체 규범이었는데, 명 태조는 그것을 조칙(詔勅)으로 전국에 확산시켰고, 양명은 이 내용을 당시 이갑제 질서가 현저하게 붕괴되어가고 있던 남감지역에 적용한 것이었다. 다만 주자(朱子)와 명 태조의 것은 위로부터 요구한 교화인데 반하여, 남감향약은 보다 권선징악적인 측면을 강조함으로써 향촌의 모든 구성원 스스로가 도덕질서를 보호하고 유지하는 주체가 되게 하고, 나아가서는 공동체의 모든 구성원 사이의 횡적이고 자주적인 규약의 기능을 살리게 하려는 것이었다.

이상을 정리해 보면, 양명이 시행한 남감향약은 다음 두 가지로 그 특징을 요약할 수 있다. 먼저 정치·사회적인 측면에서는 대개 다음 일곱 가지 특징을 들 수 있다. 즉, 첫째 향약의 편성 대상은 향촌의 모든 구성원, 즉 당시 이갑에 편성된 정관호(正管戶)뿐 아니라 대관호(帶管戶)와 기령호(畸零戶; 전호와 노복호)까지 전체 주민을 의무적으로 참여토록 하고, 약회(約會) 참가자의 모든 행동은 물론 간단한 문답 내용에 이르기까지 모든 절차를 대단히 세밀하게 규정하고 있고, 둘째 약중(約衆)의 지도자는 약중에서 추천하여 선발하고, 그가 약중 사이에 발생하는 분쟁을 조정하고 여론에 따라 선행을 칭찬하고 악행을 벌하도록 하였다. 셋째 약중의 약회 참석은 엄중한 의무사항이었으며, 넷째 보갑법과 상호 보완적인 관계였고, 다섯째 제6조에서 14조까지 9개항에서 규정하고 있는 내용, 즉 기장호(寄莊戶)의 존재와 그들의 세역 회피, 대호와 객상의 고리대 문제, 구민과 신민이 섞인 향촌민 사이에서 일어나는 분쟁의 빈번한 발생, 여전한 적과의 내통, 서리와 의민·총갑·백장·궁병 등 지방 아문 가운데 조예(皂隷)들의 횡포, 혼례·장례··불사(佛事)에서 사치 등의 문제는 당시

---

89) 『皇明制書』 卷9, 「敎民榜文」 第19條. 이 六諭는 또한, "孝順父母, 恭敬長上, 和睦宗姻, 周卹鄕里. 各依本分, 修本業, 莫作奸盜"라 한, 朱子의 향촌 父老層에 대한 勸誡之語를 계승한 것이다.

남감지방의 사회경제적 상황과 깊은 관련이 있었다.[90] 여섯째 15세기 중엽 이래 점진적으로 나타나기 시작한 신사의 사회지배와 동시에 지방 관부의 강력한 개입을 전제로 하는 것이었다.[91]

다음으로 사상·이념적인 측면에서 보면, 양명의 남감향약은 향민에게 선을 행하고 악에서 벗어나도록 권면함으로써, 인간 누구의 마음속에나 존재하는 '양지'의 능력을 살려서, 민을 도덕 실천의 주체로 하여 그들로 하여금 도덕 실천의 책임을 지게 하는 등, 말하자면 민의 자발성을 최대한 존중하려는 특징을 지니고 있었다. 양명에 따르면, "보통 사람들의 마음속에 있는 때와 허물을 통절하게 닦아 내야만" 비로소 '양지'를 회복할 수 있다고 생각하였다.[92] 그러나 소인(小人)의 양지는 쉽게 '인욕[물욕]'의 방해를 받는 것이므로, 농민봉기를 근본적으로 종식시키기 위해서는 농민에게 "거인욕, 존천리(去人欲, 存天理)"를 가르쳐 '물욕'을 버리고 '양지'로 돌아오도록 해야 한다고 주장했다. 그러므로 양명의 향약 시행은 그의 학술의 평민적 성향과 더불어 도덕으로 민중을 통치하는 면에서 선구적 역할을 한 셈이었다.[93] 바꾸어 말하면 농민의 "심중의 적"을 없앰으로써, 기존의 지주·전호 사이의 사회모순을 제거하여 향촌질서를 회복하고 유지시키려는 것이 곧 남감향약의 목적이었으며 동시에, 양명의 "천지만물의 일체(一體)의 인(仁)"과 '치양지' 이념을 구체적으로 실천하는 장(場)이었다고 할 수 있다.

이상을 종합해 보면, 남감향약은 양명이 남감지방이 직면한 정치·사회적인 문제, 즉 국가권력이 향촌지배의 근간으로 삼았던 이갑제 질서가 심각하게 붕괴되어 가던 남감사회의 복잡한 문제들을 해결함으로써 파괴된 사회질서를 회복하고 유지하기 위해 실시한 것이었다. 바꾸어 말하면, 향약은 보갑법과 상호 보완적인 관계 아래에서, 종족조직의 규제력과 향촌의 새로운 질서 담당

---

90) 吳金成, 1985; 吳金成, 1986, 제2편 제1장 등 참조. 이러한 현상은 비단 강서 남부만의 사정이 아니라 거의 전국적인 현상이었다. 吳金成, 2007A, 제1편 제1장 참조.
91) 曹國慶, 1993; Hauf, 1996 참조.
92) 『全集』 卷4, 文錄1, 「答黃宗賢應原忠」(정덕6년), p.146.
93) 溝口雄三(趙士林 譯), 1995, pp.90~91.

자로서의 신사와 부노층(父老層)을 기반으로, 자율적으로 향촌교화, 민중 상호 간의 권선징악, 상호부조, 재판, 질서유지 등을 도모하고 부재지주와 객상, 고리대의 횡포를 방지하기 위하여 권장한 향촌조직이었다고 할 수 있다.[94]

3. 稅·役 負擔의 緩和

양명이 구적세력을 평정한 후 강구한 선후책으로, 다음에는 농민의 부역부담을 완화시켜 준 것을 들 수 있다. 먼저 종래의 행염지(行鹽地; 정부에서 지정한 소금판매 지역)의 모순을 바로잡으려는 의도에서 염법(鹽法)을 잠정적으로 변경시키려 하였다.[95] 즉, 정덕12년 6월과 13년 10월, 두 번 올린 상소[96]를 통하여, 회염(淮鹽)의 행염지인 남감지방에 잠정적으로 광동염(廣東鹽)을 판매케 함으로써, 시급한 군량을 보충하도록 허가를 받았다.

다른 하나는 강서지방의 부역의 감면을 요청한 것이었다. 양명은 정덕14년 7월 30일에 올린 상주에서,

> 길안 등 13부 소속 … '본년 3월부터 7월까지 비가 오지 않아, 볍씨는 싹기 트지도 못한 채 모두 말라 죽고 말았습니다. 하세(夏稅)와 추량(秋糧)을 납부할 방도가 없어, 인민은 한숨만 내쉬며 장차 달아날 수밖에 없을 것입니다' 라고 합니다. … 그 틈을 이용하여 영왕이 모반해서 난을 부추기려고 위명(僞命)을 발하여 조세를 우면(優免)하라고 하였습니다. 소인들은 오직 이익만 좇으므로 흉흉하게 난을 생각하고 있습니다. … 강서의 민은 이미 농사를 포기한데다 도적 토벌 전쟁에 시달려 왔습니다. … 부실대호(富室大戶)도 기근을 면치 못하는데 하물며 하호소민(下戶小民)이 도탄에 빠지고 사방으로 흘어짐을 면할 수 있겠습니까?[97]

---

94) 鈴木健一, 1966; 松本善海, 1977; 栗林宣夫, 1971, 第4章, p.279.

95) 양명의 잠정적인 염법 변경의 역사적 의의에 대해서는 中村治兵衛, 1971, pp.214～218; 吳金成, 1986, pp.130～132 등 참조.

96) 『全書』卷9, 別錄1, 奏疏1, 「疏通鹽法疏」, pp.321～324; 『全集』卷11, 別錄3, 「再請疏通鹽法疏」, pp.383～387. 「年譜」1, p.1256에는 11월로 되어 있다.

97) 『全集』卷12, 別錄4, 奏疏5, 「旱災疏」, p.407(正德14년 7월 30일). 그런데 15년 4월에

라고 하면서, 정덕14년에 거둘 강서의 세량(稅糧)을 모두 면제해 줄 것을 주청하였다. 그러나 이 주청은 가납되지 않았을 뿐 아니라, 오히려 호부의 독촉이 계속되었다. 이에 15년 3월에 또다시,

> 상하가 흥흥하여, 마치 물이 새는 배를 몰아 파도치는 바다 한 가운데로 들어가는 것 같습니다. … 눈뜨고는 차마 볼 수 없고 귀로는 차마 들을 수 없을 지경입니다. … 극도로 궁하게 되면 몰래 간악한 행동을 하거나 마음대로 구도(寇盜)가 되기도 합니다. … 지금 부민(富民)은 모두 빈민이 되었습니다. … 민(民)으로 생계가 가능한 자는 1/10도 안되고 앉아서 죽을 수밖에 없는 자가 9/10나 됩니다.

라고 더욱 절실한 상소를 올렸고, 또한 "강서에서 감면되는 세량은 40만 석에 지나지 않는데, 만일 인색하게 이 40만 석을 아끼려 하다가는 과거와 같이 갑자기 전란이 일어나서 수백만 석을 허비하고도 완전히 회복되지 않는 일이 재발할 것"이라고 하면서, 강서의 정덕14년~15년분 전량(錢糧)을 모두 면제해 주도록 주청하였다.98) 그 후 이 주청은 아마도 황제가 받아들였을 것으로 추측된다.

그러나 이러한 조세 경감은 어디까지나 갑자기 닥쳐온 재해로 말미암은 사회불안을 일시적으로 안정시키기 위함이었다. 뒤에서 서술하겠지만, 양명은 "토지세와 요역을 내지 않고 오랫동안 관청과 대항하면서 무사하기를 바랄 수 있겠는가?"라고 하여, 평상시에 응당 납부하여야 할 부역은 철저하게 징수할 뿐 아니라, 만일 이를 피하는 자, 즉 '완민(頑民)'은 가차 없이 제거해 버리겠다고 공언하고 있다.99) 그러므로 양명의 이상은 당시 농민이 처해 있던 심

도 강서 9個府 지역에서, "自春立夏, 雨水連綿, 江湖漲溢, 經月不退. 自贛·吉·臨·瑞·廣·撫·南昌·九江·南康, 沿江諸路, 無不被害. 黎苗淪沒, 室廬漂蕩, 魚鱉之民聚棲於木杪, 商旅之舟經行於閭巷, 潰城決堤, 千里爲壑, 煙火斷絶, 惟聞哭聲. 詢之父老, 皆謂數十年來所未有也"(『全集』 卷13, 別錄5, 奏疏5, 「水災自劾疏」(正德15년 5월 15일), pp.431~433; 「年譜」2, pp.1271~1272)라고 하는 大洪水가 있었다. 이에 양명은 그 책임을 지고 사임을 주청한 것이었다.

98) 『全集』 卷13, 別錄5, 奏疏5, 「乞寬免稅糧急救民困以弭災變疏」(정덕15년 3월 25일), pp.426~429.

각한 문제, 즉 토지편중으로 말미암은 부역 불균형의 문제를 해결함으로써 농민을 향촌사회에 안주시켜, 사회질서를 안정시키고 농업생산력을 높인 후, 그들을 기반으로 하여 국가가 필요로 하는 부역을 징수하자는 것이었다.

이를 위해서 양명이 적극적으로 추진한 것은 다음 두 가지였다. 첫째는 필요한 부분에 대한 토지 측량이었다. 즉, 관리·신사·세호가 또는 영왕 신호 등 왕부(王府)에 강점되었던 토지를 각 지방관이 철저히 조사하여 모두 본래 전주에게 돌려주게 하고, 가능하면 자기가 확인하겠다는 것이었다.[100] 둘째는 관리·신사·세호가의 부정으로 말미암아 부세(賦稅) 징수에서 야기되는 심각한 불균형을 바로 잡기 위하여, 부역 징수에 있어 장부를 3본 만들어, 하나는 도찰원, 하나는 순도(巡道), 나머지 하나는 부(府)에 두고, '갑자기 조사하여 부현(府縣)에서 마음대로 부과'하는 부정을 없애려 하였다.[101] 예컨대 강서에는 신호(宸濠)가 백성의 토지와 가옥 등을 강점하거나 싼 값으로 사들이고, 또는 관전(官田)을 강점하는 등의 방법을 사용하여 점유한 땅이 만(萬) 경을 단위로 헤아릴 정도였다. 이에 양명은 15년 5월에 순안어사 당용(唐龍)·주절(朱節) 등과 함께 영왕 신호가 빼앗았던 재산을 원 주인에게 돌려주거나 처리해서 백성의 부세를 대납할 것을 주청하였다.[102] 이 주청도 황제에게 가납되어, 9월에 남창으로 돌아가서 신호의 재산을 몰수해 팔아서 빈민을 구제하고 부세를 대납하여 백성이 겨우 안정을 찾기 시작하였다.[103]

Ⅲ. 陽明思想의 理念

앞에서 서술한 것처럼, 명 중기에 중국의 각지, 그리고 강서의 각지에서는

---

99) 『全集』 卷17, 別錄9, 「告諭頑民」(正德15年 12월 15일), pp.612~614.

100) 『全集』 卷30. 續編5, 「遵奉欽依行福建三司清查錢糧」(정덕14년 5월 27일), p.1092; 『全集』 卷31, 續編6, 「行南昌府清查占奪民産」(正德14년 8월 16일), p.1130.

101) 『全集』 卷17, 別錄9, 「額定里甲雜辦」(정덕13년), pp.604~606.

102) 『全集』 卷13, 別錄5, 奏疏5, 「計處地方疏」(正德15년 5월 15일), pp.429~431; 「年譜」 2, p.1271.

103) 「年譜」2, p.1277.

사회변화가 심각하게 진행되고 있었다. 양명이 구적세력의 평정을 위해 진력한 바 있는, 강서 남부의 강서·복건·광동·호남 등 4성교계지역은 이러한 변화가 가장 심각하게 진행되던 곳이었다. 양명은 정덕12년(1517) 정월부터 남감순무로서 5년 동안, 당시 강서사회가 안고 있던 각종 난제들을 해결하고 사회질서를 회복시키기 위하여 구적세력과 영왕 신호의 반란을 단호하게 평정하고 각종 선후책을 실시하였다. 그리고 이 기간의 마지막인 정덕15년(1520)에는 '치양지'설을 제창하고 '마음[心]'을 모든 것의 중심에 놓으면서 그의 사상적인 골격을 완성하였다.

그러면 양명이 정덕12년(1517)~13년, 2년에 걸쳐 4성교계지역에서 벌였던, 다분히 폭력적 살육을 동반한 군사 활동과[104] 그 후의 많은 선후책 등은 그의 사상체계 속에 어떻게 조화되고 정합되는 것일까?

양명은 만물일체(萬物一體)의 대동적 이상사회의 실현을 갈망하였다. 양명의 이상사회론을 보면, 먼저 「대학문(大學問)」에서는 "대인(大人)은 천지만물을 일체로 생각하고, 천하를 일가(一家)로 보고 중국을 일인(一人)으로 생각하는 사람"이라 하였고,[105] 「발본새원론(拔本塞源論)」에서는,

성인은 … '천지만물 일체의 인(仁)'을 미루어 천하를 가르침으로써, 사람들이 모두 그 사사로움을 극복하고 그 폐단을 벗어나서 그 '심체(心體)의 동연(同然)'함으로 복귀하도록 하였다. … '부자유친(父子有親), 군신유의(君臣有義), 부부유별(夫婦有別), 장유유서(長幼有序), 붕우유신(朋友有信)'의 오자(五者)뿐이다. … 천하의 인민은 한 가족처럼 친하게 되고 자질이 낮은 사람은 농·공·상업의 분수에 만족하여 각각 자기의 직업에 힘쓸 것이며 분수에 넘치는 높은 지위를 바라지 않을 것이다. … 만물일체의 인(仁)을 온전히 이루면, 정신과 지기(志氣)가 잘 통하여 인(人)·기(己)와 물(物)·아(我)의 구분이 없어지게 된다. … 가장 큰 단서는 오직 심체의 동연함으로 복귀하는 데 있는 것이니, 지식과 기능은 논할

---

104) 張顯清, 1979 등 중국의 학자들은 이 때문에 陽明 思想의 '反動性'을 통렬하게 비판하는 것이다.

105) 『全集』 卷26, 續編1, 「大學問」, p.968.

바가 못 되는 것이다.[106]

라고 적고 있다. 즉 성인은 '만물일체의 인'을 미루어 천하를 가르치고 사람들을 그 '본래의 동일함'으로 복귀시키는 것이 곧 '대동(大同)'이며, 이를 실천하는 방안의 하나가 곧 '오륜'이라는 것이다.

　양명은 이러한 대동사회를 이른바 '양지지학(良知之學)'을 통하여 이루려고 하였다. 이는 그가

> **나는 참으로 하늘의 보살핌으로 우연히 '양지의 학(學)'을 깨닫게 되었고, 이것을 통해서만 천하를 다스릴 수 있다고 확신하였다. 그 때문에 백성이 도탄에 빠지는 것을 생각할 때마다 마음이 심히 아파서, 나 자신의 어리석음도 잊은 채 양지의 학으로 백성을 구제하고자 하였다.**[107]

고 하면서, "모든 사람들로 하여금 누구나 양지를 이룰 능력이 있음을 알게 하여, … 자사자리(自私自利)의 폐단에서 벗어나 참소·질투·분노 등에 습관을 씻어 버리게" 하면 대동(大同)에 이를 수 있다는 주장에 잘 표현되어 있다. 말하자면 강서 남부의 4성교계지역에서 양명이 몸소 목도한 바 있는, '도탄에 빠진 인민'을 구제하기 위한 유일한 방편이 곧 '양지학'이라고 생각하였던 것이다.

　양명의 '양지'는, 인간은 누구나 타고나면서부터 마음[心] 속에 지니고 있는 인간의 시비선악(是非善惡)의 판단 능력이며, 또한,

> **옳고 그름을 분별하는 마음은 생각하지 않아도 알고 배우지 않아도 알 수 있는, 이른 바 '양지'이다. 양지가 사람의 마음에 있는 점에서 성인과 어리석은 사람에 차이가 없고 천하고금이 동일하다.**[108]

---

106) 『全集』 卷2, 語錄2, 「傳習錄」(中), 「答顧東橋書」, pp.53~55.
107) 『全集』 卷2, 語錄2, 「傳習錄」(中), 「答聶文蔚」, p.80.
108) 『全集』 卷2, 語錄2, 「傳習錄」(中), 「答聶文蔚」, p.79.

는 대전제의 기본이 되니, 이것이 곧 그의 기본적인 인간관을 이룬다.

양명은 인간의 이러한 양지를 바로 강서성에서 추진한 여러 가지 활동을 통하여 확신하게 되었다. 즉 정덕12년 10월부터 횡수·통강·좌계의 여러 도적을 평정할 때, 추장 사지산을 사로잡았는데, 양명이 "너는 어떻게 해서 이렇게 많은 부하를 얻을 수 있었는가?"라 물으니, 사지산이 "평소에 세상에 쓸만한 사람을 만나면, 절대로 그냥 지나치지 않고 반드시 여러 가지로 은덕을 베풀었습니다. 혹은 술을 대접하기도 하고 혹은 급한 일을 도와주기도 하며, 감격하기를 기다려서 내심을 열면 모두 기꺼이 나를 위하여 힘을 보태주었습니다"라고 대답하였다. 양명이 돌아와 문인(門人)들에게 "우리 유자들이 한 평생 붕우(朋友)를 얻으려 노력해 왔는데, 그것은 일반 백성의 노력과 다를 바 없다"고 하였다.109) 즉, 사대부의 붕우지교(朋友之交)나 적수(賊首)·추장을 중심으로 한 구적들의 붕우지교는 다를 바 없음을 깨달았던 것이다. 양명은 아마도 이를 통하여, 그의 '양지'를 기본으로 한 인간관을 새롭게 확인하였을 것이다.

양명은 인간이 가진 이러한 '양지'를 일깨우기 위해 많은 노력을 경주하였다. 그 하나가 태화현에서 온, 귀먹고 벙어리인 양무라는 사람과 필담(筆談)한 일화에서도 나타난다.110) 즉, 양명이 "그대는 입으로는 시비(是非)를 말할 수 없고, 귀로는 시비를 들을 수 없지만, 마음으로는 시비를 알 수 있지 않은가?"라고 묻자 "시비를 알 수 있습니다"라고 대답하였다. 이에 양명이 다시

> 그대는 입이나 귀는 다른 사람과 다르지만 마음[心]은 타인과 다를 바 없다. …… 만일 이 마음에 천리(天理)를 둘 수 있다면 그것이 곧 성현의 마음인 것이다. 비록 입으로는 말할 수 없고 귀로는 들을 수 없지만, 역시 이것도 '말할 수 없고 들을 수 없는 성현'이다. 만일 마음에 천리가 없다면 이것은 곧 금수(禽獸)의 마음이다. 비록 입으로는 말할 수 있고 귀로는 들을 수 있지만, 역시 하나의 '말할 수 있고 들을 수 있는 금수'에 지나지 않는다.

---

109) 「年譜」1, p.1247.
110) 『全集』 卷24, 外集6, 「諭泰和楊茂」, pp.919~920.

고 깨우쳐 주면서, 앞으로는 그러한 자발적인 '마음[心]'을 실천하도록 노력하라고 타일렀다.[111]

그런데 양명의 인성론(人性論)은 여기서 그치지 않고, "길거리에 가득한 백성들이 모두 성인"이라고 선언함으로써,[112] 도덕 시비의 판단을 더 이상 성인·군자나 관료·신사의 권위에만 맡기지 않고 농·공·상 등 평민층에까지 확대하여, 모든 인민으로 하여금 스스로 시비 판단의 주체가 되도록 하였다. 그리고 "사농공상의 사민(四民)은 하는 일은 다르지만 도(道)는 같다"는 '신사민론(新四民論)'을 제창함으로써,[113] 양명은 사민이 모두 참여하는 대동적 이상사회의 실현을 소망하였다. 더 나아가서는, 앞에서 서술한 것처럼, 신설된 숭의현 지현에게 '무릇 풍토와 습관은 다르지만 천리(天理)와 백성의 도는 같지 않음이 없다. 현관(縣官)된 자가 덕과 교양으로 잘 어루만진다면 비록 미개한 종족이 사는 곳이라도 교화를 이루지 못하겠는가? 더구나 이곳은 중국의 땅이고 새롭게 항복해 온 신민들은 본래 모두 선량한 양민이 아니었는가?'[114]라고 하였다. 이갑 농민에서 석출되어 구적이 되었던 부류뿐 아니고, 미개한 소수민족까지도 포용하여 양민으로 삼을 수 있다고 생각한 것이다.

모든 인간은 이처럼 '양지'를 갖추고 있으므로, 그들이 할 수 없어 잠시 악행에 빠졌다고 해서 가혹하게 단죄해서는 안 되며, 오히려 욕심과 악으로 잠시 오염된 본연의 '양지'를 계발시켜야 마땅하다고 생각하였다.[115] 바로 여기에 그의 초무·안삽책의 적극적인 의미가 있었던 것이다. 그러나 초무하여 안삽시켰다고 해서 곧 신민이 자발적으로 '양지'를 계발한다는 보장은 결코 없

---

111) 『全集』 卷24, 外集6, 「諭泰和楊茂」, p.920에서는 또 "你如今於父母, 但盡你心的孝, 於兄長, 但盡你心的敬, 於鄕黨隣里, 宗族親戚, 但盡你心的謙和恭順, … 見人財利, 不要貪圖, 但在裏面行你那是的心, 莫行你那非的心. 縱使外面人說你是, 也不須聽, 說你不是, 也不須聽"라 하고 있다.

112) 『全集』 卷3, 語錄3, 「傳習錄」(下), 「答聶文蔚」, p.116.

113) 『全集』 卷25, 外集7, 「節庵方公墓表」, p.941. 양명의 이러한 '新四民論'의 의의에 대해서는 余英時(鄭仁在 譯), 1993(→ 同氏, 1987), 第2章 新四民論 참조.

114) 『全集』 卷17, 別錄9, 公移2, 「牌行崇義縣查行十家牌法」, p.615.

115) 『全集』 卷16, 別錄8, 公移1, 「牌行招撫官」(正德13년 2월), p.559에 "俱要洗心滌慮, 永爲良善"라 하고 있다.

었다. 신민이건 구민이건 간에 꾸준히 적극적으로 '일념이선(一念而善)'하지 않으면 언제라도 악인이 될 수 있으므로, "우리 지방관과 그대들 부노자제(父老子弟)는 응당 서로 권면하도록 책임을 져야 한다"고 분발을 촉구하면서 향약의 제정과 실시, 사학·서원의 건립[116] 등 향촌 교화 정책과 교육·강학 활동 등을 적극 추진한 것이다. 양명이 '악을 버리고 선을 좇으라'고 강조하고, 세심(洗心)·격심(格心)·성심(誠心)·혁심(革心) 등을 누누이 강조한 이유도 여기에 있었다.

인간이 가진 이러한 '양지'를 일깨우기 위해 양명이 노력했다는 점을 잘 보여주는 예로, 양명이 어떻게 하든지 구적세력을 양민으로 받아들이려 한 점을 들 수 있다. 정덕13년 정월부터 이두적(浰頭賊)을 평정하기에 앞서, 12년 5월에는, 전에 기술한 바와 같이, 먼저 이두의 적에게 소와 술, 은과 면포 등을 나누어 주며 다음과 같은 요지로 '고유'를 내렸다.[117] '그대들은 세역과 빚 때문에 관부와 세력가로부터 핍박을 받아 할 수 없이 도적이 되었다. 나는 모든 방법을 다 하여 그대들을 살리고 싶지만, 그대들이 너무도 완악하다. 그러므로 너희를 죽이는 것은 내가 아니고 하늘이다. 한 부모의 10인의 아들 가운데, 8명은 선하고 2명은 악해서 두 명의 아들이 나머지 8명을 죽이려 한다면, 그 부모의 마음은 2명을 제거하여 8명의 안생(安生)을 얻으려 할 것이다. 다 같이 아들인데 부모의 마음이 왜 두 아들을 죽이려 하겠는가? 어쩔 수 없기 때문이다. 그대들에 대한 나의 생각도 바로 이와 같다. 이 두 아들도 만일 악을 뉘우치고 선을 행하면서 울며 투항한다면 부모 된 자는 불쌍히 여겨 반드시 거두어들일 것이다. 왜 그럴까? 차마 그 아들을 죽일 수 없기 때문이다. 이것이 부모의 본심이고 내 마음도 진정 이와 같다.[118] 만일 그대들이 잘 생각하여

---

116) 多賀秋五郎, 1971; 李才棟, 1993 참조.

117) 『全書』 卷16, 別錄8, 公移1, 「告諭浰頭巢賊」(正德12년 5월), pp.560~563; 「年譜」1, pp.1244~1245.

118) 같은 곳에 "聞爾等辛苦爲賊,… 何不以爾爲賊之勤苦精力, 而用之於耕農, 運之於商賈, 可以坐致饒富而安亨逸樂, 放心縱意, 游觀城市之中, 優游田野之內. 豈如今日, 擔驚受怕, 出則畏官避讎, 入則防誅懼剿, 潛形遁迹, 憂苦終身, 卒之身滅家破, 妻子戮辱, 亦有何好?"라 하고 있다.

내 말대로 개행종선(改行從善)한다면 나도 그대들을 적자(赤子)로 보아 구악을 묻지 않을 것이다. 그러나 만일 봉기를 계속한다면 나는 몇 년이 걸리더라도 토벌하고야 말 것이다.119) 민(民)은 내 동포요 그대들은 모두 내 적자인데, 내가 끝까지 무휼(撫恤)할 수 없어 죽일 수밖에 없는 것이 애통하기 그지없다.' 양명의 이러한 고유는 말하자면 화복(禍福)과 이해로 구적을 설득하는 것이었다. 이 고유에 감동하여 추장 3명이 무리를 이끌고 투항하였다. 또한, 13년 정월~3월에 걸쳐서 강서와 광동 교계지역의 구적세력을 평정하였다. 그런데 이때 양명은, 끝까지 그들을 교화시켜 안주시키지 못한 것을 애석하게 여겨 때가 되어도 밥을 먹지 않을 정도였다.120)

한편, 양명은 정덕12년 말에 횡수·통강지역 평정을 전후하여 향리의 문인 양사덕(楊仕德)에게 보낸 편지에서, "산 중의 적을 없애기는 쉬우나 마음속의 적을 없애기는 어렵다. 내가 소적(小賊)의 무리를 없애는 것을 어찌 나쁘다고 할 수 있을까? 만일 그대들이 마음 가운데의 적을 소탕하여 확실하게 평정의 공을 거두면, 이것은 진실로 대장부 불세의 위업일 것이다"121)라고 하였다.

그러면 인민에게 있어 '마음속의 적'은 무엇이고 어떻게 소탕한다는 것인가? 양명에 따르면, '천리'와 '양지'는 옛날부터 존재해 온 고유하고 절대적이며 영구한 것이고 '어리석은 백성'에게도 있는 것이지만, 너무도 쉽게 인욕(人欲)에 가로막히므로, 바로 이 인욕을 제거하면 '양지'가 잘 통하게 되어 "가정이 다스려지고 나라가 다스려지며 세상은 평안"하게 되지만, 만일 그렇지 않으면 "모든 인(仁)은 없어지게" 되고,122) 나아가서는 "영구히 화란(禍亂)이 계

---

119) 같은 곳에 "吾南調兩廣之狼達, 西調湖湘之土兵, 親率大軍, 圍爾巢穴, 一年不盡, 至於兩年, 兩年不盡, 至于三年. 爾之財力有限, 吾之兵糧無窮, 縱爾等皆爲有翼之虎, 諒亦不能逃於天地之外矣. 嗚呼! 吾豈好殺爾等哉?"라 하고 있다.

120) 「年譜」1, p.1250.

121) 『全集』 卷4, 文錄1, 「與楊仕德薛尚謙」(丁丑＝正德12년), p.168. 단, 「年譜」1, p.1248 에서는 이 내용을 정덕13년 正月條에 소개하고 있다.

122) 『全集』 卷26, 續編1, 「大學問」, pp.968~969. 또한 같은 곳에서는 "苟無私欲之蔽, 則雖小人之心, 而其一體之仁猶大人也"라고도 하고 있다. 그리고 『全集』 卷2, 「傳習錄」 (中), 「答陸原靜書」, pp.62~63에도 "性無不善, 故知無不良…但不能不昏蔽於物欲, 故須學以去其昏蔽"라 하여, 유사한 내용이 보인다.

속"되는 사회가 되고 만다는 것이다.123) 바꾸어 말하면 봉기에 참가한 농민들도 역시 '양지'는 가지고 있으나, 단지 '마음속의 적', 즉 '물욕(物慾)'으로 차단당한 상태이므로, "도적이지만 그들도 도적질해서는 안 된다는 것을 알기 때문에, 바로 그 점을 깨우쳐 주면 역시 부끄러워 할 것"이라 하고 있다.124) 그러므로 농민봉기를 근본적으로 종식시키기 위해서는 농민에게 "존천리, 거인욕(存天理, 去人欲)"을 가르쳐 '물욕'을 버리고 '양지'로 돌아오도록 하여야 한다는 것이다.

그 때문에 양명은 봉기군 진압과정에서 여러 번 고유(告諭)나 '효유(曉諭)'를 발하였는데, 이러한 적극적인 선무활동(宣撫活動)은 이전의 봉기군 진압 장령(將領)에게서는 볼 수 없었던 방식이다. 이러한 고유에서 양명은 반복해서 '악에서 벗어나 선을 행하도록' 권유하였다. 즉 그들의 봉기나 반국가적 행위 자체는 '역천반륜(逆天叛倫)' 혹은 '패역란상(悖逆亂常)'125)에 해당되지만, 그 가운데에는 '관리나 부호들의 핍박으로 일시적으로 도적떼에 잘못 들어간' 경우도 많을 텐데, 이것은 "산 사람이 스스로 죽음의 길을 찾은 것"이니 봉기를 포기하고 돌아와 국법과 예절을 준수하는 것이 곧 '악에서 벗어나 선을 행'하는 것이고 이것이 곧 "죽을 사람이 살 길을 구하는 것"이라고 하였다.126)

그런데 '양지'를 근간으로 한 그의 인간관을 기초로, 양명은 정덕15년(1521), 49세가 되던 6월~9월 감주에 체재하면서 비로소 제자들에게 '치양지(致良知)'를 중심 교의로 삼아 가르치기 시작하였다.127) 이것은 어떠한 의미가

---

123) 『全集』卷2, 「傳習錄」, 「答聶文蔚」, p.80.

124) 『全集』卷3, 語錄 3, 「傳習錄」(下), p.93에 "良知在人, 隨你如何, 不能泯滅, 雖盜賊亦自知不當爲盜, 喚他做賊, 他還忸怩"라 하고 있다.

125) 『全集』卷16, 「告諭父老子弟」(正德14年 2月), p.568에서는 "彼冥頑無知, 逆天叛倫, 自求誅戮, 究言思之, 實足憫悼. 然亦豈獨此冥頑之罪, 有司者撫養之有缺, 訓迪之無方, 均有責焉"이라 하고 있고, 『全集』卷17, 別錄9, 公移2, 「告諭頑民」(정덕15년 12월 15일), p.614에서는, "夫父母之於子, 豈有必欲殺之心, 惟其悖逆亂常之甚, 將至於覆宗滅戶, 不得已而後置之法, 苟有改化之機, 父母之心, 又未嘗不欲生全之也"라 하고 있다.

126) 『全集』卷16, 別錄8, 「告諭浰頭」(정덕12년 5월), p.561. 앞에서 서술한 것처럼, 양명의 이러한 권유가 봉기군의 隊伍를 와해시켜 안삽시키는 데 상당한 힘을 발휘하였다.

127) 『全集』卷5, 文錄2, 「寄薛尙謙」(癸未)에서 "向在虔時, 終日論此(致知), 同知中尙多有

있는 것일까?

양명은, '치지(致知)'를 '지식을 넓히고 깊게 하는 것'으로 해석한 주자와는 달리, '인간이 태어나면서 마음 가운데 소유하고 있는 '양지'를 실현해 가는 것', 즉 '양지를 이루는 것'으로 보았다. 양명사상의 이러한 발전은 이전에 용장에서 터득한 '심즉리'와 '격물치지(格物致知)'의 심화이자 당연한 귀결이라 할 수 있다.128) 양명의 '친민(親民)'론을 담은 『고본대학(古本大學)』의 간행과, 그의 사상의 최후의 단계인 '치양지'설이 양명의 군사·정치적 활동이 정점에 도달한 시기, 즉 강서에서 활동하던 시기에 이루어졌기 때문이다.

바꾸어 말하면, 이갑제의 해체를 비롯한 각종 모순으로 노정된, 강서의 사회적 위기와 참상을 직접 목격했고, 또 그로 말미암은 구적세력의 횡행을 수차례에 걸쳐 직접 평정하였을 뿐 아니라, 영왕 신호의 반란 또한 진압하였던 그의 군사적·정치적 체험이 '치양지'설 제창에 중요한 촉매제가 되었다고 볼 수 있다.129) 50세 때에 그 자신도, "최근에야 '치양지' 세 글자를 믿게 되었다. 이는 참으로 '성문(聖門)'의 정법안장(正法眼藏)'이다 … 전에는 의심하며 확신을 갖지 못하였으나, 많은 일을 겪고 난 지금은 이 '양지(良知)'에 대단히 만족하게 되었다. 내가 말하는 이 '양지' 두 글자는 실로 한 방울의 골혈(骨血)" 이라고 하였고, 또한, "나의 이 '양지설'은 '백사천난(百死千難)' 가운데서 겨우 얻은 것"이라 하고 있다.130) 이는 그의 사상적 완성이 강서에서 겪은 현실적 체험을 바탕으로 하여 이루어졌음을 시사하는 것이다. 말하자면, '치양지'설은 양명으로서는 실로 각고의 노력과 갖은 시련 속에서 얻은 '진리(眞理)'였던 것이다.

그런데 양명의 인성론이 지닌 또 하나의 측면은, 구적의 두목은 본연의 성(性)이 흉완(兇頑)한, "말을 할 수 있고 들을 수 있는 짐승"으로 봄으로써, 양지를 가진 인간의 범주에서 그들을 제외시키고 있다는 점이다. 이러

未徹"이라 함.

128) 溝口雄三, 1987, p.312.

129) 奧崎裕司, 1978, pp.336~352; 溝口雄三, 1987, p.325 등 참조.

130) 「年譜」2, pp.1278~1279.

한 인식은 양명이, "만일 꽃이 자라는 데 풀이 방해가 된다면 뽑아버린들 무슨 상관이 있겠는가"131)라고 한 말이나, "낭유(莨莠)를 제거함으로써 그것들이 만연하여 너희(=신민)의 양선을 해치는 것을 면해야 한다"132)고 한 말과 일맥상통하는 것이다. 양명은 심지어 "10명의 아들 중 극악한 두 아들이 나머지 8명의 아들을 죽이려 한다면, 타일러도 끝까지 듣지 않을 경우에는, 그 둘을 제거해서라도 8명의 안생(安生)을 도모해야 한다"고까지 주장하고 있다.

이렇게 철저하게 악의 근원을 제거하려 한 것은, "뿌리를 철저하게 뽑아버림으로써 후환을 없애려는 것"으로, 명 중기 강서사회에 대한 양명의 심각한 인식에서 비롯된 것이었다. 명 중기에 심각하게 붕괴되어가던 이갑제 질서를 바로 잡아 대다수의 인민을 향촌사회에 안주시키고, 나아가서는 궁극적인 '대동적 이상사회'를 실현시키려 한 양명으로서는 이를 방해하는, '금수(禽獸)의 마음'을 가진 '수괴'들을 제거하는 것은 오히려 당연한 것이었다. 화단의 꽃을 보호하기 위해서는, 이를 방해하는 잡초, 즉 '피[낭유(莨莠)]'를 뽑아버려야 한다고 생각한 것이다. 마치 순(舜) 임금이 사흉(四凶)을 제거하였던 것과 같은 논리였다. 그들 수괴들도 '양지'의 가능성은 있지만, 극도로 혼란한, 급박한 시기였기에 읍참마속(泣斬馬謖)하는 심정이었던 것이다.

바꾸어 말하면 '치양지'는 자발적인 것이므로, 모든 평민들에게 최선을 다해서 "일념이선(一念而善)"을 권면하지만, 수괴들은 오히려 "일념이악(一念而惡)"을 주도한 자들이었다. 양명은 평생 악행만 저지르는 구적의 '수괴'와, 위협 때문에 구적에 가담하였으나 반성하고 교화에 순응하는 무고한 '양민'을 구분하여, 전자는 철저하게 없애버리고 후자는 초무하여 신민으로서 안주시키려 하였다. 양명이 만여 명을 잡아 죽였다고 보고할 만큼 무자비해 보이는 군사 활동은, 양명으로서는 이러한 "일념이악"을 일삼는 "금수적심(禽獸的心)"을 가진, 억만 양민에 견주면 극소수에 불과한 '수괴', 화초의 생장을 방해하는 '피[莨莠]'를 제거한 것이었다.

---

131) 『全集』 卷1, 語錄1, 「傳習錄」(上), p.29.

132) 『全集』 卷16, 別錄8, 「告諭新民」, p.539. 莨莠의 제거는 『全集』 卷16, 別錄8, 公移1, 「批留兵搜捕呈」, p.559에도 보인다.

한편, 양명이 제거할 대상으로 생각한 부류 가운데는 소위 '완민(頑民)'도 포함되었다. 즉, 초무에 응하는 신민은 기꺼이 안삽시켜 생업을 유지하도록 보장해 준다. 그러나 "토지세와 요역을 체납하면서 관청과 대치하고도 오랫동안 죽음을 면할 수 있다고 생각하는가?"라고 하면서 신민이건 구민이건 "세와 역을 납부하지 않고" 봉기에 참여하여 "관부와 대항"하는 부류는 "정부의 정책을 막는" 자이므로 철저하게 제거한다는 것이다.133) 양명이 정덕12년 정월에 도시지역에 십가패법을 실시할 때에도 "조심하여 관법을 준수하고 열심히 세금을 납부하라"고 한 것도 이와 일맥상통하는 원리였다.134) 그리고 또한 국법을 어기고 사회질서를 문란케 하는 자도 가차 없이 제거해야 한다고 주장하였다.

바꾸어 말하면, 인간 공유의 '양지'의 능력을 발휘케 하여 대동사회를 이룩하기 위해서는, 너무도 쉽게 '심중적(心中賊)'에 방해받는 소민은 '양지'로 돌아오도록 적극적으로 교화시키고, 오로지 악만 저지르며 관부와 대치하는, '금수의 마음'을 가진, 화초의 성장을 방해하는 '피'는 대선(大善)을 위해서 철저하게 제거해야 된다고 주장한 것이다.

양명이 강서에서 보여 준 초무와 선후책에 대한 이해는 바로 이러한 인성론을 바탕으로 했을 때만 가능한 것이었다. 양명이 강서에서 구적세력과 소수민족의 봉기를 진압하는 과정에서 얻은 경험은, 사회질서의 회복과 안정은 형법만으로는 불가능하다는 것이었다. 바꾸어 말하면 "산 중의 적을 없애기는 쉬우나 마음속의 적을 없애기는 어려우므로", 이를 위해서 인민의 자발적인 도덕 교화가 필수적임을 인식하였다. 그러기에 그는 최선을 다하여 구적세력

---

133) 『全集』 卷17, 別錄9, 「曉諭安仁餘干頑民牌」(정덕15년 2월), p.612. 『全集』 卷17, 別錄9, 「告諭頑民」(正德15年 12월 15일), pp.612~614에도 "本院(陽明) … 聞三縣間有頑梗背化之民數千家. … 況查本院新行十家牌諭, 而弭盜·息訟·勸善·糾惡, 而各該縣官又因爾等恃頑梗化, 皆未曾編曉諭 …夫父母之於子, 豈有必欲殺之心, 惟其悖逆亂常之甚, 將至於覆宗滅戶, 不得已而後置之法, 苟有改化之機, 父母之心, 又未嘗不欲生全之也 … 爾能聽吾言, 改惡從善, 惟免爾一死, 限爾一月之內, 釋怨解仇, 逃稅者輸其賦, 負債者償其直, 有罪者伏其辜, 吾則待爾如故"라 하고 있다.

134) 『全集』 卷16, 別錄8, 「十家牌法告諭各父老子弟」, pp.528~531; 『全集』 卷16, 別錄8, 「案行各分巡道督編十家牌」, p.531.

을 초무·안삽하려고 노력하였고, 어쩔 수 없는 일념이악자(一念而惡者; 수괴, 양명의 표현에 따르면 말할 수 있고 들을 수 있는 짐승 또는 피)는 '하늘이 죽이는 것[乃天殺之]'이라는 마음으로 제거하였던 것이다.

小 結

양명은 대동적 이상사회의 건설을 지상 목표로 삼았다. 그러나 명 중기의 사회는 오히려 양명의 희망과는 반대 방향으로 흐르고 있었다. 종래 사회의 지배 이념이었던 주자학의 이학(理學) 논리로는 급변하는 사회현실에 대응할 수 없었다. 양명은 마침 남감순무로 임명된 기회를 이용해서, 자기의 사상과 이념대로 대동사회를 실현해 보려 하였다.

그는 먼저 그 지역의 사회 혼란의 근본 원인을 제거하기 위해서, 일견 무자비하리만큼 구적세력을 소탕하였다. 그러나 소탕과 진압 자체가 목적이 아니고 수괴와 협종자를 구별하여, 두목과 '피'는 철저하게 없애 버리고, 협종자는 신민으로서 향촌에 안삽시키기 위함이었다. 평정하고 난 뒤 해당 지역의 사회 질서를 회복하고자 일련의 선후책을 강구한 것은 그 때문이었다. 필요한 지역에 신현을 설치하고, 십가패법을 보갑법으로 보완해서 농촌과 산간지역까지 이를 실시하고 향약과 사학을 시행하고 부역을 감면하며 필요한 토지조사를 실시하고 염법을 정리한 것 등 양명이 실시한 선후책은 국가의 체제적 입장에서 사회 안정을 도모한 것이었다. 즉, 위로부터의 감독과 향촌 내부의 신사 중심 사회질서를 그대로 이용하였다. 그리고 서원에서의 강학과 토론을 통해서 '치양지' 등 이른바 양명학을 설파하고 전도하는 데 진력한 것은, 서민들의 선천적인 양지양능(良知良能)의 능력을 깨우쳐 스스로 자구하도록[135] 하려는 의도였다.

양명은 구적세력의 평정과 초무, 그에 이은 다양한 선후책을 통한 향촌질서의 재편과정에서, 서민들의 '양선'함과 '양지'의 능력을 확신하게 되었다.

---

135) 『全集』卷2, 語錄2, 「傳習錄」(中), 「答聶文蔚」, p.81.

바로 '용장의 깨달음'의 재확인이었고, 그러한 확신이 곧 '치양지'설의 체험적 근거가 되었다. 즉, 양명사상의 내면적 발전과 현실 속의 정치·군사적 체험이 서로 영향을 미치며 발전한 것이 곧 '치양지'설이었다. 그러므로 강서에서 양명의 사상과 행동은 체제 확립을 통한 사회질서의 회복과 개인의 선천적인 양지양능(良知良能)을 통한 자립을 통하여 대동적 이상사회를 시현해 보려 한 것이었다.

'심즉리·지행합일·치양지' 설 등을 중핵으로 하는 양명학은, 말하자면 ① 당시의 강서의 사회상을 체현한 사상인 동시에 ② 주자학을 대신해 혼란을 극복해서 사회질서를 회복하고, 궁극적으로는 대동적 이상사회를 실현하려는 '실천적'인 사상이었으며, 또한 ③ 당시 중국사회 서민층의 요청을 반영한 사상이었다.

이념(理念)과 현실(現實) 사이의 너무나 큰 괴리에 직면한 양명! 고뇌에 찬 나날을 보내는 동안, 급기야 그 해답을 얻었다. 놀랍게도, '동요하던 강서사회'가 바로 '양명사상의 요람'이 되었던 것이다.

제3장 '廣東體制'의 빛과 그림자

序　言

　　오늘날 우리는 정부의 정책 변화가 좁게는 지역경제, 넓게는 국가 경제 전반에 막대한 영향을 미치는 사실을 누누이 보아 왔다. 이러한 현상은 중국의 역사에서도 많이 등장한다. 그 가운데 전형적인 사례가 바로 이 글에서 분석하려는 '광동무역체제(廣東貿易體制; 건륭22년~도광22년; 1757~1842)'이다.

　　광동무역[일구통상(一口通商)이라고도 함] 체제는, 청조가 서양과의 무역항을 광주항만으로 제한하고, 대외무역은 '13행(行)'이라는 특정 상인에게만 독점적으로 허가한 무역제도이다. 그 결과 북경—대운하—양주—양자강—파양—감강—대유령—주강—광주로 이어지는 교통로가 수도 북경에서 광주에 이르는 최단거리의 교통로로 각광받게 되었고, 서양과 교역할 거의 대부분의 수출입 상품은 이 수로를 통하여 운반되었다. 이 때문에 종래 광주와 함께 대외무역항으로 번영하던 하문·영파·정해 등 3개 항구는 경제가 크게 위축된 반면, 광주만 공전의 번영을 구가하였고, 강서지방은 내륙에 자리해 있음에도 가장 많은 혜택을 받았다.

　　광동무역체제가 강서지방에 미친 영향은 다음 두 가지 면에서 분석할 수 있다. 첫째는 긍정적인 면이다. 대외무역의 가장 중요한 통로로 등장한 양자강—파양호—감강—대유령으로 이어지는 교통로는 강서성[넓이 약 16만㎢]을 남북으로 관통하였다. 이 교통로를 거쳐 수많은 상인과 상품이 이동하면서, 감강 연안에는 기존의 도시가 더욱 번성하였을 뿐 아니라, 새로이 중소도시와 정기시가 많이 생겼고, 각지에서 차수(茶樹)·저마(苧麻)·면화·사탕수수·연초 등 상품작물의 재배가 활발해지고, 종이·도자기 등 수공업도 공전의 번영을 누렸다. 또한 선원(船員)·견부(牽夫)·각부(脚夫) 등 운수노동자, 상품작물의 재배에 동원되는 노동자 등 여러 일자리가 창출되어, 강서의 경제수준이 전반적으로 상승하였다.

둘째 부정적인 측면이다. 우선 이상과 같은 사회변화로 말미암아 강서의 인구가 이동하고, 복건·광동 등 외성 인구도 대거 유입하였으며, 내외 인구의 왕래가 빈번해지면서 치안문제가 심각하게 대두하였다. 또한 19세기 중엽에 광동무역체제가 폐지되면서 강서의 경제는 급격히 쇠퇴의 길을 걷게 되었고, 그로 말미암아 여러 가지 부작용이 나타났다.

현대 중국의 직접 배경이 된 명청시대의 지역사나 사회경제사 연구는, 소주와 상해가 위치하는 강남지방에 집중되어 있고, 그 다음으로 현재 중국의 경제를 주도해 가는 동남 연해지역(沿海地域; 광동·복건 등)에 대한 연구가 뒤를 따르고 있다. 명청시대에 경제·문화적 선진지역이었던 강서지방에 대해서는, 연구자의 수도 적고 연구 또한 낙후되어 있다. 이 글에서 시도하려는 광동무역체제의 영향에 대해서도 연구현황은 비슷하다.[1]

이 글은 위와 같은 점을 고려하면서, 광동무역체제가 유지되던 시기(1757~1842)에 나타난 강서사회의 변화에 대하여 다음 몇 가지 점을 분석하려 한다. 즉, 제1절에서는 대유령상로(大庾嶺商路) — 감강 — 파양호로 이어지는 교통로 연변에서, 교통의 중심지가 도시화되고 상공업이 발달하여 가는 과정 및 그러한 현상이 갖는 역사적인 의미 등을 전형적인 4개의 사례를 골라 분석해 보겠다. 제2절에서는 향촌 각지의 교통의 중심지에 정기시가 수없이 나타나는 과정과 그 역사적인 의미를 분석하고, 제3절에서는 강서의 대표적인 상품작물로서 차수(茶樹)·저마(苧麻)·연초의 재배와 가공을 분석하면서, 그 속에

---

1) 蕭放, 1987; 劉石吉, 1989(→『山根幸夫教授退休記念明代史論叢』(下), 汲古書院, 1990); 許懷林, 1993; 黃志繁, 1998; 許檀, 1998; 方志遠, 2001 등의 논저가 있으나, 모두가 명청시대를 대상으로 하는 분석이다.

담긴 역사적 의미를 분석하겠다.

Ⅰ. 都市의 繁榮

1. 大庾縣城[2]

광주에서 강남지방에 이르는 최단 통로 가운데 대유령[매령(梅嶺)이라고도 함]↔감강↔양자강의 교통로는 강서의 중앙을 관통한다. 특히 남에서 북으로 강서성 전체를 종관(縱貫)하는[3] 감강은 전체 길이 700여 ㎞에 유역면적이 83,000㎢로, 강서성 전체 면적의 1/2에 해당한다. 그 때문에 이 교통로를 통한 남북화물의 빈번한 왕래는 강서성, 특히 감강 연안지역의 도시와 농촌 경제발전에 적지 않은 영향을 주었다. 이 길은 이미 명대 이래 '사절로(使節路)'라는 별칭이 붙을 정도로 외국사절도 많이 이용하였다.[4] 더욱이 광동체제 아래서는 거의 대부분의 화물이 이 길을 통하여 운반되었다.

대유현성(大庾縣城)은 대유령↔감강↔양자강의 교통로의 최남단에 위치한 도시였다. 중국 내지의 화물은 큰 배로 장강에서 파양호를 경유하여 감강의 관문인 오성진에 이르고, 여기서 감강을 거슬러 올라 감주에 이르러 작은 배로 나누어 싣고 다시 장수(章水)를 거슬러 올라 대유에 이른다. 대유로부터는 도부(挑夫; 각부)를 고용하여 육로로 대유령을 넘고,[5] 다시 60리(약 30㎞)를 지

---

2) 이 절의 내용에서 別註가 없는 것은 許檀, 1998; 許新民, 2003; 胡水鳳, 1992; 胡水鳳, 1993; 胡水鳳, 1999; 黃志繁, 1998 등을 참조.

3) 남에서 북으로 南安府(大庾→南康)→ 贛州府(贛縣)→ 吉安府(萬安→泰和→廬陵→吉水) → 臨江府(峽江→新淦→樟樹〈清江〉鎮)→ 南昌府(豊城→南昌·新建→吳城鎮)→ 南康府(星子)→ 九江府(湖口)의 7개 府를 지난다.

4) 楊士奇,「送張鳴玉序」, 雍正『江西通志』卷130, 藝文志.

5) 廣東·江西省의 경계인 大庾嶺(＝梅嶺)에서 南安府 大庾縣城(＝南安府城, 현재의 大余)의 南門에 이르기까지 25里(약 12.5㎞)의 도로를 '大庾嶺商道'라 하였다. 이 길을 통한 무역의 번영에 대하여, 만력년간의 李鼎(新建人, 만력16년 擧人)은,『李長卿集』卷19,「借箸編」에서 "燕·趙·秦·晉·齊·梁·江淮之貨, 日夜商販而南, 蠻海·閩·廣·豫章·楚·甌越·新安之貨, 日夜商販而北"이라 하였고, 16세기 말에 이 길을 지나간 마테오 리치도『利瑪竇中國札記』pp.278~279에서 이 길이 얼마나 번화한지 언급하고 있다.

나 광동성 남웅주 보창현 능강역[현재 남웅현 성관진(城關鎭)]에 이른다. 여기서 화물을 작은 배로 바꾸어 싣고 정수[동강]를 따라 내려가 소주부 곡강현에 이르러 일단 세관의 검사를 받은 후, 화물을 큰 배로 갈아 싣고 북강을 내려가 광주에 이른다. 광주에서 내지로 운반되는 화물은 이와 반대의 과정을 거쳐 북으로 운반되었다.

대유현성은 상인의 왕래가 빈번하던 곳에 위치하고 있어,[6] 이미 명 중엽에도 "상점이 빽빽하게 서 있고 상인이 많이 모인다"는 평판을 얻었고, 가정년간에는 장수 남변에 신성(新城)을 축조하여 장수를 사이에 두고 구성(舊城)과 남북으로 대치될 정도로 상당한 번영을 누렸다.[7] 대유는 명말청초 동란기의 전화(戰禍)로 크게 위축되었으나,[8] 그 후 점차로 회복되어 광동체제 시기에는 공전의 번영을 누렸다. 그 시기에 현성 내부는 정자가(丁字街)·십자가(十字街) 등 9개의 대가(大街)로 구성되어 있었고, 400~500가(家)의 상점들과 수없이 많은 음식점·술집·차루(茶樓)·여관 등이 현성 내부와 장수 강변에 즐비했다. 장수 강변에는 12개의 마두[碼頭; 선착장]가 있어 크고 작은 선박이 하루에 100척 이상 정박하였다. 이들은 모두가 목범선(木帆船)으로, 작은 것은 15톤~20톤(ton), 중형은 40톤~60톤, 대형은 100톤을 적재할 수 있었다. 장수를 가로지르는 유일한 교량인 횡포교(橫浦橋) 위에는 도광년간에 상점과 차점 등이 52간(間)이나 있었다. 대유가 이렇게 번영하자, 본지인과 남강·상유 등 부근현의 상인들이나 길안·장수진·남창·임천 등 본성의 상인 외에도 휘주·광동·복건·산서 등 객상이 운집하였다.[9]

이들 상인이 운반하는 상품은 300종~400종이나 되었는데,

(1) **외국에서 필요로 하는 화물은 복건의 흑차(黑茶)·안휘의 녹차(綠茶)·절강(浙江)의 호사(湖絲), 이 세 가지가 가장 많아서, 매년 수출액이 4천여만 냥에 이르는**

---

6) 桑悅(成化元年 擧人), 「重修嶺路記」, 乾隆 『大庚縣志』 卷18, 藝文志4.

7) 新編 『大余縣志』(大余, 1990) 大事記, p.15.

8) 新編 『大余縣志』 大事記, p.16; 吳金成, 1991.

9) 新編 『大余縣志』, 商業, p.282; 胡水鳳, 1992, pp.61~62.

데, 그 가운데 각비(脚費)가 약 2천여만 냥에 달한다. … 강서의 광신·남안, 광동의 남웅·소주 등 지역 연도(沿途)의 선호(船戶)·도부(挑夫)들은 이로써 살아가는 자가 수십만 인이나 된다.[10]

⑵ 차엽(茶葉)이나 상화(商貨)를 지고 매령관(梅嶺關)을 통과하는 인부가 몇 십만이나 된다.[11]

⑶ 대유현에서 광동성 남웅주의 시흥현까지는 120리(약 60㎞)인데, 차엽을 포장한 상자는 모두 도부(挑夫)를 고용해 운반된다. … 고용된 수많은 도부는 차엽이나 양식 그리고 기타 화물뿐 아니라 여객(旅客)까지도 운반한다.[12]

고 한 기록들을 통하여 당시의 번영 정도를 알 수 있다. 바꾸어 말하면, ① 대유령을 넘어 광주를 통해서 수출되는 상품 가운데 대부분은 차엽(茶葉)과 호사(湖絲)였고 도자기와 소금도 많았다.[13] ② 이러한 상품의 운반은 교통여건상 선호(船戶)와 도부(挑夫) 등 일용노동자의 힘에 의지할 수밖에 없었으므로 여기에 소요되는 금액이 수출가의 1/2이나 되었다. 수로나 육로의 운수 노동으로 생계를 유지하는 선호·도부·각부 가운데 대유현민이 많았지만, 강서의 다른 지역 또는 광동의 유산농민도 많았으며,[14] 감강 유역의 다른 구역에서는 그 지역의 각부가 동원되었다.

한편, 대유령을 사이에 두고 남북으로 운반되는 상품은 언제나 남화(南貨)가 많았으므로, 상세(商稅) 부담을 둘러싸고 강서의 남안부 사람과 광동의 남

---

10) 黃贊湯(淸), 「請豫防失業民夫疏」, 同治 『盧陵縣志』 卷47, 藝文志.

11) 姚賢鎬, 『中國近代對外貿易史資料』 第1冊(胡水鳳, 1992, p.65에서 再引)

12) 姚賢鎬, 『中國近代對外貿易史資料』 第1冊, pp.262~263. 이 내용은 1839년에 중국을 여행한 바 있는 로버트 포춘(Robert Fortune)이, 茶葉이 大庾嶺商道를 지나 광주에 운반되는 사정을 설명한 보고의 일부이다. 廣州港을 통하여 수출되는 상품은 茶葉·生絲·絹織物·土布·糖·白銅 등 대략 50여종이었는데, 그 가운데 茶葉은 제일의 수출품이었다. 차엽은 1817~1819→ 1820~1824→ 1825~1829→ 1830~1833에 각각 연평균 909銀元(50%)→ 1,166銀元(60%)→ 1,218銀元(64%)→ 1,167銀元(66%)에 달하였다.(姚賢鎬, 『中國近代對外貿易史資料』 第1冊, pp.254~255 참조).

13) 뒤에서 설명할 '贛州' 부분 참조.

14) 許檀, 1998, p.110.

웅부 사람 사이에 이해관계의 대립이 끊이지 않았다. 그 때문에 이미 명대의 성화년간에 남안 지부(知府) 장필이 여러 차례 남웅 지부와 협의한 끝에 '중간에서 교환'하기로 함으로써 양부 소민의 생계를 보호하였다.15) 청대에 와서도 이곳을 지나는 화물이 증가하면서 산을 넘는 각가(脚價) 문제로 각부와 상인 사이에 분쟁이 끊이지 않았으므로, 건륭23년에 강서 무안대신(撫按大臣)은 대유령을 통과하는 화물의 각가를 규정하여, '화물 백 근에 백 문(文)으로 하되 농번기와 한 겨울에는 한 사람 마다 십문(十文)을 더 주도록 하고, 관화(官貨)도 이에 준하도록 하였다.'16)

또 한편, 대유현성 동관(東關)의 남안대마두(南安大碼頭)는 대유에서 가장 중요한 수운마두(水運碼頭)로, 선행(船行)과 선호(船戶)가 운집하였다. 이 때문에 ⓐ 본지인과 외래인이 혼재하고 ⓑ 상인과 선행·선호 사이에 화물운송비 문제로 이해관계가 엇갈렸으며 ⓒ 어떤 선호는 일단 화물을 배에 실은 후에는 도적으로 변하여 상인과 여행객을 괴롭히는 일도 많았다. 그 때문에 가경 10년 6월에는, 고용된 선박과 선행(船行)에 대하여, "① 상인이 화물운반을 위해 배를 빌릴 경우에는 과재행(過載行)이 대리하고 ② 선행의 선료(船料)는 배값에 따라 매 냥 3분만 받도록"17) 규정을 만들었으며, 이 규정을 석비에 새겨 남안대마두(南安大碼頭) 남안에 세웠는데, 지금도 그 자리에 남아 있다.18)

---

15) 張弼, 「梅嶺路均利記」, 乾隆 『大庾縣志』 卷18, 藝文志4.

16) 江西布政司, 『西江政要』 卷2, 「過山脚夫議定脚價」.

17) 「南安府大碼頭奉巡憲示禁碑」(『大庾縣交通志』 第15章 「雜記」, p.173). 한편, 屛風關을 사이에 두고, 浙江·江西 兩省을 연결하는 위치에서 大庾와 비슷한 위상을 가졌던 광신부 玉山縣의 경우에도, 客商·船戶·牙行·脚夫 사이에 수시로 발생하는 분쟁과 갈등을 방지하기 위하여, 乾隆 초년에 江西 按察使(雍正11年~乾隆7年) 凌燾가 雇價에 대한 상세한 明文을 규정하였다(凌燾, 「禁玉山行埠苛索牙用」, 『西江視臬紀事』, 『淸史資料』第3輯, 中華書局, 1982, pp.211~212).

18) 필자는 1999년 4월 26~27일에 大余와 大庾嶺을 방문한 바 있다.

2. 贛州[19]

강서 남부의 최대 도시인 감주는 동쪽에서 서북상하는 공수와 서쪽의 대유를 지나 북상하는 장수가 합류하여 감강을 이루는 삼각지점에 위치하며, 이곳으로부터 감강이 북으로 강서성 중앙을 관통하여 파양호로 유입된다. 감주는 이미 당송시대부터 감강 수로의 시발점으로서 상업 중심지였고,[20] 명청시대에는 줄곧 감주부성(贛州府城)과 감관(贛關)의 소재지로 번영을 누렸다.

명조는 이미 정덕6년(1511)부터 감주에 감관을 설치하고 상세(商稅)를 징수하여 청대까지 거의 그대로 이어졌다.[21] 화물의 관세율은 목방(木榜)에 새겨 관구(關口)에 세워서 부정을 방지하였다.[22] 감관에서 징수한 관세는 염세(鹽稅)와 잡세를 합하여 처음에는 약 3만 냥이었으나, 만력27년(1599)에 이르러서는 4.5만 냥으로 증가하였는데, 이 수치는 전국 관세 총액의 14%에 해당하였고, 임청관(臨清關)에 이어 제2위였다.[23]

감주 역시 명·청 교체기에 동란의 와중에서 큰 피해를 입고 크게 위축되었다가 점차로 회복되어 갔다.[24] 청초 감관의 매년 평균 관세수입은 93,816.716 은냥(ⓐ), 광동무역체제 기간에는 102,701.84은냥(ⓑ), 상품유통량은 500만 냥 이상이었고, 한 때는 각각 12만 은냥에 600만 냥에 이르기도 하였다. 그러나 광동무역체제가 끝난 동치년간에서 청말까지 기간에는 22,295.748 은냥(ⓒ)으로 크게 감소하였다. 바꾸어 말하면, ⓑ의 수치는 ⓐ의 109.5%로 겨우 9.5%가 증가한 셈이었으니, 광동체제가 감관의 수입에 미친 영향은 생각만큼 크지는 않았음을 알 수 있다. 그러나 ⓒ의 수치는 ⓐ의 23.7%, ⓑ의 21.7%로 급감한 것을 보면, 광동무역체제의 폐지와 중국의 개항이 감관의 관세 수입에 미

---

19) 別註가 없는 한 許檀, 1998; 廖聲豊, 1998; 黃志繁, 1998 등 참조.

20) 『宋史』卷175, 食貨(上) 三에 "廣南金·銀·香藥·犀·象·百貨, 陸運至虔州, 而後水運"이라 하고 있다.

21) 同治『贛州府志』卷28, 榷稅, p.1.

22) 乾隆『贛州府志』卷18, 關榷; 乾隆『贛縣志』卷8, 榷關.

23) 同治『贛縣志』卷19, 食貨志, 關榷; 光緒『江西通志』卷87, 榷稅.

24) 吳金成, 1991.

친 영향을 추측할 수 있다.[25]

　감관을 통과하는 상품은 총 355종이나 되어 감주 번영의 밑거름이 되었다. 이를 구체적으로 보면, 중국 내지에서 감관→대유령→광동으로 운반되는 상품은 차엽·호사·견직물·자기·약재·목재·양식·연초·종이·하포·동유(桐油)·차유(茶油) 등이었고, 광동에서 대유령→감주를 통하여 내지로 운반되는 상품은 광동의 소금·사탕수수 등 광동에서 생산되는 상품, 모우(毛羽)·사단(紗緞) 등 방직품, 향료·주석·서각(犀角)·상아 등 수입품이었다. 이들 상품 가운데 '호주의 비단과 차엽이 가장 많고 그 다음이 양화(洋貨)와 광동에서 생산되는 상품'[26]이었다. 바꾸어 말하면, 전국성 상품은 차엽과 생사가 대종으로 전체 상품유통량의 70% 이상을 차지하였다. 특히 차엽은 광주 제일의 수출품으로, 전체 상품 수출액의 50%를 넘었고, 그 비중은 갈수록 높아져서 1830년대에는 66%에 달하였다. 차엽은 강서 본지 외에 복건·안휘·절강에서 생산되어 하구진에서 다시 포장된 것이었다.[27] 생사와 견직물은 광주 제2의 수출품으로 전체 수출액의 20% 이상이나 되었으며, 주로 강절지방의 상품이었다.[28]

　감주는 감강수로의 출발점일 뿐 아니라 세관의 소재지였으므로, '강서 제일의 대도시', '복건과 광동으로 통하는 중심지', '거민이 10만 호'라는 표현이 있을 정도로 번영하였다. 광동무역체제 시기의 사정을 보면, 용금문[(湧金門; 감주의 북문]에서 건춘문(建春門)에 이르는 강변 일대는 상업구로 번영하였다. 즉 성내 동부의 공강(貢江) 연안에는 선창·창고·상업구가 있었는데, 그 가운데 미시가(米市街)·자기가(瓷器街)·면포가·장수가[(樟樹街); 약재 시장] 등의 전업시장이 있었고, 패루가[牌樓街; 양명로(陽明路)] 등 중요한 상업가가 있었으며, 지금도 청말에 건축된 회관과 민가가 남아 있어,[29] 당시의 감주의 번영한 모습을 추측할 수 있다. 또한 성내 서부에는 주로 관서(官署)와 아문(衙門)

---

25) 廖聲豊, 1998.

26) 『鈔檔』, 江西巡撫劉秉璋題本(光緖3年 6月 20日. 許檀, 1998, p.109에서 再引).

27) 본서 제3편 제2장 참조.

28) 姚賢鎬, 『中國近代對外貿易史資料』 第1冊, pp.254~255.

29) 필자는 1999년 4월 28일에 贛州를 방문한 바 있다.

이 많았고, 장수 연안에는 염창(鹽倉)이 있어 상인이 많이 모이고 선박의 왕래가 끊이지 않았다.30) 인구도 증가하여 가경년간(1796~1820년)에는 "성내와 주변지역의 인구가 수만 호"31)라는 표현이 나올 정도였다.

그러나 청조가 영국과의 아편전쟁에서 패배한 후 체결한 오구통상장정(五口通商章程; 1843)으로 상해·영파·복주·하문·광주의 다섯 항구가 대외 통상 항구로 개방되고, 이에 따라 중국 대외무역의 중심이 광주에서 상해로 옮겨지게 되면서, 감강—대유령—광주 노선의 중요성은 사라지게 되었다. 강서순무 유곤일(劉坤一)은 동치13년(1874)의 주소(奏疏)에서 그러한 정황을,

> 감관의 징세를 조사해 보면, 그 넘침과 모자람은 모두 상인이 광동에 운반하는 화물의 성쇠에 달려 있습니다. 전에는 호사(湖絲)와 차엽(茶葉)은 모두 감주를 경유하여 광동에 다다랐고, 양화(洋貨)와 광화(廣貨)도 감주를 거쳐 내지로 운반되었습니다. 그러나 오구통상(五口通商) 이후 양자강에 항구가 개설되고, 토착 상품과 양화가 대개 상해와 구강을 경유하게 되면서, 감관은 내지의 한가한 거리로 전락하여 대상인들의 발길이 끊어졌으므로, 현재의 수세은(收稅銀)은 모두 본성의 토산(土産)뿐입니다.32)

라고 전하고 있다. 그 후 감관의 관세는 "겨우 본성 소산의 삼목(杉木)·백당(白塘)·차유(茶油) 등과 토산품" 정도였다.33) 이로 말미암아 이 노선의 중요한 물자 집산지이던 감주도 점차로 쇠퇴하게 되었다.34)

---

30) 乾隆『贛縣志』卷3,「城池」; 同治『贛州府志』卷首,「府城街市全圖」; 韓振飛, 1998, p.4.
31) 査淸阿,「道署東偏新建義倉碑記」, 道光『贛縣志』卷31, 藝文志.
32) 光緖『江西通志』卷87, 經政略, 榷稅.
33) 『鈔檔』, 江西巡撫潘尉題本(光緖10年 9月 初2日, 許檀, 1998, p.109에서 再引).
34) 同治『贛州府志』卷28, 經政志.

3. 樟樹鎭[35]

장수진은 임강부 청강현 소속으로 감강 중류 동쪽 연안에 위치하며, 강서성 중앙을 남북으로 관통하는 감강과, 호남·강서의 성경(省境)에서 발원하여 강서 중부를 동북쪽으로 흐르는 원강이 합류하는 지점에 위치하고 있다. 따라서 감강 운송뿐 아니라 호남으로 오가는 수륙운송의 요충지이다.

명대의 홍무년간부터 순검과 세과국(稅課局) 대사를 각각 한 명씩 두고 상세를 징수하기 시작하여, 15세기 전반에는 호부에서 주목하는 전국 33개 중요 세과성진(稅課城鎭) 가운데 하나로 거명되었다.[36] 전에는 감강과 원강이 임강부성〔臨江府城; 청강현성(淸江縣城)〕 부근에서 합류한 후 북으로 흘렀으므로, 15세기 중엽까지 장수진은 강서성 중부 역로(驛路)에 자리 잡은 하나의 도시일 뿐, 감강의 수로와 접하고 있지는 않았다. 그러다가 성화21년(1485) 폭우로 감강이 범람하여, 신감현 삼호향의 용와구 부근의 제방이 무너지면서 강물이 북으로 치고 올라가, 청강현의 영태시 하류 5리(2.5㎞) 지점을 통과하던 사계(蛇溪)를 덮치고 이 물길을 따라 장수진 서변을 경과하게 되었다. 이로부터 감강·원강의 합류지점이 장수진 서남변(西南邊)으로 이동되면서, 임강부성이 누렸던 양강 합류지점의 수운(水運)의 이익도 장수진으로 이동하여, 장수진은 전부터 누려온 '약시(藥都)'에 수륙교통의 이익까지 얻게 되었다.[37]

16세기에 들면서 장수진은 수륙교통의 요지로 더욱 유명하게 되었는데, 정덕년간에 영왕 신호가 남창에 웅거하자, 남창의 상인들은 신호의 약탈을 피해 대거 장수진으로 몰려들었다.[38] 정덕14년(1519) 6월에 남창에서 영왕 신호가 반란을 일으키자, 부도어사(副都御史) 왕수인(王守仁)은 수륙교통의 요지인 장수진에서 각지의 관병을 모아 기병하였는데, 이 때 청강현의 향신 황수실, 양

---

35) 別註가 없는 것은 劉石吉, 1989; 許檀, 1998; 羅輝, 1999; 羅輝, 1999 등 참조.

36) 明『宣宗實錄』卷50, 宣德4年 正月 乙丑條, p.1203. 이 때 거명된 강서의 도시로는 南昌·吉安·臨江·淸江(=樟樹)鎭 등 4곳이었다.

37) 乾隆『淸江顯志』卷1, 坊都, 「樟樹鎭」.

38) 管大勳(隆慶年間 臨江知府), 「樟鎭關橋議」, 乾隆『淸江縣志』卷25, 藝文6.

명의 제자 추수익, 생원 오영 등 신사도 참여하여 참모로 활약하였다.[39]

만력년간에는 장수진의 발전이 더욱 돋보였다. 당시 광동 불산진의 상세가 겨우 400냥 정도였던 데 비하여, 장수진의 상세는 2,000여 냥이었던 것을 보면, 당시 장수진의 교역 규모를 추측할 수 있다.[40] 그 때문에 만력 초의 섭권(1522~1578)은 당시의 "천하의 대마두(大碼頭)로 형주·장수·무호·상신하[남경]·풍교·남호·호주·과주·정양·임청 등"을 들었고,[41] 같은 만력년간의 왕사성(王士性)도 '장수진은 거민이 수만 가이고 강서와 광동의 온갖 화물이 왕래하며 남북 약재가 모이는 대도시'[42]라고 하였다. 장수진은 명말에 이르면 점포와 거민이 더욱 증가하여, 동서로 이어지는 3조(條)의 주요 도로가 생기고 진구(鎭區)의 주위가 10리에 7개 방(坊) 11개 항(巷)으로 구성되었다.[43]

명·청 교체기에 장수진은 다른 지역과 마찬가지로 대대적인 전화에 휩싸였으나,[44] 강희년간부터는 다시 명대에 못지않게 발전해 갔으며, 특히 광동체제 시기에 크게 발전하였다. 건륭31년에는 본부(本府)의 양포통판(糧捕通判)을 머물게 하였고, 43년에는 조마사(照磨司)를 이곳에 이전시켰다.[45] 광동무역체제 아래 건륭·도광년간에는 진구가 4개 문(門), 14개 가(街), 13개 항(巷)으로 증가하였고,[46]

   (1) **장수진은 … 배와 수레가 많이 모이고, 사천[47]과 광동 및 남북의 약재가 모이는**

---

39) 乾隆『淸江縣志』, 卷32, 雜志; 同治『淸江縣志』卷6, 武備志, 「武事」. 敎英은 후에 정덕16년 진사로 四川 右布政使로 致仕함(乾隆『淸江縣志』, 卷17, 人物, 敎英).

40) 民國『佛山忠義鄕志』卷4, 賦稅; 崇禎『淸江縣志』卷4, 賦役, 鎭稅. 명대에 상세는 1/30세였으므로, 당시 장수진의 상품 교역액이 6만 냥 이상은 되었을 것이고, 관부에서 파악하지 못하는 부분을 감안하면 이보다 훨씬 많았을 것이다.

41) 葉權, 『賢博編』, p.22.

42) 王士性, 『廣志繹』卷4, 「江南諸省」, 江西.

43) 蕭放, 1987, p.142.

44) 同治『淸江縣志』卷6, 武事; 吳金成, 1991.

45) 同治『淸江縣志』卷2, 市鎭.

46) 乾隆『淸江縣志』卷4, 鎭市, 「樟樹鎭」.

47) 張應兪(紀凡 譯註), 1995, 卷2, 「高抬重價反失利」, pp.113~114에는, 운남상인이 사천에서 當歸와 川芎을 사서 장수진에 와서 팔려다가, 牙行과 접촉하는 과정에서 큰

곳으로, 오성진·경덕진과 더불어 강서 3대 진(鎭)이다.[48]

(2) 장수진은 … 수륙 교통의 요지로 상인들이 많이 모이고, 남북과 사천, 광동 약물이 모이는 곳으로, 오성·경덕·하구와 함께 강서 4대 진(鎭)으로 지칭된다.[49]

(3) 강서성 각지의 시진(市鎭)으로는, 경덕진을 제외하면 청강현 소속의 장수진이 가장 번성하다.[50]

고 하여, 강서 3대 진(鎭) 가운데 하나로 알려졌고, 심지어 강서 제2의 대진이라 지칭되기도 하였다. 장수진이 명청시대에 그렇게 번영을 누리게 된 배경은, ① 감강 중류에 위치할 뿐 아니라 원강(袁江)과의 합류지점에 자리잡고 있어 남북 수륙교통의 요지였던 점 ② 광동체제 아래 가속화된 상품유통의 팽창 ③ 전국 최대의 약재 전업시장이었던 점 등을 들 수 있다.

장수진은 이미 전국 중요 지역에 약재 시장이 생긴 민국시대에도, 거민의 80%가 약재 경영에 종사하였다는 보고가 있을 정도로,[51] 약재 전업시장다운 면모를 유지하였다. 장수진은 당대(唐代)에 이미 '약허(藥墟)'로 출현하여 송대에 이르면 '약시(藥市)'로 발전하였고,[52] 명대부터는 '약도(藥都)'로서 명성을 얻었다. 장수진이 명대부터 그렇게 된 배경을 보면, 첫째로 장수진 약상들의 약재 가공기술이 다른 지역에 견주어 월등히 뛰어났다는 점을 들 수 있다. 약재는 같은 재료라도 그 가공 공정에 따라 약효에 차이가 난다. 장수진의 약공(藥工)들은 약재의 감별·정제, 보관·가공[53]·포제(炮製; 색깔·향기·아름다움·형태 등 고려) 등의 제약, 동도(銅刀)·동과(銅鍋) 등의 제약공구 제조 등의 기술에서 다른 지역을 압도하였다.[54] 둘째 장수진은 약재의 생산지로 유명하였으

손해를 본 이야기가 나온다.

48) 乾隆 『淸江縣志』 卷4, 鎭市; 道光 『淸江縣志』 卷3, 鎭市.

49) 同治 『淸江縣志』 卷2, 市鎭.

50) 傅春官, 『江西農工商礦紀略』, 第5冊, 淸江縣, 商務, p.8b.

51) 方志遠, 2001, pp.333~334

52) 新編 『淸江縣志』 第11編 藥都藥業, p.186.

53) 樟樹鎭의 약상들은 切制 기술이 뛰어나서, 예컨대 약 1寸 길이의 白芍을 360 조각으로 잘라 藥材의 효능을 보장하였다.(許懷林, 1993, p.592)

니, 명대에 임강부에서 생산된 약재는 토복령(土茯苓)·사삼(沙蔘)·오약(烏藥)·
갈근(葛根)·수오(首烏)·천문동(天門冬)·지실(枳實)·황지자(黃枝子) 등 모두 30여
종이나 되었다.55)

셋째, 장수의 약상들은 부족한 약재를 얻기 위하여 강서성 안의 약재 산지
뿐56) 아니고, 사천·섬서·광동·호광·운남·귀주 등 전국 각지의 약재 산지에
사람을 파견하여 약재를 수집하였다. 명 중기부터 강서상인이 전국 각지로 진
출하였는데,57) 이들은 전국 각지에서 생산되는 약재를 수집하여 장수진으로
운반하였다. 명청시대를 통하여 강서상인 가운데 약재상은 대부분 장수진 출
신이었다. 그러므로 장수진에서 집산되는 약재는 장수진에서 생산된 30종 남
짓을 제외하면 대개는 외지에서 들여온 것이었다.58)

넷째, 장수진에 수집된 약재는 그곳에서 가공·포제를 거쳐 다시 각지로 운
반, 판매되었으므로, 장수진은 '약마두(藥碼頭)'의 명성을 얻게 되었다. 장수진
은 수륙교통도 편리하였으므로, 전국의 약재 집산지로 발전하게 된 것이다.
그 때문에 '약은 장수진을 거쳐야만 약으로서 영험한 효능을 얻을 수 있다'고
하는 속담이 생기게 되었다. 만력년간에는 명 조정에서 이곳에 환관을 보내
약재를 구했는데, 만력27년(1599)에는 이들의 착취 때문에 진의 상인들이 파
시(罷市)로 항의하였다.59) 다섯째, 장수진의 약업이 이렇게 발전하자, 전국에
서 약재를 구하기 위하여 사방의 객상들이 운집하였다. 장수진에 모인 약재상
인 가운데에는 강서 본성인도 많았지만, 광동·사천상인도 적지 않았다.60)

장수진의 약업은 광동무역체제 시기에 전성기를 누렸다.61) 그 시기에 장수

---

54) 蕭放, 1987, p.147, 156; 新編 『淸江縣志』 pp.196~200.

55) 嘉靖 『臨江府志』 卷9, 雜志8; 乾隆 『淸江縣志』 卷8, 土産, 「藥之屬」. 장수진 부근의
　　농민은 스스로 약재를 재배거나 채취하여 장수진에 내다 팔았다. 江西內河航運史
　　編審委員會, 1991, p.90.

56) 方志遠, 2001, pp.333~334

57) 본서 제3편 제3장 참조.

58) 崇禎 『淸江縣志』 卷1, 風俗; 乾隆 『淸江縣志』 卷8, 土産, 「藥之屬」.

59) 新編 『淸江縣志』, 「大事記」, p.14.

60) 管大勳(隆慶年間 臨江知府), 「樟鎭關橋議」, 乾隆 『淸江縣志』 卷25, 藝文6.

61) 蕭放, 1987; 許懷林, 1993, pp.591~592; 新編 『淸江縣志』 pp.189~192; 羅輝, 1999.

진 약상은 호(號)·행(行)·점(店)·장(莊)이 약 200 가구 정도 되었는데, 그 가운데 3/4은 본지 상인이었고, 1/4은 안휘와 하남 등 객상이었다. 도광 초기의 경우, 장수진 내 거민 12,163명 가운데 약업 종사자는 30% 이상이었고 제약 전업 기술인도 200명~300명이나 되었다. 약상 가운데 규모가 제일 큰 약상을 '자호(字號)'라 하였는데, 약재의 원거리 판매와 도매가 주 업무였다. 이들 자호는 예컨대, '서북호(西北號)'는 주로 사천·섬서·하북·하남에서 생산되는 약재를 취급하고, '광절호(廣浙號)'는 주로 양광(兩廣)과 절강·복건의 약재를 취급하는 등 분업을 실시함으로써 장수 약상 내부의 경쟁을 피하고, 약재시장을 나누어 가짐으로써 외지 약상과의 경쟁력을 갖추기 위한 것이었다.[62] 자호는 자본도 많아서 적으면 10만 은원(銀元)에서 많으면 100만 은원이나 되었고, 점원 역시 많아서 적으면 40명~50명, 많으면 70명~80명이나 되었다. 이들은 전국의 중요한 약재 산지에 '장[莊; 자호나 약행의 파출(派出) 기구]'을 설치하고 장객[莊客; 주장인(駐莊人)]을 파견하여 구입하거나, 아니면 산을 빌려서 필요한 약재를 재배하였고, 심지어는 공장을 설립하고 약재를 가공하여 본호(本號)로 운반하기도 하였다.

   자호(字號)보다 규모가 약간 작은 것을 '약행(藥行)'이라 하였다. 약행은 각지에서 들어온 객상과 약재 생산자를 위하여 약재의 구입·판매·보관·운송·금전대여·숙박업까지 담당하는, 말하자면 약재를 전문으로 취급하는 아행의 기능을 담당하였다. 몇몇 큰 약행은 도매도 하고, 약재 생산지에 장(莊)을 개설하여 약재를 구입하기도 하였다. 약행은 자본의 대소를 막론하고 경영이 비교적 온정적이어서 대대로 수백 년을 계승하는 경우도 있었다. 중급 약행 정도만 되어도 고용하는 점원이 20여 명이나 되었다. 저명한 약행으로는 대원행(大源行)·복태행(福泰行)·융태행(隆泰行)·경륭행(慶隆行)·금의생행(金義生行) 등이 있었다. 약상 가운데 가장 작은 것을 '저편점[(咀片店; 음편점(飮片店)]이라

---

62) 그러나 청말에 이르면, 他省에서도 점차로 그 지역의 약재상이 성장하였고, 陝西商人 등 타성 商幇도 약재를 취급하면서 경쟁이 치열해졌다. 淸末에 重慶에서 발생한 樟樹藥材商과 廣東藥幇間의 訴訟은 그 하나의 사례에 불과한 것이었다. 田培, 1993, pp.88~89 참조.

했는데, "가게의 앞쪽에서는 약을 팔고, 뒤쪽에서는 가공"하는, 보통의 약점이었다. 한편, 장수진에도 장(莊)이 있었는데, 보통 외지 약상이 파견한 것이었고, 장수의 자호(字號)나 약행은 전국의 약재 산지에 장(莊)을 개설하였다. 장수의 약상은 자호가 40%, 약행이 20%, 점가(店家)가 15% 정도가 되었다.

장수진 약상들은, 명대에는 전국의 약재 산지에 가서 약재를 수집하여 장수진으로 운반해 온 뒤 이를 가공하여 전국에 판매하였다. 그러나 청대에 들어서면, 이들은 각지의 약재 생산지에서 약재를 수집하여 장수로 운반하는 한편, 아예 그곳에 거주하면서 약상을 경영하는 경우도 증가하였다.63) 장수진 약상들은,

> [청강현] 사람은 장사에 힘써, 도보로 수천 리를 가기도 하는데, 강남의 소주·광동·귀주·운남 등 이르지 않는 곳이 없고, 호광에 진출하는 사람이 특히 많은데, 패목(稗木)과 약재의 이익이 다른 부(府)보다 많다.64)

고 하듯이, 장수약상은 가까이는 성내와 전국 각지, 심지어 요동·청해·티베트 지역에 이르기까지 거의 전국의 산약지구(山藥地區)에 그들의 족적을 남겼다. 그들은 진출한 타성 지역에도 행·호·점·장 등을 건립하였으므로, 전국적인 '장수약업망(樟樹藥業網)'을 형성할 수 있었다. 도광년간(1821~1850)에는 전국의 약재 교역에 적지 않은 영향력을 행사하는 '장수방(樟樹幇)'을 형성하였고, 경방(京幇)·천방(川幇)과 함께 전국 삼대약방으로 병칭(幷稱)되었다.65) 특히 호남의 상담, 호북의 한구, 사천의 중경, 광서의 오주는 장수약상의 사대 거점이었으며, 호남과 강서의 약재상은 거의가 장수출신이었다. 호남 상담의 경우에는 청말까지 장수약포가 200가구 정도나 되었는데 매년 800만 원 이상의 매상을 올렸다.66) 청대에 유구 상인이 복건

---

63) 명청교체기의 동란시기에는 鎭民이 사방으로 逃散하였는데, 이것이 청대에 각지에서 약업이 발달하게 된 배경이었다. 新編 『淸江縣志』 第11編 藥都藥業, p.187 참조.

64) 乾隆 『淸江縣志』 卷8, 風俗; 道光 『淸江縣志』 卷1, 建置, 風俗.

65) '樟樹幇'은 실은 淸江·峽江·新喻·新淦·豊城 등 5個縣의 藥商을 총칭하는 것이었다.

에서 금수품(禁輸品)인 대황(大黃)을 대량으로 수입해가는 데 대한 청조 정부의 조사 결과,

각종 약재는 모두 강서의 장수진을 경유하여 복건으로 들여와 판매됩니다. 그러나 강서에서는 대황이 생산되지 않습니다. 듣기에는 섬서의 경양현 지역이 대황의 집산지로, 이것이 한구와 장수 등 지역으로 운반되어 판매된다고 합니다.[67]

라고 하여, 당시 장수진 약상들의 활동의 범위를 짐작할 수 있게 해준다. 그러나 청말에는 지역에 따라서 점차 그 지역의 약재상이 성장하였고, 섬서상인 등 타성 상인도 약재를 취급하면서 경쟁이 치열해졌다. 청말에 사천의 중경에서 발생한 장수약재상과 광동약재상 사이의 소송은 그 가운데 하나의 사례에 지나지 않았다.[68]

앞에서 설명한 것처럼, 장수진은 개항 이전, 건륭·가경·도광년간에는 최성기를 구가하며 강서 제2의 대진으로 알려졌다. 그러다가 오구통상 후 청말에 이르면 장수진의 상업은 '팔구 할이 사라지게' 되었다. 그럼에도 불구하고, 그 시기에도 "그 무역품은 약재가 제일 많아서 세액이 수십만 원"이었다 하고,[69] 20세기 초에도 장수에서 거래되는 약재가 수백만 근이었다고 하는 것을 보면, 광동무역체제 시기에 장수진에서 거래된 약재는 매년 수백만 원에 달했을 것으로 생각한다. 그 때문에 청말에 상부대원(商部大員)으로 파견되어 강서에 체재한 바 있는 부춘관(傅春官)은 건륭·가경·도광년간 즉 광동체제 하에서, ① 장수진이 강서성 내 제2진으로서의 성망(聲望)을 누렸던 점, ② 장수진과 오성진의 번영과 함께 "강서 상업의 극성시대"라 할 수 있었던 점, ③ 남경조약에 따른 오구통상 후 양진의 교역액은 "십에 팔구가 감소한" 형편이었던 점 등을

---

66) 淸江藥材公司, 1982, pp.100~107; 許懷林, 1993, pp.591~592; 新編『淸江縣志』第11編 藥都藥業, pp.187~193; 喩達志, 1985, pp.115~138; 方志遠, 2001, p.384.

67) 淸『高宗實錄』卷1382, 乾隆56年 7月 乙亥條.

68) 田培, 1993.

69) 傅春官, 『江西農工商礦紀略』, 第5冊, 淸江縣, 商務, pp.8b~9a.

자세히 언급한 바 있다.[70]

그 시기 장수진의 인구는, 도광2년의 지방지 통계에 따르면 3,132 호(戶)에 남녀 대소구(大小口) 12,163명으로 되어 있다.[71] 그러나 극성시대인 광동체제 시기보다 "십에 팔구가 감소"하였던 민국 초의 장수진 인구가 3만으로, 남창·구강·길안현성·경덕진 다음으로 큰 도시였다는 지적을 보면,[72] 도광2년의 12,000여 명은 청조가 파악하고 있던 호적등재 인구일 뿐이고, 그 밖에도 호적에 등재되지 않았던 상인·선공·각부·일용노동자·무뢰·서비스업 종사자 등 유동인구도 많았으리라 생각한다.[73] 결론적으로 장수진의 번영은, ① 남북과 동서의 수륙교통 중심지에 위치해 있고, ② 전국 최대의 약재 전업시장이었으며, ③ 영남과 중원 모든 물류의 집산지였기 때문이었다. 광동체제 아래에서, 장수진은 현치(縣治)가 아니면서도 대단한 번영을 누렸던 것이다.

4. 吳城鎭[74]

오성진은 강서의 북부 파양호 서안에서, 감강의 하류와 감북구(贛北區) 서북부에서 동남쪽으로 흐르는 수하(修河)가 합류하는 삼각지점에 자리 잡고 있다. 청말에 상부 대원(商部大員)으로 파견되어 강서에 체재한 바 있는 부춘관(傅春官)은 가경·도광년간의 오성진의 번영에 대하여, "강서 각지의 시진(市鎭)으로는 경덕진을 제외하면 임강부의 장수진과 남창부의 오성진이 가장 번영하는 곳"[75]이라 하고 있다. 감강 연안의 각종 농부산품(農副産品), 그리고 대유령을 넘어 온 외국 수입상품과 영남 상품은 모두 감강을 따라 내려와 오성

---

70) 傅春官,『江西農工商礦紀略』, 第5冊, 淸江縣, 商務, pp.8b~9a; 傅春官, 1906.

71) 道光『淸江縣志』卷5, 賦役,「戶口」.

72) 劉石吉, 1989, p.187.

73) 청대의 지방 관청이 인구 파악에 소극적이었음은 강남에서도 비슷하였다. 吳金成, 2007-A, 제3편 제1장「江南의 都市 社會」참조.

74) 別註가 없는 한, 蕭放, 1987; 劉石吉, 1989; 沈興敬, 1991; 梁洪生, 1995; 梁洪生, 1995; 許檀, 1998; 梁洪生, 1999 참조.

75) 傅春官, 1906.

진에서 큰 배로 갈아 실었다. 한편 수하(修河)는 수심이 낮아서 오성진까지는 작은 배만 운행할 수 있었고, 오성진에 이르러서야 큰 배를 움직일 수 있었기 때문에 화물을 여기서 갈아 신는 일이 많았다. 따라서 오성진은 ① 수로 교통의 중심지였고, ② 백화의 집산지로 번영한 전운무역(轉運貿易) 중심지였다.76)

오성진에는 명 가정년간에 이미 수차[水次; 물가에 있는 망루]가 있었지만,77) 번영하기 시작한 것은 명 말기부터였다.78) 오성진은 청대 강희년간에는 6개 방(坊) 체제를 갖추었으며,79) "오성은 강서의 거진(巨鎭)이다. … 대강(大江)이 삼면을 두르고 있고, 백성은 종족끼리 모여 살며, 상설 시장이 서고 상선(商船)이 많이 모인다"80)고 할 정도로 발전하였다. 그리고 건륭 초년에 이르면,

> 천하의 시진은 한 곳이 아니다. 하남에는 주선진[이 있고], 호광에는 한구진, 강서에는 오성진이 있다. 원근의 상인이 서로 어깨를 스칠 정도로 많이 모여드는 모습이 광동의 불산진과 같다.81)

는 지적이 있고, 건륭45년의 기록에는 "오성은, … 사방의 상인이 모이고 왕래하는 선박이 정박하는 곳이다. … 배들이 10리나 늘어서고 거민이 만가나 된다"82)고 한 것 등을 보면, 오성진은 이미 강서의 대진으로 성장하였음을 알 수 있다. 오성진이 이렇게 성장하면서 상세(商稅) 징수와 치안 문제가 대두되자, 청초에는 남창부의 군포수리동지(軍捕水利同知)를 이곳에 파견하였다.83)

---

76) 沈興敬, 1991, p.96.

77) 王在晋, 『通漕類編』 卷3, 「徵兌運納」.

78) 梁洪生, 1995, pp.104~105. 서방의 선교사 마테오 리치(利瑪竇)는 1595년부터 1598년까지 강서의 남창에 체재하였고 吳城 부근을 세 번이나 왕래하였는데, 그의 『利瑪竇中國札記』(中華書局, 1983)에서는 오성진에 대해서는 한 마디 언급도 없다.

79) 康熙 『新建縣志』 卷7, 坊鄕考.

80) 楊周憲, 「吳城石堤記」, 康熙 『新建縣志』 卷15, 藝文志.

81) 陳炎宗, 「佛山鎭論」, 乾隆 『佛山忠義鄕志』 卷1.

82) 梁份, 「重修望湖亭記」, 『懷葛堂集』(豫章叢書 197冊) 卷4.

83) 光緖 『江西通志』 卷14, 職官表.

광동무역체제 시기는 오성진 발전의 전성기였다. 그 시기의 오성진은 동서 4~5리, 남북 2리(里)에 진에는 6방(坊) 8마두(碼頭) 9롱(壟) 18항(巷)으로 구성되어 있었고,[84] 진 내의 상주인구가 7만여, 유동 인구가 2만여 명이었으며, 1938년에도 진구(鎭區)의 인구는 아직도 4만여 명이나 되었다.[85]

오성진에서 취급하던 강서 본지의 중요 상품은 목재·차엽·종이·소금·저마·양식 등이었다. 강서 남부를 필두로 하여 감강과 그 지류 연안 및 강서 서북 지방에서 산출되는 모든 목재는 우선 오성에 도착한 후 대규모의 뗏목으로 구성하여 파양호를 지나 양자강을 통해서 강남과 기타 지방으로 나갔다. 또한 오성진은 강서 최대의 목재 집산지로 유명하였다. 남경조약에 따른 오구통상 후 감강수운을 통한 교역액이 "십 가운데 팔구가 감소"하는 상황 아래에서, 목재업이 오성진의 유일한 지주가 되었을 정도였다.[86] 한편 수하 상류의 산구 각 현에서는 의녕주의 차엽, 봉신·정안현 등의 종이, 무녕의 차엽과 목재 등의 산품이 수하를 따라 오성으로 모였다.

오성진에 모여 든 상인 가운데, 서주방(瑞州幇)·영도방(寧都幇)·길안방(吉安幇)·무주방(撫州幇)·광신방(廣信幇) 등 당연히 강서 본지 상인이 가장 많았다. 『신건현지』에는 광동무역체제 시기에 오성진 만수궁[萬壽宮; 강서회관]을 중수하는 과정을,

> 만수궁은 오성진 후하변(後河邊)에 있다. 순치년간에 건축하였고 건륭년간에 무너졌다. 가경11년에 진내의 신상(紳商)들이 만금(萬金)을 거두어 복건하였다. … 도광20년에 정전(正殿)의 중량(中梁)이 무너지자 신상들이 다시 만여 금을 모아 수리하였다.[87]

---

84) 道光『新建縣志』卷7, 坊鄉, 「當代吳城鎭建設」.

85) 永修政府調査組, 『當代吳城鎭建設』(未刊本. 梁洪生, 1995, p.105에서 再引); 蕭放, 1987, p.150. 魏雙鳳, 「重修望湖亭記」, 道光『新建縣志』卷79, 藝文志.

86) 江西省政府經濟委員會, 1971, pp.21~22; 梁洪生, 1995.

87) 道光『新建縣志』卷66, 二氏志, 「寺觀」; 同治『新建縣志』卷70, 「寺觀」. 그런데 이렇게 '紳商'의 활동이 19세기 初期에 보이는 것은 대단히 드문 일이었다.

고 전하고 있다. 가경11년(1806)에 정전(正殿)·옥황각·관음당 등을 건립하였고, 도광20년(1840)에는 정전을 중수하였다. 30년 동안에 두 번이나 중수할 수 있을 정도로 강서상인의 세력은 대단하였는데, 그 때마다 신·상이 협력하였다는 점은 특이하다. 한편 길안상인도 그들만의 회관을 건립하고 합덕당(合德堂)이라 하였다. 길안회관의 시건년대(始建年代)는 알 수 없지만, 아직도 남아있는 회관 자리에 보존되어 있는 「중수길안향사합덕당기(重修吉安鄉祠合德堂記)」에 따르면, 오래되어 파괴된 곳이 생기자 신·상이 합자하여 2만여 냥을 모아서, 가경20년 여름부터 23년 가을까지 3년여에 걸쳐, 원래의 양진(兩進) 건축물을 삼진(三進)으로 확장하고 당내에 연못, 당 밖에 괴성각(魁星閣)·객청(客廳)·여사(旅舍) 등을 건립했다.[88] 무녕현 출신 신·상도 오성에 회관을 건립하여 상업의 편의를 제공하고 무녕 출신 신사의 여행에 편의를 제공하였다.[89]

오성진에는 이러한 본성 상인 외에, 휘주·산서·호광·복건·광동의 객상도 많았다. 그들은 오성진에 각기 회관과 공소(公所)를 건립하였는데,[90] 청말에는 그 수가 20여 소에 달했던 것으로 생각되며, 그 가운데 10개는 휘주·산서 등 객상이 건립한 것이었고, 상공업의 동업 공소도 30여 소가 있었다.[91] 그 가운데 소금·목재·종이 등의 각부(脚夫)들이 중심이 되어 태자묘(太子廟)를 건립하기도 하였다. 오성진의 상인은 처음에는 강서 본지의 상인이 많았는데, 청대에 들어 점차 휘주상인에게 잠식당하였다. 청말 함풍·동치년간에 이르면, 증국번·팽옥린 등이 상군수사(湘軍水師)를 거느리고 와서 오성진에 주방(駐防)하며 도와준 덕분에, 호남상인이 성장하고 회관까지 건립하였다.

오성진에는 1907년에 상회(商會)가 성립되었는데, 1909년의 기록을 보면, 동사(董事) 26명 가운데 16명은 강서 출신이었고, 휘주 출신 6명, 복건인 2명,

---

88) 오성진에는 아직도 吉安會館의 門首건물이 비교적 완전하게 남아 있어, 당시의 호화로운 모습을 추측할 수 있다. 필자는 2002년 8월 3일 오성진을 방문한 바 있다.

89) 同治『武寧縣志』卷32, 藝文, 「吳城武寧公館記」.

90) 吳城鎭 최초의 회관은 강희년간에 복건상인이 건립한 「八閩會館」이었다.(李光坡, 1999, p.203에서 再引)

91) 梁洪生, 1995; 梁洪生, 1999.

직예 1명, 절강 1명이었으며, 총리(總理) 주석령도 휘주 출신이었다. 이들 26명
의 신분을 보면, 신사의 직함을 가진 상인이 23명, 감생 2명, 생원 1명이었다.
따라서 26명 모두가 '신상'이었다.[92] 청말·민국초 신정기(新政期)에 일반적으
로 '신·상' 또는 '신상'이 사회의 지도층으로 활약한 것은 중국 모든 지역에서
일반적인 현상이었지만,[93] 오성진의 경우와 같이 전원이 '신상'인 경우는 많
지 않았다.[94]

II. 鄕村 定期市의 叢生

중국의 향촌에서 명 중기 이래 정기시가 총생한 현상은 도시와 농촌지역
상품경제 발전의 중요한 지표였다. 중국의 정기시는 허(墟)·시(市)·집(集)·장
(場)·부(埠)·점(店)·우(圩) 등으로 지칭되었는데, 이러한 정기시에는 10일에 2
회, 3회 등 고정적인 집기(集期)가 있고, 주위에는 어느 정도 고정적인 거민도
있었다. 이제 광동무역체제 시기에 강서성 내의 정기시의 발전 정도를 이해하
기 위하여, 명청시대 강서성 내 정기시의 발전추세를 도표화해 보면 〈별표(別
表)1-3-1〉[95]와 같다.

〈별격1-3-1〉를 보면, 정기시가 본격적으로 나타나던 명 중기의 총 526개(평
균 310㎢에 1개)에서 청말에는 총 1,562개(매 현 평균 20개, 평균 104㎢에 1개,
농민의 활동반경 5㎞ 남짓)로 증가하여, 197%의 순증가율을 보였다. 또 청대
에는 강희년간에 455개에서 청말에 1,562개로 증가하여 순증가율이 243%에
달하였다. 광동무역체제 시기에 번영을 누리던 광동성의 경우에는 청초에

---

92) 『東方雜志』 第3年 3期; 梁洪生, 1995. pp.106~108.

93) 馬敏·朱英, 1993; 馬敏, 1994; 馬敏, 1995; 阮忠仁, 1988; 汪林茂, 1990; 王先明, 1997;
   朱英, 1991; 金衡鍾, 2002; 吳金成, 2007-B; 曾田三郎, 1997; Schoppa, R. Keith, 1982;
   Rankin, Mary B., 1986; Esherick, Joseph W., and Rankin, Mary B., 1990 등 참조.

94) 앞에서 설명한 樟樹鎭에도 광서년간에 商會가 성립되었는데, 1909년의 조직표를
   보면 總理와 議董 도합 10명중 紳商 5명, 士人 3명, 商人 2명으로, 8명이 '紳商'이었
   다. 羅輝, 1999, p.37 참조.

95) 方志遠, 2001, pp.476~980에서도 이와 비슷한 〈표〉를 정리하고 있어 이를 참조하였
   으나, 방지원의 분석에는 적지 않은 오류가 있어 필자 나름으로 재구성하였다.

〈별표1-3-1〉 明淸時代 江西省의 定期市 變化表

地區名	府·縣名		明中期	16C後半~17C前半	康熙年間	乾隆年間	19C前半	19C後半
贛北區	九江府	德化縣	3	3		9		9
		德安縣				13		13
		瑞昌縣	5					
		湖口縣	2		4	6	6	7
		彭澤縣				13	15	15
		府合計	10(100%)	3	4	41	21	44(440%)
	南康府	星子縣			7			25
		都昌縣			9			22
		建昌縣			17			17
		安義縣			5			12
		府合計			38(100%)			76(200%)
	饒州府	鄱陽縣	6		11		12	20
		餘干縣	7		8			21
		樂平縣	5		17	17		19
		浮梁縣	2		9	10		
		德興縣	2		2			
		安仁縣	4		9			14
		萬年縣			4			5
		府合計	26(100%)		60	27	12	79(304%)
	南昌府	南昌縣		7		34	34	34
		新建縣		7	8		8	29
		豊城縣	5	10	5		57	57
		進賢縣	6	4	17			27
		奉新縣		3	7		4	6
		靖安縣						10
		武寧縣	8	7	12	24	29	37
		寧 州	15	14			38	38
		府合計	34(100%)	52	49	58	170	238(700%)
	瑞州府	高安縣	5	17	8	8		
		上高縣	10	14	4	6		30
		新昌縣	16	18	20	20		36

		府合計	31(100%)	49	32	34		66(213%)
	區　合　計		101(100%)	104	183	160	203	503(498%)
贛中區	袁州府	宜春縣	6		6	6		14
		分宜縣	4			6		11
		萍鄉縣	6		9	9		20
		萬載縣	6		11	11		30
		府合計	22(100%)		26	32		75(341%)
	臨江府	清江縣	8	9	9	24		24
		新淦縣	4	7	7			27
		新喻縣	10	13	20			59
		峽江縣	4	8	8	11		11
		府合計	26(100%)	37	44	35		121(465%)
	吉安府	盧陵縣				28	34	34
		泰和縣				17	17	18
		吉水縣				22	22	22
		永豐縣			18			43
		安福縣				25		30
		龍泉縣				20		21
		萬安縣						21
		永新縣						17
		永寧縣				5		
		府合計			18	118(100%)	73	206(174%)
	撫州府	臨川縣	42		8			40
		崇仁縣	12		12		25	28
		金溪縣	10		17	19	19	24
		宜黃縣	18		10		22	27
		樂安縣	14		17			21
		東鄉縣	11		11			17
		府合計	107(100%)		75	19	66	157(147%)
	廣信府	上饒縣	2		2	3		3
		玉山縣	3		3	4	2	5
		弋陽縣	2		2	2		2
		貴溪縣	2		2	2		2

	鉛山縣	4		7	11		12
	廣豐縣				7		12
	興安縣				2		2
	府合計	13(100%)		16	31	2	38(292%)
建昌府	南城縣	17		15	25		31
	南豐縣	9	11	9	18		18
	新城縣	2		7	8		7
	廣昌縣	5		12	12		12
	瀘溪縣		8		5		13
	府合計	33(100%)	19	43	68		81(245%)
區　合　計		201(100%)	37	162	249		678(337%)

〈資料〉

『江西通志』(嘉靖4·萬曆25·康熙22·康熙59·雍正10·光緒7年刊本)

『九江府志』(嘉靖6·康熙12·同治13年刊本); 『德化縣志』(乾隆45·同治11年刊本); 『德安縣志』(同治10年刊本); 『瑞昌縣志』(隆慶4·乾隆20·同治10年刊本); 『湖口縣志』(康熙12·乾隆21·嘉慶23·同治13年刊本); 『彭澤縣志』(萬曆10·乾隆21·嘉慶24·同治12年刊本)

『南康府志』(正德10·康熙15·康熙60·同治11年刊本); 『星子縣志』(同治10年刊本); 『都昌縣志』(康熙33·同治11年刊本); 『建昌縣志』(康熙14·同治10年刊本); 『安義縣志』(同治10年刊本)

『饒州府志』(正德6·康熙22·同治11年刊本); 『鄱陽縣志』(康熙22·道光4·同治10年刊本); 『餘干縣志』(康熙23·同治11年刊本); 『樂平縣志』(乾隆17·同治9年刊本); 『浮梁縣志』(康熙21·道光3年修, 12年增補刊本); 『德興縣志』(康熙23·道光3·同治11·民國8年刊本); 『安仁縣志』(同治11年補刊本); 『萬年縣志』(同治10年刊本)

『南昌府志』(萬曆16·乾隆54·同治12年刊本); 『南昌縣志』(乾隆16·乾隆59·道光29·同治9·光緒32年修, 民國8年刊本); 『新建縣志』(康熙19·同治10年刊本); 『豐城縣志』(嘉靖42·康熙3·道光5·同治12年刊本); 『進賢縣志』(嘉靖42·康熙12·道光3·同治10·光緒24年補刊本); 『奉新縣志』(道光4·同治10年刊本); 『靖安縣志』(嘉靖44·乾隆28·同治年刊本); 『武寧縣志』(嘉靖22·康熙6·隆51·道光4·同治9年刊本); 『寧州志』(嘉靖22·道光4·同治12年刊本)

『瑞州府志』(正德10·崇禎元·同治12年刊本); 『高安縣志』(康熙10·同治10年刊本); 『上高縣志』(嘉靖33·康熙12·同治9年刊本); 『新昌縣志』(康熙22·同治11年刊本)

『袁州府志』(正德9·嘉靖22·嘉靖40·乾隆25·咸豐10·同治13年刊本); 『宜春縣志』(康熙47·民國29年石印本); 『分宜縣志』(康熙22·道光2·同治10·民國29年刊本); 『萍鄉縣志』(康熙22·同治11·民國24年刊本); 『萬載縣志』(康熙22·雍正11·同治11·民國29年刊本)

『臨江府志』(嘉靖15·隆慶6·康熙7·同治10年刊本); 『清江縣志』(乾隆45·道光4·同治9年刊本); 『新淦縣志』(康熙12·康熙54·同治12年刊本); 『新喩縣志』(康熙12·道光5·道光29·同治12年刊本); 『峽江新志』(乾隆32·同治10年刊本)

『吉安府志』(萬曆13·順治17·乾隆41·光緒元·民國30年鉛印本); 『廬陵縣志』(乾隆46·道光5·同治12·9年刊本); 『泰和縣志』(萬曆7·乾隆18·同治11·道光6·光緒5年刊本); 『吉水縣志』(道光5·光緒元年刊本); 『永豐縣志』(嘉靖22·慶熙23·同治23年刊本); 『安福縣志』(康熙18·乾隆47·同治11年刊本); 『龍泉縣志』(乾隆36·同治12年刊本); 『萬安縣志』(同治12年刊本); 『永新鄉志』(慶熙22·乾隆11·同治13年刊本); 『永寧縣志』(乾隆15·同治13年刊本)

『撫州府志』(弘治15·嘉靖33·崇禎7·康熙27·雍正7·光緒2年刊本); 『臨川縣志』(康熙19·嘉慶22·同治9年刊本);

『崇仁縣志』(康熙12·道光元·同治12年刊本); 『金谿縣志』(康熙21·乾隆16·道光6·同治9年刊本); 『宜黃縣志』(康熙3·道光5·同治10年刊本); 『樂安縣志』(康熙23·同治10年刊本); 『東鄉縣志』(嘉靖5·康熙4·同治8年刊本)

『廣信府志』(嘉靖5·康熙22·乾隆48·同治12年刊本); 『上饒縣志』(乾隆49·道光6·同治11年刊本); 『玉山縣志』(康熙20·乾隆49·道光3·同治12年刊本); 『弋陽縣志』(萬曆9·康熙22·同治10年刊本); 『貴溪縣志』(康熙22·同治10年刊本); 『鉛山縣志』(嘉靖4·萬曆46·康熙22·乾隆8·乾隆49·嘉慶刊本·道光刊本·同治12年刊本); 『廣豊縣志』(乾隆49·同治11年刊本); 『興安縣志』(同治10年刊本)

『建昌府志』(正德12·萬曆41·乾隆24·同治11年刊本); 『南城縣志』(康熙19·同治12年刊本); 『南豊縣志』(萬曆14·康熙22·乾隆30·同治10·民國13年刊本); 『新城縣志』(正德11·康熙12·乾隆16·同治9年刊本); 『廣昌縣志』(康熙22·同治6年刊本); 『瀘溪縣志』(乾隆16·同治9年刊本)

『贛州府志』(嘉靖15·天啓元·乾隆47·道光28·同治12年刊本); 『贛縣志』(乾隆21·同治11年刊, 民國20年重印本); 『雩都縣志』(康熙元·乾隆22·道光10·同治13年刊本); 『信豊縣志』(乾隆16·道光4·同治9年刊本); 『興國縣志』(康熙22·乾隆15·道光4·同治11年刊本); 『會昌縣志』(康熙14·乾隆16·同治11年刊本); 『安遠縣志』(乾隆16·道光3·同治11年刊本); 『寧都縣志』(萬曆20·6年·道光4年刊本); 『瑞金縣志』(嘉靖22·萬曆31·康熙22·康熙49·道光2年刊本); 『龍南縣志』(康熙48·道光6·光緖2年刊, 民國25年鉛印本); 『石城縣志』(順治17·乾隆46年刊本); 『定南縣志』(順治14·乾隆44·道光5·同治11年刊本); 『長寧縣志』(乾隆14·咸豊5·光緖2·光緖25年刊本)

『南安府志』(嘉靖15·康熙49·乾隆33·同治7·光緖元年刊本); 『大庾縣志』(乾隆13·咸豊元·同治13·民國8年刊本); 『南康縣志』(嘉靖34·康熙49·乾隆18·同治11年刊本); 『上猶縣志』(康熙36·道光3·光緖19年重訂本); 『崇義縣志』(嘉靖32·同治6·光緖21年刊本)

1,549개에서 청말에 2,438개로, 순수 증가분이 57.4%에 불과하였으므로, 같은 기간에 강서지방이 광동지방보다도 정기시의 증가율이 훨씬 높았음을 알 수 있다.[96]

　강서성의 정기시는 대개는 명 중기에 발생하여 명말까지 상당히 많은 수로 증가했으나, 그 증가폭은 그리 크지 못하였다.[97] 17세기 중엽 명·청 교체기에는 오래 지속된 전란으로 강서성 모든 지역에서 인구가 유실되고 도시와 정기시도 대부분 파괴되었다.[98] 그 때문에 순치와 강희 전반기까지는 정기시의 수가 명말 정도에도 미치지 못한 경우가 많았다. 그 뒤 삼번란(三藩亂)이 종결

---

96) 許檀, 1997, p.24, 〈表3〉 참조. 단, 길안부나 남강부와 같이 명대에 대한 기록이 전혀 없는 경우도 있으므로, 이러한 통계는 대강의 추세만 이해할 수 있는 정도라고 생각한다.

97) 이전의 지방지에 등재된 정기시가 후대의 지방지에는 등재되지 않은 경우도 많은데, 정황상으로는 그 지역에 정기시가 완전히 사라졌다고는 볼 수 없다. 지방지에 따라서는, ㉠ “이전의 정기시가 지금은 없어졌다”, ㉡ “或設或廢, 無定”, ㉢ “各墟, 間有興廢無常者”라는 기록도 있지만, 이러한 기록조차 전혀 없이 입을 다물고 있는 경우도 많다.

98) 康熙 『新城縣志』 卷1, 鎭市; 康熙 『湖口縣志』 卷1, 鎭市; 吳金成, 1991; 본서 제3편 제2장 등 참조.

된 강희 중반부터 서서히 회복되어, 건륭년간부터 각지에서 정기시가 총생하였으므로, 건륭―가경―도광년간, 즉 광동무역체제 시기에 최고조에 달했다. 동치·광서년간에는 전반적으로 그 수준을 유지하였다고 할 수 있지만, 〈별표 1-3-1〉에서 보는 바와 같이 오히려 감소한 곳도 있었다.

그런데 명대와 청대의 정기시 증가 양상을 보면, 명대에 정기시가 비교적 일찍 발전했던 지역은 그 후의 증가율이 크지 않았던 데 대하여, 명대에 정기시가 그다지 발전하지 못했던 지역은 그 후의 증가율이 훨씬 높았다. 명 중기의 정기시 수를 100으로 하여 계산해 보면, 전자에 해당하는 무주부의 순수 증가율은 47%, 감주부는 58% 정도에 지나지 않았다. 이에 견주어 후자에 해당하는 남창부의 순수 증가율은 600%, 임강부는 365%, 구강부는 340%, 원주부는 241%, 요주부는 204%나 되었고, 그 아래로 광신부 192%, 건창부 145%, 남안부 135%, 서주부 113%의 순이었다. 한편 감북구의 남강부 지역은 명대에 관해서는 기록이 없고, 청대에는 강희년간으로부터 청말까지 100% 증가하였다. 강서성에서 남창부 다음으로 문화가 발전한 길안부는 명대는 물론이고 강희년간까지는 정기시에 대한 기록이 없고, 건륭년간에서 청말까지 74%가 증가하였다.[99]

명 중기에 정기시의 분포가 가장 조밀하였던 곳은 강서 중부[감중구(贛中區)]의 무주부와 남부[감남부(贛南區)]의 감주부였다. 강서성 전체로는 평균 310㎢에 1개의 정기시가 분포[정기시 공간 복개면적(定期市空間覆蓋面積); ㎢/시(市), 이하 복개면적(覆蓋面積)으로 약칭]하였던 데 견주어, 무주부에는 10,619㎢의 지역에 정기시가 107개로, 복개면적이 99㎢, 농민의 활동 반경이 5㎞ 정도였고, 감주부는 30,905㎢에 190개로, 복개면적은 163㎢, 활동 반경은 7.5㎞ 정도였다. 한편, 명대에 정기시의 발전이 가장 뒤진 지역은 북부[감북구(贛北區)]의 남창부와 요주부였다. 남창부에는 성도(省都)가 있고 경제가 발전한 지역이었음에도 22,169㎢의 지역에 34개, 복개면적 652㎢로 활동반경은 13

---

99) 남강부나 길안부 지역에 명대에 정기시가 없었다고는 생각할 수 없지만, 현재로서는 지방지의 기록 외에 달리 방법이 없다. 그러므로 이러한 비교는 명청시대의 대세를 이해하기 위한 어쩔 수 없는 방법에 다름 아니다.

㎞정도였고, 요주부는 15,947㎢의 지역에 26개, 복개면적은 613㎢로 활동반경은 12㎞정도였다.[100]

그런데 청대의 발전은 명대와는 판이하였다. 강서성 전체 정기시 평균 복개면적이 105㎢(100㎢ 당 정기시의 밀도가 0.96개)인 추세에서, 정기시의 분포가 가장 조밀해진 지역은 감중의 임강부였다. 임강부의 인구밀도는 강서 최고였으며 1인당 평균 경지도 2.27무(畝)로 다른 부 지역보다 배 이상 높았고,[101] 정기시 평균 복개면적이 46㎢(100㎢ 당 정기시의 밀도가 2.2개), 농민의 활동 반경이 겨우 3.5㎞에 지나지 않았다. 그 다음이 무주부로 복개면적이 68㎢, 남강부가 71㎢, 서주부와 남안부가 87㎢였고, 정기시 증가율이 가장 높았던 남창부는 93㎢였다. 이에 견주어 감북구 동부에 위치한 광신부는 복개면적이 334㎢, 요주부는 202㎢였다.[102]

한편, 강서를 지리적인 위치에 따라 크게 북부 5개 부[이하 감북구로 약칭, 남창·서주·구강·남강·요주], 중부 6개 부[이하 감중구로 약칭, 광신·건창·무주·길안·임강·원주], 남부 2개 부[이하 감남구(贛南區)로 약칭, 감주·남안]로 나누어 보면, 청말에 감북구는 503개 정기시에 복개면적 110㎢으로 100㎢ 당 0.9개의 정기시가 있었고, 감중구는 678개 정기시에 복개면적 103㎢으로 100㎢당 0.96개의 정기시가 있었으며, 감남구는 381개 정기시에 복개면적 99㎢으로 100㎢당 1개의 정기시가 있었다. 강서 전체로는 청말에 총 1,562개로 매 현 평균 20개, 100㎢당 0.96개, 평균 104㎢에 1개, 농민의 활동반경은 5㎞ 남짓이었다. 그런데 명청시대의 경제와 문화의 발전은 감북·감중·감남의 순서였으므로, 이상과 같은 현상만 본다면, 정기시의 발전과 경제·문화의 발전 정도가 반드시 일치하는 것은 아님을 알 수 있다.

---

100) 각 지역의 넓이는 江西省測繪局, 1996 참조. 명대의 기록이 전혀 없는 남강부와 길안부, 기록이 완전치 못한 九江府와 廣信府는 고려하지 않았다.

101) 許檀, 1997, p.25, 〈表4〉; 方行 等, 2000, pp.1064~1069.

102) 이러한 방법으로 정기시의 발전양상을 이해하면 대체적인 추세 정도만 알 수 있을 뿐, 정확한 추세는 알 수 없다. 어떻든 이러한 이해 방법은 方志遠, 2001(pp.476~491)을 참조하였으나, 방지원의 분석에는 적지 않은 오류가 있어 필자 나름으로 재분석하였다.

그런데 성도(省都)가 있는 감북 남창부에서는 또 다른 현상을 볼 수 있다. 남창부는 파양호의 서변·남변에서 시작하여 감북 서부의 호남·호북·강서의 3성교계지역에 이르기까지 길게 이어지는 부(府)인데, 가운데 좁은 허리부분을 북에서 남강부와 남에서 서주부가 끼고 있어 흡사 '장구' 모양을 하고 있다. 남창부의 지리적 환경은 허리 부분을 중심으로 동부 4개 현[파양호 서변의 남창·신건·풍성·진현]과 서부의 4개 주현[봉신·정안·무녕현과 영주]으로 크게 양분된다. 남창 동부지역은 감강이 중앙을 관통하고 파양호 서변과 남변에 위치하여 경제와 문화면에서 강서에서 가장 선진지역이었던 데 비하여 서부는 산구(山區)였으므로, 이 두 지역은 같은 부이면서도 명대에 경제발전 면에서는 사뭇 달랐다.103) 정기시의 발전도 그러하였다. 앞에서 서술한 것처럼, 남창부는 명청시대에 정기시의 증가가 가장 빨랐던 지역으로, 청말의 남창부 평균에 따르면 정기시 복개면적이 93km²였는데, 동부지역은 평균 65km²였던 데 비하여 서부지역은 138km²였다. 이로 보면 경제와 문화가 발전하고 교통이 편리하였던 동부지역이 세 가지 면에서 모두 뒤진 서부지역보다 정기시가 훨씬 앞서 발전하였다. 이러한 현상은 감중의 길안부도 비슷하였다. 길안부는 감강의 중류에 위치하고 있는데, 감강이 관통하고 경제·문화적으로 발전한 동부 5개 현과 산구에 위치하고 경제·문화면에서 뒤진 서부 4개 현 지역으로 나눌 수 있다. 그런데 청말에 동부 5개 현의 정기시 평균 복개면적은 98km²인데 견주어 서부 4개 현에서는 153km²으로, 남창부의 현상과 비슷하였다.

그러면 이 글의 관심 대상인 대유령 상도(商道)→감강수로→파양호→양자강에 이르는 무역로 연안지역에서 정기시의 변화 양상은 어떠했는가?

먼저 광동에서 대유령을 넘어 처음 만나게 되는 감남지역을 보자. 감남에는 대유령상도에 남안부 대유현과 이곳에서 장수(章水)를 따라 내려가다 만나는 남강현이 있다. 대유현의 정기시는 건륭년간에 8개에서 19세기 후반에 16개로 증가하고, 그 가운데 9개가 대유령상도 위에 위치하였다.104) 대유령 상

---

103) 吳金成, 1986, pp.96~98.

104) 乾隆『大庾縣志』卷2, 疆域; 同治『大庾縣志』卷3, 建置, 「墟市」; 胡水鳳, 1993, p.59; 謝廬明, 1998; 謝廬明, 2001; 黃志繁, 1998 등 참조.

도가 발전함에 따라 상도 연변에 정기시가 증가하였던 것이다. 그런데 이 상도를 통한 과경무역(過境貿易)의 규모가 확대됨에 따라 대유현성과 상도연변에는 영향을 주었지만, 내륙지방의 정기시에는 그리 큰 영향을 주지 못하였고, 대유현성의 번영과 함께 번영하였던 정기시는 대유현성의 쇠락과 함께 축소되거나 폐지되고 말았다. 남강현에는 16세기 후반~17세기 전반에 21개였던 것이 건륭년간에는 오히려 20개로 감소하였고, 19세기 후반에 28개로 증가하였다. 남강에서 장수를 따라 북으로 내려가면, 공강(貢江)과 합류하여 감강을 이루는 삼각지점에 위치한 감주부 감현(贛縣; 감주부의 부곽현)에 이른다. 감현은 천계년간에 정기시가 23개에서 도광년간에는 40개로 증가하였다.[105] 감남구만을 보면, 정기시는 기본적으로 교통의 요지에 발생하였고, 수로 교통의 요지에 특히 밀집하였다. 정기시의 집기(集期)는 1·3·7일, 2·5·8일, 3·6·9일 등 일정하지 않았는데, 대개 부근의 3개의 정기시가 하나의 소순환(小循環) 단위를 구성하였으니, 이는 부근 농민의 농산품 교환에 편의를 주기 위한 것으로 보인다. 이들 정기시에서는 대개 양식과 죽목을 수출하고, 식염과 면포를 수입하였다. 감남지역의 경우 정기시의 성립과 변화에는 종족(宗族)의 영향력이 강하게 작용하였지만,[106] 상점을 차린 자는 거의가 먼 지역의 대상인이었다.[107]

감남의 감현에서 감강을 따라 북으로 내려가면 감중지역에 이른다. 이 지역에서는 길안부의 만안·태화·여능·길수의 4개 현을 차례로 만나게 되고 더욱 내려가면 임강부의 협강·신감·청강의 3개 현을 차례로 만나게 된다. 먼저 만안현은 19세기 후반의 기록에 비로소 정기시가 21개라고 되어 있다.[108] 태화현은 건륭년간에 17개→ 19세기 전반기에 17개→ 19세기 후반기에 18개로 변하였다.[109] 여능현은 건륭년간에 26개→ 19세기 전반기 이래 34개로 증가하

---

105) 天啓『贛州府志』卷3, 輿地志3, 街市, 「巷井墟鎭埠」; 同治『贛縣志』卷10, 建置志.

106) 黃志繁, 1998, pp.37~54.

107) 同治『贛州府志』卷20, 風俗에 "郡邑列肆而居者, 皆遠鄕大賈, … 異鄕作客, 贛人節少"라 함.

108) 同治『萬安縣志』卷2, 建置志, 「市墟」.

109) 乾隆『泰和縣志』卷4, 輿地, 「鄕里」; 道光『泰和縣志』卷2, 輿地, 「墟市」; 同治『泰和

여 19세기 후반까지 지속되었다.110) 길수현은 건륭년간 이후 22개로 변화가 없었다.111) 한편 임강부의 협강현은 강희년간에 8개→ 건륭년간에 11개로 증가하였고,112) 신감현은 강희년간에 7개→ 19세기 후반기 27개로 증가하였으며,113) 장수진이 소속된 청강현은 강희년간에 9개→ 건륭년간에 24개로 증가한 것이 광서년간까지 지속되었는데, 절반이 수로 연변에 있었다.114)

감중의 청강현에서 감강을 따라 북상하면 감북 남창부의 풍성·남창·신건현으로 이어지고 신건현 끝자락에 위치한 오성진을 지나 파양호를 통과하면 남강부의 성자현, 구강부의 호구현으로 이어진다. 풍성현은 만력년간에 10개→ 강희년간에 5개→ 19세기 전반에는 57개로 증가하였다.115) 남창현은 만력년간에 7개→ 건륭년간 이후 34개로 증가하였는데, 이 가운데 6개는 수로 위, 7개는 관도(官道) 위에 위치하였고, 특히 삼강구진·시차진·치항시 등 번영하던 대시진은 모두 수로 위에 위치하였다. 바꾸어 말하면, 남창현 정기시의 1/3 이상이 주요 교통선 위에 위치하였다.116) 신건현은 만력년간에 7개→ 강희년간에 8개가 되었고 19세기 후반에는 29개로 증가하였는데, 그 가운데 17개가 수로 위, 7개가 관도 위에 자리 잡고 있었다. 특히 앞에서 설명한 오성진을 포함하여 번영을 누리던 생미·초사, 2진은 모두 수로 위에 위치하였다.117) 성

縣志』 卷4, 輿地志, 「廂鄉」.

110) 乾隆『盧陵縣志』卷5 地輿志4,「墟市」; 道光『盧陵縣志』卷2, 地輿志,「墟市」; 同治『盧陵縣志』卷2, 地輿志,「墟市」.

111) 道光『吉水縣志』卷3,「市墟」; 光緒『吉水縣志』卷4, 地理志,「市墟」.

112) 乾隆『峽江縣志』卷2,「市墟」; 同治『峽江縣志』卷2,「市墟」.

113) 康熙(54年)『新淦縣志』卷2,「市墟」; 同治『新淦縣志』卷3,「市墟」.

114) 康熙『臨江府志』卷3, 鎮市; 乾隆『清江縣志』卷4, 鎮市; 道光『清江縣志』卷3, 鎮市; 同治『清江縣志』卷2下, 疆域志, 市鎮.

115) 萬曆『南昌府志』卷5, 坊里, 豊城縣; 道光『豊城縣志』卷1, 地理志,「市鎮」; 同治『豊城縣志』卷1, 地理,「墟市」.

116) 萬曆『南昌府志』卷5, 坊里, 南昌縣; 乾隆(59年)『南昌縣志』卷3, 輿地,「市鎮」; 道光『南昌縣志』卷3, 輿地,「市鎮」; 同治『南昌縣志』卷1, 輿地,「市鎮」; 曾國藩 等,『江西全省輿圖』卷1, 南昌府屬,「南昌縣輿地圖」; 方志遠, 2001, p.529.

117) 萬曆『南昌府志』卷5, 坊里, 新建縣; 康熙『新建縣志』卷5; 道光『新建縣志』卷7; 同治『南昌府志』卷6, 地理,「市鎮」; 曾國藩 等,『江西全省輿圖』卷1, 南昌府屬,「新建縣輿地圖」; 方志遠, 2001, pp.529~530.

자현은 강희년간에 7개→ 19세기 후반기 25개였고, 호구현은 강희년간에 4개
→ 건륭년간부터 6개→ 19세기 후반기 7개가 되었다.[118]

한편, 이들 정기시에서 교역되는 상품은 기본적으로는 식량·채소·차엽·소
금·농구 등 농민들의 일상용품 위주였다. 그러나 정기시에 따라서는 흡사 강
남의 전업시장과 같이 특수한 상품이 대량으로 거래되는 시장도 있었다. 예컨
대, 남창부 남창현은 강서의 곡창이었으므로,

> 매 7~8리 혹은 2~3리마다 허시(墟市)가 있다. … 쌓아 둔 상품은 모두가 일
> 용품이지만, 먼 곳으로 팔려나가는 것은 오직 미곡(米穀)이고 사들여 오는 것은
> 면화이다. … 상인이 다투어 몰려들기 때문에 감강 마두(碼頭)에는 범선이 늘어
> 서 있다.[119]

고 하듯이, 미곡 전업시장도 많았다. 임강부 신감현의 경우 "성동(城東)의
시장은 면포 전행(專行), … 영춘문 밖 시장은 쌀과 생축 시장, 빈양문 밖
시장은 쌀과 돼지 시장"[120]이라 하고 있고, 남강부 도창현 주계시(周溪市)
는 연초시장, 서가부(徐家埠)와 고가부(高家埠)는 목재시장으로 각각 유명하
였다.[121] 하포(夏布)는 1920년대에 이르기까지 강서성의 두 번째 특산물이
라고 일컬어졌는데,[122] 감주부 홍국·석성현과 영도주에는 하포 전업시장도
여러 곳 있었다.[123] 또한 하포를 특히 많이 생산하던 원주부 만재현의 경
우에는, 각 정기시에 포행(布行)이 3~4가 내지 6~7가(家)가 있고, 호남·호
북의 객상들이 매년 3월에서 5월경에 직접 향에 들어가 구입하였고, 청말·

---

118) 康熙 『湖口縣志』 卷1, 地輿志, 「鎭」; 乾隆 『湖口縣志』 卷5, 建置志, 「鎭市嶺坂」; 嘉慶
　　　『湖口縣志』 卷2, 建置志, 「鎭市嶺坂」; 同治 『湖口縣志』 卷2.

119) 光緖 『南昌縣志』 卷4, 「市鎭」.

120) 同治 『新淦縣志』 卷2, 建置志, 「墟市附」.

121) 同治 『南康府志』 卷5, 建置, 「鄕里街巷坊塔市鎭」.

122) 姚淑貞, 1947(『江西近代貿易史資料』, p.247에서 再引).

123) 道光 『興國縣志』 卷12, 「物産」; 道光 『石城縣志』 卷2, 「物産」; 道光 『寧都直隷州志』
　　　卷12, 「土産」.

민초에는 대포호(大布號)가 안휘나 강남지방까지 진출하여 영업하였다.124) 길안부 용천현 대분허는 제선업(製扇業)이 발달하여 유지선(油紙扇)이 많이 생산되었으며, 이미 명대부터 궁중의 공품(貢品)이 되었다.125) 광신부의 경우,126) 상요현의 응가구시는 석탄 산지를 끼고 있어 행포(行鋪)가 100여 가나 되었고, 상로판은 종이 생산지로서 200여 행포가 있었다. 광풍현의 양구허는 연초 전업시장으로 행포가 1,000여 곳이나 있었다. 홍안현의 갈원가(葛源街)는 미곡·갈분(葛粉)·동유(桐油)의 집산지로서 점포 400여 가에 거민이 2,000여 호나 되었고, 강리촌허(姜里村墟)는 죽목과 종이의 집산지였다. 연산현은 명대 이래 외래 객민[특히 붕민(棚民)]이 운집하여 산구를 개발하여 경제작물을 경작하였는데, 그 결과 석당진은 종이와 차엽, 호방시는 종이와 석탄, 진방시는 종이 전업시장이 있었다. 이렇게 광신부 일대에서 생산되는 종이는 일단 하구진에 모인 후, 휘주·복건·산서상인 등을 통해 외지로 수출하였다.127)

이들 상품작물이나 상품은 외래 객상이 직접 현지에 와서 사가는 경우가 많았는데, 그 과정에서 외래 객상과 토착의 아행·선행[船行, 부두(埠頭)]·각부 사이에 분쟁이 많았다.128) 더구나 감강을 왕래하는 상선은 수로와 호수에서 수시로 풍랑을 만나기도 하였고, 가끔 비선(匪船)이 '구조해 준다는 명목으로 약탈'하는 일도 많았는데, 사실은 선호(船戶)가 비선과 내통하여 저지르는 것이었다. 심한 경우에는 선호·수수(水手)·아역·신병(汛兵)·무뢰 등이 한 패가 되어 저지르는 약탈은 강도의 약탈과 다를 바 없었지만 상인들이 사후에 관부

---

124) 胡邦憲, 1936(『江西近代貿易史資料』, pp.248~249에서 再引).

125) 傅春官, 『江西農工商礦紀略』 第4冊, 吉安府 龍泉縣, 「商務」.

126) 乾隆 『廣信府志』 卷2, 地理, 「鄕都」; 同治 『廣信府志』 卷1, 「地理」; 吳金成, 2000·2001.

127) 본서 제3편 제2장.

128) 江西布政司, 『西江政要』 卷2, 「嚴禁牙行拖騙客本」·「過山脚夫議定脚價」; 『西江政要』 卷3, 助敎; 陳宏謀, 『培遠堂偶存稿』, 文檄 卷13, 「禁埠頭索用橔」. 葉權, 『賢博編』(中華書局, 1987), p.22에도 "今天下大碼頭, 若荊州·樟樹·蕪湖·上新河·楓橋·南濠·湖州市·瓜州·正陽·臨淸等處, 最爲商貨輳集之所, 其牙行經紀主人, 率賺客錢"이라 하고 있다. 기타 方行 等, 2000, pp.1332~1352; 吳金成, 2001 등 참조.

에 고발해 봐도 이미 숨어버린 후여서 어찌 해볼 도리가 없었다. 그 때문에, 당시의 강서순무 진홍모는 상선을 보호하기 위해 감강 연안 일대의 당신(塘汛)에 순찰선을 배치하였다.129) 또한 향촌 정기시에는 상인·아행·수공업자·일용노동자·각부·무뢰 등 비농업인구도 적지 않았고, 그 때문에 분란과 소송이 많이 일어났으므로, '허장(墟長)'을 두어 관리한 경우도 있었다.130) 뿐만 아니라 이러한 사회변화 과정에서 유동인구가 증가하면서,

강서 각지의 성시와 향촌에는 어디에나 일종의 악걸(惡乞)이 있어 이른 바 '연자행(練子行)'이라 하는데 구걸로 살아간다. 그들은 결코 병약한 자들이 아니고 모두가 힘 있고 건장한 무뢰들로서, 삼삼오오 무리를 지어 아무 집이나 들어가 돈과 양식을 강탈하고 조금이라도 여의치 못하면 행패를 부리기 일쑤이다. 다방(茶坊)과 주시(酒市)에서도 멋대로 행동한다. 사람들의 절경(節慶)이나 혼상(婚喪) 등의 애경사가 있으면 욕심껏 토색하므로 난감하기 이를 데 없다. 심하면 낮에는 구걸 행각을 벌이고 밤이면 몰래 도적질을 하는 등 못된 짓을 거리낌 없이 한다. 도시는 그래도 좀 적은 편이지만 농촌에서는 더욱 심하다.131)

고 한 바와 같이 걸개(乞丐)의 횡포도 증가하였는데, 이들 걸개는 사실은 무뢰였다.

이상을 종합해 보면, 첫째, 정기시는 대개 항도(航道)나 관도(官道) 선상에서 발전하였다. 바꾸어 말하면, 경제나 문화가 발전한 곳에 정기시가 생기기도 하였지만, 전반적으로는 수륙교통의 요지이며 인구가 집중된 곳을 중심으로 정기시가 발생하였다. 특히 수로 교통의 요지에 많았고 운행이 편리한 하도(河道)에 특히 밀집하였으며, 번영한 시진일수록 항도선 위에 위치하였고, 항도의 크고 작음과 편리성 여하가 그 도시의 규모를 좌우하였다.

---

129) 陳宏謀, 『培遠堂偶存稿』, 「文檄」 卷14, 「禁乘危搶貨檄」(乾隆7年 7月).

130) 乾隆 『信豐縣志』 卷2, 彊域志(下), 「街市-巷井墟鎭附」, p.125; 康熙 『鉛山縣志』 卷1, 輿地志, 「彊域」. 順治 『定南廳志』 卷2, 輿地, 「墟市」.

131) 陳宏謀, 『培遠堂偶存稿』, 「文檄」 卷15, 「嚴禁惡乞檄」(乾隆8年 4月).

둘째, 향촌의 시장은 부정기시, 정기시, 상설시(진은 대개 상설시)로 나눌 수 있었다. 정기시는 부근 농민의 농산품 교환에 편의를 줄 수 있도록 되어 있었는데, 집기(集期)는 1월(月) 1집(集), 10일 1집, 5일 1집, 3일 1집(10일 3집), 2일 1집 등 다양하였다. 그 가운데에서도 5일 1집은 1·6일, 2·7일, 3·8일, 4·9일, 5·10일 등으로 안배되었고, 3일 1집(10일 3집)의 경우에는 1·4·7일(아니면 1·3·7일), 2·5·8일, 3·6·9일 등으로 안배되어 3개 정기시가 하나의 소순환 단위로 구성되었다. 2일 1집은 2·4·6·8·10일로 되어 있었다.

셋째, 정기시를 통한 교역품은 기본적으로는 식량·채소·차·소금·농구 등 일용잡화였지만, 정기시에 따라서는 전업시장도 있었다. 넷째 정기시의 발전이라는 측면에서 보면, 심지어 대유령상도와 감강수로 좌우 연변 지역이라 하여도 광동무역체제 시기에 최고조가 된 것은 아니었다. 이러한 현상은 광동무역체제 시기에 강서성을 통과한 상품, 바꾸어 말하면 앞에서 설명했던 호사·차엽·자기·양화(洋貨)·광동 상품 등이 대개는 과경무역(過境貿易)적인 성격이었기 때문이라 생각한다.

Ⅲ. 經濟作物의 栽培와 手工業의 發達

위에서 살펴본 대도시와 정기시의 발전은, 규모의 크고 작음의 차이는 있지만 대개는 경제작물 재배의 진전 및 수공업의 발전과 궤를 같이 하여 발전하였다. 위에서 언급한 지역만 보아도, 청말 대유현에 16개의 정기시가 발전한 것은 대유현성에서 발생했던 철기·목기·죽기·양주(釀酒) 등 40여 개 수공업의 발달과 번영을 배경으로 한 것이었고, 개항 후에 대유현의 쇠락과 함께 축소되거나 폐지되고 말았다.[132] 감강 하류에서 오성진이 발전할 때, 수하 상류의 산구 각 현에서는 상품작물의 재배가 활발하였다. 즉 무녕현 과원구는 '거민이 5,000여 가, 차엽·오동나무[桐]·대나무의 세출이 만(萬)을 단위로 계산할 정도였고 상인의 왕래가 끊이지 않았다'[133]고 한다. 광신부 연산현에서

---

132) 胡水鳳, 1992, p.59; 胡水鳳, 1993.

133) 同治 『武寧縣志』 卷32, 藝文.

하구진이 발전한 것은 부근에서 대나무가 많이 생산되어 이를 이용한 제지업이 성하였고 차엽도 많이 생산되었기 때문이다.[134]

앞에서 서술한 것처럼, 청대에 감주의 감관에서 통관되는 상품이 355종이나 되었다. 그리고 상인의 손으로 운반되는 상품은 중요한 것만 하여도 300종~400종이나 되었다. 그 가운데 강서에서 생산되는 중요한 경제작물은 저마·차엽·연초·사탕수수·낙화생·박하·감귤·면화·남전(藍靛)·칠(漆)·동구유(桐柏油) 등이 있었고, 중요한 수공업과 가공업으로는 도자기[135]·제지[136]·하포·면포·제차(製茶)·제당·조선업 등이 있었다.[137] 이제 그 가운데 중요한 몇 가지만 분석하면 다음과 같다.

첫째는 차수(茶樹)의 재배와 제차업이다. 강서성은 이미 당대부터 차의 제조와 수출지역으로 알려졌다.[138] 또한 남송시대 1162년의 기록에 따르면, 당시 중국 차의 총 생산량 1,781.5만 근 가운데 강서지방의 차 생산량이 538만 근으로 전국 총생산량의 30.2%를 차지하여, 수위를 기록하였다. 더구나 당시 강남동로(江南東路)의 요주·신주·남강군은 명청시대에는 강서에 포함된 지역이므로, 이 지역을 포함시키면 강서의 산차의 비중은 더욱 높아진다.[139] 남송시대의 왕견오가, 강서에서 생산되는 상품 가운데 이익이 큰 것으로 차엽·종이·자기를 들면서, 상인들이 이 물품을 "호광·강남지방까지 내다 팔았다"[140]고 한 것은 이를 배경으로 한 말이다.

명대에 이르면, 강서의 거의 모든 지역에서 차를 생산하였지만, 그 가운데 감북의 남창·요주·남강·구강부, 감중의 길안·광신부 등이 특히 유명하였다.[141] 청대에는 감북의 서주부, 감남의 남안부·감주부도 저명한 차산구(茶産

---

134) 본서 제3편 제2장.

135) 梁淼泰, 1991; 許懷林, 1993, pp.529~533; 본서 제3편 제1장 등 參照.

136) 본서 제3편 제2장.

137) 許懷林, 1993; 方行 等, 2000; 方志遠, 2001.

138) 許懷林, 1993, pp.132~135, 523~524; 方志遠, 2001, pp.252~253.

139) 『宋會要輯稿』, 食貨 29-2.

140) 汪肩吾, 「昌江風土記」, 康熙 『浮梁縣志』 卷8, 「記」.

141) 『明史』 卷80, 食貨志4, 「茶法」.

區)로 등장하였다. 그 가운데 두 곳이 차엽을 대량으로 수출하였다. 한 곳은 감북 남창부 서북의 수수현을 중심으로 무녕·동고현 지역이었다. 이 지역에서 생산되는 차엽은 홍차로 제조되어 '영홍(寧紅)'이란 이름으로 오성진을 통해서 광주로 수출되었다. 이곳에서는 1930년대까지도 거민의 80~90%가 차엽 채취와 가공에 종사하였으며, 생산량도 강서에서 가장 많았다.[142) 또 한 곳은 감중 동부 광신부 연산현을 중심으로 한 신강 연안의 여러 현[옥산·광풍·상요·연산] 지역이었다. 이곳에서 생산되는 차엽과 복건 북부에 위치한 무이산 남록에서 생산되는 거의 모든 차엽은 연산현의 하구진에 수집되어 홍차로 제조되어 '하홍(河紅)'이란 이름으로 광주나 북중국의 카크타를 통해서 수출되었다.[143) 그 때문에 하구진은 광동무역체제 시기에 최성기를 구가하였으며, 연산현에서 차생산에 종사하는 인구가 2만~3만 명이나 되었고,[144) 하구진에는 차장(茶庄)이 48가에 교역액이 200만 원에 달하였다.[145) 기타 감북 동북부의 요주부 부량현 일대에서도 우수한 품질의 차엽이 생산되었다. 1930년대의 기록에,

> 본성(=강서성)은 차엽 생산으로 저명한데, 특히 홍차가 대종이다. 수수·무녕·동고에서 생산되는 차는 '영홍(寧紅)'이라 하고, 연산·상요 등의 현에서 생산되는 차는 '하홍(河紅)'이라 하며, 부량과 그 이웃의 기문·건덕 등 3현에서 생산되는 차는 '기홍(祁紅)'이라 한다.[146)

고 한 것은 그 대강을 전하고 있다.

둘째는 저마(苧麻)의 재배와 하포의 생산이었다.[147) 강서는 복건·광동·호

---

142) 上官俅, 1937.

143) Fortune, Robert, 1852, pp.197~198, 262~270(『江西近代貿易史資料』, pp.194, 216~219 再引); 波多野善大, 1961, pp.129~130; 본서 제3편 제2장.

144) 新編 『鉛山縣志』, 鉛山, 1990, p.280.

145) 光緒 『鉛山縣鄕土志』, 物産類, 茶, 「紅茶」.

146) 江西 『經濟旬刊』 第7卷 13·4期, 「皖贛紅茶運銷委員會設立經過及其成績」.

147) 苧麻의 재배와 하포제조에 관해서 별다른 註가 없으면 方志遠, 2001, pp.266~276 참조

북·호남·사천·안휘·절강·강소 등지와 함께 저마의 재배로 유명하였다.[148] 특히 감북의 요주, 감중의 원주·무주·건창·광신, 감남의 감주·남안 등 여러 부(府) 지역이 유명하였지만, 그 가운데 감중 서부 원주부의 의춘·만재·분의 등 세 현 지역, 감중 무주부의 의황·임천 두 현과 건창부 신성·광창 두 현 지역, 감남 감주부의 홍국·영도·석성·서금 등 네 현 지역이 특히 유명하였다. 모시와 삼은 보통 매년 3·6·9월 3회 수확할 수 있었다. 이들 지역은 강서 내지인의 유입과 함께 복건과 광동의 유민이 대거 유입하여 저마를 생산하던 지역이었다.[149] 이렇게 저마가 양산되는 곳에서 하포도 많이 생산하였으므로, 청 중기부터 1920년대까지, 하포는 도자기 다음 가는 강서성의 제2의 특산품으로 발전하였다.[150]

그런데 지역에 따른 기술 수준과 시장 여건의 차이로 말미암아 하포의 생산량과 질에도 상당한 차이가 있었다.[151] 영도현을 중심으로 한 감남구, 의황현을 중심으로 한 감중구, 만재현을 중심으로 한 감중서구는 청 중기 이후 강서 하포의 생산과 수출의 중심지로 발전하였다.[152] 먼저 감남구의 영도에서는,

> 영도주에는 마포를 짜지 않는 집이 없다. … 부지런한 사람은 하루에 3~4냥 짜고 둔한 사람도 1냥 이상은 짠다. 4~5냥 〔무게의 실로〕 일장(一丈)을 짠 것이 가장 좋은 세마포(細麻布)이고 다음이 6~7냥이며, 그 다음의 8~9냥은 거친 베이다. … 도시와 농촌에서 생산되는 하포를 계산해 보면, 가정용을 제외한 판매 분량은 대략 매년 은 수십만 냥이다. … 하포 전업시장으로는 안복향의 회동

---

148) 鄭昌淦, 1998.

149) 同治『興國縣志』卷12, 「土産」; 道光『寧都直隷州志』卷12, 「土産」; 康熙『新城縣志』卷1, 鎭市; 傅春官, 『江西農工商礦紀略』第2冊, 建昌府 廣昌縣, 「商務」; 道光『分宜縣志』卷12, 「物産」; 胡邦憲, 1936(『江西近代貿易史資料』, pp.248~249 再引); 曹樹基, 1997; 方志遠, 2001, pp.266~276.

150) 姚淑貞, 1947(『江西近代貿易史資料』, p.247 再引)

151) 乾隆『石城縣志』卷1, 「物産」에는 "寧都·石城以苧麻爲夏布. 寧都製者尤佳. 石布雖不及寧(都)細密, 近數十年來, 城鄕編織, 歲出數十萬疋. … 外貿遍吳·越·亳州間, 子母相權, 女紅之利普矣"라 함.

152) 方志遠, 2001, p.270~271.

**집(會同集), 인의향의 고후집(固厚集), 회덕향의 황계집(璜溪集)과 주성 내의 군
산집(軍山集)이다. … 장날에는 토착인과 사방의 상인이 구름같이 모인다.**[153]

고 하듯이, 대량의 하포가 생산되면서 여러 곳에 하포 전업시장도 발생하
였고, 영도주 모든 지역에서 팔려나가는 하포가 매년 은 수십만 냥이나 되
었다. 감남의 석성현의 경우에도 하포행시(夏布行市)가 많았는데, 그 가운데
고후허(固厚墟)는 "매년 생산되는 하포가 십만 필이나 되어 강소·절강·하북
지방으로 팔려나간다"[154]고 한다. 그 밖에 흥국현에서도 하포가 많이 생산
되고 하포 전업시장도 있었다.[155] 감중구의 의황현은 하포의 생산량과 질
에서는 감남구에 미치지 못하였지만, 이곳에서는 하포를 백하포(白夏布)→
표백하포(漂白夏布)→상등하포(上等夏布)→여아기하포(女兒機夏布)의 4급으로
나누었는데, 여아기하포만은 감남구의 하포에 뒤지지 않는 질을 자랑하였
다.[156] 그 때문에

**의황현에는 모시를 심지 않는 곳이 없고 부인들은 모시베를 짜지 않는 사람이
없다. … 매년 2~3월간에는 으레 산서상인이 현에 와서 하포를 사 가는데, 1년
무역액이 은 40만 냥은 된다.**[157]

고 하듯이, 산서상인이 이곳까지 들어와 하포를 구매하여 갔다.

강서 제일의 하포 생산지였던 감중구 만재현의 경우에는, 앞에서 설명한
것처럼 정기시마다 3~4가 내지 6~7가의 포행(布行)이 있어, 호남·북의 객상
들이 매년 3월에서 5월경에 이곳에 와서 그들로부터 하포를 수집하여 갔으며,
청말민초에는 만재현의 대포호(大布號)가 안휘나 소절지방에까지 진출하여

---

153) 道光 『寧都直隷州志』 卷12, 「土産」.

154) 道光 『石城縣志』 卷2, 「物産」.

155) 道光 『興國縣志』 卷12, 「物産」.

156) 江西地方志農産資料匯編編輯委員會, 『江西地方志農産資料匯篇』(下), 江西人民出版
社, 1964, p.586.

157) 道光 『宜黃縣志』 卷31, 藝文志, 「宜黃竹枝詞」 第69首.

영업하였다. 청대에 만재하포(萬載夏布)는 "강서에서 생산한 물건 가운데 제일 많다"158)고 할 정도였다. 그러나

> 만재하포는 만재·의춘 두 현 하포의 통칭이다. 만재현에는 마가 많이 나지 않아서, 하포의 원료는 대개 의춘에서 수입한다. 의춘현은 마를 대단히 많이 생산할 뿐 아니라 질도 우수하지만, 직포 기술은 만재현만 못하다. 그 때문에 의춘의 하포는 대개 만재에서 짠다.159)

고 한 기록을 보면, 마치 광신부 신강 연안의 여러 현과 복건 북부의 무이산 남록에서 생산되는 거의 모든 차엽이 연산현의 하구진에 수집되어 '하홍(河紅)'이란 이름의 홍차로 제조되었듯이, 원주마[袁州麻; 의춘·만재·분의 3현 지역에서 생산되는 저마]를 원료로 하여160) 짠 하포를 '만재하포(萬載夏布)'란 이름으로 수출하였던 것이다. 하포는 그 밖에도 건창부 신성현과 광창현 등지에서 많이 생산·수출되었다.161) 이렇게 발달하였던 강서의 하포생산 기술은 이윽고 이웃한 호남성 각지로 전수되었다.162)

셋째는 연초[언(蔫)·어(菸)·분초(芬草)라고도 불림]의 재배와 가공업이었다. 연초는 명말에 필리핀과 일본에서 들어온 중요 경제작물로서, 강서에는 천계·숭정년간에 복건인이 전파시켜 재배되기 시작하였다.163) 그 때문에 강서에서는 처음에는 복건에 가까운 감주부의 석성·서금현, 건창부의 신성·광창현, 광신부의 광풍·옥산현 지역에서 재배되기 시작하다가 이윽고 감남구 전역으로 퍼지고, 길안부·요주부 등 강서의 다른 지역으로도 확산되어 34개현에서

---

158) 『江西物産總會說明書』(宣統2年),「萬載縣」(『江西地方志農産資料匯篇』〈上〉, p.90 再引).
159) 民國36年 4月版,『經建季刊』,「萬載夏布」(方志遠, 2001, p.273 再引).
160) 『江西之特産』(民國38年 4月版),「袁州苧麻」(『江西地方志農産資料匯篇』〈上〉, pp.57~58 再引).
161) 康熙『新城縣志』卷1, 鎭市; 傅春官,『江西農工商礦紀略』第2冊, 建昌府 廣昌縣,「商務」.
162) 方志遠, 2001, p.276.
163) 方行 等, 2000(上), p.704.

재배하였으며, 특히 감남지방은 유명하였다.[164] 뒤에서 서술하는 바와 같이, 연초 재배와 제연(製烟)은 같은 면적에서 미곡을 생산하는 것보다 노동력은 훨씬 많이 들어가지만 이익은 3배 이상이었다.[165]

먼저 감남 감주부의 경우에는, "감주부 내 각 현에서는 어느 곳이나 연초를 재배하는데, 심한 경우에는 양전(良田)에도 심어 식량생산을 방해하면서까지 큰 이익을 얻는다"[166], 또는 "근래에 복건·광동의 이주민들이 연초를 심어 이익를 추구함으로써 논밭의 이익을 빼앗는 바가 많다"[167]고 하듯이 연초 재배가 보편화되었는데, 이들 연초 재배자의 많은 수가 복건과 광동의 유이민이었다. 연초 재배는 점점 늘어, 심지어 서금현과 신성현은 연초 재배 때문에 결량(缺糧) 지역으로 전락하고 말았다.[168] 한편 감중의 광신부의 경우, 광풍현은 전국 제일의 연초 재배 지역이었으나,[169] 제연기술은 옥산현이 우수하였으므로 "광풍에서 연초를 재배하고 옥산에서 제연"하는 분업이 이루어져, 옥산에는 제연 노동자가 '하루에 수천 인'[170]이나 되었는데, 이들은 대개 복건인이었다.[171]

이렇게 연초의 재배와 가공 및 흡연이 만연되면서 그로 말미암은 폐해도 많았는데, 건강 문제보다는 연초재배로 생긴 경지의 잠식과 결량(缺糧) 문제가 중시되었다.[172] 중국에서 연초의 재배가 가장 번성하였던 복건에서는, 청초에 복건성 '경지의 70~80%에 연초를 재배하므로 양식이 부족하여 강서·

---

164) 江西地方誌農産資料滙編編輯委員會, 1964; 方志遠, 2001, pp.290~293; 黃志繁, 2003.

165) 方志遠, 2001, pp.302~303.

166) 乾隆『贛州府志』卷2,「物産」.

167) 乾隆『贛州府志』卷2, 地理志,「風土」.

168) 方志遠, 2001, pp.297~298.

169)『江西之特産』(民國38年 4月版),「廣豊菸葉」(『江西地方志農産資料匯篇』〈上〉, pp.342~343 再引).

170) 道光『玉山縣志』卷11,「風俗」; 道光『玉山縣志』卷12,「土産」.

171) 同治『玉山縣志』卷1,「物産」, "閩人之來玉者, 率業此以起其家."

172) 元廷植, 2005는, 명청시대의 연초의 재배와 흡연에 대한 정치·사회·경제적인 문제를 전국적인 안목에서 개략적으로 분석한 글이다.

절강·대만 등 지역에서 수입하지 않으면 안 된다'고 하면서 재배 금지를 주장하기도 하였다.173) 강서에서도 이러한 현상이 나타났다. 서금현 신사 사중발(謝重拔)은 강희년간에,

> 연초는, … 오늘날 어느 곳에서나 재배하지만 서금이 [받는 해가] 가장 심하다. 서금은 산이 많고 농토는 적으며, [땅은 척박하고 백성은 가난하다.] 농토는 대략 2,800여 경에 매년 곡식 28만 석을 거두는데, 이것은 겨우 서금인의 일 년 양식에 해당한다. 더구나 농토는 비옥한 곳과 척박한 곳이 있고 수확도 풍년과 흉년이 있으며 [또한 이웃 현에 팔아서 없어지기도 한다]. … [연초를 심으면 심을수록 곡식은 줄어든다.] … 그런데도 곳곳마다 집집마다 연초재배에 열심인 것은 무엇 때문인가? 그것은 곡식의 이익은 박하고 연초의 이익은 많기 때문이다. … 연초 잎을 따는 시기는 [바로 양식이 막 떨어져가는 시기이다.] … 대상인들은 그들의 이러한 위급상황을 틈타서, 담배 잎을 싼 값으로 사들인다. … 이 때문에 담배를 심는 사람도 그 이익을 얻지 못하는 것이다. 현성 내와 향촌에 연창(烟廠)이 수백 처나 되고 매 창(廠)마다 노동자가 50인~60인이나 되는데 이들은 모두 복건과 광동에서 왔다. 무릇 쌀·소금·닭·돼지·채소·과일·기름·석탄과 같은 일용잡화의 가격이 모두 등귀한다. 이 때문에 연초를 재배하지 않는 사람들은 더욱 더 담배 심는 해를 입는다. … 서금현 전체의 농토 중에서 이미 그 반이 곡식을 재배하지 않게 되었는데도, 연창은 매년 증가하고 그에 따라 양식을 사먹는 사람도 갈수록 증가하므로 [이제] 양식을 수백 리 밖의 하류 지역에서 사올 수밖에 없게 되었다.174)

고, 구체적인 이유를 열거하면서 연초 재배의 금지를 주장하였다. 즉, ⓐ 농민들이 연초 재배와 가공에서 얻는 이익에만 눈이 어두워 다투어 연초

---

173) 郭起元, 「閩省務本節用疏」, 清 『經世文編』 卷36, 戶政, 農政(上).

174) 謝重拔(邑人, 康熙36年 拔貢, 侯選敎諭), 「禁煙議」, 道光 『瑞金縣志』 卷11, 藝文志. 그런데 이 글을 최초로 소개한 康熙 『續修瑞金縣志』 卷8, 「紀言志」에는 곳곳에 수정한 흔적이 남아 있다. 괄호 안의 내용은 이해를 돕기 위해서, 『續修瑞金縣志』 부분을 적었다.

를 재배하기 때문에, 본래는 식량을 자급자족하던 서금현이 이제는 결량지구로 전락하게 되었고, ⓑ 연초 채취시기가 춘궁기와 일치하기 때문에 담배를 심는 이익은 실제로는 대상인의 몫이 되고 만다는 것이다.

감중의 건창부 신성현의 경우에도, 가경10년(1805)에 흉년이 들었을 때 도시와 농촌의 신사가 협동하여 「대황공금재어약(大荒公禁栽菸約)」을 만들어 연초재배를 금지하려 하였다.175) 그 내용을 보면 연초의 재배가 벼농사를 방해하는 이유 여섯 가지를 열거하고 있다. 첫째, 담배는 반드시 비옥한 토지에 심고 곡식은 오히려 척박한 토지에 심으며, 둘째, 분뇨는 농토에 뿌려야 하는데 농민들은 오히려 담배 밭에 뿌리고 농토에는 석회(石灰)를 뿌리고 있다. 셋째, 연초의 재배는 노동력이 많이 소비되기 때문에 식량생산에 노동력을 돌릴 여유가 없다. 넷째, 신성현은 본래는 연초를 수입하는 현이었으나 이제는 연초 수출현으로 변화되었다.176) 다섯째, 이전 신성현의 곡가는 매 석 6백~7백 문(文)이었고, 8백~9백 문이면 황년(荒年)으로 생각하였으나, 근년에는 연초재배지가 매년 증가하면서 곡가가 2천 문 이상으로 오르고 잡화도 전보다 배로 올랐다. 여섯째, "연초를 재배하는 것은 흉년보다도 더하여" 도시와 농촌에 모두 '부익부 빈익빈' 현상이 나타났고 그 결과 식량약탈 사건이 자주 일어난다고 하고 있다.177)

그런데 서금현의 경우에는 앞에서 설명한 연초 재배 금지 주장에 반론이 제기되기도 하였다. 즉, 도광 『서금현지』의 편자는,

> 담배는, … 오늘날 모든 곳에서 재배하고 누구나 피우게 되어, 드디어 마치 일용 필수품이 되었고 그 이익은 소금이나 차와 비슷하다. … 그 때문에 (복건의) 장주·천주인이 몰려와서 연창(烟廠)을 개설한다. 팔 곳이 많을수록 재배하는 자도 더욱 증가한다. 봄에 들녘에 널리 보이는 것이 모두 연엽이다. 어떤 사람은,

---

175) 同治 『新城縣志』 卷1, 風俗.

176) 同治 『新城縣志』 卷1, 「風俗」에도 "吾邑蓮葉, 向憑客商販自土地廣饒有閑地栽烟處, 今則外郡客商轉販烟于新城"라 하고 있다.

177) 傅衣凌, 1775는, 「大荒公禁栽菸約」의 내용을 중심으로 하여, 청대의 '농업자본주의 맹아' 문제를 논한 글이다.

'농토를 빼앗아 담배를 심기 때문에 곡식생산이 없게 되고, 또한 수많은 연창의 무수한 노동자들이 곡식을 먹어 치우므로 곡가가 날로 등귀하여 그 해가 자심하다'고 한다. (그러나 그들은) 서금현이 산은 많고 농토는 적어서 생산되는 곡식은 원래 서금현의 식량으로 부족하기 때문에 언제나 하류지역의 양식에 의존해왔음을 모르고 하는 말이다. 연엽을 판 돈으로 미곡을 살 수 있는 것이다. 연창의 노동자들은 재물을 생산하는 사람이므로 놀고먹는 자와 비교해서는 안 된다. 지방이 부요하면 상인이 모여들기 마련인데 어찌 양식을 못 살까봐 걱정할 필요가 있겠는가? 또한 매년 춘궁기에 백성이 궁핍하지만 연초가 밭에 가득하여 유무(有無)가 상통할 수 있으므로, (연초 재배는 서금현으로서는) 가장 좋은 생활방편인 것이다.[178]

라고 적고 있다. 서금현 지역은 산이 많고 농토는 적으며 토질도 척박하므로, 오히려 연초를 재배하여 그 이익으로 식량을 수입하는 것이 훨씬 유리하다는 논리다. 150여 년이 지나는 동안 정반대의, 대단히 적극적인 논리로 바뀐 것이다. 이렇게 인식이 변할 수 있었던 배경에는 아마도 광동무역체제 아래에서 강서의 경제가 전반적으로 상승되었고, 특히 상품유통의 중요성이 부각된 결과라고 생각한다.

小　結

강서성은 양자강 중류에 자리 잡고 있으므로, 중국의 수륙교통의 중심에 위치한다. 이 지역은 북경에서 광주에 이르는 최단거리 교통로 가운데 양자강—파양호—감강수로—대유령상도로 연결되는 핵심지역에 위치한다. 강서성은 18세기 전반기까지는 식량생산과 상품작물의 재배 및 수공업을 기초로 점진적으로 발전하던 지역이었으나, 문화면에서 중국의 선진지역이라 지칭되었다. 청조의 중국 정복이 완성된 후, 청조가 서양과의 무역을 허가(1685)하고,

---

178) 道光 『瑞金縣志』 卷2, 物産, 「烟」.

특히 광동무역체제가 성립하자(1757), 18세기 후반부터 19세기 전반기에 이르기까지 약 80~90년 동안, 공전의 번영을 누리며 경제·문화적 선진지역으로 명성을 떨쳤다.

광동무역체제 기간(1757~1842)에 성도인 남창 외에, 대유·감주·장수진·오성진 등의 도시가 크게 성장, 번영하였고, 특히 오성진은 확실하게 강서 4대진 가운데 하나로 등장하게 되었다. 이들 도시의 발전배경은 모두가 교통의 요지, 특히 수로교통의 요지에 위치한 것이 크게 작용하였다. 이 기간 동안에는 또한 정기시가 강서 모든 지역에서 총생하고 번영하였다. 정기시의 발생 조건을 보면, 경제나 문화의 발전이 정기시 성장의 중요한 요소였지만, 기본적으로는 수륙교통의 요지, 특히 수로 교통의 요지이며 인구와 상품의 취집처에 발생하였다. 번영한 도시일수록 항도선(航道線) 위에 위치하였으며, 항도의 크고 작음과 편리성 여하가 그 도시의 규모와 번영을 좌우하였다. 감강 연안의 감주·장수진·오성진이 그러한 사례였다.

한편, 교통여건은 조금 떨어져도 주변에서 상품작물이 생산되고 이를 기반으로 하여 수공업이 발달한 곳에서도 대도시가 나타났으니, 감북의 창강변(昌江邊)에 위치하고 '자도(瓷都)'로 칭송되던 경덕진, 신강변(信江邊)에 위치하고 차엽과 종이의 중계무역지였던 하구진이 그러한 사례였다. 특히 원강·감강 합류지점에 위치하고 '약도(藥都)'로 칭송되던 장수진은 이러한 요소를 모두 갖춘 사례로서, 그 발전과 번영은 괄목할 만 했다.

이들 대도시와 일부 정기시에는 강서상인뿐 아니라 수많은 외래 객상이 들어와 회관을 세우는 등 적극적인 상업 활동을 벌이며 상품을 구매하여 갔는데, 이들 성 안팎의 상인들은 시대에 따라 세력에 부침이 있었다. 또한 도시의 규모가 커지고 도시사회가 복잡해짐에 따라, 회관 등을 통한 신사의 역할도 확대되어 갔다. 이러한 여러 현상은 강서의 이웃 호남·호북성에서도 비슷하였고,[179] 수로가 발달하여 수없이 많은 시진이 총생하고 정기시 단계를 넘어 아예 상설시 단계로 진입한 강남지방도 같은 맥락으로 분석할 수 있다.[180]

---

179) 謝宏維, 2001, p.9; 方志遠, 2001, p.529.

180) 劉石吉, 1987; 樊樹志, 1990; 陳學文, 1993; 陳學文, 2000; 蔣兆成, 1994; 范金民,

이렇게 대도시와 정기시가 수없이 발생하고 번영을 누리게 된 것은, 상품작물 재배의 진전과 이를 기반으로 한 수공업의 발전과 궤를 같이 하는 것이었다. 광동무역체제 시기에 강서 각지에서는 다양한 상품작물이 재배되고 이를 가공하는 수공업도 발전하였는데, 특히 차엽의 채취와 홍차제조, 저마의 재배와 하포 생산, 연초의 재배와 가공 등 여러 수공업적 활동이 활발하였다. 강서에서 이러한 경제활동이 활발해진 이유는 성내 인구뿐 아니라, 남부의 복건·광동인이 대거 유입되어 기술을 이전하고 노동력을 제공한 결과였다.

이상과 같이, 광동무역체제 기간 동안 강서사회의 번영은 역사상 전무후무한 것이었으므로 사회변화도 대단히 컸다. 특히 대유령상도—감강수로 연안지역이 번영하였고 그 여파는 점진적으로 강서의 내륙지역으로 확산되었다. 그러나 광동무역체제로 강서사회가 얻을 수 있었던 이익은, 도자기와 차엽을 제외하면, 대부분은 과경무역(過境貿易)에 소요되는 서비스업을 통해서였다. 그러므로 이 시기에 내륙지방에서 나타난 정기시의 발전, 상품작물의 재배와 수공업의 발전 등의 현상은 광동무역체제 때문에 그 배후인 내륙지역이 활성화되었다기 보다는, 강서사회의 전반적인 발전과 궤를 같이 하여 나타난 것이었다고 할 수 있다.

강서는 광동무역체제 기간에 확실히 전무후무한 번영을 누렸다.[181] 그러나 청조가 영국과의 아편전쟁에서 패한 뒤 맺은 남경조약(南京條約)에서 상해 등 5개 항구를 개항함에 따라 광동무역체제는 붕괴되고, 그 결과 파양호—감강수로는 중급 하천으로 전락하고 말았다. 강서는 또 다시 내륙지역으로 물러앉아, 경제가 급전직하로 위축되기 시작하여 현재는 중국의 후진지역 가운데 하나로 분류되고 있다. 광동무역체제의 성립과 폐지로 말미암아, 강서는 강서인의 의지와는 상관없이, 번영과 낙후를 맛보게 된 것이다.[182] 다만 1997년에

1998; 張海英, 2002; 森正夫, 1992; 吳金成, 2007-A, 제3편 제1장 「江南의 都市 社會」 등 참조.

181) 강서의 경제가 이렇게 번영하면서 江西商人의 대외활동도 더욱 유리하게 되었다. 강서상인 중 茶商·贛南의 木商·南城의 雜貨商·樟樹鎭의 藥材商은 특히 유명하였으며, 광동무역체제 시기가 강서상인의 전성기였다. 본서 제3편 제3장 참조.

182) 그 후 강서지역이 경제적으로 현저하게 낙후하게 된 원인은, 이상과 같은 ① 교통

경구철도(京九鐵道)가 개통되면서, 강서성은 홍콩과 심천(深圳)의 배후 기지로 새롭게 기대를 모으고 있으며, 실제로 그 결실이 서서히 나타나고 있다.

여건의 변화 외에도, ② 소주나 양주와는 달리, 강서에서 소비하고 즐길만한 여건이 부족했기 때문에, 강서상인이 밖에 나가 번 돈은 돌아와서 강서성 안에서 소비하지 않고 다시 밖으로 나간 것, ③ 태평천국 시기에 두 차례에 걸쳐 반복적으로 파괴되었고, 국민당과 공산당 사이의 내전 10년 동안에도 반복적으로 파괴되었던 점, ④ 다른 내지 성 지역과 비슷하게 思考의 변화가 너무도 완만하였던 점 등을 들 수 있다.

제2편 江西의 紳士

제2편 江西의 紳士

제 1 장 最初의 反基督敎 運動, 南昌敎案

序　言

　　중국에서 16세기 말 17세기 초는, ① 정치적으로는 동림파(東林派)와 반동림파(反東林派)가 정쟁을 벌이던 시기였고　② 사회경제적으로는, 한편으로는 전국에서 도시가 총생하고 상공업이 발전하면서도, 또 한편으로는 전국에서 민변(民變)·항조(抗租)·유민(流民)의 봉기가 접종하던 시기이며, ③ 사상적으로는 삼교합일사상(三敎合一思想)이 유행하는 가운데, 양명학의 영향을 받은 태주학파(泰州學派)가 새로운 사회운동을 시도하던 시기였다. 과학기술과 천주교를 앞세운 서학(西學)은 바로 이러한 시기에 중국에 전래되었다. 서학의 전래는 중국의 사회와 사상·학문에 적지 않은 충격을 주었고, 그러한 충격을 받은 주체는 사회지배층인 신사였다.

　　명말에 서학이 전래되자, 이미 58만여 명(전 인구의 0.38~0.58%)을 헤아리던 신사들은 당시의 극심한 사회변화와 서학의 충격에 직면하여 지극히 다양한 반응을 보였다. 구체적으로 보면, ⓐ 서양의 종교와 학문을 모두 수용한 부류 ⓑ 종교만 수용한 부류 ⓒ 학문만 수용한 부류 ⓓ 서학을 배척하고 선교사들을 구축하려 한 부류 등이 있었다.[1] 이 가운데 물론 ⓓ부류의 신사가 대부분이었다.

　　지금까지 명말 서학의 전래와 그 영향에 관해서는, ① 학술·사상사, ② 동서 문화 교섭사, ③ 선교사 개인이나 그와 관계를 맺은 중국인의 인물론, ④

---

1)崔韶子, 1987, 제2편　제1장 「明末·淸初 漢人士大夫의　西學認識」; 韓延姃, 2000.

중국 기독교사, ⑤ 서학이 중국에 미친 영향, ⑥ 중국 과학기술사 등 여러 방면에서 적지 않은 연구가 축적되어 왔고,[2] 최근에는 '중서문화(中西文化)의 충돌'[3]이라는 문제의식으로 접근한 연구도 등장하였다. 한편, 명말의 반기독교운동[反基督教運動; 교안(教案)]에 대해서는, 1616년의 남경교안(南京教案)만이 비교적 다양하게 분석되었을 뿐,[4] 남창교안에 대해서는 그러한 사건이 있었다고 소개한 글이 두세 편 있을 뿐이다. 그러나 이상의 수많은 연구는 당시의 사회변화를 무시한 채 단지 학술·사상만을 분석했으므로, 대부분 의외로 단순하다.

이 글은 이상의 문제의식에서 출발하여, 명말에 서학이 전래되던 시기에 강서성의 남창을 중심으로, 예수회 선교사와 현지 신사의 구체적인 상관관계를 분석하려 한다. 남창은 성도(省都)로서, ⓐ 1607년에 이미 기독교 신도가 600여 명이나 될 정도로, 중국의 중요한 선교기지 가운데 한 곳이었는데, ⓑ 바로 그 해에 생원들이 선교사를 남창에서 쫓아내기 위하여 지방 관부에 연명으로 고소장을 제출한 사건인, 소위 남창교안이 발생한 지역이다. 이 지역은 처음에 마테오 리치[Matteo Ricci; 1552~1610, 중국명 이마두(利瑪竇)]가 기반을 닦고, 그 뒤에도 선교사들이 관료·신사들과 교유하는 등 천주교를 확장하기 위하여 세심한 노력을 기울인 곳이었다. 그럼에도 불구하고, 왜 반기독교운동이 일어났으며, 그것은 역사적으로 어떠한 의미가 있을까?

남창교안의 배경과 역사적 성격을 종합적으로 이해하기 위해서, 제1절에서는 마테오 리치의 남창 체재와 남창에서의 초기 전교문제를 정리해 보겠다. 제2절에서는 1607년에 일어난 남창교안의 전말과 교안 종결 후 신부와 신사의 관계를, 제3절에서는 남창교안의 사회경제적인 배경과 역사적 성격을 음미해 보겠다. 이러한 작업은 명말 이래 중국 각지에서 발생한 수없이 많은 교안의 성격을 이해하는 데 하나의 단서가 될 수 있을 것이다.

---

2) 이상의 내용은 이 글과는 다른 傾向의 연구이므로, 번잡을 피하기 위하여 참고문헌은 생략하였다. 단 완전하지는 못하지만, 徐海松, 2001 참조.

3) 趙世瑜, 1992; 林仁川·徐曉望, 1999.

4) 羅曉翔, 2005; 竇成關, 1993; 李志躍, 1998; 張力·劉鑒唐, 1987, pp.36~65; 金子省治, 1957; Dudink, Adrian, 2001.

I. 마테오 리치의 南昌 滯在와 初期 宣敎

1. 마테오 리치와 南昌 紳士[5]

마테오 리치는, 만력23년(1595) 4월 18일, 석(石)씨 성을 가진 병부시랑과 함께 광동성 소주를 떠나 남경으로 가는 길에,[6] 잠시 남창에 들러 철주궁(鐵柱宮)을 구경하러 갔다. 철주궁[다른 말로 만수궁(萬壽宮)]은 허진군(許眞君; 허진인)을 공봉(供奉)하는 도관으로, 분향하는 사람들로 대단히 붐비는 곳이었으며, 묘우(廟宇) 내외에는 상설시장이 개설되는 곳이었다. 남창인들은 낯선 외국인인 리치가 이곳에 오자 호기심을 갖고 지켜보았다. 그러다가, 마테오 리치가 허진군 신상에 경배하지 않는 것을 보고 강제로 절을 시키려 하여 리치를 곤경에 빠트리기도 했다.[7] 그 후, 리치는 남경에 도착하여 그곳에 정착하려 하였지만 뜻대로 되지 않자, 1595년 6월 28일에 남창으로 돌아와 정착하였다. 이로부터 3년 남짓 동안, 그는 남창에서 신사만 입을 수 있는 유복(儒服)을 입은 채,[8] 가능한 모든 방법을 동원하여 선교에 헌신하였다.

---

5) 別註가 없는 한, 利瑪竇·金尼閣(何高濟 등 譯), 1983, 第3卷 第9, 11~13章; 리치·세메도(矢澤利彦 등 譯),1983,第3書 第9, 11~13章 참조. 『利瑪竇中國札記』는 Gallagher, Louis J. trans., 1953의 中譯版이지만, 中譯者가 譯者註와 함께 英文版의 오류를 바로 잡은 부분도 많고, 현재 우리 주위에서 가장 손쉽게 購得할 수 있어 底本으로 사용하였다. 그러나 이 책에는 번역이 애매한 부분도 있고, 다양한 底本을 참고하여 日譯한 『中國キリスト敎布敎史』(1·2)와 비교하면 상이한 점도 많다. 따라서 이 논문에서는 『利瑪竇中國札記』와 『中國キリスト敎布敎史』를 함께 이용하였다. 이하에서는 『利瑪竇中國札記』는 『札記』로, 『中國キリスト敎布敎史』는 『布敎史』로 약칭함.

6) 리치의 원문에 Scielou라고 표기된 인물은 대개 石星으로 생각하고 있으나, 의문을 제기하기도 한다. 林金水, 1996, p.38; 히라카와 스케히로(노영희 역), 2002, p.229.

7) 羅漁 譯,『利瑪竇書信集』(上), 「利氏致羅馬總會長阿桂委瓦(클라우디오 아콰비바)神父書」(1595. 11. 4). 『利瑪竇書信集』은 이하에서는 『書信集』으로만 약칭함.

8) 리치는 廣東의 肇慶과 韶州에 머물던 13년 동안은 僧服을 입었으나, 瞿太素의 충고를 받아들여 소주에서 비단으로 유복을 지어 두었다가(『書信集』〈上〉, 「利氏致羅馬總會長阿桂委瓦神父書」〈1595. 11. 4〉), 1595년 5월 중순, 남경으로 가던 도중 공강 중류의 樟樹鎭에서 이곳 출신인 韶州知府를 방문할 때 처음으로 儒服으로 갈아입었다(『書信集』〈上〉, 「利氏致澳門孟三德神父書」〈1595. 8. 29〉). 그 후에는 리치 뿐 아니라 모든 신부들이 유복을 입게 되었다. 중국에서는 대부분의 백성들이 불교와

당시 강서의 성도인 남창은 양자강 이남의 중요한 문화중심으로, 많은 왕족이 살았고 신사들도 많았는데, 이들은 수시로 모여 강학(講學)이나 문사(文社)를 개최하고 학문을 연마하면서 우의를 다졌다. 리치는 우선 남창에 거주하는 왕족이나 신사들과의 교제를 통하여 그들의 지지와 동정을 얻으려 하였다. 남창은 건안왕과 악안왕의 봉지였다.[9] 먼저 건안왕이 리치를 자기 왕부로 초청하였다(1595년 8월). 리치는 유복을 입고 지구의·해시계 등 몇 가지 예물을 준비해서 방문하였고, 이어서 악안왕도 방문하였다. 리치는 또한 많은 신사와 교유하였는데, 그 가운데 양명학파의 대유(大儒)인 장황(章潢; 1526~1608)과 강서순무 육만해도 있었다.[10] 이러한 과정에서 리치는 60두캇을 주고 새로운 집을 사서, 1596년 6월에 이사하였다.[11]

남창에 머무르는 동안, 리치는 선교라는 궁극적인 목적은 될수록 숨기고 서양의 과학을 이용하여 관원과 신사들에게 접근하였다. 지구의·일귀의(日晷儀)·혼천의·프리즘 등 서양의 진기한 과학기구들을 진열해놓고 관(官)·신(紳)들이 찾아오면 누구에게나 선물을 주고 참관시키면서 교리를 전하였다. 리치는 또한 서양 기억술을 이용한 자기의 기억력을 과시함으로써 신사들의 주의를 끌기도 하였는데,[12] 과거에 응시하려는 신사와 독서인들은 다투어 리치를

도교를 신봉하였지만, 불교의 승려와 도교의 道士는 오히려 신사들로부터 멸시를 받았기 때문이라는 것이 리치의 설명이다. 당시 명조에서는 신사와 평민(농·공·상) 및 서리의 복장을 엄격하게 구별하고 있었으므로, 리치가 학교와 과거와는 전혀 무관한 서양인이면서도 유복을 입은 것은 중요한 의미가 있었다. 명대 신사의 특정한 복장에 대해서는 王材,『皇明太學志』卷1, 典制(上),「生員巾服」; 明『太祖實錄』卷213, 洪武24年 10月 庚申條;『明史』卷138, 列傳26, 薛祥傳, 附「秦逵」 참조. 명대의 일반적인 복식규정에 대해서는 周紹泉, 1990 참조. 한편 리치가 유복을 입게 되는 앞뒤 사정에 대해서는 計翔翔, 2001 참조.

9) 萬曆『南昌府志』卷11, 宗藩;『明史』卷102, 諸王世表, 建安王·樂安王 條.

10) 利瑪竇는 특히 章潢과의 交游가 敦篤하였다. 아마도 장황이 白鹿洞書院의 院長(後述)으로 있던 시기에, 이마두가 그곳을 방문하여 학생들에게 幾何·天文·化學 등 서방의 자연과학지식을 전하고, 학생들과 토론도 벌인 듯하다. 鄧洪波, 2002, p.105;『書信集』(上),「利氏致高斯塔神父書」(1595. 10. 28)·「利氏致羅馬總會長阿桂委瓦神父書」(1595. 11. 4).

11) 이때 근처의 里長과 거민들이, '외국인이 가옥을 사서 거주하는 것을 막아 달라'고 告訴한 일도 있었다.『書信集』(上),「利氏致羅總會長阿桂委瓦神父書書」(1596. 10. 13).

12)『書信集』(上),「利氏致澳門孟三德神父書」(1595. 8. 29)·「利氏致羅馬總會長阿桂委瓦神

찾아와 그의 기억술 배우기를 청하였다.

리치는 선교를 위해서 본지인의 눈에 거슬리는 일은 될 수록 삼가기로 결심하였다. 그래서 복장과 생활양식을 중국식으로 바꾸고, '교회'라는 이름 대신 논도당(論道堂)을 세우고 대화 방식으로 교리를 전파하였다. 또한 사상적으로는 불교와 도교를 배척하는 대신, 중국의 경서(經書)를 인용하여 천주교의 교리를 설명함으로써, 두 문화 사이의 충돌을 감소시키려 하였다. 리치의 생각으로는, 유교의 윤리·도덕적인 교훈은 천주교의 견해와 다를 바 없는 것이었다.[13]

한편, 리치는 1595년 11월에 최초의 한문 저술인 「교우론(交友論)」을 간행하여 남창의 신사들로부터 대단한 환영을 받았는데, 뒤에 감주 지현이 이 저작을 출간하였다. 이를 계기로 전국에 책이 유포되면서 리치의 명성을 떨치는 데 일조하였다. 또한 육만해 순무의 부탁에 따라서 『서국기법(西國記法)』을 저술하고,『사서』를 라틴어로 번역하였다. 그리고 1596년에는, 『우리의 신앙문제에 관한 공교요리(公敎要理)』의 원고를 마쳤는데, 이 내용은 후에 북경에서 『천주실의(天主實義)』로 출간되어 중국뿐 아니라 동아시아 여러 나라에 큰 영향을 끼쳤다.[14]

리치의 헌신적인 노력으로 남창을 기반으로 한 선교가 활발해졌고, 그와 교제하는 신사의 수도 날로 증가하였는데 그 대부분은 생원이었다. 그가 받은 명첩(名帖; 명함)은 7~8포(包)나 되었고, 때로는 너무 많은 손님 때문에 쉴 틈은 고사하고 식사할 시간도 없어 건강을 해칠 지경이었다.[15] 그가 남창에서 짧은 시간 내에 명성을 얻게 된 배경에 대해 마테오 리치는 다음과 같이 생각

父書」(1595. 11. 4).

13) 『書信集』(上), 「利氏致羅馬總會長阿桂委瓦神父書」(1595. 11. 4)·「利氏致羅馬總會長阿桂委瓦神父書」(1596. 10. 13); 『札記』pp.101~104; 林仁川·徐曉望, 1999, pp.93~94; 沈定平, 2001, pp.362~363; 崔基福, 1988 등 참조.

14) 『書信集』(上), 「利氏致羅馬總會長阿桂委瓦神父書」(1595. 11. 4)·「利氏致羅馬總會長阿桂委瓦神父書」(1595. 11. 4); 『札記』, p.307; 히라카와 스케히로, 2002, pp.264~267.

15) 『書信集』(上), 「利氏致澳門孟三德神父書」(1595. 8. 29)·「利氏致耶穌會某神父書」(1595. 10. 28)·「利氏致羅馬總會長阿桂委瓦神父書」(1595. 11. 4)·「利氏致高斯塔神父書」(1599. 8. 14); 林金水, 1996, p.49; 裵化行(Henri Bernard), 管震湖 譯, 1998, p.199, 203 등 참조.

하고 있었다.[16] 첫째, 멀리 서방에서 온 외국인이 신사의 의관을 착용하고 관화(官話)와 중국 고전에 박식하다는 점, 둘째, 그가 보여준 놀랄 만한 기억법을 배우기 위해서, 셋째 그가 수학과 천문에 밝다고 하니 만나 보려고, 넷째, 그가 가진 희귀한 물건들(지구의·프리즘·유화·잘 제본된 서적 등)을 보기 위해서, 다섯째, 연금술을 할 줄 안다는 소문과 이에 대한 높은 관심,[17] 여섯째, 종교적인 가르침을 듣기 위함 등이었다.

2. 南昌에서의 初期 宣敎 現況[18]

당시 리치와 교류하던 남창의 신사들은 리치가 전하는 천주교의 교리보다는, 그의 학문적 능력과 인품 및 서양의 진귀한 물품에 더 매료되어 있었다. 그 때문에 리치의 헌신적인 노력에도 불구하고, 실제로 선교에는 그리 큰 성과가 없었다. 리치 자신은, 중국에 온 지 14년~15년 동안에 영세 받은 사람[수세자(受洗者)]이 겨우 100여 명에 불과했던 원인을 다음과 같이 분석하고 있다.[19] 첫째 중국은 '땅은 넓고 재화는 풍부'한 국가이므로 타국의 문물이 필요치 않다. 둘째, 중국인은 단지 국태민안(國泰民安)이나 윤리도덕에 관심이 있을 뿐, 사후의 세계나 영혼문제에 대해서는 별로 관심이 없다. 셋째 중국에는 유(儒)·불(佛)·도(道)라는 세 종교가 있지만, 실제로는 어느 종교도 적극적으로 믿지 않으면서 극심한 우상숭배에 빠져 있다. 넷째, 중국인은 기본적으로 외국인에 대하여 시기와 배타심을 가지고 있다.[20] 다섯째, 중국의 일반 백

---

16) 『書信集』(上), 「利氏致耶穌會某神父書」(1595. 10. 28)·「利氏致高斯塔神父書」(1595. 10. 28)·「利氏致羅馬總會長阿桂委瓦神父書」(1595. 11. 4)·「利氏致羅馬總會長阿桂委瓦神父書」(1596. 10. 13); 沈定平, 2001, pp.345~346; 林金水·鄒萍, 2000, p.36; 히라카와 스케히로, 2002, pp.252~265.

17) 중국에 들어온 선교사들은 선교비 일체를 마카오의 포르투갈 宣敎本部로부터 지급받고 있었다. 그런데 이 사실을 일체 숨기고 있었으므로, 중국인들은 선교사들이 연금술로 체재비를 마련한다고 생각하였던 것이다.

18) 別註가 없는 한 本節은 『札記』 第5卷 第4章; 『布敎史』 第5書 第6章 참조.

19) 『書信集』(上), 「利氏致高斯塔神父書」(1596. 10. 15); 林仁川·徐曉望, 1999, pp.96~97; 沈定平, 2001, pp.366~367.

성은 자유롭게 활동할 수 없어, 우리의 전도를 듣기 힘들기 때문에 선교 활동에 극도로 제약을 받고 있다.

리치는 이러한 곤경을 타파하기 위하여, 어떻게 해서든 북경으로 가서 황제를 알현하려 하였다. 리치는 만일 중국 내 선교에 대하여 황제의 윤허만 얻을 수 있다면, 중국은 짧은 시간 안에 복음화할 수 있는 나라라고 확신하였다.[21] 그래서 그는 남창에 있는 동안 백방으로 북경에 갈 방도를 찾은 결과, 고향 해남도에 거주하던 전임 남경 예부상서 왕충명[왕홍회(王弘誨)][22]이 새로운 관직에 오르기 위해 남창을 거쳐 북경으로 간다는 소식을 듣고, 만력26년(1598) 6월 25일에 그를 따라 남창을 떠났다.[23]

리치가 떠난 뒤, 남창의 선교기반은 소에이로(Giovanni Soeiro; 1566~1607, 중국명 소여망) 신부가 계승하였다. 그의 노력으로 천주교에 귀의한 신도의 대부분은 백성이었고 신사는 극소수였다. 그 가운데 80세가 넘은 생원[수세명(受洗名) 바울]은 천주교 교리에 관한 글을 많이 지었다. 남창의 신도들은 신앙 면에서 모범이 될 만 하였다. 그들은 주일이면 어김없이 교회에 나와 미사를 드렸고, 장사지낼 때는 일체의 이교(異敎) 의식을 배제하였으며, 공개적으로 천주교 신도임을 밝히고 다녔다. 남창 시외의 한 거민은 부인이 집을 나간 뒤 소식이 없자, 어느 점술사에게 가서 부인이 돌아올 때를 물은 일이 있었는데, 그 후 돌아온 부인이 귀신이 들려 있었다. 그 때문에 많은 사람이 그 집에 가서 온갖 미신적인 방법을 동원하여 그 부인의 정신을 되돌리려 하였지만 허사였다. 이때 신도가 그 집에 가서 성경 구절을 외우고 그 부인을 향하여 십자 성호를 그으면서, 그 부인에게서 당장 나가라고 귀신을 엄하게 꾸짖었다. 그러자 그 부인이 안정을 되찾은 일도 있었다.

---

20) 『書信集』(下), 「利氏致羅馬總會長阿桂委瓦神父書」(1607. 10. 18).

21) 『書信集』(上), 「利氏致羅馬富利卡提神父書」(1596. 10. 12)·「利氏致高斯塔神父書」(1596. 10. 15); 沈定平, 2001, pp.367~368.

22) 王忠銘은 전에 해직되어 남하할 때 韶州로 마테오 리치를 방문하여 깊은 우의를 나누었고, 후일 歸任하게 되면 함께 북경으로 가서 중국 역법에 틀린 곳을 고치기로 약속했을 정도로 잘 아는 사이였다.

23) 『札記』 pp.313~316.

　　남창의 선교가 어느 정도 기반을 잡아갈 무렵인 1604년에, 디아즈(Emanuele Dias, 1559~1639, 중국명 이마락) 신부가 멘데즈(중국명 구량후) 수사와 함께 와서 전도를 도왔다. 바로 그 해에, 고관 1명과 생원 1명을 포함하여, 세례를 받은 신자가 200여 명이나 되었다. 그리고 이듬해 말까지 다시 배로 증가하여 도합 400여 명이나 되었다. 1606년에도 수세자가 33명, 1607년에는 9개월 동안에 182명이나 되었다.[24] 이렇게 급증하는 신도 가운데에는 몇 명의 황친(皇親)과 그 가족도 있었고, 그 밖에 학교의 교사와 생원 등 신사도 다수 있었다.

　　중국인은, 정초에는 대문에 신상(神像)을 세우는 습관이 있었다. 이에 따라 신도들도 예수와 성모의 이름을 새긴 위패(位牌)를 대문에 세워 놓음으로써, 중국인의 습관대로 절기를 지키면서도 자신들이 천주교 신도임을 떳떳하게 공개하였다.

Ⅱ. 南昌教案과 紳士

1. 1607年 南昌教案의 顚末[25]

　　소에이로 신부가 결핵을 앓다가 소천(1607)한 뒤에는, 중국에 온 지 10년도 넘었지만 아직도 중국어를 잘 하지 못하던 디아즈 신부가 멘데즈 수사의 도움을 받아 전도에 전념하였다. 그런데 신부들이 살던 집은 리치가 10여 년 전에 사들인 것으로, 신도들이 급증하면서 비좁아졌고, 더구나 시내의 저지대에 위치하였고, 호수와 가까워서 가끔 물에 잠기기도 하였으므로 대단히 불편하였다. 그 때문에 1607년 8월에, 디아즈 신부는 1,200두캇을 들여 비교적 넓은 집을 샀다. 신부는 단번에 그만한 금액이 없었으므로, 우선 계약금으로 600두캇을 지불하고, 나머지는 다음 해에 지불하기로 하였다. 이 계약금 600두캇도 일부는 신부들이 가지고 있던 돈과 그 때까지 살던 집을 판 돈으로 지불하였

---

24) 『書信集』(下), 「李瑪諾神父致羅馬阿耳瓦列兹神父書」(1604. 11. 29)·「利氏致羅馬總會長阿桂委瓦神父書」(1607. 10. 18); 『札記』, p.496; 『布教史』(2), p.51 등 참조.

25) 別註가 없는 것은 『札記』 제5권 제14장; 『布教史』 第5書 第15장 참조.

다. 그 때문에 빨리 새 집으로 이사해야 할 형편이었다.

바로 이때 몇 명의 생원[수재(秀才)]들이 이 사실을 문제 삼아, "외국인이 마음대로 새로운 종교를 전하고 대단히 큰 집을 사들였다"는 내용의 고발장을 만들어, 먼저 남창의 병비도에게 제출하였다. 그러나 병비도는 대수롭지 않게 생각하여 묵살하고 말았다. 병비도에게 거절당하자, 그들은 크게 분노한 나머지 더욱 많은 생원들을 불러 모아 공자의 화상(畵像)을 봉안해 놓은 유학의 공자묘에 모여 모의한 결과, 신부들을 아예 남창에서 축출해 버리기로 결의하였다.

생원들은 이번에는 남창 지부 노정선(盧廷選)에게 고소하였다.26) 노정선이 북경의 공부낭중으로 있을 때 리치와 친교가 있었으므로, 리치는 1606년에 그가 남창 지부로 부임할 때 선물을 주며 남창의 신부들을 부탁하였다. 그 때문에 노정선은 이 소장을 접수하고도 전혀 문제 삼지 않았다. 생원들은 송사(訟師)를 통해서 다시 한 번 소장을 제출함으로써 그의 주의를 환기시키려 하였지만, 역시 변함이 없었다.27) 이를 본 생원들은 관습대로 매월 초에 모든 주요 관료와 신사들이 유학의 공자묘에 모여 공자에게 경의를 표할 때를 기다리기로 하였다. 이윽고 공자묘에서 의식이 끝나자, 생원 가운데 한 사람이 일동을 대표하여, 그 자리에서 가장 지위가 높은 포정사 왕좌(王佐)를 향하여, "시내에 거주하는 외국인이 새로운 교설을 가르치고 군중을 집으로 불러 모은다"고 항의하였다. 이제 더 이상 묵살할 수 없음을 간파한 포정사는 이 사건을 제학관에게 위임하였고,28) 제학관은 생원들에게, "자세한 내용을 소장에 적어 제출하라"고 명령하였다.

이상에서 본 생원들의 행동을 정리해 보면 다음과 같다. 생원들은 처음에는 소수가 모여 고소를 시도하였다. 그러나 소수의 힘으로는 자신들의 뜻을 이룰 수 없게 되자 사인의 동류의식에 호소하여 다수의 힘을 결집시키는 '사

---

26) 乾隆 『南昌府志』 卷30, 「職官」, p.2350.
27) 訟師의 역할과 사회적 위상에 대해서는 夫馬進, 1993; 吳金成, 2007-A, 제Ⅲ편 제2장 「黑社會의 主人, 無賴」 참조.
28) 提學官의 역할에 대해서는 吳金成, 1973 참조.

인공의(士人公議)'를 유도하였다. 그리고 매월 초 유학의 공자묘에서 전체의 관료와 신사가 모이는 기회를 이용하여 '신사공의(紳士公議)'에 호소함으로써, 비로소 고소장이 접수될 수 있었다.[29] 유학의 공자묘는 신사공의가 이루어지는 중요한 온상이요 결절점이 되었기 때문이다.

생원들은 바로 그날, 27명의 연명으로 대략 다음과 같은 소장을 두 통 만들어, 한 통은 제학관에게, 다른 한 통은 포정사에게 제출하였다. 즉,

ⓐ 이마두(利瑪竇; 마테오 리치)·소여망(소에이로)·이마락(디아즈) 신부 등은 폐하에게 '모역부도(謀逆不道)'의 죄를 범한 자들입니다. ⓑ 그들은 중국에 들어와 광동·복건·절강·강서·북직예 및 남직예 등 6개 성에 나뉘어 살면서, ⓒ 끊임없이 서로 연락을 취하고, 강을 배회하며 재물을 약탈해서 백성들에게 분배하여 환심을 사고 있습니다. ⓓ 그들은 가끔 관료나 귀인의 방문을 받고, 병사나 지휘관들도 그들의 친구가 되어, 죽을 때까지 맹우가 될 것을 맹세하였습니다. ⓔ 그들은 신도들에게 조상의 화상(畵像) 숭배를 금지하기 때문에, 조상숭배 사상이 소멸되어가고 있습니다. ⓕ 또한, 우상을 파괴하였기 때문에 사묘(寺廟)는 공허해지고, 그 사묘를 지탱해 온 귀신마저 사라지고 말았습니다. ⓖ 전에는 신부들이 작은 집에 살았으나 이제는 대단히 크고 화려한 가옥을 구입했습니다. ⓗ 그들의 교설은 사악하기 그지없는데도, 이에 현혹된 무지한 백성들이 끊임없이 그들의 집에 모여들고, 이제는 그들의 가르침이 성성(省城)을 넘어 거의 모든 마을에 퍼지고 있습니다. ⓘ 백성들은 그 잘못된 가르침에 마음을 빼앗긴 나머지, 학생들은 학업을 버리고 공인(工人)은 일을 하지 않고 농부는 농사를 짓지 않으며, 상인은 장사를 버리고 부녀자는 집안일을 하지 않게 되었습니다. ⓙ 처

---

29) 생원들의 이러한 집단행동은 뒤에서 설명하겠지만, 생원의 '同類意識'에 기초한 '士人公議'의 발로였다. 명 중기 이후, 생원을 필두로 한 未入仕 學位層 사이에는 사대부로서의 自我意識 혹은 공통의 利害關係에서 발로된 同類意識이 광범하게 존재하였는데, 명말에 이르면 이러한 유형의 집단행동이 때로는 '士人公議'로 지칭되기도 하였다. 한편, 鄕紳과 未入仕 士人간에도 동류의식이 존재하고 그들의 여론을 수렴하는 '紳士公議'가 존재하였다. 이러한 사인공의·신사공의 등 地方公議는 전국적인 현상이었다. 夫馬進, 1980; 吳金成, 1986, pp.65~70; 吳金成, 2007-A, 제2편 제1장 「明代의 國家權力과 紳士」 등 참조.

음에는 백여 명밖에 안되던 신도가 이제는 2만 명을 넘게 되었습니다. ⓚ 그들은 달단인(韃靼人; Tatar)이나 사라센인 모습을 닮은 화상을 배포하면서, 이 분이 인간에게 부귀와 번영을 가져다주시는 하나님이라고 말합니다. ⓛ 그들은 이 세상의 역병과 같습니다. 그 때문에 몇 년 전에도 비슷한 사건이 복건과 남경에서 일어났습니다.[30] 우리들은 그들이 사묘를 건축하고 반란을 일으킬까 두렵습니다. ⓜ 생원인 소생들은 공익과 나라의 조명유지(祚命維持), 및 전통사상에 대한 열정을 못 이겨 이 소장을 작성하였습니다. ⓝ 각하께서는 황제 폐하께 상주문(上奏文)을 제출해주시도록, 성 내의 모든 생원들을 대표해서 아뢰는 바입니다. 부디 신부들을 끌어내어 처형하시든지, 아니면 추방하여 어딘가 바다 가운데 무인도에서 살도록 하시기 바랍니다.[31](ⓐ~ⓝ의 부호는 필자)

한편, 생원들에게 고발당한 디아즈 신부는 관부에 맞고소를 하였다. 그가 쓴 소장의 끝에는, 관부에서 모든 것을 충분히 조사해 줄 것을 간청하면서, "만일 자기들에게 조금이라도 죄가 있다면 모든 죄를 달게 받겠다"고 적었다. 병비도와 제학관은 그의 소장도 접수하였다.

이 사건의 주심관(主審官)인 포정사는 디아즈 신부를 불러,

① 생원들과 불화를 일으키고도 당신들은 왜 이 지방을 떠나지 않았는가? ② 당신들이 전파하는 교의란 도대체 무엇인가? ③ 당신들이 범했다는 죄는 무엇인가? ④ 왜 백성들에게 조상숭배를 금지시키고 타타르인의 화상을 예배하도록 시키는가? ⑤ 당신들이 숭배하는 신은 어떤 신인가? ⑥ 새 집을 산 그 많은 돈은 어디서 난 것인가?

등의 내용을, 실로 '악의적'으로 물었다. 디아즈 신부는 통역을 통해서 포

---

30) 1606년 12월 21일, 劉天緒가 약 3천명을 이끌고 남경에서 일으킨 謀叛事件, 혹은 1607년 말, 吳建과 白蓮敎徒의 인도로 홀란드 인이 福建省 해안에 상륙한 사건을 지칭하는 것일 것이다. 『布敎史』(2), p.142.

31) 『札記』 pp.569~570.

정사에게 하나하나 설명하였지만, 도무지 믿으려 하지 않았다.

한편, 신부들을 고소한 생원들은 마치 승리자인 양 멋대로 행동하였다. 일부의 생원들은 신도들의 집을 돌아다니며 그리스도의 화상을 훼손하기도 하였다. 그들은 남창에 거주하는 대향신을 내세워, '하루 빨리 신부들을 남창에서 추방하도록' 관리들에게 재촉해 줄 것을 부탁하였다. 그리고 더 많은 생원들을 불러 모으고, 같은 내용의 소장을 2통 더 만들어, 남창부 부곽의 남창지현과 신건지현에게 제출하였다. 그 가운데 한 사람은, "그들 외국인의 교설이 옳고 그른 것은 문제가 되지 않습니다. 외국인이 중국에 들어와 가르친다는 것만으로도 그들을 바로 추방할 수 있습니다"라고 하면서, "만일 상급 관청에도 같은 소장을 제출하지 않았다면 그 자신이 그 놈들을 추방할 수도 있다"고 호언하였다.

신부들에게 비교적 우호적이었던 병비도는, 고발장 가운데 '신부들의 죄'라고 한 것이 대부분 거짓임을 발견하였다. 그래서 제학관에게,

> 이마락 신부는 이마두 신부의 동료입니다. 이마두 신부는 북경에서 고관들로부터 정중한 대우를 받는 분이고, 폐하께서는 국고로 그를 부양시키고 있습니다. 더구나 신부들은 이미 남창에서 12년간이나 살고 있으나, 신부들의 범법 사실에 대해서 한 건도 들은 바가 없습니다. 이 사건을 좀더 자세히 조사해 보시지요

라고 권고하였다.

이때 최고 주심관(主審官)이었던 포정사 왕좌(王佐)도 그렇게 명령하였다. 한편 병비도는 먼저, 고소한 생원들을 불러 조사하였다.

> 병비도: "누구나 신부들이 성실한 사람이라고 생각한다. 더구나 그대들은 그 집에 신부가 20인이나 있다고 했지만 사실은 겨우 두 사람뿐이지 않은가?"
>
> 생원: "신부들은 두 사람이지만 많은 신자들이 그들을 따르고 있습니다."
>
> 병비도: "그들은 우리 백성들인데 두려울 게 무엇인가?"

그리고 그는 이렇게 부연 설명하였다. "그들의 동료인 이마두는 북경에 거주하는데, 누구에게나 사랑을 받고 마치 중국의 고관과 같이 황제 폐하의 부양을 받고 있다. 나는 신부에게 그렇게 큰 집을 사지 말도록 하고, 또한 백성들에게 신부들의 가르침에 따르지 말라고 명령은 하겠지만, 신부들을 남창에서 추방해야 한다고 생각하지는 않는다." 그리고 디아즈 신부에게는 대단히 온건한 어조로, ⓐ 조금 작은 집을 살 것과, ⓑ 신앙을 지키는 것은 자유이지만, 백성들에게는 그것을 퍼뜨리지 말 것 등을 요구하였다. 한편, 포정사 왕좌도 제학관에게,

> 이마락 신부에 대한 소송은 문제 삼지 않는 것이 좋겠소 생원들의 소장은 신부로부터 어떻게든지 돈을 갈취하기 위하여 억지로 꾸며낸 말입니다. … 신부에게 집을 사라고 하십시오

라고 말하였다.

2. 敎案 終結 後의 神父와 紳士[32]

생원들이 소장을 낸지 며칠 뒤, 병비도는 사건의 판결문을 작성하였고, 포정사와 제학관이 각각 압인(押印)함으로써 그 내용을 승인하였다. 판결문은 사람들의 눈에 잘 띄는 남창성문 위에 붙여 공고하였다. 그 요지는 대략 다음과 같았다.

> 이마락 신부와 그의 동료들의 문제를 조사해 본 바, 그들은 '서방(西方)'으로부터 중화제국의 명성을 흠모하여 중국에 와서 살고 있으나, 어떠한 사악한 점도 없다. 그러므로 그들이 자기들의 종교를 믿는 것은 윤허할 수밖에 없다. 단, 무지한 백성들이 호기심에서 '천주(天主)'라는 신을 예배하고 외국인을 따르는 것

---

32) 별주가 없는 한, 本節은 『札記』 제5권 제15장; 『布敎史』 第5書 제16장 참조.

은 바람직한 일이 아니다. 본관은 신부들이 백성들에게 서방의 종교를 전하지 않도록 하고, 작은 집을 사서 조용히 살도록 권고하였다. … 나는 군관들에게, '천주라고 하는 신의 화상을 소유하고 예배하는 자들을 엄밀히 파악하여 화상을 몰수하고, 백성들이 서방의 종교를 신봉하는 행위를 방치하지 말도록' 명령하였다. 이 포고령에 위반하는 자는 백련교를 따르는 사람과 같이 엄형(嚴刑)에 처할 것이다.

한편, 제학관도, "백성들이 외국인의 교의를 신봉하는 것을 금한다. 나는 신부들이 외부인과 과도하게 교섭을 갖는 것을 금하는 고시(告示)를 신부가 사는 집의 문에 붙일 작정이다"라고 첨언하였다.

생원들이 올린 고소장은 허위와 과장이 많았으므로, 생원들은 신용을 잃게 되었고, 신부들에게는 오히려 유리하게 작용하였다. 첫째, 고소장의 ⓐ와 ① 에서 '모역부도의 죄' 또는 반란 운운한 것은 터무니없는 무고였다. 둘째, ⓐ 에서 리치와 소에이로 신부의 이름을 들고 있는데, 리치는 이미 10여 년 전에 남창을 떠나 북경에 거주하고 있었고, 또 한 사람은 이미 사망하였다. 셋째, ⓒ와 ⓓ의 내용은 서로 모순되는 것이고, 넷째 ⓙ의 신도 숫자도 형편없는 과장이었다.

최악의 판결이 내려질까 두려웠던 신부들에게 이 판결은 기대 이상의 수확이었다. 당시 북경에 거주하던 리치의 영향력은 아득히 먼 남창의 사건을 해결하는 데에도 큰 영향력을 발휘하였다. 신부들은 이제 누명을 벗고 종교 신봉의 자유도 얻게 되었으며, 무엇보다도 남창 거주가 허가되었다. 생원들이 가장 바라던 바와는 정반대의 판결이 내려진 것이다.

판결문의 규정은 생원들의 요구에 영합하기 위한 형식적인 것에 불과하였다. 신도들은 그러한 규정을 그다지 심각하게 생각하지도 않았고, 그것을 위반하는 것이 죄가 된다고도 여기지 않았다. 그 때문에 신도들은 그 후로도 계속해서 미사에 나왔다.

판결이 내려지자, 신부들에게 그것을 통지하기 위하여 두세 명의 서리가 파견되었다. 신부들은 당시 중국의 관례에 따라서 그들에게 돈을 주려 하였다. 그런데 그들은 돈 대신에, 자신의 신앙을 위하여 그리스도의 화상을 달라고 부탁하였다. 그들은 자기들이 들고 온 판결문에 포함된, "화상을 예배하든가 집에 두는 것은 중형으로 다스리겠다"는 금지 규정을 전혀 고려하지 않았다. 신부들이 주저하고 있을 때, 마침 화사(畵師)가 새로 만든 화상 몇 폭을 들고 왔다. 이를 보자 그들은 그 가운데 1폭을 들고 신부들이 주는 돈은 거들떠보지도 않고 돌아갔다. 그들 가운데 한 사람이 병들자 영세받기를 희망하였고, 영세 받은 지 5일 만에 죽었다.

그로부터 얼마 후, 포정사 왕좌는 광동성의 다른 고위 직책으로 승진하였다. 디아즈 신부는 그가 출발할 때 그가 탄 배를 방문해서 석별의 정을 나누고, 재판 때 신부들을 지원해 준 것을 감사하기 위하여 다른 선물과 함께 리치가 지은 『천주실의(天主實義)』를 주었다. 그는 이 책을 조금 보고 대단히 기뻐하면서, 곁에 서 있는 다른 관리에게, "왜 이 분들이 조상숭배를 금지한다는 말이 나왔는가, 그들의 규정에는 정반대의 가르침을 적고 있지 않은가?"라고 말하였다. 그리고 신부를 향하여, "이제 제학관도 신부들이 선량한 사람임을 알고 있고, 나도 병비도에게 신부들의 보호자가 되도록 명하였으므로, 앞으로는 안심하고 남창에서 살아도 좋습니다"라고 말하였다.

한편, 소장을 작성했던 생원들은 자신들의 목적이 좌절되었을 뿐 아니라, 오히려 백성들의 조소거리가 되자 크게 분개하였다. 고시(告示) 속에 그들의 이름이 명시되었으므로, 그들 자신뿐 아니라 그 가족과 친척들까지도 얼굴을 들고 다닐 수 없게 되었다. 제학관 또한, "만일 그들이 다시 한 번 신부들을 무고한다면 그들의 학위를 박탈해 버리겠다"고 공언하였다.

사태가 이렇게 발전되자, 생원들은 자기들의 소행을 변명하기 위하여, 이번 사태의 전체 과정을 소개하는 소책자를 간행하여, 남창 내의 신사나 관료에게 보냈고 신부에게도 보냈다. 그 내용은 대체로 다음과 같았다.

㉠ 자신들이 신부들을 고발한 것은, 결코 개인적인 감정이나 이해관계에서 연유한 것이 아니고, 오직 국가의 조명(詐命)과 조상의 법도를 보존하기 위한 것이었다. ㉡ 백성들이 외국인과 자유로이 교제하는 것은 옳지 못하다. ㉢ 신부들은

> 중국이 광대한 나라인 것은 인정하지 않으며, 우리가 '대명(大明)'이라 하듯이 유럽을 '대서(大西)'라 하고, 황제를 '천자(天子)'라 하는 것을 모방하여 자기들이 신봉하는 신을 '천주(天主)'라고 하여, 그들에 관계되는 일체의 사물을 중국보다 위에 놓는다. ㉣ 그들은 유럽역사의 시작연대가 중국보다 훨씬 앞선다고 한다. ㉤ 신부들은 오직 예수와 마리아만 숭배하므로, 그들을 이곳에 살게 하는 것은 대단히 위험하다.[33](㉠~㉤은 필자)

그리고 그 책자의 말미에서 디아즈 신부를 개와 늑대로 표기하였다.

신부들은 이러한 증오와 무고에 대하여 일체 대꾸하지 않고 묵묵히 참는 것이 최상이라 생각하였다. 그런데 이 소책자가 배포된 지 오래지 않아서, 생원들 가운데 가장 중심적인 역할을 했던 2명이 급사하였다. 한 사람은 생원들에게 신부들을 비난하는 소장을 제출토록 교사한 사람이고, 또 한 사람은 황친으로, 신부들을 비난하는 소장의 제출을 친척과 상의한 사람이었다. 그 밖에도 남창의 중요한 신사 2명이 죽었다. 그들은 대단한 위선자로서, 겉으로는 신부들과 교제하면서도 음으로는 생원들을 선동하고 사주한 사람이었다.

새로운 집을 샀을 때 신부들은, 새 집으로 이사할 때 전의 집을 비워주는 조건으로 황족에게 팔았다. 그런데 이사를 하기도 전에, 그 황족은 가재도구를 들고 들어와 신부들을 내쫓으려 하였다. 황족의 이러한 무례한 행동은 공교롭게도 생원들이 꾸민 음모와 같은 시기에 일어났다. 그 후 신부들은 우여곡절 끝에 시문(市門) 근처의 대로변에 자리 잡은, 상당히 쾌적하고 넓은 집을 500두캇에 샀다. 그러자 이번에는 집 주인의 친척과 이웃 주민들이 여러 가지로 불친절하게 행동했고, 밤에 건물 일부를 파손하는 일도 있었지만 참을 수밖에 없었다. 그러나 뒤에는 그들도 신부들의 덕에 감동하여 신부들과 친구가 되었다.

이 동안에 또 다른 두세 집단의 생원이 각각 소장을 제출하려다가 그만 두었다. 왜냐하면, 마침 그때 새로운 순무와 찰원(察院)이 남창에 부임하게 되었

---

33) 『札記』 pp.578~581.

으로, 제학관은 "만일 신임 순무나 찰원에게 소장을 제출하는 자는 생원 자격을 박탈하겠다"고 하며 소송 금지령을 내렸기 때문이다. 이러한 박해도 익년인 1608년에야 끝나서, 신부들은 새로운 집으로 이사했다. 그런데 이러한 박해 기간에도 신도가 60명가량 증가한 것은 놀라운 일이었다.

III. 南昌敎案의 背景과 歷史的 性格

1. 明末 南昌 紳士의 存在樣態

그러면 신사, 특히 생원들이 이상과 같이 집단적으로 일어나 집요하게 추진한 남창교안은 역사적으로 어떠한 성격의 운동이었는가? 이를 위해 먼저 명말에 남창의 신사, 특히 신사의 대부분을 점하는 생원의 존재양태는 어떠하였는지 살펴보기로 하겠다.

주지하는 바와 같이, 명대에 이르면 신사층 가운데 최하위인 생원도 9품관에 준하는 특권을 향유하게 되었고 그 결과 사회의 지배층이 되었다.[34] 그런데 명말에 이르면, 전국적으로 사인(士人)의 수가 격증하여 적지 않은 사회문제로 대두되었다. 생원은 명초에 3만~6만 명(전체 인구의 0.1% 미만)에 지나지 않았으나, 15세기 중엽부터 증가하기 시작하여 명말에는 50여 만(전체 인구의 0.33% 이상)이나 되었다.[35] 그 결과 생원이 감생·공생으로 진학하는 경쟁률은 명초에 40 : 1 정도에서 300~400 : 1로 증가하였고, 향시의 경쟁률도 같은 기간에 59 : 1에서 300 : 1 이상으로 증가하였다. 그렇게 되자 60%~70%의 생원은, 다음 세대에는 생원을 내지 못하는 단대생원(斷代生員)으로 끝날

---

34) 吳金成, 1986, 第Ⅰ編 第1章; 吳金成, 2007A, 제2편 제1장 참조.

35) 顧炎武, 『顧亭林文集』 卷1, 「生員論」(上). 한편, 그 이전, 즉 萬曆25~29년까지 南京 國子監 祭酒를 지낸 바 있는 郭正域도 "今天下府州縣學, 其大者生徒至一二千人, 而 小者至七八百人, 至若二三百人而下, 則下縣窮鄕矣"(郭正域, 『合倂黃離草』 卷1, 奏疏, 「遵祖制復監規疏」. 朱國槇, 『湧幢小品』 卷11, 「雍政」은 이 글을 轉載한 것임)라 하고 있고, 명말의 宋應星(1587~ca.1650)도 "國初大亂之後, 人民稀少, 州邑靑衿, 數目多者 不過百人, … 今則郡邑大者已溢二千人矣"(宋應星, 『野議』, 「學政議」)라 하고 있다.

수밖에 없었다. 생원의 지위가 이렇게 유동적이었으므로,

> 한번 생원 자격을 얻으면 요역을 면제받고, 서리로부터 침해를 받지 않고, 사대부의 대열에 끼게 되고 관장(官長)을 예견할 수 있으며, 태축(笞捶)의 굴욕도 면할 수 있다. 그러므로 오늘날 생원이 되고자 하는 사람은 반드시 공명을 바래서가 아니라 '보신가(保身家)'를 위해서일 뿐이다. 이들을 10분의 7로 보면 보신가적인 생원은 거의 35만이나 된다.[36)

고 한 고염무(顧炎武; 1613~1682)의 지적처럼, 대부분의 생원들은 국가가 보장해 준 특권을 향유하면서, 향촌에서 실현 가능한 개인적 이익이나 추구하는 '보신가'적 존재로 살아갈 수밖에 없었다.

한편, 감생(監生; 공생·예감생)도 명 중기부터는 12,500~22,500명 정도가 사환(仕宦)의 기회를 얻지 못한 채 향촌에 정착, 고정되었다. 거인의 회시(會試) 경쟁률도 16세기부터는 15 : 1 정도로 격렬해지면서 4,000명~5,000명 정도가 사환의 기회를 얻지 못하고 역시 향촌에 정착하게 되었다. 향촌사회에서, 생원과 감생의 현실적인 지위나 존재양태는 거의 차이가 나지 않았다. 미입사 거인들에 대한 국가나 사회에서의 인식은 감생보다는 조금 우위였으나, 그들의 생활양식이나 세계관은 감생·생원의 그것과 크게 다를 바 없었다.[37)

사인계층이 지역사회에서 보인 이러한 활동은 개인적인 것도 많았으나, 대개는 집단행동을 통하여 권익을 쟁취하는 양상을 띠었다.[38) 16세기 중기의 명환(名宦)으로, 강서 남부 흥국현의 지현을 지냈던 해서(海瑞; 1514~1587)는,

---

36) 顧炎武, 『顧亭林文集』 卷1, 「生員論」(上).

37) 生員·監生·擧人 등 未入仕 사인계층의 사회적 지위에 대한 이상의 내용은, 吳金成, 1986, 제1편 참조.

38) 이를 크게 類型化하면 ⓐ 민중여론 대변적 성격 : 공익사업·反宦官·稅役 감면운동, ⓑ 反官的 성격 : 反 地方官 집단 운동, ⓒ 개인·계층이익 옹호 성격 : 文社運動·出版活動, 包攬錢糧·訴訟介入, 鄕論·시장 지배, ⓓ 신·사 間의 갈등 성격 : 反 官人·反 鄕紳層 集團 운동 등으로 구분할 수 있다. 吳金成, 1986, 제Ⅰ편 제3장 참조.

어쩌다가 한 사인(士人)이 향당(鄕黨)에서 능욕을 당하면 유학의 모든 생원들이 소매를 걷어 올리고 달려가 다투어 유사(有司)에게 고하고, 어쩌다가 한 사인이 유사에게 능욕을 당하면, 유학의 모든 생원들이 원한을 품고 달려가 원(院)·도(道)에게 고소한다.[39]

고 지적하고 있고, 16세기 말의 예부상서 풍기(馮琦; 1558~1603)는,

근래 사습(士習)은 파괴되어, 한 사람이 일을 당하면 떼지어 일어나 행동을 같이 한다. 혹은 상사(上司)를 위협하고 혹은 소호(小戶)를 침해하고 혹은 포람전량(包攬錢糧)하고 혹은 가요(歌謠)를 날조하고 혹은 관부의 위엄을 빌어서 마음대로 법기(法紀)를 문란케 한다.[40]

고 전하고 있다. 그리고 자기 자신이 생원의 지위로 명말에 문사운동(文社運動)에 참가하였던 고염무는,

오늘날 천하의 관부에 출입하면서 정치를 어지럽히는 자는 생원이다. 세력가에게 의지하여 향리에서 횡포를 부리는 자도 생원이다. 서리와 결탁하거나 심지어 스스로 서리가 되는 자도 생원이다. 관부에서 그들의 뜻을 거스르면 떼 지어 일어나 항의하는 자도 생원이요, 관부의 비밀을 손에 넣고 이것으로 관부와 흥정하는 자도 생원이다. 앞 사람이 선창하면 뒤따르는 자가 화답하고, 앞 사람이 뛰면 뒷사람이 따라간다. 윗사람들이 그들을 다스리려 하나 불가능하고, (그들의 행동을) 근절하려 해도 불가능하다. 조금이라도 제재를 가하면 그들은 곧 '살사(殺士)'라 하고 '갱유(坑儒)'라고 떠든다. 이것이 '백년 이래의 대환(大患)'이다.[41]

라고 평하고 있다. 생원들의 이러한 집단행동은 그들 사이에 관류하는 '동

---

39) 海瑞, 『海瑞集』 上編(二), 「規士文」, 中華書局, 北京, 1962/1981.

40) 馮琦, 『宗伯馮先生集』 卷57, 「爲遵奉明旨開陳條例以維世敎疏」.

41) 顧炎武, 『顧亭林文集』 卷1, 「生員論」(中).

류의식'에 기초한 '사인공의'의 발로로서, 전국 어디서나 볼 수 있는 현상이었다.

　이러한 현상은 강서에서도 예외는 아니었다. 만력년간에 강서성은 13부(府) 1주(州) 77현(縣)으로 되어 있었으므로 도합 91개 유학(儒學)이 있었고, 남창지방에는 1부·1주·7현으로 도합 9개의 유학이 있었다.42) 강서의 『만재현지』에는,

> **명초에 제자원(弟子員; 생원)은 많아야 수십 인에 불과하였으나, 그 후에 점차 증가되어 현(縣) 유학의 생원이 항상 367명이었다.**43)

고 적고 있다. 강서 중서부의 산간지역에 가까워서 현세(縣勢)가 그리 크지 않았던 원주부 만재현 유학의 생원이 명말에 367명이나 되었다면, 강서 내의 다른 번영한 현의 유학들은, 곽정역의 지적처럼, 700명~800명에서 천여 명은 되었을 것이다. 그리고 강서순안 서원정도,

> **강서성의 사인(=생원)은, 90여 유학에 수만 명이나 되고, 유동〔儒童; 동생(童生)〕은 적어도 십 수만 명은 될 것입니다.**44)

라고 말하고 있다. 그러므로 고염무의 지적과 같이 각 유학의 생원을 최소한 평균 3백명으로 계산한다 하여도, 강서에는 대략 3만여 명, 남창부에는 3천여 명의 생원이 있었다는 계산이 가능하고, 이 수치는 서원정(徐元正)의 상소 내용과 일치한다.

　강서지역에는 이렇게 생원이 많았으므로, 그들이 계층상승을 하기란 무척 어려웠다. 다른 곳과 같이, 생원이 감생이나 공생이 되는 것은 말할 필요도 없이 바늘구멍 통과하기만큼 어려웠다. 거인이 되는 길도 비슷하였다. 강서의 거인 정원은 경태4년부터 95명, 만력43년(1575)부터 100명이었다.45) 그러므로

---

42) 萬曆『大明會典』卷15, 戶部2, 州縣1, 江西等處承宣布政使司.
43) 康熙『萬載縣志』卷5, 學宮, 生徒條.
44) 『神宗實錄』卷412, 萬曆33年 8月 癸卯朔, pp.7714~7716.

강서의 생원을 대략 3만여 명으로 계산하면, 16세기 후반의 강서의 향시경쟁
률은 316 : 1의 비율이었다. 또한 향시의 예비시험인 과고(科考)는 만력 이후
거인 1명당 응시 생원은 30명이었으므로,[46] 과고를 통과한 생원의 향시경쟁
률도 30 : 1이나 되었다. 그러나 이것은 대체적인 숫자에 불과하였다. 만력10
년(1582)의 응천(應天) 향시에는 4,500여 명의 생원이 모여 135명이 합격하였
으므로, 33.3 : 1의 경쟁률이었다. 만력25년(1597)의 강서 향시에는 4,000여 명
이 모였으므로,[47] 규정대로 100명의 거인이 합격했다면 40 : 1의 경쟁률이었
고, 천계7년(1627)의 강서 향시에는 5,300여 명의 생원이 모여 102명이 거인으
로 합격하였으므로, 52 : 1의 경쟁률이었다.[48] 그러므로 강서의 생원도 역시
'보신가'적인 삶을 살 수밖에 없었다.

한편, 명대의 강서는 진사의 수도 전국에서 1·2위를 다툴 정도로 많았다.
최근의 분석에 따르면,[49] 명청시대에는 총 51,624명의 진사가 배출되었고, 그
가운데 강서적(江西籍)은 4,935명으로 전체 진사 가운데 9.6%를 점하였다.[50]
남창부 출신 진사는 명대에 715명, 청대에 413명에 달하였다. 또한 『명사(明
史)』「열전」에 등재된 강서적인(江西籍人)은 408인, 재보(宰輔)는 18명이었다.
한편, 강서의 전체 78개 주현(州縣) 가운데 진사 배출이 많았던 지역은 남창
232인, 안복 211, 풍성 195, 태화 178, 길수 165, 임천 121, 여능 103, 진현 98,
신건 74, 귀계 70인의 순으로, 남창부의 부곽인 남창과 신건을 합하면 진사가
306명에 달했다. 강서에는 이렇게 신사가 많았다.[51]

그런데 강서지방은 또 한편, 명 중엽 이래 사회변화가 급속하게 진전되고
있었다. 한편으로는 농업과 상공업이 발전하였지만, 또 한편으로는 도망인구

---

45) 趙子富, 1995, pp.240~246.

46) 萬曆『大明會典』卷78, 禮部36, 「學校」, 「風憲官提督」.

47) 林金水·鄒萍, 2000, p.37.

48) 趙子富, 1995, p.246; 和田正廣, 1978.

49) 許懷林, 1993, pp.608~609.

50) Ho, Ping-ti (曹永祿 등 譯), 1987, pp.252~254에서는, 명대에 22,980명의 진사 가운
데 江西籍이 2,400명으로 전국 제3위였다고 함.

51) 謝宏維, 2000.

가 속출하고, 산악지방에서는 민중봉기가 끊임없이 발생하였다.[52] 그 때문에 종래 사회의 지배이념이었던 주자학의 논리만으로는 이러한 사회변화에 대응할 수 없었다. 이러한 시기에 왕양명은 마침 남감순무로 임명되어 양명학을 확립했다. 바꾸어 말하면, 명 중기부터 진행되던 강서지방의 사회변화는 양명학 확립의 온상 기능을 하였다.[53]

양명은 강서에서 군무에 다망한 가운데서도 문인들과 수시로 학문을 토론하였고, '가는 곳마다 향약을 정하고 사학(社學)과 서원을 세우고 제자들과 강학(講學)'하였다. 그 때문에 그의 제자는 강서에 두루 분포되어 있었고,『명유학안(明儒學案)』에 입전(立傳)된 사람도 추수익·구양덕·나홍선·추원표·등원석·풍응경·장황 등 33명이나 되었다. 양명의 문인들과 그들의 제자들은 양명의 사후, 강서 각지에 서원을 건립하고 제자를 모아 강학하였고, 전덕홍, 왕기, 왕종목 등 10여 명의 절강 출신 제자들도 강서에 출사하거나 유학하여 서원을 건립하거나 회강을 주관하는 등 다양한 방식으로 강학활동에 참여하였다.[54] 특히 내각수보(內閣首輔)로 대학자이기도 하였던 서계(徐階)는 3년 동안 강서성의 제학관을 담당하여, 강서의 양명학 발전에 크게 공헌하였다.[55]

이렇게 양명과 그의 문인들 및 이에 자극을 받은 강서의 신사들이 적극적으로 건립했기 때문에, 강서에는 전국에서 서원이 가장 많았고, 신사의 문회(文會)나 문사활동도 대단히 활발하였다. 이제 대략의 추세를 보기 위하여 〈표2-1-1〉[56]을 통해 그 내용을 통계화해 보았다.

양명이 남감순무로서 강서에 부임(정덕12년 정월)한 뒤부터 명말까지 양명학 관계 서원은 총 88곳이었다.[57] 그러므로 이 수치를 위 〈표2-1-1〉의 287곳과 비교하면 30.7%의 서원이 양명학 관계 서원이었는데,[58] 이들 88곳 가운데

---

52) 본서 제1편 제1장 등 참조.
53) 본서 제1편 제2장 참조.
54) 李才棟, 1993, pp.312~313, 318~324.
55) 吳宣德, 1996, pp.356~360.
56) 李國鈞, 1994, pp.1037~1084. 그런데 同書 pp.555~556에 李國鈞 자신이 계산하여 제시한 數値는 이 〈표2-1-1〉보다 약간 적다.
57) 吳宣德, 1996, pp.270~277.

〈표2-1-1〉 明 中·後期 書院의 發達

	河北	山西	江蘇	浙江	安徽	福建	江西	山東	河南	湖北	湖南	廣東	廣西	四川	貴州	雲南	陝西	其他	都合
正德	3	8	5	4	4	23	26	6	6	5	6	8	2	6	1	5	3	1	122
嘉靖	25	16	23	50	41	38	82	25	28	17	35	68	28	18	10	23	8	14	549
隆慶	3		5	4	3	7	12	3	3	1	1	4	1	2	5	12			66
萬曆	16	11	14	35	16	10	65	10	36	12	15	38	12	5	7	14	6	6	328
都合	47	35	47	93	64	78	185	44	73	35	57	118	43	31	23	54	17	21	1,065
明代全體	70	61	66	199	99	107	287	69	112	69	103	156	65	63	27	68	28	29	1,678

13개가 남창부 소속이었다.

그런데 당시의 서원강학에 대해서,

> 서원에는 진신(縉紳)뿐 아니라 종실·무변(武弁)·거인·감생·생원 및 서리·성상(星相)·산인(山人)·상인·기예(技藝)·도망 다니는 죄인에 이르기까지 모두가 참가하였다. 그곳에서는 멀리 조권(朝權)을 좌우하고 변진(邊鎭)의 일을 간섭하고, 지방관을 위협하고 향리에서 멋대로 행동하는 등 안하는 일이 없다. 그곳에서 나오는 말은, 안으로는 관료의 죄상을 밝혀 상소하거나 의견을 올리고, 밖으로는 죄인의 이름을 들추어 탄핵하거나 편지를 교환하면서 기밀이 되는 중대한 사항으로부터 작은 송사(訟事)에 이르기까지 안 나오는 말이 없다.[59]

는 지적이 있듯이, 서원에서는 신사에서 서민에 이르기까지 다양한 계층이 모여, 학문적인 문제뿐 아니라 중앙과 지방의 정치와 시정사(市井事)에 이르는 다양한 문제가 토의되고 행동으로 옮겨졌다. 그들은 이러한 모임을 통하여 신·사 사이의 동류의식을 제고시키고, 나아가서는 '신사공의'로 향론을 주도하였다.

강서에서도 신사의 강학활동은 서원을 중심으로 진행되었다.[60] 마테오 리

---

58) 李才棟, 1993, p.363에서는 288處로 보고 있다.

59) 『熹宗實錄』 卷62, 天啓5年 8月 壬午條.

60) 본편 제3장 참조.

치도 남창은 "지식인의 수가 많고, 많은 관리를 배출한 것으로 유명하다. … 지식인들은 하나의 계층을 형성하고 정기적으로 모인다. 그 가운데에는 덕(德)에 관한 문제를 토론하는 신심회(信心會)도 있다"고 하고 있다.[61] 예컨대, 당시 70여 세의 나이로 리치와 교유하였던 장황(章潢; 1527~1608)은 양명학파의 대유학자로서 강서성의 사군자(四君子)로 불렀다. 장황은 남창인으로서, 젊어서는 남창의 동호(東湖) 변에 세당(洗堂)을 건립하고 동지들과 함께 강학하여, 배우려는 학생이 매우 많았다. 순천부 유학 훈도(訓導) 등 여러 번 관료로 추천되었지만 나아가지 않았고, 만년에 접어 든 만력20년(1592)부터는 백록동서원(白鹿洞書院)의 원장을 맡아 주재하였으며 강서 각지에서 회강(會講)을 주도하였다. 당시 백록동서원은 상주 학생이 300여 명이나 되는 대서원이었고, 특히 과거시험이 있는 대비지년[大比之年; 과거시험 치는 해]에는 청강하려고 모여드는 생원이 수천 명이나 되었다.[62] 한편, 향신 서왈경도 등왕각·행화루·용광사 같은 곳에서 강학을 주도하였다.[63] 이들 회강이나 강회 모임에는 적으면 100여 명, 많으면 1,000여 명의 신사가 모였는데, 이들은 서로가 '동지'로 부르며 붕우지교(朋友之交)의 우의를 나누면서 신·사 사이의 동류의식을 제고시키고, 나아가서는 '신사공의'로 향론을 주도하였다. 그러므로 남창의 신사들에게는 유학의 공자묘 외에도, 그보다 훨씬 수가 많았던 서원이 신사공의를 전개하는 또 하나의 온상이요 결절점이었다.

남창의 생원들은 바로 강서지방의 이러한 사회적 여건을 이용하여 교안을 추진하였다. 남창교안이 있기 2년 전인 1605년에 강서순안 서원정은,

강서지방은 … 근년 이래, 생원들이 관장 위협하기를 일삼고 대소의 송사에 생

---

61) 『札記』 p.293; 『布敎史』(1), p.333.

62) 黃宗羲, 『明儒學案』 卷24, 「江右王門學案」(9); 『明史』 卷283, 章潢傳; 乾隆 『南昌縣志』 卷33, 人物, 儒林, 章潢傳; 裵化行, 1998, p.200; 陳東原, 1937; L. Carrington Goodrich and C. N. Tay, 1976, pp.83~85 등 참조. 한편, 『書信集』(上), 「利氏致羅馬總會長阿桂委瓦神父書」(1595. 11. 4)에는 張潢의 弟子가 천여 명이나 되었다고 한다.

63) 乾隆 『南昌縣志』 卷30, 人物3, 「賢良」, 舒曰敬條, pp.1084~1086. 명말의 신사들은 유교적 교양을 지녔음에도 불구하고, 강회 장소는 어떤 사묘이건 개의치 않았다. 본편 제3장 참조.

원들이 열명(列名)으로 간여하거나 증인이 될 뿐 아니라, 조금이라도 여의치 못한 점이 있으면 삽시간에 수십 인이 부현정(府縣庭)에 모여 항의하고, 그래도 뜻을 이루지 못하면 수십조관(數十條款)의 문서를 만들어 포정사나 안찰사에게 까지 고발합니다.[64]

라는 상소문을 올렸다. 그런데 바로 그 2년 후에 일어난 남창교안의 전말에 대해서, 마테오 리치는 대략 다음과 같이 전하고 있다.

소수의 생원이 병비도에게 제출한 고소장이 묵살됨→ 다수의 생원이 유학의 공자묘에서 신부들을 축출하기로 결의→ 이들이 남창 지부에 제출한 고소장도 묵살됨→ 송사(訟師) 통해 재차 제출한 고소장 역시 묵살됨→ 다음 달 초 유학의 공자묘에서 공자에게 경의를 표한 후 포정사에게 항의→ 포정사는 사건을 제학관에게 위임→ 제학관은 생원들에게 고소장 제출토록 명령→ 그 날로 생원 27명의 연명(聯名)으로 두 통의 소장을 만들어 한 통은 제학관에게, 나머지 한 통은 포정사에게 제출→ 그 후, 대향신에게 부탁하여, "하루 빨리 신부들을 추방하라"고 재촉케 함→ 같은 내용의 소장을 2통 더 만들어 남창지현과 신건지현에게 제출…[65]

이상의 서원정의 상소문과 리치의 기록을 종합해 보면, 강서지역 특히 성도인 남창의 생원들 사이에는, 각 부·주·현 유학의 공자묘 및 유학보다 수가 훨씬 더 많았던, 서원에서 열린 집회를 통하여 향신과 생원 사이에 동류의식이 조성되어 있었고, 이를 기초로 수렴된 '신사공의'가 존재하였음을 알 수 있다. 그러므로 1607년의 남창교안은 생원들이 그러한 '신사공의' 내지 '지방공의'를 배경으로, 계획적으로 집요하게 시도한 사건이었다고 할 수 있다.

---

64) 『神宗實錄』 卷412, 萬曆33年 8月 癸卯朔, pp.7714~7716.
65) 『札記』, pp.568~569.

2. 南昌敎案의 歷史的 性格

마테오 리치를 필두로 한 선교사들은 중국인의 의심이나 반감을 피하기 위하여, 신사와 같이 유복을 입고 유학과 한어를 배우고, 유학을 빌어서 천주교 교의를 설명하였다. 그럼에도 불구하고 남창교안 이전, 광동에서도 여러 차례 신부들을 박해하는 사건이 있었고,[66] 1582년에 리치가 중국에 들어와 천주교를 전파한 이래 1616년 남경교안에 이르기까지, 전국에서 54회의 교안이 있었는데 그 대부분은 신사나 관리가 주동한 것이었다.[67] 이들 입장에서 보면, 천주교는 중국의 전통 문화와는 화합할 수 없는 충격이고 도전이었으며, 이러한 충격은 신도가 많아질수록 더욱 첨예화했다.

신부들과의 관계를 통하여 신사를 구분해 보면, 남창에는 ⓐ 문화적인 목적으로 신부들에게 호감을 갖고 교제하는 신사, ⓑ 천주교 신도인 신사, ⓒ 신부의 남창 거주와 전도를 반대하고 증오하는 적대적인 신사, 이렇게 세 가지 부류의 신사가 있었다. 대부분의 신사는 물론 ⓒ부류에 속하였다.

그러면 신부들에게 적대적이었던 남창의 신사, 특히 생원들이 반교운동(反敎運動)을 일으킨 원인은 무엇이었을까? 처음 27명의 소장과 교안 종결 후의 변명서를 종합해 보면, 당시의 생원의 정서는 다음과 같은 네 가지 유형 가운데 하나였을 것으로 보인다.

첫째는 국가의 자존과 조명(祚命)의 문제였다. 변명서의 ⓒ·ⓓ에 보면, 신부들은 서양의 넓이가 중국보다 넓으며, 역사의 시작도 중국보다 먼저라고 하고, '대명(大明)' 대신에 '대서(大西)'라고 한다는 것이다. '중화제국'이라는 화이사상(華夷思想)에 빠져 있던 신사들로서는, 이러한 표현이 중국의 자존심과 우월감을 손상시킨다고 여겼다. 변명서의 ⓒ·ⓔ에 보면, '천자(天子)'를 모방하여, 신부들이 자기들의 신을 '천주'라고 하므로, 이는 황제에 대한 모욕이며 '대역부도(大逆不道)'에 해당하는 것이었다. 고소장의 ⓐ에서 "신부들은 폐하에 대하여 '모역부도(謀逆不道)'의 죄를 범한 자들"이라고 극언한 것은 그 때

---

66) 『札記』 제2권 4~6, 9~12, 14장, 제3권 7장, 제4권 18장.
67) 張力·劉鑒唐, 1987, p.40.

문이었다. 고소장의 ①에서 반란 운운한 것도 그만한 이유가 있었다. 1517년에 포르투갈 인이 처음 광주에 등장한 이래, 포르투갈은 마카오를, 에스파냐는 필리핀을, 네덜란드는 대만을 근거지로 하여 동남 연해에서 줄곧 긴장을 야기하였다. 또한 남창교안이 일어나기 일 년 전(1606)에 남경에서 '유천서 모반사건'이 발각된 뒤, 사람들 사이에 그 반란을 획책한 자가 바로 선교사들이었다는 유언비어가 퍼졌다.[68] 그런데 선교사들은 이미 6개 성 지역에 거점을 마련하고 있었으니, 보기에 따라서는 위기감을 불러일으킬 만하였다. 더구나 원말 이래 백련교 등 소위 민중종교의 이름으로 봉기하는 사례가 많았는데,[69] 남창의 대부분의 신사들도 천주교를 '사교(邪敎)'로 생각하였다. 고소장에 대한 판결문 말미에서 "이 포고령에 위반하는 자는 백련교를 따르는 사람과 같이 엄형에 처할 것"이라고 한 부분은 시사하는 바가 크다.

둘째는 중국의 전통적인 미풍양속의 훼손 문제였다. 먼저 조상숭배 문제가 도마에 올랐다. 신부들이 조상에 대한 제사를 양속(良俗)으로 인정했음에도, 상제(上帝) 외에는 아무 신도 믿지 못한다는 천주교 교리를 잘못 인식했던 것이다. 즉 신부들이 '조상 제사를 미신으로 보아 못하게 한 것'으로 생각한 신사들은 천주교를 '망본(忘本)'이라 여겼다. 유학을 체득하여 특권 신분을 얻은 신사들이었지만, 명말의 신사들은 삼교합일사상(三敎合一思想)에 젖어 있었다. 강상예교(綱常禮敎)는 윤리의 중심이었고, 삼세인과(三世因果)는 사회적 신앙이었다. 우상숭배는 중국인에게는 일종의 사회적 습관이었다. 집집마다 모셔 놓은 갖가지 신상은 조상숭배의 표현인 동시에, 정신적인 지주였고 보우자(保佑者)였다. 그런 그들에게 우상숭배를 금지하는 것은 유·불·도 삼교 모두에게 대단히 큰 충격이었고, 고유 종교의 파괴로 받아들여졌다. 그뿐 아니라, 천주교 신도들이 미사를 드릴 때 남녀가 함께 모이는 것은 당시로서는 용납될 수 없었다. 바로 같은 시기에, 리치도 만난 적이 있는 이지(李贄)가, 자기를 따르는 여성 제자들과 그러한 행동을 한 것을 당시의 다른 신사들이 '반유교적인 폭거'라고 비판하였음은 주지의 사실이다.[70]

---

68) 『札記』pp.590~591; 『布敎史』(2), pp.173~174.
69) 谷川道雄·森正夫(송정수 역), 1996; 野口鐵郎, 1986.

셋째는 중국인의 전통적인 우월의식과 배외심리의 표출이었다. 중국인은 이미 고대로부터 화이사상에 기초한 우월의식이 팽배하였고, 그에 따라 주변의 종족들은 사이(四夷)라고 멸시하였다. 나아가 명대는 대개 해금(海禁)으로 대외 교역을 막았던 시대였다. 따라서 리치가 1596년 남창에서 작은 가옥을 샀을 때에도, 근처의 보갑장(保甲長)이 지부에게, '외국인이 가옥을 샀다'고 경고하기도 하였다. 그러므로 선교사들이 강을 배회하며 재물을 약탈한다는 고소장 ⓒ의 내용은, 선교사들의 선교자금의 출처가 분명하지 않은 데서 오는 악의적인 모함이었지만, 심리적인 근저에는 바로 배외심리가 숨어 있었던 것이다. 이것은 리치가 연금술로 선교비를 마련한 것으로 생각했던 남창 신사들의 추측과 상통하는 것이다. 중국인의 이러한 배외심리에 대해서는 마테오 리치도 누누이 지적한 바 있다.

넷째는 생원들은 서학 때문에 자신들의 사회적 영향력이 위축된다고 느꼈기 때문이다. 신부들이 관료·신사·왕족들과 교류한다는 고소장 ⓓ의 내용은, 그때까지 향신과 사인 사이에 성립된 동류의식과 신사공의가 약화되고 자기들은 그러한 교류에서 소외되어 간다는 불안감의 표현이었다. 더구나 신부들은 학교와 과거시험을 거친 신사만이 입을 수 있는 유복(儒服)을 입었으니 이는 분명 국법을 범한 것이었고, 서양의 신기한 물품을 관료들에게 선물로 주고 그들의 환심을 샀으니 이는 회뢰(賄賂)로 매수한 것이라고도 할 수 있었다. ⑵ 광동성 소주에서 발생한 갖가지 사건, 또는 남창에서 남창교안을 필두로, 왕족이 여러 차례 신부들을 해치려 하였지만 신부들과 고관 사이의 친분 때문에 주저하고 있었던 것, 또는 생원들의 그러한 분위기를 제학관이 막은 사실 등에서 보듯이, 생원을 필두로 한 일부의 신사가 천주교 신도가 된 것은, 신사계층 사이에 광범하게 존재하던 동류의식의 이완으로 받아들여졌다. 성도 남창은 물론이고 주변 향촌의 백성들까지 포함하여 선교사들의 사악한 가르침에 현혹된 신도의 수가 2만 명을 넘었다는 ⓗ─ⓙ의 내용은 생원들의 가장 큰 우려를 내포하고 있는 것이었다.

---

70) 신용철, 2006, pp.284~301.

이는 다음과 같은 사건을 배경으로 하고 있었다. 남창교안(1607년)이 일어나기 직전에, 남창인의 정신적 지주 기능을 하던 철주궁〔만수궁(萬壽宮)〕 일부가 소실되었다. 이에 남창의 신사들은 1만 두캇을 모금하여 철주궁을 수복하기로 하고,71) 대학사를 역임한 대향신 장위를 그 일의 대표로 추대하였다.72) 그들이 계획에 따라 기부금을 징수할 때, 기독교도뿐 아니라 신도가 아닌 일부 사람들까지 돈을 안 내려고, "우리들은 천주교도이므로 기부금을 못 내겠다"고 하였다. 징수인들은 천주교에 반감을 가진 생원들의 사주를 받아 이 사정을 장위에게 하소연하였으나, 장위는 "기부는 자발적이어야 하므로 강제할 수는 없다. 못 내겠다면 할 수 없지 않은가"라고 대답하였다. 또한 징수인들이 "이마락 신부는 새로운 교설을 전파하고 있습니다"라고 고하자, 장위는 "그 사람은 선한 사람이고, 그가 전하는 교설도 훌륭한 것이다. 남창에는 외국인이 한 명밖에 없는데 무엇이 두려운가? 북경과 남경에는 수천 명의 사라센인이 평안하게 살면서 학위도 얻을 수 있지 않은가?"라고 대답하였다.73) 명대에 사회의 지배층인 신사가 주도하는, 그것도 남창인의 정신적 지주라고 할 수 있는, 만수궁 수리공사에 협조할 수 없다고 하는 것은 전에는 감히 상상할 수도 없는 일이었다. 이 사건은 당시 남창 사회에 존재하던, 관료·향신·생원·신부·신도·일반 백성 사이의 복잡하고 미묘한 정서를 잘 전해 주고 있다.

바꾸어 말하면, 생원들은 표면적으로는 국가의 자존과 조명 문제, 또는 중국의 전통적인 미풍양속의 훼손 문제 등, '사대부에 걸맞은 사명의식의 발로'라는 명분을 내세우고 있었다. 그러나 그들의 심리적인 내면에는 천주교의 확대가 신사, 특히 생원들의 사회적 영향력을 위축시키고 있다는 위구심이 팽배해 있었던 것이다. 왜냐하면 명 중기 이래로 강서에서는, ⓐ 한편으로는 농업

---

71) 乾隆『南昌縣志』卷45, 雜志, 寺觀, 「妙濟萬壽宮」, p.1713에는 妙濟萬壽宮, 즉 鐵柱宮이 萬曆28년(1600)에 復建되었다고 기록되어 있다. 그러나 본문에 나오는 철주궁의 소실과 수복은 아마도 그 후, 즉 1604~1607년 사이의 어느 시기에 일어난 것으로 생각한다. 전도활동을 한다고 생원들이 언급한 디아즈 (李瑪諾) 신부는 1604년 11월 下旬에 남창에 왔기 때문이다.『書信集』(下), 「李瑪諾神父致羅馬阿耳瓦列茲神父書」(1604. 11. 29) 참조.

72) 『明史』卷219, 張位傳.

73) 『札記』 p.581;『布教史』(2), p.158.

〈표2-1-2〉 명말청초 천주교 신도 수

년 도	신도 수	비 고	년 도	신도 수	비 고
1585	20		1627	13,00餘	
1586	40		1636	38,200餘	
1589	80		1650	150,00餘	
1605	1,000餘		1667	263,80餘	敎堂183座
1610	2,500餘	리치 사망	1700	300,00餘	

과 상공업이 발전하였지만, 또 한편으로는 인구가 외부로 유출되었고, 주변의 산악지방에서 민중봉기가 끊임없이 발생하였을 뿐 아니라, ⓑ 소위 '광세(礦稅)의 화'로 말미암아 전국 각지에서 반(反)환관·반(反)향신 민변이 속출하던 분위기 속에서,74) 강서에서도 경덕진에서 10차례, 상요현에서 두 차례, 횡봉진에서 한 차례 등 많은 민변이 일어났으며,75) ⓒ 양명학의 신사민론(新四民論)으로 평등성이 강조된 이래, 태주학파(泰州學派)가 사회운동을 활발하게 전개하고 있었으므로,76) 신사의 사회지배력은 크게 위협 받고 있었다. 그런데 여기에 더하여 ⓓ 천주교까지 들어와 백성들에게 직접적으로 평등 관념을 고취시키고 있었으므로, 서민의식은 더욱 제고되고 있었기 때문이다.

小 結

마테오 리치를 비롯하여, 명말에 중국에 들어와 선교활동을 벌인 예수회 선교사들은 관료·신사·황족 등과 우호관계를 맺음으로써 안정된 선교기반을 마련하고자 하였다. 그리고 중국의 전통문화나 가치관과의 충돌을 피하기 위하여 유교와 기독교의 공통점을 강조하였다. 이러한 선교전략으로, 기독교에 우호적인 신사들을 다수 확보하였고 그들 가운데 일부는 입교하였으며, 전국의 신도수도 다음 〈표2-1-2〉와 같이 증가하여 갔다.77)

---

74) 朴元熇, 1990; 吳金成, 1994; 吳金成, 2007A, 제2편 제1장 「明代의 國家權力과 紳士」; 제3편 제3장 「宦官과 無賴」 등 참조.

75) 康熙『廣信府志』卷1, 疆域, 興安縣; 劉炎, 1975; 日野康一郎, 2005; 본서 제3편 제1장 등 참조.

76) 余英時(鄭仁在 역), 1993, 下篇, 제2장 「新四民論」.

당시 외국인에 대하여 지극히 배타적이었던 중국인의 정서를 감안하면, 이 정도로도 상당한 성과를 거두었다고 할 수도 있을 것이다. 그러나 이미 1억 5천만의 인구를 가진 거대한 중국으로 보면 미미하기 그지없는 성과였다. 절대 다수의 신사와 백성은 천주교에 극도의 거부감을 느끼고 있었다. 남경교안(1616)이 발생하기 이전에 이미 전국에서 54회의 교안이 발생하였던 것은 이를 말해주는 것이다. 주로 관료·신사를 의지하여 천주교를 전파하려 하였던 선교사들의 노력에도 불구하고, 도리어 신사나 관료들이 반천주교운동을 주동하였다. 또한, 신사들 가운데 하위 신사인 생원층이 더 큰 거부감을 가졌다.

남창의 생원들도, 다른 지역의 생원과 같이, 어쩔 수 없이 '보신가'적 존재양태를 보일 수밖에 없었고, 자신들의 그러한 약점을 보완하기 위하여 동류의식으로 단합할 수밖에 없었다. 1607년에 남창교안을 추진하는 과정에서, 생원들은 처음에는 소수의 힘으로 자신들의 계획을 관철시키려 하였다. 그러나 그들의 힘만으로는 불가능하게 되자, 평소 그들 사이에 널리 존재하던 '동류의식'과 '사인공의'에 호소하여 다수가 모였고, 그것으로도 부족함을 느끼자 '신사공의'에 호소하였다. 생원들의 이러한 동류의식과 사인공의 내지 신사공의의 결절점이 바로 유학의 공자묘와 수많은 서원이었다.

남창교안을 추진하면서 생원들이 내세운 명분은 사대부로서의 당연한 사명의식이었다. 그러나 그들의 심리적인 내면에는 오히려, 자신들의 사회적 위상과 영향력이 위축될 수 있다는 위구심이 더 컸다. 그리고 여기에 더하여, 선교사들의 선교활동 때문에 종래 신·사 사이에 형성되어 있던 동류의식 또한 약화될 수 있다는 우려감, 다시 말하면 생원들의 소외감 역시 숨어 있었다.

남창교안은 생원들의 완패로 끝나고, 생원들을 포함한 신사의 불만은 가라앉는 것처럼 보였다. 그러나 이로써 신사의 반천주교 정서가 완전히 사라진 것은 아니었다. 단지 마테오 리치가 기반을 마련한 후, 남창에 온 선교사들이 모두 남창의 지방관이나 일부 향신과 교우를 가졌기에 참고 있었던 데 지나지 않았다. 남창교안에서 나타난 것과 같은 신사들의 반천주교 정서는 신도의

---

77) 張力·劉鑒唐, 1987, pp.34~36.

증가와 함께 그 뒤에도 각지에서 표출되었다.[78] 그러한 의미에서 보면, 생원들이 조직적이고 계획적으로 주도한 남창교안은, 중국의 역사에서 신사의 반천주교운동으로서는 최초의 단서를 제공한 것이라 하겠다.

---

78) 張力·劉鑒唐, 1987, pp.36~48; 林仁川·徐曉望, 1999, pp.121~142; 陸敏珍, 2000.

제2장 陽明學派의 書院 講學 運動

序 言

명 초기에 체제교학(體制教學)으로 확립된 주자학은 점차로 교조화(教條化)되고 형식적으로 변하여, 명 중기에 이르면 급격하게 진행되던 사회변화에 효과적으로 대응할 수 없었다. 그 때문에 왕수인(王守仁; 호는 陽明, 1472~1528)은 자기의 사상과 이념대로 대동적(大同的) 이상사회의 실현을 모색하였다. 그는 남감순무로 부임하자(1516), 강서·복건·광동의 3성교계지역에서 계속된 사회혼란의 근본 원인을 제거하기 위해서, 얼핏 보기에 무자비하리만큼 구적세력(寇賊勢力)을 진압하였다.[1]

그러나 진압 자체가 목적이 아니고 두목과 협종자(脅從者; 위협 때문에 할 수 없이 참가한 자)를 구별하여, 두목들은 일망타진하고, 협종자들은 향촌에 안주하도록 하였다. 이를 위해서, 양명은 적당한 지역에 신현(新縣)을 설치하고, 보갑법을 확대 실시하며 향약과 사학을 시행하였다. 그뿐 아니라, 강서 각 지역에 서원(書院)을 건립하여 신사나 독서인들과의 토론을 통해서, '심즉리(心卽理)'·'지행합일(知行合一)'·'치양지(致良知)' 등을 중핵으로 하는 양명학을 설파하는 등, 특히 강학에 심혈을 기울였다. 양명의 학설과 이러한 실천적인 행동은 수많은 신사들의 호응을 받았다. 그 때문에, 그 뒤 양명이 직접 기른 제자는 물론, 그 제자의 제자들 또는 이에 감화를 받은 신사들이 전국적으로 양명의 이상을 실천하기 위하여 노력하였으므로, 명말에는 양명학이 일종의

---

1) 본서 제1편 제2장 참조.

개혁사상으로 평가받기도 하였다.

양명의 유업을 계승한 신사들의 사회활동은 강서에서 특히 활발하고 다양하게 전개되었다.[2] 그리고 이러한 현상은, 강서에서도 양명의 문인이 가장 많았던, 길안부 지역에서 가장 활발하게 진행되었다. 그런데 이러한 현상의 구체적 실상과 그것이 갖는 역사적 의미에 대해서는 아직 본격적으로 연구된 바 없다.

이러한 문제의식 아래, 이 글은 다음과 같은 몇 가지 역사적 사실에 주목하고자 한다. 즉, 명 중기 이후 강서성 길안부 지역에서 양명학 내지 양명의 실천적인 행동의 영향을 받은 신사들이 전개하였던, ① 다양하고 실천적인 사회참여 활동은 어떤 것이 있으며 ② 그것은 지방정부 또는 지역사회와 어떠한 관계 속에서 진행되었고, ③ 그러한 활동과 그로 말미암아 나타난 결과는 역사적으로 어떠한 의미가 있는지 등의 문제이다.

실제로, 명대에 길안부 신사들은 수리 개발[3], 교량과 도장(渡場) 설치,[4] 향약 실시,[5] 의창 설치,[6] 종족을 위한 의전(義田)·의숙(義塾)의 창립[7], 명조의 장량(丈量) 협조,[8] 학교의 건립,[9] 서원의 건립과 강학(講學)[10]등 광범한 공익사

---

2) 吳宣德, 1996; 李才棟, 1993.

3) 歐陽鐸, 『歐陽恭簡公遺集』 卷1, 「重修萬家陂記」; 乾隆 『泰和縣志』 卷3, 陂塘, 雲亭阜濟渠 ; 項俌(龍泉人, 景泰2年 進士, 工科給事中), 「重修大豊陂記」, 同治 『遂川縣志』 卷16, 藝文 ; 乾隆 『吉安府志』 卷7, 陂塘, 龍泉縣陂塘.

4) 康熙 『廬陵縣志』 卷7, 津梁, 「吟溪橋·大櫟橋」; 乾隆 『廬陵縣志』 卷5, 地輿志, 渡, 凌波渡 ; 乾隆 『安福縣志』 卷2, 輿地志, 橋梁, 鳳林橋(有鄒守益記)·麗澤橋·望雲橋·亭橋·朱村橋·東蔭橋 등 다수.

5) 袁海燕, 2004 ; Hauf, Kandice(郝康迪), 1996.

6) 道光 『廬陵縣志』 卷33, 行誼, 明, 劉應春.

7) 萬曆 『吉安府志』 卷15, 學校志.

8) 傅維鱗, 『明書』 卷67, 土田志, 鄒守益(安福縣).

9) 永豊縣 儒學의 건설과정에 대해서, 萬曆 『吉安府志』 卷15, 學校志, 永豊縣儒學에는, "嘉靖癸卯, 縣丞楊繼儒增修之"라 하고 있다. 그런데 鄒守益, 「永豊縣重修儒學記」, 萬曆 『吉安府志』 卷15, 附錄4, 紀述(下)에는, 文廟·明倫堂 尊經閣·櫺星門·號舍·名宦鄉賢祠 등을 "嘉靖癸卯冬, 益適至永豊雙江聶子豹與鄉大夫士出貲議新學宮, 時中丞淨峯張公岳主其議"하였다고 기록하고 있다. 실제로는 신사 합축(合築)이었던 것이다.

10) Meskill, John, 1982.

업에 참여하였다.[11] 그 가운데에서도 가장 두드러진 활동은 서원을 건립하고 강학을 시행한 것이었다. 명말에 강서에는, 그곳 출신의 신사뿐 아니라 다른 지역 출신의 신사도 들어와서 서원을 건립하거나 강학에 참여하는 사례가 적지 않았다. 그러므로 이 장에서는 명대 길안부 신사의 다양한 사회참여 활동 가운데, 특히 서원을 건립하고 강학에 참여한 활동을 중점적으로 분석함으로써, 그들의 정치·사회적인 역할의 일면을 추구하려 한다.

I. 吉安府의 社會·文化的 傳統

길안부는 강서성의 감강 중류 지역의 구릉지에 위치하고, '산은 7, 물 1, 농토 2'라 할 만큼 산이 많은 지역이지만, 경제적으로 보면 송원시대에는 남창 지역과 함께 비교적 부유한 지역이었다.[12] 그러나 원말의 동란기를 지나 명대에 들어오면 길안부의 경제 사정은 상당히 악화되었다. 이를 이해하기 위하여, 먼저 강서성 전체의 사정을 살펴보기로 하자.

송원시대 강서지방은 감강 중·하류 지역의 농업이 발달하였고, 이곳에서 생산된 미곡이 성 안팎으로 반출되었다. 그러나 원말의 동란기에는 강서의 거의 모든 지역이 동란에 휩싸였고, 특히 1352년으로부터 1363년에 진우량 군대가 주원장(朱元璋) 군대에게 최후로 패할 때까지 미곡의 주산지가 큰 피해를 입었다.[13] 그 뒤로 강서지방은 주원장 집단에 편입되었는데,

> (1) 너희 강서인은 [나(홍무제를 지칭)에게] 항복해 오기 전에는, 호강(豪强)이 할거하면서 이리를 몰듯이 [토지를] 잠식하여 재산을 빼앗겼고 [나에게] 항복한 후로는 [또한] 세역 부담이 많은 지가 이미 9년이 되었다. 짐은 그 곤궁함을 대단히 민망하게 생각하여, 금년 추량(秋糧)을 모두 감면하여 백성의 어려움을 덜어 주겠다.[14]

---

11) 袁海燕, 2004.

12) 地濃勝利, 1977.

13) 吳金成, 1986, p.88.

(2) 전에 태조 고황제(高皇帝)께서 나라를 창업하실 때, 강서를 먼저 얻으시고 그곳
에서 [세역을] 받아 천하를 통일하셨다. [그 때문에] 30여 년간 누차 [감세의]
은혜를 베푸셨다.[15]

고 하듯이, 미처 생산력이 회복되기도 전부터 명조를 창업하는 데에 대단
히 무거운 세역을 부담하였던 지역이었다. 예를 들면, 홍무제가 새로이 남
경성(南京城)을 축조할 때 남직예(강소+안휘성)·강서·호광(호남+호북) 등 3
개 성 136개 현과 기타 위소 지역에 벽돌을 공출케 하였는데, 그 가운데
강서성의 12부 62개 현에서 벽돌을 공출하였다. 각 현의 구체적인 벽돌 공
출량은 알 수 없으나, 현의 숫자만으로는 전체 공출 현의 46%가 강서성
소속이었다.[16] 그 때문에 홍무제와 영락제가 이구동성으로 인정할 정도로
중부지역(重賦地域)[17]이었다. 강서성은 또한,

무릉 등 10개 현은 병신년(1356)에 동란이 일어난 이후 인민이 도산하였으며,
(국초에) 비록 복업(復業)하였다 하나 아직도 땅은 넓고 인구는 희소하며 개간된
농토는 적고 황무지는 많습니다. (그런데) 이웃 강서의 주현에는 농토가 없는 실
업인이 많습니다. 부디 강서의 빈민을 (이곳에) 이주시켜 (황무지를) 개간하고 농
사를 짓도록 조칙을 내려주신다면, 농민도 그 힘을 다 쓸 수 있고 토지도 그 유
익함을 다 발휘할 수 있을 것입니다.[18]

라고, 이웃 호광성에서도 인식하고 있을 만큼 인구 과잉 지역이었다.
한편, 명조 개국 후 1세기가 지난, 15세기 후반에 이르면, '호강(豪强)들이
토지를 겸병하고 반당(伴當; 사가노복)을 앞잡이로 하여 온갖 횡포와 수탈을

---

14) 『太祖實錄』 卷65, 洪武4年 5月 己卯條.

15) 『太宗實錄』 卷11, 洪武35年 8月 甲子條.

16) 「明南京城墙城磚燒造地域表」(南京城 案內所 벽에 붙어 있음) 참조.

17) 명대의 중국 최고의 重賦地域은 물론 蘇松地方이었지만(森正夫, 1988 참조), 그 다
    음이 강서지역 이었다.

18) 明 『太祖實錄』 卷250, 洪武30年2月丁酉條.

자행하고, 관부에서도 세량을 과징하기' 때문에 소민들은 '평안하게 살 수 없
어 다른 곳으로 도망하는 사람이 많다'고 하고,[19] 또 이와 거의 같은 시기에
활약한 구준(丘濬; 1420~1495)도,

> 금일의 실정을 말한다면, 호광지방은 전토는 많고 인구는 적으며, 강서는 전토
> 는 적고 인구는 많다. 강서인의 태반이 호광에 들어와 사는 이유는 대체로 강서
> 의 소출이 그 인구를 부양하기에 부족하여, 반드시 호광지방의 미곡에 의존해야
> 만 살 수 있기 때문이다.[20]

라고 표현되는 지역이었다. 바꾸어 말하면, 명초부터 강서사회는 인구의
과잉과 높은 부역 부담으로 어려움을 겪으면서, '부익부 빈익빈' 현상이
만연하였고 그 결과 인구가 외성으로 유산되는 지역으로 변화되어 있었다.
  이러한 현상은 16세기 중엽에도 여전하였다. 강서순무 호련(胡璉)은, 강서
성이 '농토는 적고 인구는 많고, 세역의 부담은 과중'기 때문에, 궤기(詭寄; 토
지를 타인 명의로 바꾸는 것) 등 갖가지 폐단과 도망이 속출함을 지적하고 있
고,[21] 장한(張瀚)도,

> 강서는 … 땅은 좁고 인구는 많으며, 사람들은 모아놓은 것이 없이 근검절약함
> 에도 불구하고 가난하여, 대개는 지혜와 기술로 사방에 나가 생활하면서 늙어
> 죽기까지 돌아오지 않는다.[22]

고 전하고 있다. 또한 16세기 후반에 이르러서도,

---

19) 『皇明條法事類纂』 卷20, 「債主關俸問不應」.

20) 丘濬, 「江右民遷荊湖議」, 『明經世文編』 卷72.

21) 明 『世宗實錄』 卷136, 嘉靖11年3月庚午條.

22) 張瀚, 『松窗夢語』 卷4, 「商賈紀」에 "江西 … 地産窄而生齒繁, 人無積聚, 質儉勤苦而多
    貧, 多設智巧, 挾技藝以經營四方, 至老死不歸"이라 함.

> 강서·절강·복건 등 세 곳은 인구는 많고 땅은 좁아서, 전체적으로 중원의 한 성에도 못 미친다. 그러므로 기술을 지니지 않으면 먹고 살기가 어렵고, 외지에 나가지 않으면 기술을 팔 수 없는데, 강서가 더욱 심하다. … 〔그들은〕 자본을 가지지 않은 채 외지에 나가 온갖 일을 다 한다. 빈손으로 나가서 벌어서 돌아 오는데, 대개 점쟁이나 풍수가(風水家)·의복(醫卜)·가마꾼·목공 등이고, 염상·목 재상·직물상·보석상은 없다. 그러므로 타지로 나가는 사람은 강서가 가장 많고, 강서에서는 무주가 가장 많다.[23]

고 하는 기록 등이 전한다. 인구과잉·중부·부익부빈익빈 현상에 더하여 궤기(詭寄) 등 갖가지 폐단이 만연하여 인구가 도산(逃散)하거나, 외지로 나가 상업으로 연명하고 있으므로, 강서상인은 대개가 소상인이라는 것이다.

강서성은 이렇게 명초 이래 줄곧 인구가 많고 부역이 과중하고, 부익부빈익빈 현상이 만연하였다. 그 때문에 국가의 의도적인 사민정책(徙民政策)에 따른 인구이동 외에도, 사적인 도망자 등으로 말미암아 인구의 자연 감소가 많은 지역이었다. 이들 강서인은 바로 서쪽으로 이웃한 호광성 지역으로 대거 유입하여 노동력으로, 기술자로, 상인으로 활약하면서 점차로 대지주나 대상인으로 성장하고, 과거에도 합격하는 사례가 많았으므로, 심지어 '강서인이 호광을 메운다'는 속담이 나올 정도였다.[24]

강서의 이러한 현상은 길안부에서도 예외없이 일어나고 있었고 오히려 더욱 심각하였다. 명초에 길안부의 일인당 평균 경지면적은 2.8무에 지나지 않아 강서성 평균 5무의 절반 수준일 정도로, 인구는 많고 농토는 너무 좁았다. 당시 강서성 최고의 경지개간율(耕地開墾率; 총 면적에 대한 등록전지의 비율)을 보였던 서주부를 100으로 잡을 경우, 길안부는 겨우 33으로서 강서에서 하위에 속하였다.[25] 이러한 상태는 15세기부터 오히려 더욱 악화되었다. 길안부

---

23) 王士性(萬曆5年 進士), 『廣志繹』 卷4, 江南諸省, 江西條. 한편, 蕭近高(萬曆23年 進士)
  도 "大都江右土瘠民貧, 無他奇産, 民皆仰食糊口於四方"(蕭近高, 「參內監疏」, 康熙 『西
  江志』 卷146, 藝文)라 하고 있다.

24) 曹樹基, 1997A(제5권), 第3·4章; 方志遠, 2001, pp.55~80; 본서 제1편 제1장; 본서
  제3편 제3장 등 참조..

영풍현의 신사 나윤(羅倫; 1431～1478)은 15세기 중엽에 영풍 지현에게 보낸 서신에서,

> 우리 〔영풍〕 현민은 가렴주구에 시달리고 있습니다. … 민이 유리하여 도적이 되는 것을 막는 일은 매우 어렵습니다. … 하물며 서리가 비파(飛派)·궤기(詭寄) 등의 작폐를 저지르고, … 세역을 부과할 때는 서리가 서류를 날조하고 이장과 이노인을 매수하여 상(上)을 하(下)로 하고 하를 상으로 하기 일쑤입니다. 농토가 많은 자에게는 세역이 부과되지 않고 가난한 자에게는 오히려 골고루 부과되니, 한탄스럽기 그지없습니다. 오늘날 백성 중에는 〔세역을 납부하기 위하여〕 집을 파는 자도 있고 농토를 파는 자도 있고 소를 파는 자, 〔심지어〕 자녀를 파는 자도 있으며, 부인의 귀걸이와 목걸이까지 팝니다.[26]

라고 썼다. 관부의 가렴주구와 서리의 작폐 때문에, 하등·중등호는 물론이고, 상등호(즉 이장호)마저 몰락한다는 것이다.

이렇게 된 원인은, 부호들이 평상시에 전산(田産)을 매입하면서도 부역황책(賦役黃冊)을 작성할 때는 서리와 결탁하여 궤기(詭寄)·화분(花分)·비쇄(飛灑) 등 각종 부정한 방법, 예를 들면 '토지는 팔았으나 그 세는 그대로 물리고, 호는 달아났으나 요역은 여전히 물리는' 방법으로 세역을 기피하였기 때문이다. 이 때문에 1리당 수십 석의 허량(虛糧)이 생기고 현 전체로는 수천 석이 되었는데, 부족한 세량은 양장(糧長)·이장(里長)뿐 아니라 소호(小戶)에게까지 배상케 하였으므로 소송사건이 빈발하였고, 이들이 견디지 못하고 몰락하여 도망하는 자가 속출하였고 도적이 되는 경우도 많았다. 이러한 폐단은 강서에서도 길안부가 가장 심하였고 그 다음이 임강부였다.[27] 바꾸어 말하면, 인구과잉과 부역 과중으로 재부의 집중현상과 절망적인 빈곤화의 양극화 현상이 계속되

---

25) 吳金成, 1986, 제2편 제1장 참조. 길안부는 명말에 이르러서도 耕地增加率이 명초보다 겨우 13% 증가했을 정도로, 경제적인 여건이 그리 풍족하지 못한 지역이었다(同書, pp.92·105 참조).

26) 羅倫(成化2年 進士), 「與府縣言上中戶書」, 『明經世文編』 卷84.

27) 唐龍, 「均田役疏」, 陳子壯 編, 『昭代經濟言』 卷3.

었던 것이다.

15세기 중엽에, 길안 지부 허총도,

> 길안부는 땅은 넓지만 경작할 땅은 매우 적고, 인구는 많지만 재화와 곡식의 이
> 익은 풍부하지 못합니다. 문인·현사(賢士)가 많지만, 강종(强宗)과 호우(豪右) 역
> 시 적지 않아서 [이권을 위하여] 서로 싸우므로 소송이 대단히 많습니다. 가까
> 이는 지방 관청에 고소장을 내니 매일 팔구백에 달하고, 멀리는 성대(省臺)에
> 제출하는 것이 매년 삼사천에 이르며, 종종 걸려드는 사람이 적게는 수십에 이
> 르고 많게는 백천(百千)에 이릅니다. … 선량한 사람은 억울하게 해를 입으니
> 소민은 편히 살 수가 없습니다. 더구나 부역의 부담이 무겁고 위치가 교통의 요
> 지여서 더욱 어렵습니다.[28]

라고 상주할 정도로, '땅은 좁고 인구는 많으며' '강종호우(强宗豪右)'의 횡
포와 그로 말미암은 소송사건[29] 등, 길안부의 심각성을 인식하게 되었다.
그러나 그러한 폐단을 개선하기는커녕, 명조에서는 오히려 성(省)에 참정(參
政) 하나, 길안 등 7개 부에 '동지(同知)' 각 한명씩을 증설하여 세량 징수를
전담토록 하였고, 가정15년에도 참정 1원(員)을 다시 증설하여 세량 징수를
전담토록 하였다.[30] 그 때문에 만력 초에 『길안부지』 편찬자도, 길안이 "부
역이 무겁고 호민(豪民)은 교묘하게 세역을 피하기 때문에 백성이 곤궁한
것은 10호 가운데 9호"라고 지적하고 있다.[31] 나윤의 지적대로, '백성이 달
아나 도적이 되는 것'을 막기가 대단히 어려울 수밖에 없었다.[32]

---

28) 『憲宗實錄』 卷56, 成化4年7月癸未條.

29) 명 태조 朱元璋도 "兩浙·江西之民, 多好爭訟, 不遵法度, 有田而不輸租, 有丁而不應
役"(明 『太祖實錄』 卷150, 洪武15年11月丁卯條)한다고 경고하였듯이, 남직예의 蘇
州·松江, 절강의 杭州·湖州·嘉興과 더불어 강서의 南昌·撫州, 그리고 吉安이 爭訟
이 많기로 유명한 지역이었다. 명대에 吉安府에 爭訟이 많았던 것에 대해서는 方
志遠, 1987 참조.

30) 『憲宗實錄』 卷45, 成化3年8月丙申條; 『世宗實錄』 卷192, 世宗15年10月乙未條.

31) 萬曆 『吉安府志』 卷13, 賦役志, 徭役.

32) 명대 길안부의 경제사정이 이렇게 어려웠음은 肖文評, 2005에서도 지적하고 있다.

그런데 길안인의 유산(流散) 방향은 크게 성내와 성외 지역으로 구분할 수 있었다. 우선 성내 지역을 보면, 이웃한 임강부 지역으로 유입하였는데, 임강부 토호들이 길안 유민들을 모아 장원에 거주시키고 무예를 가르쳐 향인과의 계투(械鬪)를 벌이기도 하였다.[33] 그러나 길안인이 많이 유입한 지역은 강서에서 경제적으로 가장 낙후지역이었던 감남지방이었다. 감남지방으로 유입한 길안인은 물론 농촌의 몰락 농민이 많았다. 양명도 16세기 초의 강서 남부의 사정을 기록한 내용 가운데, "(길안부의) 만안·용천 등 현의 피역도민(避役逃民)과 백공기예(百工技藝) 및 유식인(遊食人)들이 〔감남에〕 유입하여 잡거하면서 무리를 지어 노략질하는 일이 많다"[34]고 기록하였고, 감주부 흥국 지현을 지낸 바 있는 해서(海瑞; 1535~1587)도,[35]

(1) 길안·무주·남창·광신 등 여러 부의 민이 비록 남안·감주 지방에 들어와 소작을 하지만, 남감에 들어오는 자는 10% 정도이고, 타성 지역에서 유식하는 자가 90%이다.[36]

(2) 이들 (외래) 객호는 (토착) 세호의 장소(莊所)에 거하면서 세호의 우곡(牛穀)으로 생활하는데, 대개는 처자가 없어 일단 어려움이 생기면 쉽게 달아나 버린다.[37]

라고 하듯이, 길안인들은 대개 단신으로 감남지방에 들어와 지주의 '장원'에 거주하며 전호나 노복으로 생활하는 경우가 많았다. 그러나 이들 빈민 외에도,

(1) 정덕 이후 … 전산(田産)이 길안인의 기장호(寄莊戶)에게 넘어간 것이 열 가운데 두셋이나 된다. … 최근에는 외군 기장인이 다른 곳에 독서인이 적은 것을

---

33) 『皇明條法事類纂』 卷 13, 「禁約侵占田産例」.

34) 王守仁, 『王陽明全集』 卷10, 別錄2, 奏疏2, 「立崇義縣治疏」.

35) 海瑞는 嘉靖41년(1562) 1월부터 43년 9월까지 흥국 지현을 지냈다. 吳金成, 1984 참조

36) 海瑞, 『海瑞集』, 「興國八議」, 地利.

37) 海瑞, 『海瑞集』, 「興國八議」, 隘所.

　　이용하여 몇 무의 전토를 사서 모적(冒籍)을 도모하고 있으니, 이는 그곳의 사환
　　희망자가 너무 많아서 이곳의 적을 가진 것[이다.]38)

⑵ 태화인으로 우리 (감주부) 용남현에 부적자(附籍者)가 많았으므로, 그중 20인을
　　불러 각 향에 보내서 장량(丈量)을 돕도록 하여 2개월여 만에 마쳤다.39)

⑶ 그중 부자는 큰 배를 이끌고 상도(上都)에까지 왕래하며 장사하고, 혹은 객적(客
　　籍)으로 감주에 가서 광대한 토지를 소유한다.40)

고 하는 지적과 같이, 길안의 부호들이 경제·문화적으로 낙후된 남부지방
에 모적(冒籍)하여 사환(仕宦)의 기회를 엿보기 위해서 남부로 유입하여 기
장호(寄莊戶)로 군림하며 영향력을 발휘하는 경우도 많았다.

　그러나 길안인의 이동 방향은 이상과 같은 성내보다는, 해서의 지적대로
성외지역이 훨씬 많았다. 길안인은 원말명초의 동란기에 이미 대거 호남으로
이동하였다. 최근의 추정에 따르면 호남 전체 인구의 26.2%(73.1만), 씨족으로
보면 78.5%가 강서에서 이주하였고, 그 가운데 1/2 이상이 길안인이었던 듯하
다.41) 〈표2-2-1〉42)에서 보는 바와 같이, 실제 통계로 본 길안부의 호구는 명초
이래 계속해서 감소하였고 만력 초에 이르면 격감하였다.

　한편, 강서성 지역은, 뒤에서 서술하겠지만, 명대에 과거 합격자가 대단히
많은 지역이었다. 바꾸어 말하면, 강서성에는 생원·감생·거인·사환자(仕宦者)
등 신사가 대단히 많았으므로, 그들이 응당 받는 요역면제(徭役免除)와 남면
(濫免)43) 부분이 고스란히 서민들에게 전가되었고, 그로 말미암은 서민의 고

---

38) 康熙『雩都縣志』卷4, 戶口.

39) 張先登, 「均田書」, 康熙『龍南縣志』卷4, 食貨志, 田賦.

40) 萬曆『吉安府志』卷11, 風土志, 「萬安」條.

41) 曹樹基, 1997A, pp.125～127.

42) 嘉靖『江西通志』卷24, 戶口, 吉安府; 萬曆『吉安府志』卷13, 戶賦志, 戶口 참조. 但,
　　乾隆『吉安府志』卷33, 賦役志, 戶口考에는 洪武24年의 丁口를 2,061,723口라 하고
　　있다. 또한 江西布政司,『江西賦役全書』(萬曆 39年刊)에 따르면, 吉安府는 52萬 餘戶
　　에 田地49千 餘頃으로 기록되어 있다.

43) 吳金成, 2007A, 제2편 제3장, 「國法과 社會慣行 : 明代의 '官紳優免則例'를 中心으로
　　」 참조.

〈표2-2-1〉 明代 吉安府 登錄戶口·田地

年度	洪武 24年	弘治間	嘉靖初	萬曆 10年
戶數	343,791 戶	315,560	310,998	279,807
口數	1,717,933 人	1,283,129	1,118,068	402,833
田地山塘	48,528頃/人均2.8畝			55,031頃/比洪武13.4%增

통도 다른 성보다 높았을 것이며, 그 가운데서도 길안부는 강서의 다른 부보다 더욱 높았다. 앞에서 서술한 것처럼, 강서 각 지역에서 궤기(詭寄) 등의 폐단이 속출했던 원인 가운데 하나는 바로 이렇게 신사가 많았기 때문이었다.

길안부는 이상과 같이, 명대에 들어와서는 그리 풍족하지도 못하였고, 그 위에 갖가지 사회모순이 만연하여 오히려 많은 농민이 유산하였다. 그런데도 문화적으로 보면, 길안부는 송대 이래 오랫동안 문화적 전통이 이어져 왔고, 학업과 과거시험에 필요한 기반 시설이 비교적 잘 갖추어져 있었다. 바꾸어 말하면 길안부 지방은 이미 송대에 '공사장[貢士莊; 회시응시자(會試應試者)를 위한 토지]이란 이름의 의장(義莊)이 있었는데, 1272년에는 기금이 6,100석이나 되었고 의장의 운영은 길주부학(吉州府學)에 위임되어 있었다.44) 이러한 배경이 있었기에 이미 송대부터,

> 송이 개국한 지 300년에 문장지사(文章之士)가 연이어 나오니, 누구나 통경학고(通經學古)를 높게 보고 구시행도(救時行道)를 어질게 본다. … 집집마다 시(詩)·서(書)를 외우고 사람마다 강개(慷慨)한 마음을 가지니 문장과 절의(節義)가 천하에 으뜸이다. 고가세족(故家世族)은 집집마다 종보(宗譜)와 사당이 있어 절기마다 제사는 반드시 예를 다하여 지낸다.45)

라고 하듯이, '문장과 절의를 지키는 곳' 혹은 '충의와 문헌의 고장으로, 강서에서 제일가는 곳'46)이란 칭찬을 받았다. 구양수·호전·양만리·문천상

---

44) 周藤吉之, 1954, pp.204~207; 楊聯陞, 1961 참조.
45) 萬曆 『吉安府志』 卷11, 風土志.
46) 乾隆 『廬陵縣志』 卷6, 地輿志, 風俗.

등 대유(大儒)의 고향이 모두 길안부였고, 그만큼 문운도 떨친 지역이었
다.47) 이에 따라 과거합격자도 많았으니, 북송시대의 길안부 출신 진사합
격자는 전국 총수의 1%~2%를 점하였고, 남송시대에 들어와서도 처음 70
여 년 동안은 북송시대와 비슷한 비율이었으며, 말기에는 오히려 4% 대로
증가하였다.48)

   원대에도 유명한 학자 272명 가운데 93명이 강서출신이었는데, 그 가운데
1/3인 34명이 길안부 출신이었고, 전국의 서원도 총 407개소 가운데 73개가
강서에 자리 잡고 있을 정도로 문화적인 전통이 높은 지역이었다.49) 이상과
같은 문화적 전통이 있었으므로, 뒤에서 설명할 것처럼, 강서는 이미 명초에
도 문화적으로 선진적인 지위에 도달해 있었다. 그 가운데 길안부는, 역시 뒤
에서 다시 설명하겠지만, 명대에 진사 합격자가 강서 진사 총수의 1/3이나 되
었고, 홍무에서 성화년간까지 100여 년 동안, 이곳 출신의 진사가 전국의
1/10, 일갑진사(一甲進士) 1/4, 장원 1/3이나 점하였던 점을 상기하면, 길안부의
문화적 기반의 유구성(悠久性)을 알 수 있다.50)

   이러한 문화적 전통이 있었기에, 『명유학안』에서조차

> 요강(양명)의 학문은 오직 강서에 온전히 전해졌으니, 동곽(東廓) 추수익·염암(念
> 庵) 나홍선·양봉(兩峰) 유문민·쌍강(雙江) 섭표가 그 빼어난 인물이다. 재전(再
> 傳)하여 당남(塘南) 왕시괴·사묵(思黙) 만정언이 능히 양명의 미진한 뜻을 추원
> (推原)하였다. … 양명의 일생의 정신은 모두 강서에 있다.51)

고 평할 정도로, 명 중기에 양명학이 강서에서 확립되어 발전하였고, 특히
길안부에 양명의 문인이 많았던 것이다. 바꾸어 말하면, 양명학이 태어나

---

47) 何佑森, 1955; 許懷林, 上海, 1982; 李國鈞 等, 1994, 第1·2編 參照
48) 荒木敏一, 1969, 附篇; 萬曆 『吉安府志』 卷5, 選擧.
49) 何佑森, 1956; 李國鈞 等, 1994, 第3編 參照.
50) 方志遠, 2001, p.186.
51) 『明儒學案』 卷16, 江右王門學案1, 「序」. 한편, 東廓 鄒守益은 안복인, 念庵 羅洪先은
   길수인, 兩峰 劉文敏은 안복인, 雙江 聶豹는 永新인으로 모두가 吉安府人이었다.

기 위한 학문적 토양은 강서와 길안의 바로 이러한 지적인 풍토를 배경으로 삼았다. 그리고 동시에 양명학은,

(1) 강서성에 강학이 성하게 된 것은 주희·육구연, 이 두 선생이 시작하였고, 아호·백록, 두 서원이 그 문장을 흥기시켰기 때문이다. 명조에 들어와서는 강재(康齋) 오여필·경재(敬齋) 호거인·동백(東白) 장원정·일봉(一峰) 나륜 등의 선생들이 강학하면서 더욱 번성하게 되었다. 마지막으로 양명 선생이 '양지설'을 발표하고, 주희와 육구연을 껴안으니, 선생의 큰 이름이 강서에 가득 차게 되고 고금의 유학자로서 체(體)와 용(用)이 있다 해도 능히 따를 수 없었다. … 그 후에 양명학을 펴는 학자는 강서에 길수·안복·우강이 가장 성하다."[52]

(2) 정덕·가정년간에 신건백(新建伯; 양명)이 이학(理學)을 창명하자 한 때 그 문하에서 배운 자가 수십여 인이나 되었다. 왕씨의 학문은 오로지 길안에 전해져서 지금까지도 그 명성이 자자하다.[53]

고 하듯이, 이러한 지적인 여건에 날개를 달아준 격이었다.[54] 그 때문에, 뒤에서 설명하겠지만, 명대에 전국에서 가장 서원이 많은 곳은 강서였고, 특히 길안지역에 서원이 가장 많았다.

Ⅱ. 明代 吉安府의 紳士 輩出

강서는 송·원시대 이래 문운이 발달한 지역이었고, 그 가운데 특히 길안부 지역은 명 중엽까지 중국 제일의 진사 배출지이자 동시에 많은 고관을 배출한 곳이었다.[55] 실제로『명사』「열전」에 등재된 강서적인(江西籍人)은 408인, 재보(宰輔)는 18명인데, 그 가운데 10명이 길안 출신이었다.[56] 그러기에 왕세

---

52) 王士性,『廣志繹』卷4, 江南諸省, 江西.
53) 萬曆『吉安府志』卷11, 風土志.
54) 何炳棣, 1987, p.256.
55) 何炳棣, 1987, pp.272~273.

정(王世貞)도,

> 건문(建文) 경진년(1400)에 장원은 호정, 제이명(第二名)은 왕간으로 길수 사람
> 이었고, 제삼명(第三名)은 이관으로 여능 사람이어서 이들 모두가 길안부 사람
> 이었다. … 영락 갑신년(1404)에 장원은 증계로 영풍 사람, 제이명은 주술, 제삼
> 명은 주맹으로 모두가 길수 사람이었으며, 제이갑(第二甲)의 제일명은 양상, 제
> 사명은 왕직으로 모두가 태화 사람이었고, 제이명은 송자환으로 길수 사람, 제
> 삼명은 왕훈으로 여능 사람이었다. 양상은 또한 회원(會元)이었다. 이들 7인은
> 모두 길안부 사람이었다.[57]

고 지적한 바 있다. 바꾸어 말하면, 1400년과 1404년 2회 연속으로, 길안
부가 제1갑 3명을 독식하였고, 이 기록은 그 뒤에도 유지되었다. 또한, 앞
에서 서술한 것처럼, 특히 홍무에서 성화년간까지 100여 년 동안, 길안 출
신의 진사가 전국의 1/10, 일갑진사(一甲進士) 1/4, 장원 1/3을 점하였다. 명
초의 양사기나 중기의 진순은 이러한 현상을 가리켜,

> (1) 사방에 출사한 사람이 많기로는 강서가 제일인데, 강서의 '69'개 현 중에는 길수
> 만큼 성한 곳이 없다. … 천하가 넓다 하지만 학교에서 사(士)가 배출된 것은
> 강서·양절만큼 성한 곳이 없으며, 길안은 강서에서 가장 성한 곳이다.[58]
>
> (2) 국초의 문운은 강서가 유독 성하였다. 그러므로 그 때에는 '한림원에는 길수 사
> 람이 많고 조정에는 강서출신자가 절반이나 된다'는 속담이 있었다.[59]

고까지 표현하였다. 그러므로 "강서·절강·복건 등 지역은 예로부터 사민

---

56) 許懷林, 1993, pp.608~609.

57) 王世貞, 『弇山堂別集』 卷3, 「一郡三及第」.

58) 楊士奇, 『東里續集』 卷10, 「送徐崇咸僉憲致仕還鄕序」. 당시 강서에는 77개 현이 있
    었으나, 양사기는 '69'개로 적음.

59) 『皇明貢擧考』 卷1, 「取士之地」.

(四民) 가운데 사인(士人)이 많은데 저의 고향인 강서가 많사옵고 강서 각 부에서는 신의 길안부가 유독 많습니다"[60]라고 한, 길안 출신 대학사 진순의 말은 이를 잘 표현한 것이었다.

그러면 명 중기 이래, 강서와 길안에는 실제로 신사가 얼마나 있었을까? 이 문제는 누구에게나 관심의 대상이지만, 실제로는 생원·감생(세공생과 예감생 포함)·거인·진사가 특정 단위 기간에 얼마나 있었는지 계산하는 것은 거의 불가능하다.[61] 그러므로 이 글에서는 그 대체적인 수치를 추산해 보기로 하겠다.

우선 생원의 경우를 보자. 명 중기, 강서성은 13부(府) 1주(州) 77현(縣)으로 되어 있었으므로 도합 91개 유학이 있었고, 길안부는 아홉 개 현이 있었으므로, 부학(府學) 한 개와 현학(縣學) 아홉 개, 도합 10개 유학이 있었다.[62] 만일 명 중기에 1개 유학에 생원이 평균 300명이 있었다고 계산하면,[63] 강서에는 3만 명 정도, 길안부에는 3,000명 정도의 생원이 있었다고 생각한다.

그러면 감생은 어떠하였을까? 명조는 정통6년부터, 부학은 매년 생원 한 명, 주학은 3년에 두 명, 현학은 2년에 한 명을 세공(歲貢)으로 추천토록 규정하였고,[64] 세공과 거의 같은 수의 예감생이 존재하였다.[65] 그러므로 한 세대를 30년으로 계산한다면, 강서성에는 도합 1,565명의 세공이 있었다고 추정되며,[66] 또한 이와 거의 동수의 예감생이 있었다고 가정한다면, 감생은 도합 3,000여 명 정도 존재하였다는 계산이 가능하다. 그리고 1개 부학, 9개 현학이 있었던 길안부에는 165명의 감생 및 이와 동수의 예감생, 도합 330여 명의 감

---

60) 『英宗實錄』 卷268, 景泰7年7月丙申條.

61) 衷海燕, 2004 참조.

62) 萬曆 『明會典』 卷15, 戶部2, 州縣1, 江西等處承宣布政使司.

63) 강서의 유학에 생원이 최소한 평균 300여 명으로 계산할 수 있는 근거는 본편 제1장 참조. 실제로는 각 유학에 재학하는 생원은 이 300명보다 훨씬 많았을 것이므로, 거인으로 진출한 생원의 수는 무시한 것이다.

64) 萬曆 『明會典』 卷77, 貢擧, 歲貢, 「凡歲貢額數」條.

65) 吳金成, 1986, pp.45~48.

66) 13개 府學에 390명, 1개 州學에 20명, 77개 縣學에 1,155명이었다. 이 수치는 대체적인 대세를 보려 하는 것이므로, 감생 가운데 거인으로 진출한 수는 무시하였다.

생이 동시에 존재하였다고 생각한다.

또 한편, 거인의 경우에는 어떠했던가? 명대 향시 정원의 변화를 종합하면

⟨표2-2-2⟩ 明代 擧人 定員의 變化

年度	洪武3年	洪熙元年	正統5年	景泰4年	萬曆43年	崇禎15年
全 國	510	550	740	1,145	1,265	1,387
江西省	40	50	65	95	100	110

⟨표2-2-2⟩[67]와 같다. 이 액수에 따르면, 강서성의 향시 정원은 홍무3년부터 40명→ 홍희원년부터 50명→ 정통5년부터 65명→ 경태4년부터 95명→ 만력 43년부터 100명→ 숭정15년부터는 110명이 되었다. 이러한 향시액수는 명 일대를 통하여, 남·북 직예를 제외하면, 강서가 줄곧 중국 전체에서 3위에 해당하는 높은 수치였다. 거인은 한 세대 30년에 향시를 10회 거행하고 경태4년부터 강서의 거인액수가 95명이었으므로, 30년에 950명의 거인을 배출하였다. 그런데 명초부터 각 성에서 향시의 정원보다 많으면 20% 정도 더 합격시키는 사례가 많았으므로,[68] 강서에서도 한 세대에 대략 1,000명 정도의 거인이 배출되었다는 계산이 가능하다. 이 가운데 진사에 합격하는 사람이 300여 명이었고,[69] 단지 거인 자격만으로 출사한 사람도 있었을 것이므로, 실제 거인은 700여 명이 존재하였다고 생각한다. 한편 길안부에서는, 아래의 ⟨표2-2-3⟩[70]과 ⟨표2-2-4⟩에서 보는 바와 같이, 명 중기 이후 매회 평균 거인 35명, 진사 10.5명을 배출하였으므로, 한 세대에 245명의 거인이 존재하였다는 계산이 가

---

67) 萬曆 『明會典』 卷77, 禮部, 科擧; 『神宗實錄』 卷533, 萬曆43年 6月 庚寅條; 孫承澤, 『山書』 卷15, 「鄕試價額」 등을 종합하면, 홍무3년 510명(『皇明貢擧考』에는 525명) 이었지만, 인재가 많은 지역에 대해서는 不拘額數하라고 하였고, 홍무17년에는 不拘額數하라 하였으며, 洪熙원년 550명→ 正統2년 不拘額數→ 정통5년 740명→ 경태4년 1145명→ 이후에는 수시로 특정 省에 增額 허락→ 만력원년에 1190→ 만력 43년에 대폭 增額하여 1265→ 숭정15년에는 1387명으로 증액되었다.

68) 뒤에서 서술할 吉安府의 사례, 및 趙子富, 1995, p.246; 巫仁恕, 1996, pp.195~196; 和田正廣, 1978, p.43 등에서 보는 바와 같이, 명 중기부터는 각성에 규정된 향시액 보다 더 합격시키는 사례가 많았으므로, 강서에서도 배정된 擧人額數보다 더 배출 되었을 것이다.

69) 謝宏維, 2000, p.24.

70) 乾隆 『吉安府志』 卷28·29, 選擧表, 擧人1·2.

〈표2-2-3〉 明代의 吉安府의 擧人

	洪武~正統 1368~1449	景泰~嘉靖 1450~1566	隆慶~崇禎 1567~1644	綜 合
盧陵縣	108명/④位	220명/④位	142명/②位	470명/④位
泰和縣	209 / ②	344 / ②	107 / ③	660 / ③
吉水縣	295 / ①	319 / ③	77 / ④	691 / ②
永豊縣	125 / ③	90 / ⑥	28 / ⑦	243 / ⑤
安福縣	93 / ⑤	411 / ①	221 / ①	725 / ①
龍泉縣	25 / ⑧	31 / ⑧	4 / ⑧	60 / ⑧
萬安縣	37 / ⑦	99 / ⑤	49 / ⑤	185 / ⑥
永新縣	47 / ⑥	79 / ⑦	42 / ⑥	168 / ⑦
永寧縣	5 / ⑨	5 / ⑨	2 / ⑨	12 / ⑨
合計/每回平均	944명/37.8명	1,598명/41명	672명/25.9명	3,214명/35.7명

능하다.

그런데, 〈표2-2-3〉에서 보는 바와 같이, 명대에 길안부에서는 총 3,214명의 거인이 배출되었다. 그 가운데 명초 80여 년 동안 매회 평균 37.8명, 중기 110여 년 동안 평균 41명을 배출하여 합격률이 증가하였으나, 명말 80여 년 동안에는 평균 25.9명을 배출하여, 배출률이 오히려 감소하였다. 현별(縣別)로 보면 안복현은 명초에 길안부 내에서 5위였던 것이 명말에는 수위로 상승하였고, 여능현은 4위→ 2위로 상승하였으나, 반대로 길수현은 1위→ 4위, 영풍현은 3위→ 7위로 영락하였다.[71]

한편 명대에 길안부에서 배출된 거인의 가장 큰 특징은 다른 곳으로 호적을 옮겨[冒籍] 합격하는 현상이 두드러졌다는 점이다.[72] 명대에 길안인은 총 11개 성에 진출하여 총 291명(명대 길안부 전체 거인의 9.1%)이 그곳에서 모적 합격하였다. 이를 순서대로 보면, 호광 88명(30.2%)[73]→ 응천(應天; 남직예)

---

71) 안복현의 상승 현상은 景泰年間부터 현저해졌고, 길수현의 영락 현상은 弘治年間부터 현저해졌다. 이러한 發奮 아니면 영락 현상이 나타난 원인은 무엇이었던가는 앞으로 남은 연구과제이다.

72) 이러한 현상은 명대 江西人과 강서상인이 대거 외지로 진출한 것, 특히 길안부인의 진출과 깊은 관계가 있다고 생각한다.(본서 제3편 제3장 참조.) 다만, 명초부터 생원이 외지에 冒籍하여 유학에 입학이나 향시에 응시하는 것은 법으로 엄격하게 금지하였는데 어떻게 그러한 일이 가능하였는지는 알 수 없다.

73) 앞에서 설명한 것처럼, "江西塡湖廣"이라는 속어가 유행할 정도로, 명초부터 수많은 강서인이 호광으로 移民하였다. 더욱이 길안부인의 호광진출은 유명하였는데,

61명(21%)[74]→ 순천(順天; 북직예) 56명(19.2%)[75]→ 하남 19명(6.5%)[76]→ 광서 15명(5.2%)→ 산동 13명(4.5%)→ 광동 11명(3.8)→ 사천 8명→ 섬서 7명→ 운남·귀주 각 6명의 순이었다.[77] 한편, 외지 모적 합격자가 많은 순서를 현별로 보면, 안복인이 80명(안복 거인 가운데 27.5% 점유)→ 태화인 62명(21.3%)→ 길수인 59명(20.3%)→ 여능인 43명(14.8%)의 순으로, 이 네 현의 외지 모적 합격자가 244명으로 전체 외지 합격자의 83.8%를 점하였다. 모적 합격은 영락~성화년간에 가장 많았는데, 이 기간에는 길수와 태화인이 가장 많았다. 모적지는 응천이 가장 많아서 길수인 17명, 태화인 16명이나 되었다. 그리고 11개 모적 합격지 가운데, 모적자를 단 1명도 배출하지 못한 영녕현을 제외하면, 응천과 순천에는 모든 현인이 모적하였다. 이것은 아마도 이 두 지역에 국자감(國子監)이 있어, 세공(歲貢) 과정을 통하여 감생으로 입학하여 그곳에서 합격했기 때문이었을 것이다.[78] 한편, 안복의 호광 모적 합격자 38명 가운데 유씨(劉氏)가 가장 많았고, 길수의 응천 합격자 17명 가운데에는 나씨(羅氏)가 가장 많았다.

　이렇게 길안부인이 다른 지역에 진출하여 향시에 합격한 것과는 반대로, 타지인이 길안에 들어와 모적 합격한 사례도 있었다. 즉, 강서 성내인 가운데에는

　　길안부인이 호광에서 모적 합격자가 처음 나타난 것은 영락18년(1420)에 吉水人과 永豊人이 각 1명이었다. 이는 아마도, 호광에 이민한 강서인이 호광에서 정착하고 경제적으로 성장하는 期間이 필요하였던 때문일 것이다. 吳金成, 1986, 第2編; 본서 제3편 제3장 참조.

74) 應天에서 처음 합격자는 홍무 17년에 永豊人이었다.

75) 최초로 順天에서 합격자는 景泰 元年에 廬陵·吉水·安福人 각 1명씩이었다.

76) 이미 홍무 5년에 永豊人이 河南에서 합격하였으며, 하남 모적 합격은 泰和人이 8명으로 最多였다. 강서인의 하남 진출에 대해서는 吳金成, 1986, p.122

77) 廣西에서는 정통 6년에 태화인이 처음 합격하였고, 山東에서는 영락 21년에 龍泉人이, 廣東에서는 영락 21년에 태화인이, 四川에서는 영락 15년에 吉水人이, 陝西에서는 선덕 10년에 길수인이, 雲南에서는 천순 3년에 안복인이, 貴州에서는 경태 4년에 길수인이 처음 합격하였다.

78) 명대에 감생은 자기가 재적하는 국자감(북경국자감 또는 남경국자감) 지역에서도 향시에 응시할 수 있었다. 그러므로 남경과 북경에서 합격한 거인은 南京國子監生 아니면 國境國子監生으로서 각각 그 지역에서 합격한 경우와 길안인이 남직예 또는 북직예 지역에 진출한 후 모적하여 합격한 경우, 이렇게 두 가지 경우를 상정할 수 있다.

광신부인(廣信府人)과 감주부 영도인(寧都人)이 각 1명씩 있었다. 또 외성인이 길안에 모적 합격한 경우는 호광성인 3명, 광동성인 2명, 운남성인 2명, 남직예인 2명, 하남성·광서성·교성인(嶠聲人; 不明) 각 1명 등 총 12명이었다.[79]

길안부에는 이상과 같이, 생원 3,000여 명·감생 330여 명·거인 240여 명, 도합 3,570여 명의 사인(士人)이 동시에 존재하였으므로 이들의 진사 합격도 많았다. 명청시대에는 총 201차의 과거시험이 있었고, 총 51,744명의 진사가 배출되었다. 그 가운데 강서에 적을 둔 사람[江西籍]은 4,583명으로 전체 진사 가운데 8.86%를 점유하였다.[80] 명대만 보면, 전국의 진사 24,608명 가운데 강서출신 진사는 2,997명(12.18%)으로, 절강과 남직예에 이어 전국 제3위였다.[81] 그러나 홍무4년(1371)에서 성화2년(1466)에 이르는 거의 100년 동안에는, 전국에서 진행된 과거고시 29회를 통해 도합 5,406명의 진사가 배출되었

---

79) 『穆宗實錄』 卷26, 隆慶2年 11月 乙卯條에 "江西萬洋山跨連湖廣福建廣東之地, 舊稱盜藪, 而各省商民亦嘗流聚其間, 以種藍爲業"이라 전하는 기록은 그 단서를 제공해 주는 내용이다. 길안지방에는 이미 成化年間(1465~1487)부터 복건의 汀州지방에서 질 좋은 藍이 전해졌다(光緖 『泰和縣志』 卷2, 土産, 靑靛條). 그 후로 각지의 유민이 산지에 모여들어 개간하고 람(藍)을 재배하였는데, 때로는 山主가 유민을 모집하여 람을 재배시켰다. 이들 유민은 旱魃이나 흉년이 들면 群起하여 변을 일으키기도 하였다. 張翀, 『鶴樓集』 卷1, 「虔臺疏集」, 「題爲流寇出劫慘酷力破群議勤平見今地方寧靖疏」·「奏爲議論太多行事未便懇乞放歸以延殘軀疏」·「題爲虔平積年劇賊一旦畏威聽撫見今地方安堵以完欽依疏」 등 참조.

80) 謝宏維, 2000. 한편, 許懷林, 1993, pp.608~609에서는 명청시대에 총 203차의 과거시험이 있었고, 총 51,624명의 진사가 배출되었으며, 그 가운데 江西籍은 4,988명(전체 진사 중 9.66% 점유)으로 보고 있다. 그러나 何炳棣는 총 49,727명 중 강서인은 4,295명(전체 진사 중 8.6% 점유)으로 보고 있다.(何炳棣, 「明代進士與東南文人」, 柏樺 編, 『慶祝王鍾翰敎授八十五曁韋慶遠敎授七十華誕學術論文合集』, 黃山書社, 1999, p.3)

81) 이 부분의 분석은 生駒晶, 1990에 따랐다. 이전의 분석자들은 다 같이 『明淸進士題名碑錄索引』을 기초로 하였지만 결과는 각각이었다. 生駒晶는 『明淸進士題名碑錄索引』과 함께 『皇明貢擧考』를 함께 참조하였으므로, 신빙도가 가장 높다고 할 수 있다. 명대 강서출신 진사 수에 대하여, 方志遠, 2001, pp.172~173에서는 2,690명으로, 謝宏維, 2000에서는 2,728명으로, 鄭建明, 1999에서는 康熙 『西江志』 卷49~52, 「科目」을 근거로 3008명으로, 許懷林, 1993, pp.608~609에서는 3,148명으로, Ho, Ping-ti, 1987, pp. 209, 252 및 何炳棣, 1999, p.3에서는 2,400명으로, 生駒晶, 1990은 2,997명으로 보고 있다. 그러나 강서출신 진사의 수가 명대에 전국 제3위였음은 일치된 견해이다.

는데, 그 가운데 강서출신자는 1,054명(19.5% 점유)으로 중국 최고였다.82) 한
편, 영락4년에는 진사 472명 가운데 서길사(庶吉士)가 28명이었는데 그 가운
데 강서인이 17인이었고 길안인이 그 절반이나 되었다.83)

또한, 명대에 중국 전체의 과거 합격자 가운데 제1갑 진사는 267명이었는
데, 남직예 62명→ 강서 55명[장원 17, 방안(榜眼) 16, 탐화(探花) 22명]→ 절강
54명의 순이었고, 이를 부 단위로 보면, 강서의 길안부가 33명(장원·방안·탐
화 각 11명)으로 전국 최고였고, 그 다음이 절강의 소흥부 20명, 남직예의 소
주부와 복건의 복주부가 14명으로 동수, 절강의 영파부가 13명의 순이었다.84)
길안부 출신의 진사가 가장 많았던 영락 2년에는 112명으로 전국 470명 가운
데 23.8%를 점하였고, 영락13년에는 94명으로 전국 351명 가운데 26.8%, 영
락19년에는 73명으로 전국 201명 가운데 36.3%를 점하였다.85)

한편, 강서성 내부에서만 보면, 명대 강서의 진사합격자를 2,728명으로 상
정할 경우, 길안부 출신 진사는 837명으로 강서 진사의 30.7%로서 제1위를
점하였다. 그 다음이 남창부 643명→ 무주부 252명→ 요주부 238명→ 임강부
175명의 순이었다.86) 명대 전국에서도 길안부는 남직예의 소주부 다음으로
제2위였다.87) 그리고 강서지방의 전체 78개 주현 가운데 진사 배출이 많았던
현 지역은 남창 232명→ 안복 211명→ 풍성 195명→ 태화 178명→ 길수 165
명 → 임천 121명→ 여능 103명→ 진현 98명→ 신건 74명→ 귀계 70명 순이었

---

82) 謝宏維, 2000, p.24; 方志遠, 2001, p.172 참조. 위에서 본 바와 같이, 명청시대의 과
　거합격자에 대한 통계는 연구자마다 다르다. 이를 알면서도 부분부분 다른 통계
　를 이용하는 이유는, 번잡을 피하기 위하여 선행 연구를 이용할 수밖에 없기 때문
　이다. 따라서 그 대체적인 추세를 이해하는 것으로 만족할 수밖에 없다.

83) 沈德符, 『萬曆野獲編』 卷14, 科場, 「關節壯元」.

84) 萬曆『吉安府志』 卷6, 選擧表3, 進士 ; 生駒晶, 1990, pp.54~56; 謝宏維, 2000, p.24.

85) 『皇明貢擧考』·『明淸進士題名碑錄索引』.

86) 謝宏維, 2000, pp.25~26. 길안부 출신 진사에 대해서도, 何炳棣는 1,020명, 許懷林
　은 994명, 方志遠은 837명, 鄭建明은 963명으로 보고 있다. 단, 乾隆『吉安府志』 卷
　25, 選擧表, 進士에 따르면 1,020명이다.

87) 何炳棣, 1987, p.271의 〈表35〉; 何炳棣, 1999, p.5에서는, 명대에 길안부 출신 진사를
　1,020명으로 계산하여, 절강의 紹興(977명)·남직예의 蘇州(970)·강서의 南昌(713)보
　다 앞선 제1위로 보고 있다.

으므로, 남창부 4개현에서 599명, 길안부의 안복·태화·길수·여능의 4개현에서 657명을 배출하였고, 이 열 개의 현에서 배출한 진사가 강서 전체의 53%나 되었다. 또 길안부 내에서만 보면, 상기 네 현의 진사가 길안 전체의 78.5%를 점하였다.[88)]

그런데, 〈표2-2-4〉[89)]에서 보는 바와 같이, 명대에 길안부에서는 총 1,020명의 진사가 배출되었다. 그 가운데 명초 80여 년 동안에는 매회 평균 14.7명,

〈표2-2-4〉 明代 吉安府의 進士

	洪武~正統 1368~1449	景泰~嘉靖 1450~1566	隆慶~崇禎 1567~1644	綜 合
盧陵縣	33명/⑤位	58명/④位	43명/②位	134명/④位
泰和縣	84 / ②	90 / ③	31 / ③	205 / ③
吉水縣	97 / ①	94 / ②	26 / ④	217 / ②
永豊縣	49 / ③	26 / ⑦	6 / ⑦	81 / ⑤
安福縣	37 / ④	148 / ①	67 / ①	252 / ①
龍泉縣	7 / ⑧	7 / ⑧	3 / ⑧	17 / ⑧
萬安縣	16 / ⑥	27 / ⑥	11 / ⑤	54 / ⑦
永新縣	15 / ⑦	35 / ⑤	7 / ⑥	57 / ⑥
永寧縣	1 / ⑨	1 / ⑨	1 / ⑨	3 / ⑨
合計/每回平均	339명/14.7명	486명/12.5명	195명/7.5명	1,020명/11.6명

중기 110여 년 동안 12.5명, 명말 80년 동안 7.5명을 배출하여, 배출율이 계속하여 감소하였다. 현별로 보면 안복현은 명초에 길안부 내 4위에서 명말에는 수위로 상승하였고, 여능현은 5위→2위로 상승하였으나, 반대로 길수현은 1위→4위, 영풍현은 3위→7위로 영락하였다.[90)] 이러한 발분(發奮) 또는 영락 현상은 거인의 경우와 비슷하였다.[91)]

한편 또 다른 면에서 보면, 길안부 출신 진사는 명대 강서 전체의 진사 가

---

88) 謝宏維, 2000, p.26. 뒤에서 자세히 설명하겠지만, 乾隆『吉安府志』卷25, 選擧表, 進士에 따르면, 명대 길안부의 진사는 1,020명이었지만, 강서성 내 전체를 비교하기 위하여 선행 연구를 따랐다.

89) 乾隆『吉安府志』卷25, 選擧表, 進士.

90) 안복현의 상승현상과 길수현의 영락현상은 다 같이 경태년간부터 현저해졌다. 이러한 發奮 또는 영락현상이 나타난 원인이 무엇이었던가는 앞으로 남은 과제이다.

91) 단, 安福縣은, 뒤에서 설명하겠지만, 길안부 내에서 양명학자도 제일 많았고 서원 강학운동도 가장 활발한 지역이었던 점, 그리고 뒤에서 서술할 脚註 167의 인용문과 그 분석문에서 약간의 실마리를 얻을 수 있을 것이다.

운데 거의 1/3 가까이를 점하였다. 그리고 『명유학안』에 입전(立傳)된 유학자 207명 가운데 강서인은 54명으로 전체의 26%로 전국 최고였으며, 강서 학자 가운데 길안인이 24인(44.4%)으로 강서에서 최고였다.

그러면 앞에서 서술한 것처럼, 길안부 지역은 학문적인 전통은 유구하였지만, 경제적으로는 그리 부요하지 못했음에도, 어떻게 신사를 그렇게 많이 배출할 수 있었을까? 이에 대하여, 15세기 중엽의 길안부 태화현 출신 대학사 진순은,

> 강서·절강·복건 등 지역은 예로부터 사민 중에 사인(士人)이 많은 데 저의 고향인 강서가 많사옵고 강서 각 부에서는 저의 길안부가 유독 많습니다. 그 원인은 [길안지역이] 땅은 좁고 사람은 많아서, 농사를 지으려 해도 농토가 없고, 장사를 하려 해도 자본이 없고, 공인(工人)이 되기에는 신분이 너무 낮아서 부끄러우므로, 대대로 열심히 경사(經史)를 배우는데, 부자(父子)·숙질·형제·족인(族姻)이 서로가 사우(師友)가 되는 것이 2할~3할이나 됩니다. 그들은 가끔 사방으로 흩어져 사학(社學)에서 가르치고 봉급을 받아 생활합니다. 그 풍속이 이와 같은데, 그들의 초심은 모두 과거에 합격하여 출사를 바라고 있습니다.[92]

라고 기록하고 있다. 이렇게 경제적인 약점이 있었기에 오히려 문화적인 전통을 살리기 위해 분발하였고, 결국 약점을 극복할 수 있었다는 것이다.[93] 길안부 지역도 강서의 다른 지역과 같이 백성은 종족끼리 모여 살 뿐 아니라, 부자, 숙질, 형제, 족인(族姻)이 대개 사우(師友)나 사제관계로 모여 서로 절차탁마한 것도 하나의 배경이 되었을 것이다. 그리고 일찍부터 외지로 나간 길안상인들이 치부(致富)하여, 고향의 종족이 거업(擧業)에 열중하도록 재정적인 보조를 한 경우도 있을 것이다.[94] 그러나 명초에 길

---

92) 『英宗實錄』 卷268, 景泰7年 7月 丙申條.

93) 명초에 5명의 황제를 섬긴 楊士奇(『明史』 卷148)나 명초의 명신 劉崧(『明史』 卷137)은 대표적인 사례이다.

94) 肖文評, 2005 참조. 曹國慶, 1999에 따르면, 명대에 강서 연산현 費氏가 世家로 崛起한 배경에 "以商致富, 科第守之"가 있었음을 지적한 것, 그리고 치부한 휘주상인들

안부 출신 가운데 진사합격자가 이렇게 많았던 것을 단지 문화적 전통 때문으로만 설명하기는 어렵다. 이에 더하여, 명초에 길안부 출신 관료들이 중앙정치와 과거시험을 장악하게 되었던, 정치적인 면을 간과해서는 안 될 것이다.95)

Ⅲ. 吉安府 紳士의 書院建立과 講會

1. 陽明의 敎學

양명은 강서에서 군무(軍務)에 다망한 동안에도 문인들과 수시로 학문을 토론하였고, 가는 곳마다 향약을 정하고 사학(社學)을 세우며 서원을 건립하고 강회(講會)하였다.96) 그 결과 그의 제자들은 천하에 널리 퍼져 있었는데 특히 강서와 절강에 많았고, 강서에서도 길안지역에 특히 많았다.97) 길안지역은 송대로부터 명초에 이르기까지, 앞에서 설명한 것처럼, 독서하는 풍습이 성하고 과거 합격자가 대단히 많았으며, 그에 따라 사환자(仕宦者)도 많았기 때문에 양명사상이 퍼져 나갈 수 있었다. 여하튼 『명유학안』에 입전된 명유 207명 가운데 강서인은 54명으로 전체의 26%로 전국 최고이며, 강서 학자 중 길안인이 24인(44.4%)으로 강서 최고였다. 또 강서인 54명 가운데 양명의 문인이 33명이나 되었는데 그 가운데 길안부 출신이 21명이나 되었다. 그 가운데 안복인은 추수익[호는 동곽(東廓), 1491~1562]과 아들 추선, 손자 추덕함·추덕부·

이 고향에 재정적인 보조를 하여 휘주인들의 거업에 큰 도움을 주었던 점(이는 주지의 사실임) 등은 反面鏡이 될 수 있을 것이다.

95) 生駒晶, 1990, pp.57~62. 그런데, 뒤에서 자세히 설명하겠지만, 양명과 양명학의 영향으로 강서, 특히 길안부에는 많은 제자가 배출되었고, 그들의 노력으로 서원이 많이 건립되고 강학도 성행하였다. 그러나 그러한 시기에, 물론 전반적인 면에서는 상위 그룹에 속하지만, 길안부에서 진사와 거인이 배출되는 비율은 오히려 감소하였다. 이러한 현상은 강서성 내의 사회경제의 변화와 함께 고찰하여야 할 것이다.

96) 多賀秋五郎, 1971; 李才棟, 1993, pp.292~315; 본서 제1편 제2장 등 참조.

97) Hauf, Kandice, 1987.

추덕영, 그리고 유문민·유방채·유양·유병감·유효·왕시괴·유원경·나대굉 등
13인이었고, 여능에 진가모·태화에 구양덕·유괴·호직, 길수에 나홍선[호는
염암(念庵), 1504~1564]·추원표, 영풍에 섭표(1497~1563)·송의망 등이 있었
다.98)

　　명대의 서원은, 진헌장과 담약수[호는 감천(甘泉), 1466~1528]도 서원의
건립과 강학에 열심이었지만,99) 왕수인(王守仁)의 노력으로 급격하게 발전하
게 되었다고 해도 지나친 말이 아니다. 양명은 서원의 건립과 강학의 필요성
을 다음 두 가지 면에서 주장하고 있다. 첫째는, 관학(官學)은 당명(堂名)을 명
륜당(明倫堂)으로 지으면서까지 "삼대지학(三代之學)"을 존숭(尊崇)하는 것 같
지만, 실제로는 과거를 준비하는 학교에 불과하고, 교사나 학생 모두 본래의
목적인 '명륜(明倫)'은 잊고 있기 때문이고,100) 둘째는 사인(士人)들의 극단적
인 공명 추구로 말미암아 천하가 제대로 통치되지 못하고 있기 때문이라고
한다.101) 바꾸어 말하면, 서원을 건립하여 강학해야 하는 이유는, 관학이 아직
도 이루지 못하고 있는 부분, 즉 '명륜'을 밝히고 사풍을 바꾸어 천하의 치(治)
를 이루기 위함이고, 이것이 바로 양명의 기본적인 교육관이었다.102)

　　이러한 양명의 교육관의 바탕에는 다음과 같은 신사민론(新四民論)이 깔려
있었다.103) 첫째, "양지가 사람의 마음속에 있는 것은 성인과 어리석은 자, 동
서고금이 다 같다"104), "사농공상의 사민(四民)은 하는 일은 다르지만 도는 같
이하는 것이다"105), 또는 "길거리에 가득한 백성들이 모두 성인"106) 등과 같은

---

98) 黃宗義, 『明儒學案』卷16~24, 江右王門學案 1~9. 기타 南昌府人으로 萬廷言·章潢·
　　魏良弼·魏良政·魏良器·鄧以贊 등 6명, 그 외에 王釗·陳九川·黃弘綱·何廷仁·鄧元錫
　　·馮應京 등이 『明儒學案』에 입전된 문인이다.

99) 李國鈞 等, 1994, pp.713~714; 林友春, 1958; 多賀秋五郎, 1971.

100) 王守仁, 『王陽明全集』卷7, 文錄4, 「萬松書院記」, pp.252~253

101) 王守仁, 『王陽明全集』卷22, 外集4, 序, 「送別省吾林都憲序」, p.882

102) 명 중기에 이르러, 官學의 교육이 정체되고, 시험에서 八股文을 요구하는 데 따른
　　폐단이 나타난 것에 대해서는, 王守仁 뿐 아니라 당시 사회의 일반적인 인식이었
　　고, 현대 학자들의 인식도 동일하다. 이에 대한 가장 최근의 인식은 Elman,
　　Benjamin A., 2000, Ch.7 참조.

103) 余英時, 第2章 新四民論 참조.

104) 王守仁, 『王陽明全集』卷2, 語錄 2, 「傳習錄」(中), 「答聶文蔚」, p.79.

평등성과 민중성이 있었다. 둘째, 인간은 누구에게나 '양지(良知)'가 있고 성인이 될 수 있는데도, 현실 사회에는 산과 들의 금수나 논의 피와 같은 낭유(莨莠)가 양민과 혼재하고 있어 사회가 혼란하므로, 낭유는 철저하게 없애야 하며, 셋째, 그 대신 양민에게는 서원·사학(社學)·향약 등을 통해서 민(民)의 선천적인 '양지' 능력을 깨우쳐 스스로 자구하도록[107] 힘써야 한다는 것이었다.

명 중기부터 모든 지역에 걸쳐 사회변화가 일어나면서 농촌의 인구가 유산하고 각지에서 농민봉기가 만연하는데도, 명초에 체제교학(體制敎學)으로 채용된 주자학(朱子學)은 이미 지도이념으로서의 기능이 유명무실해져 당시의 사회변화에 효과적으로 대응할 수 없었다. 심즉리·지행합일·치양지 등을 중핵으로 하는 양명학은, 이러한 사회상을 구현한 사상으로서 그러한 사회혼란을 극복해서 사회질서를 회복하고, 궁극적으로는 대동적 이상사회를 실현하려는 '실천적'인 사상이었으며, 또한 그 당시 중국사회의 서민층의 요청을 반영한 사상이었다.[108] 양명이 스스로 사학과 서원을 건립하고, 향약을 시행하는 한편, 각지에서 적극적으로 강학에 임한 것은 그의 이러한 사상 때문이었다.

양명이 생전에 직접 건립하거나 관계한 서원은 ① 용강서원(귀주성 용장), ② 귀양서원(귀주성 귀양), ③ 염계서원(강서성 감주), ④ 백록동서원(강서성 성자), ⑤ 계산서원(절강성 전당), ⑥ 남령서원(광서성 남녕), ⑦ 부문서원(광서성 창오) 등이었다. 그 가운데 강서성과 관련된 경우만 보기로 하자.

우선, 염계서원(감주부 우도현)의 경우를 보자. 양명은 정덕12년(1517, 46세) 정월에 도찰원 좌첨도어사로 남감정장순무(南贛汀漳巡撫)의 임무를 띠고 감주에 도착하여 개부하였고, 정덕13년 6월에는 도찰원우부도어사(정3품)로 승진하였다. 양명은 부임 이후 군무에 바쁜 가운데도 학자들과 자주 학문을 토론하였다. 처음에는 사포(射圃; 활쏘기 훈련장)의 건물을 이용하였으나, 모

---

105) 王守仁, 『王陽明全集』 卷25, 外集7, 「節庵方公墓表」, p.941.
106) 王守仁, 『王陽明全集』 卷3, 語錄 3, 「傳習錄」(下), 「答聶文蔚」, p.116.
107) 王守仁, 『王陽明全集』 卷2, 語錄2, 「傳習錄」(中), 「答聶文蔚」, p.81.
108) 본서 제1편 제2장 참조.

여드는 학자가 많아지면서 수용할 수 없게 되자, 정덕13년(1518) 9월에, 이미 황폐되어 버려졌던 염계서원을 수리하여 교장(教場)으로 사용하였다.109) 양명이 이렇게 남감정장순무로 강학을 실시하자, 추수익 이하 길안의 많은 학자들이 양명에게 수학하였다.110)

또한, 백록동서원은 강서성 북부 파양호 서쪽의 명산(名山) 여산 오로봉(五老峰) 산록에 위치하였고 현재도 훌륭하게 보존되어 있다. 백록동서원은 이미 송대에 건립되었고 주희도 이곳을 중수하고 강의한 바 있는 유서 깊은 곳이다. 정덕14(1519)년에는 양명의 문인인 채종곤[절강 산음인(山陰人)]이 남강부학(南康府學) 교수로서 백록동서원의 원주(院主)를 맡게 되었다. 이를 계기로, 양명은 정덕16년(1521) 5월, 강서 남창을 떠나기 직전에 이곳에서 많은 문인들을 모아 강학하였다. 이때 남창지부 오가총은 『남창부지(南昌府志)』를 편찬하기 위하여 백록동서원에 부지 편집국을 설치하였는데, 이 편집에는 하양승·서분·만조·진구천 등 '강서사간(江西四諫)'으로 유명한 양명의 문인들이 참가하였다.111)

한편, 계산서원의 경우를 보면, 양명이 가정원년(1522) 53세에 전당(錢唐)으로 돌아오면서부터 그의 주위에는 많은 문인이 모였다. 가정3년에, 소흥부 지부 남대길은 양명에 대하여 스스로 문인이라 칭하고, 황폐해진 계산서원을 복원하고 양명을 주강(主講)으로 모셨다. 이 시기에 모인 문인이 무려 300여 명이나 되었는데, 그 가운데 외성인도 많았고, 7명의 강서인도 있었는데 길안부 안복의 유방채·유문민, 태화의 증변 등도 있었다.112)

양명의 이상과 같은 교육관과 서원 강학운동의 영향을 받은 문인들 역시 적극적으로 서원을 건립하고 강학에 참여하였고, 이에 자극을 받은 다른 신사

---

109) 王守仁, 『王陽明全集』 卷33, 「年譜」1, p.1255; 多賀秋五郎, 1971, p.236. 이하에서는 王守仁, 『王陽明全集』 卷33·34·35의 「年譜」 1·2·3은 단지 「年譜」로만 약칭하고, 卷36·37의 年譜附錄1·2는 「年譜附錄」으로 약칭함.

110) 萬曆 『吉安府志』 卷11, 風土志, 「安福」.

111) 「年譜」 2, p.1280; 『明儒學案』 卷11, 督學蔡我齋先生宗袞; 『明史』 卷189, 夏良勝·萬潮; 鄧洪波, 2004; 陳東原, 1937; 多賀秋五郎, 1971, p.237 등 참조

112) 王守仁, 『王陽明全集』 卷7, 「稽山書院尊經閣記」; 「年譜」 3, p.1290.

들도 중국 각지에서 적극적으로 서원을 건립하였다. 특히,

가정 말년에 서계(徐階)가 내각의 수보(首輔)로서 서원 강회를 주관하자,[113] … 지방관들은 현지에 부임하면 반드시 서원을 건립하고 생도를 모아 강학하였다. … 이에 삼오[(三吳), 강남지방]에서는 서원을 가리켜 '중승행대(中丞行臺)'라 하였다.[114]

고 한 기록에서 보듯이, 내각수보로서 양명학의 대가이기도 하였던 서계 (徐階; 1494~1574)의 노력은 전국에 서원이 총생하는 데 결정적인 영향을 끼쳤다. 서계는 강서 제학관으로 부임한 가정15년(1536)으로부터 내각수보 로 퇴임한 융경원년(1567)까지, 30여 년 동안 적극적으로 양명학을 전하고 서원 건립에도 영향을 미쳤다.[115] 그 결과 중국 각지에서 지방관과 신사의 협조 아래 서원의 건립과 강학이 보편화했다.[116] 다음 〈표2-2-5〉[117]는 명

---

113) 黃宗義, 『明儒學案』卷27, 南中王門學案 3, 文貞徐存齋先生階에 "聶雙江初令華亭, 先 生受業其門, 故得名王氏學。及在政府, 爲講會於靈濟宮, 使南野(歐陽德)·雙江(聶豹)· 松溪程文德分主之, 學徒雲集, 至千人"이라 하고 있고, 『明史』卷283, 列傳171, 歐陽 德傳에도 "當是時, (歐陽)德與徐階·聶豹·程文德竝以宿學都顯位. 於是集四方名士於 靈濟宮, 與論良知之學. 赴者五千人. 都城講學之會, 於斯爲盛"라 하고 있다.

114) 沈德符, 『萬曆野獲編』卷24, 書院.

115) Carrington Goodrich and Chaoying Fang, N.Y. ed, 1976, Vol. 1, p.572 ; Meskill, 1982, p.131.

116) 그 결과 사회가 空理空論에 흐르는 폐단이 만연하였음은, 談遷, 『國権』卷66, 隆慶 穆宗四年, 三月戊辰朔條, 古籍出版社, p.4128에 "禁提學憲臣聚徒講學. … 華亭講學, 爲天下倡, 世群而效之, 學社棊置, 舍官守而語玄虛, 薄事功而課名理, 下至巨奸元盜, 竊入而影附焉. 如顔山農何心隱之流, 不可縷指. 故戒諭學憲, 敦崇實行, 有以哉"라 한 기록에서 알 수 있다. 한편, 명 중기 이후 布·按 兩司, 提學官, 御史, 知府·知州·知縣 등 지방관이 현지에 부임하여 서원을 건립하고 강학한 내용은 『天下書院總志』, 1974 참조.

117) 李國鈞, 1994, pp.1037~1084. 그런데 同書 pp.555~556에 李國鈞씨 자신이 계산하 여 제시한 數値는 본 〈표2-2-5〉보다 약간 적다. 명청시대의 서원에 대해서는 완벽 한 統計가 不可能하다. 왜냐하면, 명대의 서원은 前代의 서원을 수복한 경우, 중간 에 폐쇄되었다가 수복한 경우, 이름이 바뀐 경우, 실제는 서원이지만 이름이 달랐 던 경우, 會館에서 講會를 하는 경우, 실제는 會館이나 社學이었지만 이름은 서원 인 경우 등 내용이 너무도 복잡하였으므로, 동시대 사람들도 완전히 파악하기가

대 서원건립의 대략적인 추세를 보기 위한 통계이다.

〈표2-2-5〉 明 中·後期 書院의 發達

	河北	山西	江蘇	浙江	安徽	福建	江西	山東	河南	湖北	湖南	廣東	廣西	四川	貴州	雲南	陝西	其他	都合
正德	3	8	5	4	4	23	26	6	6	5	6	8	2	6	1	5	3	1	122
嘉靖	25	16	23	50	41	38	82	25	28	17	35	68	28	18	10	23	8	14	549
隆慶	3		5	4	3	7	12	3	3	1	1	4	1	2	5	12			66
萬曆	16	11	14	35	16	10	65	10	36	12	15	38	12	5	7	14	6	6	328
都合	47	35	47	93	64	78	185	44	73	35	57	118	43	31	23	54	17	21	1,065
明代全體	70	61	66	199	99	107	287	69	112	69	103	156	65	63	27	68	28	29	1,678

〈표2-2-5〉에서 보는 바와 같이, 명대에 서원 건립은 강서지방이 가장 많았고 그 다음이 절강·광동의 순이었다. 양명이 남감순무로서 강서에 부임(정덕 12년 정월)한 후부터 명말까지 강서 왕문(王門, 양명의 제자) 또는 다른 지역의 양명의 제자가 강서에 와서 세운 서원은 총 88군데였다.[118] 그러므로 이 수치를 위의 〈표2-2-5〉의 287곳과 비교하면 30.7%의 서원이 양명학과 관계가 있었다. 이들 88곳의 서원 가운데 길안부에 건립된 것이 34곳(38.6%)으로 가장 많았고 그 다음이 남창부로 13곳였다. 한편 이재동(李才棟)씨는 정덕~가정 사이에 새로이 건립된 107개 서원 가운데 길안부 소속이 28개, 남창부 소속이 14개였고, 융경~만력 사이에 새로 건립된 77개 서원 중 길안 소속이 21개, 남창부 소속이 12개, 숭정년간에 새로 건립된 19개 서원 중 길안이 4개, 남창이 4개였다고 한다.[119] 따라서 길안부는, 앞에서 살펴본 것처럼, 명 중기까지 전국에서 진사 최다 배출지역임과 동시에, 명대에 중국에서 양명의 문인과 서원이 가장 많았던 곳이었다.

그런데 길안부에는 양명 이전에 서원이 그다지 많지 않았다. 양명의 문인들은 양명의 생전에도 서원을 세웠지만, 양명의 사후에는 양명을 제사하기 위

어려웠기 때문이다. 그 때문에, 본 〈표2-2-5〉에서는 명대 건립된 서원을 1,678處로 보지만, 曹松葉, 1930에서는 1,200여 처로 보고 있고, 李才棟, 1993, p.363에서는, 創建年代가 확실한 265처와 불확실한 23처를 합하여 288곳으로 보고 있다.

118) 吳宣德, 1996, pp.270~277.

119) 李才棟, 1993, pp.293~298, 341~345, 356.

해서 양명사(陽明祠)와 함께 많은 서원을 세웠다. 특히,

> [서]계가 강서의 학정을 맡으면서 스승의 종지(宗旨)를 크게 일으켜 학생들을 이끌었다. 이에 동문인 길안의 추수익·유방채·나홍선, 남창의 이수·위량필·위량귀·왕신·구연, 무주의 진구천·부묵·오제·진개 등과 각 부현의 사대부들이 모두 와서 합세하였다.[120)]

고 하듯이, 내각수보(內閣首輔)로 대학자이기도 하였던 서계는 가정15년 (1536)부터 3년 동안 강서 안찰부사로서 제학관직을 담당한 것을 계기로 강서의 양명학 발전과 서원 건립에 크게 공헌하였다.[121)] 그뿐 아니라 전덕홍·왕기·장원충·왕종목 등 10여 명의 절강출신 왕문들도 강서에 출사하거나 유학하여 서원을 건립하고 회강을 주관하거나 참여하였다.[122)] 이러한 서원은 각지의 양명학파의 거점으로 사상문화운동의 중심이 되었다. 이제 그 가운데 강서의 길안부의 경우만 보기로 하겠다.

2. 書院과 講會의 發展

1) 白鷺洲書院의 發展

길안부를 대표하는 백로주서원[123)]은 남강부의 백록동서원과 함께 강서의 대표적인 서원이었다. 이 서원은 부성(府城)의 동편, 백로주에 있었다. 남송(南宋) 순우원년(淳祐元年; 1241)에 건립되었고 그 후 몇 번 개수를 거치다가 원말의 동란기에 파괴되었다. 가정5년(1526)에, 지부 황종명(黃宗明)[124)]이 서원의 문묘(文廟)와 강당을 중건하고 스승을 초빙하여 강학하게 하였으며 여기에 참

---

120) 「年譜附錄」 1, 「嘉靖18年己亥」, p.1334.

121) 吳宣德, 1996, pp.356~360.

122) 李才棟, 1993, pp.312~313, 318~353.

123) 본 내용에 대하여 별주가 없는 한 乾隆 『盧陵縣志』 卷18, 學校志, 「書院」; 鄧洪波, 2000, pp.131~144 참조.

124) 浙江人으로 王門弟子였다. 『明儒學案』 卷14, 浙中王門學案4, 「侍郎黃致齋先生宗明」.

여한 생원들에게 잡비를 지급하였다.[125] 그러나 그 후에 또다시 방치되었다가, 가정21년(1542)에 이르러, 지부 하기고가 부성 남관 밖 인수산에 황폐한 채 버려져 있던 자은사 터에 서원을 다시 건립하여 백로서원이라 하였다. 서원 내에는 취수루(聚秀樓)·숭정당(崇正堂)·도심당(道心堂)·집의당(集義堂) 등 당(堂)·재(齋)·문(門)·각(閣)·사(祠)를 건립하고, 길안부 내 10개 유학[9개 현학(縣學)과 부학(府學)]의 우수한 생원을 모아 가르쳤다.[126] 공사의 앞뒤 사정을 보면, 부 내의 신사들이 수재(水災)가 잦은 백로주 위에 있는 서원을 자은사 터로 옮길 것을 협의한 후, 그 내용을 지부 하기고에게 건의하였고, 지부는 해당 감찰어사에게 청하여 허락을 받았다. 공사비의 염출과 공사의 감독은 모두 신사가 담당하였다. 지부 하기고는 찾아오는 학자를 위하여 약간의 학전(學田)을 마련하였다.[127]

융경6년(1572)에는 생원들의 간청과 여능 지현 공무현의 신청에 따라, 순안 임춘원[양명과 같은 마을 사람]이 인수산에 있던 백로서원을 여능현학(盧陵縣學)으로 하고, 그 다음 해인 만력원년(1573)에 이르러, 종전의 여능현학의 명륜당을 서원으로 하고 이름은 여전히 백로서원으로 하였다. 이로써 백로주서원은 백로주에서 성남의 인수산으로, 그리고 다시 군성(郡城) 북우(北隅)로 옮겨진 셈이 되었다.[128] 그런데 만력7년에 장거정(張居正)이 전국의 서원을 철폐

---

125) 乾隆『吉安府志』卷18, 學校志, 吉安府書院,「書院息銀田租」에 "按鷺洲書院有田租, 養贍師生. 宋知軍江萬里置田八百石及繞城濠租, 均以贍學. 元代迄明初無攷, 嘉靖間, 知府何其高·萬曆間知府汪可受捐輸, 皆稱極盛, 而佃戶·胥吏交相侵隱"라 한 것을 보면, 知府 黃宗明도 아마 이 때 서원을 위한 書院田을 두었던 듯하다.

126) 이때 書院 再建立 정황에 대해서는, 羅欽順,「城南白鷺書院記」, 乾隆『盧陵縣志』卷18, 學校志,「書院」에 "(何其高)尤加意學校, 恒念諸生散處, 躬勤弗克周, 乃作書院於城南, 聚九邑之士之敏於學者食而敎之, 勞來殷勤, 亦以爲散處者勸也. … 其費凡若干金, 皆收諸公帑之餘, 罰鍰之入. 經始於嘉靖壬寅仲夏, 踰年工乃告完, 士夫之得於達觀者罔不嘉悅"이라 전함.

127) 羅欽順,「城南白鷺書院記」, 乾隆『盧陵縣志』卷18, 學校志,「書院」; 劉繹,『白鷺洲書院志』卷5(陳谷嘉 等, 1998, pp.521~523에서 再引); 尹臺,「白鷺書院學田記」,『洞麓堂集』(『四庫全書』本) 卷4; 鄒守益,「聚秀樓記」·歐陽德,「集義堂記」·聶豹,「道心堂記」, 劉繹,『白鷺洲書院志』卷5(陳谷嘉 等, 1998, pp.523~524에서 再引). 아래에서는 단지『白鷺洲書院志』또는『書院史資料』로 약칭함.

128) 萬曆『吉安府志』卷15, 學校志,「白鷺書院」·「盧陵縣儒學」; 曾于拱,「城北白鷺書院記」,

하라는 명령을 내렸다. 그러자 길안부 지방관들은 어찌할 바를 모르고 백로서원의 문을 임시로 '호서공서(湖西公署)'라 하고, 서원으로서의 기능은 유지시켰다. 이 때 장거정의 명령으로 폐쇄된 강서서원(江西書院)은 모두 18곳이었다.[129] 그런데 위 〈표2-2-5〉에서 보듯이 정덕, 가정, 융경시기 강서에 건립된 서원이 118개였던 점을 상기해 보면, 그리 많은 것은 아니었다.

그런데 군성 북우에 있던 여능현학 내의 명륜당을 서원으로 삼기는 하였으나, 이름만 서원일 뿐 장소도 좁고 규제도 잘 갖추어지지 않아서 학생들이 잘 모이지 않았다. 더구나 만력7년부터는 서원 이름마저 호서공서라 하였으므로 사습(士習)이 날로 이완되어 갔다. 이러한 실정을 본 지현 전일본은 만력14년(1586)에 호서공서를 다시 백로서원으로 고치고 새로이 도심당(道心堂)을 건립하였다.[130] 또한 같은 해에 지부 양유교(楊維喬)와 지현 전일본은 양명사(陽明祠)를 북성 백로서원 안에 건립하였다. 송대에 이학(理學) 6현[이정(二程)·주(周)·장(張)·소(邵)·주(朱)]을 제사하기 위해 건립된 백로주서원에서도 드디어 양명을 제사하게 되었고, 이윽고 양명의 문인 등 향현들도 제사하게 되었다. 몇 년 후에는 양명사를 남문 밖의 인수산 여능현학 유지에 옮겨 세우고 경현당(景賢堂)으로 독립시켰다.[131] 그러나, 뒤에 다시 설명하겠지만, 백로주서원의 강학을 주도한 학자는 대개가 양명의 문인이었으므로, 학생들에게 자연스럽게 양명학이 전수되었을 것이다.

명대에 백로주서원을 획기적으로 발전시킨 사람은 지부 왕가수였다. 그는

『白鷺洲書院志』卷7 (陳谷嘉 等, 1998, pp.535~536에서 再引); 乾隆『廬陵縣志』卷18, 學校志,「書院」등 참조.

129) 紫陽, 明經, 東山, 疊山, 懷玉, 象山, 玉溪, 白鹿洞, 濂溪, 綿江, 道源, 一峰, 復古, 白鷺洲, 筠陽, 錦江, 復眞, 文江書院 등이었다.

130) 王時槐,「重修白鷺書院記」, 乾隆『廬陵縣志』卷18, 學校志,「書院」에 "然規制未甚備也, 諸生亦無復講肄於其中者. … 錢公, 潛心正學, 重念諸生徒以剽掠枝蔓, 綴飾浮詞以徼進取, 不知反躬以自盡人道, 以一遵孔孟之遺矩. 是以, 士習日汚, 民俗愈敝, 家鮮孝悌廉靖之風, … 以移風易俗, 當自士始, 乃政暇則臨學宮, 橫經講授, 命題課藝第其等差, 復集兩庠博士諸生, 月再聚於院中, 示以正心修身之學, … 顧茲院僅一閣一堂, 侯(錢一本)乃捐俸市材, 增建道心堂於閣南"이라 함.

131) 乾隆 吉安府志 卷18, 學校志, 吉安府書院, 書院祠祀. '互見景賢書院'[당시 사람들은 경현당을 경현서원이라 불렀다]라는 기록이 보인다.

만력20년(1592)에, 백로주에 남아있던 송대의 백로주서원의 유지(遺址)에 서원을 재건하고 길대(吉臺)·내제(內堤)·영제(永堤) 등을 수축하고 나무를 많이 심고, 노지(鷺池)에 교량을 세우고 그 위에 호사(號舍) 100간(間)을 증설하였고, 옛 이름대로 사당과 정자와 누각을 건립하였다. 또한, 선현사(先賢祠)를 건립하여 이정자(二程子)와 나륜·나흠순을 함께 제사지내게 하고, 노지(鷺池) 밖에는 이학(理學)·충절(忠節)·명신(名臣)의 삼방(三坊)을 건립하여 송대 이래의 선현들을 기렸다.132)

유응추는 군성 북쪽 끝에 있던 백로서원 대신, 원래 있던 백로주에 새롭게 백로주서원을 건립한 과정에 대해 다음과 같이 기록하고 있다. 즉, 먼저 길안부 내 신사들이 사전에 협의한 후, 길안부 10개 유학의 늠선(廩膳)·증광(增廣)·부학(府學) 생원들의 명의로 지부 왕가수에게 건의하였다. 왕(汪) 지부는 서원 수복의 역사적 의의, 공사비의 내역과 염출방법, 공사의 규모와 인력동원 방법, 공사 감독자 등 전체의 계획을 상세히 적어 감찰어사와 순무에게 상문(詳文)을 올려 허락을 받았다. 공사는 만력20년 10월에 시작하여 22년 3월에 낙성하였다. 공사비의 염출, 인력동원, 공사의 감독 등 일체의 계획과 진행, 서원 완공 후에 모든 탁의기명(桌椅器皿)의 준비도 대개 신사가 분담하였다. 길수의 증동형 상서, 남창의 만정언 첨사, 안복의 추선(추수익의 아들) 태상경, 여능의 습공교 시랑, 진가모 참정·팽응시 첨사 등 향신도 참여하였다. 서원의 규모는 송대의 사(祠)·당(堂)·각(閣)·정(亭)·루(樓)를 모두 복원하였고, 새로이 길대(吉臺)·영제(永堤)·교량·호사(號舍) 등이 추가되었다.

서원이 완공되자 지부 왕가수는,『백로주서원지(白鷺洲書院志)』를 편찬하는 한편, 참정 공도립·지부 오사기와 왕문 제자인 왕시괴(안복인)·추원표(1555~1624, 길수 출신) 등을 초빙하여 서원의 주강을 삼았고, 부학의 학조(學租) 약간 및 지부 자신과 신사들의 연자를 모아 학전(學田)을 마련하고 원생들에게

---

132) 汪可受,「請復祀二程子文」, 乾隆『吉安府志』卷18, 學校志 ; 鄒善,「鷺洲書院建坊記」, 『白鷺洲書院志』卷6(陳谷嘉 等, 1998, pp.531~532 再引). 理學坊은 歐陽修·羅倫·羅欽順·鄒守益羅洪先·聶豹·歐陽德·劉陽·劉文敏·劉邦宋, 忠節坊은 陳喬·楊邦乂 이하 42명, 名臣坊은 송대의 周必大·楊萬里 등과 명대의 解縉·楊士奇·周　·李時勉 등 도합 26명을 모셔 "以風示多士"하게 하였다.

매월 은 3전을 지급하였다. 그 자신이 양명학에 경도되어 있던 왕가수는 「서원관례(書院館例)」와 「호주금약(護洲禁約)」을 제정하여 서원 내 호방(號房)에 거주하며 학업을 연마하는 원생들의 언행을 엄격하게 관리하고, 매월 삭망에 시험을 부과하였다.133) 천계년간에 환관 위충현이 천하의 서원을 철폐시켰을 때, 백로주서원은 그의 생사(生祠)가 되었다가 그가 죽은 후 회복되었다. 그 후 숭정8년(1635)에 지부 임일주가 중수하고 호사를 증창하였으며, 향신 이방화도 돈을 내어 학생들의 학업을 도우면서 수년 동안 주맹(主盟)을 맡았다.

백로주서원에서 강학을 주도한 학자는 나흠순·추수익(안복인, 1491~1562)134), 구양덕(태화인), 섭표(영풍인), 나홍선(길수인), 윤태·호직(태화인, 1517~1587), 왕시괴(안복인), 추원표(길수인), 이방화·진종 등 100여 명이나 되었는데, 대개 양명의 문인이었다.135) 가정36년에 추수익이 이곳에서 강학할 때 제학관 왕종목이 생원 천여 명을 이끌고 와서 청강하였다.136) 증우공(태화인, 가정20년 진사, 도어사)은, 그 자신도 나홍선과 구양덕 문하에서 수학하였을 뿐 아니라, '추수익과 구양덕이 강학할 때는 특히 학생이 많이 모여서 많은 학생들이 그에게서 배움을 받은 사람들이었다'고 한다. 왕시괴는 가정26년 진사로 태복시 소경과 섬서 참정을 역임했으며, 후에 귀주 참정과 홍려시 태상(太常)에 임명되었으나 부임하지 않고 몇 년 동안이나 백로주서원 주강(主講)

---

133) 劉應秋,「重修白鷺洲書院記」, 乾隆『廬陵縣志』卷18, 學校志,「書院」; 王命爵,「永堤記」, 上同書, 同條; 彭應時,「吉臺記」, 上同書, 同條; 汪可受,「呈請修復白鷺書院詳文」, 劉繹,『白鷺洲書院志』卷8 (陳谷嘉 等, 1998, pp.528~530); 汪可受,「白鷺洲書院館例」·「白鷺洲書院禁約」, 陳谷嘉 等, 1998, pp.747~749; Meskill, 1982, p.126 등 참조.

134) 乾隆『吉安府志』卷18, 學校志, 吉安府書院, 青原會館에 "正德間, 姚江王守仁令廬陵, 安福鄒守益從遊青原山, 講良知之學. 其後會講者, 吉水羅洪先·永豊聶豹·泰和歐陽德, 於是, 青原講學稱鄒羅聶歐"라 함. 한편, 추수익은 陽明이 寧王 朱宸濠의 반란을 진압할 때에도 그를 도왔다. Meskill, 1982, p.78 참조.

135) 吳宣德, 1996, pp.281~282.

136) 耿定向,「東廓鄒先生傳」,『耿天台先生文集』卷14. 한편, 鄒元標는 길수인이지만 東林書院의 중요 멤버였으므로, 당연히 東林派 人士와도 교류가 있었을 것이다. 또한, 그 후 復社同人 중에도 吉安府 출신이 18명이 있었으므로 당연히 다른 지역의 복사 동인과도 교류가 있었으리라 생각한다. 陸世儀,『復社紀略』, 吳應箕,『東林始末』, 臺北, 廣文書局, pp.197~198 참조.

을 맡았다. 추원표는 동림파 영수의 일인으로, 장거정에 반대하다가 귀주 도 균위에 6년 동안 유배되었다. 그 후 장거정이 죽자 이과급사중으로 승진하여, 만력11년에 전국의 서원의 수복을 청하여 재가를 받은 인물로, 구양덕이 그의 조사(祖師)였다. 이윽고 귀향하여 30여 년을 사는 동안, 만력20년에 왕가수의 초빙을 받은 것을 계기로 오랫동안 백로주서원 주강을 맡았다.

백로주서원에 모이는 신사들의 면면을 보면, 강학을 주도하는 학자는 관료 경력을 가진 향신으로 대개는 양명의 문인이었고, 학생은 길안부 내 10개 유학의 생원 가운데 선발된 사람들이었다.[137] 이들 신사들은 서로가 '동지(同志)'라 부를 뿐 아니라, 자기들의 모임을 '오당(吾黨)'이라 칭할 만큼 결속력과 동류의식을 과시하였다.[138] 따라서 백로주서원은 명 중·후기에 강서 왕문(王門)의 학술과 교육활동의 중심지로서, 길안부의 최고 학부의 기능뿐 아니라, 남강부의 백록동서원[139]과 함께 강서성 내 신사 활동의 구심점다운 기능을 담당하면서 많은 인재를 배양하였다.[140]

2) 靑原會(靑原惜陰會)의 成立과 發展

강서의 양명 제자들은 각지에 서원을 건립하고 강학을 실시한 것 외에, 다음과 같이 적극적으로 강회를 조직하였다.[141] 강회의 모임은 처음에는 보통 서원을 이용하였지만, 때로는 사관(寺觀) 등 모일 수 있는 장소는 어디나 이용하였다. 이들의 모임이 계속되면서 학전을 마련하고 고정적인 건물을 건립하

---

137) 서원의 학생이 대개 관학의 생원이었던 점은 Meskill, 1982, pp.37~38, 124에서도 지적함.

138) 曾于拱, 「城北白鷺書院記」, 劉繹, 『白鷺洲書院志』 卷7(同治10年刊本); 歐陽德, 「集義堂記」, 劉繹, 『白鷺洲書院志』 卷5(同治10年刊本).

139) 『白鹿洞書院古志五種』(上下), 中華書局, 1995; 李才棟, 1985.

140) 명말에는 두 서원에 약간의 擧人 쿼터가 배정되기도 하였다. Meskill, 1982, pp.150~151 참조.

141) 명청시대에 학자들의 모임은 크게 講會와 會講으로 구분할 수 있다. 講會는 학술조직 내지 학술단체적인 성격으로, 정기적으로 유명 학자를 초청하여 主講케 하고 規約을 제정하여 학술을 교류하고 절차탁마하는 방법이고, 會講은 부정기적으로 행하는 강학활동이었다.

였는데 이를 '회관(會館)'이라 부르기도 하였다.142) 명대에 강서의 강회조직은 30여 개가 있었고, 이들 강회에 모이는 인원은 많을 때는 수천 명, 적어도 백여 명에서 수백 명에 이르렀다.143)

강서 최초의 강회 조직은 길안부 안복현의 석음회(惜陰會)였다. 석음회는, 뒤에서 자세히 설명하겠지만, 가정5년(1526)에 양명의 문인 유방채144)가 유효 등 안복의 동지들과 결성한 강회로 격월에 5일 동안 모였는데 모이는 사람이 100여 명이나 되었다. 양명도 석음회의 모임을 칭찬하고 권면하였다. 그러나 처음에는 강학할 수 있는 회관도 없고 강력한 리더십을 가진 학자도 없었다. 석음회는 그 후, 두 방향으로 발전하였다. 그 하나는 석음회→ 사향회(四鄕會)를 거쳐, 뒤에서 자세히 설명하겠지만, 안복현의 복고·복진·연산 등의 서원을 탄생시켰다.145) 또 하나는 청원회[靑原會; 청원석음회(靑原惜陰會)라고도 부름]로 확대 재편된 것이었다. 즉,

(1) 선생님께서 절강에 계실 때, 유방채가 안복에서 석음회를 수창(首倡)하고 격월에 5일 동안 강회를 열었다. … 그 후 추수익이 남경 국자감 제주로 있다가 귀향하여 집에 있을 때 유방채·유문민·유자화·유양·구양유·유조곤·윤일인 등과 함께 복고·연산·복진 등 여러 서원을 건립하고 사향(석음)회를 만들고, 춘추 두 계절에 5부 합동으로 청원산 정거사(淨居寺)에서 대회를 열었다. 신사로서 고향에 있는 자는 모두 참여하였다. 이를 계기로 사방에서 동지회가 조직되었으니, 석음회가 그 단서를 만든 셈이다.146)

(2) 청원산은 부성 동남 15리에 있다. … 그 가운데가 넓어 정거사도 여기에 있다. … 명 가정년간에 추수익·구양덕·나홍선 등이 양명의 치양지학(致良知學)을 종

---

142) 따라서 명말 이후, 특히 청대에 상인들이 주축이 되어 전국의 도시에 세웠던 회관과는 그 성격이 다르다.

143) 康熙『西江志』卷21, 書院, 吉安府 ; 吳宣德, 1996, pp.302~307.

144) 安福人, 嘉靖7년 擧人, 嘉興府 同知.

145) 「年譜」3, 嘉靖5年 12월, 「作惜陰說」p.1303 ; 鄒守益, 「新建復古書院記」, 乾隆『安福縣志』卷19, 藝文志, 「記」

146) 「年譜附錄」1(p.1330), 嘉靖 13年條.

지로 하여 춘추에 여기서 회강하였다. 을묘년[만력43년, 1606, 필자]에 추원표·곽자장이 회관을 취병산의 남으로 옮기고 오현사(五賢祠)도 건립하였다.[147]

(3) 정거사, … 가정년간에 신사가 회관을 창립하고 절 옆에서 강학하였다. 만력 말에 회관을 취병(翠屏) 남으로 옮겼다.[148]

(4) 정덕년간에 요강(姚江) 왕수인이 여능 지현으로 부임하였다. 안복의 추수익은 청원산에서 '양지'학을 강의하였다. 그후 회강자는 길수의 나홍선, 영풍의 섭표, 태화의 구양덕이었다. 이에 청원의 강학을 추(鄒)·나(羅)·섭(聶)·구(歐)라 하였다.[149]

고 한 기록들에서 그 대강을 알 수 있다. 청원회는 가정12년(1533)에 추수익이 소집하였고 그후에 추수익·나홍선·섭표·구양덕 등이 주강을 담당하였고, 뒤에는 왕시괴·호직·유방홍·유문민·전덕홍·유원경·왕기·감채 등이 연이어 강회의 주맹을 맡았다.[150] 말하자면, 이들은 출신 지역을 불문하고 서로 협조하며 강학을 주관하였던 것이다. 그 후 전심당[傳心堂; 선현사(先賢祠)라고도 부름]과 오현사를 건립하여 양명과 추·나·섭·구양 5인을 제사하였다. 이로써 청원회관(靑原會館)이 마련된 셈이었지만, 장소가 협소하였고 유학을 배우는 장소로 사찰을 이용하는 것은 합당치 않아 보였다. 그 때문에 만력43년(1615)에는 길수의 추원표·유동승, 태화의 곽자장 등이 여러 사람의 권유와 의견에 따라, 취병산 남에 전심당과 오현사(五賢祠)를 옮기고 그 주위에 9읍 회관을 각기 건립하여 사인들이 공부할 수 있도록 하였다. 청원회는 춘추 승일(勝日)에 모였는데, 회집하는 범위는 길안부 9현과 감주부·무주부 등의 신사들까지 모였다.[151] 청원회에 모이는 사람들은 서로가 '동지'라 부르고, 모이는 학자들을 '오당(吾黨)'이라 칭하였다.[152]

---

147) 康熙『西江志』卷9, 山川, 吉安府, 盧陵, 青原山條.

148) 乾隆『吉安府志』卷10, 建置志4, 寺廟下, 寺觀.

149) 乾隆『吉安府志』卷18, 學校志, 吉安府書院,「青原會館」, pp.1892~1899. 이하「青原會館」에 대한 기술에 別註가 없는 한 本註와 위 인용문을 참조.

150) 呂妙芬, 2003, p.116

151) 鄒守益,『東廓集』卷5,「簡方時勉」.

152) 乾隆『吉安府志』卷18, 學校志, 吉安府書院, 青原會館,「羅大紘記」, p.1894.

그런데 석음회는, "이를 계기로 사방에서 동지회가 조직되었으니, 석음회가 그 단서를 만든 셈이다"라 하듯이, 길안부뿐만 아니라 멀리 외지에도 영향을 미쳤다. 가정11년(1532)에는 북경에서 대학사 방헌부의 주재 아래 편수 구양덕·정문덕 등 양명문인 40여 명과 함께 '동지회(同志會)'란 강회를 조직하고 정기적으로 강학회를 개최하였다. 또 익년(1533)에는 구양덕 등 양명의 문인이 남경과 강남 각지에서 역시 '동지회'란 이름의 강회를 조직하고 강학을 주관하였다.153)

3) 安福縣의 境遇

이렇게 백로주서원과 청원회가 성립하여 강학의 중심으로 부상하자, 「연보부록(年譜附錄)」의 지적대로 사방에서 동지회가 조직되었고, 이것이 대개는 서원으로 발전하였다. 우선 안복현에는 복고서원(復古書院)이 성립하였다. 복고서원은 강서 왕문이 건립한 서원 가운데 가장 일찍 건립된 서원이다. 가정15년(1536)에 양명의 문인 추수익이 제창하고 지현 정문덕(1497~1559)과 함께 현의 동쪽 유학 터에 건립하고 양명을 제사지냈다.154) 복고서원이 탄생하게 된 계기는 이보다 10년 전으로 거슬러 올라가는데, 그 앞뒤 사정은 다음과 같다.155) 즉, 앞에서 설명한 것처럼, 가정5년(1526)에 안복의 양명 문인 유방

---

153) 「年譜附錄」 1, 嘉靖 11·12년年, pp.1329~1330 참조.

154) 鄒守益, 「新建復古書院記」, 乾隆 『安福縣志』 卷19, 藝文志, 「記」; 程文德, 「創建復古書院記」, 乾隆 『安福縣志』 卷19, 藝文志, 「記」; 乾隆 『安福縣志』 卷5, 學校, 書院, 復古書院; 萬曆 『吉安府志』 卷15, 學校志, 安福縣; 「年譜附錄」 1(p.1330). 단, 「年譜附錄」에는 嘉靖13년으로 되어 있으나 이는 분명한 오류이다. 李才棟, 1993, pp.321·324~332; 吳宣德, 1996, pp.282~284 참조.

155) 鄒守益, 「新建復古書院記」, 乾隆 『安福縣志』 卷19, 藝文志, 「記」에 "初毅菴孫侯(孫懋, 嘉靖9年臨安福知縣)革講於學宮, 環聽者不能容, 乃卽四鄉爲惜陰會, 以間月爲期五日. 而散邑大夫士謀於諸父老曰, 是暴寒無恒也, 盖斂義爲居肆之規, 有先爲倡矣. 而無主之者, 迄十年未克. 就嘉靖丙申(15年), 以程侯(程文德)量移而至, 以朔望講學於學宮, 聞是議以韙之, 乃躬相度得舊學基於東郊"라 하고, 「年譜」 3,(p.1303), 嘉靖5年12月條에 "(嘉靖5年) 十二月, 作惜陰說。劉邦釆合安福同志爲會, 名曰惜陰, 請先生書會籍. 先生爲之說曰. '同志之在安成者, 間月爲會五日, 謂之惜陰, 其志篤矣'"라 하였으며, 「年譜附錄」 1(p.1330), 嘉靖 13年條에 "師在越時, 劉邦釆首創惜陰會於安福, 間月爲會五日. … 於是, 四方同志會, 相繼而起, 惜陰爲之倡也"라 함.

채가 그해 12월에 유효 등 동지들과 석음회(惜陰會)란 강회를 조직하고 격월로 5일 간씩 모였는데, 매회 모이는 호걸들이 100여 명이나 되었다.[156] 그러나 당시에는 강학할 건물도 없었고, 지도력을 발휘할 수 있는 주맹자가 아직은 없었다. 그러므로 주맹자의 지도력도 없이 단순히 정기적으로 모이는 것으로는, 학문을 절차탁마한다는 강회의 목적을 달성하기에는 부족하였다.[157] 가정9년에는 지현 손무가 부임하여 유학에 학생들을 모아 강의하곤 하였는데, 그 때마다 청강생이 대단히 많아서 모두 수용할 수가 없었다. 이에 신사들이 강학할 수 있는 장소를 마련하자고 상의하였지만 실행에 옮기지 못한 채 세월이 흘러갔다.

이윽고 그 10년 후인, 가정15년(1536)에 절강의 왕문제자(王門諸子)인 정문덕이 안복 지현으로 부임하였다. 그는 매월 삭망에 유학에 학생을 모아 강학하였는데, 모이는 학생이 600명이나 되어 모두 수용할 수가 없었다. 이때 마침 남경국자감 제주로 있다가 귀향하여 가거하고 있던 추수익이 유방채·유문민·유자화·유양·구양유·유조곤·윤일인 등과 함께 지현 정문덕에게 건의하고, 신사들이 공사비를 갹출하고 공사를 감독하여 복고서원을 건립하고, 양명을 제사하였다. 서원이 건립되자 지현 정문덕은, 대문(大門)의 편액은 '복고서원', 의문(儀門)의 편액은 '석음(惜陰)'이라 하고 추수익에게 주맹을 맡도록 하였다. 이로써 '석음회'란 강회가 '복고서원'으로 발전하게 되었고, 이곳에 '석음강습지회(惜陰講習之會)'를 조직해 강학을 계속하였으므로, 복고서원은 양명학의 중심지가 되었다. 더구나 같은 해에 서계(徐階)가 강서 제학부사로 부

---

156) 「年譜」 3, 嘉靖 5년 12월, 「作惜陰說」(p.1303).

157) 講會나 書院의 講學은, 양명이 말한 것처럼(前述), 官學이 이루지 못하고 있는 부분, 즉 '明倫'을 밝히고 사풍을 변화시킴으로써 天下의 治를 이루기 위한 것이었다. 施閏章(1619~1683, 康熙年間에 湖西道로 靑原會館의 傳心堂에서 會講 主導함), 「復眞書院記」, 乾隆 『吉安府志』 卷19, 學校志, 安福縣書院에 "一邑之中, 所在有會, 歲必數擧, 擧以累日, 用相砥以勿懈, 有入其中而庚其敎者, 則人目笑而背指之, 曰夫夫也. 與講學者耶, 其人聞之必大慚. 於是, 君子有所誘而爲善, 小人有所憚而不敢爲惡, 淺者習威儀守繩墨, 深者累言語而優入於性命. 田夫·孺子·市販之徒, 皆耳習其言, 目習其事, 若日用飮食之相, 循而不廢也. 故其敎立而俗以不偸, 則此數君子力也"라 한 데서 알 수 있듯이, 신사는 신사대로, 서민은 서민대로 그곳에 모이는 사람들은 모두가 교화와 순치가 이루어질 수 있었다.

임하여 이러한 활동을 더욱 격려하였다.

융경년간(隆慶年間)에는 지현 이침이 복고서원 내의 존경각을 중수하였다. 만력7년에 장거정의 서원 철폐 명령이 있었지만, 9년에야 삼현사(三賢祠)로 이름을 바꾸었다. 장거정이 죽은 후, 만력12년에 이르러 지부 여지정·지현 민세상이 조칙에 따라 이전 정원을 복구하고 전조(田租)를 100통량(桶糧)으로 증치하였으며, 서원 내에 삼선생사(三先生祠)·동덕사(同德祠)·이현사(二賢祠) 등의 사당을 건립하여 양명·추수익·정문덕 이하 유학자와 안복출신 양명 문인을 제사하였고, 과화사(過化祠)를 건립하여 담약수(湛若水) 등을 제사하였다. 만력 31년에는 지현 반준[일명 반여(潘璵)]이 서원 건물을 보수하고, 담약수·추수익 등 11명의 선현의 사당도 건립하였으며, 전조(田租)도 늘려서 최종적으로는 1,193통량이 되었다. 천계년간에는 환관 위충현의 서원폐쇄와 건생사(建生祠) 명령이 있었지만 지현 고재명(광동인)이 재건하였다. 복고서원에는 전덕홍·왕기(1498~1583)도 문도를 이끌고 1548년~1556년 두 차례 방문하였고, 나홍선(1504~1564)도 3회나 방문하였으며, 담약수도 90세의 노구를 이끌고 이곳에 들렀고 이때는 추수익과 길안 신사가 모였다. 복고서원은 신사가 협력하여 건축자재·장서(藏書)·농토·현금 등을 모아 건축하였고, 서원에 모이는 신사들은 서로가 '동지'라 부를 뿐 아니라, 자기들의 모임을 '오당'이라 일컬을 만큼 결속력을 과시하였다.158)

한편, 추수익과 함께 복고서원을 건립한 양명의 문인들은 안복현의 남쪽에 복진서원[일명 복정서원], 현 북에 연산서원도 건립하였다. 안복현 남쪽의 문인들은 석음회에 자극을 받아 송운회(松雲會; 사향회의 하나)를 조직하고 송운암(松雲庵)에서 강학을 실시하다가, 가정37년에 추수익 등 양명의 문인들의 도움으로 현 남쪽 주호(洲湖)의 북정관(北貞觀) 폐지에 복진서원을 건립하였다. 서원을 건립한 후에는 매년 1대회 3소회를 열어 신사 서로서로 학문을 절차탁마하였다. 복진서원에는 그 후 축차적으로 여러 사당들을 건립하여 추수익·유방채·왕시괴·유문민·유양·윤일인 등을 제사하였다.159) 한편, 연산서원[일

---

158) 程文德,「創建復古書院記」, 乾隆『吉安府志』卷19, 學校志, 書院, 安福縣書院, 復古書院; 呂妙芬, 2003, p.117.

명 연산서옥(連山書屋)]은 가정32년에 현 북 상전(桑田)에 건립한 것이다. 추수익이 수창(首倡)하고 유양이 적극 합세하여 제자들과 함께 3개월여 만에 건립하여, 이곳에서 절기마다 회강을 거행하였다.160)

융경6년에는 생원 유원경이 창의하여 안복현 서부의 사민(士民) 24성(姓)이 합세하여 복례서원을 건립하였다. 복례서원 역시 석음회의 자극을 받아 탄생한 서원이다. 그에 대하여 유원경은 다음과 같이 그 전말을 말하고 있다.161) 즉, 처음 추수익의 권유에 따라 자신이 창의하여 서향에 강회(사향회의 하나)를 조직하고 매년 1회 연말에 모여 5일 동안 회강하여, 결과도 상당히 좋았지만 영구지계(永久之計)가 아님을 깨닫고 현서의 사·민의 협조를 얻어 복례서원을 건립하였다는 것이다. 이곳에서는 후에 양명·추수익·유양·경정향 등을 제사하였다. 만력12년에는 감생 진국상이 30무의 토지를 내놓아 회비로 사용케 하였다.162)

서원폐지를 명령한 장거정이 만력10년에 죽은 후에는, 앞에서 설명한 것처럼, 대개의 서원이 부활되었고, 오히려 새로운 서원도 건립되었다. 만력19년(1591)에는 현성 서쪽 구도(九都)에 식인서원이 건립되었다. 이 서원 역시 앞에 언급한 거인 유원경의 건의와 신사들의 출연(出捐)에 힘입어 지현 오응명이 창건하였다. 서원 내에는 지학당(志學堂)·복초당(復初堂)·전심당(傳心堂) 등 6개 당과 삼선생사(三先生祠)를 건립하였다.163) 또 만력21년에는 향신 유숙당이 동향의 동지들과 함께 현동에 도동서원을 건립하고, 복고서원을 모델로

---

159) 萬曆『吉安府志』卷15, 學校志, 安福縣;「年譜附錄」1(p.1330), 嘉靖13年條; 施閏章,
「重修復眞書院記, 乾隆『安福縣志』卷19, 藝文志; 乾隆『安福縣志』卷5, 學校, 書院,
復眞書院; 李才棟, 1993, pp.327~328; 吳宣德, 1996, p.282.

160) 李才棟, 1993, p.327.

161) 劉元卿,「復禮書院記」, 乾隆『吉安府志』卷19, 學校志, 書院, 安福縣書院에 "東廓鄒
先生數數然誘而循之, 而僻壞習詩書者什一, 士人少, 不得其隙. 予自在諸生中深引爲
耻, 顧獨廉得一二有行誼者, … 遂相率卽其家, 季一會, 輒引其子弟訓督之, 奢者爭爲
簡, 暴者忍辱, 貪者捐其分, … 風俗浸浸可觀. 乃合而謀曰, 季而會五日而罷去, 暴寒無
常, 非計之得也. 盖釀錢購書院乎. … 旬日間斂金, 以兩計者五百"이라 함.

162) 萬曆『吉安府志』卷15, 學校志, 安福縣; 乾隆『安福縣志』卷5, 學校, 書院, 復禮書院.

163) 乾隆『安福縣志』卷5, 學校, 書院; 劉元卿,「識仁書院記」, 乾隆『安福縣志』卷19, 藝文
志 참조.

‘석음강습지회(惜陰講習之會)’를 결성하여 매년 현 내의 신사들을 모아 강학하며 학문을 절차탁마하였다. 만력32년에는 향신 주무상이, 서원의 환경이 그리 좋지 않음을 보고 현동 20리에 강당과 좌우 협청(協廳)을 확장하고 사당들을 건립하여 이시면 등 6인을 제사하였다. 이곳에 모이는 신사들도 서로가 ‘동지’라 부르고, 모이는 학자들을 ‘오당’이라 칭하였다.[164] 한편, 만력31년에는 거인 유원경과 신사들이 협력하여 현 서쪽에 중도회관을 건립하였다.[165] 이렇게 보면, 안복현에는 동·서·남·북 4향에 각각의 석음회가 발전된 서원이 있었다.[166]

안복현에는 이상과 같이 서원이 많이 건립되었고 사향회를 중심으로 학자들이 학문을 절차탁마하였다. 『안복현지』에는 명 중·후기의 안복현 지방의 사회경제적인 현황을 다음과 같이 전하고 있다.

> (안복현)의 풍속은 전통적인 가문을 중히 여기고 시서(詩書)를 숭상하여 집집마다 외우기를 그치지 않고 양가(良家)의 자제는 다투어 사(士)가 된다. 농부는 열심히 농사를 지으므로 들녘은 개간되지 않은 곳이 없고, 상인과 등짐장사는 전국에 널리 진출하였고, 공인의 섬세한 기술도 기묘한 기술로 여기지 않는다. … 현에는 망족(望族)이 많은데 종족마다 종보(宗譜)와 사(祠)가 있고, 절기마다 드리는 제사는 반드시 주자의 가례에 따른다. 여인들의 방적은 밤을 새워 한 필을 완성하면서도 농사에도 열심이니 그 부지런함이 이와 같다. … 호구는 많고 토지는 비옥하다. 근년에는 물력(物力)이 점차 줄어들고 풍속은 사치해졌다. 정통년간(正統年間)부터 … 등짐장사·막일꾼·더벅머리 총각도 공부하면서 명교(名敎)를 존중하고 의가 아닌 것을 부끄럽게 여긴다. 왕양명이 감주에서 강학하자 추수익

---

164) 乾隆 『安福縣志』 卷5, 學校, 書院, 道東書院; 王時槐, 「道東書院記」, 乾隆 『安福縣志』 卷19, 藝文志.

165) 乾隆 『安福縣志』 卷5, 學校, 書院. 劉元卿은 隆慶4년 거인으로 예부주사를 지냈다. 그는 이상과 같이 復禮·識仁書院과 中道會館 등 3개 서원을 건립하고 “聚徒講學”하였다. 乾隆 『吉安府志』 卷29, 選擧表, 擧人; 乾隆 『安福縣志』 卷11, 儒林, 劉元卿 참조.

166) 乾隆 『安福縣志』 卷2, 輿地志, 風俗, p.137; 呂妙芬, 2003, p.117.

이 제자로 수학하면서 한때 수업을 받는 학생이 30여 명이나 되었다. 그러므로 양지학이 이곳에서 유난히 번성하게 되었다. … 사향(四鄕)의 서원에서는 매년 절기마다 회강하는데, 식량과 책을 지고 찾는 사인이 대단히 많아서, 마치 서하(西河)나 직하(稷下)에 학자들이 모였던 고풍(古風)이 재연되는 듯하다.[167]

바꾸어 말하면, 안복현 지역은 토지가 비옥하며 백성들은 부지런히 농사나 상공업에 종사하고, 신사로부터 백성에 이르기까지 시서(詩書)를 외우고 명교(名敎)를 존중하고 비의(非義)를 부끄럽게 여기는데, 이러한 현상은 명 중기부터 두드러지기 시작하였다. 특히 양명이 감주에 와서 강학하면서 추수익을 필두로 많은 학자가 그의 문인이 되었고, 그 영향으로 사향에 서원을 건립하고 강회를 개최하였다. 앞에서 안복현의 거인과 진사합격자가 명 중기부터 두드러지게 증가하여 길안 제일의 신사 배출지가 된 배경은 아마도 이러한 현상에서 찾아야 할 것이다.

4) 기타 지역

여능현에서도 안복 석음회의 영향을 받아 서원회(西原會; 서원석음회)를 창립하였다. 서원회는 융경원년(1567)에 왕시괴·진가모 등 양명의 문인들이 발의하고 하지(賀沚) 등 5명의 신사가 찬조하여 조직하고 서원회관을 건립하였다. 그 후로 왕(王)·진(陳)·하(賀) 외에도 안복인 출신인 유문민·유방채 등, 출신지를 불문하고 사방의 양명 문인들이 와서 회강을 주맹하였다. 만력8년에 비로소 농토를 마련하였고 만력12년에 진가모 등이 돈을 내 땅을 사서 구익당(求益堂)을 건립하였다. 숭정2년에 화재가 나자 뭇 신사들의 발의에 따라 지

---

167) 乾隆 『安福縣志』 卷2, 輿地志, 風俗, p.137. 한편 萬曆 『吉安府志』 卷11, 風土志, p.173에는 "舊志稱, 戶口蕃庶, 土地饒裕, 然總之, 地不給於口, … 正統中, 李祭酒抗師法, 劉侍講死忠諫, 嚴毅正直之氣薰而成習, 雖負販賤夫句讀, 竪子居然, 自謂大家, 而恥非義。至王陽明講學虔州, 鄒文莊北面首事之, 一時受業之徒三十餘人, 故良知之學安成獨精, … 三書院爲歲時會聚講, 贏糧負笈冠, 盖相望於路, 縉紳處士高年有學行者, 闊然見其鄕弟子, 鄕弟子鴈行列次第, 據經問難敍其燕居獨行質而就正先生答問己, 群諸子辣然正襟私相唯曰善哉守其說, 至老死弗與易也, 盖有西河稷下之風焉。"이라 하고 있는데, 乾隆志는 이를 더욱 부연 설명한 것이라 생각한다.

부 오병(吳炳)의 연봉과 신사들의 협조로 중건하였다. 매년 계월(季月)에 소회, 9월에 대회를 열었는데 사방에서 모이는 신사가 많으면 1,000여 명이나 되었다. 회비는 회전(會田)의 전조(佃租)로 충당함이 원칙이었지만, 풍년과 흉년이 있어 대개는 부족하였으므로, 신사들이 갹출하였다.[168]

만안현의 운홍서원도 강회에서 서원으로 발전한 사례이다. 가정27년(1548) 8월에, 주형 등 만안 동지 7명이 전덕홍을 초청하여 백운산록의 정수관(精脩觀)에서 강학하였다. 이 때 생원도 150여 명이나 모였는데, 전덕홍이 '만안은 백성도 많고 부요한데, 다른 곳에는 다 있는 양명사(陽明祠)가 이곳에는 없다'고 동지들에게 유감을 표명하였다. 이에 그곳에 모인 신사들이 뜻을 모아 갹출한 돈이 200금이나 되었다. 그런데 중간에 이론이 있어 중지하였다. 그 후 가정43년(1564)에 건물을 완성하고 제사 규정도 정비한 후 운홍서원으로 명명하고 양명을 모셨다.[169]

영녕현의 정계서원도 강회에서 서원으로 발전한 사례이다. 전에 영신현의 향신 용우기가 발의하여 화천(禾川)에서 강회를 열었는데, 이 때 모인 좌중이 인재의 양육을 위한 방법을 제안하였다. 이에 용우기가 각 향을 순방하며 모금하고 자신과 현 내의 신사가 협조하여 만력년간에 서원을 창건하였다.[170]

이상의 서원 외에도, ① 길안부 여능현의 보공사(報功祠), ② 남창부 성홍도의 앙지사(仰止祠), ③ 감주의 양명공사(陽明公祠), ④ 감주부 신풍현의 양명왕공사(陽明王公祠), ⑤ 남안부 남강현의 왕공사(王公祠), ⑥ 감주부 안원현의 왕공보공사(王公報功祠), ⑦ 감주부 서금현의 왕공보공사, ⑧ 남안부 숭의현의 양명공사(陽明公祠) 등에서는 양명을 제사하고 강회가 열리는 등 양명학 보급의 거점이 되었다. 그뿐 아니라 양명왕공사를 건립한 남감도 어사 장훤은 성중에 5개의 사학(社學)을 건립하였는데 의천서원·정몽서원·부안서원·진녕서

---

168) 萬曆『吉安府志』卷15, 學校志, 廬陵縣; 賀沚, 「西原惜陰會記」·劉遇奇, 「西原會館序」, 乾隆『吉安府志』卷18, 學校志, 吉安府書院, 「西原會館」., pp.1915~1919.

169) 「年譜附錄」1(pp.1336~1337); 多賀秋五郎, 1971, p.244. 그런데 王圻, 「雲興書院記」, 乾隆『吉安府志』卷19, 學校志, 書院, 萬安縣書院조에는, 운홍서원은 신사의 발의와 捐資, 지현 王圻의 협조로 白雲寺 故址에 창건하였다고 한다.

170) 鄒元標, 「鄭溪書院記」, 乾隆『吉安府志』卷19, 學校志, 書院, 永新縣書院.

원·용지서원 등 모두 서원이라 명명하였다.171)

小 結

강서지방은 명초 이래 중부(重賦)에 인구과잉 지역이었다. 그런 가운데 중기부터 두 가지 상반된 현상이 진행되었다. 한편으로는 농업과 상공업 및 도시가 발전하였지만, 또 한편으로는 갈수록 '부익부, 빈익빈' 현상이 만연되어, 이갑호는 물론이고 이장호마저 몰락하여, 도망하는 인구가 많았다. 그럼에도 불구하고 강서는 지적(知的)으로는 선진적인 위치에 있었다.

길안부에도 같은 현상이 나타났다. 길안부는 경제적으로는 그리 부요하지 못하였지만, 송대 이래 '문장(文章)과 절의(節義)의 지방'이란 미칭(美稱)을 얻고 있었다. 구양수·호전·양만리·문천상 등 대유(大儒)의 고향이 모두 길안부였고, 그만큼 문운도 떨친 지역이었다. 명대에 들어와서도 길안부는, 신사의 배출 면에서 선도적인 위치에 있었다. 길안부에는 명 중기 이후, 생원·감생·거인 등 미입사 사인 3,500여 명이 동시에 존재하였다. 진사 합격자는 강서 진사 총수의 1/3이나 되었고, 홍무에서 성화년간까지 100여 년 동안, 이곳 길안 출신의 진사가 전국의 1/10, 일갑진사 1/4, 장원을 1/3이나 점하였다.

왕양명은 이렇게 일견 '모순되는 현상이 공존'하던 강서에 남감순무로 임명되어 양명학을 확립시켰다. 양명은 부임 후에, 군무에 바쁜 중에도 문인들과 수시로 학문을 토론하였고, 여러 곳에 향약을 실시하고 사학과 서원을 건립하고 강회를 열었다. 그 때문에 그의 제자들은 전국에 두루 퍼져 있었는데 특히 강서와 절강에 많았고, 강서에서도 길안지방에 특히 많았다.『명유학안』에 입전된 명유 207명 가운데, 강서인은 54명(전체의 26%)으로 전국 최고였으며, 이 가운데 양명의 문인이 33명이나 되었는데, 그 가운데 길안부 출신이 21명으로 대다수를 점했으며, 그 가운데 안복인은 추수익 등 13인이나 되었다. 태주학파(泰州學派)의 주요 인물인 하심은(何心隱) 등도 이곳 길안 출신이

---

171) 多賀秋五郎, 1971, pp.246~247.

었다.

이렇게 양명과 그의 문인들, 및 이에 자극을 받은 강서의 신사들이 적극적으로 건립한 덕분에, 길안지방은 명대에 서원이 전국에서 가장 많았고, 그에 따라 신사의 문회나 문사활동도 대단히 활발하였다.172) 강서의 왕문학자(王門學者)는 강서에서 유학이나 서원을 건립하는 데 참여함으로써 양명학에 대한 교육적 영향력을 발휘하였다. 다른 지역의 왕문학자들도 강서에서 사환(仕宦)하거나 강서를 여행하는 기회를 이용하여 양명학 전파에 일조하였다. 길안부의 신사도 양명의 영향을 받아, 다양한 공익사업에 참여하는 동안, 적극적으로 서원을 건립하고 향약을 실시하였다. 바꾸어 말하면, 명대에 길안지방에 거인과 진사출신자가 특히 많았던 점은 양명학이 배양되기 위한 학문적 토양을 제공한 셈이었고, 반대로 양명의 활동과 양명학은 길안의 이러한 지적인 여건에 날개를 달아준 격이었다.

그런데 길안지방의 서원은 두 계통이 있었다. 그 하나는 백로주서원과 같이, 전대에 건립된 서원이 명대에도 계속하여 발전하는 과정에서, 크건 작건 양명학의 영향을 받은 것이었고,173) 또 하나는 양명과 양명학의 영향으로 새로이 건립된 경우이다. 이렇게 새롭게 건립된 서원 가운데, 처음에는 강회활동에서 시작하여 서원으로 발전한 사례도 많았다.

이러한 강회활동 역시 두 갈래로 발전하였다. 예컨대 안복의 석음회(惜陰會)는, 한편으로는 그 뒤 사향(석음)회→ 청원(석음)회로 발전하면서 계속하여 강회조직으로 남았다. 한편, 안복의 동·서·남·북향의 서원(복고·복진·복례·연산·도동서원 등)은 석음회의 영향을 받아 서원으로 발전하였다. 그러므로 이전에 건립된 서원이건 새로이 건립된 서원이건, 강서의 서원은 대개 양명과 양명학의 영향권에 포함되었다. 그러나 그렇다고 송대 이래의 선현의 전통을 포기한 것은 아니었다. 각지의 서원에서는 청대에도 송대의 선현과 양명 문인

---

172) 明淸交替期에 남명군을 돕고 반청활동을 전개한 바 있는, 신사의 근왕기병군의 지도부에 신사와 좌주문생 관계의 존재를 확인할 수 있었던 것도 이러한 배경에서 이해될 수 있을 것이다. 吳金成, 1991, 1999A 참조.

173) 강서의 兩大 서원의 하나인, 남강부의 백록동서원도 그러하였다. 陳東原, 1937; Meskill, 1982 참조.

들을 같이 제사하였다.

서원을 건립하고 수리 및 중수할 때, 대개는 신사들이 적극적으로 참여하였다. 그들이 사전 협의를 거쳐 지방관에게 건의하면, 순무 이하 지방관들의 협의를 거쳐 공사를 허락하고, 이에 따라 신사들의 적극적인 협조(여론 환기·인력 동원·공사비 염출·공사 감독)로 공사가 완성되었고, 그 뒤 서원의 유지도 신사의 몫이었다. 가끔 지방관이 먼저 제창하는 경우도 있었지만, 그러한 경우에도 지방관은 반드시 신사와 협의하였고, 신사의 협조가 있어야만 완성할 수 있었다. 길안부에 부임한 지방관은 양명의 제자이든 아니든 간에 서원을 구심점으로 하여 지역 신사와 긴밀한 협조관계를 유지한 덕에, "정치는 맑아지고 소송 사건은 줄어들었으며, 서리들의 발호도 줄어들었고, 교육과 학문은 번성하였다"는 칭송을 받게 되었다. 서원을 중심으로 하여 이렇게 지방관과 신사의 협조가 잘 이루어진다면, 지방관의 근무평가는 자연히 좋아질 수 있고 신사의 사회지배력 또한 공고해 질 수 있었던 것이다.

길안부의 신사들은 서원의 건립과 강학, 혹은 강회활동을 통해서 그들 사이의 동류의식을 돈독히 하면서, '신사공의'를 통하여 사회지배력을 유지하였으므로, "서원과 길안의 인문(人文)은 흥쇠를 함께 하였다"174)고 할 정도였다. 강회나 서원은 매년 여러 차례 모이고 모일 때마다 며칠씩 합숙하였으므로, 그곳에 모이는 신사는 모두가 학문을 절차탁마하고 동류의식을 제고시킬 수 있었고, 그곳에 와서 구경하는 서민들도 모두가 교화와 순치가 이루어질 수 있었다.175) 강회나 서원에 모이는 신사들은 서로가 '동지'로 부르고 자기들의 모임을 '오당'이라 칭할 만큼 결속력이 강하였다. 이러한 배경 아래, 양명의 문인들은 출신지를 가리지 않고 길안부 내의 다른 현 지역 뿐 아니라 강서성

---

174) 陳嘉模, 「白鷺書院廬陵號房記」, 『白鷺洲書院志』 卷6(陳谷嘉 等, 1998, pp.535～536 에서 再引)

175) 施閏章(1619～1683, 康熙年間에 湖西道로 靑原會館의 傳心堂에서 會講을 主導함), 「復眞書院記」, 乾隆 『吉安府志』 卷19, 學校志, 安福縣書院에 "一邑之中, 所在有會, 歲必數擧, 擧以累日, 用相砥以勿懈, 有入其中而戻其敎者, 則人目笑而背指之, 曰夫夫也. 與講學者耶, 其人聞之必大慚. 於是, 君子有所誘而爲善, 小人有所憚而不敢爲惡, 淺者習威儀守繩墨, 深者畧言語而優入於性命. 田夫·孺子·市販之徒, 皆耳習其言, 目習其事, 若日用飮食之相, 循而不廢也. 故其敎立而俗以不偸, 則此數君子力也"라 함.

내의 다른 부 지역을 오가며 강회를 주관하고 서원에서 주강을 맡았고, 더 나아가서는 호광 장사의 악록서원176) 등 다른 성 지역에서도 강학하며 신사들과 교류하였다.

신사의 동류의식이 발생하는 곳은 관학(부주현의 유학)과 서원이 가장 두드러진 곳이었지만, 사학(私學)인 서원이 관학보다 더욱 강하였다. 관학의 교사는 대개 거인·감생 출신으로 유외관(流外官)에 지나지 않았다. 그러나 서원의 수는 관학보다 몇 배 더 많았고, 서원에서 강학을 주관하는 학자는 대개 진사출신으로 관직 경력을 갖춘 고관이거나 대학자였고, 학생은 대개가 길안부 내 10개 유학에서 선발된 생원이었기 때문이다

길안에서 양성된 양명학의 영향은 이윽고 이웃 호광에 전파되었다. 명대에, '강서인이 호광을 메운다'고 할 만큼 강서인의 호광진출이 많았고, 길안인 가운데 호광에 모적(冒籍)하여 그곳에서 향시에 합격한 경우도 많았다. 그 결과 호북에는 사시·유가격·한구진·조각시(皂角市) 등 신흥 도시가 많았는데, 승천부 경능현 조각시의 경우, 거주자 3,000 호 가운데, 토착인은 1/10에 지나지 않았고 강서에서 온 사람이 7/10이나 되며, 전체 거민 가운데 농민은 20%, 상인은 80%이고, 강서인 가운데 대다수는 길안부의 영풍인이었다고 한다.177) 만력·천계년간에 경능에는 경능학파(竟陵學派)가 나타났는데, 그 가운데 하심은과 종성은 길안의 영풍과 관계가 있었다.178)

---

176) 乾隆『長沙府志』卷34, 流寓, 明, 羅洪先에 "羅洪先, 吉水人, 嘉靖中, 講學岳麓, 往來 湘江"이라 함.

177) 李維楨, 『大泌山房集』卷87, 「劉處士墓誌銘」

178) 方志遠, 2001, pp.186~187.

제3장 明淸交替와 紳士

序 言

명조(明朝)가 다스리던 중국이 만주지방의 소수민족인 여진족[女眞族; 만주족(滿洲族)]에게 정복당한 것은 참으로 믿기 어려운 역사적 사실이다. 도대체 어떻게 그러한 일이 가능하였을까? 당시 중국사회의 여건은 어떠하였던가? 그리고 만주족의 중국 내지(內地) 정복과정에서 청군(淸軍)의 여러 가지 여건은 어떠하였으며, 각 지역의 각계각층의 한인(漢人)은 어떠한 환경에서 어떻게 대응하였을까?

지금까지 명말청초의 동란기에 대한 연구는 민란사(民亂史) 또는 계급투쟁사의 시각에서,[1] 그리고 청조의 중국 정복과정은 남명사(南明史)의 시각에서 본 것이 대부분이고,[2] 명말청초의 지역사회의 실상에 착목하여 청조권력의 지방 침투과정을 연구한 것은 그리 많지 않다.[3]

이 글은 입관(入關) 직후 청조권력의 지방침투 과정을 주로 강서 남부지방, 즉 남감지방을 중심으로 살펴보려 한다. 이 지역은 양자강으로부터 파양호와 간강을 거쳐 광동지방으로 연결되는 상업과 교통의 요지이다. 또 복건·광동·호남성과는 대유령을 사이에 두고 접경하고 있는 4성교계지역(交界地域)으로서, 명초 이래 금산구로 지정된 산악지역이다. 그러나 실질적으로 이 지역은

---

1) 李文治, 1948; 顧誠, 1984; 佐藤文俊, 1985; 吉尾寬, 1988 등 참조.

2) 謝國楨, 1957/1988; Parsons, James B., 1970; Dennerline, Jerry, 1981; Struve, Lynn A., 1984.

3) 小野和子, 1996; 吳金成, 1996; 吳金成, 1998; 李成珪, 1977; 李俊甲, 1991; 鄭炳喆, 1993 참조.

자급자족할 정도의 개간이 가능했으므로 주변지역에서 많은 객민이 유입되었다. 그 때문에 이 지역에서는, 명 중기 이래 사회가 재편되어 갔으며, 양명이 민중봉기를 진압하고 선후책을 잘 시행했음에도 (본서 제Ⅰ편 제2장 참조), 명말에는 반란과 소요가 끊이지 않았다. 이처럼 남감지역은 치안상의 사각지대였으며 군사상의 요충지였다.[4] 또 청군이 강서지방을 일단 장악한 후에도, 이 지역의 남쪽인 복건·광동지방에는 명조 부흥을 목표로 한 남명정권(南明政權)이 존재하였다. 따라서 지리적, 군사적으로 특수한 위치에 놓여 있던 이 지역을 중심으로 하여, 당시 청군이 강서지방에 침투하는 과정에서 나타난 몇 가지 문제, 즉 ① 신사의 반청(反淸) 근왕기병(勤王起兵)의 실상, ② 명말청초 동란기의 유구(流寇)·토적(土賊)의 활동과 그 때문에 벌어진 지역 사회의 여러 문제, ③ 그러한 위기상황 속에서도 생명을 부지한 신사의 존재양태 및 청조 권력과의 관계 등을 고찰해 보려 한다. 이를 통하여 청조권력의 중국 내지 정복과정의 일면을 밝힐 수 있을 것이다.

Ⅰ. 淸軍의 入省과 紳士의 勤王 起兵

강서지방에 영친왕(英親王) 아지거[阿濟格]의 청군이 처음 들어온 것은 순치2년(1645) 5월이었다. 호광지방으로부터 도주하는 이자성(李自成)의 패잔병을 추격하여 구강(九江)에 들어온 것이다.[5] 이 때 좌량옥의 아들 좌몽경은 후영총병(後營總兵) 김성환과 함께 36영(營) 10만군을 거느리고 청군에 투항하였다. 이윽고 섭정왕 도르곤[多爾袞]의 명에 따라 영친왕이 회군하게 되자 김성환은 '자기가 강서 땅을 평정하겠다'고 청하니, 영친왕은 그에게 제독무초총병(提督撫剿總兵)의 직함으로 강서 평정의 책임을 맡겼다.[6] 이로부터 순치6년

---

4) 張瀚, 『松窗夢語』 卷4에 "南贛谷林深邃 實商賈入粵之要區也"라 하고 있고, 『淸代農民戰爭史資料選編』(아래에서는 『選編』으로 약칭함) 1-下, 「馬國柱揭帖」, pp.283~284에서도 南贛地域을 "四省咽喉重地" 아니면 "江西之門戶 全省之安危系焉"이라 하고 있다. 기타 吳金成, 1986, pp.88~135 참조.

5) 乾隆 『南昌府志』 卷19, 武備, 兵事條에 따르면, 順治元年 5月에 이자성군의 패잔병 步騎 數萬명이 湖廣의 興國州에서 강서의 武寧으로 들어와 "所過焚掠慘毒"하였다고 한다.

정월까지, 강서성에서 청군과 남명군 및 신사 자위군(自衛軍) 사이의 복잡한 역학관계는 대개 김성환을 축으로 전개되었다고 해도 지나친 말이 아니었다.

　김성환은 이자성 군의 항복한 장수 왕체충의 군대와 더불어 구강에 주둔하면서, 6월부터는 본격적으로 주변지역의 평정을 시작하였다. 그는 한편으로구강·남강·남창 등 지역에 격문을 보내서, 청군 20여 만이 곧 강서를 공격할 터이니 속히 항복해야만 도륙을 면할 수 있을 것이라고 위협하였다.[7] 또 다른한편으로는 각지에 군사를 파견하여, 6월에는 남강·구강·남창을, 7월에는 원주·임강·길안·건창·무주 등 각 부 지역을 연이어 점령하였다. 그 결과 같은해 8월까지 강서성 13부 가운데 11부를 점령하는 데 일단 성공하였다.[8]

　입성(入省) 초기 강서의 군사작전 과정에서, 청군은 무자비한 살육을 자행하였다. 당시의 사료에 '도륙(屠戮)', '절반을 죽였다', '죽인 도적의 무리가 헤아릴 수 없다'는 기록이 흔히 보일 뿐 아니라, 3년 3~4월에 걸쳐 무주·요주·광신 등 3부(府) 교계지역에 위치한 동향·안인·귀계 등 현(縣) 지역에서 벌어진 일련의 공방전에서는 7,300명을 살해하고 2,500명을 포로로 잡았다는 기록도 보인다.[9] 그 때문에 강서성 내 각지에서 크고 작은 반청기병(反淸起兵)이 많았다. 이 글에서는 그 가운데 신사의 반청기병의 대표적인 사례, 즉 ① 무주·건창을 중심으로 기병한 익왕·영녕왕의 사례, ② 감주부를 중심으로 한 신사의 반청 근왕기병(勤王起兵), 그리고 ③ 일단 청군에 투항하였다가 반청기병한 김성환(金聲桓)·왕득인(王得仁)의 사례를 분석하여 보겠다.

---

6) 『淸史列傳』 卷80, 逆臣傳, 金聲桓; Struve, 1984, pp.67~68, 125~127.

7) 徐世溥, 『江變紀略』 卷1.

8) 徐鼐, 『小腆紀年附考』(이하 『附考』로 약칭함) 卷10·11; 李天根, 『爝火錄』, 卷12; 『明淸史料』 丙編 第五卷, p.499(이하에서는 丙-5-499의 형태로 표기함), 「總務江西等處佟揭帖」(順治2년 8월); 『明史』 卷278, 萬元吉傳 등 참조.

9) 『明淸史料』 甲-2-156ab, 「江西巡撫李翔鳳揭帖」. 道光 『瀘谿縣志』 卷9, 人物, 魏一柱條에 따르면, 王得仁군은 建昌府 瀘谿縣에서 丁·傅·魏 3姓의 滅族을 명령하기도 했다.

1. 益王·永寧王의 起兵[10]

김성환이 이끄는 청군이 파양호 주변을 평정하고 남하해 오자, 건창에서는 재적신사(在籍紳士) 왕양정[숭정원년 진사, 복왕(福王) 때 부사로 건창지방을 맡음]이 역시 재적신사인 하만형(거인, 복왕 때 강서 포정사)·왕역(건창 지부)·유윤호[추관(推官)]·사하륭(남창 추관) 등과 함께 익왕을 받들고 기병하였다(순치2년 6월).[11] 한편 익왕은 나이는 어리고 겁이 많아 전쟁을 알지 못하였으므로, 군사 활동에 대한 문제는 영녕왕과 나천왕에게 위임하였다. 이에 나천왕은 무주부에서 동향현의 거인 애남영[12]·애명신과 함께 여러 신사와 서약하여 유기·양독룡 및 승려 단죽 등 36명의 협조를 얻은 후 애남영의 집에서 삽혈맹약(歃血盟約)하였다. 이를 계기로 많은 신사가 돈을 내어 군비를 도왔는데, 그 가운데 왕·사 두 신사의 기부가 특히 많았다. 그들은 이를 기반으로 의용(義勇) 7천~8천 명을 모집하여 훈련시켜서, 요주·무주·광신의 삼부 교계 지역의 귀계·동향·안인현 지방을 굳게 지켰다.

그러나 익왕·영녕왕 군 내의 보녕왕이란 자가 청군의 왕체충과 내통하여 배반함으로써 청군의 급습을 받아 건창이 함락되었다(순치2년 7월). 왕양정·하만형 등은 포로로 남창에 끌려와 죽었다. 이 때 건창부 남성현의 생원 등사명은 다른 생원 100여 명과 함께 '상병(庠兵)'을 조직하고 '나라를 위해 원수를 갚겠다'고 선언하는 한편, 왕역(王域)의 막하에 들어가 돕다가 현성이 함락

---

10) 별도의 註가 없는 경우에는 『附考』 卷11·12; 佚名氏, 『思文大紀』; 錢秉鐙, 『所知錄』 卷上, 「隆武紀年」; 李天根, 『爝火錄』 卷12~15; 徐鼒, 『小腆紀傳』(이하 『紀傳』으로 略稱) 卷8, 曾亨應傳; 『明史』 卷278, 曾亨應傳; 黃宗羲, 『行朝錄』 卷1, 隆武紀年; 邵廷采, 『東南紀事』 卷4, 萬元吉傳; 楊陸榮, 『三藩紀事本末』 卷2, 「益藩擾湖東」; 同治 『南城縣志』 卷8-3, 人物志, 朱由樻; 『明淸史料』 甲-2-156ab, 「江西巡撫李翔鳳揭帖」 등 참조.

11) 강서에서의 순치2~3년의 군사 활동에 관한 기록은 사료에 따라 1~2개월의 차이가 나는 경우도 있다. 이 논문에서는 필자 나름으로 정리해 적은 것이다.

12) 그의 학풍은 명말·청초의 중국 사회에 큰 영향력을 끼치고 있던 復社의 작풍과는 맞지 않았고, 특히 復社의 주재자의 한 사람인 張溥와는 뜻이 맞지 않았다. 그러나 國難을 당해서는 復社의 同人과도 연계하여 기병하였다. 謝國楨, 1988, p.126; 謝國楨, 1982, p.129 참조. 그러므로 艾南英가 기병할 때 동참한 신사 가운데 강서의 復社 동인이 많았으리라 추측된다.

되자 역시 잡혀 죽었다.[13] 익왕은 복건의 당왕에게 피신하였다가 복주가 청군에 함락될 때 잡혀 죽었다. 영녕왕은 남쪽 감주부의 영도로 피신하였고, 나천왕 등 무주군은 허만으로 퇴각하였다.

영녕왕은 남쪽의 영도로 피신하여, 어려움 끝에 강서·복건 교계지역의 동적(峒賊; 대모산의 소수민족) 수만 명을 초무하여 우익으로 삼았다(2년 10월). 그들은 그때까지 강서·복건 교계지역에서 의용(義勇)을 자처하며 "수시로 나와 약탈을 자행하여 백성을 괴롭히는" 존재였다. 이들 동적은 염라총·소승 등이 이끄는 4개 영으로 편성되어 있었다. 그 가운데 전좌영(前左營)이 가장 강했는데 그 일부인 장안의 부대를 얻은 것이다. 영녕왕은 장안의 군대를 이끌고 한 달 만에 건창부의 다섯 현, 무주부의 여섯 현을 수복하였다. 한편 나천왕은 귀계·안인에서 병사 2만을 얻었는데, 영녕왕이 무주와 건창을 수복하자 다시 와서 협조하였고, 이 때 향촌 신사의 자위집단도 적극 협조하였다.[14] 그는 또 12월에 무주부 임천의 향신 증형응[15]에게 편지를 보내 협조를 부탁하였다. 증(曾)은 이에 고향에 거주하던 향신 계중희[16]와 협력하여 의용 수백 명을 모집해서 영녕왕과 기각지세(掎角之勢)를 형성하였다. 그 후 증은 대성(大姓)들에게 군량의 협조를 위해 연회를 베풀다가 왕득인의 급습으로 잡혀 죽었

---

13) 『附考』卷11, pp#.3b~4a; 『紀傳』卷52, 鄧思銘傳 참조. 그는 그 전에 북경이 함락되었다는 소식을 듣고 建昌의 益王에게 기병을 권유한 일도 있었다.

14) 同治 『新城縣志』 #卷10, 人物志, 忠義, 馮栢條에 "馮栢, 諸生, … 初從永寧王起兵, 身先士卒, 屢著奇功, 受隆武官. 其後, 同武擧劉泰開及南豊諸生譚昌, 復新城, 被執死之" 라 한 것도 그 한 例이다.

15) 崇禎7년의 진사로 吏部主事를 지냈으며 復社의 同人이었다. 2년 6월에 王得仁의 청군이 무주로 침입해 들어오자, 曾은 在籍 향신 揭重熙, 東鄕의 거인 甘南英과 함께 무장 自衛를 결의하고 모병을 시작하였다. 그러나 미처 전열이 정비되기도 전에 청군이 도착하여 해산하고 말았다. 『紀傳』 卷48, 曾亨應; 陸世儀, 『復社紀略』 卷1; 吳山嘉, 『復社姓氏傳略』, 卷6, 江西, 撫州, 曾亨應 참조. 한편, 『復社姓氏傳略』 同卷에는 鉛山의 胡夢泰, 新城의 徐伯昌도 복사 동인으로 근왕기병하였다.

16) 臨川人으로 崇禎10년 진사이며 福州 知府를 지냈고 復社의 동인이었다. 명이 망하자 귀향하여 益王의 기병에 호응하여 무주부의 임천에서 기병하였다. 그 후 강서와 복건을 왕래하면서 동적. 四鬐軍 등의 반란세력과 협조하여 청군을 괴롭히다가 순치9년 5월에 피살되었다. 그의 구체적인 활동에 대해서는 北村敬直, 1978, p.117; 森正夫, 1978; 謝國楨, 1988, p.126; 『紀傳』 卷27, 揭重熙; 陸世儀, 『復社紀略』 卷1; 『明淸史料』 丙-8-752a~754a, 「南贛巡撫劉武元揭帖」 등 참조.

다. 이때 이들과 함께 거사한, 같은 현의 거인 왕병건(복사 동인)과 생원 탕중발도 역시 사망하였다.[17] 그 이후 파양호 동·남부 지방은 수개월 동안 청군과 영녕왕 및 기타 신사의 근왕기병 세력 사이에 현성의 함락과 수복이 몇 번이고 반복되었다.[18]

영녕왕이 장안의 병력을 주축으로 하여 건창과 무주 일대를 수복하자, 복건에 웅거하고 있던 남명의 당왕(唐王)은 장안의 병을 '용무신군(龍武新軍)'이라 사호(賜號)하였다. 그러나 그 후 영령왕 군의 내부에서 동적(峒賊) 출신의 병사들과 나천왕의 병사 사이에 내분이 일어나 나천왕이 피살되었다. 3년 4월에 청군이 무주에 있던 영녕왕을 공격하자, 영녕왕은 당시 남명군을 이끌고 광신부에 주둔하고 있던 정채(정지룡의 동생)에게 구원을 요청하였으나 정채는 오히려 복건으로 도주해 버렸다. 복건의 당왕은 감군(監軍) 급사중 장가옥의 삼영군(三榮軍)을 보내 구원케 하였으나 무주성이 함락되고 말았다. 영녕왕은 양식이 떨어진 채 건창으로 피신하였다가 왕득인의 청군에게 잡혀 죽었다.

이상에서 보아온 익왕·영녕왕의 기병은 김성환의 청군이 침략해 오는 데 대한 반동으로 일어난 것이었다. 그들의 기병에 적극 호응한 것은 전란으로 귀향해 있던 신사 또는 기존의 향촌 신사의 무장 자위세력이었다. 이들 신사 가운데에는 복사(復社)의 동인도 많았다. 그러나 이들 신사의 협조만으로 청군과 대적하기에는 병력도 부족하였고 훈련 또한 부족하였다. 영녕왕이 강서·복건·광동의 3성교계지역에서 의용을 자처하면서 실제로는 약탈과 살육을 자행하고 있던 동적세력(峒賊勢力)에 의지하였던 것은 그 때문이었다. 그러나 그들 동적들도 역시 오합지졸이었다. 더구나 갑자기 모아놓은 군대였기에, 기병군 내부에 불화와 갈등이 만연하였다. 또한 다른 광범한 반청기병세력의 협조도 기대할 수 없었다. 복건의 당왕 정권은 자체 내의 약점 때문에 강서의 기병세력과 적극적인 연계가 불가능하였다. 익왕·영녕왕의 기병세력은 경험·준비·명조 회복의 적극적인 의지 등에서 모두 미흡한 존재였다.[19]

---

17) 『附考』 卷11; 『紀傳』 卷48, 曾亨應; 陸世儀, 『復社紀略』 卷1; 同治 『南城縣志』 卷5-5, 武事 등 참조.

18) 邵廷采, 『東南紀事』 卷4, 萬元吉傳.

2. 贛州府城의 攻防[20]

강서에서 일어난 신사의 근왕기병 가운데 청군의 강서성 평정에 가장 큰 의미를 가지는 것은 남감 중심의 근왕기병이었다. 순치2년 5월,[21] 감주부성 (감현)에서는 향신 양정린[22]이 역시 향신 유동승[23]·이영무(남감순무)와 함께 다수의 신사를 명륜당(明倫堂)에 모아 놓고 남경 수복을 슬로건으로 근왕기병 하기로 서약하고 군량의 협조를 권유하였다. 이 때 향신 왕기굉[기횡(其玄)이라고도 함]·기륭, 유명보, 조왈추 등이 각기 노복을 이끌고 군량을 싣고 왔다.[24] 이 때 참여한 영도의 향신 증응린의 권유에 따라 영도의 위조봉도 300금을 기부하였다. 이렇게 하여 향용(鄕勇) 2만여 명을 모을 수 있었다. 9월에 그들은 이 모임을 '충성사(忠誠社)'라 하였다.[25] 또 양정린·유동승 등은 청군으로부터 길안과 임강부 지방을 수복한 후 복건에 있던 남명정권의 당왕을 감주에 이주하도록 청하였다.[26] 10월에는 이영무의 부장 서필달이 청군에게

---

19) Struve, 1984, p.68에서도 비슷한 의견을 제시하고 있다.

20) 별도의 註가 없는 경우에는『附考』卷11~13;『紀傳』卷25, 楊廷麟; 同書, 卷27, 劉同升;『明史』卷278, 楊廷麟·萬元吉傳; 李天根,『爝火錄』卷12~14; 錢秉鐙,『所知錄』卷上,「隆武紀年」; 邵廷采,『東南紀事』卷1, 唐王聿鍵; 同書, 卷4, 萬元吉; 黃宗羲,『行朝錄』卷1, 贛州失事; 康范生,『倣指南錄』; 彭孫貽,『湖南遺事』; 佚名氏,『思文大紀』;『明淸史料』丙-6-573ab,「江西提督金聲桓揭帖」등 참조.

21)『附考』卷11, p.4b에는 7월로 되어 있음.

22) 림강부 淸江人으로 崇禎4년 진사, 편수를 지냄. 후에 唐王 정권의 兵部尙書兼東閣大學士에 임명됨. 강서 文社의 巨頭로 豫章九子社의 주재자임.『紀傳』卷25, 楊廷麟;『明史』卷278, 楊廷麟; 謝國楨, 1982, pp.126~127 등 참조.

23) 길안부 吉水人, 숭정10년 진사, 한림원 修撰을 지냈으며 復社의 동인이었다. 후에 唐王 정권의 祭主와 兵部左侍郎兼江西巡撫에 임명됨. 3년 12월 卒.『紀傳』卷27, 劉同升; 陸世儀,『復社紀略』卷1 참조. 양정린과 류동승이 文社 혹은 復社의 동인이었던 점으로 미루어 보면, 贛州府城 공방전에 참여한 신사 중에도 복사 同人이 많았을 것으로 생각된다.

24) 北村敬直, 1978, p.105.

25) 李天根,『爝火錄』卷12, p.565에 "盧陵諸生蕭建侯, 從楊廷麟起義, 屢戰立功, 被土寇擊死拏山"이라 한 기록으로 보면, 忠誠社軍의 敵은 청군 뿐 아니라 土寇와 流賊도 해당되었음을 알 수 있다.

26) 이 때 호남성의 何藤蛟는 당왕을 호남으로, 절강의 諸將은 衢州로 오기를 청하였다. 당왕의 생각은 우선 감주로 갔다가 종국에는 호남으로 가려 한 듯한데, 鄭芝龍

패하여 길안지방은 다시 청군에게 넘어갔다. 그러나 마침 광동에서 남명의 원병이 도착하였으므로 청군은 일시 협강지방으로 후퇴하였다.[27]

순치3년 정월, 양정린과 팽기생[28]은 강서·복건 교계지역의 동적 수만을 초무하여 감주부성 방어작전을 돕게 하였다.[29] 이때 운남의 원병(援兵)[30]도 도착하였는데 양은 이들을 길안에 머물게 하였다. 마침 그때 당왕이 정주에서 감주로 온다는 소식을 듣고, 양은 당왕을 맞기 위해 만원길[31]에게 길안을 맡기고 감주로 왔다. 그런데 만원길은 장안 등 사영병(四營兵)만을 신뢰할 뿐, 연이어 전공을 세운 운남병의 장수 2명은 오히려 경시하였고 광동의 원병 역시 멸시하였다. 그 때문에 두 곳에서 온 원병은 모두 해산하고 말았다. 이 사건은 문관인 만원길의 짧은 생각에서 비롯된 결정적인 실책이었다. 그런데 믿었던 사영병은 본래 유구로서 양정린 군에 초무된 후에도 사방을 겁략할 뿐 전의(戰意)는 거의 없었다. 3월에 호서지방을 구원하도록 양정린이 파견되었을 때에도 그들은 지나는 지역에서 겁략을 일삼을 뿐이었다.[32] 또 정작 청군이 길안을 공격할 때는 오히려 싸우기도 전에 도주해 버렸다. 그 때문에 길안부성

의 저지로 뜻을 이루지 못하였다.

27) 乾隆 『吉安府志』 卷35, 武事. 張家玉, 『張文烈遺集』 卷2-上, 「報明江西情形疏」(순치2년 9월 10일)에 따르면, 이때 길안지방의 근왕병은 복건·광동의 원병 8千과 이영무의 군대 9千 등 약 17,000여명이었던 듯하다.

28) 海鹽人, 萬曆44년의 진사, 숭정16년 이후 강서의 湖西兵備僉使로 길안에 주둔하였다. 길안이 함락된 후에는 감주로 합세하였다. 『明史』 卷278, 彭其生傳.

29) 동적 四個營 중 張安의 兵은 이미 영녕왕에게 초무되어 무주·건창 수복전에 참여한 일이 있었으며, 羅川王의 병사와의 갈등을 일으킨 후에는 영도로 와서 다른 營과 함께 있었던 듯하다. 이에 영도의 향신 曾應選이 아들 傅燦을 보내 장안 등 四營을 재차 초무하였던 것이다. 唐王은 이들 四營을 龍武營이라 하였다.

30) 숭정 말에 中書舍人 張同敞으로 하여금 운남에 가서 모병케 하였는데, 이때에야 강서에 도착하였다.

31) 南昌人, 天啓5년 진사, 南京 郎中을 역임함. 당왕은 그를 총독·순무에 임명함. 『明史』 卷278, 萬元吉傳.

32) 이 때의 四營兵의 횡포에 대해서는 錢秉鐙, 『所知錄』 卷上, 隆武紀年, p.244 참조. 康范生, 『儆指南錄』, p.298에도 四營兵을 "事驕悍而實怯弱, 能爲寇而不能爲兵也"라고 평하고 있다. 그런데 佚名氏, 『思文大紀』 卷6, p. 246에 "督輔(蕭)觀生疏陳閭兵始末. 上曰, 閭兵自當招撫, 但初撫未易受我操縱, … 無糧與餉難禁不掠, 事勢誠有必然"이라 한 기록을 보면, 당시 동적 四營兵의 약탈은 兵餉의 부족도 한 원인이었음을 추측할 수 있다.

은 재차 함락되고(3월 24일) 만원길은 감주로 퇴각하였다.

4월부터 청군이 감주성을 포위하고, 심할 때는 하루에 서너 번씩 공격하였다. 이때는 강서 전역이 사실상 청군에게 평정되고 오직 감주성만 남아 있었다. 당왕은 4월에 영녕왕이 무주를 잃고 사망했다는 소식과 함께 감주성 포위 소식을 듣고 놀라서, 각지의 병마로 하여금 감주를 원조토록 지시하였다.33) 당왕이 파견한 병과급사중 양문천34)도 이때 감주에 도착하여, 만원길의 권유에 따라 민병 5백 명을 이끌고 서문 수비를 담당하였다. 양정린은 사람을 보내 광서에서 모병해 온 군사[낭병(狼兵)]를 징발케 하는 한편, 자신은 영도로 가서 장안 등 동적 수만 명35)을 다시 초무하여 감주부성을 구원케 하였다. 장안은 이에 응하여 5월에 감주 부근까지 왔다가 매림(梅林)에서 청군에게 패하여 우도로 도주했으므로, 양정린은 그 병력을 해산시켰다. 이 매림전투에는 부근 향촌 신사의 자위군도 참여했다.36) 강서 순무 유광윤도 복건병 2천 명과 전선(戰船) 5백 척을 이끌고 도착하였으나 청의 감주 포위군과 싸워 패퇴하였다.

6월부터 양정린은 감주성으로 돌아와서 만원길과 함께 수비를 지휘하였다. 당왕은 감주가 이미 2개월 이상 포위되어 있는 것을 격려하기 위하여 감주부를 '충성부(忠誠府)'라고 사명(賜名)하였다. 18일에는 이전의 남감순무 이영무가 부장 오지번과 유격 장국조에게 연금 5백 금과 광동병 5천 명을 주어 감주를 구원케 하였다.37) 이들이 성을 포위하고 있는 청군을 수차례 패배시켰다.

---

33) 錢秉鐙, 『所知錄』 卷上, 「隆武紀年」에서는 당왕이 감주성 고수를 위해 그러한 조치를 취한 이면에는 그가 결국 감주로 가기를 원했기 때문으로 풀이하고 있다.

34) 당왕은 이보다 앞서 楊을 호남으로 보냈는데 이때 마침 감주성에 도착한 것이다. 楊은 만원길의 鄕試의 門生이었다. 전근대 중국의 官界에서 座主門生關係의 성격에 대해서는 吳金成, 1986, pp.73~74 참조.

35) 3월에 吉安에서 도주하여 寧都에 와 있었다.

36) 光緖 『長寧縣志』 卷2, 忠義傳, 凌一綜에 "郡庠生 … 明末府撫萬元吉召募各縣義勇三百名, 准給箚付把總官一員. 一綜招勇三百名赴府守城, 順治三年五月大兵至, 戰於梅林, 一綜死節"이라 함.

37) 4월에 청군이 감주부성을 포위하자 감주부성 내에는 수비병도 모자랐고 兵餉도 고갈되어갔다. 이에 만원길은 康范生(『倣指南錄』의 저자, 감주부성 공방전의 유일한 생존자로 복사 동인임)으로 하여금 이영무에게 가서 구원을 청하게 한 바 있다. 康范生, 『倣指南錄』, p.298; 李天根, 『爝火錄』 卷15, p.663 참조.

청군은 또 다른 원군이 올까 두려워 잠시 성의 포위를 풀었다. 이 틈을 타서 광동의 원병은 청군의 권토중래가 두려워 남강으로 퇴각하였다.

7월에는 당왕이 5월에 보낸 곽유경[38)]이 어사 요기윤과 함께 오면서 연도에서 모집한 8천여 명을 이끌고 감주에 도착하였다. 이를 전후하여 원병으로 감주부성 주위에 집결한 병력은 대략 4만여 명 쯤 되었다.[39)] 그 외에 중서사인 원종악의 사병(沙兵) 3천 명과 이부주사 공분·병부주사 여수구의 수병(水兵) 4천 명은 남안에 주둔하고 있었다. 또 8월에는 손중규(신분 미상)도 향용과 군량을 대동하고 입성하였다.

이로써 감주부성 수비군의 사기는 크게 진작되어 장수들은 속전속결을 주장하였다. 그러나 만원길은 남안에 주둔하고 있는 수병의 도착을 기다려 한꺼번에 공격하기를 주장하였다. 이 때 병부주사 왕기횡은, "수사(水師)의 장수 나명수는 이전의 해도(海盜)로서 성질이 사납고 교만하며, 공분과 여수구는 자모(慈母)의 어린 아들 같으며, 지금은 강물이 말라서 큰 배가 진전키 어려운데 어찌 수사(水師, 수군) 오기를 기약할 수 있겠는가"라고 주장하였으나, 만원길은 듣지 않았다.[40)] 8월 23일, 청군은 남안에서 수사가 오리라는 정보를 듣고 바로 그날 밤에 여러 강을 차단하여 대기하고 있다가 큰 배 80여 척을 불태워버렸다. 이때 수사(水師)의 사망자는 셀 수 없이 많았고 장수 나명수(羅明受)는 도주하였다. 배 속의 화약이나 무기는 빼앗기거나 불에 타 버렸다. 이 광경을 본 양광(兩廣)과 운남의 원병(援兵)은 싸우기도 전에 무너져 버렸고 다른 영(營)도 슬슬 해산해 버렸다.

---

38) 길안부 龍泉人, 천계5년 진사, 崇禎時 남경 御史, 福王時 大理寺 少卿을 지냄. 이때는 당왕 정권의 吏部·兵部尙書兼湖廣·江西·廣東·浙江·福建軍務였음. 그의 아들 應銓·應衡·應煜 등이 이미 臨川에서 기병하여 수십차의 전투에서 전과를 올렸으므로 당왕은 그들에게 郎中이나 主事직을 주었다. 『明史』 卷278, 郭維經傳; 『紀傳』, 卷27, 郭維經 참조.

39) 그 중요한 것만 들어 보면, 郭維經·姚奇胤의 8,000명, 萬元吉의 부장 汪起龍의 數千명(6월 24일 도착), 雲南 總兵 趙印選의 3,000명(6월 24일 도착), 大學士 蘇觀生의 3,000명, 廣東兵 3,000명, 兩廣總督 丁魁楚의 4,000명, 楊廷麟인 收集한 散亡兵 數千 등이었다. 한편 淸軍도 總兵 柯永盛 등을 파견하여 병력을 증강시켰다.

40) 이것은 文官인 만원길의 두 번째의 결정적인 실책인 동시에 守備軍 내부의 文·武官 사이의 경쟁의 表徵이기도 하였다.

이제 성 안에는 왕기룡이 이끄는 3백여 명, 곽유경 등의 4천여 명의 병사가 남아 있을 뿐이었고 성 밖에는 수사의 후영(後營)으로 온 황지충이 거느린 2천 명 정도가 있을 뿐이었다. 참장 사지량의 만여 병사가 우도에 있었으나 감히 움직이려 하지 않았고, 양정린이 모집한 광서 낭병(狼兵) 8천 명은 아직 도착하지 못한 상태였다. 9월 15일에는 당왕이 정주에서 이미 지난 8월에 청군에게 잡혀 죽었다는 소식이 전해져 인심은 더욱 흉흉해졌다. 더구나 감주부성은 이미 6개월이나 청군에 포위되어 있었으므로 성 안의 수비군중은 기진한 상태였다. 또 5월 이래 성 안의 양식도 모자라서 쌀 한말에 8전이나 하였고, 아사자가 길에 즐비한 지경이었다.

이에 강범생과 병부주사 왕기횡 등은 각기 통솔하는 향용과 각 사장(社長)을 이끌고 두 번째로 명륜당에 모여 결의를 다졌다. 만원길은 300금, 곽유경은 400금을 각기 내놓아 수비병의 사기를 돋우며 독려하였다. 그 결과 사민(士民)의 마음이 조금은 안정될 수 있었다.[41]

10월 3일 밤, 청군은 향도(嚮導)를 앞세워 성을 공격하기 시작하였다. 이 때 청군은 고진고 군 10만과 총병 가영성 군이 합세한 대군이었다.[42] 양정린 등의 신사는 각기 향용이나 노복을 독려하여 시가전을 감행하였으나 중과부적이었다. 4일 여명(黎明), 청군의 전면 공격으로 감주부성은 함락되었다.[43] 이 패배로 양정린·만원길 등 당왕으로부터 관직을 받은 관리 외에, 향신·거인·공생·생원 등 함께 근왕기병한 신사로 성명이 알려진 사람만 100여 명이 전사하였다.[44] 이때의 사정을 팽손이는,

문무관리로 사망한 사람이 110인이었고 유천사·서일채 등의 장수는 모두 항복

---

41) 康范生, 『倣指南錄』, p.301. 計六奇, 『明季南略』卷9, 「萬元吉固守贛州」에서, "丙戌年九月, 萬元吉率義勇守贛州, … 淸兵攻圍急, 元吉出舊庫元寶數十萬, 陳列幾案, 謂衆曰, 能殺賊一人者, 賞元寶一, 衆遂奮勇出戰 … 〈贛州友人口述〉"(〈〉內는 割註)라 한 것은 아마도 이때의 일을 전하는 것이라 생각된다.

42) 屈大均, 『皇明四朝成仁錄』卷9, 贛州死事傳, 萬元吉.

43) 『明淸史料』丙-6-573ab, 「江西提督金聲桓揭帖」.

44) 同註 22); 乾隆 『贛縣志』卷17, 忠義傳, 劉思光·蕭廷上 참조.

> 하였다. 성중의 가옥은 거의가 불타버렸고 수십만 명이 도륙되었으며 사대부의 부녀로 잡혀간 사람도 수만이나 되었다. 절개를 굽히지 않은 사람은 모두 강이나 우물로 던져졌으며 배로 잡혀갔다가 물속에 뛰어드는 사람도 많았다.[45)

고 전하고 있다.

감주부성의 공방전을 돌이켜 보면, 근왕기병군은 ① 강서출신의 신사들이 동란기에 귀향한 후 복사(復社)·문사(文社)·좌주문생과 기타 신사가 지닌 동류의식과 나라가 망한 것에 대한 사대부로서의 사명의식으로 결집되었고, ② 명이 망하기 2년 전에 운남과 광동에서 모집하기 시작한 정규군이 남경 함락후 마침 이곳에 집결하였고 사기도 충분하였으며, ③ 배후에 당왕의 남명정권이 있어 형식적으로도 근왕기병의 명분도 충분하였으며, ④ 병력과 주변 여건이 오히려 새로 들어온 청군보다 유리하였다. 반면 청군은 병력이나 주변 여건이 상대적으로 열세였다.[46)

그러나 감주부성의 수비군 측은 초기의 수적 우세에도 불구하고, 병력은 급하게 모집한 신사의 향용(鄕勇)이나 노복, 오합지졸이고 도적의 무리인 동적, 외성에서 구원 온 객병(客兵) 등 서로 결집력이 거의 없는 군사로 구성되어 있었다. 그런데 이들을 지휘하는 문관들은 각 군을 효과적으로 응집시켜 지휘할 능력이 없었고 군대의 군기도 없었으며 군량도 모자랐다. 더구나 만원길은 길안에서 당한 패배에 이어 감주부성에서도 양광과 운남에서 원병으로 온 정규군보다 오히려 장안과 같은 동적을 더욱 신뢰하는 우를 범하기도 하

---

45) 彭孫貽,『湖西遺事』, p.10b. 康范生,『傚指南錄』, p.302에서도 "時城內縱火三日後乃息, 合郡燼爐, … 城中士民與北軍格鬪而死者無算, 亦有自焚其居者, 諸池井積尸幾潢, 皆義士烈女"라 하고 있다.

46) 金聲桓은 순치2년 말에, 金의 병력은 2만 정도였던 데 견주어, 항청세력은 강서성 내의 신사 근왕병이 號曰 30만 명이었고 토적세력도 그들과 연합하고 있으므로, 南昌 상류 100里 이내는 모두 叛人이라고 보고하고 있다.『明淸史料』丙-6-508,「江西招撫孫之獬揭帖」; 同書, 丙-6-519,「江西提督金聲桓題本」참조. 그러나 錢秉鐙,『所知錄』卷上,「隆武紀年」, p.234에 "乃請以鴻逵出浙東, 鄭彩出江西, 各有兵數千, 號爲數萬"이라 한 것으로 보면, 당시 반청기병군의 병사 수는 액면 그대로 믿을 수는 없다고 생각된다.

였다.[47] 이 전투에 참가했다가 요행히 목숨을 건진 강범생은,

> 충성부(忠誠府)의 병술(순치3년) 10월 4일의 (성 함락) 사건은 우리의 방어하는
> 방책이 없었던 탓이었다. 허물은 사람에게 있었지 하늘에 있지는 않았다.[48]

고 자평하고 있는 것은 그 때문이다.

3. 金·王의 反淸 起兵[49]

청조의 강서 평정에 절대적인 공을 세운 총병 김성환(金聲桓)과 그 부장 왕
득인(王得仁)은 순치5년 정월 27일에 남창에서 청조에 반기를 들고, 광동에 근
거를 두고 있던 남명의 영력[永曆; 계왕(桂王)] 정권에 가담하였다. 김성환은
스스로는 '불세의 공을 세웠으니 곧 제후가 될 것'으로 생각하였으나 청조의
대우가 기대에 미치지 못하였고, 새로 파견된 지방관들과 마찰과 불화가 일어
났다. 그 때문에 아직도 완전히 청조에 기울지 않고 있던 강서 내의 많은 신사
와 남명(南明) 측의 책동에 자극되어 기병을 결심하였다.[50] 그리하여 "살아서
는 명나라 사람이 되고 죽어서는 명의 귀신이 될 뿐, 감히 다른 뜻이 있을
까"[51]라는 결심으로 반기를 든 것이다. 그는 먼저 재적 향신 강왈광[52]을 영입
하여 맹주로 삼고 성 안의 각 지역에 격문을 보내 "명조에 복귀(復歸)"하도록
권유하였다. 그 결과, 당시 청조의 강서순무 주연경조차 "김(金)·왕(王), 두 역

---

47) 이와 類似한 평은 Struve, 1984, pp.98~99에도 보인다.

48) 康范生, 『倣指南錄』 自跋. 吳山嘉, 『復社姓氏傳略』 卷6, 江西, 安福, 康范生에 따르면,
    康范生도 復社의 동인이었다.

49) 별도의 註가 없는 경우에는 『附考』 卷15~16; 『紀傳』 卷65, 金聲桓·李成棟; 李天根,
    『熸火錄』 卷18~19; 錢秉鐙, 『所知錄』 卷中, 「隆武紀年」(上); 徐世溥, 『江變紀略』; 王
    夫之, 『永曆實錄』 卷1, 「大行皇帝紀」; 同書, 卷11, 「金王李陳列傳」; 戴笠, 『行在陽秋』
    卷上; 陸世儀, 「江右紀變」, 『行朝錄』 卷5; 乾隆 『贛縣志』 卷11, 戎事; 蒙正發, 『三湘從
    事記』; 謝國楨, 1957, p.154~157; Struve, 1984, p.125~127 등 참조.

50) 谷口規矩雄, 1990, pp.7~8 참조.

51) 蒙正發, 『三湘從事記』, p.267.

52) 南昌府 新建人, 萬曆47년 진사, 僉事를 지냄. 福王 시 禮部尙書兼東閣大學士. 『明史』
    卷274, 姜曰廣傳; 『紀傳』 卷11, 姜曰廣 참조.

적이 반란을 일으키니 성 전체가 바람소리를 들은 듯 합세하였다"53)고 할 정도로, 강서성 내의 청조의 관리와 신사에게 대대적인 호응을 받았다. 그러나 오직 감주부성 도독(都督) 고진고만 이에 응하지 않았다.54)

2월 1일, 왕득인이 구강을 점령하였으나, 김·왕은 이때까지는 아직 앞으로의 진로를 정하지 못하고 있었다. 김의 막객(幕客)인 호담55)은 '남경 공격을 상책, 호광의 무한 공격을 중책, 현성들을 함락시키며 유구(流寇)로 떠돌아다니는 것을 하책'이라 하여 세 가지 계책을 제시하였다. 왕득인 등 부장들은 남경 공격을 주장하였다. 강왈광과 김의 또 하나의 막객인 황인용만은 명 중기 영왕 신호의 고사56)를 들추고 감주부의 지리적, 군사적 중요성을 지적하면서 감주부성 공격의 필요성을 역설하였다. 김도 이 말에 따라 감주부를 먼저 공격하기로 하였다.

2월 18일, 김성환은 친히 병사를 이끌고, 청의 남감순무 유무원과 도독 고진고가 방어하고 있는 감주부성을 공격하기 시작하였다. 이 때 길안부 용천의 재적 향신 유사정57)은 아들 조리를 시켜 모병하여 유일봉을 따라 감주부성 공격에 참전케 하였다. 그러나 감주부성의 도독 고진고 등은 극심한 병향(兵餉) 부족에도 불구하고 3개월 가까이 계속된 김의 포위 공격을 굳게 지켜냈다.58) 한편 4월에는 광동 남웅의 이성동도 반청(反淸)을 선언하고 부근 각지에 격문을 보내니 광동 10여 부가 이에 합세하였다.59)

---

53) 『明淸史料』甲-3-260ab, 「江西巡撫朱延慶揭帖」(順治6년 11월 30일). 기타 佚名氏, 『東明見聞錄』; 陸世儀, 「江右紀變」, 『行朝錄』 卷5; 乾隆 『南昌府志』 卷19, 武備, 兵事 등 참조.

54) Struve, 1984, pp.136·138에서는, '이 때문에 김성환이 광동의 李成棟과 직접 연결하는 길이 차단되었을 뿐 아니라 남경을 공격하는 기회도 막혔다. 그리고 金으로 하여금 오히려 감주를 먼저 공격하게 함으로써 淸이 반격할 수 있는 시간을 주었다'고 평가하고 있는데 卓見이라 생각한다.

55) 金의 幕客으로 와 있는 生員 胡以寧의 아들. 『紀傳』 卷52, 胡澹 참조.

56) 奧山憲夫, 1983; 阪倉篤秀, 1990 참조.

57) 工部侍郎을 역임함. 2년 7월에 이미 기병하여 泰和와 廬水를 수복한 일이 있다. 3년 4월 길안이 함락되자 넷째 아들 肇履를 시켜 복건의 南明정권에 구원을 청하게 한 일도 있다. 『附考』 卷11; 『紀傳』 卷48, 劉士楨 참조.

58) 『選編』 1-下, p.283~284, 「馬國柱揭帖」.

한편 김성환이 중국 경제의 중심지일 뿐 아니라 입관 초에 신민(紳民)의 반청 항거가 가장 거세었던 강남지방[60]으로 가지 않고 남으로 감주부성을 공격하였고, 유무원과 고진고가 의외로 잘 버티어 김의 병력을 한 곳에 묶어 두었기 때문에, 청조는 반격의 기회를 쉽게 잡을 수 있었다. 청은 3월 15일에 담태를 정남대장군으로 삼고 보병과 기병 20만을 주어 수륙으로 반격케 하였다.[61] 담태는 모든 병력을 2대(隊)로 나누었다. 제1대는 남강과 구강을 공격케 하여, 4월 28일에 구강을 함락시킴으로써 양자강 수로의 요충을 확보할 수 있었다. 제2대는 남창을 공격하여, 5월 9일에는 수비를 맡고 있던 김성공(김성환의 형)의 항복을 받았다. 이 소식을 들은 김성환은 감주부성의 포위를 풀고 남창으로 회군하여, 19일에 남창부성에 입성하였다. 이로부터 6년 정월에 남창성이 청군에게 함락될 때까지 8개월 가까이 김·왕의 외로운 수성(守城)이 계속되었다. 6월에 남명의 영력제(永曆帝)는 김성환을 예국공(豫國公), 왕득인을 건무후(建武侯)에 각각 봉하여 위로하였다.

양쪽 세력 사이에 지구전이 시작되자, 담태는 남창성 부근에 행영(行營)을 개설하고 호구(濠溝)를 파고 토성을 쌓아 남창으로 통하는 양도(糧道)를 차단하였다. 이 작업에 동원된 부근의 백성과 포로들은 중노동·질병·기아·혹서 등에 시달려, 실로 수십만이 희생되었다. 또한 주변 수십 리(당시 1리는 0.56km)의 가옥, 농토, 산과 들이 거의 황폐될 정도로 사회가 피폐해졌다. 한편 남창성 내에서는 고립무원으로 오랫동안 포위되어 있었기 때문에 식량과 연료가 고갈되어 갔다.[62] 담태는 고대(高臺)를 쌓아 성 안의 그러한 동태를 모두 파악하고 있었다.[63]

10월에 광동 이성동의 3만 원병[64]이 감주부성 부근까지 왔다가 청군에게

---

59) 김성환은 기병 직후 李에게 밀서를 보냈는데, 이때에야 결심을 굳힌 것이다.『紀傳』 卷65, 李成棟;『所知錄』卷中,「隆武紀年」(上) 등 참조.

60) Dennerline, 1981; Struve, 1984 등 참조.

61) 淸『世祖實錄』卷37, 順治5년 3월 庚戌條.

62) 처음 斗米 1金에서 6金으로 앙등하고 드디어는 升米 2金으로 치솟았다고 한다.

63) 徐世溥,『江變紀略』, pp.116~120.

64) 4월에 반청기병하였으나 출병은 8월 12일이었다. 號曰 20만군을 이끌고 강서로 가

패하고 신풍으로 퇴군하였다. 11월에는 계중희와 향신 부정전[65]이 장자성[66]의 병사를 이끌고 남창을 구원하러 왔다가 삼강구(三江口)에서 패퇴하였다. 이 때를 전후하여 도창의 재적 향신 여응계(만력47년 진사, 시랑)와 용천의 향신 유사정, 건창인 공철원·철철·채관광 등이 각기 모병하여 남창을 구원하러 왔다가 역시 모두 패퇴하였다.

6년 정월, 이미 7개월 이상 포위되어 있던 남창성 내에서는 식량이 없어, 쌀 한말에 80금에 달하고 '사람끼리 서로 잡아먹을' 정도로 혼란에 빠졌다. 남창 주변에는 강왈광의 덕과 영향력을 따르는 신사 세력이 아직도 많았으나, 김성환의 그동안의 횡포와 불신 때문에 등을 돌리고 말았다.[67] 김의 부장으로 각지를 사수하고 있던 군사도 청군의 위세에 눌려 모두 관망만 하고 있었다. 그러므로 남창성 내 군사의 전의는 이미 상실된 지 오래였다. 이러한 내용을 소상하게 파악하고 있던 담태는 정월 19일을 기하여 남창성 총공격을 개시하여 결국 함락시켰다. 김·왕·강왈광 등 여러 장군들은 모두 자살하거나 전사하였는데, 이들 가운데 "사람들에게 잡아먹힌" 자도 있었다. 이성동도 3월에 신풍에서 청의 참장 양우명(楊愚明) 등에게 패사하였다.[68]

이로써 강서성 내 반청기병군의 큰 줄기는 일단락되었다. 강서성은 순치2년에 청군이 강서를 도륙하기 시작하여 6년 정월에 남창이 함락되기까지, 김

는 길에, 원병이라 하기가 부끄러울 정도로 "專恣好殺 劫掠百姓"하였다. 그 때문에 연도의 향민이 結寨自保하였으나 그것도 "輒攻屠之"하였다. 『附考』 卷15; 李天根, 『爝火錄』 卷18, pp.781~782 참조.

65) 무주부 臨川人, 崇禎13년 진사, 翰林檢討를 역임함. 順治3년 8월에 무주부 의황에서 향용을 모집하여 의황을 수복하고 낙안에 주둔하다가 10월 초에 감주부성이 함락되자 산 속에 은둔하고 있었다. 김성환이 반청기병하자 이에 호응하여 재차 기병하였다. 그 후에도 張自盛·曹大鎬와 연결하여 항청 무장활동을 계속하다가 순치8년에 광신에서 잡혀 죽었다. 『附考』 卷13; 『明史』 卷278, 傅鼎銓傳 참조.

66) 曹大鎬·洪國王·李安民과 함께 김성환의 裨將으로서 四營軍으로 알려졌다. 이들은 金·王의 사후 입산하여 광신과 복건의 소무 사이에서 출몰하며 揭重熙·傅鼎銓의 세력과 掎角을 이루었다. 특히 張은 가장 강력한 지휘자로서 수만의 군사로 감주부의 영도와 석성까지 출몰하였고 때로는 광동성까지 진출하였다. 『紀傳』 卷27; 順治 『石城縣志』 卷8, 武事 등 참조.

67) 王夫之, 『永曆實錄』 卷6, 陳·姜列傳.

68) 『明清史料』 丙-8-727, 「南贛總兵胡有陞揭帖」.

성환으로 시작하여 김성환으로 막을 내린 격이었다.[69]

돌이켜보면, ① 김·왕의 반청기병은 더 좋은 조건과 기회를 바라며 청에 항복했던 명의 장군들이 청조 아래에서 만족을 얻지 못하자 일으킨 반란이었던 점, ② 그리고 그러한 성격을 가졌던 다른 수많은 반란들의 단서가 되었다는 점에서 큰 의미를 가지는 사건이었다. 김·왕의 반청기병은 단 1년으로 막을 내렸지만 그 영향은 대단히 컸다.

우선 강서성 내의 분위기에 큰 영향을 미쳤다. 앞에서 서술한 것처럼, 3년 10월 초에 감주부성이 함락됨으로써 청군의 강서 평정은 일단 완료된 셈이었다. 오랫동안 계속된 동란의 끝이었으므로 단시일 내에 사회질서를 완전히 회복할 수는 없었지만, 적어도 현성 지역까지는 청조에서 임명한 관리가 파견되었다. 그러나 김·왕이 반청의 기치를 들고 격문을 보내자 각지의 신사들이 향용을 모집하여 이에 호응하였다. 김은 각지에서 청의 지방관을 몰아내고 영력제 명의의 지방관을 임명하였다.[70] 또 김·왕이 기병하자, 그동안 청군의 위세에 눌려 일시 잠잠하던 수많은 반란세력 내지 불만세력, 즉 토적·유적·항조의 움직임이 격발하였다. 심지어 원주부에서는 붕민(棚民)까지도 향응하였다.[71] 특히 감주부 예하의 각 현은 복건·광동과의 교계지역으로 이러한 움직임이 많았는데, 때로는 그러한 세력이 오랫동안 현성을 점거하는 일도 많았다. 그 때문에 이들 지역에 재차 청조의 지방관이 파견되기까지 1~2년이 걸린 곳도 있었다.[72]

김·왕의 기병은 주변의 여러 성뿐 아니라 중국의 거의 모든 지역에 굉장한 영향을 주어, 또 한 번 대대적인 반청기병의 계기가 되었다. 가까이는 호광의 하등교, 광동의 이성동의 기병을 비롯하여, 멀리 화북지방에서는 산동·산서·하남·섬서·감숙, 서쪽으로는 사천뿐 아니라 대동에서마저 반청복명(反淸復明)

---

69) 徐世溥, 『江變紀略』 卷2에 "今江右之難, 以金叛始, 以金叛終"이라 하고 있다.

70) 康熙 『南豊縣志』 卷1, 分野, 災祥; 順治 『石城縣志』 卷8, 紀事; 道光 『寧都直隷州志』 卷14, 武事; 康熙 『瑞金縣志』 卷10, 祥異, 雜記 등 참조.

71) 張桂林, 1986.

72) 『明淸史料』 丙-8-752a~754a, 「南贛巡撫劉武元揭帖」; 『選編』 1-下, p.285, 「朱延慶揭帖」; 森正夫, 1978; 本稿, 다음 절 등 참조.

의 기병이 있었다. 따라서 김·왕의 기병과 이에 호응해서 일어난 전국의 반청기병은 당시까지 청군의 지방침투가 아직 미진한 상태였음을 말해주는 사건이라 할 수 있다.[73] 김의 반청기병이 일어나자,

   (1) 이때 경보(警報)가 강녕(江寧; 남경)에 이르니 수신(守臣)은 모두 놀라 얼굴색이 변하였고 강 남북의 인심은 대단히 소란해졌다.[74]

   (2) 성환(聲桓)의 병세가 강성하고 강서인의 관습에 과장이 많아서 사방으로 호소하니 복건·호광·남기(南畿)가 모두 진동하였다.[75]

고 할 정도로 청조는 당황하였다. 또 청의 강서·강남·하남총독 마국주도,

강서총병 김성환, … 군읍들을 함락시키고 선박을 약탈하면서 '장차 배를 띄워 동쪽으로 가겠다'고 선언하며 강남을 엿보고 있사오니, 속히 대병을 보내시어 토멸(討滅)을 도모하시기를 바라옵니다.[76]

라고 보고하였다. 그 결과, 예기했던 대로 중국의 거의 모든 지역에서 새삼스럽게 반청봉기가 일어났다. 당시 남명 영력(永曆)정권의 직간접적인 영향권은, 가까이는 양광·복건·절강·강서·호남으로부터 멀리는 산서·섬서·귀주·운남까지 이르렀으므로, 이때가 어쩌면 명실 회복의 마지막 기회였는지도 모른다. 이렇게 순치5~6년에 중국 모든 지역에 걸쳐 새삼스럽게 군무(軍務)가 만연하자, 청조는 중앙의 대신을 각지에 파견하여 책임지고 수비하도록 독려하였다.[77]

  한편 청조는 입관 직후에, 중국 침입의 명분으로 '명나라가 망하게 된 원수

---

73) 蕭一山, 1962, 第1卷, pp.340~350; 謝國楨, 1988, pp.146~177; Struve, 1984, pp.125~138 등 참조.

74) 陸世儀, 「江右紀變」, 『行朝錄』 卷5.

75) 王夫之, 『永曆實錄』 卷11, 金王李陳列傳.

76) 淸『世祖實錄』 卷24, 順治5년 2월 甲戌條, p.9.

77) 蕭一山, 1962, p.343.

를 대신 갚아 주겠다'고 선전하였고, '순치제즉위조(順治帝卽位詔)'에서는 명조의 제도와 신사의 모든 기득권을 인정하고 보호한다고 확언하였으며, 그 후에도 '섬서은조(陝西恩詔; 2년 4월)', '하남·강북·강남은조(河南江北江南恩詔; 6월)', '절동·복건은조(浙東福建恩詔; 4년 2월)', '광동은조(廣東恩詔; 7월)' 등에서도 연이어 신사의 포섭과 우대를 재삼 천명하고 약속한 바 있다.78) 그 결과 청조는 하북과 산동에서는 비교적 쉽게 신사의 협조를 얻을 수 있었고,79) 강남에서도 비슷한 양상을 볼 수 있었다.80) 그런데도 순치 초에 청조권력이 지방에 정착하는 과정에서, 강서에서는 위에서 본 3대 반청기병 사례를 필두로 한, 신사의 근왕기병이 빈발한 원인과 배경은 무엇일까?

첫째는 전선(戰線)의 확대로 말미암아, 청군이 여러 면에서 상대적으로 열세였거나 적어도 압도적인 우세는 아니었던 점을 들 수 있다. 영친왕 아지거〔阿濟格〕가 회군한 후, 강서의 청군은 팔기병이 아니고 김성환·왕득인 등 명군 아니면 반란군으로서 청에 항복한 군대가 주류를 이루었다. 그런데 이들의 병력은 신사의 근왕병에 견주어 수적인 열세를 면치 못하였다(동주 46 참조). 또 뒤에서 다시 설명하겠지만, 청군의 군기도 입관 초의 팔기병만 못하였고 군량도 부족하였으므로,81) 이를 확보하기 위하여 유구나 토적과 다를 바 없는 노략질을 자행하였다(제2절 참조). 이러한 여러 이유 때문에 순치3년 10월 초에 감주부성이 청군에게 함락되기까지 강서 각지에서는 신사의 근왕기병군 및 남명의 원군과 청군은 서로 번갈아 현성의 함락과 수복을 반복하였다. 또 청군이 어느 지역을 점령한다 해도 겨우 현성과 그 부근에 불과하였고,82) 심지어 청이 파견한 초무관이 살해되기도 하였다.83) 뿐만 아니라, 4년 말까지도 요주·길안·무주·건창·감주 등 각부 지역에서 각종의 유구와 토적이 횡행

---

78) 吳金成, 1981; 오금성, 2007-A, 제2편 제2장 참조.

79) 李成珪, 1977; 鄭炳喆, 1993 참조.

80) 吳金成, 1989.

81) 『選編』, 1-下, p.283~284, 「馬國柱揭帖」; 謝國楨, 『淸初農民起義資料輯錄』(以下에서는 『輯錄』으로 略稱), p.295, 「南贛巡撫劉武元謹題奏」.

82) 同治 『興國縣志』 卷14, 武事; 同書 卷22, 名宦, 柴震龍; 本稿 다음 절 참조.

83) 『明淸史料』 丙-6-508, 「江西招撫孫之獬揭帖」.

하였다.[84] 김·왕의 반청군을 진압한 후인 순치6~7년에도 여전히 통치 질서
는 '불안하다'고 보고되고 있었다.[85]

둘째, 배후에 상징적이나마 남명정권이 존재한 점을 들 수 있다. 그 때문에
출신지역이야 어떠하든 '근왕(勤王)'의 명분 또는 남명정권으로부터 받은 관
함(官銜)을 배경으로 향용을 모집하여 기병할 수 있었다. 셋째, 강서 신사의
근왕기병의 배경에는 문사나 복사(復社)의 동인 또는 좌주문생의 결연으로 맺
어진 모병이나 참전이 많았다는 점이다. 강서에서는 명조와 남경의 복왕 정권
이 망한 후 귀향한 신사들이 기부하여 향용과 노복을 모아 기병한 예가 많았
다. 그런데 이들 가운데 양정린·유동승·게중희·증형응·왕병건 등 문사나 복
사의 동인들이 기병을 주동하였다. 그리고 당왕(唐王)의 명령을 받고 호남으
로 가던 병과급사중 양문천이 감주부성에 들렀을 때 좌주(座主)인 만원길의
권유로 감주부성 방어전에 참여한 사실을 앞에서 설명한 바 있다. 또 2년 7월
에 황도주[천계2년 진사, 당왕 정권의 이부상서 겸 병부상서 무영전 대학사
(吏部尙書兼兵部尙書武英殿大學士)]가 강서에 가서 모병한다는 핑계로, 당왕 정
권 안에서 자행된 정지룡의 독단을 피하여 남명을 떠나려 하면서 올린 상주
에서도, '강서에는 자기의 문생고리(門生故吏)가 많으므로 자기의 모병에 호응
해서 적극적으로 협조할 신사도 있을 것'[86]이라는 언급이 보인다.

그러면 남명정권이 배후에 존재하였고 군대의 수(數)로도 청군보다 우세하
였음에도 불구하고, 강서 신사의 근왕기병군이 청군의 공격에 패배할 수밖에
없었던 원인은 무엇이었을까? 첫째, 신사의 근왕기병군 측의 병사나 복건의
남명정권이 보낸 구원병을 막론하고, 일부의 정규군을 제외하면 대부분은 향

---

84) 『明淸史料』丙-7-616, 「江西巡撫章于天揭帖」(4년 8월 2일); 同書 丙-7-646, 「江西巡撫
　　章于天揭帖」(4년 12월 26일); 본고 다음 절 참조.

85) 『輯錄』, p.295, 「南贛巡撫劉武元謹題奏」에 "以今日之地方言之, 廣逆雖除, 餘孽實繁有
　　徒"라하고, 『明淸史料』丙-8-743, 「南贛巡撫劉武元揭帖」에서도 "江省雖云底定 然逆
　　孽狂逞 實繁有徒"라 하고 있다.

86) 『附考』卷11, p.7a와 『紀傳』卷23, 黃道周, p.4a에 "江西多臣門生故吏, 必有肯效死力
　　者, 且可連楊廷麟何藤蛟爲進取計"라 하고 있고, p.10b에서는 그가 강서와 복건 사
　　이의 分水關에 이르렀을 때 寧化의 생원 李世熊이 黃에게 보낸 글에서, "先生之行
　　也, 召募市人纔三千耳, 餉不給於國帑, 而資於門生故友之捐助"라 하고 있다.

용이나 신사의 가정〔(家丁); 노복〕87) 등 급조된 모병군이 아니면 동적(峒賊)이
라 불리는 소수민족이나 유적 출신이었는데, 이들은 오합지졸로서 전투능력
과 무기가 부족하였고 군기도 극히 문란하였다. 또 이들 성격이 서로 다른 군
사들 사이에는 가끔 내분이 있어 원만한 협조가 이루어지지 않았다. 특히 동
적으로서 처음에는 영녕왕에게, 후에는 양정린에게 초무되었던 장안 등 용무
군(龍武軍)은 "의병의 이름을 앞세워 도적질만 할 뿐"88) 전의는 거의 없었다.
그리고 신사의 모병에 호응하였던 향용도 청군에게 패한 후에는 해산하지 않
고 도적이 되는 경우가 많았다.89) 그러므로 명말·청초 동란기의 극심한 무정
부상태 아래에서, 군율과 행동 면에서 관병과 유구·토적의 구분이 분명치 않
았던 것이다.

둘째, 이러한 각 군을 통합하여 지휘할 수 있는 체제와 지휘관이 없었다.
순치3년 5월 감주부성이 청군에게 포위된 위급한 상황에서 양정린이 구원병
을 요청하자, 당왕이 그에게 '새로 몇 만의 병사를 모집하는 것은 어렵지 않지
만, 요즈음 지방에서는 유적의 겁략보다도 병사들의 횡포가 더 걱정이니 그들
을 효과적으로 통솔할 수 있는 계책을 먼저 마련하라'90)는 요지의 회답을 보
낸 일도 있다. 그리고 이보다 앞서 순치2년 8~9월에 당왕의 명령으로 강서의

---

87) 家丁이 갖는 明代 軍事上의 의의에 대해서는 馬楚堅, 1985 참조.

88) 李天根, 『爝火錄』卷18, p.783. 同治『興國縣志』卷14, 武事에도 "國初, 鄕曲無賴假義
    兵以縱劫奪, 尋私怨屠及赤子, 橫行邨聚, 大江以南逮嶺表, 所在多有"라 하고 있다. 또
    반청기병한 김성환의 감주부성 공격에 호응한답시고 강서로 가던 이성동의 사례
    도 그것이다.

89) 『明史』卷278, 陳邦彦傳에 "初, 贛萬元吉遣族人萬年募兵於廣, 得余龍等千餘人, 未行
    而府州失 龍等無所歸, 聚甘竹灘爲盜, 他潰卒多附, 至二萬餘人, 總督朱治澗招撫之"라
    하고 있다. 또 순치2년 5월에 流賊 曹志堅이 總兵官을 詐稱하며 率兵하여 南安府
    上猶縣城에 들어와 150여 일 동안 머물면서 겁략과 횡포를 자행하였으므로 城民
    은 모두 入山 避身하였는데, 감주부성의 양정린과 만원길은 曹가 거느리고 있는
    무리의 수에만 혹하여 그들을 초무해서 감주성 수비를 돕도록 하였다. 그런데 이
    들은 3년 10월 초 감주부성이 함락되자 다시 상유현 지역을 겁략하였다. 康熙『上
    猶縣志』卷2, 祥異; 光緒『上猶縣志』卷7, 兵防, 兵事 참조.

90) 李天根, 『爝火錄』卷15, p.655에 "見在收拾殘敗, 亦卽中興根本, 粤兵狼兵三萬餘人, 准
    卿召募. 但作何招集, 作何約束, 必先議定. 近日地方苦兵尤甚于賊, 經過不愼 號令不嚴,
    驅虎進狼, 綠林四起, 豈必寇作戎首哉"라 하고 있다.

정세를 둘러본 장가옥[張家玉; 감군영승영 겸 강서군무(監軍永勝營兼江西軍務)]이, 명군의 패잔병이나 신사 기의군(起義軍)이 향촌에서 겁략을 일삼기 때문에 이들과 향민들 사이에 혼전이 많으므로, 새로 병사를 모집하는 것은 실[絲]을 더욱 얽히게 할 뿐이라면서, 현재로서는 모병보다는 엉킨 실을 풀 수 있는 치병지신(治兵之臣), 즉 총독·순무 등을 파견해야 한다고 건의한 것91)도 그 때문이었다.

셋째, 당왕의 남명정권이나 강서의 기병군 모두에게 군량의 부족은 심각한 문제였다. 순치3년 4월에 청군에게 감주부성이 포위되자 총독 만원길 등이 당왕에게 운남과 귀주의 병마를 속히 모집해 보내줄 것을 요청하였다. 이 때 당왕은 '모병은 어렵지 않으나 병향 조달이 문제이고 토사(土司)의 관병이 비록 충성스럽고 용감하나 군량이 없으면 안 되니, 군량과 군비 조달방법을 강구한 뒤에야 모병이 가능하다'92)고 회답하였다. 당시는 거의 무정부상태의 동란기였으므로 생산 활동은 거의 중단되었고 고향을 잃은 유민은 수없이 많았기 때문에, 식량문제만 해결된다면 그 질이야 어떠하든 모병 자체는 어렵지 않았던 것이다. 그러므로 유구나 토적들이 남명정권이나 신사 기병군에게 초무 받아 의병행세를 하면서도 겁략을 일삼았던 이유는, 그들에게 더 중요한 것은 명에 대한 충의가 아니라 식량을 얻는 것이었기 때문이었다고 추측할 수 있다. 소관생이 염적(閻賊)의 노략질에 대해 보고하자, 당왕이 '식량과 군량이 없는데 무슨 수로 노략질을 금지시키겠느냐'93)고 한 것도 당시의 상황을 잘 전하는 기록이다. 이러한 군량 부족을 해결하기 위해서 당왕 정권이나 신사 기병군은 널리 신사의 협조를 권장하였고, 특히 당왕 정권은 대대적인 연납제(捐納制)를 실시하였다.94)

---

91) 張家玉, 『張文烈遺集』 卷2上, 「報明江省情形疏」(順治2년 9월 10일)에, "今爲虜計, 皇上不宜再設兵, 止宜設治兵之臣, 設兵是亂絲而益以絲也, 不若設督撫以爲治絲者"라 하고 있다.

92) 佚名氏, 『思文大紀』 卷6, p.106에 "東南只此幅員, 民生止此膏血, 不難於調兵, 難於措餉, 雖土司官兵, 忠義勇敢, 必先議餉銀出於何處, 然後召兵不難也"라 하고 있다.

93) 佚名氏, 『思文大紀』 卷6, p.246.

94) 蕭一山, 1962, p.327; Struve, 1984, p.86 등 참조. 한편 당시 병향 부족은 청군도 동일하였음은 『明淸史料』 兵-7-643ab, 「江西巡撫章于天揭帖」(順治4년 11월 18일)에

넷째, 당왕 정권 내부[95] 또는 강서의 신사기병군 내부에서 문·무관들 사이에 불화와 반목이 있어 청군의 침략 앞에서도 효과적이고 통일적인 정책을 수행하기가 어려웠다. 순치3년 3월, 만원길이 길안성에서 실수한 사례, 7월~9월에 4만여 명의 감주부성 구원병이 패배한 사례, 남창성에서 김성환이 고군분투한 사례 등은 모두 그러한 경우였다. 그러므로 『부고(附考)』의 평어(評語)에서,

새로 모집하여 훈련이 부족한 병사로 백전백승해 온 적을 대항에 했으니 (이것은) 양의 무리로 맹호를 쫓게 하며 나무에 앉은 참새로 창공의 매를 쫓게 하는 격이었다. … 하물며 문·무가 불화하고 군량이 지급되지 않았으니 … 내부를 안정시키고 적을 방어하는 (방책의) 선후와 완급의 순서가 뒤바뀐 것이었다. 그러니 무슨 일이 잘 될 수 있었겠는가? 천명은 [당왕 정권이 망하기 전에] 이미 사라진 셈이었다.[96]

고 한 지적, 또는 당왕 스스로,

천하가 괴멸된 것은 적에게 괴멸된 것이 아니고 병(兵)에게 괴멸된 것이며, 병에게 괴멸된 것이 아니고 관(官)에게 괴멸된 것이다. 진실로 애통한 일이다.[97]

고 피력한 것은 정곡을 찌른 지적이었다. 이러한 지적들은 당왕의 남명정권에 대한 것이었지만, 강서 신사의 근왕기병군에 대해서도 같은 평가를 내릴 수 있을 것으로 생각한다.

"兵馬血戰日久 缺乏糧草"라 한 기록, 『選編』 1-下, pp.283~284, 「馬國柱揭帖」(5년 11월 22일)에 "贛營兵丁, 自去年七月起, 缺米至今"이라 한 것, 기타 『明淸史料』 兵 -8-752a~754a, 「南贛巡撫劉武元揭帖」(7년 6월); 同書 丙-8-755, 「南贛巡撫劉武元殘揭帖」; 『輯錄』, p.295, 「南贛巡撫劉武元題奏」 등 참조.

95) 『明史』 卷255, 黃道周傳에도 '文武不和'를 지적하고 있고, 『附考』 卷11, p7a와 『紀傳』 卷23, 黃道周, p.4a에도 "文武不睦"을 지적함.

96) 『附考』 卷11, p.12a.

97) 佚名氏, 『思文大紀』 卷8, p.142.

Ⅱ. 動亂期의 南贛社會

1. 治安不在의 空洞社會[98]

　　명·청 교체기의 강서 남부지역은 그 지리적 특성 때문에 다른 어느 지역보다도 사회적으로 복잡한 양상을 노정하였다. 명말·남명·청초까지도 남감의 여러 지역에 지방관 차원에서 서지현(署知縣)을 파견한 사례가 많았던 것은, 바로 중앙의 정령(政令)은 고사하고 지방의 정교(政敎)도 극히 불안하였음을 반증하는 것이다. 지현(知縣)의 정교는 겨우 현성이나 그 주변의 극히 제한된 지역에 한하는 경우가 많았고, 심한 경우에는 수개월에서 수년 동안 유구나 토적 세력이 현성까지 점령하는 경우도 있었다. 이러한 사회혼란은 순치3년에서 6년 사이에 가장 혹심하였다.

　　이렇게 된 배경은 매우 복잡하였다. 청군이 입성하자 강서성 내의 신사는 반청 근왕기병을 명분으로, 이전의 유구와 토적세력마저 초무하여 병사에 편입시켰다. 그런데 이들 유구나 토적 출신의 병사들은 국가의식보다는 식량 때문에 초무되었다고 할 정도로 전투능력과 군기가 없는 오합지졸이었다. 그들은 청군과 대전하기 위해 출전하는 길목에서도 노략질하기 일쑤였다. 전투에서의 패잔병의 겁략은 더더욱 심하였다.

　　청군도 군량을 얻기 위해 노략질하는 데 있어 결코 예외가 아니었다. 그러기에 '명→ 남명→ 청의 입성→ 항복한 명 무장(武將)의 반청기병(反淸起兵)→ 청의 완전 장악'으로 이어지는 동란기에는 명군·남명군·신사의 근왕기병군·청군을 막론하고, 그 구성이나 노략질하는 행태는 유구나 토적과 전혀 다를 바 없었다. 그 때문에 향촌민의 눈에는 무기를 가진 자 모두가 도적으로 보였다.

　　그뿐 아니라, 유구와 토적으로부터 향촌을 방어하려는 목적에서 모집된 향용(鄕勇)마저 횡포를 부리는 사례가 많았다.[99] 신사가 자위를 위해 모집한 향

---

98) 별도의 註記가 없는 경우에는 〈부록 : 動亂期의 流寇·土賊의 活動〉 참조.

99) 同治『會昌縣志』卷22, 人物志, 忠義, 賴士聖.

용장(鄕勇長)이 횡포해지거나, 지현이 모집한 향병장[鄕兵長; 그 가운데에는 현민의 추대를 받은 무생원(武生員)이나 지주도 있었음]이 사납고 횡포한 예도 있었다. 심지어는 명말의 거인 온응채(그의 부친은 명의 포정사였음)의 예와 같이, 신사가 도적 무리[객강(客綱)]의 두목이 되는 예도 있었다. 그러나 지현의 정령(政令)은 거의 확립되지 못하였으므로, '강한자가 약한자를 괴롭히고, 다수가 소수를 괴롭혔고', 토착 종족이 동란을 틈타 횡행하는 사례도 있었다. 명·청 교체기의 강서 남부지방은 바로 치안부재의 공동사회(空洞社會)였던 것이다.

2. 客民의 流入과 그 영향[100]

남감지방은, "강서성은 은택(殷澤)한 곳이지만 감주만이 유독 산국(山國)이다"[101]라고 알려진 산악지역이다. 그러나 그것은 이 지역의 산지의 비율이 높다는 의미일 뿐, 농사가 전혀 불가능한 지역은 아니었다. 산악지역이고 금산구(禁山區)이면서도 "땅은 만산(萬山) 중에 있지만 개간할 수 없는 곳은 없다"[102]고 할 만큼 오히려 개발 가능성은 높았고 자급자족도 가능한 지역이었다. 부곽지역인 감현지역에 대해서는 "옥야천리(沃野千里)"[103] 또는 "농토는 기름지고 백성은 근면하여 누구나 부요한 땅이라 일컫는다"[104]고 하고 있다. 영도·석성·정남현은 명말부터 미곡의 수출 지역이었다.[105] 서금현도 자급자족하는 낙토(樂土)로 알려졌다.[106] 명말의 감주부에 대하여,

---

100) 별도의 註記가 없는 경우에는 〈부록 : 動亂期의 流寇·土賊의 活動〉 참조.

101) 乾隆 『贛州府志』 卷2, 地理志, 物産.

102) 『西江政要』(二卷本) 卷1, 「勸諭種茶做油幷禁河道建設水碓」.

103) 嘉靖 『贛州府志』 卷1, 地理志, 形勝, 贛縣.

104) 康熙 『西江志』 卷26, 風俗.

105) 寧都縣에 대해서는 萬曆 『寧都縣志』 卷3, 物産에 "所饒惟穀, 貧富諸需給亦惟穀, … 邑之田率他境人, 希樹藝之利"라 하고 있고, 石城縣에 대해서도 康熙 『南城縣志』 卷2, 物産에 "每仰給於廣昌寧都石城, 三邑歲或少斂, 則撫州之糶踵"이라 하고 있다. 定南縣에 대해서는 順治 『定南縣志』 卷2, 輿地志, 物産 참조.

106) 楊兆年, 「上督府報田賊始末」, 同治 『瑞金縣志』 卷16, 兵寇에 "無他産殖, 惟樹五穀承

> 감주부 지방은 다른 소산은 없으나 벼농사는 꽤 풍부하여 강서와 소주지방이
> 모두 여기에서 공급받고 있다. 감주 관(關)에는 미곡을 나르는 배가 매일 끊이
> 지 않으며 흉년에도 노 젓는 소리가 끊이지 않는다.[107]

고 한 것은 감주부 지역의 농업발전을 전해주는 단적인 예이다.

그 때문에 명 중기 이래로, 남감지방에는 강서 북부의 선진 농업지역에서
석출된 농민뿐 아니라 남쪽의 접경지역인 복건과 광동지방의 객민도 많이 유
입되었다.[108] 그리하여 곳에 따라서는 인구의 비율이 토착인 20%~30%에 객
민 60%~70%가 되는 현상마저 나타났다.[109] 그 결과 명초에는 '땅은 넓고 인
구는 적은' 지역으로 알려졌던 남감지방이, 명말에 이르면 강서성 안에서는
개발비율이 가장 높고 미곡의 수출도 가능한 지역이 되었다.[110] 그리고 이러
한 개발의 결과로 이 지역의 농산물이 다양해졌는데, 그 가운데에는 명말 이
래 외국에서 새로 전래된 상품작물도 많았다.[111] 그 결과 심지어는 식량을 재
배하던 농경지가 상품작물 재배지로 전환되는 사례도 나타나고,[112] 모시[苧]
의 생산에는 선대제도 나타날 정도였다.[113] 이러한 현상은 객민 유입의 순기

平之時, 家給人足, 閩廣民及各府之人, 視爲樂土, 繩繩相引, 僑居此地"라 함.

107) 天啓『贛州府志』卷3, 輿地志, 土産.

108) 乾隆『大庾縣志』卷2, 地輿志上, 土俗; 同治『興國縣志』卷46, 雜記; 傅衣凌, 1982;
曹樹基, 1985, pp.22~26; 徐曉望, 1987; 吳金成, 1986, pp.115~118, 124~135; 今湊
良信, 1986, pp.166~172; 大澤顯浩, 1990 등 참조.

109) 朱三錫, 「嚴禁退脚科斂名色示」, 同治『瑞金縣志』卷16, 兵寇.

110) 吳金成, 1986, p.92, 圖表 2-1-2.

111) 同註 108); 康熙『南康縣志』卷3, 輿地志, 土産, 按. 중요한 상품작물은 미곡 외에
甘蔗·煙草·藍·苧·茶·茉莉 등이었다.

112) 謝重拔, 「禁煙議」, 同治『瑞金縣志』卷11, 藝文志. 乾隆『贛州府志』卷2, 地理志, 風
土에서는 이전의 지방지를 인용해서, "近多閩廣僑戶栽烟年利, 頗脫南畝之膏"라 하
고, 乾隆『大庾縣志』卷4, 地輿志, 物産, 草類에도 "種穀之田半爲種烟之地, 糧食安得
不日少而日貴乎"라 하고 있다. 기타 본서 제1편 제3장 「'廣東體制'의 빛과 그림자」
참조.

113) 乾隆『贛州府志』卷2, 地理志, 物産에 "閩賈于二月時放苧錢, 至夏則收苧以歸"라 함.
이에 대한 역사적 평가는 田中正俊, 1984, p.41 참조.

능이라 할 수 있다.

한편, 객민의 유입으로 역기능도 나타났다. 남감지방에 들어온 외래 객민은 농토를 개간하면서 경제적으로 성장하여 갔다. 청초, 영도현의 생원 위희가,

> 영도에는 향이 여섯이 있는데, 상삼향(上三鄕)〔의 소작인〕은 모두 토착인으로 변동이 없으나 하삼향(下三鄕)은 모두 복건인이다. 대개 건녕·영화현 사람이 열 가운데 일곱 여덟이요, 상항·연성인이 두셋이니 모두 백여 리 내의 산간벽지에서 온 사람들이다. … 무릇 하향의 복건 전호(佃戶)들은 선대 이래 소작을 계승하고 있으니, 오래된 사람은 한 주인의 농토를 자손 십여 대가 이어서 경작하고 있고 가까운 자도 오륙 대, 삼사 대가 된다. 이들은 거의 모두 큰 재산을 모아 그 곳에 농토와 집을 갖게 되었다. 그런 후에 다른 전호를 불러 높은 값을 받고 경작권을 판 후에 고향으로 돌아간다. … 복건 출신의 전호는 일찍이 맨 몸으로 들어와 소작을 시작하여 종종 부자가 되었다.114)

고 하듯이, 복건 출신의 객민은 남감지방에 들어와 수 대(代) 또는 십여 대를 살면서 경제적으로 성장한 뒤 다른 객민에게 전답과 재산을 양도하고 귀향하는 사례도 있었다.115) 그런데 이들 외래 객민, 특히 복건과 광동 출신의 객호와 상인 때문에 강서의 토착인이 오히려 경쟁에서 뒤져서 결국은 몰락하여 외지로 유출되는, '인구의 대류현상'도 많았다.116) 이들 복건·

---

114) 魏禧, 「與李邑侯書」, 『魏季子文集』 卷8. 한편 『西江政要』 卷1, 「嚴禁佃戶私佃幷侵佔報墾」에도 "一. … 査江省田土, 半皆山麓, 因閩粤民人素善耕山, 來江承佃者十居五六, … 多貪退價, 將田私佃他人, 竟有以一主之佃, 分佃至數十人, 甚有任意典賣得價回籍者"라 하고 있는데, 이 기록은 乾隆年間의 내용이지만 객민의 그러한 현상은 청초를 산 魏禧의 말대로 명말까지 소급될 수 있고, 지역도 남감지역뿐 아니라 강서성 내 타지역까지도 해당될 수 있는 것으로 봐도 무리는 없으리라 생각한다.

115) 외래 객민의 성장은 그 지역에서의 세역 탈면이 주요 원인(魏禧, 「與李邑侯書」, 『魏季子文集』 卷8 참조)이었지만, 또 한편 廖憲, 「敬俗論」, 乾隆 『信豊縣志』 卷12, 藝文에서는 이들 객민의 ⓐ 부지런함, ⓑ 근검절약, ⓒ 치밀한 경영, ⓓ 어려서부터 기능 익힘, ⓔ 적극적인 타향 진출 등을 열거하고 있다.

116) 乾隆 『贛州府志』 卷2, 地理志, 物産, 「論」에 "其土着之民, 各志竝稱, 害於閩廣客戶商賈之採販消耗"라 하고 있다. 또한 吳金成, 1986, pp.108~135 참조.

광동의 객민은 명말·청초의 동란기에는,

서금현은 평화시기에는 자급자족하여 복건·광동과 강서성 내 각 부에서 온 사람들이 살기 좋은 땅으로 여겨 줄줄이 들어와 거주하였다. 토착인은 사(士)나 민(民; 지주?)이 되고 농(農)·상(商)이나 아행[중개인]·서리는 모두 객적인(客籍人)이다. 그 때문에 범법자나 도적이 그중에 끼어들어 숨어도 분별해 낼 수 없다. 명말에 사지량·염왕총, 두 적(賊)이 교대로 일어났을 때는 복건·광동의 교거자(僑居者)들이 호응하려 하였다. 조예(皂隷) 하지원·응포(應捕) 장승·고리(庫吏) 서기·광동의 망명인 서자성·반종사, 본현의 도적 범문정 등은 영화·석성현 지방의 옛 일을 모방하여 전병(田兵)을 창립하였다.”117)

고 하듯이, 무정부 상태에 편승하여 봉기하거나 전병(田兵)을 일으키는 등 토적이 되기도 하였으며, 석성·영도와 복건의 영화현 등의 객호가 연합하여 조직한 도적무리[客綱]와 연대하여 강의약(綱義約)을 결성하고 감주부 일대를 약탈하였다. 또 순치2년에서 6년 사이에 홍국과 우도현을 중심으로 횡행한 연병(煙兵)도 이들이었다. 명말청초 동란기의 남감지방은 계층 사이의 갈등, 토착민과 객민 사이의 분쟁, 명조의 멸망과 청의 입관으로 말미암은 전쟁 등으로 점철된 지극히 불안한 사회였던 것이다.

　남감지방에 진출한 복건·광동 객민의 대대적인 토적화 현상은 물론 명말청초 동란기라는 특수한 여건에서 비롯되었다. 그러나 그 배경에는 당시 이 지역에 집중적으로 횡행하던 유구의 활동에 편승한 것이었음도 간과해서는 안 된다. 유구활동 가운데 광적(廣賊; 광동에서 들어온 도적)의 침해가 가장 광범하고 지속적이었다.118) 남감지방에 광적이 침략한 것은 이미 홍무년간(1368~1398)부터 시작되었고, 그 이후로 남감지방이 개발되어 가고 외래 객민이 모여들면서 계속되었다. 이러한 현상은 명말에 이를수록 심화했고,119)

---

117) 楊兆年, 「上督府報田賊始末」, 同治 『瑞金縣志』 卷16, 兵寇.
118) 廣賊은 광동의 어떠한 사회 환경에서 발생하였으며, 왜 하필 남감지역으로 집중적으로 침투하였던가에 대해서는 吳金成, 1996 참조.

뒤의 〈부록〉에서 언급하는 바와 같이, 숭정15년에 광적 10여 종이 침입한 때부터 순치6년까지는 특별히 집중적으로 나타났다. 그리고 이 지역에서 피해가 가장 많았던 곳은 두 성이 접하는 정남현 지역이었고, 그 때문에 건륭38년에는 정남청(定南聽)으로 재편되었다.[120]

이들 유구와 토적의 활동상은 지극히 다양하고 공공연한 것이었다. 이것을 유형화해 보면, ① 적으면 수백에서 많으면 수만에 달하는 다중성(多衆性), ② 한 지역의 석출민뿐 아니라 여러 지역에서 여러 계층의 다양한 민중이 연합한 연대성(連帶性), ③ 좁으면 1개 향의 공격에서 넓게는 여러 현, 심지어 여러 부 지역을 횡행하는 광역성, ④ 짧으면 며칠에 끝나는 경우도 있으나 길면 수개월, 심한 경우에는 몇 년에 걸쳐 현성을 점거할 정도의 지속성, ⑤ 심한 경우 1년에 6회를, 때로는 매년 아니면 몇 년 만에 재침하는 다발성 등의 특성을 갖는 심각한 것이었다.

이들 유구나 토적은 지방질서가 정상적으로 유지될 때는 산골의 동굴〔山峒〕에 숨거나 향촌에 내려와 살았지만, 질서가 불안하거나 재해가 일어나면 이들 뿐 아니라 농촌과 도시의 석출민과 유민·무뢰까지도 합세하여 출몰하곤 하였다. 감주부의 부곽인 감현지방에서는 명말·청초의 동란기에도 거의 활동하지 않다가 숭정 말기부터 김·왕의 변이 진압된 순치6년까지 각종 유구와 토적이 집중적으로 발생하였고, 그 후에는 현저히 감소하였다. 그 결과 7년부터는 지방에 따라 농민안정책을 추진할 수 있었는데, 이는 모두 토적들의 이런 성향 때문이었다.

3. 慘狀의 實態[121]

지금까지 보아온 내용만으로도 동란기 강서남부 사회의 참상이 어느 정도였는지를 짐작하고도 남는다. 감주부의 경우, 홍국지방에서는 연병(煙兵)의 겁

---

119) 唐立宗, 2002.
120) 趙泉澄, 1955, p.76.
121) 별도의 註記가 없는 경우에는 〈부록〉 참조.

략이 4~5년 동안 계속되었다. 영도·석성·서금현지방의 참상에 대해서는 이 글 이전에 이미 선학의 세심한 분석이 있었다.[122] 우도현 지방에 대해서도, "병술년(순치3년)에 이르러 우도 4개 향의 백성으로 적에게 죽은 자와 전토의 황폐가 10에 2~3에 이르렀다. 순치5~8년 사이에는 도적이 사방에서 일어나 백성이 그들에게 죽고 전토가 황폐된 것이 10에 3~4나 되었다"[123]고 하고 있고, 그러한 정황은 회창현 지방도 예외는 아니었다.[124] 또 남안부의 경우, 남강현 지방에 대해서는 "왕조가 교체되던 때부터 구적의 기운이 불온하여 성(城)·향이 다 같이 해를 입었다. 황폐해진 전토가 10에 6이고 인정(人丁)의 도망자는 10에 7이다"[125]라고 하고 있다. 대유현에 대해서도 "무주공성(無主 空城)에 큰 가뭄·전염병·기근과 계속되는 전쟁으로 남아 있는 인민은 열 가운 데 두세 명도 안 된다"[126]고 하고 있다. 순치5년 말에 총독 마국주의 보고에 서도 남안부의 사정을, '인민이 달아나고 가옥은 파괴되어 수습할 수 없는 지 경에 이르렀다'[127]고 하고 있다. 이 당시 강서남부의 평정과 치안을 맡았던 남감순무 유무원의 6년 5월의 보고를 보면,

> 강서성 지역은 감주·남안, 두 부(府)만이 동남에 편벽되고 하늘가에 치우쳐져 있습니다. 그 때문에 왕년의 정벌과정에서 관병과 역적이 대치한 기간이 가장 길었고, 그 후 질서의 회복도 유독 늦었던 것입니다. 그리고 지방마다 참담한 도륙을 당하지 않은 곳이 없고, 백성이 도망한 것은 실로 고래에 없던 정도입니 다. … 특히 김성환·왕득인이 반란을 일으키자 광동의 적[廣賊]이 따라 일어나 지금까지 각 지역을 유린하고 있습니다. … 또한 토구와 위관(僞官; 남명정권이 임명한 관리)이 조세를 징수하고 병사를 모집하여 그 피해가 끊이지를 않습니다. 감주부와 남안부의 백성은 창찰과 노역, 추위와 굶주림으로 반 이상 죽었습니다.

---

122) 北村敬直, 1978; 森正夫, 1978.
123) 康熙 『雩都縣志』 卷4, 食貨志, 「山地坐落」.
124) 同治 『會昌縣志』 卷22, 人物志, 忠義, 曾以奇.
125) 康熙 『南康縣志』 卷3, 輿地志, 風俗.
126) 乾隆 『大庾縣志』 卷1, 祥異, 「順治三年」.
127) 『選編』 1-下, p.284, 「馬國柱揭帖」(5년 11월 22일).

> … 남강·신풍·회창·흥국 등 4개 현은 단지 기왓장만 뒹구는 빈 성이 남아 있을
> 뿐이고, … 서금·석성·안원·용남 등의 현은 신(臣)이 방금, '순응하는 자는 초무
> 하고 거역하는 자는 처단하라'는 명령을 내렸습니다만, 짧은 시일 내에 안녕을
> 회복하는 것은 불가능합니다.[128]

라고 강서 남부지방의 참상을 전하고 있다.

그런데 동란기의 강서지방의 참상은, 위와 같이 남안부와 감주부 지방에만
국한된 것은 아니었다. 강서순안 동성학의 보고에,

> 길안부 만안현 지방은 감주(부성)에서 200여 리 되는데, 연도의 가옥은 모두 불
> 타버렸고 인적은 간 곳 없으며 보이는 논밭은 무성한 풀로 가득하고 들녘은 모
> 두 폐허로 변했습니다. … 보갑(保甲)을 확인해 보니 1,000명이 못되고 창고는
> 텅 비어 있습니다. … 관(官)은 임명되어 있으나 다스릴 백성이 없고 땅은 이미
> 황폐되어 농사지을 힘이 없습니다. … 원주·임강·길안·감주·남안 등 5개 부의
> 부성(府城)을 조사해보니 모두 병마(兵馬)에 파괴되고 약탈당하여 텅 빈 상태이
> 고 관리하는 사람도 없으며 창고 터에는 기왓장만 남아 있으니, 그 예하 현의
> 사정은 더 물을 필요도 없습니다.[129]

라고 하듯이, 길안·임강·원주 등 강서 중부의 각 부지역도 비슷하였다. 그
리고 이러한 사정은 강서성 북부의 파양호 주변지역도 비슷하였다. 순치11
년(1654)에 파양호에서 배로 강을 거슬러 올라 절강지방으로 들어갔던 어
느 상인의 기행문에는,

> 요주부의 안인, 광신부의 귀계·익양·광신(상요현을 지칭한 것)·옥산 등 여러 부
> 현은, 성내에는 대개 수십 가가 남아 있을 뿐이고 강에 지나가는 배는 거의 보
> 기 어려운데, 오직 휘주 상인의 배 한 척만이 나와 동행하였다. 그가 말하기를

---

128) 『輯錄』 p.295, 「南贛巡撫劉武元謹題奏」(6년 5월).
129) 『明淸史料』 丙-7-653, 「戶部殘題本」.

"진장(鎭將) 강(康)모라는 자는 하남 사람인데, 날마다 무리를 이끌고 촌락에 들어가 향민을 붙잡아 오면서 산적 행세를 한다. 그의 약탈이 안 미치는 곳이 없다. 광신부의 현에는 완전한 촌락이 없고 촌에는 완전한 가옥이 없고 집에는 성한 사람이 없고 남자에게는 완전한 부인이 없다. 나는 소금 장사이기에 소금을 가지고 그 지역을 급히 지나가도 시비를 거는 사람이 아무도 없었다. 귀가대족(貴家大族)의 집에 들어가 보면 문을 잠그고 식구가 빙 둘러 앉아 죽음을 기다리고 있다가 내가 가지고 간 약간의 곡식이나 소금을 보고 대단히 기뻐하면서도 '우리가 진정 필요한 것이지만 줄 돈이 없다'고 한다. 나는 이런 말을 들으면 귀를 막고 서둘러 나오고 만다.[130]

고 하더라는 휘주상인의 말을 전하고 있는데, 여기서 파양호 동부의 요주부와 광신부 지방의 사정을 알 수 있다. 또 파양호 서부의 남창부의 경우도 상황은 비슷하였다.[131] 당시 강서의 순치5년~7년 분 미납 세미(稅米)의 감면을 주청하면서 장조린은,

신(臣)이 본 바로는, 강서는 김성환 역적의 반란 이래로 민이 약탈당하고 살육당하여 완전한 곳은 거의 없습니다. 5년에 반란이 시작되어 6년에 겨우 성도 남창이 수복 되었고 7년 이후에야 백성이 조금씩 모여들었으나 병마에 유린되어, 가는 곳마다 농사를 포기한 상태였습니다. 더구나 병란이 끝난 후에는 기근이 겹쳤고 또한 감남과 호서지방에는 역질이 크게 번져서 병사자가 헤아릴 수 없이 많습니다.[132]

라고 보고하고 있다. 그러므로 청군, 남명군, 근왕기병군, 구적이나 토적, 전호, 전적(田賊)집단, 노복집단, 객강(客綱)집단, 연병(煙兵)집단 등의 횡행과 노략질 속에 방치되어 있었던 동란기의 참상은, 정도의 차이는 있었으나

---

130) 李芥효, 『天香閣隨筆』 卷1, p.7ab.

131) 徐世溥, 『江變紀略』 참조.

132) 張朝璘, 「請蠲江省順治五六七年漕欠疏」, 乾隆 『贛州府志』 卷41, 奏疏.

강서성 모든 지역이 거의 비슷했던 것이다.

III. 清朝權力과 紳士

명말·청초의 동란기에 하북과 산동지방의 신사들은 비교적 일찍이 청에 투항하였다. 절체절명의 위기상황에 있던 그들에게는 자기들을 보호하고 기득권을 보장해 줄 수 있는 강력한 권력이 필요하였다. 한편 청은 전선의 확대와 더불어 급격하게 확대되는 점령지에서 치안질서의 확립을 위해 확실한 우익이 필요하였다. 그 때문에 청은 '위명설치(爲明雪恥)'와 '천명(天命)'의 명분을 내걸고, 신사가 기대하는 정도 이상으로 신사의 권익보장을 약속하였다. 입관 초에 화북지방에서 양자가 비교적 쉽게 결합하게 된 배경은 바로 여기에 있었다.[133]

그러나 강서성의 신사는 오랫동안 지속된 혼란과 참상 속에서도 청에 간단히 항복할 수도 없는 여건이었다. 그러므로 그러한 환경 아래에서 신사가 취할 수 있는 방법은 명조의 의리에 따라 자결하여 순국하는 길(이러한 예는 수없이 많았다), 깊은 산 속으로 피난하는 길,[134] 무장하여 유구가 되는 길[135] 등이 아니면 향용(鄕勇)을 모집하여 향촌을 자위하면서 강력한 보호자의 출현을 기다리는 방법 가운데 하나를 선택할 수밖에 없었다.

그 가운데 가장 보편적인 방법이 신사의 무장 자위활동이었는데, 여기에는 세 가지 형태가 있었다. 첫째는 산채에 들어가거나 한 지역에 웅거하면서 고립된 항청(抗清)을 시도하는 것,[136] 둘째는 제1절에서 본 바와 같이 더 대규모의 근왕기병군에 가담하는 것, 셋째는 제2절에서 본 바와 같이 그때그때의 정

---

133) 李成珪, 1977; 吳金成, 1981; 吳金成, 2007-A, 제2편 제2장; 鄭炳喆, 1993 참조.

134) 北村敬直, 1978 참조.

135) 이 글 〈부록〉의 순치4년의 寧都의 신사 客綱의 例.

136) 제1절의 劉士楨(同註 57)과 傅鼎銓(同註 65)의 사례 참조. 李天根, 『爝火錄』 卷16, p.705에 순치3년 12월의 일로서, "上饒(廣信府 所屬, 筆者)徐敬時駐永豊之九仙寨, 與大清兵相拒者久之, 以標將楊文死, 敬時知不濟, 作絶命詞四章, 北面再拜, 自縊死"라 한 기록도 그러한 예라 할 수 있다.

치 정세에 순응하면서 향촌 단위로 자위수단을 강구하는 것이었다.

이제 그 가운데 셋째의 사례에 속하는 다음의 기록을 통하여, 향촌 단위의 신사 자위의 실상을 좀 더 구체적으로 분석해 보려 한다. 『서금현지』에는 생원 사공전의 활동에 대하여,

⑴ 무자·기축(순치5년~6년) 사이에 가족을 데리고 정향으로 피난하였다.

⑵ 귀향한 후에는 무리를 모아 장강위[長江圍; 보채(堡寨)]를 구축하여 향리와 종족을 안도케 하고 흩어진 사람들을 불러 모아 낮에는 경작하고 밤에는 서로 도와 향리를 지켰다. 이 때 각지에 산적들이 수시로 침범하였으나 그들은 서로 경계하여 장강위 부근은 감히 범하지 못하였다.

⑶ 청군이 복건 정주에 진출하자 장강위의 경계는 자연히 정주와 맞닿게 되었다. 이 때 심(沈)모란 자가 유독 청에 굴복하지 않았으므로, 정주진의 왕(王)모가 병을 이끌고 가서 격파하였다. 그는 은둔한 후 수시로 나와 복수를 도모하였다. 공전(孔傳)은 감연히 밤에 그의 군에 들어가 거듭 이해로 설득하자 비로소 깨닫고 군을 파하였으므로 많은 생령을 구할 수 있었다.

⑷ 순치11년, 역적 허승가·종사총 등이 나한암에 산채를 설치하고 수시로 나와 겁략하니 현성과 향촌이 큰 피해를 입고 있었다. 공전은 매번 의용(義勇)을 인솔하고 그들의 예봉을 꺾어 차단하였으므로 적은 감히 다시 나오지를 못하였다. 공전은 이에 몰래 남감 군문에 들어가, 순무 의영궤에게 그들을 토벌할 군사를 보내줄 것을 청하였다. 순무는 공전을 사무실로 직접 불러 여건을 물었고, 공전은 그들을 격파할 계책을 자세히 설명하였다. 순무는 이를 듣고 기뻐하여 즉시 양·허 두 부장에게 병사를 주어 보내 일거에 섬멸하였다.

⑸ 백성들은 갱생을 축하하였으며 현민은 지금까지도 공전의 공을 칭송하여 마지않는다.[137]

고 전하고 있다.

---

137) 同治 『瑞金縣志』 卷7, 事功, 「謝孔傳」[(⑴⑵⑶⑷⑸는 필자]

이상의 내용을 분석해 보면, (1) 사공전(謝孔傳)은 순치5~6년, 즉 김·왕의 반청기병으로 강서사회가 다시 혼란에 빠지자 가족을 이끌고 피난하였다. (2) 공전은 김·왕과 이성동 군이 청군에게 진압되자 귀향하였다.[138] 그 후에는 청조 체제 아래에서 마을에 보채[堡寨; 위채(圍寨)]를 축조하고 흩어진 종족과 향민을 모아 안돈시키고 수시로 출몰하며 노략질하는 유구와 토적의 공격으로부터 향촌을 자위하면서 생업에 종사하였다. (3) 그의 사회적인 영향력은, 그가 일개 생원 신분에 불과하였음에도 불구하고, 무장하여 항청하는 토적세력을 설득하여 초무할 만큼 널리 미쳤다. (4) 서금과 석성지방에는 8년 이래 토적 허승가 세력이 광적 종사총 세력과 연대하여 대규모로 장기간 횡행하고 있었다. 서금의 지현 전강은 석성 지현 곽요경과 연계하여 향용을 동원하여 이에 대처하였으나 진압은 불가능하였으므로, 사공전 개인이 모집한 향용의 자위는 더더욱 한계가 있었다. 이에 서금 지현 전강은 공전에게 감주부성에 가서 청군의 지원을 요청하도록 의뢰하였다. 공전은 남감순무 의영귀에게 도적을 격파할 계책을 설파하여 지원군을 얻어냈다. 그 결과 허승가·종사총의 세력뿐 아니라, 7년 이래 횡행하던 진기륜 세력까지도 모두 진압하여 많은 생명을 구하고 사회를 안정시키는 데 크게 기여하였다. 지현 전강은 그 후 현내에 교량을 건설하고 세역을 공평하게 부과하는 등 지방질서의 회복에 진력하였다. (5) 사공전의 그러한 행동은 관부의 요구와 현민의 절대적인 희망을 대변한 것이었다.[139]

사공전의 위와 같은 활동 양태는, 정도의 차이는 있으나 당시의 사료에 수없이 많이 보이는 동란기 신사의 보편적인 존재양태였다. 그런데 이러한 그의 활동 내용에서 몇 가지의 역사적인 의미를 발견할 수 있다.

첫째, 사공전의 활동은 공(公)과 사(私), 양면성을 띠었다는 점이다. 그의 활동은 우선 보신가, 즉 개인의 생명과 재산을 보호하기 위한 것이었다. 그런데

---

138) 그의 귀향 시기는 분명하지 않다. 그러나 康熙『瑞金縣志』卷6, 官制志, 錢江; 乾隆 『贛州府志』卷29, 職官志, 錢江; 〈부록〉 순치7년 瑞金의 내용 등에 따르면, 청조가 파견한 지현 錢江이 7년에 착임한 후부터 서금의 사회가 조금씩 안정되어 간 것을 볼 때, 孔傳도 7년에 귀향하였을 것으로 추측된다.

139) 복건 영화현 생원 李世熊의 활동도 그러한 성격의 것이었다. 森正夫, 1991 참조.

당시는 민중들이 식량이 없어 도적이 되는 것이 보통이었고 식량만 있으면 군대의 모집도 어렵지 않았던 동란기였으므로, 신사가 돈을 내어 향용을 모집해서 향촌을 방어하는 것은 곧 향촌민의 생업 유지를 가능하게 해주는 동시에 농민의 유산과 토적화를 방지하는 기능도 되었다. 그러므로 사공전의 무장 자위활동은, 사적으로는 '보신가'적 활동이었지만, 동시에 공적으로는 절체절명의 공동사회(空洞社會) 속에서 거의 유명무실하던 국가권력을 대신해 '향촌 질서 유지 기능'도 담당하였던 것이다. 그리고 이러한 공적인 면은 절체절명의 동란기였기 때문에 평상시보다도 훨씬 더 인상적이었다.

둘째, 그의 행동은 신사가 가지는 사대부로서의 공의식(公意識)의 발로였다는 점이다. 사공전은 경제력과 사회적 영향력이 그보다 한 단계 위인 향신(鄕紳; 상층 신사)이 아니고 최하위인 생원이었다는 점에서 의미가 있다. 경제력이 있는 향신은 물론 스스로 돈을 내서 향용을 모집하고 훈련시킨 후 스스로 통솔하거나 향용장(鄕勇長; 향병장)이나 연장(練長)에게 통솔케 하였다. 그러나 가난한 신사는 기부는 못하지만 평소 사대부로서의 영향력을 발휘하여 향용을 지휘하였다.140) 여기서 중요한 의미를 가지는 것은, 신사의 무장 자위활동이 개인 차원도 있으나 대개는 '신사공의(紳士公議)'에 따라 신사가 연합하여 공동행동을 취했다는 점이다. 그러한 경우에는 이미 제 1·2절에서 보았듯이,141) 신사가 '향촌여론의 대변자' 역할을 하고 있는 셈인데, 사공전의 행동은 바로 이렇게 지현의 의뢰와 향촌민의 적극적인 여망에 부응한 행동이었던 것이다.

그런데 사공전의 활동에서는 분명하게 보이지 않지만, 신사는 국가권력과 향촌사회 사이에 나타나는 이견(異見)을 조정하는 역할도 수행하였다. 즉, 순치5년 우도현에서 현내 신사가 모여 토적 대책을 협의할 때, 토벌 대신 초무142) 방법을 택하도록 지현에게 권고한 사례, 또는 서금 생원 유여위(劉汝偉)

---

140) 〈부록〉 순치4년 龍南縣의 例 및 康熙『南康縣志』卷12, 鄕賢, 義士, 黃榜.

141) 감주부성 공방전 당시 순치2년 5월과 3년 9월에 신사의 明倫堂 結集 例, 4년 영도에서 신사출신의 客綱 總帥 溫應案에 대한 처리 때 城隍廟 結集 例는 그 대표적인 사례이다. 또 同治『南豊縣志』卷12, 武備, 兵事에는 건창부 남풍현에서 신사가 鄕兵長을 公議로 추천한 사례도 보인다.

에 대한 기록에,

> 정해·무자(순치4년~5년)에 유구(流寇)가 현성을 포위하니, 지현 서형(3년 착임)
> 은 여러 신사와 더불어 의용을 이끌고 방어할 계책을 모의하였다. 유여위는 가
> 재(家財)를 내놓아 군수(軍需)에 응하여 현성이 완전할 수 있었다. … 서로 원수
> 진 사람이 지현에게 도적으로 무고하여 70여 명이 걸려들었다. 여위가 지현에게
> 그 억울함을 아뢰어 모두 석방되었다. 백성들은 감격하여 여위에게 달려가 감사
> 를 드렸다.[143]

고 한 것 등이 그러한 사례이다. 신사는 이렇게, ⓐ 국가권력의 향촌지배
의 보좌역을 담당하기도 하였으며, ⓑ 국가권력에 대해서는 향촌의 여론을
대변하고, 경우에 따라서는 ⓒ 국가권력과 향촌사회 사이의 조정역할도 담
당하였다. 사대부로 자처하는 신사의 이러한 다양한 역할은 명 중기 이래
로 중국사회에서 볼 수 있었던 보편적인 현상이었는데,[144] 명말·청초 동란
기의 남감사회에서도 국가권력 여하에 상관없이 여전히 나타나고 있었다.

　신사의 특권적인 신분은 기본적으로는 유교적 지식을 바탕으로 하여 얻은
것이지만, 공식적으로는 국가로부터 인정받는 것이었다. 따라서 그러한 특권
을 보장해 줄 수 있는 강력한 국가권력과 사회질서의 안정이 무엇보다도 긴
요한 것이었다. 그런데 명말·청초의 동란기에는 특권은 고사하고 생명과 재
산마저 보전할 수 없는 절체절명의 위기상황이 계속되었다. 신사의 소규모 무
장자위만으로 대규모의 유구·토적세력을 대항하기에는 무력할 수밖에 없었
다. 명말부터 시작하여 순치7년~8년에 청이 일단 강서 전역을 장악하여 안정

---

142) 이것은 土賊이 본질적으로는 良民인데 당시와 같은 동란기에 어쩔 수 없어 일시적
　　으로 토적이 되었음을 의미하는 것이다. 그 때문에 淸朝에서도 '土寇는 본래 모두
　　良民이니 귀향하는 자는 당연히 사죄한다'(淸『世祖實錄』 卷6, 順治元年 7월 丙戌
　　條)고 하였다.

143) 同治『瑞金縣志』 卷8, 義行, 劉汝偉.

144) 吳金成, 1986, 제Ⅱ편 및 吳金成, 2007-A, 제Ⅱ편 제1장, 「明代의 國家權力과 紳士」,
　　등 참조.

시키기까지 명군·남명군·근왕기병군·청군·구적세력 사이에 정치적·군사적 반전이 계속되었으므로, 강서지방의 신사의 자위세력은 화북보다도 훨씬 오랫동안 전화에 시달린 셈이었다. 바로 이 때 청조는'위명설치(爲明雪恥)'의 명분을 내걸고 '순치제즉위조(順治帝卽位詔; 1644년 10월 10일)' 이하 각 성 '은조'를 연이어 발표하여 신사의 특권보장을 약속하였던 것이다.

한편 강서에 진입한 청군의 입장도 그리 유리하거나 우세한 상황만은 아니었다. 김·왕의 반청군과 이성동 군을 진압한 후에도 청조측은, '각지의 현성은 수복하였으나 적병은 깊은 산에 숨었다가 불시로 나와서 약탈하는데, 성내의 관병은 적고 거민도 소수이므로 만수(萬數)의 적을 대적하기 어렵다'[145]고 보고할 만큼, 강서지방의 사회질서는 불안하였다. 청군은 병사의 수뿐 아니라 병향도 부족하였다. 더구나 당시 '구적의 소탕작전은 대개 토병에 의지하는데, 전진할 때에는 토병을 선봉에 서게 하고 조금이라도 이길 듯하면 말을 몰아 앞으로 나아가 그 공을 빼앗고 불리할 듯하면 말 타고 달아나 그 죄를 토병에게 전가'[146]할 정도로, 관군은 지리에도 익숙지 못하고 전의도 부족하였다. 청군은 또 구적이나 다름없이 약탈을 일삼을 정도로 군기도 없었다. 남쪽에는 아직 남명의 영력정권(永曆政權; 순치3년 12월~강희원년 4월)이 존재하였다. 따라서 청조로서는 신사의 무장 자위군을 근절시키지 못할 바에는 적어도 남명정권 또는 구적과 신사 자위군을 격리시킬 필요가 있었고, 그들을 우익으로 만들 수 있다면 더욱 바람직스러운 것이었다. 바꾸어 말하면, 당시의 청군으로서도 일단 확보한 지역의 질서를 확립하기 위해서 신사의 투항과 그들의 경제력·무장능력·사회적인 영향력 등을 기반으로 한 협조가 필수적이었다.

사회질서의 안정은 이렇게 농민·신사·청조, 누구에게나 긴요한 것이었다. 강서지방에서 청조권력과 신사의 결합은 이러한 배경에서 이루어진 것이었다. 그러므로 정도와 과정 및 시간의 차이는 있었으나, 양자가 결합한 배경은 하북·산동·강남, 그리고 사천[147]의 경우와 유사하였다. 그리하여 순치년간

---

145) 『選編』 1-下, pp.284~286, 「朱延慶揭帖」(순치6년 11월 1일).

146) 乾隆 『信豊縣志』 卷6, 兵防志, 序.

147) 胡昭曦, 1980; 社會科學研究叢刊編輯部, 1981; 顧誠, 1984; 王綱, 1987; 孫曉芬, 1997;

강서남부의 사회질서 회복과 안정화는 중앙정부 차원의 전국적인 농민안정책과 주현(州縣) 단위 지방관의 노력,[148] 그리고 신사의 협조 등의 조화 위에서 이루어졌다고 할 수 있다.

小　結

청군이 김성환을 앞세워 강서성을 점령하여 오자, 성내의 각지에서는 신사를 중심으로 한 근왕기병이 잇달아 일어났다. 그 가운데 가장 주목되는 것은 익왕·영녕왕의 기병, 감주부성 공방전, 김성환·왕득인의 반청기병 등이었다. 특히 김·왕의 반청기병은 성 안팎에 굉장한 영향을 미쳤다. 남명세력으로서는 마지막 반전의 기회를 잃은 셈이었고, 청조로서는 심각한 위기를 잘 넘긴 셈이었다.

강서성 내의 사정은 이렇게 화북·강남·사천지방과는 달랐다. 군대의 수, 군기, 병향 등의 면에서, 청군은 상대적으로 열세였거나 적어도 우세한 입장은 아니었다. 반대로 강서성 내의 신사는 국망(國亡)에 대한 자책감과 사명감이 충천해 있었고, 배후에 상징적으로나마 남명정권이 존재하여 명분도 있었으며, 군대의 수에서도 우세하였다.

그럼에도 불구하고 강서의 근왕기병군이 실패할 수밖에 없었던 원인은, ① 근왕군의 조직이 향용(鄕勇)·동적(峒賊)·유민 등으로 급조된 오합지졸이었으므로 무기도 모자랐고 군기와 전투능력도 부족하였으며, ② 각 군을 통합 지휘할 체제와 무장도 없어서 기병군(起兵軍) 사이에 연계된 협조가 불가능하였고, ③ 병향이 부족하여 약탈을 일삼았으므로 향촌민의 협조도 얻지 못하였고, ④ 지도부 내의 불화, 특히 문·무관 상호간의 갈등과 반목이 심하여 번번이 전기(戰機)를 잃었던 점 등을 들 수 있다. 그 때문에 강서에서의 청군과 신사의 근왕군 사이에는 전세가 몇 번이나 반전되었다. 이 틈을 타서 각지에서는 유구와 토적이 횡행하였는데, 이들의 존재는 양측에게 모두 무거운 짐이었

山根幸夫, 1983; 吳金成, 2007-A, 제2편 제2장; 李俊甲, 2002, 제1편 등 참조.
148) 순치6년 흥국 知縣 李若琨의 사례 및 각 지방지의 名宦條 참조.

다. '명→남명→청군의 입성→항복한 명 무장의 반청기병→청군의 장악'으로
이어지던 동란기의 강서의 혼란과 참상은 화북이나 강남보다도 더 지속적이
고 처절한 것이었다.

　동란기의 강서 남부지방이 치안 부재의 공동사회로 전락한 원인은 두 가지
로 이해될 수 있다. 첫째는 광동과 복건으로부터 객민이 유입되면서 야기된
문제였다. 객민의 유입으로 이 지역의 개발이 크게 진전된 점도 있으나, 이들
은 강서에 들어온 후에 경제적으로 성장해 간 데 반해서 토착인은 오히려 몰
락하여 유산하는, '인구의 대류현상'이 나타났다. 더구나 동란기에는 객민이
토적화하는 사례가 더욱 많았다. 향촌사회에서 계층 사이의 갈등이나 토착민
과 객민 사이의 갈등은 동란기에 더욱 첨예하고 처절하게 나타났던 것이다.
둘째는, 당시 이 지역에는 광동·복건 유구의 횡행과 약탈 때문에 피해가 막심
하였는데 그 가운데 광동적의 피해가 가장 컸다. 이 때문에 강서 남부에서 농
토는 황폐되고 농사를 짓지 못하여, 빈부 구별 없이 몰락하고 유산하는 극한
적인 공동사회(空洞社會)가 되고 말았다.

　이러한 위기상황에서 신사가 대처할 수 있는 가장 보편적인 방법은, 향용
(鄕勇)을 모집해서 향촌과 종족을 자위하면서 강력한 보호자가 나타나기를 기
다리는 길이었다. 신사의 이러한 존재형태는 일차적으로는 '보신가'를 위한
것이었다. 그런데 당시와 같은 치안부재의 공동사회에서는 그것이 가끔은 국
가권력을 대신하는 질서유지 기능(국가통치의 보좌)을 담당하거나, 나아가서
는 국가권력에 대한 향촌여론의 대변기능 또는 국가권력과 향촌사회 사이의
이해 조정기능 역할을 하기도 했다. 그리고 이러한 활동은 개인 차원도 있었
으나, 대개는 '신사공의'에 따라 다수의 신사가 공동으로 참여하였다. 또 그것
은 자의로 하는 경우도 있었으나, 대개는 지현을 포함하는 국가권력 측이나
향촌민의 요구와 여망에 부응한 것이었다.

　명말·청초의 동란기에 지방의 질서유지를 축으로 한, 신사의 이러한 다양
한 역할은 명 중기 이래 중국사회에서 볼 수 있었던 거의 보편적인 현상의
연장이었다. 다만 평상시 신사의 역할은, 국가의 묵인 아래, 신사의 신분적 영
향력을 배경으로 하는 사회지배였다. 그러나 동란기에는, 국가권력은 극도로

무력해진 것과는 달리 향촌의 신사는 오히려 무장을 갖추고 있었으므로, 신사의 사회지배력은 평상시보다 훨씬 강력하고 인상적으로 보일 수밖에 없었다.

강서 남부의 신사는 화북이나 강남보다 훨씬 오랫동안 더욱 어려운 여건에 처해 있었다. 한편, 청조로서도 남쪽에 남명정권(南明政權)이 존재하는 한 신사의 무장자위군을 적어도 남명세력과 격리시킬 필요가 있었다. 또한 상당한 기간이 지날 때까지도 청군은 현성과 그 주변지역만 장악하고 농촌지역은 여전히 토적에게 방치된 곳이 있을 만큼, 당시 강서에서 청군의 여건은 그리 유리하거나 우세한 입장도 아니었다. 그러므로 점령지의 질서회복을 위해서는 오히려 경제력과 무력 등을 갖춘 신사의 사회지배력이 긴요하였다. 청조와 강서 신사, 양자는 서로 상대의 협조가 필요하였다. 따라서 강서남부에서 양자가 결합하게 된 배경은 화북·강남·사천의 경우와 유사한 것이었다.

위에서 살펴본 동란기의 강서 남부의 사회상은 이 지역의 지리적인 특수한 여건 때문에, 복건·광동·호남의 4성교계지역의 사회상과 함께 통합적으로 분석하여 평가해야 한다. 또한 이들 지역의 사회질서는 삼번의 란(1673~1681)을 계기로 하여, 또 한 번 크게 동요하였다.[149] 따라서 이들 지역에 대한 청조권력의 완전한 침투는 삼번의 난이 평정되는 1680년대를 기다려야 했다.

---

149) 森正夫, 1973·1974·1978.

부록 : 動亂期의 流寇·土賊의 活動

이 부록은 명말·청초 동란기의 강서남부 사회의 실상을 이해하기 위하여, 감주부 소속 각 현에 있었던 유구와 토적의 활동을 정리한 것이다. 시기는 김성환과 왕득인의 반청기병(反淸起兵)으로 일어난 소요가 재차 소강강태에 들어간 순치 중반기까지로 하였다. 각 현의 사항에 대한 출전은 별도의 주가 없는 한 각주150)의 자료를 참조하였다.

崇禎 元年(1628)

信豊 : 광(동)적(＝廣寇) 소아파151)·구양계 등이 침입, 감주부 참장 김세임 이 石背兵을 이끌고 驅逐함.

會昌 : 8월에 광적 아파총이 무리를 이끌고 들어왔으나, 지현 소감우가 民財를 거두어 주고 달래어 보냄. 10월에 再侵하여 마음대로 약탈과 방화한 후 퇴각, 향용 이 경은 전사.

安遠 : 4월에 광적 아파총 등 수천 명이 현성을 공격하고 城內를 겁략, 지현 심요봉을 포로로 잡아가자 향신과 부호가 몸값으로 은을 주고 데려 옴. 5월에 재침하였으나 현성 공격에 실패하자 성 밖의 민가를 방화한 후 퇴각함.

定南 : 광적 소아파·구양계 등이 안원과 신풍을 거쳐 하력사지방에 침입, 순검 탕지훈을 포로로 하고 인민 다수를 살상함. 뒤에 이들이 재침했을 때는 把總 동광동·羊角營 把總 조룡력이 전사함.

---

150) ◎ 各縣 共通 : 康熙 『西江志』 卷33, 武事; 乾隆 『贛州府志』 卷26, 武事; 同治 『贛州府志』 卷32, 武事. ⓐ 興國縣 : 康熙 『興國縣志』 卷11, 紀事; 道光 『興國縣志』 卷14, 武事; 同治 『興國縣志』 卷14, 武事. ⓑ 寧都縣 : 道光 『寧都直隷州志』 卷14, 武事; 北村敬直, 1978, 第4章; 森正夫, 1978. ⓒ 石城縣 : 順治 『石城縣志』 卷8, 紀事; 道光 『石城縣志』 卷7, 武事; 道光 『寧都直隷州志』 卷14, 武事; 森正夫, 同上 論文. ⓓ 贛縣 : 乾隆 『贛縣志』 卷11, 戎事. ⓔ 雩都縣 : 康熙 『雩都縣志』 卷11, 紀事; 乾隆 『雩都縣志』 卷11, 紀事. ⓕ 瑞金縣 : 康熙 『瑞金縣志』 卷10, 祥異, 雜記; 同治 『瑞金縣志』 卷16, 兵寇; 道光 『寧都直隷州志』 卷14, 武事; 森正夫, 同上 論文. ⓖ 信豊縣: 乾隆 『信豊縣志』 卷6, 兵防. ⓗ 會昌縣 : 康熙 『會昌縣志』 卷13, 盜賊; 同治 『會昌縣志』 卷14, 武事. ⓘ 安遠縣 : 乾隆 『安遠縣志』 卷7, 兵寇; 同治 『安遠縣志』 卷5-2, 武事. ⓙ 龍南縣 : 康熙 『龍南縣志』 卷11, 紀事; 道光 『龍南縣志』 卷3, 政事志, 戰寇. ⓚ 定南縣 : 順治 『定南縣志』 卷1, 紀事; 乾隆 『定南廳志』 卷5, 祥異, 兵寇. ⓛ 長寧縣 : 同治 『長寧縣志』 卷2, 兵寇.

151) 蘇丫婆는 丫婆總·丫溥總 등과 동일 인물인 듯하다. 乾隆 『吉安府志』 卷35, 武事 倂參.

崇禎 二年(1629)

龍南 : 광적 장경자가 현성 공격, 把總 邵某와 典史 설징이 千長 徐·廖·袁 등과 함께 향
병·관병 이끌고 방어했으나 함락됨. 邵·徐·袁 등과 향병 수십 명 전사함.

定南 : 구련산 賊首 저리총152)이 들어와 약탈함. 광적 사지량도 침입, 감무 왕지량이
招撫해서 謝를 수비에 임명함.

崇禎 三年(1630)

龍南 : 구련산 賊 온리총이 縣境 약탈. 이때 강적 謝志良도 사방을 流劫하자 순무 왕지
량이 초무함.

定南 : 流寇 종삼사이 열수진을 겁략, 감현 署知縣 엄가상이 잠강영과 향용이 끌고 반격
했으나 대패 당함.

崇禎 四年(1631)

瑞金 : 광적 종룽수153)와 동생 복수가 남강지방에 1개월 정도 머물면서 겁략, 현에서는
排門(전에 조직되었던 義勇)과 각향의 의용을 모집함. 승려 수종 및 강향오 등
이 현의 의용을 통솔하여 구축함. 이때 생원 종조의도 개인적으로 의용을 모
집하여 합세함.154)

定南 : 전년에 침입해서 머물고 있던 유구 종삼사를 지현 진일병이 機兵과 향용을 이끌
고 구축함.

崇禎 五年(1632)

興國 : 3월, 광적 천여 명이 침입, 약탈과 살육을 자행한 후 현성에서 20里 되는 殷富에
주둔, 關廟의 향용이 奮戰, 구축에는 성공하였으나 사망자가 수백 명 생김. 현
에서는 義勇祠를 지어 그들을 제사함.

雩都 : 광적 아파총 등 수천이 길안·공주부의 각지를 流劫하는 중에 우도의 각 향도
약탈, 禍가 막심함. 복건과 남공 두 순무가 군사를 보내 연합하여 剿撫함.

瑞金 : 광적 종능수가 서금을 지나 영도로 가는 것을 알고, 승려 수종과 강향오 등이
다시 의용 이끌고 追及, 두 사람은 전사, 排門·의용 중 사망자도 수백인이 생

---

152) 瘟痢總과 동일 인물인 듯하다.

153) 그는 이 해 12월에 南安府城을 半月간이나 포위하였다가 5년 正月에야 물러갔다.
그 당시 남안부 소속의 남강·상유·숭의 등 세 현에서는 성문을 모두 폐쇄하고, 향
민은 모두 縣城에 들어와 수비케 함. 康熙 『上猶縣志』 卷2, 祥異; 光緒 『上猶縣志』
卷7, 兵防, 兵事 참조.

154) 康熙 『瑞金縣志』 卷8, 鄕賢志, 義行.

김. 종능수는 관군에 체포됨. 그의 동생 복수는 서금·우도·흥국 등 감주부의 각 현과 길안·무주부까지 겁략함.

龍南 : 賊首 종삼석(崇禎3·4년 定南 參照)이 침입, 생원 허원이 향용들을 이끌고 방어하다가 잡혀 죽음.[155]

崇禎 十五年(1642)

瑞金 : 서로 다른 廣賊 열 무리가 연이어 현 내 및 각 현 지역을 流劫함.

崇禎 十六年(1643)

石城 : 광적 十餘種 가운데 閭(王)賊이 침입.

安遠 : 염왕적이 침입, 살인·방화·약탈을 자행, 참상이 극심함.

龍南 : 密密敎徒 양세래(정남현 何氏의 家奴)가 妖言으로 惑衆 倡亂, 현민 廖光宏의 속임수에 빠져 생원 황시진에게 잡힘. 이때 재적 향신(전 사천 준의부 同知) 허명좌도 지현 양청과 토벌을 모의함.[156] 11월에 南贛兵 3,000명을 새로 모집하여 부총병 정홍규로 하여금 통솔케 함.

定南 : 密密敎徒가 봉기, 무리를 모아 下歷司 공격, 把總 만국보가 상부에 보고, 參將 何와 함께 박멸함.

崇禎 十七年(順治 元年, 1644)

興國 : 광적 염왕총이 현 안의 각 지역을 겁략함. 5～6월에 煙兵長 소국충〔武生〕·요장보(富豪)가 수백 인을 모아 白羊坳에 웅거,[157] 감주 순무 이영무가 總兵 김세임을 시켜 白羊坳를 공격함.

寧都 : 무뢰들[158]이 향촌을 약탈, 성내는 쥐죽은 듯하고 향촌은 폐허가 됨.

雩都 : 광적 염왕총이 수만 중을 數十大營으로 나누어 남·감 2부지방을 약탈했으나, 지나는 곳에서는 감히 대항치 못함. 10월 초, 적들이 회창·신풍과의 삼현 교계

---

155) 乾隆『龍南縣志』卷7, 人物志, 忠義; 乾隆『贛州府志』卷32, 忠義 참조.

156) 道光『龍南縣志』卷7, 人物志, 許明佐; 乾隆『贛州府志』卷30, 仕績, 許明佐. 한편 密密敎는 聞香敎·七七敎와 함께 羅敎(=無爲敎)의 한 분파이다. 羅敎는 明 중기에 화북에서 발생하여 점차 남방에 전파되었고, 청대에는 동남 沿海지방까지 전파된 민간종교이다. 明末淸初 강서지방의 밀밀교의 성격과 敎徒의 활동에 대해서는 野口鐵郎, 1986, 第2編 第5章; 大澤顯浩, 1990 등 참조.

157) 蕭·姚는 知縣 林演培의 요구와 현민의 추대로 民兵長이 된 자들이었다.

158) 魏禧,『魏叔子文集』卷11, 「周左軍壽序」. 그런데 魏禮,『魏季子文集』卷9, 牘, 「報當事」에는 '寧都縣의 田賊의 해는 明·淸 鼎革 초에 시작되었다'고 하는 것으로 보아, 이들은 다음의 順治2년에 보이는 田賊을 지칭하는 듯함.

지역에 웅거, 武生(廩膳生이라고도 함) 이혜춘[159]이 馬嶺塘村에서 향용을 지휘해 방어, 賊의 紅·白 2旗總을 참함. 광적은 구원병을 합쳐 수 만 명으로 재침, 蕙春의 향용은 겨우 200명, 중과부적으로 혜춘은 전사함. 현에서는 立祠祭祀함. 이때의 闖賊의 침입으로 사망자가 많아 호구가 크게 감소함.[160]

順治 二年(1645)

興國 : 명말의 總兵 김세임과 감주순무 이영무의 부장 서필달이 청군에게 패하자 그 틈을 타서 煙兵 류령환(=류령림)·왕대용(贛三峯營의 把總)·송조종(복건의 流寓) 등이 무뢰 수백 인을 모아 수시로 향리 약탈함.

寧都 : 전년에 이어 무뢰와 田賊이 횡행함.

石城 : 9월에 石馬下지방의 오만건이 桶面(地主가 租 1石당 1斗를 耗折加徵하는 것)의 폐지와 永佃權을 제창하며 田兵[161]을 조직한 후, 客綱조직(영도·서금과 복건의 영화 등 각 현의 客戶와 유대를 갖는 이주민의 조직)[162]과 연대하여 '綱義約'을 결성하고 현성을 6회나 공격, 주변 농촌은 황폐화됨.

雩都 : 闖賊 수만이 현의 남부에 침입, 지현 장로전이 縣城內의 莊丁을 모집하여 관병과 함께 저지함. 적은 후퇴하면서 신풍지방을 약탈함.

信豊 : 8월 하순, 광적 四營頭賊이 현의 동부를 겁략, 9월 1일 재침, 指揮 송영성이 그 前隊를 격파하니 퇴각함.

順治 三年(1646)

興國 : 10월 초에 감주부성 함락 후, 청군이 들어와 煙兵의 長 요장보를 잡아 참하고 시진룡을 지현에 임명함. 그러나 연병은 주위 여러 산채에 산재한 때문에 지현의 敎令은 겨우 성중에만 미침.

石城 : 5월, 田兵 오만건이 만여 중으로 현성 공격. 청측의 복건 정주 지부 이우란이 同府의 장정현 主簿 이상지를 署知縣으로 파견, 李는 인민을 치발시키고 명대의 官印과 장부를 수습함.

雩都 : 5월 7일~7월 2일까지, 전년에 들어왔던 闖賊 수만이 재침하여 현성을 점거하다

---

159) 乾隆『贛州府志』卷32, 忠義, 李蕙春에 따르면 李는 평소에도 賊 방어의 대책으로 渭屯에서 향용을 단련해왔다.

160) 乾隆『雩都縣志』卷4, 食貨志 참조.

161) 森正夫, 1978에서는 이들을 '抗租反亂' 集團으로 간주하고 있다.

162) 『明淸史料』丙-7-637, 「南贛總兵柯永盛題本」에서는 瑞金·石城·寧都현의 전적을 모아 조직하였다고 함.

가 광동으로 퇴각함. 이때 성 밖의 가옥·서원·寺觀이 거의 파괴되거나 소실되고 백성의 사망자와 전토의 황폐된 것이 十에 二三이나 됨.163)

瑞金 : 봄~여름에, 심사창·하지원(皂隷)·장승(應捕)·서기(庫吏), 광동의 망명인인 서자성과 반종석, 土賊 범문정 등이 현 내 8향의 민을 모아 田兵을 조직, 八鄕均田을 주장하며 永佃權 요구함. 남명측의 지현 유익이 이들의 회뢰를 받고 '均田帖'에 도장찍어 인정해 줌. 그 후 감주부 推官 탕응룡이 署知縣으로 부임하는 것을 河 등이 막아 못 들어옴. 이때 前明의 통병 양원빈이 현민의 요청 받고 河를 참함. 沈은 도주하여 8향의 奸民을 모아 巨族의 주거지와 시장이 있는 성밖을 불 지르고 생원 謝 某등 수백 인을 살해하고 危씨와 劉씨의 분묘를 훼손함. 명 측의 分巡道 이지수·兵部直方主事 呂 某가 서금에 왔으나, 오히려 위협만 받음. 곽유경이 왔을 때도 현성 부근의 절에 머물게 하고 비방만 함. 성중의 신사와 백성은 문을 잠그고 나오지 못함. 남명 측의 總兵 주지번은 길안이 함락된 후 서금에 왔다가, 沈 등 田賊의 요구를 비에 새겨 縣門에 세워 인정해 줌.164) 8월에 리덕미가 청측의 署知縣으로 부임하여 치발의 이행 상황을 조사하자 반종석이 이에 저항하여 差役 9명을 살해하니 李 지현은 정주에 토벌군을 요청하고 도주함.

信豊 : 5~9월에, 광적 四營頭가 白石堡에 웅거하며 수시로 출몰, 約長 황일작이 향병을 지휘하여 격파하고 巨魁 문도를 죽임. 10월에 광적이 재침함.

龍南 : 정남현 賊首 여만길이 만여 중 이끌고 현경에 들어와 殺掠을 자행. 한편, 南埠의 향병장 섭춘이 만여 명을 모아 南營이라 하고 蘇溪의 배반한 노복을 진압하였으나, 그 자신도 횡포해짐. 그 후 남안부 남강현에까지 갔다가 청군에게 섬멸되니 그 동족 섭지가 수천 명 모아 남안부를 공격함.165) 이 해에는 黃沙의 적도 침입하니 생원 요요가 싸우다가 포로가 되자 관병이 구해줌.166)

定南 : 土覇(무뢰) 여만길이 四營을 모아 下歷司지방과 용남현까지 침입함. 후에 三縣군이 합세하여 토멸함. 12월에는 광적 2만여 명이 3개월 동안이나 현성을 공격했으나 署知縣 오계태가 잘 지킴.

---

163) 康熙 『雩都縣志』 卷4, 食貨志.

164) 楊兆年, 「上督府報田賊始末」, 同治 『瑞金縣志』 卷16, 兵寇; 森正夫, 1978 참조.

165) 光緖 『南安府志補正』 卷10, 武事.

166) 乾隆 『贛州府志』 卷32, 忠義, 廖元耀.

順治 四年(1647)

興國 : 길안 賊 王來八이 수만 중으로 영풍에 盤踞하면서 길안·임강·무주·감주부 소속
　　　의 여러 현을 돌아다니며 겁략함. 청군의 유붕에게 토벌됨.[167]

寧都 : 길안 적 왕래팔 침입. 또 명대의 擧人 온응채(父 國奇는 明의 布政使)가 서금·석
　　　성·영도, 3현의 田賊을 모아 客綱을 조직하고 자칭 東閣大學士兼兵部尙書의 직
　　　함으로 모반, 攻城하고 살인함. 강서 순안 동성학이 지현 田書와 함께 全縣의
　　　신사를 성황묘에 모아놓고 회의해서, 향론(=紳士公議)에 따라 溫을 체포하여
　　　참함.[168]

石城 : 5월, 청의 署知縣 방상현 부임, 전병 오만건이 다액의 회뢰를 보냈으나 方이 거절
　　　함.[169] 方 지현은 府에 지원 요청, 장군 후천총이 步·騎 수천을 이끌고 와 토벌,
　　　吳의 아들은 죽고 자신은 복건의 영화로 도주했다가 체포되어 처형됨.

瑞金 : 지현 徐珩(순치3년에 부임)은 田兵의 田總 장승과 심사창에게 귀순 권고, 소작료
　　　의 체납 분을 면제해 주고 兩人에게 農官의 칭호를 줌. 그러나 전호들은 석성
　　　및 복건 영화현의 전적과 盟約을 부활하고 횡포도 여전, 특히 승려 경심(복건
　　　의 전적)과 서자성(광동의 망명인)의 불법이 가장 심함. 徐 지현은 여러 紳士와
　　　협의하여 의용을 모아 방어할 계책을 세우는 한편, 생원 유정필에게 명하여
　　　두 사람을 참하게 함. 전병은 오히려 무리를 이끌고 와 劉 生員을 포로로 함.
　　　장승은 광적 閻王總과 연합하여 밤낮을 가리지 않고 현성 공격, 현성내의 신
　　　사들은 밤낮으로 防禦, 徐 지현은 감주부성에 지원 요청, 청군 5,000명~6,000
　　　명이 와서 전병 5,000명~6,000명을 살육하여 전병의 폐해는 일단 제거함. 그
　　　러나 청군이 약 2개월간 주둔하는 동안에 병향의 공급도 큰 문제였으며, 또한
　　　청군의 약탈도 자심함. 지주는 거의 3년 동안 소작료를 받지 못한 채 병란에
　　　시달려 날로 가난해지고 굶주림.[170]

信豊 : 길안적 王來八 침입. 정월, 約長 황일작이 향병을 인솔하고, 전년에 들어와 新田

---

167) 『明淸史料』 丙-7-624, 「江西巡撫章于天揭帖」; 同書 丙-7-641,「江西巡撫章于天揭帖」.

168) 『明淸史料』 丙-7-637, 「南贛總兵柯永盛題本」. 同書 甲-3-218, 「江西巡安董成學揭帖」
　　　은 이것과 같은 내용임. 명·청시대의 城隍廟의 의미와 제도의 변천에 대해서는 濱
　　　島敦俊, 1988 참조. '紳士公議'의 존재에 대해서는 夫馬進, 1980; 同氏, 1981 참조.

169) 그러므로 前年까지 吳의 縣城攻擊은 異民族이기에 감행한 것은 아니었음을 알 수
　　　있다.

170) 康熙 『雩都縣志』 卷4, 食貨志; 同治 『瑞金縣志』 卷8, 義行, 劉汝偉.

에 웅거하던 광적 四營頭賊을 구축함.

安遠 : 四營頭賊이 攻城, 지현과 향신 唐開杰이 즉시 府에 청병, 감주순무 劉武元이 부장을 보내 賊首 3,000여 명을 참하고 포위를 풀음.

龍南 : 閻賊이 정남에 침입한 것을 계기로, 黃沙의 적 유요중(密密敎徒 양세래의 심복)이 閻賊에게 歸附하고 密密敎徒를 모아 반란, 2월에 지현 呂應夏가 이들을 초무해 보려 하였으나 듣지 않자, 모든 현의 향병을 모은 후 각향의 신사에게 統領防禦케 함. 그런데 향병은 주로 시내의 농부들로 평소 훈련이 없어 창황 중에 붕괴됨. 향신 사조빈과 생원 등 18인의 관리와 신사[171] 및 향병 백 수십 명이 전사함. 한편 滋陽 王妃가 幼子를 데리고 들어오자 섭남지(순치3년 용남 참조)가 왕의 례로 모시고 광적과 함께 보호, 이들의 겁략이 자심함을 보고 동족의 생원 엽계봉이 현에 고발하니 적이 계봉을 살해함. 계봉의 부친이 이 사실을 감주순무 유무원에게 보고, 총병 가영성이 부장 공국치를 보내 왕비 모자와 南芝를 잡아 처형하고 유요중의 叛兵도 평정함.

定南 : 賊 總兵 원삼총 등이 수만 중 이끌고 현성을 40여 일간 포위, 청군이 와서 구축함. 逆民 황일붕 등이 新王을 자칭, 지현을 위협하고 紳·民을 살해하고 겁략하며 王乾頭지방에 웅거함. 또 토착무뢰 여만길이 總府라 자칭하고 지현에 항거, 總鎭 徐 某가 進剿함. 또 다른 賊首 여만승은 일단 투항했다가 곧 배반하여 처형됨.

長寧 : 광적 사지량이 수만 중으로 현성을 1개월간 포위, 지현 전기사가 土兵 十營을 설치하고 향용 주가원 등을 선발, 훈련시킨 후 적이 해이해진 틈을 타서 구축함. 그런데 이번에는 토병의 횡포가 시작됨.

順治 五年(1648)

興國 : 金·王의 반청기병을 틈타,[172] 2월 18일에 소국충 등 煙兵 1,000명 정도의 무리가 현성을 공격. 성내에는 방어병이 없어 지현 시진룡과 典史가 사망하고 겁략과 殺傷이 10여 일 동안이나 계속됨. 贛營將 李의 軍隊가 와서 煙兵將 소국충을 죽였으나 나머지 연병은 각 산채에 나누어 웅거하였기 때문에, 다음 해 8월에

---

171) 이들은 각기 義勇을 倡義함. 乾隆『贛州府志』卷29, 名宦, 戴光陞; 同書 卷32, 忠義; 野口鐵郎, 1986, pp.291∼294 참조.

172) 金·王의 變을 틈타 각지의 賊이 倡亂한 것은 南安府에서도 비슷하였다. 康熙『上猶縣志』卷2, 祥異; 光緒『上猶縣志』卷7, 兵事 참조.

야 현성을 수복할 수 있었음.[173]

寧都 : 3월, 온응선(寧都의 거인 온응채의 同行輩 同族? 順治4년 영도 참조)이 客綱을
　　　모아 현성을 공격했으나 실패함. 土賊 팽하백[順慶]이 거리의 무뢰 7명과 함
　　　께 關聖會를 결성하고 창궐함.[174]

石城 : 2월, 安恪王이라 자칭하는 자가 현성 점거, 4월에 번천적(광적의 일파)을 끌어들
　　　여 성내를 겁략하다가 광동으로 돌아감. 5월, 김성환이 임명한 지현이 永曆정
　　　권의 縣印 가지고 부임, 청측의 지현을 내쫓고 6년 4월까지 통치함. 또 광적
　　　집단이 현성에 들어와 1개월여 동안 소란 피움. 8월, 광적 황휘윤이 그 조카
　　　士英과 함께 通天寨에 들어와 7년 2월까지 웅거함.

雩都 : 토착인과 游民의 烏合(이들은 禾豊山에 웅거하며 수시 겁략함) 천여 명이 4糶으로
　　　나누어 현성 위협, 현 내의 신사들이 義로 招撫할 것을 권함에 따라 지현이 격문
　　　보냄. 마침 禾豊의 민이 두목 수십 인을 사로잡아 처형하여 안정됨.

瑞金 : 金·王의 變이 일어나자 현내의 奸民이 義師로 자칭, 광적 염왕총과 연합해 현성
　　　점령 기도함. 이때는 疫疾까지 돌아 사자 過半하고 전지는 荒蕪함. 6월, 縣民
　　　江振曦[175]가 僞官(남명측의 官) 양연방을 옹위하고 부임, 청측의 巡檢과 교관
　　　살해. 향병이 弟 강삼을 살해하니 진희는 현민을 원수로 여김. 그 때문에 염적
　　　종사총과 각 현의 산적 5천~6천 명을 모아 현성 공격하고 살상을 자행하며
　　　4개월여를 포위함. 현성 내에는 식량이 부족, 생원 주기와 호봉훈 등이 감주부
　　　의 청군에게 7차례나 군대 파견을 요청하였으나 金·王의 공격을 받는 처지여
　　　서 오지 못했고, 다시 정주의 청군에게 12차례나 군대를 요청하니 총병 賀某
　　　가 유격 이응진을 보내 적의 포위를 풀어줌.[176]

---

173) 康熙『興國縣志』卷3, 賦役志, 戶口에는 "順治五年二月寇破城 至六年冬復城"이라 하
　　　고 있지만, 後述(6년의 홍국현)하듯이 署知縣 李가 6년 8월에 부임하여 성을 수복
　　　하는 것으로 보는 것이 타당할 듯하다.

174) 道光『寧都直隷州志』卷14, 武事에는 이러한 내용에 이어 "按聚黨結會, 多里巷無賴
　　　游民, 彼不知功令森嚴, 始以群飮, 繼於酗酒, 無端滋事"라 하고 있다. 명말·청초의 장
　　　강 이남지역의 도시 無賴의 활동에 대해서는 吳金成, 2007-A, 제3편 제2장, 「黑社
　　　會의 主人, 無賴」 참조. 단 森正夫, 1978에서는, ① 강남 델타지역에서는 奴變, 복건
　　　·광동·강서의 省境 지역에서는 抗租反亂으로 나타나고, ② 그 공통점은 무리의 활
　　　동이라고 한다. 그 내용 중 省境지방의 소란이 무뢰와 유민 때문이었음은 인정하
　　　나, 抗租反亂 뿐이었다는 것에 대해서는 동의할 수 없다.

175) 順治3년에 그와 弟 江二가 數千衆을 이끌고 복건의 汀州에 가서 唐王을 지원하다가
　　　江二는 죽고 진희는 피신함.

會昌 : 6월, 토적이 김성환의 명령 받고 봉기, 典史를 살해함. 8월, 賊首 여도가 병란을
　　　 틈타 현성 점령, 생원 유진과 채이정이 향용 인솔하고 싸우다 전사함.[177]

安遠 : 四鬐頭 광적이 현성을 포위, 지현 곽자수가 사람을 감주부성에 보내 청병케 함.
　　　 副將 공국치 등이 統兵해 와서 賊首 3千을 죽이고 포위를 풀어줌.

龍南 : 7월에 四鬐頭 閻賊이 현성을 포위, 성중에 식량이 떨어짐. 이때 생원 증충이 종
　　　 족 이끌고 곡식 300여 석을 운반해 賑濟, 武生員 소계문은 練長 유일동과 함께
　　　 매일 향용을 이끌고 항전, 생원 조백규는 전사.[178] 9월에 결국 현성이 함락되
　　　 어 지현은 사망하고 성민의 사망자도 많았음. 賊은 겁략을 자행하며 6개월여
　　　 현성을 점거, 貢生 요건항이 격문을 띄워 의용을 모집해 적의 糧道를 차단하
　　　 니 적은 6년 3월에 식량이 떨어져 더 이상 버티지 못하고 퇴각함. 그러나 성중
　　　 의 남녀를 잡아 타향에 팔아넘긴 수는 헤아릴 수 없이 많았음.

定南 : 광적 진봉 등이 침입, 생원 뇌명승을 살해함.

順治 六年(1649)

興國 : 6월, 감주순무 유무원이 署知縣을 파견했으나, 煙兵이 占據하고 있어 縣城에는
　　　 들어오지 못함. 8월, 유무원이 부장 포호에게 2,000명의 관군을 주며 守備 이
　　　 약은을 署知縣으로 파견. 鮑는 송조종 등 煙兵은 일단 제압하였으나, 주둔 기
　　　 간 동안 겁략을 자행. 李 지현은 보갑법에 따라 練兵을 모집하고, 호구를 조사
　　　 하여 향용을 모집해서 친히 훈련시켜 현성의 탈취를 기도하는 煙兵의 지도자
　　　 를 없애고 煙兵 수백 명을 잡거나 斬하니 향촌이 어느 정도 안정됨.[179]

寧都 : 前年부터 횡행하던 토적 팽하백이 현성 점거, 지현은 피살되고 다른 관리는 도
　　　 피함. 또 다른 토적 집단들이 연합하여 횡행, 향민 요보진이 제압함.

石城 : 南明 永曆정권의 석성지배는 4월 15일까지였고, 그 이후에는 順治 年號를 씀.
　　　 6월, 청의 署知縣이 부임하였으나 威令이 행해지지 않아서, 강자는 약자를 괴
　　　 롭혔고 토착인이면서 종족을 모아 동란을 틈타 횡행하는 자도 있었음. 11월
　　　 27일, 流賊 장자성[180] 집단이 현성 공격, 署知縣 곽자수는 피살되고 거민들도

---

176) 同治 『瑞金縣志』 卷8, 義行.

177) 康熙 『會昌縣志』 卷11, 人物志, 忠節, 劉震; 同治 『會昌縣志』 卷22, 人物, 忠義, 蔡以
　　　 政 참조.

178) 康熙 『龍南縣志』 卷9, 鄕賢; 乾隆 『贛州府志』 卷32, 忠義 참조.

179) 同治 『興國縣志』 卷22, 名宦, 李若垠.

죽거나 포로가 된 자가 많았음. 28일, 전년 8월 이래 通天寨를 점거하고 있던 광적 황사영이 또 성내의 가옥에 방화함.

雩都 : 사방에 도적 봉기, 사람 죽고 전토가 황폐된 것이 열 가운데 서넛에 이름.[181]

信豊 : 광적이 3路로 나누어 신풍과 남안부 대유·숭의현 공격, 감주순무 유무원의 부대가 各個 격파.[182]

定南 : 정월에 광적 진봉이 현성을 포위 공격, 사복청이 내응해 城 함락, 지현 조방위와 아들 전사함. 貢生 요여정이 曹 지현의 유해를 수습해 매장함.

順治 七年(1650)

寧都 : 토적 팽하백 등이 5년 이래 현성 점거, 또 다른 많은 토적이 향촌에 횡행하고 있었는데, 게중희가 이들을 지원하고 있어 거의 무정부상태가 계속됨. 淸의 부장 공국치와 鮑虎의 군이 영도를 공격, 6월에 팽하백 등 두목급 157명, 賊兵 1,155명을 잡아 斬함.[183] 가을에 지현 서토량이 부임. 토적 郭達伯 등은 10년까지 저항을 계속하다가 주살됨.

石城 : 6월, 청군이 영도를 점령 후, 都督僉事 왕지강이 부장을 보내 현성을 수복하고 各寨의 賊의 항복받음.[184] 8월에 새로운 지현이 부임했지만, 그 후에도 寇賊의 횡행은 계속되어 三藩의 亂이 끝나야 사회가 안정됨.[185]

瑞金 : 포악한 도적인 승려 초충·진기륜 등이 산채를 근거로 발호, 지현 전강(7년 부임)이 초충은 생포, 기륜은 招撫하였으나 11년까지 '겉으로는 순종하는 척하면서도 횡행은 여전'하였음.

定南 : 광적 진봉이 또 縣을 침범, 署知縣 왕정언이 향용을 인솔하여 격퇴함.

順治 八年(1651)

寧都 : 토적 곽달백이 재차 반란,[186] 淸의 공국치와 鮑虎가 전사함.

瑞金 : 토적 허승가가 광적[187]과 연합하여 향촌을 겁략함.

---

180) 同註 66) 참조.

181) 康熙 『雩都縣志』 卷4, 食貨志.

182) 『明淸史料』 甲-3-253-255, 「南贛巡撫劉武元揭帖」.

183) 『明淸史料』 丙-8-752-754, 「南贛巡撫劉武元揭帖」.

184) 『明淸史料』 丙-8-755ab, 「南贛巡撫劉武元殘揭帖」; 『貳臣傳』 卷6, 王之綱.

185) 森正夫, 1978, p.6 참조.

186) 郭은 黃村의 토적으로 한때 招撫되었다가 이때 다시 배반한 것임.

187) 同治 『瑞金縣志』 卷16, 兵寇; 道光 『寧都直隷州志』 卷14, 武事 등에는 복건의 流寇

信豊 : 도어사 류무원은 지현 길영적의 추천에 따라 約長 황일작(순치3년 信豊 참조)을
　　　督軍에 임명, 黃이 적을 대패시킴.

定南 : 광적이 2개월여 점거함. 10월 15일, 광동 大坊賊 이시대 등이 겁략, 署典史 등이
　　　피살됨.

順治 九年(1652)

信豊 : 지현 길영적이 黃石砦에 대한 토벌을 시도했으나 수일 동안 전과는 없었음. 督軍
　　　황일작이 친족과 함께 산채에 올라가 大義로 설득하니 적이 초무에 응함. 都
　　　御史 유무원이 黃을 軍門守備로 임명하자 부장 楊 某와 舍 지현이 시기함. 이
　　　에 黃은 관직을 고사함.

順治 十年(1653)

安遠 : 광적 番天營 賊 만여 중이 현 내를 流劫하고 各堡의 圍寨를 攻破함. 5월에 재침하
　　　여 거민 1,000여 명을 殺傷하고 현성을 포위. 이때 정남에 지원을 요청하니 정
　　　남 지현 축천수가 領兵 원조하여 포위를 풀어줌.[188] 7월에 재침하자 감주부의
　　　鎮標副將 가웅이 와서 剿平함.

定南 : 정월에 지현 祝天壽가 鄉總 뇌선달을 독솔하여, 8년 10월에 들어와 있던 광동
　　　大坊賊을 대패시킴.

順治 十一年(1654)

石城 : 서금 적 허승가(8년 봉기)가 현 내를 유린, 8월에 서금 지현 錢江·石城 지현 곽요
　　　경이 감주순무 의영귀의 지원을 받아 허승가와 광적을 모두 참하였음.

瑞金 : 토적 허승가가 閩賊 종사총과 연합하여 8년부터 '수시로 겁략'하여 현 전체의
　　　피해가 막심. 유력한 생원 사공전(前述)은 지현 전강의 명에 따라 감주부성에
　　　가서 청의 지원을 얻어 허승가와 광적뿐 아니라, 7년 이래 횡행하던 진기륜까
　　　지 모조리 토벌함.[189]

定南 : 8월에 광적이 5路로 下歷司 공격, 典史 원요이 잘 지켜 무사함.

　　　로 되어 있으나, 康熙 『瑞金縣志』 卷10, 祥異, 雜記에는 廣賊으로 되어 있다. 뒤에
　　언급되어 있는 11년의 사건을 미루어 보면 廣賊이 옳을 듯하다.

188) 順治 『定南縣志』 卷1, 紀事.

189) 同治 『瑞金縣志』 卷7, 事功, 「謝孔傳」 및 본고 제4절 참조.

제3편 都市·居民·商人

제 1 장 千年 瓷都, 景德鎭

序 言

세계의 중국사학계에서는 16~18세기(명말·청초)를 중국 근세사의 하나의 획기(劃期)로 보고 있다. 그러나 이러한 변화의 내용과 역사적인 의미에 대해서는, 아직도 통일된 인식에 도달하지 못한 부분이 많고, 또 문제에 따라서는 구체적인 사례연구가 아직도 크게 부족한 실정이다. 그 가운데 하나가 곧 이 글에서 분석하려는 도시사회의 변화와 그 성격의 문제이다.

중국 명청시대의 도시사회에 대해서는, 일부의 학자들이 본격적인 연구를 시작한 지 겨우 10여 년 정도밖에 되지 않았으며, 그 내용도 몇몇 중요한 도시의 구획과 기관 배치 및 일부의 사회구조 등을 고찰한 것에 지나지 않는다. 그러므로 사회변화와 역사적 성격을 분석하는 데 필요한 다양한 측면의 연구, 즉 ① 외부 인구의 유입, 그리고 그로 말미암아 일어나는 도시 내복잡한 사회 계층 사이의 갈등과 조화, ② 도시 내의 치안과 질서유지, 교통과 운수, 상·하수도, 상업과 수공업, 성(城)·향(鄕) 사이의 사회경제적 관계, 화재와 소방 등 도시사회의 운영 문제, ③ 주택, 식량과 연료의 수급, 가족과 종족, 예술과 종교생활, 오락·문예, 풍기의 변화와 같은 도시민의 생활 문제 등, 도시사회의 구체적인 실상에 대한 종합적인 연구는 사실 이제부터라고 하여도 지나친 말이 아니다.[1]

---

1) 吳金成, 2007-A, 제3편 제1장 참조.

　　명청시대의 중국의 도시는 대개 두 가지 유형으로 나눌 수 있다. 그 하나는 도시가 가장 발달하였던 강남지역이다. 강남에서는 기존의 거대 도시 주변에 무수한 중소도시, 즉 시진(市鎭)이 마치 '포도송이'와 같은 형태를 이루고 있었고, 이들 도시에는 상설시장이 서고, 잘 발달된 수륙교통으로 연결되어 있었으므로 정기시는 그다지 발달하지 못하였다. 또 하나는 그 밖의 중국 모든 지역의 경우인데, 마치 평야지역에 우뚝 솟아있는 '태산(泰山)'과 같이 일정한 지역에 고립되어 발전한 도시로서, 그 주변에는 많은 정기시가 발달하였다. 이러한 도시들은 대개 부·주·현 소재지와 같이 지방행정의 중심지인 경우가 많았으나, 명 중기부터는 중요 교통 요로에 시(市)나 진(鎭)이 발달하기 시작하였다. 그러므로 중국의 도시는 이런 두 가지 형태의 도시유형에 따른 특징을 구체적으로 비교하며 연구해야 하는데도, 지금까지의 명청시대 도시에 대한 연구는 대개가 강남지방에 편중되어 있고, 다른 지역에 관한 연구는 이제 시작단계에 지나지 않는다.

　　경덕진(景德鎭)은 강서성 파양호 동편 즉, 강서 동북지역의 중저산(中低山)과 구릉지역에 고립되어 발전한 도시였으므로, 외형적으로는 후자의 유형에 속하지만, 정치적인 도시가 아니고 순수하게 도자기 전업(專業) 도시로 발달한 것이 특징이었다. 지금까지의 경덕진에 대한 연구를 보면, 중국·일본·구미 학계의 경우, 경덕진의 도자기 제조기술이나 미술사적인 의의에 대한 연구 외에, 사회경제사적인 측면에서 한 권의 전저와 상당한 연구 성과가 축적되어 있다.[2] 그러나 대부분의 연구가 법칙사적(法則史的)인 측면 혹은 민요(民窯)의 경영형태에서 '자본주의 맹아'를 찾으려는 노력을 기울였을 뿐이다. 앞으로는 도시를 도시 자체로만 보지 말고 주변 농촌부와의 관련 속에서, 해당 도시사회의 구체적인 실상을 파악하는 연구가 필수적이라고 생각한다.

　　이 장에서는 이러한 문제의식 아래, 명청시대 도시사회에 대한 하나의 사례연구로서, 강서성의 경덕진을 분석하려 한다. 이를 위하여, ① 명 중기로부

---

2) 江西省輕工業廳陶磁研究所編, 1959; 梁淼泰, 1981, 1984, 1991; 徐文·江思淸, 1957; 蕭放, 1987; 王鈺欣, 1982; 劉石吉, 1989; 高中利惠, 1967; 金澤陽, 1990; 佐久間重男, 1962, 1964; Medley, Margaret, 1966; Dillon, Michael, 1978; Yuan, Tsing, 1978.

터 서서히 변화되어 간 강서 동북지역의 사회변화의 실상은 어떠하였으며, 그 원인은 무엇이었고, 그러한 사회변화는 당시의 강서성이나 중국의 다른 지역의 변화상과 어떠한 차이가 있는가? ② 그러한 사회변화의 영향으로 강서 동북부의 각 농촌사회에서 석출된 인구의 이동 실상은 어떠하였으며, 그들 가운데 경덕진으로 유입한 인구는 어느 정도였고, 경덕진은 어느 정도로 번영하였던가? ③ 명말·청초의 동란기에 강서 동북부 사회 및 경덕진의 폐허상은 어느 정도였고, 청조가 입성한 후 서서히 회복되어 간 이 지역의 사회구조는 명말과 어떻게 달라졌고 그것은 역사적으로 어떠한 의미가 있는가? ④ 경덕진으로 유입한 외래인은 어떠한 환경에서 어떻게 살았고, 그것은 기존의 경덕진 사회에 어떠한 영향(순기능과 역기능)을 끼쳤으며, 그러한 현상은 중국 도시 발달사에서 어떠한 의미가 있는가? ⑤ 이상의 모든 과정에서, 경덕진 사회에 대한 명조와 청조 국가권력의 기능은 어떠하였던가? 등을 분석할 것이다.

Ⅰ. 明 中期 江西 東北地域의 社會變化

강서지방은, 명조가 건국하여 30~40년 동안 권농·개간정책과 이갑제(里甲制)의 실시 등으로 사회가 어느 정도 안정된 결과 농업생산력이 빠르게 회복되었다. 그러나 영락년간, 즉 15세기 초부터는 여러 가지 사회모순으로 말미암아 이갑제 질서가 점차 해체되고 각지에서 농촌사회가 분해되어 농민이 유산하기 시작하였다. 그 원인은, 첫째 새로이 지배층으로 성장하여 간 신사나 세호가에게 토지가 집중되어 갔고, 둘째 점차로 부역이 과중해지고 불공평해졌으며, 셋째는 중소 농민층이 고리대 자본에 시달렸고, 넷째는 좁은 땅에 인구과밀 문제가 점차 심각해졌기 때문이다. 그 결과 갑수호층(甲首戶層)인 중소 농민은 더 이상 생존을 지속할 수 없어 당지에서 전호(佃戶)나 노비로 전락하거나, 아니면 다른 지역으로 유산할 수밖에 없었고, 나아가서는 지주층인 이장호마저 몰락하는 경우가 속출하였던 것이다.[3]

---

3) 吳金成, 1986, 第2編 第1章 ; 吳金成, 1999B 참조.

〈표3-1-1〉 明代 饒州府 戶口統計

年度	戶數(戶)	口數(口)
洪武24년(1391)	163,164	821,111
弘治15년(1502)	158,992	879,216
嘉靖初(1520年代)	154,935	882,508

〈표3-1-2〉 明代 浮梁縣 戶口統計

年度	戶數(戶)	口數(口)
洪武 24년(1391)	18,731	104,970
永樂 10년(1412)	15,941	92,592
天順 6년(1462)	17,577	99,183
弘治 15년(1502)	17,660	99,721
嘉靖 31년(1552)	15,714	100,192
萬曆 31년(1603)	16,110	100,192
		(男子成丁 29,911丁; 婦女大口 27,589口)

이러한 현상은 강서 동북지방에서도 비슷하게 나타났다. 〈표3-1-1〉[4]과 〈표3-1-2〉[5]에서 보는 바와 같이, 강서 동북지방의 지방지에, 명초 이래 호구가 횡보를 걷거나 감소되어 갔다고 기재된 이유도 마찬가지일 것이라고 생각한다.

그러나 명대 강서지방의 인구는 실제로는 감소되거나 횡보를 걷지 않았다. 명초 이래 강서지방의 인구는 오히려 계속하여 증가해 갔고 인구과밀 상태였다. 그것은 이웃한 남창부의 사정을 기록한 『남창부지』를 통하여 유추할 수 있다. 『남창부지』에 따르면, 첫째 융경말~만력초(16세기 후반)의 남창부의 등록호구는 30만 호(戶)에 90만 구(口) 정도였는데 이것은 성인의 수였고, 미성정(未成丁)과 노약자 및 보고 누락자(노비·유민)의 수까지 합하면, 실제 거주인구는 등록인구의 배가 넘는 200여 만은 된다는 것, 둘째 만력14년에 토지를 조사하여 보니 총 7만 경(頃) 정도(실제 통계는 71,218경)였는데, 이것으로는 100만 구(口), 즉 실제 주민의 1/2 정도의 부양 능력밖에 안되므로, 나머지 100만 구(口)는 인구과밀이고, 그 때문에 "부민(府民)이 반 넘어 도망하여 돌아오지 않는다"는 점 등을 전해주고 있다.[6] 호구통계에 나타나는 이러한 문제는

---

4) 正德 『饒州府志』 卷1, 戶口 ; 嘉靖 『江西通志』 卷8, 戶口.
5) 康熙 『浮梁縣志』 卷4, 戶口, pp.336~338.
6) 본서 제1편 제1장 참조.

강서지방 전체가 대동소이하였다. 그러므로 이 글의 분석 대상인 강서 동북지방의 경우에도, 통계에 따른 호구감소나 횡보는 단지 지방관부의 인구파악 능력의 약화와 한계성을 웅변해 주는 것이었다고 할 수 있다.

그러면 명 중기 이후에 강서 각지에서 유산한 인구는 대체 어디로 이동하였고, 이동한 곳에서는 어떻게 살았던가? "오늘날 길안·무주·남창·광신 등 여러 부의 백성 가운데, 남감지방에서 소작을 하는 사람은 열 명 가운데 한 명 정도이고, 다른 성에 유식(遊食)하는 자가 열 명 가운데 아홉 명"라고 한 해서의 말처럼,[7] 강서인은 이웃 호광성 등 주변 여러 성으로 이동한 경우도 많았지만,[8] 강서성 내의 다른 지역으로 이동한 경우도 적지 않았다. 그리고 성 내외를 가리지 않고, 인구이동의 방향은 대개 ① 농촌지역→금산구역(禁山區域), ② 선진경제지역→낙후지역, ③ 농촌지역→도시·수공업지역 등 세 가지로 유형화해 볼 수 있다.[9] 이러한 이동 유형 가운데, 제①유형의 결과, 한편으로는 산구가 개발되어 갔지만, 또 일부의 유민이 도적으로 변하여 사회혼란을 야기하기도 하였다. 제②유형의 결과로서 경제적인 낙후지역이 개발되어 갔다. 한편, 제③유형의 결과 기존의 도시가 더욱 비대해졌을 뿐 아니라 새로이 많은 중소도시가 발달하였다.

우선 강서 동북지방에 많이 나타난 제①유형의 인구이동 현상을 보기로 하자. 강서 동북지방도 앞에서 서술한 사회적 모순이 심했던 곳이므로, 파산한 농민의 다수는 부근의 요원산 속으로 도망하였다. 이곳은 울창한 삼림이 15리(약 7.5km)나 계속되는 산구(山區)였을 뿐 아니라 5개 현의 교계지역이었기 때문에,[10] '관부에서도 평소에는 간섭하지 않고 방치해 두었으므로' 이곳에 모인 민중들은 세량과 요역을 기피할 수 있었다.[11] 이렇게 금산구로 이동한 인구로 말미암아, 이 지역의 사회는 극도로 불안하였다. 그 결과 홍치10년(1597)

---

7) 海瑞, 『海瑞集』 上, 「興國八議」, 地利條.

8) 曹樹基, 1997; 본편 제3장 참조.

9) 吳金成, 1986, 第Ⅱ編 第1·2·3章 참조.

10) 姚源山中은 여간·파양·악평·귀계·안인(今 여강) 등 5개 현의 교계지역이다.

11) 陳金, 「請建萬年縣疏」, 同治 『萬年縣志』 卷9.

에는 경덕진이 소속된 요주부의 여간현 주민 필응홍·요십팔 등이 사람을 모아 봉기하였다.[12]

또 정덕원년(1506)에 태감 유근과 가까이 지내던 예감(例監) 출신 반태가 여간 지현으로 부임하였다. 그는 매우 탐혹하여 백성의 원성이 대단하였을 뿐 아니라, 다음 해에는 큰 가뭄이 들었으나 오히려 '부자들이 가난한 자들에게 각박하게' 하였으므로, 굶어 죽는 자가 많을 정도로 사회가 불안하였다.[13] 여간현 만춘향 요원에 살던 왕호팔 등은 이러한 사정을 이유로 하여, 정덕3년에 사람을 모아 봉기하였다. 참가자는 수개월 만에 만여 명으로 증가하였다. 마침 이때 이웃한 무주부 임천현 동향지방(정덕6년) 및 멀리 서주부 화림지방(정덕5년)과 감남의 대모산 지방에서도 역시 비슷한 유형의 봉기가 있었으므로, 강서 모든 지역은 물론이고 이웃한 남직예·절강·복건·광동·호광지방까지도 두려움에 떨었다. 명조 중앙에서는 진금을 순무도어사로서 군무를 총괄하도록 하여, 남직예·절강·복건·광동·호광지방의 관군과 기타 5만~6만 명의 향병(鄕兵)을 동원한 것 외에도, 멀리 광서지방에서 모병한 군대인 낭병(狼兵)까지 동원하여 진압에 나섰다.[14] 왕호팔 등의 봉기세력은 그 후 5년여 동안 요주부와 광신부 및 3성교계지역인 남직예 휘주부와 절강·복건 산구지방에까지 횡행하다가 정덕7년에야 진압되었다. 그 과정에서 관군은 요원적(姚源賊)을 5천여 급 가까이 참수하였으나, 반대로 문·무관 130여 명과 관병 13,000여 명도 전사하였다. 명조에서는 '요원의 적'을 평정한 후, 정덕8년(1512)에 여간현의 만춘향을 중심으로 하여, 요주부 파양·여간·악평현과 광신부의 귀계현 등 4개 현을 할애하여 만년현을 신설하였다.[15]

한편, 요원지방과 바로 이웃한, 무주부 임천현 동향지방에서도 왕각오 등

---

12) 이하에서 명 중기 요원·동향지방의 봉기에 대해서는 別註가 없는 한 許懷林, 1993, pp.491~495 참조

13) 同治 『饒州府志』 卷8, 武備志, 武事, 「平姚源傳」, p.220.

14) 본서 제1편 제2장

15) 萬曆 『江西省大志』 卷5, 陶書, pp.689~690 ; 許懷林, 1984, p.182. 康熙 『饒州府志』 卷1, 沿革, 萬年縣에 "以姚源盜變, 割饒之鄱陽·餘干·樂平, (廣)信之貴溪四縣之都圖爲 邑, 編戶六十四里"라 함.

의 주동으로 정덕6년에 봉기가 있었는데 여기에 참여한 군중도 역시 만여 명이나 되었다. 진금은, 앞에 서술한 광서 낭병까지 동원하여, 정덕7년 2월부터 5월까지 4개월 동안의 작전 끝에 이들을 겨우 진압할 수 있었다. 이 기간 동안에 참수 11,673급(級), 포로 750여 명, 산채 265개 군데를 파괴하였다.[16] 그후 정덕8년에 명조는 동향지방을 중심으로 하여, 무주부 임천·금계현, 요주부 안인·여간현, 남창부 진현현 등 5개 현의 일부 지역을 할애하여 동향현을 신설하였다.[17]

또 한편, 명 중기에 나타난 이상과 같은 사회변화로 말미암은 인구이동 유형 가운데, 이 글의 관심은 제③유형, 즉 농촌지역에서 도시나 수공업지역으로 이동하여 상인이나 날품팔이[傭工]가 되는 경우이다. 강서성에서는 명청시대에, 부·주·현성의 인구가 증가하고 수많은 정기시가 총생한 것 외에, 경덕진·하구진·장수진·오성진 등 4대진이 발전하였다. 이들 4개 진 모두가 강서 중·북부에서 발전한 도시였으며, 그 가운데 경덕진과 하구진은 동북지방의 도시였다.

Ⅱ. 陶瓷業의 發展과 景德鎭 社會

1. 明 中期의 景德鎭 社會의 發展

요주부 부량현 소속의 경덕진은 당대(唐代) 이래 천여 년 동안 도자업 단일 품종의 생산중심지로 면면히 이어온 '자도(瓷都)'였다. 경덕진은 지리적으로 대단히 유리한 곳에 위치하고 있었다. 우선 고령토·유토(釉土) 등의 원료와 연료 공급지가 가까운 거리에 있었고, 동하·남하·서하 등 창강의 3개 지류가 요리·상호·삼룡 등 각 향으로 통하여 자기원료와 연료 수송에 편리하였으며, 경덕진 자체가 창강 중류에 위치하고 있어서 파손되기 쉬운 자기를 수송하는 항구로서 적당하였기 때문이다.

---

16)『武宗實錄』卷87, 正德7年 5月 甲寅條.
17) 許懷林, 1984, pp.182~183.

뒤에서 다시 설명하겠지만, 경덕진이 명실 공히 '강서성 제일의 부유한 도시'라고 불리는 중국의 '자도'로서 명성을 떨치게 된 것은 명 중기인 16세기 중엽부터였다.[18] 그리고 이것은 명 중기부터 나타난 명조의 장역체제(匠役體制)의 변질 및 붕괴과정과 궤를 같이하는 것이었다.[19] 명조는 개국 초부터, 민간의 요호(窯戶)를 장적(匠籍)에 편입시키고, 윤반장제(輪班匠制)에 따라 1년에 1반(班)이 남경 호부(戶部)의 관리 아래 3개월 동안 장역에 복무케 하였으며, 귀향한 후에는 자기 집의 생산에 종사하면서 정부의 주문품을 제작케 하고 요과(窯課)도 부과하였다. 명조는 이미 홍무2년(1369)에 경덕진에 도창(陶廠)을 설치하고, 건문4년(1402)부터는 이를 어기창[御器廠; 관요(官窯)]으로 바꾸었다.[20] 그리고 종래 남경으로 가던 도공을 경덕진의 어기창의 장역에 복무케 해서 정부에서 필요로 하는 자기를 어기창에서 구워내도록 하고, 환관을 보내 어기창을 감독하였다. 이러한 도공의 수가 300여 명에 달했다.[21]

그 후로 어기창의 규모도 점차 확대되어, 전에는 창내(廠內) 관요가 20좌(座)에 불과하였으나 선덕년간(宣德年間; 1426~1435)에는 58좌(座)로 증가하였다. 이를 계기로 도자기 굽는 기술이 뛰어난 도공들이 경덕진으로 모여들고, 주변 향촌에 흩어져 있던 민요(民窯)도 자연스럽게 진구(鎭區)로 집중되었으며, 그에 따라 민요의 대대적인 발전과 함께 대량의 외부 노동력을 흡수하게 되었다. 그 결과 선덕년간부터 경덕진 관요에서 생산되는 도자기의 질이 획기적으로 발전하게 되어,[22] '도자기는 모두 다 명품으로, 이때가 명대 도자기 가운데 가장 발전한 시기'라는 평판을 듣게 되었다.[23]

---

18) 宣德4(1429)년에 전국 33개 商賈所集處(=大都市) 가운데 강서성에는 南昌·吉安·清江鎭 등 3개 도시만 알려졌을 뿐, 경덕진은 아직 거명되지 않았다.

19) 이하에서 匠役制의 내용과 변질과정은 梁淼泰, 1991, 上篇, 第2·3章; 佐久間重男, 1962, 1964 등 참조

20) 新編『景德鎭市志』, 中國文史出版社, 北京, 1991, p.15. 御器廠 설치 년대에 대해서는 지금까지 (1) 洪武2(1369)년, (2) 洪武35년, 즉 建文4(1402)년과 (3) 宣德元(1426)年의 세 가지 주장이 있었다.

21) 嘉靖『江西省大志』卷7, 陶書, 匠役.

22) 江西省輕工業廳陶瓷研究所,『陶瓷史稿』, 1959; 余家棟, 1997.

23) 藍浦,『景德鎭陶錄』卷5, 景德鎭歷代窯考,「善窯」

그러나 어기창의 노역은 왕복 여비와 체재비를 모두 본인이 부담해야 하였으므로, 도공으로서는 너무도 과중한 부담이었다. 그 때문에 견디다 못한 도공[공장(工匠)]들이 점차 태공(怠工)·도망 등의 방법으로 장역제에 저항하기 시작하였다. 그 때문에 명조에서는 관요에 필요한, 고도의 기능을 보유한 도공을 구하기가 어렵게 되었고, 나아가서는 정부에서 필요한 자기를 기한 내에 구워 내기도 어렵게 되었다. 이에 명조는 장역의 부담을 4년 1반(班)으로 완화시켰고(경태5년, 1454), 1485년(성화21년)부터는 윤반장(輪班匠) 가운데 원하는 자는 은납(銀納)으로 대체를 허용하는, 반장은제(班匠銀制)를 실시하였다. 그리고 1562년(가정41년)부터는 장역제 대신에 반장은제를 전면적으로 시행하였다. 그 결과 관요의 노동력도 종래의 요역 노동에서 공장(工匠)을 모집하는 고역제(雇役制)로 바뀌게 되었고, 유력한 요호는 장역제의 굴레를 벗어나 자유롭게 자기를 생산할 수 있게 되었다.

이렇게 관요의 운영방식이 변화해가는 과정에서, 명조 궁중에서 요구하는 상공도자(上供陶瓷)는 갈수록 증가하였다. 예컨대 정덕년간에는 도합 약30여만 건을 굽는 데 2만7천 냥이 들었고,[24] 가정8년(1529)에 2,570건→10년에 12,300건→23년에 5만여 건→25년에 10만여 건→26년에 12만여 건→33년에 11.6만 건→융경5년(1571)에 12만여 건→만력5년(1577)에 17만여 건으로 증가하였다. 그리고 이렇게 상공(上供) 도자기의 요구가 증가하면서 강서지방에 부과되는 은냥과 노동력도 가중되었다.[25] 이렇게 상공자기가 증가하자, 관요의 생산시설만으로는 도무지 수요를 충당할 수가 없게 되었다.[26] 그 때문에 16세기 중엽부터는, 앞에서 서술한 것처럼, 장역제 해체에 따라 어기창의 규모를 축소시키고, 그 대신 정부에서 필요한 자기를 민요(民窯)에 위탁하여 제조하는, 이른바 관탑민소제(官搭民燒制)를 점진적으로 실시하다가 만력년간에

---

24) 王鈺欣, 1982, p.86.

25) 萬曆『江西省大志』卷7, 陶書, pp.875~898에 따르면, 예컨대 嘉靖25년에는 궁중용 자기 燒造를 위한 강서 全省 隨糧帶徵銀이 12만 냥이나 되었다. 기타 王鈺欣, 1982, pp.86~90 참조.

26)『明史』卷82, 食貨志 6,「燒造」에 "萬曆十九年, 命造十五萬九千, 旣而復增八萬, 至三十八年未畢工, 自後役亦漸寢"이라 함.

이르면 전면적으로 실시하게 되었다.

이렇게 '장역제'에서 '반장은제'로 변화해가는 과정에서, 유력한 요호는 먼저 장역제의 굴레에서 벗어나 자기의 소상품 생산자, 즉 민요로서 독립하여 갔다. 바꾸어 말하면, 어기창 장역제가 변화해가던 가정~만력년간, 즉 16세기 중·후기는 경덕진의 민요가 질적·양적으로 발전되어 가고, 그에 따라 도자 생산과 이를 둘러싼 생산관계, 경덕진 거민의 증가와 성분 변화 등이 일어난 일대 전환기였다고 할 수 있다.[27]

한편, 어기창에서 도자기의 생산을 원활하게 하기 위해서는, 징발된 도공에게도 상공부(上工夫)·사토부(砂土夫) 등 보조 인부가 필요하였다. 명조는 이를 위해서, 처음에는 요주부 천호소(千戶所)의 군호(軍戶)를 징발해 왔으나, 정덕년간(16세기 초)부터는 요주부 소속 7개 현 [파양·여간·악평·부량·만년·안인·덕흥현]으로부터 편역제(編役制)에 따라 상공부·사토부 등을 할당하여 총 557명을 징발하였다.[28] 이러한 과정에서 상공부·사토부들도 자연스럽게 도자기 기술을 습득하게 되었고, 토착인도 점차로 기술을 익히게 되었다.[29] 그런데 반장은제와 함께 도공도 소모제(召募制)로 변경됨에 따라 관요에도 많은 용공이 생기게 되었고, 관탑민소제를 실시하면서부터는 이들이 독립하여 민요를 개설하거나 민요의 용공으로 전환되어 갔다.[30]

이렇게 민요가 발전하는 과정에서, 경덕진의 도시화도 급진전되었다. 그 전까지의 민요의 노동력은 대개 요호의 가족 노동력을 위주로 하였으나, 생산이 증가함에 따라 용공을 고용하게 되었기 때문이다. 그리하여 16세기 중기의

---

27) 高中利惠, 1967.

28) 萬曆『江西省大志』卷7, 陶書, 人夫, pp.822~828; 佐久間重男, 1962; 高中利惠, 1967. 上工夫(도자기 생산 工匠인 陶工의 조수) 367명, 砂土夫(陶土·匣鉢의 원료인 黃土·砂土를 채굴하고 운반하는 사람) 190명, 도합 557명이었다. 어기창에 징발된 陶工은 作頭 57명, 일반 工匠 334명, 도합 400여 명이었으므로, 도공과 상공부·사토부를 합하면 도합 천여 명이었다.

29) 乾隆『浮梁縣志』卷1, 風俗.

30) 뒤에서 다시 설명하겠지만, 요주부 7개현 지역 및 기타 지역의 농민과 상인들이 이들을 따라서 경덕진에 대거 유입하고 그들끼리 결합함으로써, 지역 대결 械鬪가 발생하는 계기가 되었다.

가정년간(嘉靖年間; 1522~1566)에 이르면,

   (1) 오방(五方)의 민이 이곳에 와서 가게를 연다. 주객(主客)이 무려 십만여 명이나 된다.[31]

   (2) 부량현 경덕진은 민이 도자기를 업으로 삼고 산다. 모여드는 용공이 만여 명이나 된다.[32]

   (3) 오늘날 경덕진의 민은 도자를 주업으로 삼고 있다. 좁은 땅에 상인·상선(商船)과 무뢰가 모두 모여 있다.[33]

고 하듯이, 진민이 토착민과 객민을 합하여 10만이나 되었다고 한다.[34] 이들은 대개 도자업과 그에 관계되는 일에 종사하였으며 그 가운데 용공이 1만여 명이나 되었고, 기타 외래 상인과 유민·무뢰들도 있었다.

경덕진은 그 후 16세기 말에서 17세기 초의 만력년간(萬曆年間; 1573~1620)에 이르면,

   신(臣)이 들은 바로는, 경덕진의 용공은 모두 사방에서 온 유민으로 매일 수만 명이나 되며, 한 쪽에서 조금이라도 소동이 일어나면 사방에서 향응한다고 합니다.[35]

고 할 정도로 유동 인구가 증가하여 갔다. 바꾸어 말하면, 가정에서 만력에 이르는 50년~60년 사이에 주변의 농촌에서 석출된 농민이 경덕진으로 유입되어 용공이나 상인·무뢰 등이 되는 경우가 몇 배로 증가하였으므로,

---

31) 盧瓊, 「楊副使廟碑記」, 康熙『浮梁縣志』卷8, 藝文, p.969. 이하에서는 원문을 그대로 인용하는 경우가 나오는데, 이는 비교 분석의 필요 때문이다.

32) 『世宗實錄』卷240, 嘉靖19年 8月 戊子條.

33) 嘉靖『江西省大志』卷7, 陶書, 「附臬史氏曰」, p.19.

34) 앞의 〈표3-1-2〉에서 보듯이, 경덕진이 소속된 부량현 전체의 인구가 嘉靖年間 (1522~1566)에 10만 정도에 불과하였으므로, 경덕진의 인구는 당연히 이보다 적어야 한다고 생각할 수도 있다. 그러나 지방지에 기록된 관부의 호구통계는 成丁 내지 세역 부과 대상만을 표시하는 것이었고, 그것조차도 완전하지 못하였다. 명청시대에 각지에서 대도시가 계속 발전하여 갔고, 중소 도시도 많이 나타났는데, 관청에서는 도시의 유동인구를 조사할 능력도 없었고 의지도 없었다. 그러므로 경덕진에는 당연히 관부의 통계에 잡히지 않은 인구가 다수 존재하였을 것이다.

35) 蕭近高, 「參內監疏」, 康熙『西江志』卷146, 藝文, p.2563上.

당연히 진내의 인구도 그에 따라 증가하였을 것이다. 그리고 이렇게 도자업이 발전하면서 '도자기 공장이 강을 끼고 늘어서 있고, 배들은 날마다 강을 메울 듯이 오가'36)며, 시가지의 범위도 확대되어 갔다.37) 당시 이렇게 번영하던 경덕진의 모습에 대하여, 동시대의 왕사성(王士性)은 "부량현의 경덕진은 그 10리(5km) 일대가 마치 화산이 불을 뿜는 듯하다"38)고 하였고, 만력년간에 분수독운관(分守督運官)으로 경덕진을 방문한 바 있는 왕세무는,

> 경덕진 … 천하의 도자기가 모이는 곳이다. 그 거민이 많고 부요하기가 강서성에서 제일이다. 나는 일찍이 분수독운관으로 그곳에 가보니, 수많은 절구공의 소리가 천둥소리 같이 진동하고, 화광이 충천하여, 밤에도 잠을 못 이룰 지경이었다. 농담으로 말하기를 '사철 불이 꺼질 날이 없다'고 한다. 거민이 부요하여, 자제들은 대개 학교에 입학하지만, 도자기의 이익에 빼앗겨서 과거에 합격자는 거의 없다.39)

고 전하고 있다. 그 결과 만력년간에 이르면 소주·송강·임청·무호 등 전국의 대도시들과 견줄 정도로, 경덕진은 전국적인 대도시의 반열에 오르게 되었다.40)

그런데 이렇게 증가하여 간 경덕진의 인구는 대개 명초 이래 서서히 진행된 이갑제 이완과정에서 석출(析出)된 주변지역의 농민이었다. 가정년간의 왕종목은 이 내용을,

> 경덕진은 … 여러 성의 상인과 유민이 섞여 살기 때문에 그 가운데 선악을 가

---

36) 繆宗周, 「兀然亭詩」, 道光『浮梁縣志』 卷19, 古蹟, 「兀然亭」.
37) 梁淼泰, 1991, p.17.
38) 王士性, 『廣志繹』 卷4, 「江南諸省」.
39) 王世懋, 『二酉委譚摘錄』, 『紀錄彙編』 卷206.
40) 萬曆『歙志』 卷10, 貨殖.

리기가 어렵다. … 본 진을 통할하는 부량현의 이인·장향도 등 13리 거민과 (요주부) 소속의 파양·여간·덕흥·악평·안인·만년현과 남창·도창 등 여러 현 (에서 들어온 민)이 함께 섞여 요업의 용공으로 살아가고 있다. 인구가 많으므로 도적이 때때로 일어난다.[41)]

고 전하고 있다. 즉, 경덕진이 소속된 부량현의 이인·장향도 등 13개 리와 요주부 소속의 6개 현 농민들이 주로 왔던 것이다. 앞에서 서술한 것처럼, 요주부 관할의 7개 현민은 일찍부터 편역제(編役制)에 따라 관요(官窯)의 관장(官匠)의 조수나 보조원으로서 상공부·사토부의 역을 부담하는 과정에서 서서히 도자기 기술을 습득하여 민요의 용공이 되었으므로, 이들의 동향인이나 종족도 이들을 따라 경덕진에 유입되었음을 알 수 있다. 그리고 이들 외에 멀리 남창부 남창현민·남강부 도창현민도 유입하였다. 그런데 그 후 도창인의 수가 점차 증가함으로써, 요주부 소속 7개현 출신의 용공들이 협력하여 경계해야 할 정도에 이르렀다. 근년의 연구에 따르면,[42)] 가정년간에는 경덕진의 요호들은 대부분 본지인(즉 부량인)이었고, 용공 가운데 악평과 파양인이 많았으며, 경덕진 자기를 취급하는 상인은 휘주상인을 필두로 하여 강절상인과 강서상인이었다고 한다.

이러한 과정에서, 경덕진의 민요는 규모와 생산성 면에서 다 같이 관요를 앞지르게 되었다. 관요가 한번에 300여 개의 자기를 생산하는 데 견주어, 민요에서는 같은 연료를 사용하여 1,000여 개를 생산하였고, 종류도 관요에서 생산하는 고급품뿐 아니라 백성을 상대로 한 저급품까지 대량으로 생산하여,[43)] 민요에서 생산된 도자기는 전국에 팔려 나갔다.[44)] 청대에 명가(名家)의

---

41) 萬曆『江西省大志』卷7, 陶書, 設官, pp.831~832. 한편 嘉靖『江西省大志』卷7, 陶書, 設官, p.4a에는 "景德鎭利之所在, 群奸倂集"이라 함.

42) 梁淼泰, 1991, pp.65·222.

43) 萬曆『江西省大志』卷7, 陶書, 窯制.

44) 萬曆『江西省大志』卷7, 陶書, 「附臬史氏曰」에 "自燕雲而北, 南交阯, 東際海, 西被蜀, 無所不至, 皆取於景德鎭, 而商賈往往以是牟大利"라 함. 또한, 佐佐木達夫, 1985, p.229 참조.

명성을 얻어 전국으로 팔려 나간 최공요(崔公窯)·주요(周窯)·호공요(壺公窯)·소남요(小南窯) 등은 모두 가정년간 이후에 배출되었다.[45] 그 결과 명말에 경덕진에서는 1년에 3억 6천만 건의 자기를 (값으로 환산하면 약 180만 냥 정도) 생산했을 것이라 추측된다.[46]

이렇게 민요가 질적, 양적으로 발전하고 인구가 급격하게 증가해 감에 따라, 경덕진에 대한 명조의 대응책도 변화되어 갔다. 종래에는 명 정부가 필요로 하는 자기는 환관을 어기창에 파견하여 자기를 구워내게 하였으나, 가정9년부터는 부(府)의 통판 등 강서 관내의 지방관을 1년씩 위촉하여 관요의 소조(燒造) 사무를 총관케 하였다. 그리고 가정 중엽부터는 관요에서 구워내는 양을 줄이는 대신, 정부에서 필요로 하는 자기를 대부분 민요에 위탁하는 '관탑민소제'를 시행함에 따라, 관요의 독조관(督造官)은 본래의 사무 외에도 민요의 통제·관리와 함께 치안대책도 강구해야 하였다. 앞에서 설명한 바와 같이, 가정42년에 요주부 통판 방숙유가 '리(里)마다 향약과 보갑을 설립하여 통제'[47]하자던 건의는 이러한 배경에서 나온 것이었다. 그 때문에 만력10년부터는 요주부 통판으로 하여금 아예 경덕진에 상주하면서 치안유지를 담당토록 하였던 것이다.[48]

2. 明·淸交替와 景德鎭의 窯業構造

명조와 청조가 교체되던 17세기 중엽의 동란기에는 중국 모든 지역이 그러하였듯이, 강서에서도 장기간의 동란으로 거의 황폐해졌으며,[49] 당연히 경덕진을 중심으로 한 파양호 동부지역도 비슷하였다. 그러한 사정은 순치11년(1654)에 파양호에서 배로 신강을 거슬러 올라 절강지방으로 들어갔던 어느

---

45) 『陶錄』 卷5, 「景德鎭歷代窯考」.

46) 蕭放, 1987, p.141.

47) 萬曆 『江西省大志』 卷7, 陶書, 設官, pp.831~832.

48) 萬曆 『江西省大志』 卷7, 陶書, 設官.

49) 王新命, 「請除荒疏」, 康熙, 『西江志』 卷147, 藝文; 許懷林, 1993, pp.555~556; 吳金成, 1991.

휘주상인의 기행문에, '요주부와 광신부의 여러 현 지역에는, 현에는 완전한 촌락이 없고 촌에는 완전한 가옥이 없고 집에는 성한 사람이 없고 남자에게는 완전한 부인이 없다'[50] 고 한 곳에도 잘 표현되어 있다. 그리고,

> (1) 경덕진에는 사방의 상인이 섞여 산다. [강희]13년의 변란 이래 집이 반 넘어 불에 타거나 파괴되고 요호는 열 가운데 겨우 두셋이 남았을 뿐이다. 길가의 상점은 모두 외인에게 팔렸고, 이인과 진시(鎭市)의 거민은 희소하여 공역(公役)이 있을 때마다 공응(供應)하기가 어렵다.[51]
>
> (2) 경덕진에는 사방의 상인 섞여 살아 인구가 조밀하다. 강희 13년에 도적이 일어난 이래, 집이 반 넘어 불에 타거나 파괴되고, 요호는 모두 그 재산을 잃고 유리하여 업을 바꾸었다. 남은 상점은 모두 외적인에게 팔리고 요호는 열 가운데 겨우 두셋이다.[52]

라고 하는 등의 기록에서 보듯이, 특히 삼번의 난을 거치면서, 강서 동북 지역과 경덕진은 또다시 거의 폐허로 변하였으므로, 경덕진에서 도자업을 경영하던 요호(窯戶)는 대부분 도산하여 유산해 버리고, 상점은 대개 외적인에게 넘어갔다. 그 후 청조가 꾸준히 사회안정책을 편 결과 사회질서가 회복되고 농업과 수공업 부문의 생산력도 서서히 회복되어 갔다.[53] 그에 따라 청조는 명대의 법에 따라 경덕진에 어요창(御窯廠)을 설립하고 관탑민소제를 실시하다가 건륭년간부터는 궁중에서 필요한 자기는 모두 민요에 위탁하였다.[54]

그리고 삼번의 난이 끝난 후 사회가 어느 정도 안정됨에 따라, 경덕진 사회는 재차 번영을 구가하게 되었다. 다음은 18세기 경덕진의 정황을 전하는 내

---

50) 李芥초, 『天香閣隨筆』 卷1, p.7a~b.

51) 康熙 『浮梁縣志』 卷9, 續志, 「陶政」, p.1035.

52) 康熙 『饒州府志』 卷11, 賦役志, 「陶政」, p.736.

53) 許懷林, 1993, pp.561~562.

54) 梁淼泰, 1991, 第4章.

용이다.

(1) 민요 이삼백구에서 일년 내내 연기가 끊이지를 않는다. 공장(工匠)·인부 수십만
이 도자업에 의지해서 살지 않는 이가 없다.[55]

(2) (경덕진) 도자의 (이익을 따라) 사방의 상인이 모여든다. 민요 이삼백 구에 공장·
인부 수십만이 도자기에 의지해 살아가는 이가 매우 많다.”[56]

(3) (경덕진) 풍속은 다른 곳과 다르다. 늘어선 상점의 길이가 13리 정도나 되고 가
옥이 10만 가를 넘는다. 도호(陶戶)와 상점이 열 가운데 일곱 여덟인데 토착인
은 열 가운데 두셋이다.[57]

(4) [경덕진] 가옥이 근 십만 가에 요호(窯戶)와 포호(舖戶)가 열 가운데 일곱인데
토착인은 열 가운데 두셋이다. … 더욱 심각한 것은 오방에서 모인 사람들이 숨
어 있어서, 한번 분쟁이 일어나면 모두가 일어나니 다스리기 매우 어렵다.[58]

(5) 경덕진은, … 오방의 [백성과] 상인이 다투어 모여들고 백화가 모이고 시장길이
얽히고설킨 곳이다. 요호 외에도 대방장작(碓房匠作)과 배행(坯行)·차배행(車坯
行)·화행(畵行)·채행(彩行)·교초행(茭草行)·시행(柴行) 등 공인이 만여 명이나
된다. [이들은] 대개 외지 사람으로 자기의 힘만 믿고 법을 어기기 일쑤이다. 그
러므로 전부터 경덕진을 각종 도망자의 소굴이라고 하였다. 그들은 … 조금만
기대에 어그러져도 곧 같은 행(行)끼리 모여 파공·파시하며 세를 과시한다. 그
리고 심지어는 도당을 만들어 멋대로 노략질한다. 이러한 악풍은 도창인이 가장
심하다.[59]

이를 통해서 알 수 있는 것은, ① 호구(戶口)는 10여만 가로 증가하고(과장

---

55) 唐英, 「陶冶圖編次」, 道光『浮梁縣志』卷8, 食貨, 「陶政」.

56) 唐英, 「陶冶圖說」, 朱琰, 『陶說』卷1, 「說今」.

57) 『陶錄』卷8, 「陶說雜編上」.

58) 道光『浮梁縣志』卷2, 風俗, 「景德鎭風俗附」.

59) 凌燽,『西江視臬紀事』卷4, 條敎, 「禁窯廠滋事」(中國社科院歷史硏究所,『淸史資料』第
3輯에서 再引). 凌燽는 安徽 定遠人으로 雍正11년에서 乾隆8년까지 江西按察使를
역임하였다.

되었겠지만), 민요는 200~300가에 용공은 수십만이나 되었으며(역시 과장이
겠지만), ② 시가지가 13리(약 6.5km)로 확장되었고, ③ 거민 가운데 도자기를
생산하는 요호(窯戶)와 상점이 70%~80%나 되는데, ④ 그 가운데 토착인은
겨우 20%~30%에 불과하고 나머지는 모두 외래인이었고, ⑤ 도시는 번영하
였지만 사방에서 유입된 사람들이 섞여 살았으므로 사회질서의 불안 요소가
되었으며, ⑥ 수시로 파공(罷工)·파시(罷市)를 벌이기도 한다는 것이다.

바꾸어 말하면, 명대에 이어 청대에도 여전히 원근 농촌에서 석출된 농민
이 경덕진으로 운집하였다. 그리고 용공의 수는 가정년간에 '만여 명'이었던
것이, 그로부터 50~60년 지난 만력년간에는 '매일 수만 명'으로 증가(몇 배로
증가)하였고, 그로부터 다시 140여~150여 년이 지난 옹정·건륭시기에 이르
면 '수십만 명'(근 10배로 증가)이 되었다. 경덕진의 상주 인구와 용공을 합하
면, 사료에서 나타나는 약간의 과장을 감안해도, 적어도 20여 만에 달하였을
것으로 추측되는데, 이러한 수치는 명말보다 몇 배나 증가한 셈이다.[60] 그러
므로 명말청초의 동란기를 지나서, 18세기로부터 19세기 초에 이르는 시기는
경덕진 민요 발전의 절정기였다고 할 수 있다. 경덕진은 청말에도 상주인구가
25만에 달하였고, 하남의 주선진·광동의 불산진·호북의 한구진과 함께 중국
사대진으로 명성을 떨쳤다.[61] 이 시기에 경덕진에서 도자업이 이렇게 비교적
안정적으로 번영할 수 있었던 것은 당영이 거의 30년 동안 경덕진의 요무(窯
務)를 성공적으로 담당하였기 때문이었다.[62]

그런데 청초에 재생된 경덕진 거민의 구성은 명대와는 많이 달랐다. 앞에
서도 '열 명 가운데 토착인은 두셋' 또는 '오방 사람이 모이고 도망자의 소굴'

---

60) 梁淼泰, 1991, pp.332·383에서는 雍正·乾隆시기의 경덕진 상주인구를 대략 20만 정
   도, 開窯期 最高 人口를 25萬 정도로 추산하고 있고, 新編『景德鎮市志』, p.81에서는
   청말의 인구를 40만으로 추산하고 있다. 한편, 昻特略可萊(d'Entrecolles, 中國名 殷
   弘緖, 18세기 초에 경덕진에 7년간 체류한 프랑스 선교사)가 본국에 보낸 편지인
   「給中國和印度傳敎會會計奧日神父的信件」(1712年 9月 1日 于饒州)에는, 당시 경덕
   진에는 18,000戶, 인구 100만에 매일 양식 1萬担과 천여 頭의 돼지를 소비하였다
   고 전하고 있다. 邱國珍, 1994, p.26 참조.
61)『淸朝續文獻通考』卷314, 江西省, 饒州府.
62) 梁淼泰, 1991, pp.104~105.

혹은 '오방 사람이 모이는데 대개는 외지인'이라 한 기록을 보았고, 심지어,

> 진민(鎮民)은 토착인이 열 가운데 두셋이고, 나머지는 모두 외지 상인이나 일시 체류자들이다. 그들은 비록 (경덕진에서) 재물을 모아도 결코 부량현의 부역을 부담하지 않는 자들이다.[63]

라고 하듯이, 청초에 안정을 되찾은 후에는 길가의 상점은 대개 외적인의 손에 넘어가고 말았다. 명대 경덕진의 요업은 본지인이 종족결합을 통하여 지배하였으나, 이제는 외지인이 주류를 이루게 되었던 것이다.[64] 이러한 상황 변화에서 특히 문제가 되는 것은, 외래 '상인들이 이익은 독점하면서 도 부량현의 세금은 납부하지 않는' 데 있었다.

더구나 18세기 중엽부터는,

(1) 요호와 도공은 대개 파양·도창, 두 현 출신이다.[65]

(2) 용공은 주인에게 의지하는데, 요호는 도창 사람이다.[66]

(3) 배공(坯工)은 밤낮으로 청화(靑花)를 그리는데, 오늘날은 모두가 도창·파양 사람이고 본지의 요방(窯幫)은 몇 집뿐이다.〈진의 배방(坯房)은 모두 작은 집이다. 공인은 대개 도창·파양현과 객적인이고, 본지의 업요자(業窯者)는 몇 집뿐이다〉[67]

(4) 20리나 되는 긴 거리에 반수가 요호인데 … 요업자는 대개가 도창현 사람이다.[68]

라고 한 자료들에서 보듯이, 도자기 생산의 주된 경영층은 부량현 본지인 보다도 오히려 남강부 도창현인 및 이웃의 파양인이 다수를 점하게 되었 다. 특히 도창인은 이미 명 중기부터 경덕진에 진출하기 시작하여, 만력년

---

63) 康熙『浮梁縣志』卷4, 賦役, 陶政.
64) 梁淼泰, 1991, pp.215~216.
65) 唐英, 『陶人心語續選』, 「重修新橋碑記」(梁淼泰, 1991, p.223에서 再引).
66) 沈嘉徵, 「窯民行」, 道光『浮梁縣志』卷21, 藝文, 詩錄.
67) 鄭廷桂, 「陶陽竹枝詞」, 道光『浮梁縣志』卷21, 藝文, 詩錄. 〈〉部分은 割註.
68) 龔鉽(道光年間), 「景德鎮陶歌」, 彭澤益, 1962(1), p.277.

간에는 요주부 소속 7개현 용공들이 협력하여 경계해야 할 정도가 되었고 (後述), 명·청 교체의 동란기를 지나 사회가 안정된 후에는, 파양인과 함께 경덕진 요업계를 양분하는 형세가 되었던 것이다.

그리고 다시 수십 년이 지난 18세기 말, 19세기 초에 이르면,

⑴ 경덕진의 소요호(燒窯戶)는 본성은 도창현인이 대부분이다. 본부(本府;요주부) 와 무주부[69] 및 안휘의 무원현·기문현인으로 그 업을 배우는 자는 열 가운데 겨우 한둘이다. 본현인은 거의 없다.[70]

⑵ 요업은 도창현 사람이 많고, … 요호도 도창 사람이 많다.[71]

⑶ 도창현의 일·이·삼·사·오·육·구·십도(都)는 땅은 좁고 사람은 많아서 모두가 외지로 나가서 모생(謀生)해야 하므로 경덕진으로 오는 것이다.[72]

라고 하듯이, 경덕진의 요호와 용공 대다수는 도창현민으로 변하고 말았다. 바꾸어 말하면, 명중기→명말→명청교체기→건륭 이후의 시기를 거치는 동안에, 도자업 경영자는 토착 부량현인 위주에서 점차로 '토착인이 거의 없'는 단계로 바뀌었고, 객적 도자업자의 비율은 '각 현 사람이 섞여 살던' 상태에서 점차로 도창·파양현 사람이 반반인 단계를 거쳐 '도창현인이 다수를 점하는' 단계로 변하여갔다. 그 과정에서 도자 용공도 대개는 도창인으로 바뀌었다.[73]

---

69) 吳嵩梁, 『東鄕風土記』에 "謀生之方不一, 書肆遍天下, 而造瓷器于饒州, 造紙于鉛山尤多. … (其)無籍之民, 不役紙廠, 則販私鹽"이라 한 것은 乾隆年間의 사정을 기록한 글이다.

70) 道光 『浮梁縣志』 卷8, 食貨, 陶政. 한편 同治 『饒州府志』 卷3, 地輿志3, 土産, 陶廠, p.63에는 "按景德鎭窯戶多都昌縣人, 本府與撫州府, 及安徽之婺源縣·祁門縣, 習其業者十僅一二, 而本縣之人盖無幾"라 하고 있다.

71) 龔鉽, 「景德鎭陶歌」, 彭澤益, 1962(1), p.277.

72) 江西省歷史學會, 『景德鎭製瓷業歷史調査資料選輯』(梁淼泰, 1991, pp.187~199에서 再引)

73) 梁淼泰, 1991, pp.223~224, 377~378. 『景德鎭市志略』(景德鎭市志編委), 1989, p.15에 따르면, 1920년대에는 都昌籍人이 40%였고, 1949년에는 경덕진 인구 19萬餘 중 53%가 都昌籍 出身人이었다.

이렇게 요호와 용공의 소장(消長)이 무상하고 '인구의 대류현상'이 자주 일어났던 원인은, 경덕진 도자업자의 유동성이 그만큼 컸음을 의미하는 것이다. 도자업은 실제로는 파산의 위험이 대단히 많았다. 첫째, 명말로부터 청초에 이르기까지 경덕진 도자업의 이윤은 갈수록 저하되었다. 양식가격 등 물가는 갈수록 앙등하였고, 도자업에 소요되는 땔감은 시간이 지날수록 먼 산에서 운반해야 했으므로 그 운반비 역시 갈수록 커졌다. 둘째, 관리들은 갈수록 자기의 수량을 더 요구하면서도 임금을 안주는 경우가 많았다. 셋째, 이보다도 더욱 심각한 문제는, 자기가 제대로 구워지지 않거나, 굽는 과정에서 무너지는 사고가 일어나기도 한다는 점이었다. 강희년간에는, "한 도공이 치부하는 동안에 100명은 반드시 파산하게 된다"는 속언이 있었다. 도공의 기술은 별로 진보하지 못하고 참여하는 사람은 많아서 실패율이 대단히 높았다. 근대에 이르러서도 아름답고 우아한 도자를 얻을 확률은 20% 정도에 불과하였다.[74]

그럼에도 도창인이 경덕진에서 이렇게 강력한 응집력으로 영향력을 발휘할 수 있었던 것은 다음 몇 가지 원인 때문이었다. 첫째 이들 도창인은 명대 이래 경덕진에 진출하여 도자 기술을 대대로 전수하였으므로[75], 청초에 어렵지 않게 다시 개창할 수 있었다. 둘째 도창현은 파양호 동변에 위치하여 수재 다발지역인데다 땅은 척박하고 인구가 많았으므로 외지로 나갈 수밖에 없었는데, 그 가운데 특히 동향(東鄉)지방은 그러하였다.[76] 셋째 강력한 동향(同鄉) 의식과 종족관계를 통하여 서로 협력하며 도자업에 참여하였으므로 다른 지역 출신자보다 경쟁력이 비교적 강하였다. 명청시대에 경덕진에는 도창 출신 대성(大姓)이 24개 성이 있었는데, 그 가운데서도 풍(馮)·여(余)·강(江)·조(曹)성은 4대 성이라 일컬었다. 이들 4개 성을 가진 사람들은 경덕진에 들어와 요호(窯戶; 작방주)로 성장하는 과정에서, 같은 도창 출신인 장(張)·왕(王)·유(劉)·

---

74) 陳有年,「爲欽奉聖旨事疏」,『明經世文編』 卷379; 昂特略可萊,「給中國和印度傳敎會會計奧日神父的信件」(1712年 9月 1日, 于饒州); 梁淼泰, 1991, pp.166~168.

75) 『陶錄』 卷8,「陶說雜編上」.

76) 江西省歷史學會,『景德鎮製瓷業歷史調查資料選輯』에는 "(都昌)東鄉地少人多, 特別是三都六都九都十都更苦, 都來景(德)鎮找生活"이라 하고 있다(梁淼泰, 1991, pp.224에서 再引)

이(李)의 4성과 함께 '도창회관'을 건립하고, 공동의 제사와 회의 등을 통하여 서로 협력하였으므로 '도방(都幫)'이라 불렀다. 도창인들은 도자기 가운데에서도 일용생활 용품으로 수요가 많은 원기류[圓器類; 완배(碗杯)·반설(盤碟) 등]를 주로 생산하였기에 경쟁력이 강하였다. 전반적으로 보아 도창인은 사람의 수도 많았으므로, 요호와 자본, 용공도 많았다.[77] 특히 풍씨 종족은 강희년간에 경덕진에 진출했는데, 도자업으로 성장하여 '망족(望族)'이 되었다.[78]

III. 景德鎮 居民의 存在樣態

1. 景德鎮 居民의 生活

명청시대 경덕진 거민의 구성은 어떠하였고 그들의 생활은 어떠하였을까? 앞에서 설명한 것처럼, 이미 가정년간 이후의 기록에는 "토착인과 외래거민이 무려 10만여 명" 혹은 "거민은 도자업으로 먹고사는데 좁은 땅에 상인·상선(商船)과 무뢰들이 섞여 있다"는 기록이 있다. 그러므로 당연히 요호(窯戶)와 그 가족, 요호에게 고용되거나 그에 관련되는 작업을 하는 "기술자들과 일용노동자[대방(碓房)·장작(匠作)·배행(坯行)·화행(畵行)·채행(彩行) 등]"과 그 가족, 도자업과 관계되는 각종 중소상인[79]이 거민의 대다수를 점했을 것이다. 그리고 객상·아행·포호·운반노동자(각부)와 그 가족, 기타 각종 기능인과 실업 공인 및 무뢰 등도 적지 않았을 것으로 생각한다.[80] 또한 어기창(청대 어요창)과 기타의 관부가 있었으므로, 소수의 관리와 그에 필요한 서리·아역 및 궁병(弓兵) 등도 있었다.[81] 그리고 그밖에 각종 기녀 등 서비스업 종사자들도 적지 않았을 것이고, 뒤에서 설명할 것처럼 소수의 신사도 있었다.

---

77) 蕭放, 1987, p.162; 邱國珍, 1994, pp.1~3.

78) 民國『南峰馮氏宗譜』卷1(蕭放, 1987, pp.162~162에서 再引)

79) 柴戶·槎戶·匣戶·磚戶·白土戶·靑料戶·篾戶·木匠戶·桶匠戶·鐵匠戶·水模戶· 盤車戶·練戶 등.

80) 徐文·江思清, 1957, p.699; 吳海若, 1957, pp.858~859;『陶磁史稿』, 1959, p.235.

81) 黎澍, 1957, p.755.

앞에서 설명한 것처럼, 명대의 가정에서 만력년간에 걸쳐서(16세기 중엽~
17세기 초엽), 이렇게 경덕진의 도시규모가 커지고 민요가 발달하면서, "그릇
을 하나 만드는데 손이 72번이나 가야 겨우 완성된다"[82]고 할 만큼, 자기 생
산에서 고도의 분업화가 이루어지고 기술 수준이 상당히 제고되어 자기의 질
과 예술성이 극치에 이르게 되었다.[83] 그리고, 다음 자료에서 보는 바와 같이,

    ⑴ [경덕]진의 관·민 요호에는 요마다 공인이 수십 인이나 있는데, 도공 한 명이
        사고라도 내면 반드시 요호(窯戶)를 연루시켜서 이익을 본다.[84]

    ⑵ 요호 일좌에 수십의 용공이 필요한데, 한 번이라도 거절당하면 곧바로 서로 짜고
        작업을 머추어버린다.[85]

    ⑶ 도호[요호]에게는 배작인(坯作人)이 많아서 반드시 수령[공두(工頭)]을 두어 통
        할토록 한다. 이를 배방두(坯房頭)라 한다. 용공의 출입과 고용의 조사에 편하도
        록 하려는 것이다. 용공들에게 일이 생기면 배방두가 처리하고, 용공이 배작에
        나태하면 그가 꾸짖도록 한다.[86]

도자기 제조 과정에서 이러한 분업은 기본적으로 관·민 요호에 고용되는
용공의 수를 수십 공(工)으로 증가시켰다.[87] 그런데 이렇게 용공의 수가 증
가하면서 여러 가지 문제가 발생하였다. 즉 "도공 하나가 사고를 내면 반
드시 요호를 연루시켜 이익을 본다"는 소송사건이나, "한 번이라도 거절당
하면, 곧바로 서로 짜고 작업을 멈추어 버린다"하는 정공(停工)사건, 그리
고 뒤에서 서술할 것처럼 '조금이라도 소동이 일어나면 많은 사람들이 이

---

82) 宋應星, 『天工開物』卷中, 陶埏第七卷, 「白瓷」.
83) 唐英, 「陶冶圖說」, 朱琰, 『陶說』卷1, 說今 ; 『陶錄』卷3, 「陶務條目」.
84) 康熙 『浮梁縣志』卷4, 賦役, 「陶政」.
85) 道光 『浮梁縣志』卷2, 風俗, 「景德鎮風俗附」.
86) 『陶錄』卷4, 「陶務方略」.
87) 近代에 경덕진의 大窯戶는 傭工이 16~17인, 작은 곳은 10인 정도였음을 보면, "每
    窯不下數十工"이라는 표현은 아마도 窯工과 坯工을 합한 수일 것이다. 梁淼泰,
    1991, p.162 참조.

에 합세'하는 민변 등의 사건이 속출하였다. 그 때문에 배방두[坯房頭; 제자배(製瓷坯) 공장의 우두머리]를 두어 용공들을 통할하도록 하였던 것이다. 그는 용공의 부지런하고 게으름피우는 것을 감시하거나 출입을 감독하고 새로운 용공의 고용 등을 담당할 뿐 아니라, 기타 여러 가지 일을 처리하였다.

이제 경덕진 거민 가운데 절대 다수를 점한 도공[陶工; 도자 기술자]들의 생활을 살펴보겠다. 그들은 다음 두 가지 면에서 어려운 삶을 살았다. 첫째는,

배공(坯工)은 하루 양식으로 이틀을 먹으며 연명한다. 오찬은 겨우 2경이 되어서야 삼삼오오 모여 고기와 밥을 찾으니, 그들을 이상히 여겨 야시(夜市)를 금하는 것은 비정한 일이다. 〈배공의 조배(造坯)는 하루 종일 걸리므로 2경이 되어서야 비로소 식당에 가서 밥과 고기를 먹는다. 그러므로 야시는 금할 수 없다.〉[88]

고 한 기록에서 보듯이, 매일 밤 2경(밤 10시 무렵)이 되어서야 겨우 오찬을 먹을 정도로 하루 종일 대단히 힘든 노동에 시달렸다. 이 내용은 청말의 도공들의 사정이었지만, 이러한 정황은 아마도 명대에는 더욱 어려웠을지언정 나은 상태는 아니었을 것이다.

둘째는 이렇게 힘든 노동에도 불구하고 공장의 임금은 그리 높지 못하였다. 명대 관요의 공장(工匠)이 받는 임금은 그리 높지 않았다. 관요에 소집된 장호(匠戶)들은 각 분업 과정에서 기술의 고저와 생산량에 따라 임금을 일당으로 받았는데, 조배공(造坯工)은 은 2분(分) 5리(厘), 만들기 어려운 용항(龍缸) 등의 소요공(燒窯工)은 은 3분 5리였고, 긴급을 요하는 경우에는 다소의 가산금이 있었다.[89] 따라서 관요 공장의 일당은 대체로 평균 3분(월 9전) 정도였다

---

88) 龔鉽(道光年間人), 「景德鎭陶歌」, 彭澤益, 1962(1), p.273. 〈 〉은 割註.

89) 萬曆『江西省大志』卷7, pp.853~854, 陶書, 「召募工食」條에 "各作應募諸役, 幷敲青·陶青等匠, 除給賞外, 每日各給雇工銀二分五厘, 緊急之時加五厘. 各窯應募諸役, 惟龍缸·印器·大罎諸器, 難造大器, 每日各給銀三分五厘, 其餘各作雇役, 日給銀二分五厘. 彈綿花匠, 裱箱紙匠, 每日各給米二升五合, 該銀一分. 畫作雇匠, 一畫青一混水, 二人各一工, 每日各給銀二分五厘. 今議, 高手三分, 中手二分五厘, 如欽限緊急, 工夫勤勞, 每高手日

는 계산이 된다.

그런데 이들 관요 공장의 노동은 요역의 성격이 강했으므로 민요 용공의 임금보다 낮았다고 할 수 있다. 근년의 연구에 따르면, 민요의 용공은 매일 평균 4분(월 1냥 2전) 정도였다. 단, 명청시대 제자업(製瓷業)은 동파(冬破)를 피하기 위하여 12월에서 2월~3월까지는 쉬었으므로, 동절기의 생계비는 춘·하·추 8개월 남짓한 임금 가운데에서 보충해야 되었으므로 월평균 8전 정도였다는 계산이 된다. 만일 1가 5구로 계산하면 최소한 매월 1석 2두가 필요하고, 이를 값으로 치면 6전에 해당되며, 나머지 2전은 기타의 생활비로 충당해야 했다. 한편 청대에는 원기배공(圓器坯工)은 월평균 쌀 1.84석, 탁기고장(琢器高匠)은 쌀 약 3.5석, 화공(畫工) 고수(高手)는 쌀 약 6석으로 비교적 높은 수준이었으나, 저급 기능인이나 단순 노동을 하는 일반 용공은 이보다 훨씬 낮은, 약 1.4석 수준이었다. 다만, 이들 전체의 용공에게는 요호가 별도로 지급하는 식비(월 3두 정도)가 있었다.90) 그러므로 명청시대에 민요의 용공들 가운데, 조배공(造坯工)과 청화공(靑畫工) 등 고급 기능인은 그런대로 살만하였으나, 저급 기능인이나 상공부·사토부등 단순 노동자들은 대단히 어렵게 살았다.

그런데 이들 용공들 가운데 절반 정도는 농·공 미분(未分) 상태, 즉 계절노동을 하였고, 나머지 절반 정도는 농촌으로부터 완전히 유리되어 경덕진에 상주하였던 것으로 생각된다. 즉,

   ⑴ (요업의) 작업에 필요한 노동력은 민력(民力)에 의지하는 것입니다. 그런데 민은 금년의 수재로 논밭은 모두 유실되고, 알곡은 못쓰게 되었으니 도무지 어떻게 할 도리가 없습니다.91)

   ⑵ 경덕진은 현성에서 20리[약 10㎞] 떨어진 곳에 있다. 도창(陶廠)이 있어 상공인

給銀四分, 中手給銀三分"이라 하고 있다.

90) 梁淼泰, 1991, pp.93~95, 116~118, 200~205, 211; 佐久間重男, 1964, pp.269~270. 한편, 唐英, 「陶冶圖說」, 朱琰, 『陶說』卷1, 說今에는 乾隆年間(1736~1795)의 정황을 "每月工直三錢, … 夜至二更者倍之, 老幼殘疾, 借此資生焉"이라 하고 있는데, 民窯의 造坯工의 임금으로는 너무 낮은 수준이다.

91) 道光『浮梁縣志』卷8, 食貨, 陶政, 「隆慶五年都御史徐栻疏題稱」, p.166.

이 수없이 모여들고 망명인이 잔꾀를 부리므로 온전히 다스릴 수가 없다. 〔도공
들은〕 작업이 시작되면 일자리를 찾으려고 서로 다툭〔어 들어오〕고, 일이 끝나
면 조수(鳥獸)와 같이 흩어진다.[92]

고 하고, 청대에도 "틈이 나면 논밭을 돌아보고 싶다"[93]고 한 내용은 농·
공 미분 상태를 표현한 것이라 생각한다. 근년의 연구에 따르면, 이들 농·
공 미분 상태의 용공은 대개 도자업을 시작하는 3월 이후에 점차 경덕진
으로 모여들어 5~6월경에 제일 많아지고, 11월 이후 도자업이 정지되면
고향에 돌아가 해를 넘기는 경우가 40~50%나 되었다.[94] 또 한편, 명 중
기의 기록에 "경덕진 백성은 도자를 생업으로 하는데, 모여드는 용공이 만
여 인에 이른다"고 하였고, 옹정년간의 기록에도 "경덕진에는 사방에서 기
술로 먹고 살려는 사람들이 쏟아져 들어온다"[95]고 하였고, 강희~건륭년간
의 당영도 "공인과 인부가 수십여 만이나 되는데, 모두 다 도자에 의지하
고 있다"[96]거나 "공인과 인부가 수십만이나 될 만큼, 도자업으로 먹고 사
는 사람이 많다"[97]고 한 것에서 보는 바와 같이, 농토에서 완전히 분리된
용공도 많았다.

그리고 농공 미분 상태이든, 아니면 농촌에서 완전히 유리되어 경덕진에
유입한 용공이든, 이들 용공들은,

(1) 경덕진은 강서성의 거진이다. … 원근 사방에서 기능으로 벌어먹고 살려는 사람
들이 수없이 모여든다. 그 가운데, 젊어서는 자기의 기능으로 살다가 늙으면 의
탁할 곳이 없는 사람도 있고 아내와 아이들이 병들었으나 어떻게 할 능력이 없

---

92) 王世懋, 『饒南九三府圖說』(萬曆刊本)
93) 沈嘉徵(雍正末~乾隆 初의 浮梁縣 知縣), 「窯民行」, 道光 『浮梁縣志』 卷21, 藝文, 詩錄.
94) 新編 『景德鎮市志』, p.84에 "冬春之交, 工人回籍度歲遷出或十之四五, 三四月間逐漸來
    鎮, 至五六月增至最高度, 十一二月間漸有遷移出境者"라 하고 있다.
95) 謝旻, 「廣濟堂記」(雍正8年), 道光 『浮梁縣志』 卷5, 公署, 廣濟堂, p.77.
96) 道光 『浮梁縣志』 卷8, 食貨, 陶政, 「陶冶圖編次」.
97) 朱琰, 『陶說』 卷1, 說今, 「陶冶圖說」.

어 더욱 고달프고 피곤하게 떠도는 사람도 있다. 그 땅은 좁고 사람은 많다. 상인들은 대개 셋방살이를 하고 장사에는 사소한 것에도 [이해득실을] 따지기 때문에, 늙고 병들어 일할 수 없는 자를 만나면 두려워하여 이내 버리고 만다. … 아! 이 가난한 용공들은 이미 돌아갈 곳이 없고 타향에는 또한 의지할 곳도 없으니, 늙으면 병들고 병들면 죽을 수밖에 없다.[98]

⑵ 경진 … 공장은 팔방에서 오고, 도자기는 전국으로 [팔려] 나간다. 도업은 많은 사람을 먹여 살리건만 일자리는 쉽게 얻을 수가 없다. 부자들은 이익을 남겨 재물을 늘리지만 가난한 공인은 몸소 호구를 해결해야 한다. … 틈이 나면 논밭을 돌아보고, 말에 안장 달고 남산으로 가고 싶구나. … 몸은 도공 일을 한지 오래 되었지만 용공은 [아직도] 주인에게 의지한다. 요호는 도창 출신 노인인데, … 조반으로 빈속을 채우면서도 감히 나물을 달라고 하지 못한다. 공임이 싸서 여유가 없고 타향에는 친구가 없어, 용공 살이 20년에 병들고 늙어 재해만 만나는구나. 살아서 죽을 떠줄 사람도 없는데 죽어서 관에 장식해 주길 바랄 손가. … 속히 명향(冥鄕)으로나 가고 싶구나.[99]

라고 한 바와 같이, 대부분 그날 벌어 그날의 호구를 해결해야 할뿐 아니라, 항상 실업·질병·가정대사·재해 등의 위험이 도사리고 있었으므로, 생활은 대단히 불안하고 어려울 수밖에 없었다. 그리고 위의 인용문에 나오는, "가난한 용공들은 이미 돌아갈 곳이 없고 타향에는 의지할 곳도 없으니 늙고 병들고, 병들면 죽을 수밖에 없다"거나 "공임이 싸서 여유가 없고 타향에는 친구가 없어, 용공 살이 20년에 병들고 늙었다"는 표현에서 보듯이, 이러한 어려움은 농토로부터 완전히 유리된 용공들이 농공 미분(未分) 상태인 용공보다 오히려 더했을 것으로 생각된다. 뒤에서 다시 설명하겠지만, 경덕진은 "오방 사람들이 잡처하는 곳으로, 의지할 데가 없는 사람이 많고", 무의탁 객사자가 많았으므로, 옹정8년에 경덕진 내외의 신사들과 경덕진에 진출한 많은 상인들이 광제당(廣濟堂)을 설립하고 의도(義渡)·의관

---

98) 謝旻, 「廣濟堂記」(雍正8年), 道光 『浮梁縣志』 卷5, 公署, 廣濟堂, p.77.
99) 沈嘉徵, 「窯民行」, 道光 『浮梁縣志』 卷21, 藝文, 詩錄.

(義棺)·의총(義塚) 등을 마련하였던 원인도 경덕진 용공들의 그러한 어려운 삶 때문이었다.

그러면 용공을 고용하는 요호의 생활은 어떠하였던가? 요호 가운데에는 용공 수십 명을 고용하는 대요호(大窯戶)도 적지 않았다.[100] 명기(名器)로 이름난 가정·융경년간의 최공요(崔公窯), 융경·만력년간의 주요(周窯), 만력년간의 호공요(壺公窯)[101] 등은 모두 대요호로 성장한 사례이다. 명말 휘주인 오명관[102]·주단천[103]·부량인 호십구[104] 등은 신사와 마주앉아 대등하게 교유할 정도로 대요호로 성장한 사례였다. 도창 출신으로 옹정·건륭년간에 활동했던 풍반도 대요호였다.[105] 또한 합자나 합족(合族)으로 요창(窯廠)을 설립하는 사례도 있었다. 명 후기에 원기배방(圓器坯房) 한 곳을 설립하는 데는 은 160냥 정도가 소요되었으므로, 한 사람이 설립하기는 매우 어려운 일이었기 때문이다. 도창 출신 여금병은 종족이 연합하여 요창을 운영하여 대요호로 성장하자 독립해서 배창(坯廠) 두 곳을 새로 사들이기도 하였다.[106] 바꾸어 말하면 "도자업을 바라고 모이는 자들이 매일 수천 명이고, 요호는 대개 이로써 치부한다"[107]거나, 또 강희년간에 경덕진에 진출하여 도자업으로 성장해서 '망족(望族)'이 된 풍씨 종족의 사례는 이러한 내용을 전하는 것이다.

그러나 또 한편, "실제로는 부호는 한 집도 없다"고 한 것, 아니면 명말의 소설 『성세항언』에 보이는 주인공 구을대와 양씨 부부의 일화[108]를 보거나,

---

100) 道光『浮梁縣志』卷2, 風俗, 「景德鎭風俗附」에 "鎭官民窯戶, 每窯一座需工數十人"라 하였고, 앞에 나온 내용 중에도 "富戶利生財"하는 경우, 혹은 "陶戶坯作人衆, 必用首領割之"하기 위해 坯房頭를 두는 경우 등이 지적되었다.

101) 『陶錄』卷5, 「景德鎭歷代窯考」.

102) 『陶錄』卷10, 「陶錄餘論」.

103) 『陶錄』卷8, 「陶說雜編」(上).

104) 梁淼泰, 1991, p.87.

105) 『都昌南峰馮氏宗譜』卷1(梁淼泰, 1991, p.186에서 再引)

106) 梁淼泰, 1991, pp.164·168.

107) 朱琰, 『陶說』序首.

108) 馮夢龍, 『醒世恒言』卷34, 「一文錢小隙造奇冤」에 "鎭上百姓, 都以燒造磁器爲業, 四方商賈, 都來載往蘇·杭各處販賣, 儘有利息. … 就其中單表一人, 叫做丘乙大, 是个窯戶, 渾家楊氏, 善能描畫, 乙大做就瓷坯, 就是渾家描畫花草人物, 兩口俱不吃空, 住在

또는

> 경덕진에서 요호를 개설한 공창(工廠)은 소자본으로 경영하는 경우가 많고 큰 자본을 가진 사람은 거의 없다. 공인으로 돈을 조금 모으면 바로 요창(窯廠)을 개설하여 창주(廠主)가 되고, 창주가 망하면 일꾼으로 전락하기도 한다.[109]

는 청대의 기록을 보면, 도자업으로 돈을 모아 대자본가로 성장한 사람은 그리 많지 않았던 듯하다. 오히려 대부분의 요호는 가족단위이거나 자본이 영세한 소경영자로서, 필요할 경우 몇 명의 용공을 고용하는 정도의 소규모 경영이었을 것이라고 생각한다. 그 때문에 만력년간의 분수(分守) 독운관(督運官) 왕세무가 "거민이 부요하여, 자제들은 대개 학교에 입학하지만, 도자기의 이익에 빼앗겨서 과거에 합격자는 거의 없다"고 한 것이다. 바꾸어 말하면, 요호주는 자제를 학교에 입학시킬 수는 있었지만, 거업(擧業)의 궁극적인 목표인 과거에 합격한 자는 거의 없었다. 그것은, 뒤에서 설명하겠지만, 도자업에서 나오는 이익의 대부분을, 외래의 대상인들이 독점하였기 때문이었다.[110]

그러므로 명청시대에 경덕진의 대다수 용공의 생활은 대단히 불안하였고, 요호도 대개는 소자본 경영자로서 대상인의 지배를 받는 존재였다. 그런데 그

一个冷巷里, 俱家度日"이라 하고 있다. 주인공 邱乙大는 瓷坯工으로서 窯戶를 개설하고, 그의 처 楊氏는 青畵工으로서 부부가 모두 기능을 가지고 가족단위의 경영을 하였지만 그리 여유 있는 생활은 못되었던 듯하다. 이 내용은 비록 소설이지만, 명말청초 경덕진의 전형적인 가정 製瓷 수공업자의 상황을 묘사한 것으로 보아도 좋을 것이다.

109) 彭澤益, 1962(3), p.119.

110) 曹國慶, 1987; 梁淼泰, 1991. 아무튼, 경덕진의 窯戶들은 도자기를 생산하여 어느 정도 부를 축적해가는 과정에서, 자제를 下層 紳士인 士人으로 진출시키고 나아가서는 관료로까지 진출시키려 하였다. 이것은 陶戶들이 도자업의 재생산과 발전을 추구하면서도, 또 한편으로는 수직적 사회이동(vertical mobility)을 통하여 사회적 지위의 상승을 시도한 것을 의미한다. 이러한 시도는 휘주상인·산섬상인을 위시하여 명청시대의 무수한 商帮들에게서도 나타나는 일반적인 현상으로서(張海鵬·張海瀛, 1993 참조), 전통시대 중국사회의 地位志向性(status orientation)을 웅변해 주는 현상이었다.

러한 상황에서도 용공과 요호 사이에는 계층이동도 자주 일어났다. 위의 인용
문에서 보는 바와 같이, 용공→요호뿐 아니라 요호→용공으로, 그 지위가 수
시로 반전되기도 하였다. 청대에 도창 출신으로 경덕진에서 성공하였던 강응
옹·강학성·풍융충·풍궁등·풍융항·풍융서 등 여섯 용공의 사례111)는 적빈(赤
貧)→도공(陶工)→대요호(大窯戶)로 성장하거나 치부한 경우이다. 또한 청말 경
덕진의 도창인 가운데 유영·여수태·유정강 등은 적빈 용공으로 시작하여 대
요주로 성장하였는데, 치부한 뒤에는 가족과 인근에게 많이 베풀고 관학과 서
원 중수를 돕고, 도로와 교량을 수축하고, 자제를 공부시키거나 연납(捐納)으
로 예공생을 배출하는 등, 공익사업에 참여하면서 자기들의 사회적 지위와 영
향력을 제고시켰다.112)

2. 民變과 그 性格

경덕진은 이렇게 명청시대에 꾸준히 성장해 간 도시였으므로, 외면적으로
는 대단히 역동적인 도시였지만 내면을 보면 오히려 복잡한 사회불안 요소를
안고 있었다.『부량현지』에 따르면,113) 만력년간부터 경덕진 사회가 상당히
불안하여 고주(雇主)와 도공 사이에 소송 풍조가 만연하였다. 경덕진 거민의
구성은 대단히 복잡하였으므로, 각종 이해관계 때문에 충돌이 수시로 발생할
수 있었다. 더구나 토착인들의 눈으로 보면, 외래인들은 대부분 '도자를 통해
이익을 얻으면서도 세금은 납부하지 않는' 부류로 생각하여 배타적인 감정을
품고 있었다.114) 한편, 외래인들은 경덕진에서 여러 가지 문제를 일으킨 뒤
상황이 불리해지면 고향으로 도망해 버리기 일쑤였다. 그러므로 혹시 천재지

---

111) 梁淼泰, 1991, pp.168, 183, 384

112) 同治『都昌縣志』卷9(梁淼泰, 1991, p.384에서 轉引)

113) 康熙『浮梁縣志』卷4, 賦役, 「陶政」, pp.413~415 참조.

114) 명대에는 엄격한 原籍發還主義 원칙 때문에, 이동해 간 지역의 인구에게 세역을 부
　　과할 수 없었다. 더구나 유동인구가 많은 도시에서는 외래 인구를 파악하기가 대단
　　히 어려웠고, 또 지방관부에서는 일부러 파악하려는 의지도 없었다. 이러한 현상은
　　명청시대에 市鎭이 총생한, 강남지역에서도 동일하였다. 吳金成, 2007-A, 제3편 제
　　1장 참조.

변으로 요업이 중단되거나 흉년이라도 들면, 요호와 용공 사이, 아니면 고향
이 각기 다른 외래인들 사이에 이해와 의식의 대립이 격화되기 쉬워서 예상
할 수 없는 소요나, 소송사건이 발생하였다. 그러므로 요주와 용공의 관계는
대단히 불안하였고 자연히 경덕진의 치안상태도 그다지 좋지 않았다.

　이러한 원인 때문에, 명청시대에 경덕진에서는 수많은 민변과 파공·파시가
발생하였다. 즉 15세기 말, 가정19년(1540)·26년·36년, 만력25년(1597)·27년·
29년·30년·32년, 강희50년(1711), 건륭원년(1736)·건륭초년·건륭년간, 가경원
년(1796), 도광원년(1821)·30년·도광년간, 광서2년(1876)·30년, 민국9년(1920)·
12년·16년에 각각 민변이나 파공·파시 사건이 있었고, 그 밖에 확실한 연대
가 알려지지 않은 민변도 많았으며, 청대에는 특히 파공·파시 사례가 수없이
많았다.[115] 이제 그 가운데 비교적 내용이 상세하게 알려진 명대의 몇 가지
사례를 분석해 봄으로써, 명청시대의 경덕진 사회와 주민 생활의 실상 및 역
사적 성격을 음미해 보기로 하겠다.

　명대에 경덕진에서 발생한 민변은 크게 두 유형으로 나눌 수 있다. 그 하나
는 경덕진 내 백성들 사이의 이해관계, 주로 요호와 도공 사이의 대립과 모순
때문에 일어난 계투(械鬪; 집단투쟁) 성격의 분쟁이었고, 다른 하나는 반광세
사(反礦稅使) 민변이었다.

　먼저 진내 백성들 사이에 일어났던 집단투쟁 성격의 소요를 보기로 하자.
경덕진에서는 이미 15세기 말에 진민 사이에 소란이 있었으나, 지현 좌보가
'잘 타일러' 해산시킨 사건이 있었다.[116] 그리고 가정19년(1540)에는 경덕진
에서 수재로 요업이 정지되자 용공으로 일하던 악평현인들이 약탈한 사건이
있었다. 즉,

　　⑴ 가정19년, … 5월 23일, 교룡이 큰 물을 내어 24일에는 … 가옥이 유실되고 익사

---

115) 『陶磁史稿』, 1959, pp.238~241; 梁淼泰, 1991; 中國人民大學淸史硏究所, 530~533; 邱
　　國珍, 1994, p.1; 巫仁恕, 1996; 『景德鎭市志』 pp.26~33; 佐久間重男, 1964 등 참조.
116) 左輔는 弘治9(1496)년 진사로 弘治12년에 부량지현으로 부임하였다. 康熙 『浮梁縣
　　志』 卷5, 官師志, 官制 참조.

　　자가 매우 많았다. 신해에 … 악평현민이 변란을 일으켜 부량현민과 서로 원수
　　같이 죽였다.117)

　(2) 가정 19년(경자년) 5월 26일, 수재가 있은 후에 쌀값은 폭등하고 (경덕진의 요업
　　이 정지되니) 진에 있던 악평인이 약탈을 자행하였다. … 순무 왕위와 부사 양소
　　방이 그 실정을 살핀 후 창고의 양식을 내어 구제하니 진민이 겨우 안도하였다.
　　〈왕백이 편지를 보내 그 일의 실정을 밝혔다.〉118)

　(3) 가정19년에 큰 홍수가 나고 부량과 악평민이 서로 경쟁적으로 민중을 모아 서로
　　죽이고 약탈하였다. 부사 양소방이 지혜롭게 처리하여 오랜 뒤에 진정되었다.119)

　(4) 가정19년(경자년) 여름에, 우리 현에 큰 물이 나서, … 경덕진에서도 가옥이 수없
　　이 침수되고 익사자 또한 수없이 많았다. 양식 판매가 끊겨 기아에 직면하자 약
　　탈하여 먹었다. 3일이 지나자 진에 살던 악평인이 난을 일으켰고, 진민이 서로
　　싸워 사망자가 많았다. 마침 공〔(公); 부사 양소방〕이 순찰하러 와서 관창의 곡
　　식 약간과 은 약간을 내어 (구제하고), 피해의 경중에 따라 나누어 주었다.120)

　(5) 강서 악평현민은 일찍부터 부량현〔경덕진〕에서 용공으로〔일해오던 중〕흉년이
　　들어 먹을 것을 구하기가 어려워졌다. 부량민은 그들에게 임금을 주지 않고〔오
　　히려〕몰아내니 드디어 겁탈하게 되었다. 두 현의 흉악한 백성들이 각각 1,000
　　여 명씩이 모여 서로 원수같이 살육하였다.121)

고 한 기록들에서 보듯이, 그 해 5월 하순에 강서 동북지방에 발생한 대홍
수로 말미암아 경덕진 일대가 침수되어 수많은 가옥이 유실되고 다수의
익사자가 발생하였다. 더구나 경덕진 내의 양식이 고갈되어 쌀값이 앙등하
자, 굶어죽을 위기에 몰린 악평현 출신 용공들이 집단적으로 약탈을 자행

---

117) 康熙 『浮梁縣志』 卷2, 天文志, 祥異.
118) 康熙 『浮梁縣志』 卷2, 天文志, 兵燹,. 〈 〉부분은 道光 『浮梁縣志』 卷18, 武事, p. 421
　　에 의거하여 보충함.
119) 康熙 『浮梁縣志』 卷4, 賦役, 陶政, p.413. 原文에는 '嘉靖16年'으로 되어 있으나 이는
　　분명한 오류이다.
120) 盧瓊, 「楊副使廟碑記」, 康熙 『浮梁縣志』 卷8, 藝文.
121) 『世宗實錄』 卷250, 嘉靖20年 6月 辛酉條; 『世宗實錄校勘記』, p.1461.

하였고, 이것이 진민 사이에 서로 격살하는 난투사건으로 발전되었던 것이다.[122] 위에 소개한 다섯 종의 사료를 종합해 보면, 당시 경덕진 내에 지배적인 위치에 있던 부량현 출신의 요호들도 대개는 소업주로서 용공(도공)에게 공임을 주지 못하는 일이 자주 있었던 터에, 심각한 수해를 당하여 도자기 생산을 중단할 수밖에 없었으므로, 그들에게 고용된 용공들에게 응당 지불해야 할 임금을 주지 않고 오히려 해고해 버렸다. 그러자 이들이 고용하였던 가난한 악평현 출신 용공들이 그러한 처사에 항의하여 봉기한 것이었다. 그런데,

> 경덕진의 홍수로 유민 실업자가 된 것은 악평과 파양인이 반반인데도, 악평인은 그 기회에 도적질을 하였다. … 파양인은 모두 참고 귀향하여, 사단을 일으킨 사람은 하나도 없었다.[123]

고 한 기록을 보면, 이때 실업의 위기에 몰린 용공은 비단 악평인만은 아니었으나 유독 그들만이 봉기하였던 것이다. 여하튼 악평 출신 용공들이 봉기하자, 부량현 출신 요호들도 무리를 모아 방어하였으므로, 양측이 각각 1,000여 명을 동원하는 집단 난투극이 일어나게 되었다.[124]

그런데 이상의 민변의 전개 과정에서 주목해 보아야 할 점은 귀향해 살던 신사 왕백(汪栢)의 행동이다. 신사 왕백은 가정19년(1540)의 민변에 대하여 순무도어사 왕위(王暐)에게,

> 부량현의 금년은 대단히 불행한 해입니다. 대홍수로 인해 굶어죽은 자가 수십

---

122) 앞에서 서술한 바와 같이, 당시 경덕진의 거민은 10만여 명(盧瓊,「楊副使廟碑記」, 康熙『浮梁縣志』卷8, 藝文)이었고, 그 가운데 용공이 1만여 명(『世宗實錄』卷240, 嘉靖19年8月戊子條)이었는데, 용공 가운데에는 樂平人이 많았던 듯하다.

123) 汪栢,『靑峰文集』卷5,「送白野徐公之揚州任序」(梁淼泰, 1991, p.37에서 再引)

124) 康熙『浮梁縣志』卷4,「陶政」, p.400에는 "陂塘靑産于樂平, 嘉靖中樂平格殺, 遂塞"이라 한 것을 보면, 이 때의 械鬪로 말미암아 그 때까지 경덕진에 靑料를 공급하던 樂平 陂塘靑이 두절되었던 것 같다.

인이나 됩니다. … 이어서 일어난 악평유민의 화는 170여 년 동안 없었던 일입니다. … 그들은 모두 양민인데 처음에 기아의 위기에 몰려 난을 일으킨 것입니다. … 현재의 계책은 악평인[의 죄과를] 가볍게 책하는 것입니다. … 경덕진은 수재가 난 후 요업이 정지된 지가 거의 3개월이나 되므로, 비단 악평의 유민만 실업한 것이 아니고, 경덕진의 거민 역시 실업하여 생활이 어려운 사람이 많습니다. 다행히 현재는 쌀값이 그리 비싸지 않습니다만 [이런 상태는] 오래 가지는 못할 것입니다. 사방은 산이 많고 농토는 모자라기 때문에 거민은 땔나무를 팔아 살아가는 사람이 많은데, 이미 수개월 동안 [나무를] 팔지 못하였습니다. 그런데도 당도(當道)께서 급히 경덕진의 거민을 치죄하신다면, 열심히 살아가려는 마음이 상할 것이고, [그렇게 하여] 만일 실업자의 분노가 폭발이라도 한다면, 아마도 [그 기세가] 악평 사람 못지않을 것입니다. … 이제 귀공께서 친히 오셔서 실정을 아셨으니 반드시 선처가 있기를 바랍니다. … 소요를 일으킨 악평의 굶주린 백성에게 특별한 은혜를 베푸셔서 그 두목은 참하시고 나머지는 용서하신다면, [악평인과 부량 용공이] 서로 태연하여 무사할 것입니다.125)

라는 내용의 서신을 보내, 소요의 주동자만 처단하는 선에서 악평 난민의 선처를 부탁하였다.126) 그리고 순무도어사 왕위는,

경덕진은 거민이 도자기를 업으로 삼는데, [일자리를 따라] 모이는 용공이 만여 명에 이릅니다. 마침 큰 물이 나고 먹을 것이 떨어진 때문에 겁략하게 되고 촌진(村鎭)이 폐허가 되었습니다. … 경덕진에는 부(府)의 보좌관 한 명을 보내서 상주하며 감독케 하시고, 실업한 용공을 불러 모아 별도로 묘강에 요창(窯廠)을

---

125) 汪栢, 「上王巡撫書」, 康熙 『浮梁縣志』 卷8, 藝文, 書.

126) 王暐가 汪栢의 서신을 받고 선처한 것인지는 확실치 않다. 그러나 앞에서 서술한 바와 같이, 道光 『浮梁縣志』 卷18, 武事, p.421에 "嘉靖十九年, … 汪栢有書陳其事"라 하고 있고, 또한 康熙 『浮梁縣志』 卷7, 人物志, 名臣에 "汪栢, 字廷節, 下田人, 幼有文名, 十九領鄕薦, 嘉靖辛卯(=10年)鄕試, 登嘉靖戊戌(=17年)進士. … 授大理評事, 遷光祿寺丞 … 浙江布政使, 尋致仕. … 家居時, 邑有景(德)鎭樂(平)民之變, 栢爲上書王(暐)巡撫, 調平之"라고 한 기록을 종합해 보면, 아마 그랬을 수도 있다고 생각한다.

개설하여 안정시키십시오[127)]

라고 선후책을 상주하여 '그렇게 하도록' 재가를 받았다. 악평인의 겁략난동과 그에 따른 부량·악평 두 현 사람들 사이의 계투에 대해서, 관부에서는 오히려 "곡식을 내어 도와주라" 혹은 "상평창의 곡식과 관탕금을 내서, 재해를 당한 경중에 따라 차등 지급"하라는 지시를 내렸고, "실업한 용공을 모아, 묘강에 별도의 공장을 세워 일하게" 할 수밖에 없었다. 바꾸어 말하면, 이때의 소요는 탄압보다는 잘 타일러 안주시킬 필요가 있는 상황이었다. 그 대신, 조정에서는 요주부 통판 장즙·악평 지현 이유효에게 각각 탈봉(奪俸) 3개월의 조치를 내렸다.[128)]

　명청시대의 신사는 사적으로는 개인의 사리를 추구하는 행동도 많았다. 그러나 공적인 면에서 보면, ① 향촌사회에 대해서는 국가통치의 보좌역으로서, ② 국가권력에 대해서는 향촌여론의 대변자로서, 그리고 때로는 ③ 국가권력과 향촌이해의 조정자로서, 다양한 역할을 담당하였다. 신사는 공·사 양면성을 다 가진 존재로 명청사회에 순기능과 역기능을 동시에 연출한, 사회의 지배층이었다.[129)] 그런데 이때 왕백의 행동은 바로 국가권력과 향촌사회의 조정자라는 신사의 소임에 충실한 것이었다. 바꾸어 말하면, 경덕진과 같이 급격히 발전해 가던 상공업 도시에서도, 향촌사회에서와 비슷하게 신사의 사회적 영향력은 중요하였다. 만력년간의 왕세무가 경덕진의 "거민이 부요하여 자제들은 대개 학교에 입학하지만, 도자기의 이익에 빼앗겨서 과거 합격자는 거의 없다"고 한 내용에서도 알 수 있듯이, 요호 등 도자기 생산자들이 자제를 학교에 입학시켜 하층 신사인 사인(士人)을 배출하고 나아가서는 거업에 열의를 쏟게 한 이유도 그 때문이었다고 생각한다.

　한편, 만력30년(1602)과 32년에는 다음과 같이 좀 색다른 사건이 일어났다.

---

127) 『世宗實錄』 卷240, 嘉靖19年 8月 戊子條.

128) 『世宗實錄』 卷250, 嘉靖20年 6月 辛酉條; 『世宗實錄校勘記』, p.1461.

129) 吳金成, 1986.

⑴ 만력30년에 또 다시 홍수가 나서 가옥이 물에 휩쓸리고 다친 사람이 수없이 많았다. 창강 가의 요호가 모두 무너져서 용공이 의탁할 곳이 없게 되었다. [이 기회를 이용하여] 무뢰들이 시장 거리에서 소란을 피웠다. 지현 주기원이 양식 값을 엄격하게 통제하니, 다행히 안정되었다.130)

⑵ [만력]32년에 요주부 일곱 현 사람들이 함께 도창인과 싸웠다. 도창은 소송을 잘 하는 곳이었으므로, [7현의 용공들이] 징을 치고 팔을 걷어붙이고 도창인을 쫓아 내자고 한 것이다. [이때]무뢰들이 그 틈을 타서 약탈하였다. 마침 통판 양론이 와서 보갑법을 잘 설명하고 반드시 실행할 것을 약속하니 민심이 숙연해졌다.131)

이 두 사건을 통해서 다음 두 가지 사실을 알 수 있다. 첫째는, 만력32년 (1604)에 있었던 사건, 즉 요주부 소속 7개 현 출신 도공과 이웃 남강부 도창현인 사이에 일어난 분쟁의 성격 문제이다. 이 사건의 구체적인 배경은 알 수 없지만, 당시의 정황을 보거나, "떠돌아다니는 실업자가 악평과 파양인이 반반인데 악평인이 기회를 보아 도적으로 변하였다"고 한 가정 19년의 내용 및 "그곳에는 소송사건이 많다"고 한 것을 통해서 다음과 같이 추측해 볼 수 있다. 즉, 인구 10여 만에 용공이 수만에 달하던 경덕진 에서는 조금만 불안하여도 용공들이 쉽게 작업을 정지했으며 이에 얽힌 소송사건도 자주 일어났다. 그런데 이때는 아마도 동향의식과 종족의식을 배경으로 하여 강력한 응집력을 가졌던 도창적인(都昌籍人)들이 경덕진에서 강력한 세력으로 성장하여, 대다수는 요호로서 경제력을 좌우하게 되자, 토착 부량인을 위시한 요주부 일곱 현의 사람들이 합심하여 궐기하였다. 요주부 7개 현민은 경덕진에서 "도자업에 매달려 목숨을 이어간다"는 내용, 혹은 "일꾼들은 주인에게 의지하는데 도자업 주인은 도창사람"이라 한 심가징의 시 「요민행(窯民行)」은 그러한 정황을 전해주는 것이다. 생각해 보면, 불과 50여 년 전인 가정19년에는 토착인과 악평인 사이에 분쟁이 있 었다. 그런데 그로부터 50여 년이 지난 만력년간에 이르면 도창인은 대개

---

130) 康熙 『浮梁縣志』 卷4, 賦役, 陶政.

131) 同上 註.

요호로서 경덕진의 도자업에 강력한 영향력을 행사하게 되었으므로, 이제
는 요주부 각 현민 사이의 이해관계는 모두 접어둔 채, 오히려 합심하여
도창인에 대항해야 할 정도가 되었던 것이다. 그런데, 앞에서 살펴본 것처
럼, 도창현 출신이 경덕진 요업계를 주도하는 이러한 현상은 청대에도 계
속되었다.

　둘째는, 만력30년 5월과 32년 사건에서 다 같이 보이듯이, 수재가 나거나
진민 상호간의 분규 등 진 내의 사회가 불안해진 것을 기회로 무뢰들이 소요
를 일으키려 하거나 약탈하는 사건이 있었다. 뒤에서 자세히 설명하겠지만,
명 중기 이후 중국 모든 지역, 특히 급격히 성장하여 가던 도시사회에서는 무
뢰의 존재가 점차 심각한 사회문제로 등장하였는데,132) 경덕진에서도 예외
없이 나타나고 있었던 것이다.

　한편, 이러한 사건이 일어날 때마다, 명조에서는 수재민들에게 식량과 은
량을 나누어 주고 사망자를 장례하고 부상자를 치료케 하는 한편, 흩어진 사
람의 복귀를 호소함으로써 민심의 수습을 도모하는 동시에 난투극을 벌인 당
사자들을 안무하는 방법을 취하였다. 또한 경덕진 부근 묘강에 새로 요를 개
설하여 실업한 용공들의 일자리를 마련해 주었다(前述). 그리고,

> (가정)36년에 추관 범영관이 관영(官窯) 도자기 공장 감독서리로 와서 규정을 엄
> 격히였으므로 무뢰들이 대단히 두려워하였다. 43년에 통판 진학건이 리(里)마다
> 약부(約副) 네 명을 두어, 도적을 잡고 다른 현민(縣民)으로 범죄하고 귀향하는
> 자도 끝까지 추적하도록 엄령을 내렸다.133)

고 하고, 만력32년에도 통판 양론이 "보갑법을 밝혀 엄격히 시행"한다고
약속하였듯이, 항구적으로는 보갑제와 향약제를 병행하여 진내의 사회질서
를 유지하려 하였다.134)

---

132) 吳金成, 2007-A, 제3편 제2장, 「黑社會의 主人, 無賴」 참조.
133) 康熙『浮梁縣志』 卷4, 賦役, 陶政, pp.413~414.
134) 명 중기부터, 중국 각지에서 里甲制가 이완되고 농민이 유산될 뿐 아니라, 禁山區에

민변의 또 하나의 유형은 경덕진 요호에 대한 국가권력의 부당한 압력에 대하여 진민이 결속하여 일으킨 반항 사건, 즉 반환관(反宦官) 민변이었다. 먼저 만력25년(1597)에는, '순검(巡檢) 방하가 환관의 위임을 받아 도자공장을 감독한 것을 기화로 형벌을 엄격히 적용하자, 도공과 진민이 합세하여 감독관 사무실을 방화하는 민변'이 일어났다.[135]

그리고 만력27년(1599)에는 이촌(里村)의 세습 장적(匠籍) 가문의 도공 동빈(童賓)의 자살사건과 이를 계기로 한 민변이 있었다.[136] 명조는 재정 압박을 보충하기 위해서 은광산의 개발, 상세(商稅) 징수 등의 명목으로 환관을 전국에 파견하였다. 이것이 소위 악명 높은 "광세의 화[鑛稅之禍]"였다.[137] 이때 경덕진에도 궁중에서 필요한 자기를 확보한다는 명목 아래 환관 반상(潘相)을 파견하였다.[138] 반상은 경덕진에 도착하여 자신의 수행자나 자신에게 아부하는 자들을 관리로 임명하고, 생산하는 자기의 양식이나 생산 기간을 위반하는 사람은 가혹하게 처리하는 등, 진민을 혹사하였으므로 이들의 불만이 극에 달하였다.[139] 그러다가 만력27년에는, 반상이 요구하는 용항(龍缸)의 소조가 어기창 도공에게는 너무 큰 고역이었으므로, 이러한 반상의 독촉에 견디다 못한 도공 동빈이 불 속으로 뛰어들어 자살하였던 것이다.[140]

서 대대적인 민중 봉기가 만연하자, 陽明이 강서 남부에서 향약과 보갑을 시행하였다.(본서 제1편 제2장) 그 후 명조는 이렇게 와해되어 가는 향촌 질서를 부지하기 위해서 향약과 보갑을 시행하도록 권면하였다.(吳金成, 2007-A, 제1편 제1장; 宋正洙, 1997 등 참조)

135) 康熙『浮梁縣志』卷4, 陶政; 道光『浮梁縣志』卷8, 食貨, 物産, p.159. 원문에는 이 내용에 이어서, "潘太監劾通判陳奇可, 逮赴京死于獄, 鎭民叢雜, 眞犯竟不可索, 有楊信三者, 時在旁觀火, 巡卒獲之, 遂入劾幷逮, 未得釋"이라 하여, 만력29년의 反稅監民變의 내용을 적고 있으나 誤謬이다.

136) 新編『景德鎭市志』, 1991, p.27.

137) 吳金成, 2007-A, 제3편 제3장「환관과 무뢰」참조.

138) 康熙『浮梁縣志』卷4, 賦役, 陶政에, "萬曆己亥(=27年), 礦稅役興, 廠委開採潘大監兼理, 府佐仍董之, 內監駐省, 起運時駐鎭"라 함.『神宗實錄』卷331, 萬曆27年 2月 丙子條 참조. 許懷林, 1993, p.499에서는 "潘相在江西橫徵暴斂, 如關津諸稅一向一半由稅監徵收入內府, 一半歸戶部, 但在江西則全由其收納"이라고 적고 있다.

139) 이것은 종래 요주부 通判을 경덕진에 常駐시켜 치안유지와 민요 감독을 담당토록 하던 관행을 파괴한 것이어서, 진민의 반발이 커진 것이다.

그리고 만력29년(1601)에는 대대적인 '반광세사 민변'이 일어났다. 즉,

9월에 강서 부량현 경덕진에 민변이 있었다. 원한을 품은 백성 만여 명이 광감(礦監) 반상을 죽이려고 창방(廠房)을 불태웠다. 통판 진기가(陳奇可)가 힘을 다해 타일러 겨우 해산시켰다. 〔그러나〕 진기가는 도리어 〔반상의〕 무고로 체포되었다.[141)

고 하듯이, 반상의 그러한 학정을 견디다 못해 원한을 품은 경덕진 거민 일만여 명이 세감 반상을 죽이려고 어기창을 습격해서 방화하는 대사건으로 비화되었다. 대학사 심일관의 상주에 따르면, 반상은 정부에 바치는 자기의 수량뿐 아니라 그 수송을 위한 선박의 건조를 늘려줄 것까지 강서성에 요구하였는데, 이러한 부단한 압박은 마침내 진민을 격발시켜 민변이 발생한 것이다.[142) 호과급사중 소근고·맹성기 등이, "반상이 경덕진에 와서 양민을 자극하여 민변이 일어나자 겨우 몸만 빠져 달아나, 오히려 통판 진기가를 무고하니, 경덕진 사람들이 그의 살을 먹으려 하였다"[143)는 것으로 보아, 당시 반상에 대한 경덕진 사람들이 느낀 증오의 정도를 추측할 수 있다. 이 때 진민은 요주부 통판 진기가가 와서 잘 타일러서 곧 해산하였지만,

〔만력29년11월〕 강서 광감(礦監) 반상이 경덕진 민변의 일로 상소하였다. …

---

140) 江西省歷史學會,『景德鎭製瓷業歷史調査資料選輯』,『童氏宗譜』,「銘十五公長子賓公」(梁淼泰, 1991, pp.41~42에서 再引)에 "太監潘監造御器, 派直望火, 族多畏縮, 公(=童賓)毅然赴公. 無何, 龍缸不成, 百工受累, 公惻然不忍, 于己亥年(萬曆 27年)十一月初八子時, 將身赴火"라 함. 한편 唐英,「陶冶圖說」第二十, 朱琰,『陶說』卷1, 說今에는 "有神童姓者, 窯戶也. 前明燒龍缸, 連歲不成, 中使督責甚竣, 窯民苦累. 神爲衆鏑生, 躍入窯突中以死, 而龍缸卽成. 司事者憐奇之, 建祠廠署祀焉, 稱風火仙"이라 하고, 光緒『江西通志』卷39, 經政略, 陶政에도 "當萬曆中, 奄人潘相勇士, 燒造龍缸, 累不完, 工民受鞭箠, 或苦饑贏. 陶人童賓至以身赴火, 羅其凶毒"이라 함.

141) 文秉,『定陵注略』卷5,「軍民激變」.

142)『神宗實錄』卷379, 萬曆30年 12月 甲午條.

143)『神宗實錄』卷419, 萬曆34年 3月 乙亥條. 蕭近高,「參內監疏」, 康熙『西江志』卷146, 藝文에는 "(潘相)到鎭數日, 遂激變土民楊信三等, 陷擊通判陳奇可等, 以致燒燬御廠, 焚劫御器. 潘相僅以身免, 至今鎭民欲甘心焉"이라 함.

'토호 양신삼이 만여 명을 모아 새로 지은 창방을 불태우고 자기 등을 파괴하였습니다. 통판 진기가는 신(臣)을 [열심히] 구하지도 않고 그들을 체포하지도 않고 [겨우] 하는 흉내만 냈습니다.' 진기가와 양신삼은 모두 금의위로 잡혀 와 심문을 받았다"[144]

라고 하듯이, 세감 반상은 이들을 선동하였다는 명목으로 오히려 진기가를 무고하고, 앞에서 설명한 것처럼 "진민은 여러 곳의 사람이 섞여 살기 때문에, 진범은 결국 가려낼 수 없었으므로", 토호로 지칭되던 양신삼을 폭동의 주모자로 함께 체포해 금의위의 옥에서 옥사케 하였다.[145]

이들 사건은 당시 이미 거민 10만 여에 용공 수만으로 성장한 경덕진의 사회상을 잘 전해주는 내용이다. 회고해 보면, 가정19년에는 토착인과 악평인의 분규, 그로부터 50여 년이 지난 만력30년과 32년에는 요주부 일곱 현 사람들과 도창인의 대립과 함께 무뢰들의 소요도 있었다. 그런가 하면 만력25·27·29년에는 전체 진민이 단결해서 중앙에서 파견한 광세사에 항거하였다. 바꾸어 말하면, 수많은 외래인이 잡거하던 16세기 말 경덕진에서는, 진민 사이, 혹은 토착민과 객민 사이에 자주 대립과 분쟁이 만연하였다. 그러나 국가권력과 대립하게 되면, 토착인이든 객민이든 상관없이, 진내의 거민 전체가 출신지를 가리지 않고 조직적으로 결속하여 대항하였다. 그리고 민변은 여기에 무뢰가 횡행하는 복잡한 양상으로 전개되었다.

한편, 청대에는 특히 파공(罷工)과 파시(罷市) 사례가 많았다. 앞에서 본 것처럼, 강희50년(1711), 건륭원년(1736), 가경원년(1796), 도광원년(1821)·30년,

---

144) 文秉, 『定陵注略』 卷5, 「忤奄諸臣」. 한편, 『神宗實錄』 卷368, 萬曆30年 2月 甲申條에는 "江西稅監潘相·舍人王四等, 于饒州橫恣激變, 致毁器廠, 相証奏, 通判陳奇可不能捕救. 得旨繫逮, 奇可疏自白, 不報"라 하고, 『明史』 卷305, 梁永傳에도 "江西礦監潘相激浮梁景德鎭民變, 焚燒廠房, 饒州通判陳奇可諭散之, 相反劾逮奇可"라 하고 있다. 한편, 『神宗實錄』 卷369, 萬曆30年 閏2月 乙卯條에는 "江西巡按疏請, 免通判陳奇可被逮, 以去冬之景德鎭之鼓譟, 由中士潘相激變, 不當以不救罪奇可也"라 하고 있다.

145) 『浮梁陶政志』에 "萬曆三十年, 景德鎭民變, 稅監潘相激之也"(『陶磁史稿』 p.240에서 再引)라 한 것을 보면, 만력30년에도 반상의 횡포로 말미암은 민변이 있었던 듯하지만 자세치 않다.

광서2년(1876)·30년에 각각 민변이나 파공·파시사건이 있었고, 그 밖에 확실한 연대가 알려지지 않은 파공·파시 사례도 수없이 많았다.146) 경덕진에서는 요주와 도공들이 재계약하기 위하여147) 통상 매년 7월 중원절에 일시 작업을 멈췄는데,148) 이것도 지방관을 긴장하게 하는 중요한 사안이었다. 그뿐 아니라, 앞에서 본 바와 같이, '경덕진에는 사방의 상민(商民)과 상품이 모이고, 요호 외에도 각종 기능인들이 만수(萬數)나 된다. 그들은 대개 타지 사람으로 자기의 힘만 믿고 법을 어기기 일쑤이며, 조금만 기대에 어그러져도 행(行)끼리 모여 파공·파시하고, 떼 지어 노략질을 일삼는데, 그러한 악풍은 도창인이 가장 심하다'149)고 한 기록, 또는,

경덕진의 관·민 요호는 한 곳에 수십 명의 용공이 필요한데, 한 번이라도 거절 당하면 곧바로 서로 짜고 작업을 멈춰 버린다.150)

고 하듯이, 외래 용공들은 배행(坯行)·차배행(車坯行)·화행(畵行)·채행(彩行)·교초행(茭草行)·시행(柴行) 등 작업별로 행회(行會)를 조직하고, 어려운 생활을 견디기 어려울 때마다 파공·파시를 감행하곤 하였다.

그리고 이렇게 지역 출신 사이에 벌어지는 갈등은 민국10년(1921)에도 있었다. 즉 그해 6월에는 경덕진 자업공인(瓷業工人)들이 임금을 올려줄 것을 요구하며 파공 투쟁을 벌였다.151) 민국16년(1927) 5월 13일(양력 6월 12일)에는, 경덕진에서는 강서성 전체를 놀라게 한, '도락계투[都樂械鬪; 도락참안(都樂慘案), 도창 출신과 악평 출신 인민 사이의 집단 투쟁]가 2~3개월이나 계속되었다.152) 그 기간 동안에 경덕진 안의 모든 상점이 철시되었고, 진민은 두려

---

146) 同註 113).

147) 梁淼泰, 1991, p.199

148) 龔鉽(道光年間人), 「景德鎭陶歌」, 彭澤益, 1962(1), p. 273에 "年年七月中元節, 幾處坯房議事來. 每到停工總生事, 好官調護要重開. 〈坯工每年七月歇工, 地方官彈壓爲難, 開工乃安〉"라 함. (〈〉은 割註)

149) 凌燽, 『西江視臬紀事』 卷4, 條敎, 「禁窯廠滋事」.

150) 道光 『浮梁縣志』 卷2, 風俗, 「景德鎭風俗附」.

151) 林景梧·汪宗達, 1989, p.200.

움에 떨어야 하였다. 피해는 상점과 가옥 100여 동이 파괴되었고, 진내의 사상자만 하여도 100여 명이나 되었다. 청말 이래 진에 있던 400여 개의 상방들은 스스로 이를 해결할 능력이 없었으므로, 국민당 강서성정부(江西省政府)에서는 헌병 1개 영(營)을 보내 주둔하며 진압토록 하고 선후책을 강구한 후에야 겨우 평온을 되찾을 수 있었다. 이 사건은 표면상으로는 도창인과 악평인 사이의 계투였지만, 내면적으로는 도방(都幇)과 잡방(雜幇)153) 사이의 투쟁이 있는데, 이들 사이에는 이미 명말 이래 쌓인 해묵은 원한이 폭발한 것이었다. 경덕진 요공들의 파공은 그 후에도 수시로 발생하였다.154)

3. 商人·無賴와 紳士의 存在樣態

경덕진에는 고령토와 연료(燃料)등 도자기 원료의 운반과 자기의 판매 등 요업관계의 상인뿐 아니라 양식과 일용잡화 등의 거래를 위해 수없이 많은 상인이 모여들었다. 도시의 규모가 경덕진에 훨씬 못 미쳤던, 17세기 초의 연산현 하구진에 각지에서 수입된 중요한 상품이 100여 종이나 되었던 것을 보면,155) 16세기 중엽에 이미 인구 10여 만에 용공 수만을 헤아리는 대도시로 성장한 경덕진의 상황을 추측하는 것은 그리 어렵지 않다.

경덕진에서 이루어지는 모든 거래는 아행[자행(瓷行)이라고도 함]이 중개하였다. 즉,

   (1) **도자기 상인이 도자기를 사려면 반드시 먼저 파장두(把庄頭)를 정한다. 모든 것**
      을 그가 관리한다.156)

   (2) **자기를 사려는 객상이 경덕진에 오면 반드시 파장두를 정하여 요호의 자기를 가**

---

152) 邱國珍, 1994, pp.1~2.

153) 樂平·鄱陽·豊城 등 縣人과 撫州·南昌·吉安府人 및 外地·外省人을 合稱하는 것. 行幇에 대해서는 뒤에서 설명하겠음.

154) 高崧, 1947.

155) 萬曆『鉛書』卷1, 食貨書.

156) 龔鉽,「景德鎭陶歌」, 彭澤益, 1962(1), p.280.

려 모아오게 한다. 그 일이 끝나면 파장두는 선부(船夫)를 불러 [자기를 실은 배
를] 저어 창강을 내려가 [파양호에 다다르게 한다].157)

(3) 상인이 자기를 살 때에는 아쾌(牙儈; 아행)가 [매매 쌍방간의] 가격을 흥정하고
비단(批單)을 [교환케 한다.] 교역이 이루어지면 기일을 정해서 상품을 건네주
는데, [이 때에 요호는] 반드시 [자기가 판 자기의 수량을 적은] 자표(瓷票)를
발행하여 [매각] 기수(器數)의 증거로 삼는다.158)

고 한 기록들에서 잘 알 수 있다. 바꾸어 말하면 외지에서 온 도자기 상인
이 경덕진에서 도자기를 사기 위해서는 먼저 아행을 동반해서 요호와 가
격을 흥정하고, 주문계약서를 교환하였고, 이와 함께 파장두(把庄頭)를 고
용해야 하였다.

그러나,

아행과 포호(鋪戶)는 소(小)상인으로 종일을 열심히 벌어 원금과 이자를 헤아리
고 사소한 것까지도 따져서 [겨우] 부모처자를 봉양한다. [그 때문에] 하루라도
벌이가 없으면 모든 식구가 원망하고 탄식한다.159)

고 하고, 앞에서 본 「광제당기(廣濟堂記)」에도 "상인들은 대개 셋집에 살면
서, 저울 한 눈금까지 비교한다"고 하였듯이, 포호나 소상인들은 대부분은
그날 벌어 그날의 호구지책을 해결해야 하는 중소상인이었다.

그 때문에 경덕진의 요호나 아행은 모두 외래 상인자본의 지배를 받았다.
앞에서 살펴본 것처럼 "대상인이 모두 이곳에 모인다"고 하고, 또한 18세기
초에 7년 동안이나 경덕진에 체재한 어느 프랑스 선교사는, '경덕진의 대상인
은 거대한 주택에 살면서 놀랄 만큼 많은 사람들을 고용한다'160)는 기록이 남

---

157) 『陶錄』 卷4, 「陶務方略」.
158) 同上註.
159) 趙吉士, 「爲照値平買以淸陋習示」, 『牧愛堂編』 卷9(梁淼泰, 1991, p.164에서 再引)
160) 邱國珍, 1994, pp.26~27.

아있을 정도로, 경덕진에는 대상인도 많았다. 그리고

> 백토객[白土客; 백토행(白土行), 고령토 상인]의 〔시장〕 장악은 더욱 심하였다. 요호가 마음에 안 들면 객이 판매를 금지하였는데, 〔그러면〕 아무도 감히 요호에게 화물을 팔지 못하였고, 아행이 마음에 안 들면 객은 판매를 금지하였는데, 〔그러면〕 아무도 감히 아행에게 화물을 팔지 못하였다. 이것이 경덕진의 풍속 중 가장 간악한 것이다"[161]

라고 한 것에서 알 수 있듯이, 자토(瓷土)·유토(釉土) 등 자기의 원료를 독점 공급하는 대상인은 경덕진의 요호와 아행을 모두 장악하고 있었다. 또한, 경덕진에서 생산된 자기는 대상인의 손을 통해야만 외부로 나갈 수 있었다. 이와는 반대로, 요호들의 자본은 그리 크지 못한 상태에서 자기들끼리 생사의 경쟁을 벌여야 하였고 또한 파산의 위험(前述)은 대단히 컸기 때문이다. 따라서 경덕진의 도자기 이익을 농단(壟斷)하는 자는 외래 객상(=대상인)이었다.[162]

　이러한 객상의 지배 아래에서, 경덕진의 도자업자들은 행회(行會)를 조직하여 서로 도왔다. 경덕진의 도자업 행회의 조직은, ⓐ 지역적 특징을 갖는 방(幫), ⓑ 작업에 따른 분공(分工)의 특징을 갖는 행(行),[163] ⓒ 혈연적 결합의 족장(族匠) 등, 세 종류로 분류될 수 있었다. 그 가운데 방(幫)의 영향력이 가장 컸는데, 특히 도방(都幫)·휘방(徽幫; 무원·기문현 출신이 조직)·잡방(雜幫)을 3대방이라 하였다. 진 내에 거주하는 외래 상인이나 용공들은 처음부터 대개 동향인끼리, 또는 같은 종족끼리 모여 살면서 회관이나 행방(行幫)을 조직하여 상호부조하며 같은 업종에 종사하고 있었기 때문이었다.

　도자기의 이익을 따라 들어온 외래 객상들은, 명대에는 휘주상인과 강절상

---

161) 道光『浮梁縣志』卷2, 風俗,「景德鎭風俗附」.

162) 許滌新·吳承明, 1985, pp.582~584. "一品官, 二品客"이라는 경덕진 속언은 그래서 생긴 것이었다.

163) 앞에서 서술한 것처럼, 行은 예를 들면 坯行·車坯行·畵行·彩行·茭草行·柴行 등 분업별로 조직되었다. 凌燾,『西江視臬紀事』卷4, 條敎,「禁窯廠滋事」.

인, 및 본성인 강서상인 등이었고, 청대 전기에는 호남·호북·광동상인이었다.
이들은 치열한 경쟁을 극복하기 위하여, 청초부터 회관을 건립하였는데, 건륭
·가경년간에는 7개 회관(휘주·남창·소호·요주·도창·임강회관·경양서원)이
있었다.164) 청말에서 민국년간에 이르는 시기에는 24개 회관이 있었는데 그
가운데 11개가 강서성 출신 상인이 건립한 것이고, 13개는 외적 상인이 건립
한 것이었다.165) 이러한 회관은 기본적으로 동향인 사이의 상호부조를 목표
로 하였는데, 총회수(總會首)·회수(會首) 등으로 지칭되는 회관의 대표는 대개
신사였으며, 이들은 회관의 재산을 장악하고 제사를 주관하며 동향·동업자
사이의 분규를 조정하였다. 이렇게 신사가 직·간접적으로 회관에 영향력을
행사하는 것은 당시 전국적으로 보편적인 일이었다.166)

한편, 청말·민국초에 경덕진의 자행(瓷行) 50가 가운데 강서상인 36가, 호북
상인 6가, 광동·호남·휘주상인 각 2가, 영파·남경상인 각 1가씩 운영하고 있
었다. 그런데 강서상인의 경우에는 그 수는 많으나, 주로 강서 본성에 판매하
였고 각 가 평균 매년 매출액이 겨우 2만 원 정도에 불과했다. 이에 비해서,
호북·호남·광동상인은 합해서 10가에 지나지 않았지만, 호광지방에 판매하는
액수가 매가 평균 20만 원을 기록하였고, 남경상인 1가는 천진(天津) 등지에
판매하는 매출액이 매년 무려 100만 원을 기록하였다.167) 이 내용으로 보면,
청말의 경덕진에서 도자업은 도창적인(都昌籍人), 자행(瓷行)은 호북상인, 전장
(錢庄)·백화(百貨) 등 기타의 상업은 휘주상인이 지배하였다.168)

그런데, 휘주 무원현 출신의 상인들에 대한 다음과 같은 기록을 보면, 외지
에서 들어온 대상인들은 경덕진에서 단지 도자기의 이익만 탈취하는 존재는

---

164) 『陶錄』, 卷1, 附圖.

165) 『景德鎭市地名志』, 1991, pp.725~727. 24개 회관은 瑞州·奉新·建昌·吉安·撫州·豊
城·湖口·祁門·婺源·湖南·湖北·山西·嶺南·石隷·寧波·寧國·蓉城等의 상인이 건립한
것이다. 東亞同文會 編, 1917, p.810.

166) 許滌新·吳承明, 1985, p.858; 『景德鎭市地名志』, 1988, pp.725~727; 梁淼泰, 1991,
pp.217, 231; 王日根, 1996.

167) 江西社科院歷史研究所, 1989, pp.291~292.

168) 梁淼泰, 1991, pp.166, 230~233; 曹國慶, 1987. 휘상의 주요 품목은 鹽·典·茶·木 등
이었고, 瓷商은 오히려 중소상인이었다.

아니었다. 가정년간에 신사의 자격을 지닌 채 경덕진에 들어와 상업을 하는 한편 공익사업에도 참여한 반사 등의 사례, 만력년간에 미곡 4,200석을 싣고 경덕진에 왔다가 마침 흉년이 든 것을 보자 그 모두를 구휼에 쓰도록 희사한 첨경서의 사례[169] 등이 그것이다. 청대에도 강희년간에 도로 보수 1,000여 장(丈)·교량건설·구제 등에 600여 냥을 기부한 장첨무의 사례[170], '부친을 따라 경덕진에 와서 상인들의 추대로 휘주회관 건립을 감독하고 그 뒤 관무(館務)를 주도하며 가경·도광년간 40년 동안 경덕진에 거주한' 첨영장의 사례,[171] 청말에 '거업을 포기하고 경덕진에 와서 상업을 경영하면서, 육영(育嬰)·의도(義渡)·회관·의학(義學)의 건립을 주도하였던' 김성의 사례[172] 등에서도 엿볼 수 있다. 대상인들이 진출한 곳에서 이렇게 거금을 들여 공익사업에 참여하였던 것은, 그렇게 함으로써 관부와의 관계를 돈독히 하여 상업경영을 용이하게 하기 위한 것으로, 명말 이후 전국적인 현상이었다.[173]

한편 경덕진에는 수많은 무뢰(無賴)도 존재하였다. 경덕진에는 명 중기부터 외래 인구가 이주하기 시작하여, 가정년간에는 10만을 헤아리게 되었고, 그 가운데 80~90%는 외지인이었다. 그들은 원근 각지의 농민·유우(流寓)·상인들이었으므로 그들 사이에 선악을 구분하기 어려웠고, 도적도 가끔 일어났는데, 그 가운데 한 부류가 무뢰였다. 앞에서 본 내용만 돌이켜 보아도, 가정『강서성대지』에서 "상인과 무뢰들이 모두 그 가운데 모인다"고 하거나, 가정36년의 일로 "추관 범영관이 도자창을 관할하면서, 법을 엄정하게 하자 모든 무뢰들이 대단히 무서워하였다"고 하거나, 왕백이 "무뢰들은 재난이 일어난 것을 기화로 밤새껏 난동을 부렸다"고 하거나, 소근고가 "진 내의 용공은 모두 사방의 무적유도(無籍游徒)"라 하거나, 만력30년에 홍수를 계기로 "유수(游手)

---

169) 民國『婺源縣志』卷37, 人物, 義行에 "萬曆三十五年, 市米四千二百石至饒, 値歲歉, 盡捐濟饑, 全活無算. 江右勒石頌德"라 함.

170) 民國『婺源縣志』卷38, 人物, 義行.

171) 民國『婺源縣志』卷38, 人物, 義行에 "隨父客景鎭, 適建徽州會館, 眾推樟廉正, 領袖督工, 又擧專司館務"라 함.

172) 民國『婺源縣志』卷46, 人物, 質行.

173) 吳金成, 2007-B.

들이 시장 거리에서 소란을 피웠다"는 것, 만력32년에 요주부 7개 현 사람들과 도창인 사이의 분쟁을 틈타 "무뢰들이 이때를 기회로 약탈"하였다는 것 등은 모두 무뢰의 존재와 활동을 전하는 내용이다. 또한『부량현지』에는, 경덕진의 무뢰가 이른바 '광세의 화' 시기에 경덕진에 내려온 환관을 사주하여 사단을 일으키려 한 사례174)도 보인다.175) 그리고 건륭말의 부량 지현 하호도,

> 서리들은 오로지 사리(私利)에만 눈이 어두워 규정 이상의 수량을 주구(誅求)하고 아행은 어리(漁利)를 포람(包攬)하고 떠돌아다니는 무뢰는 사단을 일으키기 일쑤이니, (만일) 순찰을 소홀히 한다면 그 폐해를 언제쯤에나 저지시키겠습니까?176)

라고 하여, 서리·아행의 횡포와 함께 무뢰의 존재양태를 전하고 있다.

명 중기에 병부상서를 지낸 호세녕(1469~1530)은, 백성에게 위해를 끼치는 부류[무뢰·도적·군병의 소요] 가운데 첫째로 무뢰의 존재와 그 영향력을 지적한 바 있다.177) 이들 무뢰들은, 보통 '삼삼오오 무리를 짓거나, 다섯 명 열 명씩 무리를 지어' 사기·협잡·시장지배·인신매매, 도장(渡場)과 부두 장악·해상 밀무역 등 이권이 있는 곳이면 어디에서나 횡행하였다. 어떤 부류는 왕부나 지방에 파견된 환관에게 투신하여 권력의 주구로 활약하였고, 또 어떤 부류는 신사·대지주·대상인가에 들어가 그들의 앞잡이나 '기강의 복'으로 활동하였다. 그리고 또 어떤 부류는 도시에서 타행(打行)·각부 등의 조직적인

---

174) 康熙『浮梁縣志』卷1, 物産, 瓷器에 "萬曆二十九年, 礦使有檄, 採鯉魚橋金砂, 知縣楊廷槐寢其議. 三十年, 景德鎮無賴子戴宇一又赴內監, 報麻倉窯·臧家灣·渭水·黃泥頭等處, 各産金砂, 檄開采, 知縣周起元當其事勘係妄言, 旋得寢, 邑民賴之"라 하고, 또 同書 卷4, 陶政(p.395)에 "(萬曆 32年) 鎮土牙戴艮等赴內監稱, '高嶺土爲官業', 欲漸以括他土也. 檄采取地方, 民衣食于土者甚恐. 守道葉雲仍·知縣周起元爭之, 還其檄"이라 하고 있다. 周起元은 만력 30년의 進士로 부량지현으로 부임하였다.

175) '礦稅의 禍' 시기에 광세사들이 각지에 내려가 수족으로 고용한 자들은 모두가 무뢰였다. 吳金成, 2007-A, 제3편 제3장, 「宦官과 無賴」 참조.

176) 何浩, 「廣饒南九道兼管九江關稅海紹景德鎮不宜設關徵稅」(乾隆54年, 1789), 道光『浮梁縣志』卷8, 食貨, 陶政

177) 胡世寧, 「地方利害疏」, 萬表 編, 『皇明經濟文錄』卷20.

‘집단’을 만들어 독립적으로 활동하였다. 명 중기부터 무뢰의 활동은 주로 도시에서 이루어졌다. 도시는 인구가 급증하여 갔기 때문에 무뢰가 쉽게 은신할 수 있었다.[178] 명 중기부터 급격히 팽창하여 간 경덕진도 예외는 아니었다. 명말 중국 각지에서 일어난 그 많은 민변 사례와 같이,[179] 경덕진의 민변이나 파공·파시 사건의 배후에도 무뢰의 선동이 있었던 것이다. 그러므로 경덕진 사회의 불안은 이들 무뢰의 횡행도 한 원인이 되었다.

한편, 명청시대에 걸쳐 농촌과 도시사회의 지배층은 줄곧 신사(紳士)였다.[180] 그렇다면 경덕진의 경우, 신사의 존재양태는 어떠하였던가?

앞에서 서술한 바와 같이, 가정19년 경덕진 대홍수 때 악평현 출신 용공의 겁략 사건에 대한 선후책을 제시한 바 있는, 향신 왕백의 진언 사례에서도 경덕진에 대한 신사의 영향력을 엿볼 수 있다. 그리고 옹정8년(1730)의 광제당(廣濟堂) 건설 전말을 통해서도 그 일단을 알 수 있다. 즉, 경덕진에 들어온 용공들이 의탁할 곳이 없어 객사하는 경우가 많아지자 광제당을 건설하였는데, 부량현 신사들의 창의(倡義)와 지현 심가징의 권고에 따라, 경덕진에 거주하는 신사와 상인이 출연하여 이 건물이 건설될 수 있었다.[181]

한편, 경덕진에 진출한 상인 가운데 휘주상인이 가장 활발한 활동을 전개하였는데,[182] 그들 가운데 신사의 신분을 가진 사람도 적지 않았다. 경덕진에 진출한 휘상들의 활동이 활발했던 원인 가운데 한 가지는 아마도 그 때문이었을 것이다. 예컨대 가정년간의 휘주 감생 반사는 부친이 상인이었으며, 그 자신도 소금·면포·식량과 고리대로 장강 남북을 누비던 대상인으로서 경덕

---

178) 吳金成, 2007-A, 제3편 제2장 參照.

179) 巫仁恕, 1996; 吳金成, 1994; 吳金成, 2007-A, 제3편 제3장, 『宦官과 無賴』 참조.

180) 光緖 『江西農工商礦紀略』(江西省圖書館藏); 江西社科院歷史研究所, 1989; 王日根, 1996; 王先明, 1997; 吳金成, 2007-A, 제2편 제1·2장 참조

181) 道光 『浮梁縣志』 卷5, 公署, 「廣濟堂」. 謝旻, 「廣濟堂記」, 道光 『浮梁縣志』 卷5, 公署, 廣濟堂(p.77)에도 “景德(鎭) … 四方遠近挾其技能以食其力者, 趨走如鶩. … 浮令沈君仰體皇上發政施仁哀, 此莞獨至意, 創興定堂兼擇地漏澤園, 俾不幸溘逝者魂魄皆得所依, 不致鬱爲沴氣蒸成疵癘甚盛典也. 乃邑大夫倡之, 而鎭之人士復樂助, 其成奉使節而駐於鎭, 以及賈於斯商於外者, 咸踊躍捐輸無稍倦”이라 하고 있다.

182) 曹國慶, 1987.

진에서도 활발한 활동을 전개하였다.『태함집』에 따르면,[183] 그는 경덕진의
모든 요호를 상대로 도자기 생산품의 질적인 제고와 규격 통일을 관철시켰다.
그뿐 아니라, 경덕진에 수재가 났을 때 거민들을 구제해 주고, 흉년이 들어
양식을 구하려는 용공들이 약탈하고 거민들은 이에 대항하여, 서로가 격투로
발전하였을 때[184] 빈민에게 무이자로 대여해 주기도 하고, 미처 팔지 못한 도
자기를 모두 사주기도 하였다. 그가 객지인 경덕진에 와서 그렇게 막강한 영
향력을 발휘하여 경덕진의 자기 생산을 지배할 수 있었던 배경은, 첫째 그가
대상인으로서 막대한 자금력을 이용하여 요호들에게 고리전대를 적당히 활
용한 것이고, 둘째는 공적인 활동을 통해서 관부(官府)와 민심을 얻은 때문이
고, 셋째는 그가 신사신분이었던 점 등이었다고 생각한다.
　　또한, 휘주부 무원현 생원 여석진(余席珍)에 대해서는,

> 선친의 유업을 계승하여 경덕진에서 상업을 경영하였다. 경덕진은 오방인(五方
> 人)이 잡처하는 곳으로, 객사자가 많았다. 휘상회관은 전에 의도(義渡)·의관(義
> 棺)·의총(義塚)을 건설하였으나 자금 부담이 어려웠으므로, 석진은 여섯 현의 신
> 사를 모아놓고 돈을 모아 땅과 재산을 사서 장구지계(長久之計)를 삼자고 역설
> 하였다. 또한 의예회(義瘞會)를 창의하고 매년 일꾼을 사서 배토(培土)하였고,
> … 또 석자회(惜字會)를 만들고 문창궁(文昌宮)도 건설하였는데 모든 계책이 주
> 도면밀하였다.[185]

는 기록이 보인다. 대상인이 상업을 위해 진출한 지역에서 공익사업에 참
여함으로써, 그 지역 지방관과의 관계를 돈독히 하는 사례는 수없이 많았
고, 물론 경덕진도 다르지 않았다. 그러나 여석진이 일개 상인으로서, 경덕
진의 공익사업을 위하여 주변 6개 현의 신사까지 동원할 수 있었던 것은

---

183) 汪道昆,『太函集』卷51,「明故太學生潘次君曁配王氏合葬墓誌銘」.
184) 이는 아마도, 앞에서 서술했던, 嘉靖 19년의 浮梁縣人과 악평현 용공 사이의 械鬪
　　　사건을 지칭하는 듯하다.
185) 民國『婺源縣志』卷41, 人物, 義行.

역시 그가 신사 출신이기 때문이었다. 또한, 건륭년간에 감생의 신분으로 경덕진에 진출한 무원 상인 등창단도, 고향에 있을 때 돈을 내어 의전을 설치하고 교량을 수축하는 등 이미 20여 년 동안 신사로서 공익사업에 참여하였는데, 경덕진에 진출해서 12년 동안 상업을 하는 사이에도 공익사업에 참여하고 신안회관을 건설하였다.186) 청말에 경덕진에서 부친의 사업을 계승하여 자토상(瓷土商)을 하던 무원 공생 호광요(1830~1908, 부친도 태학생)는 경덕진의 신안회관을 지배하고 널리 상무(商務)에 간여하면서 공무(公務)에까지 영향력을 발휘하였다.187)

명청시대에는 시간이 지날수록 사회의 각 방면에서 상인의 영향력이 강화되어 갔고 상인가문에서 신사를 배출하는 사례도 증가하였다. 그럼에도 신사는 명청시대의 모든 기간 동안 도시와 농촌을 가리지 않고 강력한 영향력을 발휘하였다. 심지어 과거제가 폐지된 민국시대에서도 형태와 방법만 다를 뿐 여전히 상당한 영향력을 행사하였다.188) 상인도 많은 공익사업을 주관하거나 참여하였다. 그러나 그것은 관부에 대한 협조일 뿐, 그것으로 상인의 사회적 지위는 결코 올라가지 않았다. 청대에 대요호(大窯戶)가 연납(捐納) 등으로 신사 자격을 얻었던 이유는 바로 그 때문이었다고 생각한다.189)

小　結

경덕진은 명 중엽, 즉 16세기 중엽부터 중국 제일의 도자기 전업도시로서 명성을 떨쳤고, 이를 배경으로 상업 또한 발달하였으므로, 수공업과 상업이 결합된 대도시로 발전할 수 있었다. 그 배경에는, 첫째 경덕진은 항구여건과 연료수급 등에서 지리적으로 좋은 조건을 가졌고 기술적으로도 우위를 점하였으며, 둘째, 16세기 중엽부터 민요가 기술과 생산량 양면에서 비약적으로

---

186) 民國『婺源縣志』卷38, 人物, 義行
187)『淸華胡氏統譜』卷末,「貢生廣耀公傳」(梁淼泰, 1991, p.234에서 再引)
188) 王日根, 1996; 王先明, 1997.
189) 梁淼泰, 1991, pp.21·90; 吳金成, 2007-B.

발전한 점 등을 들 수 있다. 그런데 경덕진이 거대 도시로 되어가는 과정에서 유입된 인구는, 15세기 이래로 중국 모든 지역에서 이갑제 기능이 이완되어 가던 시기에 경덕진 주변 농촌에서 석출된 농민이었다. 바꾸어 말하면, 경덕진이 '자도(瓷都)'로 번영을 누린 과정은 명청시대에 진행된 강서의 사회변화와 궤를 같이 하는 것이었다.

경덕진이 도자기 생산을 중심으로 진행된 도시화 과정에서 생기는 이익은, 직접 생산자인 요호나 용공보다도 오히려 휘주상인 등 외래 객상이 독점하였다. 그러나 상인의 대다수는 중소상인으로 영세함을 면치 못하였다. 경덕진에도 물론 대요호가 없었던 것은 아니지만, 대부분의 요호는 역시 중소 요호였다. 한편, 명말에는 수만을 헤아리고 18세기에는 수십만이라고까지 알려진 경덕진의 용공은, 절반 정도는 농촌에서 완전히 유리된 채 경덕진에 유입하였고, 나머지 절반 정도는 농공 미분(未分) 상태로 계절적으로 이동하였다. 그런데 어느 경우를 가리지 않고, 이들 용공은 그날 벌어 그날의 호구를 해결해야 할 뿐 아니라, 항상 실업·질병·가정대사·재해 등 위험이 도사리고 있었으므로, 보통은 대단히 어려운 생활을 하였다. 이러한 현상은, "모든 기술자와 일꾼은 대개는 가난하므로 하루만 일하지 않으면 곧 굶게 된다"[190]고 하듯이, 명청시대를 통하여 가장 선진경제 지역이었던 강남지역을 비롯하여 중국 전체에서 흔히 볼 수 있는 일반적인 현상이었다.

한편, 이렇게 사방의 다양한 사람이 모여 살던 경덕진에서는 명청시대에 많은 민변이 일어났는데, 대개는 계투(械鬪) 성격의 분쟁이었고, 만력년간에는 반광세사 민변도 있었다. 먼저 계투 성격의 분쟁을 보면, 경덕진 거민의 구성이 대단히 복잡하였던 까닭에, 그들 사이에 이해가 상충되기도 했으며 의식상의 대립 역시 자주 일어났다. 이 경우, ⓐ경덕진에 유입한 각지의 상·민들이 출신지역별로 상호 유대를 통하여 지역별 대결 양상을 띠고 있었다. 진내에 거주하는 외래인들은 처음부터 대개 동향인끼리, 또는 같은 종족끼리 모여 살면서 회관이나 행방(行幇)을 조직하여 상호부조하고 같은 업종에 종사하고 있

---

190) 『淸朝文獻通考』 卷23, 「職役考」 3.

었기 때문이었다. 갈등의 또 다른 원인으로 요호와 용공 사이의 불안정한 관계를 들 수 있는데, ⓑ 이 관계는 완전한 계약관계가 아니어서 수재 등 어려운 여건에 봉착하면 쉽게 관계가 악화될 수 있었다.

반광세사 민변의 경우, 진민에 대한 광세사의 횡포와 수탈이 있을 때면, 출신지역이나 종족 사이에 벌어진 이해관계의 대립은 잠시 접어두고, 경덕진 거민 전체가 하나로 결속되어 분기하였다. 경덕진에서 발생한 이러한 여러 민변의 성격은 다른 지역에서 전개되던 도시 민변과 비슷하였다.

명 중기 이래 경덕진의 도시화 과정은 대단히 빨랐고, 인구 구성은 관리·신사·서리·아역, 요호·용공 등 도자기 생산자, 객상·아행·좌상인·운반노동자(각부), 기타 기능인과 각종 서비스업 종사자 및 유수무뢰 등 대단히 복잡하였다. 그러나 이렇게 급격히 발전해 가던 상공업 도시에서도, 신사의 사회적 영향력은 향촌사회 못지않게 대단히 컸다. 바꾸어 말하면, 경덕진 도시사회의 지배적인 여론 수렴층 역시 신사였고, 하층의 일각에는 무뢰가 또 하나의 사회계층으로 존재하며, 항상 사회의 불안 요소로 작용하였다. 경덕진 사회의 이러한 정황은, 역시 다른 지역의 도시 사회와 비슷하였다.

경덕진은 강남지역 또는 다른 지역의 도시와는 발전 배경과 과정이 많이 다른, 거의 천년이나 지속된 도자기 전업 도시였다. 그럼에도 경덕진 거민의 행동양식과 사유양식, 혹은 도시사회 내부에서 나타나는 사회현상은 다른 지역의 도시들과 비슷한 양상을 보였다.

제2장 幸運의 山區 都市, 河口鎭

序 言

명청시대에는 중국 각지에서 수많은 도시가 발생하였다. 도시의 발생은 사회경제적인 변화에 따른 자연스러운 결과였다. 그런데 그 가운데 자연환경의 변화로 말미암아 극적으로 발전하게 된 사례도 있다. 명 중기에 갑자기 등장하여 신속히 성장해 간, 하구진[강서성 연산현 소속, 오늘날 연산현치(鉛山縣治)]도 그 한 사례이다. 연산현은 금산지구인 무이산맥의 북변에 위치하는 산구(山區)인데도,[1] 오히려 산구라는 지리적인 특성을 이용하여 종이와 차엽(茶葉)의 가공과 집산지로서 발전한 지역이다. 특히 연산현의 제지업은 명 중기 이래 강남 5대 수공업 지역 가운데 하나로 지칭될 만큼 유명하였다.[2]

하구진은 신강(信江)과 연산하(鉛山河)가 만나는 교통의 요지에 위치하였으므로, 주변지역에서 생산되는 종이·차엽 등 상품의 수출과 이 지역에 필요한 생활용품 수입창구의 기능을 담당한 대문호였다. 명말부터는 강서성 4대 진의 하나로 명성을 떨쳤고,[3] 오늘날에는 다른 곳에 있던 현청(縣廳)마저 이동

---

1) 강서 동북의 銅塘山 일대는 江西의 연산·상요·광풍현, 복건의 숭안·포성현, 절강의 강산·용천현 등을 포괄하는, 강서·절강·복건의 三省交界지역으로서, 金銀礦이 있어 명조에서는 개인적인 入山 採礦을 금지하였다. 특히 正統3(1438)년에는, "今後犯者卽令該管官司拿問, 具奏, 將犯人處以極刑, 家遷化外, 如有不服追究者, 卽調軍剿捕"(『英宗實錄』卷 49, 正統3年 12月 乙丑條)한다는 「揭榜禁約」을 고시하였다.

2) 石塘鎭을 중심으로 한 연산현의 제지업은 송강의 면방직업·소주와 항주의 사직업·무호의 漿染業·경덕진의 도자업과 함께 강남 5대 수공업지구로 지칭되었다(許大齡, 1957).

3) 蕭放, 1989.

해 와서 현청 소재지가 되어 있다. 명 중기부터 강남지방에 발생한 수없이 많은 시진은 마치 '포도송이'와 같이, 서로 긴밀하게 영향을 주고받으며 발전하였다.4) 하구진은 강남의 소주나 항주와 같은 든든한 후원 도시는 없었지만,5) 지리적 위치가 적합한데다 부근 농촌에서 수공업과 경제작물의 생산이 증가함에 따라 독립적으로 성장해 간, 말하자면 '태산형(泰山形)' 도시였다.

지금까지의 연구를 보면, 하구진의 이러한 경제적 위상을 대개 언급하고 있고, 전문적인 연구도 1편이 있다.6) 그러나 15세기부터 전국적으로 이갑제가 이완되면서 향촌에서 석출된 인구가 도시로 이동하는 과정에서, 산구(山區)에 위치한 하구진이 발전해 가는 모습에 대한 분석은 아직 미흡하다. 하구진으로 들어온 외래인은, ① 어느 지역에서 유입하여, ② 어떠한 환경에서 살았으며, ③ 상공업 도시로 발전한 하구진에서 특히 큰 영향력을 행사한 신사와 상인의 존재양태는 어떠하였으며, ④ 강남의 '포도송이'형 시진에 살던 거민들과 '태산형' 시진인 하구진 거민들의 존재양태는 어떻게 달랐고, ⑤ 그러한 모든 현상은 중국의 도시발달사에서 어떠한 의미가 있는가? 그리고 명·청 왕조가 교체되던 동란기로부터 '삼번의 난'을 거치는 시기에 변화된 하구진 거민의 구성과 성격도 밝힐 필요가 있다. 또한, 이러한 하구진 사회의 변화에 대한 명·청 국가권력의 기능은 어떠하였는지 밝히는 분석도 필요하다.

I. 人口의 流入과 河口鎭의 發展

1. 明代의 河口鎭

명 중기에 극적으로 나타난 행운의 도시 하구진은 강서 동북부 연산현치

---

4) 劉石吉, 1987; 樊樹志, 1990, 2005; 陳學文, 1993, 2000; 森正夫, 1992; 川勝守, 1999 등 참조.

5) 강남의 수없이 많은 시진은 郊區市鎭이 대부분이었다. 郊區市鎭의 수공업은 府城이나 縣城 수공업의 연장적인 의미가 강하였다. 예컨대 소주가 먼저 발전하고 이어서 그 주변에 교구시진이 발전하였다. 李伯重, 2000, 2003 참조.

6) 蕭放, 1989.

[지금의 영평진] 북쪽 30리(약 17km), 강서 5대 수로의 하나인 신강 중류와 연산하의 합류지점에 위치하는, 강서 동북지방 최대의 교통 중심지였다. 바꾸어 말하면, 하구진에서 남쪽으로 연산하를 거슬러 올라가면 무이산맥의 분수관을 넘어 복건의 숭안현으로 연결되고, 동쪽으로 작은 배를 이용하여 신강을 거슬러 올라가면 상요→광풍→옥산에 이르고, 다시 육로로 병풍관을 지나 절강의 상산·강산현과 연결된다. 또 서쪽으로 신강을 따라 내려가면 파양호에 이르고, 여기서 다시 양자강에 진입해서 양자강 상·하류로 연결되거나, 파양호에서 오성진을 통해서 감강을 남으로 거슬러 올라가 대유령의 매관(梅關)을 넘어 광주와 연결되었다. 그런데 신강은, 상류인 옥산에서 하구진까지는 수량이 적고 수류가 빨라서 작은 배를 이용해야 하지만, 하구진에 이르러 연산하와 합류하면서 수량이 증가하고 수심이 깊어지며, 동시에 수면이 넓어지고 수류가 평온해지기 때문에, 항구로서 천혜의 장점을 가졌다. 그 때문에 신강과 연산하 상류에서는 작은 배로 화물을 운반하다가 하구진에 이르러서야 비로소 큰 배를 이용할 수 있었다. 그러므로 신강을 왕래하는 대형 민선(民船)은 하구진이 종점이고, 그곳에서 크고 작은 선박으로 갈아탔다.[7]

하구진은 북송 이래 사만시(沙灣市)로 불리었고, 명대에 들어와서도 가정 초까지는 여전히 작은 시집(市集)에 불과하였다.[8] 전에는 신강의 중류와 연산하가 예구진(汭口鎭; 하구진 서쪽 2km 지점) 부근에서 만났으므로, 연산현의 교통과 무역상의 기능을 예구진이 담당하였다.[9] 그러다가 가정 초년에 연산하가 신강으로 유입하는 지점이 하구진의 동부 교외로 바뀌면서,[10] 이 지역

---

7) 徐宏祖,『徐霞客遊記』卷2上,「江右游日記」; 道光『上饒縣志』卷4, 城池,「信江」 등 참조.

8) 『河口鎭志初稿』, 第1章 建置沿革(pp.1~4)에서는, 宣德年間(1426~1435)에 처음으로 河口라 칭하게 되었다 한다. 그러나 嘉靖(4年刊)『鉛山縣志』卷3, 圖籍, 鎭, p.68에는 汭口鎭과 紫溪鎭만 거명되었고, 嘉靖(5年刊)『廣信府志』卷3, 地輿志, p187에는, 연산현에는 旁羅市·沙灣市만 거명된 것으로 미루어보면, 적어도 嘉靖 初年까지는 河口라는 이름은 사용되지 않았던 듯하다.

9) 康熙 3『鉛山縣志』卷1, 疆域; 同治『鉛山縣志』卷2, 地理. 汭口鎭에는 이미 宋 淳熙년간에 注泊巡檢司를 설치하였으나 홍무13년에 폐지함.

10) 田聲, 1991, p.10. 또한, 新編『鉛山縣志』卷2, 第1章「河口鎭」, p.49에는 "明前期洪水泛濫, 河流改道, 于是經鳳來墩注入信江, 河口之稱始于此"라 하고 있다. 그리고 康熙『江西通志』卷4, 星野,「祥異」, p.249에는 "(嘉靖) 8年, 饒州·廣信水"라 하고 있다. 省

은 가정 중기부터 발전하기 시작하여, 만력10년(1582)에는 '하구진'이란 이름
의 '진(鎭)'으로 승격하였다. 이를 계기로 석불채 순검사를 이곳에 주둔케 하
여 하구진의 치안을 담당하게 했고,[11] 명말부터는 강서 4대 진의 한 곳으로
명성을 떨치게 되었다. 만력35년(1607)에, 하구진의 거족(巨族) 비원록이,

> 하구진은, 우리가 처음 이사 올 때 겨우 2~3호에 불과하였으나, 70여 년이 지
> 난 지금은 백가, 천가로 늘어나, 현성(縣城)처럼 커졌다. … 배와 수레가 사방으
> 로 나가고 재화가 일어나는, 연산현의 중요한 진이다.[12]

고 하였듯이, 만력 말에는 이미 '수많은 상인이 왕래하고, 천하의 상품이
모이는 곳'으로,[13] 상주인구가 2만에 달하는 대도시로 성장하여,[14] '팔성마
두(八省碼頭)'라는 칭호를 들었다.[15] 17세기 초에 하구진을 방문한 서하객
도 "상점이 대단히 많다"[16]고 그곳의 번영을 증언하였다.

하구진이 이렇게 겨우 70여 년의 짧은 기간에 신속하게 발전할 수 있었던
것은, 상공업에 유리한 지리적 위치 때문이었다. 앞에서 설명한 것처럼, 가정

單位 기록에 나올 정도로 대홍수가 있었음을 전하는 내용이므로, 두 江 합류지점
의 이동은 아마도 가정 8년(1529)의 대홍수 때였으리라고 생각된다. 단, 그렇게 중
요한 사건이 왜 '縣志'에는 기록되지 않았는지 여전히 의문이다.

11) 乾隆(8年刊)『鉛山縣志』, 卷1, 地輿志, 疆域, 「河口鎭」, p.67.

12) 費元祿, 『鼉采館淸課』卷上(謝國楨, 1980~1981(中), p.118에서 轉引). 康熙『鉛山縣志
』卷5, 選擧志와 乾隆『鉛山縣志』卷6, 「選擧志」에 따르면, 비원록은 예감(例監; 연
납으로 얻은 감생)이었다.

13) 萬曆『鉛書』卷首, 修志敎; 同書 卷1, 食貨書.

14)『鉛山新志』卷2, 第1章 河口鎭, p.50에 "鉛山縣北河口鎭, 估舶所聚, 商務勃興, 人口約
五萬(其中茶丁·紙丁約占二萬餘口). 這是萬曆年間的人口數"라 하고 있지만, 『淸朝續
文獻通考』卷314, 輿地考, 江西省, 廣信府에는 "鉛山縣北河口鎭, 估舶所聚, 商務勃興,
人口約五萬云"라고만 되어 있다. 그런데 曹樹基, 2000, p.346에서는, 명말에 하구진
의 거민이 최대 2千戶 1萬人 정도였을 것으로 보고 있다. 하구진의 교역규모가 최
성기였던 乾隆·嘉慶時期에 인구가 5~10萬으로 추산되는 것을 고려하면, 명말의
인구는 최대 2만 정도였으리라 추측된다.

15)『河口鎭志初稿』, 1984, p.203; 沈興敬 等, 1991, p.94; 張忠民, 1996, p.46.

16) 徐宏祖, 『徐霞客遊記』卷2上, 「江右游日記」.

초년에 신강과 연산하의 합류지점이 이동하면서, 하구진은 일거에 수륙교통의 요지에 위치하게 되었다. 바꾸어 말하면, 연산현 지역은 "산은 많고 농토는 적어서, 농사를 지을 수 있는 땅은 겨우 3/10에 불과하다"[17]고 표현되는 산구였다. 그럼에도 불구하고 오히려 그 지리적인 이점을 이용하여 종이와 차엽의 수집과 가공업이 번성한 지역이었다. 이 두 가지 산업은, 명 중기부터 이갑제가 이완되는 과정에서 석출된 향촌 농민을 흡수하기에 충분한 힘을 발휘하였다.[18] 앞에서 서술한 것처럼, 『연산신지』에서, "하구진의 거민이 약 5만인데, 차정(茶丁)과 지정(紙丁)이 2만여"라고 과장을 섞어 표현한 것도 그 때문이었다.

17세기 초의 만력 말에 이르면, 하구진은 강서 동북지방에서 생산되는 종이의 수출창구와 차엽의 가공·중계 도시로 성장하였다. 그리고 나아가서는, 양식과 잡화 등 부근 여러 지방에서 필요한 100여 종의 상품을 강서 각지는 물론 복건·절강·안휘·호남·호북·강소·광동·산동·사천 등 지역에서 수입하는 대문의 기능을 담당하였다.[19] 이렇게 하구진의 상품교역의 위상이 중요해짐에 따라, 명조는 그곳을 통하여 교역되는 화물에 상세(商稅)를 부과하였고, 그 액수를 갈수록 증가시켰다.[20] 그리고 나아가서는 석불채의 순검사도 하구진으로 이주하게 하였던 것이다.

그런데 명대의 연산현 지방은 모든 면에서 위와 같이 안정적으로 발전해가기만 한 것은 아니었다. 15세기 초부터는 여러 가지 사회모순으로 말미암아, 전국 각지에서 거의 동시에 이갑제 질서가 서서히 해체되고 농촌사회가 분해되어 농민이 유산하기 시작하였다. 이러한 현상은 강서에서도 동일하였는데, 그 원인은 ① 새로이 지배층으로 성장한 신사나 세호가에게 토지가 집중되어 갔고, ② 점차로 세와 역이 무거워지고 불공평해졌으며, ③ 인구 과밀 문제가 점차 심각한 상태에 이르게 된 때문이다. 그 결과 갑수호층(甲首戶層)

---

17) 萬曆 『鉛書』 卷2, 賦役書, p.1b.
18) 명대의 이갑제 이완에 대해서는 본서 제1편 제1장; 吳金成, 2007-A, 제1편 제1장 참조.
19) 萬曆 『鉛書』 卷1, 食貨書, p.70a.
20) 萬曆 『鉛書』 卷首, 修志敎; 同書 卷1, 地理書.

인 중소농민은 물론이고, 지주층인 이장호(里長戶)마저 몰락하여 유산하는 현상이 나타났다.[21] 『연서』에서도,

(1) 오늘날 연산현에 가장 어려운 점은 무엇인가? … 하구진의 세는, 전에 1이었다면 지금은 3이다. … 오늘날 연산현의 거민에게는 역전은(驛傳銀)보다 어려운 것이 없고 세(稅)·과(課) 두 가지보다 무거운 것은 없다.[22]

(2) 연산현 사람은 날로 도탄에 빠져 죽거나 달아난다. 연산 사람은 현지인은 10에 3이고 외지인은 10에 7이다. 석당·차반·하구·방라 등, 배와 말이 모이는 곳은 집집마다 모두 객민이다. 객민에게는 역을 부과할 수 없어 연산 사람만이 역을 부담하므로 과중하게 되고, … (그럴수록) 인민은 더욱더 달아나고 흩어지므로, 그 이름을 석서(碩鼠)라 부른다.[23]

(3) 만력 33년에 연산의 부민으로 복건으로 이동한 자가 100여 가나 되었다.[24]

고 하여, 비슷한 현상을 전하고 있다. 즉, ⓐ 세와 역이 불공평하고 무거워서 연산인들이 달아나고 흩어지는 것과는 달리, ⓑ 뒤에서 설명하겠지만, 종이와 차엽 가공업이 발전하고 상업이 발달함에 따라 외지의 객민이 오히려 유입되는 현상, 및 ⓒ 그 결과 중요한 수공업지역을 중심으로 '현지인은 3/10이고 외지인이 7/10' 상태가 되었음을 지적하고 있다. 바꾸어 말하면, 명 중기부터 연산지역의 이갑제가 이완되면서 토착인은 유산하였지만, 반대로 외지인이 많이 유입하여, 연산현의 거민 가운데 70% 가까이 외지인으로 채워지는, '인구의 대류현상'이 일어났던 것이다.[25]

이러한 현상은 다음 〈표 3-2-1〉[26]을 보아도 분명하다. 〈표 3-2-1〉을 보면,

---

21) 본서 제1편 제1장 참조.

22) 萬曆 『鉛書』 卷1, 地理書, 21a~b.

23) 萬曆 『鉛書』 卷2, 賦役書, p.1b.

24) 萬曆 『鉛書』 卷2, 賦役書, p.8b.

25) 명 중기 이래, 중국 전 지역에서 진행된 인구의 대류현상에 대해서는, 吳金成, 1986 第2編 第1章 參照.

26) 嘉靖 『鉛山縣志』 卷3, 圖籍; 萬曆 『鉛書』 卷1, 地理書; 同書 卷2, 賦役書; 康熙 『鉛山縣

연산현의 호구는 명대에는 계속하여 감소하였고,[27] 청대에는 계속 증가하였다. 그러나 이러한 현상은 사실을 그대로 반영한 것은 아니었다. 예컨대 명대 강서성 남창부의 경우, 관청에 등록된 호구는 감소되었지만, 실제 인구는 오

〈표3-2-1〉 明淸時代 鉛山縣의 戶口·田地의 變化

年代	戶數	口數	田地(官民田地山塘, 頃)
洪武 24年(1391)	12,604	62,514	5,784[a] (秋糧米21,212石)
永樂 10年(1412)	8,900	45,809	5,818 (20,859石)
宣德 7年(1432)	6,318	36,323	5,831 (19,947石)
正統 7年(1442)	8,315	43,105	5,842 (19,963石)
天順 7年(1463)	7,070	38,654	5,965 (21,006石)
弘治 5年(1492)	6,717	35,565	6,047 (20,083石)
嘉靖 元年(1522)	6,318	36,361	6,131[b] (20,060石)
萬曆 9年(1581)	6,318	36,361	6,899(萬曆9年淸丈後)[c]
崇禎 17年(1644)		13,571[d]	
順治 3年(1646)		16,588[e]	6,899(原額)
順治 10年(1653)			5,949
康熙 11年(1672)		16,737[f]	6,490[g]
乾隆 47年(1782)	29,091	125,415	
嘉慶 7年(1802)	33,496	169,252	
道光 元年(1821)	36,108	200,147	
咸豊 元年(1851)	41,610	148,554	
民國 5年(1916)	41,851	266,063	

a) 嘉靖『廣信府志』卷5, 食貨志, 田賦에는 洪武24년 鉛山縣의 官民田地山塘共3,879頃이라 함.

b) 그 가운데 官田 237頃, 官地山塘 39경, 民田 2,996경, 民地山塘 2,859경

c) 그 가운데 田 3,962頃, 地 1,215경, 山 1,551경, 塘 169경

d) 현재 人丁 8,027, 女口 5,544, 合13,571

e) 乾隆(49)『鉛山縣志』에는 卷4, 賦役, 戶口에는 "原額人丁婦女共 16,965丁口, 內優免人丁 457丁"이라 함.

f) 현재 人丁 10,334, 婦女 6,403

g) 內田 3,553頃, 地 1,216頃, 山 1,552頃, 塘 170頃

志』卷3, 食貨志, 田賦; 乾隆『鉛山縣志』卷4, 賦役, 田賦; 同治『鉛山縣志』卷8, 食貨, 戶口; 新編『鉛山縣志』, 1990, p.72. 한편, 嘉靖『鉛山縣志』卷3,「圖籍」에는, 연산현은 명초에 都 50이었으나 嘉靖初에 이르면 40개로 감소, 그 가운데 4개는 상요·익양현에 割讓하였다고 한다.

27) 연산현과 접경하고 있는 귀계현의 경우에는, 청초에도 거민이 "土著者什七, 客寄者什三"이었다고 하는 것을 보면,(同治『貴溪縣志』卷1之8, 地理, 風俗, p.96) 연산현은 이미 명말의 단계에서 종이 교역과 茶葉 가공업의 발달로 말미암아 인구의 유동이 특히 심한 지역이었음을 알 수 있다.

히려 계속 증가하여 갔는데, 그 이유는 지방 관청에서 미성년자·노약자·보고에 누락된 자·외지 유입자 등을 파악하지 못했기 때문이었다.[28] 그리고 이갑제의 해체과정에서 수많은 농민이 유산하였지만,[29] 이들 가운데 상당수는 부역황책(賦役黃冊)에는 빠진 채 그 지방의 세호가의 전호나 노복으로 거주하고 있었고, 그들 가운데 일부가 외지로 이동하였으며, 반대로 외지에서 유입한 인구도 많았다.[30] 이갑제의 편성원리에 따르면, 이갑호로서 몰락하여 자립재생산이 불가능하게 된 기령호(畸零戶; 전호·노복호)는 부역황책에 등록시키지 않았다. 그리고 명조는 이갑제를 유지하기 위해서 원칙적으로 '원적발환주의(原籍發還主義)'를 고수하였고 특별한 경우에만 '부적주의(附籍主義)'를 인정하였다. 따라서 다른 지역으로 달아난 객민들이 그곳에서 정착하는 경우 이주한 지역에서 부역황책에 등록하지 않고 부역을 탈면할 수 있었기 때문에, 등록되지 않은 외지유입자가 생길 수 있었다.[31] 위에 인용한 사료 (2)에서 지적한 "객에게는 요역을 부과할 수 없다"는 의미는, 연산현의 호구가 계속하여 감소함에도 불구하고, '원적발환주의'에 묶여서 외래 유입 객민은 부역황책에 등재시켜 부역을 부과시킬 수 없었음을 지적한 것이다.

　그러면, '토착인이 3/10이고 외지인이 7/10'이라고 할 만큼 외지인이 많이 유입되었다면, 그들은 어느 지역에서 왔을까? 근년의 조사에 따르면,[32] 당송시대로부터 공산 중국 건국 때까지, 연산현에 건립된 자연촌의 수는 도합

---

28) 萬曆『南昌府志』卷7, 戶口.

29) 嘉靖『江西通志』卷10, 廣信府, 「田賦」에 따르면, 명대에 광신부의 戶는 洪武間에 88,087戶→弘治間에 69,071→嘉靖初에 55,892로 점차 감소하여 갔고, 口는 같은 기간에 480,410口→355,392→326,881로 감소하여 갔으나, 官民田地山塘은 같은 기간에 41,609頃→45,045→45,193경으로 증가하여 갔다.

30) 본서 제1편 제1장 참조.

31) 吳金成, 1986, 第2編.

32) 新編『鉛山縣志』, pp.69~70, 表3-1(「自外省遷來的人建立自然村數」)과 3-2(「自本省外縣遷來的人建立的自然村數」) 참조. 이 두 表는 鉛山縣地名辦公室 編, 『鉛山縣地名志』, 1985를 근거로 통계화한 것이다. 同書에서는 唐宋時代부터 현대까지, 연산현에 건립된 자연촌의 數를 1,964개로 집계하고 있으나, 이러한 방법은 약간의 문제가 있다. 그래서 同書에서 唐~元대까지 유입한 것으로 집계한 외래인은, 이 논문에서는 토착인으로 간주하였고, 강서성에 포함시킨 무원현은 명청시대에는 안휘성 소속이었으므로, 이 논문에서는 안휘성으로 계산하였다.

1,964개인데, 그 가운데 명대 외래인(다른 성에서 온 사람들과 강서성 내의 다른 현에서 온 사람들 모두를 지칭) 유입촌(流入村)은 258개(전체 자연촌의 13.1%), 청대 외래인 유입촌은 629개(전체 자연촌의 32%), 명청시대 전체로는 도합 887개(전체 자연촌의 45.2%)이다. 현존하는 자연촌의 45%가 명청시대에 외래 객민이 들어와 건립한 셈이다. 이를 다양한 각도에서 분석하여 도표화한 것이 〈표3-2-2〉이다.

〈표3-2-2〉 明淸時代 鉛山縣內 外地人 遷入村

地域	時代	明代 外來人 遷入村		淸代 外來人 遷入村		明淸時代 外來人村 合計	
本省人遷入村	弋陽人	55개/ 明代遷入村 21.3%	15個/(本省縣中 27.3%	205개/ 淸代遷入村 32.6%	27個/13.2% (3)	260개/ 明淸時代遷入村의 29.3%	42個/ 16.2% (2)
	上饒人		9 / 16.4		63 / 30.7 (1)		72 / 27.7 (1)
	九江人		5 / 9.1				13 / 5.0 (5)
	撫州人		5 / 9.1		14 / 6.8 (4)		
	橫峰人		5 / 9.1				14 / 5.9 (4)
	貴溪人				31 / 15.1 (2)		34 / 13.1 (3)
	南豐人				12 / 5.9 (5)		
	其他人		12個縣人16/ 29.1		21個縣人58/ 28.3		23個縣人85/ 32.7
外省人遷入村	福建人	203개/ 明代遷入村 78.7%	145個/外省中71.4%	424개/ 淸代遷入村 67.4%	378개/ 89.2%	627개/ 明淸時代遷入村 70.7%	523 / 83.4 (1)
	安徽人		35 / 17.2		28 / 6.6		63 / 10.0 (2)
	浙江人		14 / 6.9		8 / 1.9		22 / 3.5 (3)
	其他人		6個省人 9 / 4.4		5個省人 10/ 2.4		6個省人 19/3.0
合 計		258개/ 明淸合(887)의 29.1%		629개 / 明淸合의 70.9%		887개/ 現存自然村의45.2%	

〈표3-2-2〉에 따라 당시의 상황을 좀 더 구체적으로 분석해 보자. 명청시대의 외래 객민이 건립한 촌장(村莊) 887개 가운데, 명대 건립촌은 258개(명청시대 건립 촌장의 29.1%), 청대 건립촌은 629개(명청시대 건립 촌장의 70.9%)로, 청대 건립촌장이 전체의 2/3를 초과하고 있다.[33] 그리고 이들의 본성 대 외성

---

[33] 이것은 청대에 연산현의 인구가 급증한 것과 관계가 있다. 吳金成, 2000, p.91, 〈표1〉 참조.

의 비율을 보면, 명대에는 21.3 : 78.7, 청대에는 32.6 : 67.4, 명청 시기 전체에는 29.3 : 70.7로서, 명청시대 유입자 가운데 외성 유입자의 비율이 절대 다수를 점하였다.

그러므로 연산현의 경우에도 명대의 지방지의 기록과는 달리, '인구의 대류현상'이 진행되는 한편, 동시에 인구는 증가하였다고 생각한다. 바로 이들 외래인의 유입으로 하구진·석당진 등을 중심으로 한 제지업과 연산 모든 지역에 걸친 차엽 가공업이 번영하였고, 개간도 이루어졌던 것이다. 또 한편, 근년의 분석에 따르면, 연산현 남부 산구의 경우에는 복건 이민이 인구의 거의 1/2을 점했으며, 청초에서 건륭년간까지 유입한 복건인은 동시대 외성 유입자의 89.7%에 달했다고 한다.[34]

한편, 본성의 외현인 유입촌을 보면, 명대 55개 촌장 가운데 익양현인 27.3%, 상요현인 16.4%의 순이었고, 청대 205개 촌장 가운데는 상요현인 30.7%, 귀계현인[35] 15.1%의 순이었으며, 명청 시기 전체 260개 촌장 가운데 상요인 27.7%, 익양인 16.2%, 귀계인 13.1%의 순이었다. 성내 타현 출신 유입인의 경우, 명청시대에 걸쳐서 그 지역에 따라 증감의 변화가 있었지만, 유입인이 많은 (1)(2)(3)(4) 위까지만 보면, 성내 외현인의 총 유입촌 가운데 62.9%가 연산현과 이웃한 현, 즉 같은 광신부 지역에서 유입되었다. 이에 견주어 외성 유입인은, 복건인이 명대에 71.4%, 청대에 89.2%, 명청시대 평균 83.4%로, 명대나 청대 모두 복건인이 압도적으로 많이 유입되었다.[36]

물론, 현존하는 자연촌이 명청시대의 인구유동과 인구증가의 실상을 그대로 반영하는 것은 결코 아니다. 일단 유입하였다가 다시 이사한 경우도 생각해 볼 수 있기 때문이다. 그러나 현존하는 자연촌의 45% 정도가 명청시대에

---

34) 曹樹基, 1997A(제6권), pp.242~243.

35) 康熙 『貴溪縣志』 卷1, 風俗에는 명대 이래 貴溪縣人의 流散現象을 "薌之民力田而外, 藉資生理, 工其一焉. 或陶于饒, 或楮于鉛, 或効技于本邑他郡, 雖藝能不無工拙, 凡以利用云爾. … 間有載米粟於饒·徽, 鬻楮錢於荊·楚, 貨竹木於京·淮·越地千里, 歸之日, 競以他郡土産互相贈遺"라 전하고 있다.

36) 한편, 최근 曹樹基씨는 연산현 외래인의 비율을 이보다 약간 낮게 보고 있다. 曹樹基, 1997A(제6권), pp.242~243 참조. 한편, 명청시대의 복건사회와 복건인의 流散 배경에 대해서는 吳金成, 1998 참조.

외래 객민이 만든 것이라면, 이미 명대부터 외지인이 대규모로 유입하였음을 추측해 볼 수 있다.

2. 淸代의 河口鎭

명말까지 번영을 누리던 연산현 지역과 하구진은 명·청이 교체되던 동란기에 거의 황폐해졌다. 그 가운데 1640년대의 강서성 모든 지역은 실로 무정부 상태의 공동사회(空洞社會)였다. 그리고 연산현이 소속된 광신부 일대는 황도주 등 남명(南明)의 근왕기병군(勤王起兵軍)과 청군 및 구적세력 사이에 수없이 공격과 약탈이 반복되었던 곳이다.[37] 순치11년(1654)에 파양호에서 금강(현재 신강)을 거슬러 올라 절강지역으로 갔던 어느 상인의 기행문에는, 휘주 상인의 말을 인용하면서, 광신부 모든 지역의 참상을 전하고 있다.[38] 그리고 이러한 폐허로부터 채 회복되기도 전에 또 다시 '삼번의 난'을 당하여, 강서 모든 지역과 광신부 모든 지역은,

> 여러 역도들의 반란이 있은 이래로 인민은 죽거나 도망하고 전토는 황폐된 참상(慘狀)이 다른 성의 열 배나 됩니다. … (강희)13년의 변반(變叛) 후에 살육되거나 도망한 인정(人丁)이 70여 만 구(口)나 되고 황폐된 농토가 17만여 경이나 됩니다.[39]

라고 한 왕신명의 보고처럼, 극심한 피해를 입었다. 그리고 이러한 사정은,

> (1) (강희)13년 5월에 민변[閩變; 복건의 정남왕(靖南王) 경정충(耿精忠)의 반란]이 일어나자, 역적 임이첩이 그 기회를 이용하여 반란을 제창하니 사방에서 호응하

---

37) 吳金成, 1991.

38) 李芥立, 『天香閣隨筆』 卷1, p.7a~b.

39) 王新命, 「請除荒疏」, 康熙 『西江志』 卷147, 藝文, p.2587上. 이와 비슷한 내용은 曹鼎望, 「咨詢地方利弊條陳」, 同治 『廣信府志』 卷2에도 보인다.

여 성을 파괴하고 호적을 불사르고, 관을 내쫓고 관인(官印)을 탈취하였으며 관사와 백성들의 집은 거의 불타버렸다. … 명년(14년)에 적이 현성을 점거하니 민은 살 수 없었다. 15년, 절독(浙督)이 장수를 파견하여 연산현성을 회복하였다. 이해 가을에 민역(閩逆)이 평정되었다. 12월에 임이첩·허지원이 다시 석룡을 점거하고 관군에 항거하며 수시로 나와 죽이고 약탈하니 가축과 사람이 거의 사라졌다. 16년에 이르러 관군이 토벌하니 세궁(勢窮)하여 절독에게 투항하였으나, 몰래 강(江)·양(楊)·소(蘇)·여(呂) 등의 잔당을 남겨놓으니, (이들이 산채에) 나누어 거주하면서 내통하고 허장성세하였다. 명년(17년)에 … 구(寇)는 더욱 날뛰었으므로 현성 밖 5리 정도에까지는 적의 세상이었다. 18년 2월에 지현 반사서가 부임하여 의용을 모집하고 방법을 내어 보는 대로 처단하니, 적을 처단하였다고 준 상금이 수천 금이나 되었는데 모두가 (지현의) 개인 호주머니에서 나온 것이었다. 몇 개월이 못 되어 구(寇)가 평정되었다.[40]

⑵ 연산(현)은 전에는 만가(萬家)의 읍이었다. … 지금은 향정(鄕井)이 폐허가 되고 호구의 영락이 극에 달하였다.[41]

⑶ 역번(逆藩)이 복건에서 반란을 일으키니 유독(流毒)이 강서에 미치도다. 연산이 거듭 반란에 시달리니 열 집 중 아홉 집이 없어졌을 정도이다.[42]

라고 하듯이, 연산현 지역도 혹심한 피해를 입었다. 같은 『연산현지』에는 "난리가 난 후로, 백성들의 실업자가 많고, 전에 비옥했던 토지가 지금은 돌밭이 된 곳도 있다"고 하면서, 강희11년에 6,490경으로까지 회복되었던 농토가 민변(閩變; 강희13년 삼번의 난)을 거친 뒤 강희18년에 이르면 겨우 2,961경으로 감소하였다고 한다.[43]

그 때문에 삼번의 난 이후, 연산현 소속의 양대 진(鎭)인 하구진과 석당

---

40) 康熙 『鉛山縣志』 卷1, 災異, p.75.

41) 曹鼎望(知府), 「重建大義橋記」, 康熙 『鉛山縣志』 卷2, 建置志, 津梁, 「大義橋」, pp.340~342.

42) 釋本崇, 「里老歌」, 康熙 『鉛山縣志』 卷7, 藝文志, 詩, p.956.

43) 康熙 『鉛山縣志』 卷3, 食貨志, 田賦, pp.357·362~363.

진 사회 역시 한동안 명대에 번영했던 시절의 모습을 잃고 말았다. 삼번의 난이 평정된 직후인 강희22년에 편찬된 『연산현지』에,44)

(1) 사만시(沙灣市)〈… 즉 하구(河口), … 배들이 정박하고 상인이 왕래하며 화물이 〔많이〕 모여드는, 현 서부의 중요한 곳이다. 전에는 … 상인의 왕래와 교역이 끊이지 않았으나, 지금은 선하〔령〕으로 통하는 상로가 개통됨으로써 시장이 조용하여 전과 크게 다르다.〉 (2) 석당시〈종이가 생산되어 상인이 오가며 판매한다. … 병란이 일어나자 인민이 흩어졌다가 구업(舊業)에 복구하기는 하였으나, 아직도 열 집에 아홉 집은 비어 있을 정도로 겨우 그 이름만 남아 있다.〉 전해오는 이야기로는, … (3) 석당은 제지를 주업으로 하고 하구는 … 상업이 번성하였다. 전에는 시진이 꽤 풍성하였으나 근년에는 다소 침체되었다. (4) 석당은 명말에 기민(饑民)이 난을 일으킨 후로 유망자가 많았고, 갑인(甲寅; 1674)에 또 다시 민변(閩變)을 당하여 지방이 모두 유린당하였다. … (5) 이제 기아에 허덕이는 유민이 모여들기는 하지만, … 토착인은 제지에 서툴러서 일꾼은 모두 다른 지방에서 먹고살려고 들어온 사람들이다. (그들은) 조금이라도 여의치 못하면 곧 떼 지어 파업하고, 한 사람이라도 병으로 죽게 되면 곧 말을 만들어 월소(越訴)하니 그 폐해가 어디까지 미칠지 모르겠다. (6) 하구진은 원래 복건의 상품에 의지하여 번성하였는데, 최근에는 선하(령) 길을 이용함으로써, … 지금(하구진에) 오는 자는 대개 소상인이거나 작은 배들이다. … (7) 복건에서 들어온 사람들은 오고 감을 예측할 수 없고 막을 수도 없다.

고 기록한 것이 그 내용이다. 이상의 기록은 전반적으로 명대 하구진과 석당진의 번영에 견주어, 명·청 교체기에서 삼번의 난을 거치는 기간에 쇠락한 상황을 묘사하고 있다.45) 삼번의 난 평정 직후인 강희22년까지에는 종

---

44) 康熙 『鉛山縣志』 卷1, 地輿志, 疆域, pp.45～47. 〈〉符號는 割註. (1)～(7)은 筆者.

45) 康熙 『鉛山縣志』 卷3, 食貨志, 戶口, p.359에는 康熙 11년(1672)에 인정과 부녀를 합해 16,737인이었던 것이 "〈十三年閩變寇亂六載, 被賊殘破殺戮死絶逃亡人丁 5,213丁, 殺捕婦女 3,009口〉實在人丁 5,111丁, 內優免丁 149丁, 實在婦女 3,394口"라 함.

래의 하구진과 석당진이 '사만시'와 '석당시'로 표기되었던 것도 그 때문이었다. 좀 더 구체적으로 보면, 강희 중엽까지 하구진이 영락한 것은 명·청 교체기의 동란과 삼번의 난뿐 아니라, 삼번의 난으로 복건→분수관→하구진 상업로가 막히자 한때 선하령을 통하여 복건 상품이 반출되었는데, 난이 평정된 후에도 그 여파로 상인의 왕래가 많이 줄어들었기 때문이었다[(1)(3)(7)]. 한편, 같은 시기 석당진이 영락한 이유는 명청교체기의 동란과 삼번의 난뿐 아니라, 지공(紙工)으로 유입한 외래 객민, 특히 압도적으로 많았던 복건인의 불안한 생활 때문이었다[(2)(4)(3)(5)(7)]. 복건인은 인구가 희소한 연산지방에 대거 유입하여 토지를 개간하여 차수(茶樹)나 사탕수수를 재배하기도 하였으며, 지공으로 활동하는 사람도 많았던 것이다.[46]

이렇게 오랫동안 피폐하였던 연산현과 하구진은 그 후 수십 년에 걸쳐 점진적으로 회복되어 갔다. 그 결과 18세기 중엽의 건륭 초에 이르면 하구진과 석당진은 재차 번영을 누리게 되었다. 『연산현지』에 따르면, 연산현 모든 지역에 대하여 "연산을 … 왕래하는 사람이 매일 수천을 헤아린다"[47]라 적고 있다. 이렇게 된 것은, 뒤에 다시 설명하겠지만, 명대에 이어 제지와 종이 가공업, 대나무 가공업 및 차엽 가공업이 재차 발달하였기 때문이다. 이미 명말에 강남 5대 수공업 지역의 하나로 알려진 석당진에 대해서는,

> 석당진은 … 지금은 [전과 같이 연산의] 명진(名鎭)이다. … 상인의 왕래가 빈번하고 지화(紙貨)가 번성하다. … 복건·광동과 가까워서 … 유민이 많고 토착인은 적어서 제지공장 간사한 무리의 온상이 되고 봉호(蓬戶)는 대개 사고를 저지르는 무리이다.[48]

라고 적혀 있고, 자계·진방·호방 등 연산현 내 다른 지역에서도 제지업이 명대 이상으로 발전하였다. 예컨대 진방의 경우, 청초에는 겨우 몇 호에

---

46) 康熙 『鉛山縣志』 卷3, 食貨志, 里甲, pp.401~402 ; 康熙 『鉛山縣志』 卷3, 食貨, 物産, 「砂糖」, p.442. 강서 동북지방의 외래인 유입이 대부분 康熙·乾隆년간에 이루어졌다는 점은 앞에서 설명하였음.

47) 陳宏謀(巡撫), 「重建大義橋記」, 乾隆 『鉛山縣志』 卷10, 藝文志, 記, pp.1001~1004.

48) 乾隆 『鉛山縣志』 卷1, 地輿志, 疆域, 「石塘鎭」, pp.68~69.

불과한 지역이었으나, 건륭~가경시기에 이르면 대지호(大紙號)가 6~7가에 기타의 상점이 100여 가나 있었다.[49)

이러한 발전에 힘입어 하구진도,

> 하구진의 번영은 그 유래가 오래지만, 누차 병란을 당하였고 상로도 선하[령]으로 뚫리면서 무역이 줄어들고 시장이 조용하였다. [이제] 평화가 오래 계속되고 인구가 점차 증가하므로, 산천은 여전하지만 [하구진의 도시로서의] 풍경은 비교적 새로워졌다. 복건·사천·광동의 화물이 모이고 양절(兩浙)·회양(淮揚)의 언어가 뒤섞여 있다. 상선이 밤에 정박하니 (신강)연안이 온통 등불로 빛나며, 밥 짓는 연기가 마치 안개와 같이 온 땅에 퍼진다.[50)

고 하듯이, 전에 없던 발전을 시현하였다. 청대 하구진의 번영은 삼번의 난이 평정된 후 점차로 부흥해 간 것이었다.

이렇게 하구진이 번영해 가는 동안, 앞에서 설명한 것처럼, 주변지역의 유민이 하구진으로 유입되었다. 그러나 '하구진에 모여든 외래인은 실제로 어느 지역에서 얼마나 유입했을까?' 하는 문제에 대해서는 아직까지도 확실한 자료를 구할 수 없다. 다만, 앞에서 서술한 만력『연서』에서, "연산현민은 토착인이 3/10이고 외지인이 7/10이다. 석당·차반·하구·방라 등의 지역은 대개가 외지인"이라는 기록을 통하여, 약간의 과장을 감안하더라도,[51) 하구진을 비롯한 종이·차엽 가공 중심지인 중소도시에 외지인이 많이 유입되었음은 인정할 수 있다고 생각된다. 그리고 앞에서 설명한 것처럼, 명말에 2만여 명, 청말에는 5만~10만여 명[52)으로 급증한 하구진의 인구는 거의 대부분이 외래인일

---

49) 『鉛山新志』, p.278.

50) 乾隆『鉛山縣志』卷1, 地輿志, 疆域, pp.67~68.

51) 萬曆『鉛書』卷1, 天官書, p.13a에서는 鉛山 縣治 南部, 복건과의 分境 지역의 旌孝鄕에 대하여 "邇來, 客籍輻湊, 鄕所聚廬而托處, 皆盡楮戶"라고 적고 있다.

52) 19세기 중엽에 하구진을 방문한 바 있는 Robert Fortune은 당시의 하구진 인구를 30만 명 정도로 보고 있다. Fortune, Robert, A Journey to the Tea Countries of China, London, 1852, pp.197~198(『江西近代貿易史資料』, 1987, p.194). 그러나 당시 河口鎭의 人口가 30만이었다는 것은 턱없는 과장이라 생각된다.

수밖에 없었다. 그러므로 연산현에 대한 『연산신지』의 집계와 같이, 하구진의 경우에도 성내 유입인은 연산현 부근의 여러 현 지역에서, 그리고 외성인은 복건인이 가장 많았으며 그 다음이 안휘인이었을 것이라고 생각한다. 뒤에서 설명하겠지만, 특히 청대에 이르면 연산현과 하구진에서 복건인의 다양한 활약상이 돋보이는 것도 이것과 같은 맥락에서 이해할 수 있다.

어떻든, 건륭~가경년간에는 하구진의 도시 규모도 명대보다 훨씬 확대되었다. 즉 하구진 시가지가 9롱(弄) 13가(街)로 확대되었고, 중요한 거리는 신강을 연하여 동서로 약 2.5km에 걸쳐 있는 일보가(一堡街)·이보가(二堡街)·삼보가(三堡街)와 남북에 걸친 두 개의 도로에 위치한 가장 번화한 상업구였다. 각종 상점과 상품 창고 및 각지의 상인 회관은 보통 이곳에 집중되어 있었고, 기타 크고 작은 항(巷)·롱(弄) 등 거리는 50여 개가 있었다.[53] 하구진에는 상점이 2,000여 가가 있었고, 신강 연안에는 10대 마두(碼頭)가 있어서 매일 정박하는 크고 작은 배가 2천여 척이나 되었다. 그 때문에 화물을 만재한 선박은 하구 항구에 도착하여 며칠을 기다린 후에야 겨우 부두에 정박하여 짐을 풀 수 있었다.[54] 하구진은 이제 복건과 절강으로 통하는 상로의 중요한 상품시장일 뿐 아니라, 동시에 전국의 종이와 차의 중요한 집산지로 발전하였고, 나아가서는 세계 무역권에 권입된 것이다. 그러므로 하구진 사회가 전에 없는 번영을 누린 건륭~가경년간은 하구진 발전의 절정기라 생각되는데, 당시 인구가 대개 10만여 명에 달하고 그 가운데 차정(茶丁)·지정(紙丁)이 삼만여 명이나 되었으며,[55] 청 중엽부터는 하구진에 정기시 대신 매일 상설시장이 개설되었다.[56]

이에 따라 청조는 건륭18년(1753)에 경제 파총(把總)을 하구진에 이주시켰

---

53) 『鉛山新志』, pp.52·278.

54) 沈興敬 等, 1993, p.96.

55) 鉛山縣地名志辦公室, 1985, p.17. 한편, 『河口鎭志初稿』, p.70에는 "道光元年, 河口戶 12,010, 丁100,147, 其中茶丁·紙丁約占三萬餘口"라 함.

56) 同治 『鉛山縣志』 卷4, 地理, 津梁, 福惠河, 「彭昌運(嘉慶, 同知)記」(p.285). 강남 델타의 市鎭이 발달한 지역에서는 이미 명말부터 정기시가 사라졌지만, 강남을 벗어난 지역에서 상설장이 서는 곳은 그리 많지 않았다.

고, 건륭40년(1775)에는 종래의 순검사만으로는 하구진을 장악할 수 없어, 광신부의 동지(同知)를 하구진에 이주토록 하고, 동지의 공서(公署)를 건설하여 교통·상업·세무(稅務) 등의 사무를 관리하게 하였다.57)

청대 하구진이 이처럼 공전(空前)의 발전을 누릴 수 있었던 배경은 다음 세 가지로 설명할 수 있다. 첫째는 주변 제지업의 지속적 발전을 배경으로 하여 종이 가공업이 발전한 것이고, 둘째는 차엽 가공업의 지속적 발전과 함께 서방국가들과의 교역권에 포함된 것이다. 셋째는 청조의 정책변화였다. 즉 청조는 1757에서 1842년까지의 85년 동안, 광주 하나만 무역항으로 인정하는, 소위 '광동무역체제(건륭22년~도광22년)'를 강행하였다.58) 모든 상품은 반드시 광주로 보내서 수출토록 하였던 것이다. 그 때문에 광신부 일대뿐 아니라 복건·절강의 차엽과 견직물 등의 상품도 반드시 하구진을 거쳐야 하였고, 광주에서 수입되는 외국상품 가운데 복건과 절강으로 들어가는 상품도 반드시 하구진을 거쳐 공급되었다. 이것이 하구진 발전에 절호의 기회를 제공하였다.

청대에 하구진이 번영을 누리면서 양식과 잡화 무역도 크게 번성하였다. 먼저 양식을 보면,

    (1) 연산의 대상(大商)은 차와 종이를 무역하고 그 다음 상인은 양식을 무역한다.59)

    (2) 도(稻)〈연산현의 생산량은 수십만 석에 불과하여 백성의 식량으로도 부족해서 오직 익양·귀계의 쌀로 서민의 식량을 〔채울 수 있기를〕 바랄 뿐이다.〉60)

    (3) 안인·동향·익양·귀계와 연산은 이웃해 있고, 4현은 모두 쌀 생산지이므로 미상(米商)이 〔그 곳의 쌀을〕 하구진에 운반해 온다. 식량은 하구진 무역에서 세 번째로 많은 상품이다.61)

라고 적혀 있다. 그리고 잡화무역을 보면, 이미 17세기 전반기의 만력 말

---

57) 『鉛山新志』 pp.11·49.

58) 본서 제1편 제3장 참조.

59) 光緒 『鉛山縣鄕土志』(鈔本), 實業類, 「商」.

60) 光緒 『鉛山縣鄕土志』(鈔本), 「物産類」. 〈 〉는 割註.

61) 光緒 『鉛山縣鄕土志』(鈔本), 商務類

기록에,[62] 하구진을 통하여 연산 각지로 운반되는 화물은 멀리 외국에서 들어온 후추와 같은 향신료와 목재, 중국의 모든 지역에서 들어온 각종 잡화 및 기타 각종 식품 등 모두 100여 종이나 되었다고 한다. 청대에도 이러한 관행은 계속되어, 잡화 가운데 면화와 면포가 제일 많아서 연산에서 소비되는 액수만 30여 만 냥, 하구진을 통해서 다른 현 지역으로 운반되는 액수가 200여 만 냥이나 되었다고 한다.[63] 바꾸어 말하면, 하구진은 연산현과 주변 여러 현에서 생산되는 종이·차·죽기와 절강의 견직물 등의 상품을 수출하고 양식과 잡화 등 연산에서 필요한 상품을 강서 본성뿐 아니라 중국 각지와 심지어 해외로부터 들여와 나누어줄 만큼, '중요한 항구'의 기능을 하고 있었다.

그러나 "개항하면서부터 수륙 교통이 통하지 않아, 연산의 상업은 어려워지게 되었다"[64]고 하듯이, 19세기 중엽에 중국이 개항하면서 절강·복건의 차엽 대부분은 더 이상 하구를 경유하지 않게 되고, 설상가상으로 서양 종이가 중국시장에 수입되어, 하구진의 번영은 서서히 위축될 수밖에 없었다. 바꾸어 말하면, 하구진은 개항 이후에도 강서 동북지방 화물의 집산지로 그 지위는 어느 정도 유지하고 있었던 듯하다. 1852년에 출간된, 서양 사람이 쓴 여행기에, "하구진은 중국 내지에서 가장 중요한 시진의 하나이다. … 하구진의 면적으로 판단하고 다른 도시와 비교해 보면 이곳의 거민은 약 30만 정도는 되리라 생각한다"고 적혀 있기 때문이다.[65] 광서년간(1875~1908)에도 하구진에는 상점이 1,900여 가가 있었다고 하며, 민국 초년에도 인구 10만에 상점이 2,000여 가가 있었다고 한다.[66] 그런데 광서34년(1908)의 보고에는, 연산현의 종이는 "전에는 매년 40만~50만 냥의 매출이 있었으나, 최근에는 서양 종이

---

62) 萬曆 『鉛書』 卷1, 食貨書, p.70a.

63) 『鉛山新志』, pp.280~283.

64) 光緒 『鉛山縣鄉土志』(鈔本, 不分卷), 商務類.

65) Fortune, Robert, A Journey to the Tea Countries of China, London, 1852, pp.197~198 (『江西近代貿易史資料』, 1987, p.194). 단, 河口鎭의 人口가 30만이었다는 것은 턱없는 과장이라 생각된다.

66) 『鉛山新志』, p.283; 曹樹基, 1997A(제6권), p.602.

가 들어와 사용되기 때문에 10만 냥 어치를 팔기도 어렵다"[67]고 했다. 그러므로 개항 후 제차업의 점진적인 쇠락과 양지(洋紙)의 수입이 계속되면서, 하구진과 그 주변지방의 제차업과 제지업·유업(油業) 등이 모두 엄중한 영향을 받아 하구진의 경제가 쇠락하게 되었다. 다만 1920년대까지도, 전과 같지는 않지만, 아직도 연사지(連史紙)의 제조가 성했고, 기타 죽기(竹器)와 하포(夏布) 등을 생산하는 상공업지다운 명맥을 유지하고 있었던 듯하다.[68] 하구진을 결정적으로 쇠락하게 만든 것은 1930년대에 들어서 민감공로(閩贛公路), 상요～응담공로 및 절감철로(浙贛鐵路)가 연이어 개통된 것이었다. 하구가 지니고 있던 교통의 요지와 상품교역 중심지의 지위는 어쩔 수 없이 상해시에 양보하게 되었다.

II. 製紙業과 紙商人

명청시대 하구진이 발전할 수 있었던 배경은 하구진이 갖는 수륙교통의 요지라는 위치와 함께, 연산현과 부근 여러 현 지역에서 발달한 제지업과 차엽 가공업 때문이었다. 그 가운데 제지업은 연산현 제일의 특산품이었다. 만력년간의 기록에 "연산현은 종이로 얻는 이익이 제일 많고 다음이 차(茶)에서 얻는 이익"[69]이라 하였고, 청말까지도 "연산현의 생산물은 종이가 제일"[70]이라 한 기록이 있으며, 20세기 초까지도 강서에서 생산되는 종이가 중국 전체 종이 판매 총액의 20%를 점하였고, 강서 81현 가운데 종이를 생산하는 현은 절반 이상인데 그 가운데 광신부 지역에서 가장 많이 생산되었다.[71]

광신부 지역, 특히 연산현의 제지업이 이렇게 우위를 확보할 수 있었던 배경은 다음 네 가지였다. 첫째는 자연조건의 우위이다. 연산현은 기후가 온화

---

67) 梁樹棠(知縣), 『江西農工商礦紀略』(光緒30年), 第5冊, 鉛山縣, 商務.

68) 西山榮久, 『最新支那地理』, 東京, 大阪屋號書店, 1928, p.315.

69) 萬曆 『鉛書』 卷1, 食貨書 第5, p.68a.

70) 同治 『鉛山縣志』 卷5, 地理, 物産, 「紙」.

71) 『江西近代貿易史資料』, 江西人民, 1987, p.237.

하고 강우량이 충분하며 땅이 비옥하였으므로 종이의 원료인 대나무가 잘 자라서 제지에 유리한 조건이었다.[72] 그 때문에 광신부 일대에는 이미 명초에 조방(槽房; 제지창)이 생겼다. 가장 먼저 옥산현에 생겼고, 뒤이어 영풍·광풍·연산·상요현에도 생겼다. 각지의 조방은 모두가 산간 계류(溪流) 연변으로서 지료(紙料)를 찧어 물에 헹구기 편리한 곳에 위치하였다.[73]

둘째는 기술적 조건의 우수성이었다. 명대부터 중국 종이 생산의 중심지로 불리던 강서의 광신부, 절강의 구주부, 복건의 건녕부는 서로 인접한 지역으로, 대나무 자원이 풍부하였고 서로 전통적 제지기술을 교류하거나 전승해 왔다. 명대 이래 연산현에서 생산되는 종이의 품종은 연사지(連史紙)·주본지(奏本紙)·모변지(毛邊紙)·봉지(蓬紙) 등 14종이나 되었다. 이 가운데 연사지는 "희기가 백옥 같고 벌레 먹는 것과 열에 강하고 오래도록 색이 변하지 않는다"고 알려져 평소에 "수지천년(壽紙千年)"이라는 칭찬을 받았으며, 서화(書畵)와 고적(古籍)의 인쇄용으로 사용되던 상품이었다.[74] 그 때문에 감죽(砍竹)에서 성품(成品)에 이르는 생산 기간도 1년 가까이 걸릴 만큼 길었고,

> 원료는 계곡의 물살이 빠른 맑은 물에 며칠 밤낮을 담가야 하고, … 비록 한 겨울이나 폭염이 내려 쬐는 여름이라도 지공(紙工)의 손과 발은 물과 불을 벗어날 수 없다. 속담에 이르기를 '종이 한 장 〔만들기도〕 쉽지 않으니 72번이나 손이 간다.[75]

고 할 정도로, 대단히 어렵고 복잡하였다. 이러한 연사지 제조 기술은 가정 전후(16세기 중엽)에 복건인의 유입과 함께 연산으로 전파되어 처음에는 진방·황벽·장원·자계 등 지역에서 생산되었고, 그 후 점차로 석당·석롱

---

72) 竹의 특성과 竹紙製造의 收益性에 대해서는 彭澤益, 1962(2), p.119 참조.

73) 萬曆『江西省大志』卷8, 楮書引, 建置, p.819 ; 同書, 卷8, 楮書引,「槽制」, p.921.

74) 1934년 商務印書館이 출간한『四庫全書珍本初集』도 連史紙를 썼고, 오늘날에도 북경의 榮寶齋의 裱畵 등도 이 종이를 쓰고 있다.

75) 萬曆『江西省大志』卷8, 楮書引,「材料」, pp.921~923.

·차반·영장·호방·양촌·항동·장항·정효 등 지역에서도 종이를 생산하게 되면서 강서 동북지방의 종이 생산의 중심지로 부상하였다.[76] 한편, 주본지(奏本紙)는 관간지[官柬紙; 간지(柬紙)]라고도 하였는데, 관료나 신사(紳士)의 편지·명함·첩자(帖子) 등에 사용하는 고급 종이였고, 최고급 종이는 궁중의 격자창에 사용하는 영사지(櫺紗紙)였으며,[77] 가장 두텁고 좋은 종이는 관음지(觀音紙)였다.[78]

연산현의 제지업이 발달하면서 분업(分業)이 진행되고 그에 따라 많은 노동력이 필요하게 되었다. 즉,

(1) 종이 제조에 필요한 것은 조호[(槽戶), 공장주]가 준비하는데, 조방[(槽房), 종이공장]의 기술자는 모집된 사람이 많다. 조방마다 기술자가 천(千) 명을 단위로 헤아리는데, 일급 임금은 은 3푼(分)이며, 전문 기술자나 일반 기술자의 임금은 일정하지 않다.[79]

(2) 조(槽)마다 기술자가 네 명 있고, 그 밖에 부두(扶頭) 한 명, 용대(舂碓) 한 명, 검료(檢料) 한 명, 배건(焙乾) 한 명이 있으며, 매일 종이 8파(把)를 생산한다. 13파가 1석(石)이니 8일에 5석을 생산하는 셈이며 1석은 은 7전이다.[80]

(3) 종이공장이 30여 호나 되며 공장마다 기술자가 1~2천 명이나 된다.[81]

는 기록들에서 보듯이, ⓐ 조호(槽戶; 제지공장 경영인)는 스스로 몇 개의

---

76) 『鉛山新志』, pp.215~216·278.

77) 宋應星, 『天工開物』, 卷中, 殺靑.

78) 項元汴, 『蕉窗九錄』(許懷林, 1993, p.526에서 再引)

79) 萬曆『江西省大志』卷8, 楮書引, 匠役, p.920. 每槽 工匠이 '千數'라 함은 과장이었다고 생각한다.

80) 萬曆『鉛書』卷1, 食貨書. 紙工의 노동은 보통 4월에서 12월까지 240일 정도였다.

81) 陳九韶, 「封禁條議」(萬曆28年), 康熙『上饒縣志』卷10, 「要害志」, pp.12~20. 徐曉望, 1986에 따르면, 민국년간에 하구진 부근에는 다수의 대형 紙廠이 있었는데, 지창마다 적으면 몇 개, 많으면 수십개의 지조(紙槽)를 가지고 있었고 紙工이 수백명이나 되었다고 한다. 그러나 청대에 紙槽는 일반적으로 幇工 一二十人이 있었다. 그러므로 原文에 "一二千"으로 기록된 것은 "一二十"의 誤謬이거나 과장일 것이다.

종이 공장을 설립하고 공구와 재료를 갖춘 후에 기술자를 모집하였다.[82] ⓑ 연사지(連四紙)·모변지(毛邊紙) 등 인쇄·서사(書寫)에 사용되는 고급 종이를 생산하는 조호의 경우에는, 생산량도 많고 폭도 넓어야 하였으므로, 전문 제지공 4인 외에 몇 사람의 방공(幇工)이 필요하였으므로, 10~20명 정도의 일꾼을 두고 분업하였다. ⓒ 공장은 각기 기능대로 '하루 급여가 은 3분'이었고 '전문 기술자와 보통 기술자의 임금'은 달랐다.[83] 그런데 앞에서 설명한 것처럼, 이들 기술자들은 이미 만력년간부터, "연산의 백성은 외지인이 7/10호"라 하듯 대개는 외지인이었으로 전업성이 미약하고 오히려 계절에 따라 변하는 성격이 강했다고 생각된다.

셋째는 교육과 서원문화의 발달, 성향 거민의 일상생활 및 제사나 종교행사, 자기 등 상품포장, 특히 청대의 인구증가와 경제발전 및 도서출판의 증가에 따라 종이의 요구가 날로 증가하였기 때문이다.[84] 넷째는 국가의 정책 변화 때문에 나타난 영향이었다. 명조는 명초에 남창부의 서산(현재 취암사 자리)에 조지국(造紙局)을 설치하고 환관을 파견하여 생산량과 종이의 질을 감독하며, 황실과 조정에서 필요한 종이를 생산하게 하였다. 그러다가 광신부의 옥산·연산·상요·영풍(오늘날 광풍) 등 여러 현 지역에서 점차로 제지업이 발전하자, 조지국을 광신부로 옮겼다. 그 후로는 환관이 빈번히 왕래하며 종이를 구입하였으므로, 연산현의 제지업이 더욱 발전하게 되었고, 하구진의 발전도 촉진되었다.[85]

그런데 이러한 제지업의 발전이 오히려 강서인의 부담을 증가시키기도 하였다. 명대 연산현에서는 황실과 중앙 관청 및 각 성 아문에서 필요한 종이를 공급하였다. 황실용은 환관을 파견하여 제지과정을 감독하였고, 중앙 관부용

---

82) 그러나 槽戶 가운데, "(蓬紙) 一煮一煖, 一人成之, 日可四塊, … 塊有十斤, 則貨銀五分"(萬曆『鉛書』卷1, 食貨書)라 한 바와 같이, 이미 명말부터 低級紙를 생산하는 농가 부업적 성격의 소규모 槽戶도 있었다.

83) 청대에 같은 강서성 내 4大鎭의 하나였던 경덕진 陶瓷工들에 비하면, 紙工의 임금 수준은 그 2/3정도에 불과하였다. 본편 앞 장 참조.

84) 許滌新·吳承明, 1985, p.418; 徐建靑, 1997.

85) 許懷林, 1993, pp.526~547.

은 호부의 명령에 따랐다. 이러한 종이는 규격과 품종·수량이 엄격하게 제한되었는데, 많을 때는 28개 품종에 900만 장 가까이 되었다. 중앙 관부용 주본지(奏本紙)만 하여도 매년 30만 장이나 되는 것을 모두 연산현 석당진의 지조(紙槽)에서 생산하였는데,[86] 생산에 필요한 비용 732냥은 남창·무주·건창·광신의 4부에 배당되었다. 그뿐 아니라 기타의 궁중과 중앙관부에 공급되는 종이를 만드는데 드는 임금과 포장, 운반 등 잡비도 모두 강서의 13부 78현에 배당되었으므로, 강서인들의 부담은 대단히 무거웠다.[87]

그럼에도, 명대 중기 이후의 연산현 제지업은 급격히 발전하였다.[88] 그 가운데 특히 석당진은 제지업 위주의 전업 시진으로 발전하였다.[89] 만력28년(1600)의 기록에는 석당진에 대해서는 "종이 공장이 30여 호나 되고 공장마다 기술자가 1천~2천 명이나 된다"고 적혀 있다. 앞에서 살펴본 것처럼 중앙 관부용 주본지 30만 장을 모두 생산하는 등 매년 생산량은 대단히 많았다. 만력 『연서』[90]의 기록을 근거로 한 연구에 따르면, 명말 석당진 30여 종이공장 한 곳당 하루 생산량과 일 년 생산일수를 계산해보면, 석당에서 매년 생산되는 종이는 11,583,000장, 그 가운데 정부가 구매해 가는 주본지가 30만 장으로, 전체 생산량의 2.6%였다.[91] 이러한 추세는 19세기 말에도 여전하였다.[92] 그러므로 명말의 석당진은 하구진 못지않은 연산의 거진으로, 인구는 약 2만~3만 명은 되었던 듯한데,[93] 평시에는 외래 지공(紙工)이 근 만 명이나 되었으며 연산하 연안에는 항상 작은 배 200여 척이 정박하고 있어 '작은 소주'라는 호

---

86) 吳春(貴溪人, 憲副), 「石塘陳公堤記」, 萬曆 『鉛書』 卷7, 碑記.

87) 萬曆 『江西省大志』 卷8, 楮書引, 料價, p.924. 단, 他省의 지방관아에서 필요한 종이는 상인의 손을 빌리거나 관리를 파견하여 구매하여 갔다.

88) 萬曆 『鉛書』 卷1, 天官書, p.13a에는 縣治 南部 分境 지역의 旌孝鄉에 대해서 "遍來客籍輻湊鄉所聚廬, 而托處皆盡楮戶"라 함. 기타 王安春, 2001 참조.

89) 萬曆 『鉛書』 卷首, 修志敎.

90) 萬曆 『鉛書』 卷1, 食貨書.

91) 蕭放, 1989, p.63; 『鉛山新志』, p.278.

92) 光緒 『鉛山縣鄉土志』(鈔本), 物産類, 「連四紙」.

93) 許大齡, 1956, p.924에서는 만력년간 석당의 紙工의 수가 5~6만에 달했을 것으로 추산하고 있으나 너무 과장된 것이라 생각된다.

칭을 들었고, 매일 소비하는 양식·소금·잡화 등은 모두 하구진을 통해서 들어
왔다.[94]

그런데 이상과 같이 번영하던 석당진도 명청교체기와 삼번의 난을 거치는
동안에 철저하게 유린당하였으며, 석당진을 포함한 광신부 지방의 제지업도,

> 변란을 당하기 전에는 조창(槽廠)과 지공이 많았는데도 … 조정의 수요를 감당
> 할 수 없었습니다. 오늘날에는 지방이 누차 병란을 당하여 인민의 태반이 도망
> 하고 … 또한 물자의 어려움도 전보다 백배나 됩니다. 조방창국(槽房廠局)은
> 오래 전에 이미 황진(荒蓁)으로 변하였습니다. … 광신부 지부 주치태(朱治泰)의
> 보고에 따르면, 광신부 일대는 폐허로 변하고 인민은 도망하였으며 제지공장은
> 모두 도적의 소굴로 변하거나 허물어지고 지장(紙匠)은 사라졌습니다.[95]

라고 하듯이, 같은 시기에 철저하게 유린되었다.

이렇게 명·청 교체기의 동란과 삼번의 난 시기를 지나면서 받은 제지업의
피해는 수십 년이 지난 후에야 회복되었다. 그리하여 건륭 초에 이르러서야
연산현 내의 제지업은 명대 이상으로 번성하였다. 예를 들어 석당진의 경우,
앞에서 서술한 것처럼, "석당진에서 상인이 거래하는 물건은 종이가 제일 많
다"고 할 정도로 제지업이 번성하였으나, 동란기에 지공(紙工) 태반이 도망하
였으므로 강희 중반 이후에 회복되었을 때 종이공장의 일꾼 대부분은 외부에
서 유입한 유민이었다. 그리고 그 가운데 대량의 복건 유민이 있었고, 그들이
들어오면서 토지의 생산도 대대적으로 발전하게 되었다.[96]

연산현 내의 제지업은, 이러한 과정을 거쳐, 건륭·가경·도광시기(1735~
1850)에 전성기를 맞았다. 당시에는 제지업 종사자가 현 전체 호구의

---

94) 沈興敬 等, 1991, p.94; 『鉛山新志』, p.278.

95) 「戶部尙書車克等題」, 『淸代鈔檔』(順治10年八月十六日), 中國社會科學院 經濟硏究所藏
 (彭澤益, 1962(1), p.259에서 再引)

96) 단, 이들의 존재는 지방질서 차원에서는 대단히 위협적 존재였다. 그러나 또 한편
 연산현의 유능한 제지공들이 이웃한 절강 龍游지방에 진출하여 고용되기도 하였
 다(陳學文, 1993, p.433 참조).

3/10~4/10에 달하였다고 한다.[97] 이러한 수치를 건륭년간의 공식적인 호구통계 〈표 3-2-1〉에 적용시키면 제지업 종사자가 1만 2천~1만 3천여 호(戶)에 4만~5만 명이나 되었던 셈이다. 이러한 수치는, 제지공장 경영자와 이들에게 고용된 제지업 노동자, 및 하구진의 지상(紙商)과 그들에게 고용된 사람을 모두 합한 것으로 가정한다면, 납득할 수 있는 수치라고 생각된다. 근년의 연구에 따르면, 연산현의 제지업이 가장 번성하였던 건륭~도광년간에 연산현에는 제지호가 2천3백여 호였고, 종이의 품종도 다섯 유형에 20여 종이었으며, 하루 생산하는 종이가 천여 단(担)이었고, 하구진의 지점(紙店)·지호(紙號)·지행(紙行)·지장(紙庄) 등이 백여 가에 총 매출액이 매년 40~50만 냥이었다.[98] 그리고 민국 초기에도 제지업 종사자가 2만여 명에 매년 생산량은 2만여 톤이었다.[99] 또한 양지(洋紙)가 대량 수입되어 토지(土紙)의 생산이 크게 위축된 1940년대에도 하구진에서 생산되는 종이는 매년 연사지 약 3만 건(件), 관산지 약 10만 건, 경방지(京放紙) 약 50~60만 건, 서천지(書川紙) 약 4만 단, 초지(草紙) 약 10만 건, 황표지(黃表紙) 약 8만 건이나 되었다.[100]

그러면 명청시대에 이상과 같이 발전한 연산현의 제지업은 하구진과는 어떤 관계가 있었던가? 명대의 경우, 하구진은 기본적으로 종이의 중계무역항적인 성격이 강하였다. 바꾸어 말하면, 연산현 각 향에서 생산된 종이는 상인들이 수집하여, 육로로 운반하거나 연산하·양촌하·진방하 등 수로를 통해 작은 배를 이용해서 하구진에 이르러 종이 상점에게 넘겼다. 옥산·풍(=광풍)·상요 등 광신부 각 현에서 생산된 종이 역시 상인이 작은 배로 하구진에 운반하였다. 또 무이산 남쪽, 복건의 광택·숭안 등 각 현에서 생산되는 종이는 분수관을 넘어 연산의 진방·호방·석당·자계 등 지역에 운반된 후 재차 작은 배

---

97) 同治 『廣信府志』 卷1之2, 「物産」, p.116下
98) 梁樹棠(知縣), 『江西農工商礦紀略』(光緒30年) 第5冊, 鉛山縣 商務, p.6; 『鉛山新志』, p.214.
99) 光緒(30) 『江西農工商礦紀略』 第5冊, 鉛山縣, 商務; 『鉛山新志』 pp.214, 278; 吳炳全·傅之潮, 「河口紙市」, 『江西名鎭河口鎭』(『鉛山文史資料』5), 1991, p.14.
100) 『工商知識』 4-2, 1947(『江西近代貿易史資料』, 江西人民出版社, 1987, p.244에서 인용). 이 數値는 청말보다 8/10정도 감축된 것이었다.

를 이용하여 하구진으로 운반되었다. 이렇게 하구진에 모인 각지의 종이는 모두 새롭게 포장된 후 하남·신양(信陽)·무호·서성(舒城)·안경(安慶) 지역 등 사방으로 판매되었다.101) 또 청대에도 종이 무역에서 하구진의 성격은 명대와 다를 바 없었다. 그런데 각 지역마다 요구하는 종이의 규격과 명칭이 달랐으므로, 하구에서 새로이 포장되는 종이는 요구하는 지역에 따라 신장(申裝)·한장(漢裝)·경장(京裝)·항장(杭裝)·진장(津裝)·휘장(徽裝)·영파장(寧波裝) 등으로 지칭되었다.102)

청대의 하구진은 이렇게 부근 각 향과 여러 현 지역에서 생산되는 종이의 집산지일 뿐 아니라, 중국 제지의 중심지 가운데 하나로 명성을 떨치게 되었다.103) 그 때문에 종이가 주는 이득을 따라 모여든 상인들도 많아서, 건륭·가경시기에 하구진의 종이 상점이 100여 가나 되었던 것이다.104)

그런데 하구진에서 활동하던 지상(紙商)은 시대의 변화에 따라 부침(浮沈)이 있었다. 즉,

(1) 제지에 필요한 물품은 구피(構皮)·죽사(竹絲)·염(簾)·백결피(百結皮)이다. 구피는 호광에서, 죽사는 복건에서, 염은 휘주와 절강에서 생산되는데, 옛날부터 길안·휘주, 두 부(府)의 상인이 광신부로 운반해 와 팔았다.105)

(2) 광신부에서 생산되는 것 중 양이 많고 먼 곳에까지 팔리는 것으로는 종이만한 것이 없다. … 상요·광풍·익양·귀계에서 모두 종이를 생산한다. … 조호[공장주]는 원료의 준비로부터 종이가 완성되는 모든 과정에 사람을 고용한다. … 오늘날 제지업에 종사하는 자가 날로 증가하는 것은 빈민의 생계를 보탤 수 있기 때문이지만 토착인의 수는 적다. 큰 자본을 가진 대상인은 대개 휘주와 복건인이고 가끔 산서상인도 있다"106)

---

101) 萬曆 『鉛書』 卷1, 食貨書.

102) 『鉛山新志』, p.278.

103) 吳炳全·傅之潮, 1991.

104) 『鉛山新志』, p.278.

105) 萬曆 『江西省大志』 卷8, 楮書引, 「材料」, pp.921~923.

106) 乾隆 『廣信府志』 卷2, 地理, 物産, p.230~231.

이를 요약해 보면, ⓐ 명대에는 강서성 내의 길안상인과 이웃 휘주상인이 종이공장에서 필요로 하는 공구 등을 외성에서 수입하고 연산현 등에서 생산하는 종이를 내다 팔면서 하구진 종이 교역을 주도하였다. 그런데 명·청 교체기를 지나 건륭년간에 이르면, ⓑ 제지에 참여하는 자는 많았지만 경영자는 외지의 상인이 많았으며, ⓒ 종이상인 가운데 이미 명대부터 진입한 휘주상인은 계속하여 성장하였지만, 건륭∼도광년간에 이르면, 성내 상인인 길안상인은 사라지고, 대신 복건상인이 새로이 부상(富商)으로 가담하였고, 소수의 산서상인도 나타났다. 청말에 이르면, 복건상인이 하구진에 전복회관·소무회관·천후궁 등 3개의 회관과 소공묘를 세운 것을 비롯하여, 연산현 여러 곳에 13개의 회관과 사묘를 건립한 것을 통해서도, 복건상인이 많았던 것을 알 수 있다.107) 이렇게 복건상인의 활약이 두드러진 것은, 앞에서 살펴본 것처럼, 연산현에 유입한 외성인 가운데 복건인이 절대다수를 차지했던 것과 같은 맥락으로 이해할 수 있다. 한편, 하구진의 지상(紙商)은 민국시기에 또 한 번 바뀌었다. 즉 그 사이의 경과는 분명치 않지만, 성 내의 건창상인과 휘주상인이 가장 많았고 그 다음으로 많은 상인이 임천상인과 금계상인이었다.108)

그런데 휘주상인은 이미 만력년간에 산중에 들어와 제지호를 대상으로 전대제(前貸制) 생산을 하였고,109) 청대에는 대개의 지상들이 제지호에 전대하는 대신 생산된 종이를 우선 공급하도록 하였으므로,110) 휘주상인뿐 아니라 복건상인도 역시 전대제 생산을 하였을 것이다.111) 한편 산서상인은, 뒤에 살펴보겠지만, 청대에 하구진을 중심으로 차엽 무역으로 대자본을 축적하였으

---

107) 同治『鉛山縣志』卷7, 建置, 「壇廟」. 특히 天后宮은 乾隆49년까지에도 1處에 불과하였으나 동치년간에 이르면 6처로 증가하였다.
108) 吳炳全·傅之潮, 1991, p.16. 이들 상인의 세력 부침문제는 별고가 필요하다.
109) 天啓『新安休寧名族志』卷3, 「瑞芝坊吳氏」條.
110) 吳炳全·傅之潮, 1991, p.21.
111) 藤井宏, 1953-3, p.109. 청대에 특히 福建 紙商의 활동은 유명하였다. 그 가운데 延平과 邵武 2府 출신의 紙商은 멀리 북경에도 會館을 건립할 정도로 활발한 상업 활동을 전개하였다. 李華, 1980, pp.98∼99 참조.

므로, 순수한 종이상인이라기보다는 차엽 무역을 하는 상인 가운데 일부가 종이도 취급하였을 것으로 생각한다. 그리하여 청말의 하구진의 종이 무역액은 40~50만 냥 정도나 되었다.[112]

하구진에 진출한 지상(紙商)의 규모는 극히 다양하였다.[113] 지상 가운데 우선 문시부(門市部)나 잔방(棧房)이 없이, 소매업만 하거나 도소매를 겸영하는 비교적 소규모 점포를 지점(紙店)이라 하였다. 그리고 도매업을 전문으로 하는 상인을 지호(紙號)라 하였는데, 대규모 지호는 고용원 20여 명을 고용하고, 석당 등 종이 산지에 분점을 두었으며, 상해·항주·한구 등 대도시에서 종이를 사러 오는 수객[水客; 채구원(採購員)·추소원(推銷員)]을 매일 7명~8명이나 맞았다. 또한 지호보다 규모가 큰 상인은 지행(紙行)이라 하였는데, 이들은 종이 매매를 중개하는 아행[경기인(經紀人)이라고도 하였음]이었다. 하구에는 '지행'은 많지 않았으며, 대개는 산간의 조호(槽戶, 제지호)가 생산한 종이를 지행에게 위탁 판매하였다. 한편 외래 객상을 위해 종이를 수집하고 운반해 주는 상인을 지장(紙庄)이라 하였다. 하구진 삼보가에 위치한 '익유(益裕)'와 같은 지장은 '지점(紙店)'이라는 상호로 운영하였지만, 고용원 16~17명을 두고 청말 이래 오랫동안 번영을 누렸다. 그런데 어떤 지점이나 지장은 하구진에 공장을 차려놓고 독립 상표로 홍지(紅紙)·석박지(錫箔紙)·백색 유방지[白色有光紙]·홍황란 다색 유광지[紅黃蘭多色有光紙] 등으로 가공하여 판매하고, 목판 인쇄와 제본업을 겸영하거나, 또는 도서·문구, 혹은 남화(南貨)나 면포를 겸업하는 경우도 있었다.[114]

이러한 하구진 지상(紙商)의 경영과정은 보통 다음과 같았다.[115] 첫째는 수집상을 종이 산지에 파견하여 수집하거나, 현지인에게 수집을 위탁하거나, 혹은 산향의 대나무 산지에 직접 공장을 설립하여 만들거나 또는 산향의 제지호와 합자 공장을 설치하여 만드는 것이었다. 둘째는 각 지역마다 요구하는

---

112) 光緒『江西農工商礦紀略』第5冊, 鉛山縣 商務, p.6.
113) 이하의 다양한 지상의 활동은 吳炳全·傅之潮, 1991, pp.16~25 참조.
114) 吳炳全·傅之潮, 1991, pp.17~18.
115) 吳炳全·傅之潮, 1991, pp.20~25 참조.

종이의 규격과 명칭이 달랐으므로, 하구에서는 신장·항장·경장·한장·휘장·요장·성장·진장·영파장 등으로, 각지에서 요구하는 대로 다르게 포장되었다. 셋째, 종이 판로에 대한 경쟁이 치열해지면서 상해·항주·한구 등 대도시의 시장 정보를 재빨리 파악할 필요가 있었으므로, 지상들은 가능한 한 이들 지역과 정보교환을 중시하였다. 넷째, 지상은 이윤의 확대를 위해서, 종이를 판 곳에서 빈 배로 돌아오지 않고, 반드시 면화·면포·자기·양식 등 그 지역의 상품을 싣고 와서 팔았고[이를 회두화(回頭貨)라 하였음], 관사(管事; 경리)·장방(帳房; 회계)·신방(信房; 업무)·호관(號館; 품질관리) 등의 업무를 수행하는 고용인은 될수록 친척을 고용하였고, 학도(學徒)도 보통 친우나 동향인의 자제를 고용하였다.

Ⅲ. 茶葉 加工業과 茶商人

하구진은, 앞에서 서술한 제지와 종이의 중계무역 중심지일 뿐 아니라, 중국의 홍차 가공과 차엽 교역의 한 중심지로도 유명하였다. 연산현에서는 이미 송 경우년간(景祐年間; 1034~1038)부터 주산차(周山茶)·백수단차(白水團茶)·소용봉단차(小龍鳳團茶) 등이 있어 조정에 상공하였고, 명대에도 차가 주는 이익은 종이에서 얻는 이익 다음으로 많았다.[116] 명 선덕~정덕년간(1426~1521)에 연산현에서는 소종하홍(小種河紅)·옥록(玉綠)·특공(特貢)·공호(貢毫)·공옥(貢玉)·화향(花香)·향형(香馨) 등 명차를 생산하였으며, 만력년간(1573~1620)에 이르면 '하홍(河紅)'의 명성이 널리 퍼지면서, 외지의 상인들이 다투어 하구·석당·진방 등 지역에 와서 구입해 갔다.[117] 뒤에서 자세히 설명하겠지만, '하홍'은 청대에는 중국 최초의 수출 홍차로 국제시장에도 알려진 명품 차였다.[118]

---

116) 萬曆 『鉛書』 卷1, 食貨書에 "惟紙利, … 二曰茗䒷之利"라 함.

117) 『鉛山新志』 pp.217·279

118) 河紅의 技術者(茶師)들이 후에 남창부의 무녕·수수 등 현 지역으로 가서 만든 홍차가 '寧紅'이며, 휘주부의 무원·기문 등에서 만든 홍차가 '祁紅'이다.

　그러나 명대에 연산현의 차업이 그리 순탄하게 발전한 것은 아니었다. 본래 광신부 7개 현에서 모두 차를 생산했으나 좋은 차는 오직 연산에만 있었는데, 차츰 본래 정해진 공납액 외에 부담이 늘어나자 차호(茶戶)들은 차를 다른 지역에서 구입하여 충당하는 폐단이 있었다. 그런데도 명말에 차과(茶課)를 은납으로 요구받게 되자, 차호는 고리대를 얻거나 처자를 팔아 납부하기에까지 이르렀고 마침내 도망하는 경우도 많았다.[119] 그리고 명·청 교체기에는, 앞에서 설명한 것처럼, 강서 전체가 무정부 상태의 공동사회였으므로, 연산현 내의 차엽 가공업 역시 쇠퇴할 수밖에 없었다.

　그러나 청초에는 청조가 취한 안정책과 차공(茶貢) 면제정책 및 영국으로의 차 수요의 급증 등으로 연산현 내의 차원(茶園)이 신속히 회복되어 갔다. 그런데 앞에서 살펴본 것처럼, 동란기와 청초에 걸쳐 복건인이 대거 유입하였는데, 이들 가운데 복건의 차농(茶農)도 연산에 많이 들어와 산지를 개간하여 차나무를 심은 것이 연산차 중흥의 결정적인 영향을 주었다. 오늘날 연산현 진가채향의 차산(茶山) 장가(蔣家)·항동향의 차원(茶園) 장가(張家)·호방향의 차수평(茶樹坪) 엄가(嚴家)·영장향의 차갱원(茶坑源) 등 촌락의 거민은 대개 강희·옹정·건륭시기에 복건 상사부(上四府)에서 들어온 차농(茶農)의 후예였다. 청대 연산의 차원면적은 약 2천 경으로 추산되는데,[120] 이 수치는 당시 연산현 전지의 1/3에 해당하는 것이다. 그리하여 청말에 이르면, 강서성 내 81현 가운데 50여 현에서 차엽이 생산되었는데, 연산현에 대해서도 "연산현의 생산품은 종이 외에는 오직 차"[121]라 할만큼 많았다. 건륭~가경년간(1736~1820)에는 연산현 내 차엽 가공에 종사하는 자는 2만~3만 명에 달하였을 것으로 추산하기도 한다.[122]

---

119) 鄭日奎, 「遊西陽山寺記」, 乾隆(49年) 『鉛山縣志』, 卷2, 物産, p.132.

120) 滕振坤, 「河茶春秋」, 『江西名鎭河口鎭』(『鉛山文史資料』5), 1991, pp.27~28; 鉛山縣地名辦公室, 『江西省鉛山縣地名志』, 1985.

121) 同治 『鉛山縣志』 卷5, 物産, 土特産類.

122) 『鉛山新志』 p.280.

　한편, 연산현 각 향과 광신부 각 현에서 생산된 차엽은, 종이의 경우와 같이, 먼저 수륙교통로를 통하여 하구진으로 운반되고, 여기서 가공되고 다시 포장되어 외지로 판매되었다. 그리고 건륭22년(1757)에 광동체제가 성립된 후로는 복건·안휘 지방의 명차도 하구진으로 운반되어 가공한 후 외지로 운반되었다.123) 그리하여 건륭~가경년간에는 하구진의 차엽무역이 절정기를 맞게 되었다.

　이렇게 하구진으로 수집되어 가공된 차엽의 수출로는, 명대에는 동·서 양로가 있었고,124) 청대에는 남·북·동의 3개 노선이 있었다.125) 먼저 남로(南路)를 보자. 이 통상로는 하구→신강→파양호를 통하여 감강→대유령의 매관→광주로 통하는, 이른바 대유령상로를 의미한다. 이 운송로는 왜구로 말미암은 해안의 위험 때문에 이미 명대부터 중시되었지만, 건륭22년(1757)의 광동체제 성립 후에 한층 중요시되었다. 예컨대 무이산 남부의 숭안·광택현 각지에서 생산되는 복건 차엽은 먼저 그곳의 성촌(星村)에 수집되고, 뗏목에 12상자씩을 실어 숭안으로 운반된다. 이곳에서부터 한 사람이 1~2상자씩을 운반하는 각부(脚夫)의 힘을 빌려 분수관을 넘어 육로로 연산의 석당·진방 지역 등으로 운반된다. 여기서부터는 22상자를 싣는 작은 배로 연산하와 진방하를 내려와 하구진에 이르러 가공하고 다시 포장한 후에 수출하였다. 하구진으로부터는 200상자 정도를 싣는 큰 배로 신강을 따라 파양호를 거쳐 감강을 거슬러 올라 감주에 이른다. 감주에서는 60상자를 싣는 배로 남안부 대유현에 이르고, 각부의 힘으로 매관을 넘어 광동성 남웅에 이르고, 여기서 다시 작은 배로 소주에 이르러 500~600상자를 싣는 큰 배로 북강·주강을 내려가 광주에 도착하게 된다. 성촌에서 광주까지의 통상로는 보통 50일~60일 정도가 소요되었다.126) 절강에서 생산되는 견직물도 반드시 하구진에서 다시

---

123) 광신부 산하에서는 상요·옥산·광풍·연산, 4개 현이 차 산지였는데, 河紅과 함께 옥산현의 玉綠이 유명하였다.(『江西近代貿易史資料』, 1987, p.187)

124) 東路는 뒤에서 설명할 청대의 동로와 같았고, 西路는 信江을 내려가 파양호에서 남창이나 구강을 거쳐 각지로 운반되는 상로였다.

125) 이하에서 3개 무역로에 대하여 別註가 없는 한 滕振坤, 1991, pp.29~30 참조.

126) 波多野善大, 1961, pp.129~130; 『江西近代貿易史資料』, 1987, pp.216~218.

포장한 후에 남로를 통하여 광주로 운반되었다.

한편, 북로(北路)는 하구→신강→파양호→구강→무창→번성(樊城)→택주(澤州)→장가구→내몽고→시베리아로 이어지는 상로로, 옹정5년(1727) 중국과 러시아 사이에 '캬크타 조약'을 체결한 후부터 주로 러시아와의 무역로로 사용되었다. 대개 건륭33년(1768)부터 차엽이 이 무역로를 이용한 상품의 대종을 이루게 되었다. 끝으로 동로는 하구진에서 신강을 거슬러 올라가 옥산에 이르고 다시 각부의 힘으로 병풍관을 넘어 절강의 상산→전당강→항주→대운하→상해로 이어지는 상로였다. 강서상인은 이 상로를 통하여 적지 않은 이득을 얻었다. 도광년간 강서상인이 상해에 회관을 건립할 때 그 자금의 3/4을 강서차상(江西茶商)이 제공하였다.127)

이상에서 본 바와 같이, 200여 년 동안 지속된 하구진 차업의 흥성으로,128) 제차 기술자도 많이 배출되었다. 그리고 중국 차시(茶市)의 중심이 각지에서 우후죽순처럼 생겨나자, 하구진의 제차 기술자들은 강서성 내 각 지방은 물론 복건·절강·안휘·호남·호북 등 여러 성 및 상해와 광주 지방으로 진출하여 차엽 제조에 종사하였는데, 중국 차계에서는 그들을 '하방차사(河帮茶師)' 또는 '강서방차사(江西帮茶師)'라고 일컬었다. 민국시대에는 이들의 임금이 매월 40~50은원(銀元)이나 되었다. 광신부 각 현의 차사와 무이차의 산지인 복건 숭안현의 차사도 대개 하방차사(河帮茶師)였다. 민국시대에 상해의 차사는 500여 명이었는데, 그 가운데 하방차사가 300여 명이나 되었고 그 다음이 휘방(徽帮)으로 100여 명이었다.129) 20세기 초, 경덕진 부근 부량현에는 67개 차호가 있었고 차호마다 10여 명의 차사를 고용하였는데, 이들은 대개가 하구진 출신의 차사였다.130) 그 때문에 당시에는 "하구진의 차사가 전국에 가득하다"는 속언이 유행하였다.

---

127) 上海博物館 編, 1980, pp.334~337.

128) Fortune, Robert, 1852, pp.197~198, 262~270(『江西近代貿易史資料』, 1987, p.194, 215에서 再引).

129) 滕振坤, 1991, pp.36~38; 許懷林, 1993, pp.581~583. 河帮茶師의 製茶 기술은 친족 간에 전승할 뿐 다른 사람에게는 전하지 않았다.

130) 梁淼泰, 1991, p.272.

이상과 같이, 하구진이 차엽 가공과 중계지로 발전하면서, 차엽의 이익131)
을 따라 사방의 차상이 모여들었다. 하구진에 모여든 차상은 본지 차상과 성내
의 건창차상 외에도 산섬·휘주·복건·사천·강절·호광상인 등이 있었지만, 청
초와 중기에는 휘주상인과 산서상인이 대자본을 소지하고 차 무역을 주도하
였다.132) 특히 중아무역(中俄貿易)을 주도하던 산서 차상이 점차로 세력을 증
대시켜서, 건륭~도광년간에는 이들의 자본이 아마도 휘주상인을 능가했던 듯
하다.133) 산서상인은 거액 자본을 휴대하기가 번잡해지자, 청 후기에 산서표
호(山西票號)에서 하구진에 분호(分號)를 설립하였는데, 이것은 전국에 설립한
6개 주요 분호 가운데 한 곳이었으며, 일년수회(一年收滙)가 십수만 냥이나 되
었다.134) 산서상인은 하구진에 설장(設庄)하고 차를 구매하여 가공하였지만,

> 청초에 차엽은 대개 서객(西客)이 경영하였다. 강서에서 하남으로 들어가 관 밖
> 으로 운반하여 팔았다. 서객이란 산서상인을 의미한다. 〔그들은〕 상인마다 자본
> 이 약 20~30만에서 100만 냥이나 되었다. … 이른 봄에 서객이 오면 행동(行
> 東)은 하구진에 가서 이들을 맞아들인다. 당지〔무이산 차산구〕에 도착하면 〔서
> 객은 가져온〕 금액과 구매할 차의 목록〔茶單〕을 헤아려 행동에게 넘기고 … 처
> 리가 끝나면 비로소 결산하고 헤어진다.135)

고 하듯이, 무이산의 차 생산지에 직접 들어가서 모차(毛茶)를 구입한 후에
이를 하구진으로 보내 정제하고 상자에 포장한 후에 판매지로 운반하였
다.136) 이 기록을 통하여, 하구진을 중계지로 하여 무이산 차산구를 왕래
하는 산서상인의 위세 및 이들 객상과 무이산 현지 행동〔行東; 차행(茶行)

---

131) 張瀚, 『松窗夢語』 卷4에 "鹽·茶之利尤巨, 非巨商賈不能任"이라 함.
132) 滕振坤, 1991, p.30; 蕭放, 1989; 張海瀛·張正明, 1993; 林樹建, 1993, pp.458~459.
　　 또한 청조가 강서에서 발행한 茶引과 이를 통한 茶課의 사무는 대개 徽州상인이
　　 맡았다.
133) 許滌新·吳承明, 1990, p.222.
134) 蕭放, 1989, p.64; 許檀, 1998, p.116.
135) 衷干, 「茶市雜咏」, 彭澤益, 1962(1), p.304.
136) 波多野善大, 1961, p.129.

또는 차엽 아행]과의 관계를 알 수 있다.137) 산서상인은 또, 하구진뿐 아니라, 석당·진방 등 종이와 차 산지에 산섬회관을 건설하였는데,138) 천여 명을 수용할 수 있는 극장을 갖추었을 정도로 장려하였고, 농토를 두어 운영 기금을 마련하였다.139)

이렇게 번영하던 산서상인이었지만, 청말에 개항한 후에는 역시 점차 쇠퇴의 길을 걸었다. 무이산 차는 직접 복주로 운송되었으므로, 그곳의 차장(茶莊)이 산서상인을 대체하게 되었으며,140) 러시아·영국 등 서양 상인은 직접 한구에 와서 차를 구입하였기 때문이다.141) 그러나 1870년대 이후에도 러시아는 강서에서 생산된 차의 80% 이상을 수입할 정도로 강서차의 주 고객이었으며 이러한 수요는 러시아 혁명기까지 이어졌다.142)

이렇게 차엽 가공업이 발전함에 따라, 청 중엽부터는 하구진의 차엽 교역액은 종이 교역액을 오히려 능가하게 되었던 것 같다. 『강서농공상광기략』에는 "차 도매상(茶庄)이 48가에 매출이 40~50만 원 "143)이라 하고 있고, 『연산현향토지』에서는 "전에 홍차가 많이 팔렸는데 거래대금이 매년 100만 냥은 되었다"144)고 적고 있기 때문이다.

하구진 차엽 교역이 최성기였던 건륭~가경년간(1736~1820)에는 하구진의 차장(茶庄)이 48가나 되었고, 거래액이 100~200만 냥이나 되었다.145) 이들

---

137) 무이산 현지의 아행은 하구진까지 나가서, 거대 자본을 가지고 오는 西客을 현지에 안내할 만큼 서객을 극진히 대우하였다. 청초에 강남에 대해서도, 葉夢珠, 『閱世編』 卷7, 食貨5에 "前朝標布盛行, 富商巨賈, 操重資而來市者, 白銀動以數萬計, 多或數十萬兩, 少亦以萬計。以故牙行奉布商如王侯, 而爭布商如對壘. 牙行非藉勢要之家不能立也"라고 한 기록이 있다. 강남의 아행들도, 역시 거대한 자본을 소지하고 강남으로 운집하는 각지의 객상들을 든든한 고객으로 확보하기 위하여, 다른 아행과 무한경쟁을 벌였다. 무이산의 차 아행들도 거대 자본을 소유한 산서상인을 고객으로 확보하기 위하여 그러하였다.

138) 同治 『鉛山縣志』 卷7, 建置志, 附各會館, pp.523~525.

139) 蕭放, 1989, p.64; 滕振坤, 1991, pp.30~31; 許檀, 1998, p.116.

140) 許滌新·吳承明, 1990, pp.222~223.

141) 郭蘊深, 1985, p.154.

142) 陳洪波·萬振凡, 1994.

143) 光緒 『江西農工商礦紀略』 第5冊, 鉛山縣 商務, p.6.

144) 光緒 『鉛山縣鄉土志』, 物產類, 茶, 「紅茶」.

차장 가운데 특히 요(饒)·여(呂)·곽(郭)·장(莊) 씨 등 자본금 100만 이상의 대차상이 4가가 있어 '사대금강(四大金剛)'이라 칭하였다. 이 가운데 '요'는 정덕상인 요무(안휘 정덕인)를 지칭하는데, 건륭 후기에 하구에 와서 종이와 차엽을 겸영하여 번성하였고 아들 요정표 대에는 더욱 흥왕하였으며, 손자 요패훈이 진사에 합격한 후에야 직접 경영을 그만두었다. 이들 차상들은 차엽을 운송 판매할 뿐 아니라 직접 생산과정에도 관여하였다.146) 건륭~도광년간에는 연산현 내 차엽 가공에 종사하는 사람은 2~3만 명에 달하였을 것으로 추산하기도 한다.147) 근년의 분석에 따르면, 하홍(河紅)이 최고조에 달했을 때는 하구진에서 가공·판매되는 무이산차와 광신부의 차엽은 매년 천만 근 이상이었을 것으로 추측된다.148) 그러나 전반적으로 보면, 19세기 말로 갈수록 하구진의 차엽 가공업은 급격히 쇠락하였으니, 그 원인은 일본·인도에서 염가의 차가 생산되어 서양으로 수출되었기 때문이다.149)

이러한 차상은 그 규모에 따라 차점(茶店)·차행(茶行)·차장(茶庄) 등으로 구분할 수 있는데, 모두가 하구진의 9농(弄) 13가(街) 위에 모여 있었다.150) 차점은 하구 시장에서, 또는 하향하여 직접 생산자[산호(山戶)]151)로부터 차엽을 사서 가공 후에 판매하거나 아니면 차장에 넘겨주었다. 이들은 대개 본지인으로 자금은 200냥~300냥이었다. 차행은 차엽 중개인으로 자금은 수백 내지 수천 냥이었고, 직공 10~100여 명을 고용하였다. 차행은 차엽의 매매뿐 아니라 가공도 하였다. 일반적으로 일개 차행에 사부(師傅; 기술자)는 약 20명이 있었다. 차장은 산호로부터 생엽(生葉)이나 모차(毛茶)를 사서 재가공하여 운반하는데, 보통 객상이 개설하였다. 이들은 자금이 많아서, 적어도 수천 냥,

---

145) 梁樹棠(知縣), 『江西農工商礦紀略』(光緒30年) 第5冊, 鉛山縣 商務, p.6; 光緒 『鉛山縣鄕土志』, 物産類, 茶, 紅茶.

146) 滕振坤, 1991.

147) 『鉛山新志』 p.208.

148) 蕭放, 1989, p.64.

149) 梁樹棠, 『江西農工商礦紀略』 第5冊, 鉛山縣 商務, p.6; 同書, 鉛山縣 工務.

150) 波多野善大, 1961, pp.98~131; 滕振坤, 1991, p.30.

151) 직접 차를 재배하여 차엽을 따서 毛茶(粗製茶)를 제조하여 茶庄에게 판매함.

많으면 수십만 냥이나 되었으며, 직공은 많으면 100~200명, 적어도 20~30명
을 고용하였다. 차장은 차엽이나 모차의 확보를 위해서 산호에게 전대하는 경
우가 많았다.

청말에는 건창(오늘날 남성) 차상의 활약이 돋보였다. 「하차춘추(河茶春秋)」
의 저자 등진곤의 모친의 증조부 강노보는 건창 차상으로, 하구 이보가·석구
농·강가농152)·십가농 등 지역에 차장·차행·차엽 가공 공장·창고 등을 개설
하고 상해를 오가며 차엽을 판매하였으며, 각 차산지에 차원을 개설하고 모
차를 사들였다. 강 씨의 사업은 동치년간부터 번영하였으나 광서20년 이후 국
제 차 시장에서 '하홍'의 지위가 급격히 위축되고,153) 강씨의 자손이 패가하면
서 쇠퇴하고 말았다.154) 현재 하구진 일보가에 남아있는 '건창회관'의 유지를
보면, 신강 연안에 위치하는데, 전면은 점포로서 일보가에 면해 있고, 중간에
창고가 있으며, 맨 뒤편에는 자신들의 전용인 신강 마두(碼頭)와 접하고 있어
차엽을 배에 실어 운반하기 편리하게 되어 있다.155) 이와 같이, 차장의 가옥은
대개 전점후방(前店後坊) 형식을 띠고 있었는데, 보통은 3~4진(進), 클 경우에
는 6~7진이나 되어, 차엽의 수집·저장·가공·판매 등에 편리한 구조였다.

Ⅳ. 河口鎭 居民의 存在樣態

1. 製紙業 勞動者의 存在樣態

명청시대에 거의 대부분이 외래인이었던 하구진 거민의 구성은 어떠하였
고 그들의 삶은 어떠하였을까? 앞에서 서술한 것처럼, 연산현 제일의 상품은
종이였고, 다음이 차엽이었다. 그 밖에 하구진은 양식, 기타 일용 잡화 등 상

---

152) 이곳의 건물은 6棟 大屋으로 구성되어 20,000m²의 대지를 점거하였다.

153) 梁樹棠(知縣), 『江西農工商礦紀略』(光緒30年) 第5冊, 鉛山縣 工務에 "縣屬原本産茶,
　　　從前茶庄林立, 自光緒二十年以後, 茶商歇業殆盡"라 하고 있다.

154) 滕振坤, 1991, p.31.

155) 필자는 江西師範大學 方志遠 교수와 河口博物館 王효斌 館長의 도움을 받아 1999년
　　　5월 4일~5일에 걸쳐 하구진과 연산 일대를 답사하였음.

품의 과경무역(過境貿易)과 가공무역이 발달한 곳이었다. 이러한 상품이 모두 하구진을 통해서 유통되었으므로, 하구진에는 바로 여기에 필요한 각종 거민이 존재하였을 것이다. 그러므로 당연히 종이와 차엽을 가공하는 대상인과 그 가족, 이들에게 고용되거나 이와 관계된 작업에 종사하는 지공(紙工)·차공(茶工)·점원과 그 가족, 이와 관계되는 각종 중소 상인이 거민의 대다수를 점했을 것이다. 그리고 객상·아행·포호(鋪戶)·각부(운반노동자)와 그 가족, 기타 각종 기능인과 실업 공인 및 유수무뢰[일명 불령지도(不逞之徒)] 등도 적지 않았을 것이라 생각한다. 또한 소수의 관리와 서리·아역 및 궁병,156) 및 각종 서비스업 종사자들도 적지 않았을 것이고 소수의 신사도 살았다.

이하에서는 하구진 제일의 교역품을 취급하던 지상(紙商)에게 고용된 종이 가공원과 점원의 생활을 이해하기 위하여, 이들과 관계가 있는 연산현 지공[(紙工), 조공(槽工)이라 하였음]들의 삶을 분석해 보겠다. 명대에 연산현 제지업의 발전은 복건지방의 이갑제가 이완되면서 석출된 농민이 고공이나 노동자로 유입한 것과 불가분의 관계를 가지고 있었다. 앞에서 서술한 바와 같이, 복건인은 연산과 하구진에 들어와 일부는 황무지를 개간하고[그 결과 간전(墾田) 면적이 증가함], 대부분은 지공이나 차공, 및 하구진 종이상점의 점원으로 일하였다. 그런데 앞에서 언급한 바와 같이, 종이를 만드는 데는 '손이 72번이나 닿아야 하고, 한여름에도 불을 피할 수 없고 한겨울에도 물을 피할 수 없었다'157)고 하고, 또,

지창(紙廠)은 망명자의 소굴로 그 무리가 천(千)을 단위로 헤아릴 정도여서, 주인의 근심거리이다. 그러나 [종이 만드는] 일은 어렵고 힘들어서 건장한 청년이 아니면 견디어 내지 못한다.158)

---

156) 하구진에는 청말까지 巡檢司·分防同知署·河口署·鹽課局·釐金局·河口汛·育嬰公所 등 공서가 있었다.

157) 萬曆『江西省大志』卷8, 楮書引, 「材料」, pp. 921~923

158) 嘉慶『東鄕縣志』, 風土(曹樹基, 1997A(제6권), p.267에서 轉引)

고 한 기록에서 보듯이, 제지 공정은 대단히 까다롭고 힘들었으므로, '지공'들 역시 대단히 어려운 여건 아래에서 작업하였다.

그럼에도 불구하고, 앞에서 언급한 바와 같이, '지공의 일당은 은 3분[分; 월 9전]이었고, 전문 기술자와 보통 기술자의 임금은 일정하지 않았다.159)' '지공'의 이러한 임금 수준은 같은 시기의 경덕진 도자공(陶瓷工)의 임금보다도 크게 낮은 수준이었다.160) 그런데 제지는 농력(農曆) 4월~12월이 생산기였으므로,161) 제지공들은 약 8개월 임금(72전, 월평균 6전)으로 1년을 생활해야 하였다. 만일 1가구에 다섯 명으로 계산하면, 경덕진의 경우와 같이, 최소한 매월 1석 2두의 양식이 필요하고, 이를 값으로 치면 6전에 해당되었고, 기타 잡비도 2전 정도가 필요하였다. 그러므로 월 평균 6전을 받는 연산현 '지공'의 생활은 대단히 열악하고 불안한 수준이었을 것으로 추측된다.162)

그 때문에 이렇게 어려운 노동 여건 아래 시달리던 '지공'들은,

진흑(陳黑)은, 유매(喩梅)가 자기가 경영하는 제지공장의 파죽(破竹) 과정에서 일해주면 일당 25문을 주겠다고 〔하여 허락하였다〕. 유매는 진흑을 청하여 술을 대접하고 일을 시켰다. 뒤에 진흑이 조사해 보니, 다른 공장에서는 파죽하는 일당이 평균 30문인 것을 알고 당일로 사표를 냈다.163)

---

159) 萬曆 『江西省大志』 卷8, 楮書引, 匠役, p.920.

160) 景德鎭에서는, 差役의 성격이 강했던, 明末 官窯의 工匠은 일당 평균 3分이었지만, 民窯의 傭工은 매일 평균 4分(月 1兩2錢)을 받았다. 단, 명청시대 경덕진의 製瓷業은 冬破 때문에 12월에서 2~3월까지는 쉬었으므로, 동절기의 생계비는 春夏秋 7~8개월의 임금 중에서 보충해야 되었으므로 월평균 8錢 정도였던 셈이었다. 만일 1家 5口로 계산하면 최소한 매월 1石2斗가 필요하고, 이를 값으로 치면 6錢에 해당되며, 나머지 2錢은 기타의 생활비로 충당되었다. 淸代에는 고급 기능인은 비교적 높은 수준이었으나, 저급 기능인이나 단순 노동자는 이보다 현저히 낮은 수준이었다. 梁淼泰, 1991, pp.93~95, 116~118, 200~205, 211; 佐久間重男, 1964, pp.269~270; 본편 제1장 등 참조.

161) 萬曆 『鉛書』 卷1, 食貨書.

162) 단, 지공의 상당수는 농촌에서 농사를 지으며 농한기에 槽廠에 와서 노동하는 계절 노동자였다(曹樹基, 1997A(제6권), p.267). 명청시기 경덕진 도자공 역시 절반 정도 계절노동자였다. 본편 제1장 참조.

163) 『淸代刑部鈔檔』 乾隆48年秋審(彭澤益, 1962(1), p.397에서 轉引)

고 하듯이, 가끔 임금의 높고 낮음을 비교해서 일자리를 옮기는 사례도 있었다. 그 때문에 그들은 가끔 그들의 어려움을 폭력으로 표출시키기도 하였다. 앞에서 서술한 것처럼, 연산 토착인은 제지에 서툴러서 '지공'은 모두 복건인 등 외부에서 온 사람들이었는데, 그들은 조금이라도 여의치 못하면 곧 떼 지어 공장을 정지시키고, 한 사람이라도 병으로 죽게 되면 곧 말을 만들어 월소(越訴)하는 일이 많았다.164) 그리고,

> 석당진 … 유민이 대단히 많고 토착인은 드물다. 그 때문에 제지공장은 말썽꾸러기들의 소굴이고, 봉호(蓬戶; 지공)는 말썽을 부리는 무리가 많다. … 지공들은 무리지어 파업하면서 술주정하고 도박을 일삼고, 서로 싸우다 죽기도 하고 물건을 도적질하고, … 화(禍)는 번번이 조호(槽戶, 제지공장 경영인)에게 미친다. [또한] 노사자(老死者)나 병사한 시체를 조호의 집 근처에 옮겨놓고 살인사건으로 덮어씌우려 한다.165)

는 기록에서 보듯이, '지공' 가운데는 외지의 유망자가 많아서 이미 명말부터 지공들의 소요가 빈발하였다.166)

석당진 등 제지업 지역에서 공장을 경영하는 조호167)와 제지 기능공인 '지공'의 생활은 이렇게 대단히 어려웠다. 그런데 하구진은 지상(紙商)들이 여러 곳에서 들어오는 종이를 가공하고 재포장하여 외지로 내보내는 곳이었다. 그러므로 지상에게 고용된 상점 점원과 노동자도 많았고 물건을 운반하는 각부

---

164) 康熙『鉛山縣志』卷1, 地輿志, 疆域, pp.45~47.

165) 乾隆『鉛山縣志』卷1, 地輿志, 疆域,「石塘鎭」, pp.68~69.

166) 여건이 약간 나았던 경덕진의 陶瓷工의 경우에도 대부분 그날 벌어 그날의 糊口를 해결해야 할뿐 아니라, 항상 失業·疾病·家庭大事·災害 등의 위험이 도사리고 있어, 생활은 대단히 불안하고 어려울 수밖에 없었다. 吳金成, 1999A, pp.98~117 참조.

167) 槽戶 가운데는 자본이 비교적 殷實한 경우도 있어, 명대에는 중앙 정부가 이들에게 官紙를 위탁한 경우도 있었다.(萬曆『江西省大志』卷8, 楮書) 그러나 대부분의 槽戶는 소규모의 자본으로 경영하였다.(蕭放, 1989, p.63) 뒤에서 설명하겠지만, 객상이나 대상인이 조호에게 전대제를 행한 것은 그 때문이었다. 경덕진 민요의 窯戶들도 극히 일부는 致富하였으나, 대부분은 객상의 지배를 받았다.(본편 제1장 참조)

(脚夫)들도 많았을 것이다.

그런데 아직까지는 이들의 노동자들의 구체적인 생활을 전하는 사료를 발견하지 못했다. 다만, 청대 하구진의 사정에 대하여, "하구진은 복건과 광동으로 통하는 중요한 교통로인데, 상인과 여행자가 오가다가 죽으면 으레 빈장(殯葬)하고 만다"[168]는 기록이 남아있다. 그리고, 뒤에서 살펴보겠지만, 연산현과 하구진의 신사와 상인들이 주동이 되어 육영당(育嬰堂)·의총(義塚)·확의원(擴義園) 등을 축조하였다. 이러한 기록들로 보면, '지공'의 생활 여건이 그렇게 어려웠다면, 기능을 갖지 못한 점원과 일용 노동자들의 생활은 아마도 더욱 어려웠을 것이다.[169]

그리고 이러한 현상은 "모든 기술자와 일꾼들은 대개는 가난하므로 하루만 일하지 않으면 곧 굶는다"[170]고 하듯이, 명청시대에 경제가 가장 선진 지역이었던 강남지방을 위시하여 중국 각지에서 일반적으로 일어나던 현상이었다.

2. 商人의 存在樣態

앞에서 살펴본 것처럼, 청대에 하구진에 들어온 외래 상인은 많았다.[171] 그 가운데 산서상인의 자본이 가장 많았고, 그 다음으로 휘주·복건·절강·무주·정덕·남창·건창상인 등이 있어 이들을 '팔방(八帮)'이라 하였다.[172] 이들 외래 상인은 각기 회관(會館)을 건립하여 상업 활동의 기지로 삼았는데, 19세기 후반에 이르면, 이들 외래 객상이 하구진에 건립한 회관이 22개나 있었다.[173]

---

168) 同治 『鉛山縣志』 卷17, 人物, 孝友, 熊熙材, p.10a.

169) 이 글에서는 생략하였지만, 하구진에서 茶葉의 가공과 운반을 담당하던 노동자의 여건도 이와 유사하였을 것이다.

170) 『淸朝文獻通考』 卷23, 「職役考」3.

171) 다른 지역에서와 같이, 하구진에도 상인의 대부분은 그날 벌어 그날의 호구를 해결해야 하는 영세 상인이었을 것이지만, 아직은 구체적인 자료를 발견하지 못하였다.

172) 光緖 『鉛山縣鄕土志』(鈔本), 古蹟類.

173) 同治 『鉛山縣志』 卷7, 建置志, 附各會館, pp.523〜525에는 全福會館, 永春會館, 山陝會館, 旌德會館, 浙江會館, 徽州會館, 中州公所, 南昌會館, 建昌會館, 贛州會館, 吉安會館, 臨江會館, 貴溪會館, 瑞州會館, 昭武會館, 公輸子祠 등 16개소의 회관을 소개

하구진의 22개 회관 가운데 복건·절강·휘주·산섬·하남 등 외지인이 건립한 것이 10개소, 강서 각 부의 상인이 건립한 것이 12개소였다. 또, 건립자가 분명한 10개 회관 가운데 9개가 신사와 상인의 합자하여 건립한 것이었다. 그런데 명청시대의 중국 각지의 회관 건립자를 보면,[174] 대부분의 회관이 신사가 주동하였거나 신사와 상인이 합자해서 만들었고, 설립 후에는 신사가 그 대표를 담당하였으므로, 건립자가 분명치 않은 나머지 회관도 신사와 상인의 합자 건축일 가능성이 크다고 생각한다. 또 한편 중요한 점은, 명청시대에 줄곧 하구진보다 규모가 컸던 경덕진에도 건륭·가경년간(1735~1820)에 겨우 7개의 회관이 있었고, 민국년간에 이르러야 24개로 증가한 것을 고려하면, 하구진에 진출한 외래 상인이 놀라울 정도로 많고 적극적으로 상업 활동을 전개하였음을 추측할 수 있다.[175]

그런데 이들 상인들은 하구진에 들어와서 단지 상업적 이득만 탈취하는 존재는 아니었다. 그 활동이 가장 상세하게 남아 있는 다음 두 사례를 통하여 그 대강을 살펴보자. 먼저 지상(紙商)을 보면, 건창부 신성현 출신 상인 여훈에 대해서,

> 부친을 따라 하구진에 와서 상업을 하면서 정착하였다. … 호척(胡戚)과 함께 모지(毛紙)를 취급하는 한편, 제구도(第九都)에 삼화호(三和號)를 개설하고 (종이 공장을) 경영하여 큰 돈을 벌었다. 평생 독서인을 가장 존경하고 스승을 초빙하여 손자들을 가르쳤다. … 가숙(家塾)의 자질구레한 일은 스스로 돌보았다. 교량과 도로를 보수하고 〔가난한 자에게〕 약을 사주고 〔의지할 곳 없이 사망한 자

하고 있다. 또한 『鉛山新志』 p.283에서는, 역시 同治 『鉛山縣志』를 이용하여, 하구진에는 前記 16개 회관 외에 洪都·涇縣·萬載 등 회관과 船帮公所 등 4곳이 더 있었다고 한다. 그 외에도 撫州會館(同治 『鉛山縣志』 卷3, 地理志, 津梁)과 복건인이 세운 天后宮(同治 『鉛山縣志』 卷7, 建置志, 壇廟)이 더 있었다.

174) 王日根, 1996.

175) 아마도 경덕진은 도자기 단일 품목이었고 교통의 중심지도 아니었던 데 견주어, 하구진은 紙·茶 2개 품목을 대량 거래하였고 그 주변 數個 縣과 복건 북부와 절강 서부 지방까지를 포함한 광대한 지역의 교통 중심지였으므로, 대외적으로는 하구진의 지위가 경덕진보다도 오히려 컸던 듯하다.

를 위하여] 관을 만들어 주는 등의 선행도 즐겁게 하였다. 외아들에 손자 셋[을 두었는데], 만년에 맏손자 여영이 발공(拔貢)이 되고 둘째 손자 여구가 생원이 되는 것을 보았다. 87세를 살았다.[176)

고 하는 기록을 통해서 그 일단을 엿볼 수 있다. 여훈은 아마도 건륭년간에 부친을 따라 하구진에 와서 제지공장을 개설하는 한편, 일반 대지상(大紙商)들과 같이, 제지업 지역에 직접 제지공장을 개설하고 지호에게 전대하는 형식을 통해서 종이를 안정적으로 확보하려 하였다. 여훈의 손자 대에 발공과 생원을 배출한 것과 같은 이주민의 성장과정은, 중국 도처에서 확인되는 현상이었다.[177)

또한, 남창부 봉신현 출신 상인 추융선의 사례를 보자. 추융선은 그의 선친이 상인이었고, 무엇을 취급하는 상인인지 정확히 밝혀지지는 않았지만, "하구에 가게를 내어 상업을 한지 수십 년"이라 하듯이,[178) 본인도 하구진에 와서 오랫동안의 상업 경영으로 크게 성공하였다.[179) 그러는 과정에서, 하구진 등 연산현 각지에 만년교[180)·안주도[安洲渡; 일명 매계도(梅溪渡)]·관부두도·만년도(세 곳에 있음) 등을 수축하였다. 특히 안주도를 축조할 때는 하구진 등 여러 곳에 있던 재산을 출연하여 건륭22년부터 2년에 걸쳐 축조한 후, 그 유지까지 책임을 졌다.[181) 하구진의 신강 연안에 있는 관부두도(官埠頭渡)는 논 30

---

176) 同治『鉛山縣志』卷17, 人物, 孝友, 余勳條, pp.1430~1432. 이렇게 상업으로 성공한 후 신사와 같이 공익사업에 헌신하는 상인의 사례는 많다. 예컨대, 청대에 潘泰는 상업으로 성공한 뒤 育嬰公局과 교량·義渡의 수축을 혼자 수행하거나 또는 여러 사람이 합자하여 수행하였다(同書 同條, pp.1463~1464). 周信珍도 역시 상업으로 성공한 뒤 구휼을 아끼지 않았다(同書, 卷18, 善擧, pp.1503~1504). 강서 宜黃縣人 甘棠은 하구에 와서 상업으로 성공한 뒤, 高利貸도 하였지만, 구휼에도 적극적이었다(同書, 卷18, 善擧, pp.1529~1530). 대상인이 외지에 나가서 적극적으로 공익사업에 참여함으로써, 관부와의 관계를 돈독히 하여 상업경영을 유리하게 하려는 사례는 다른 성 지역에서도 많았다. 吳金成, 2007-B; 曺永憲, 2006 등 참조

177) 吳金成, 1986, 第2編 第2·3章 참조.

178) 乾隆『鉛山縣志』卷3, 建置, 津梁, 「官埠頭渡」, 「翰林蔣士銓(邑人)序」, p.212.

179) 乾隆『鉛山縣志』卷3, 建置, 津梁, 安洲渡, 「鄒隆先自記」.

180) 乾隆『鉛山縣志』卷3, 建置, 津梁, p.203.

181) 乾隆『鉛山縣志』卷3, 建置, 津梁, 安洲渡, pp.208~210; 同書, 同條, 「鄒隆先自記」.

무를 출연하여 축조하였다.[182) 하구진 등 3곳에 축조한 만년도(萬年渡)는 다른 사람과 함께 축조하였다.[183) 그런데 이 만년도에 대하여 『연산현지』에는,

> 만년도는 세 곳으로, 하나는 대항도(大航渡)에 있는데 배 여섯 척을 두었고, 하나는 묘만(廟灣)에 있는데 배 네 척을 두었으며, 하나는 하구진 금가롱에 있는데 배 한 척을 두었다. … 전에는 추세창이 관리하였는데 도광30년에 추 씨가 모두 나이가 많음을 보고 지현 이순절이 남창·복건·휘주·건창·무주 등 5개 회관의 수사(首士)가 돌아가며 관리하도록 하고 만일 침식하는 일이 생기면 당번 관리자가 배상토록 명령하였다. 전조(田租)를 받는 농토 백여 단을 두어 소작료가 매년 300여 금이나 되었다.[184)

고 한다. 이로 보면, 만년도는 추융선이 다른 사람과 함께 축조하였지만, 일단 수축한 뒤에는 추씨가 관리하였다. 추융선은 하구진과 연산현민의 여망에 따라, 관청의 허락을 받은 뒤 단독 또는 다른 사람과 연합을 통해서 이러한 공익사업(公益事業)을 완성하였다. 그뿐 아니라 그 후 공익사업의 유지책임까지 졌기 때문에 널리 인망을 얻었다. 그는 이러한 활동을 통하여 위로는 관청과의 관계를 돈독히 할 수 있었고, 사회적으로는 그 지역사회에 대해서 객적(客籍)인 자신에 대한 반감을 상쇄하고 오히려 호감을 유도하여, 상업경영을 원활히 운영할 수 있었을 것이다.

3. 紳士와 無賴의 存在樣態

종이와 차의 가공과 교통·교역의 중심지인 하구진에서 신사는 어떠한 존재였을까? 청 동치년간까지의 하구진 출신 진사는 웅매(1771년 진사)·웅상순

---

182) 乾隆『鉛山縣志』卷3, 建置, 津梁, pp.212~213; 乾隆『鉛山縣志』卷3, 建置, 津梁, 「官埠頭渡」, 「翰林蔣士銓(邑人)序」, p.212.
183) 乾隆『鉛山縣志』卷3, 建置, 津梁, pp.212~213; 同治『鉛山縣志』卷3, 地理, 津梁, 萬年渡, pp.326.
184) 同治『鉛山縣志』卷3, 地理, 津梁, 萬年渡, pp.326.

(1809년 진사)의 2명이고, 거인은 5명(진사 2명 제외, 무거인 1명 포함), 공생 3명이었다. 그 대신 사적(仕籍)은 명대에 무직(武職) 1명, 청대에 20명(무직 1명 포함)이었다.[185] 그러나 『지방지』의 선거지(選擧志)에 등재된 신사 가운데 출신지가 분명하지 못한 자가 절반 가까이 되므로, 위의 숫자가 절대적인 것은 아니다. 다만 위의 수치를 통해서, 하구진 출신의 신사는 정도(正途) 출신은 소수이고, 잡도(雜途) 출신이 절대 다수였던 것은 알 수 있다. 아마도 하구진에 진출한 상인 가문에서 연납(捐納, 돈을 주고 자격을 얻음)을 통하여 사도(仕途)에 나아간 것으로 추측된다.

그러나 하구진에 거주하던 신사의 존재양태를 구체적으로 전해주는 사례는 많지 않지만, 몇 가지 사례를 통하여 하구진 신사의 삶을 엿보기로 하겠다.[186]

명청시대 하구진과 연산현의 신사는, 다른 지역에서와 같이, 기본적으로는 사리(私利)를 추구하였지만, 또 한편 가능한 모든 공익사업에서 다양한 영향력을 행사하며 그들의 존재를 과시하였다. 신사는 우선 공서(公署)·학교 등 공공건물의 수축에 기부하였다. 신사는 또한 회관과 사묘(寺廟) 등 공공건물에도 기부하거나 자신들이 주동이 되어 건물을 수축하고 그 유지와 관리에도 간여하였다. 동치『연산현지』에는 하구진의 회관 16개소가 소개되고 있는데, 그 가운데 복건·절강·휘주·산섬·하남 등 외성인이 건립한 것이 9개소, 강서 각 부인(府人)이 건립한 것이 7개소이다. 그 가운데 건립자가 분명한 10개 회관 가운데 9개가 신사와 상인의 합작 건축이었다. 앞에서 설명한 것처럼, 명청시대 중국 각지의 회관은 대개 신사 주동이거나 신사와 상인이 함께 건설했으므로,[187] 건립자가 분명치 않은 나머지 6개소와 이 논문에서 새로이 소개한 6개소의 회관도 역시 신사와 상인의 합작 건축일 가능성이 크다. 그 외에 하구진의 철수궁(鐵樹宮)·삼궁전(三宮殿)·수세암(壽世庵; 일명 주공묘)·형주사묘(荊州社廟)·허진군묘(許眞君廟)·소공묘(蕭公廟)·태보묘(太保廟)·화덕묘(火德

---

185) 同治『鉛山縣志』卷12·13·14,「選擧志」

186) 이하의 紳士 활동 분석에서 별도의 註가 없는 한, 乾隆『鉛山縣志』卷3, 建置·卷5, 學校 ; 同治『鉛山縣志』卷4, 地理·卷6, 建置·卷7, 建置·卷9, 學校志 등 참조

187) 王日根, 1996.

廟)·정공사(程公祠) 등 사묘, 연산현 내 기타 지역의 성황묘·동악묘·태보묘·마왕묘·만수궁(강서인)·천후궁(6곳, 복건인)·문창궁[188] 등도 신사들이 건설했거나 신사와 상인이 협조하여 건설한 것이었다.[189]

신사는 또한 하천을 준설하고 제방·피당(陂塘) 등 수리시설을 수축하였다. 예컨대, 하구진을 관통하는 복혜하(福惠河)에는 항상 토사가 많이 쌓였는데, 명 중기의 소보였던 비채(1483~1548)는 고향에 거주할 때 처음으로 이를 준설하였다. 그 후에 가경19년(1814)에 하구진과 연산현의 신사와 기민(耆民)의 수창(首倡)에 따라 동지(同知) 팽창운이 권면하고 하구진 부근의 한(韓)·우(虞)·비(費)·왕(王) 등 여러 가문의 적극적인 협조로 수복되었다.[190] 또한 신사들은 건륭38년(1773)년에 200여 일, 2,600여 냥을 들여 초계제를 수축하였다.[191] 초계제는 명대 이래 신사의 협조로 누차 수축하였던 것인데, 이때도 향신 웅매·정기의 지휘 아래 증조란 등 생원 몇 명이 주관하여 수축하였다. 신사는 또한 선착장[도장(渡場)]을 축조하였다. 즉 양원용·채세구 등 '수사(首士)' 11명이 합자하여 후전상하도(厚田上下渡)와 강가교(江家橋)를 수축하였고,[192] 사직도·석반도·영경도(수사 7명 합축)·매계도(일명 안주도) 등 선착장도 신사가 합자하여 건설한 것이었다. 건륭3년에는 정달광·영지걸 등 8명의 수사가 기부하여 대안교(大安橋)를 수축하고 아울러 중원정(中原亭)도 건축하였다.[193] 건륭

---

188) 嘉慶 23년, 지현의 발의와 諸紳士의 捐貲와 신사 11인의 經理로 건립, 洋錢 12,000 餘元이 소요되었음.

189) 乾隆 『鉛山縣志』 卷3, 建置, 壇廟; 同治 『鉛山縣志』 卷6, 建置, 壇廟.

190) 同治 『鉛山縣志』 卷4, 地理, 津梁, 福惠河, 「(同知)彭昌運記」, pp.285~287.

191) 乾隆 『鉛山縣志』 卷3, 建置, 陂塘, 「焦溪堤」, 「翰林蔣士銓記」에 "司其事者比部熊枚·進士程夔, 掌局者生員曾朝瀾等若干人, 佐理者若干人"이라 함.

192) 同治 『鉛山縣志』 卷4, 地理, 津梁, 厚田上下渡, 「敎諭余元泰記」에는 "紳士楊元鏞·蔡世衢等憫之, 協力勸善釀金捐田"이라 하여, 首士를 紳士로 表記하고 있다.

193) 同治 『鉛山縣志』 卷4, 地理, 津梁, 大安橋. 그런데 同條 「敎諭胡承煥記」에는 "紳士鄭達廣·甯智杰等"이라 하고 있다. 또한 同治 『鉛山縣志』 卷3, 地理, 津梁, p.326에 따르면, 앞에서 서술한 萬年渡(3處)는 奉新縣 客籍 상인 鄒隆先이 수축하고 그 후 鄒氏가 관리하고 있었는데, "向係鄒世昌管理, 道光30年, 鄒姓年老, 邑侯李(蕕)節諭南昌·福建·徽州·建昌·撫州五會館首士輪値管理, 倘有侵蝕, 値管者認賠, 置有田租百餘担, 屋租每年三百餘金, 納糧輸丁在都"(下線은 筆者)라 하고 있는 것으로 보아, 首士는 회관을 주관하거나 간여하고 있는 紳士로 이해할 수 있다.

54년에는 여·황 등 전 수사 11명이 연합하여 징파교(澄波橋)를 합축하고 다리 위에 점옥(店屋)을 세웠다. 동치5년에는 각 성(姓) 수사의 자손이 소작료 백여 석을 모아 수복하였다.194) 그 외에 대의교·자계교[수사모연(首士募捐)]·신성교·왕이교·입절교·쌍계교(수사 4명 합축)·인제교 등 교량도 신사가 함께 건설한 것이었다. 이렇게 수리·교량·도장시설을 수축한 후에는 신사의 자손들이 관리하였다. 신사와 '신상(紳商)'은 또한 하구진 등 연산현에 들어온 용공과 이주민들이 의탁할 곳이 없고, 객사하여도 무덤을 만들지 못하고 빈장(殯葬)하는 것을 측은히 여겨, 하구진 등 각지에 육영당과 의총 또는 확의원(擴義園)195)을 축조하였다.

신사의 상업 경영 사례도 청말로 갈수록 많이 나타난다. 청초 광신부 증광생원(增廣生員) 정윤양의 경우, 서모에게 재산을 빼앗긴 후, 하구진에 와서 목재상으로 전신하였다.196) 앞에서 서술한 건창부 신성현 출신 상인 여훈은, 그 자신은 대상인으로 성장한 후에도 신사의 자경을 얻기 위해 연납을 하지 않았으나, 손자 대에 이르러 발공(拔貢)과 생원을 배출하였다. 이들 신사에 대한 그 후의 활동 기록은 없으나, 아마도 신사의 지위를 이용하여 상업에 간여하였을 개연성은 배제할 수 없다. 그런데 19세기 말의 하구진 차시(茶市)의 정황을 전하는 기록으로,

전에 하구진에 개설한 차장(茶庄)은 48가였다. … 현재 하구에는 차장이 겨우 1가가 남아 있다. 하구진의 신·상(紳商)을 모아 그 원인을 물어보니, 모두들 일본과 인도의 차 생산량이 많고 가격이 싸기 때문이라고 하였다. … 광서33년 3월, … 연산현이 춘궁기에 백성이 굶주릴까 걱정하고 있을 때, 재산이 많은 신·상으로 하여금 외지에서 미곡을 사다가 싼 가격으로 팔도록 명하였다.197)

---

194) 同治 『鉛山縣志』 卷4, 地理, 津梁, 澄波橋.

195) 청말 하구진에서는, 파손된 관과 무덤이 노출되지 않도록 파묻기 위하여, 지현의 발의와 賢紳士商(=紳商)의 捐貲로 창설되었으며, 章程을 두고 관리케 하였다(同治 『鉛山縣志』 卷7, 建置, 收卹).

196) 乾隆 『鉛山縣志』 卷10, 人物, 孝友, 國朝, p.694에 "常負販河口, 建昌木商高其行商母病急歸, 將所屯巨木盡委與颺, 後賣直較前値數倍, 兩人推讓, 居間人爲中分之"라 함.

고 하고, 이러한 차업의 위축 때문에 지방관과 신사·신상들이 "여론을 환기해서 만회해 보려 노력하였다"[198)고 한다. 이러한 내용은 신사와 신상이 하구진 차 시장에 직·간접적으로 간여하며 영향력을 발휘하고 있었음을 전해주는 것이다. 앞에서 살펴본 것처럼, 하구진의 22개 회관이 보통 신사와 상인이 함께 개설한 것이었던 점도 신사의 상업 참여를 전해주는 내용이다.[199)

신사는 이러한 공익사업을, 작은 일은 단독으로 끝내지만, 큰 일은 '신사공의'에 따라 신사가 연합하여 공동행동을 취하였다. 지방사회의 절대 다수의 신사는 사인층이었으므로 이러한 역할을 전개한 신사의 대부분은 세공·감생·생원 등 하층신사였지만, 그러한 활동은 대개 지방관부의 요구와 향촌민의 절대적인 여망에 부응한 행동, 즉 향론을 대변하는 행동이었다. 이러한 신사의 행동은 신사가 가지는 사대부로서의 '공의식'의 발로라고 할 수 있는데, 이것은 송대 이래 사대부의 전통이었다. 그리고 태평천국(太平天國) 이후에는 연산현의 질서유지는 거의 전적으로 신사 또는 신상(紳商)의 사회지배력에 의존할 수밖에 없었다.[200)

한편 하구진에는 적지 않은 무뢰(無賴)도 존재하였다. 하구진이 속한 연산현은 이미 송대에 '십호(十虎)'로 불리는 무뢰집단이 횡행하던 고장이었다.[201) 명말부터 하구진을 가리켜 "간악한 무리들의 소굴"[202)이라 하고 있다. 하구진이 속한 연산현은 이미 명말에 객호가 거민의 7/10이라고 할 정도였는데 그 가운데 한 부류가 무뢰였다. 앞에서 살펴본 내용 가운데 "제지공장은 망명자의 소굴로 그 무리가 천(千)을 단위로 헤아릴 정도"라는 기록은 모두 무뢰의

---

197) 梁樹棠(知縣), 『江西農工商礦紀略』(光緒30年) 第5冊, 鉛山縣 商務, pp.6~7.

198) 梁樹棠(知縣), 『江西農工商礦紀略』(光緒30年) 第5冊, 鉛山縣 商務, p.6.

199) 光緒 『鉛山縣鄕土志』(鈔本), 新政類, 「警察」에 "官紳擧辦, 集款爲難, 門捐七等, 按月分攤〈警察經費出於門捐, 分爲七等交捐, 按月收取〉"라 한 기록 역시 신사의 영향력을 전하는 사례이다. 〈 〉는 割註임.

200) 梁樹棠(知縣), 『江西農工商礦紀略』(光緒30年) 第5冊, 鉛山縣

201) 蔡久軒, 「十虎害民」, 『名公書判淸明集』 卷11.

202) 萬曆 『鉛書』 卷1, 地理書.

존재를 전하고 있는 것이다.

또한, 하구진 근교의 복혜(福惠)에 거주하던, 가정 초년의 내각 수보 비굉(費宏; 1468~1535)의,

> [정덕]12년 정축, 비굉의 친척과 연산현의 무뢰 이진 등이 서로 소송을 하였다. [영왕] 신호가 몰래 [사람을 시켜] 이진을 사주하여 굉을 해치도록 하였다. 진 등은 … 무리를 이끌어 비(費)씨 가족을 공격하고 비굉을 찾았으나 잡지 못하자, … 굉의 선조의 무덤을 파헤치고 그의 집을 파괴하였다. 원근에서 약탈 당한 백성의 수가 3,000명이나 되었다. 비굉은 이 위급을 급히 조정에 알렸고 [조정의 명령으로 강서] 순무 손수가 상황을 조사한 후에 군대를 파견하여 토멸하였다.203)

고 하는 일화는, 뒤에 왕양명에게 토멸된 남창의 영왕 신호와 연산의 대향신 비굉과 무뢰의 관계를 생생하게 전하고 있다.

그리고 한편, 명 중엽부터는 명 황실에 공급하는 종이의 많은 양을 연산현에서 생산하였고, 이에 필요한 비용은 남창·무주·건창·광신 4부에서 담당토록 하였는데,204) 시장에 떠도는 무뢰들이 이렇게 관에 납부하는 종이의 생산과 운반에 간여하여 시장을 장악하고 많은 이익을 갈취함으로써 오히려 민간 제지호의 생산을 위축시켰다.205)

또한 앞에서 설명한 것처럼, 청초와 중기의 석당진의 사정에 대하여, '일꾼은 모두 다른 지방 사람들로서, 조금이라도 여의치 못하면 곧 떼 지어 파업하고, 한 사람이라도 병으로 죽게 되면 곧 말을 만들어 소송을 건다'고 한 것, 또는 '제지공장의 지공은 대개가 유민인데, 그들은 떼 지어 파업을 일삼고, 서로 싸우다가 죽기도 하고, 도적질하고, 노사자(老死者)나 병사한 시체를 살인 사건으로 덮어씌운다"고 한 내용을 통해 무뢰의 존재양태를 추측할 수 있다. 이 내용은, 수없이 많은 대소 상인, 종이·차엽의 가공·재포장·운반인, 기타 수

---

203) 乾隆 『鉛山縣志』 卷6, 武備, 兵事, p.403.
204) 萬曆 『江西省大志』 卷8, 楮書引, 料價, p.924.
205) 萬曆 『江西省大志』 卷8, 楮書引, 「附楮槽利弊疏鈔」, pp.939~955.

없이 많은 거민이 존재하였고, 그 대부분이 외래인이었던 하구진에도 적용할 수 있는 내용이라 생각한다.

무뢰는 명 중기부터 백성에게 피해를 끼치는 부류 가운데 첫째로 지적되었는데,[206] 사람이 사는 곳 어디서나 횡행하였지만 주 활동무대는 역시 도시였다. 이들은 그 후 현대 중국사회의 이른바 '흑사회(黑社會)'라 불리는 존재가 될 정도로 줄곧 존재하면서, 사기·협잡·고리대·인신매매·도장과 부두 장악·해상 밀무역 등 이권이 있는 곳이면 어디에서나 횡행하였다. 또 어떤 부류는 지방 관청의 서리나 아역으로, 아니면 왕부나 지방에 파견된 환관에게 투신하여 권력의 주구로 활약하였고, 어떤 부류는 신사·대지주·대상인가 등에 들어가 앞잡이가 되거나 '기강지복(紀綱之僕)'으로 활동하였다. 그리고 또 어떤 부류는 도시에서 타행(打行)·각부(脚夫) 등의 조직적인 '집단'을 만들어 독립적으로 활동하였다.[207]

무뢰는 상품경제의 발전을 배경으로, 명 중기부터 급격히 성장하면서, 주로 신흥 상공업 시진에서 활동하였다. 이들 시진은 급증하는 인구로 말미암아 사회유동이 매우 심하였고, 부·현성과 같은 성채도 없었으며 주둔하는 군대도 많지 않았으므로, 무뢰가 쉽게 은신하여 생존하기에는 더없이 좋은 장소였다. 명 중기부터 급격히 팽창하여 간 하구진도 예외는 아니었다. 명 중기부터 총생한 강남의 수없이 많은 시진의 상황처럼, 그리고 명말의 호광, 또는 하구진과 가까운 경덕진, 기타 수없이 많은 지역의 사례와 마찬가지로,[208] 하구진 역시 상당히 불안한 사회였던 것은 이들 무뢰의 존재 때문이었다.

小 結

신강 중류에 위치한 하구진은 명 중기에 새롭게 나타나, 명말에는 이미 2만

---

206) 胡世寧, 「地方利害疏」, 萬表, 『皇明經濟文錄』 卷20.

207) 吳金成, 2007-A, 제3편 제2장, 「黑社會의 主人, 無賴」 참조.

208) 蔡惠琴, 1993; 巫仁恕, 1996; 吳金成, 1994; 본편 제1장; 吳金成, 2007-A, 제III편 제2장, 「黑社會의 主人, 無賴」 등 참조

정도의 도시로 성장하였고, 청대의 18세기 말에는 인구 10만의 상공업 도시로 발전하였다. 하구진이 이렇게 대도시로서 발전할 수 있었던 것은, 산구에 위치하였음에도 불구하고, ⓐ 수륙교통의 중심지였을 뿐 아니라, ⓑ 기술여건이 뛰어난 제지업 중심지를 배후에 두고 종이의 가공과 집산지로서, ⓒ 주위에 질 좋은 차엽 산지를 배후에 두고 차엽의 가공업으로서 각광을 받은 때문이었고, ⓓ 부근 여러 지역의 인구에 필요한 각종 상품의 수입창구의 기능을 담당하였기 때문이다.

하구진은 현성도 아닌, 순수한 상공업 도시로서 강서 4대 명진의 하나로 거명되었고, 나아가서는 중국 상업사뿐 아니라 세계 무역사에까지 적지 않은 영향을 준 행운의 도시였다. 그러나 19세기 중엽부터 중국이 개항되어, 서양의 값싸고 편리한 양지가 수입되고, 인도·실론·일본 등 지역에서 질 좋고 값싼 차엽이 대량으로 생산되어 유럽으로 수출되면서 서서히 쇠락의 길을 걸을 수밖에 없었다.

하구진은 강서 동북 산구에 위치한, '태산형'적 성격을 가진 도시였다. 그 거민의 구성은 다양하였지만, 신사가 여론의 중심축이 되고 상인과 무뢰가 그 두 바퀴와 같이 존재하는 사회였다. 바꾸어 말하면, 하구진 거민의 구성·행동양식과 사유양식 또는 도시사회 내부의 사회현상은, 같은 강서 동북지역의 태산형 상공업 도시였던 경덕진과 비슷하였다. 그뿐 아니라 강남지역의 포도송이형 도시들에서 나타나는 현상과도, 적어도 외면적으로는 비슷하였다. 강남지역의 시진과 강서 동북지역의 시진은 주변부와의 경제적인 관계에서 다른 점이 많았지만, 도시 내의 사회관계는 비슷한 점이 많았다.

하구진은, 외래 유입인으로 채워진, '이민도시'였다. 하구진이 속한 연산현의 거민이 그러하였던 것처럼, 그 거민의 대부분은 복건인이었고 일부는 주변 여러 현에서 석출된 농민이었다. 중국의 다른 도시와 같이, 하구진 거민의 구성도 다양하였지만, 대다수는 종이상인과 차상인에게 고용된 점원과 일꾼, 각부들이었고, 그들은 대단히 어려운 생활을 하였다.

하구진은 상품교역을 주로 하는 상공업 도시였으므로, 거민 가운데 상인의 존재가 더욱 두드러졌다. 하구진의 상계를 주도하던 주요 상인들은 명청시대에 걸쳐 성쇠가 엇갈렸다. 지상(紙商)의 경우, 명대에는 성내 길안상인과 이웃 휘주상인이 제지업을 주도하였으나, 청 중엽부터는 새로이 복건상인이 가담하였고, 소수의 산섬상인도 나타났다. 복건상인이 많았던 것은 연산현에 유입한 외래인 가운데 복건인이 절대 다수를 점하였던 것과 괘를 같이 하는 것이다. 민국시기에는 새로이 성내의 건창·임천상인이 나타났다. 차상(茶商)의 경우에는, 청 중기까지는 휘주와 산섬상인이 주도하였으나, 점차로 산섬상인의 세력이 휘상을 압도해갔다. 청말에는 성내의 건창 차상의 활약이 돋보였다.

그런데 하구진에 진출한 대상인들 가운데 일부는 때로는 자발적으로, 때로는 관청이나 거민의 요청에 응해서, 다양한 공익활동을 수행하였다. '오리(五厘; 5/1,000)를 보고 십리(十里)를 간다'는 상인들이 왜 그러한 손해 보는 일을 하였을까? 대상인들이 그들의 활동 거점에 거금을 들여 공익사업을 벌이거나 참가한 것은 사실은 몇 가지 의미가 있었다. 첫째는 그렇게 함으로써 관부와의 관계를 돈독히 하여 자신들의 신변과 상품의 보호를 받고 관리의 착취로부터 벗어날 수 있었으며, 둘째는 토착인들이 외래 상인들에게 이익을 빼앗기는 데 대한 반발심을 상쇄하고, 나아가서는 자신들에 대한 호감을 유도함으로써 상업경영을 원활히 할 수 있었다. 상인의 이러한 존재양태는, 흡사 신사가 도시와 향촌에서 보여 주던 존재양태와 외형적으로는 비슷한 것으로, 전국적인 현상이었다.[209] 그러나 신사는 천하에 대한 '사명의식'이 있었지만, 상인은 자신들의 상업경영의 성공을 위한 '인과응보' 사상 때문에 공적인 행동을 하는 것이 신사와 상인의 차이점이었다.

상인들은 이렇게 다양한 공익활동을 통하여 그들의 사회적 지위를 크게 제고시켰다. 그 배경은 어떻게 이해할 수 있을까? 첫째는 상인 스스로의 영향력 제고였다. 명 중기 이후 중국 모든 지역에 걸쳐 지속적으로 진행된 경제발전

---

209) 신사는 개인적으로는 私利를 추구하는 행동도 많았다. 그러나 또 한편, 국가권력과 평민의 共通의 期待 下에, (1) 향촌사회에 대해서는 국가통치의 補佐役으로서, (2) 국가권력에 대해서는 향촌여론의 대변자로서, 그리고 때로는 (3) 국가권력과 향촌 리해의 조정자로서, 다양한 역할을 담당하였다. 신사는 公·私 兩面性을 보이면서, 明·淸社會에 順機能과 逆機能을 동시에 演出한 존재였던 것이다. 吳金成, 1986, 第2編; 吳金成, 2007-B 참조.

과 도시의 발달을 배경으로, 상인의 경제력이 크게 향상됨으로써 국가와 사회에 대한 영향력이 현저하게 증대되었다.[210] 둘째는 상인에 대한 사회적인 인식의 변화이다. 명 중기에 왕양명이 이른바 '신사민론(新四民論)'을 주창한 이래, 수많은 상인가문 출신 신사들이 비슷한 주장을 하였고 명말청초의 유학자 황종희·고염무도 다시 강조함으로써, 사회에서 상인에 대한 인식이 크게 변하였을 뿐 아니라, 셋째 상인 스스로도 유교적 소양을 체득하여 '유상(儒商)'으로서의 자부심을 가졌기 때문이다.[211] 넷째 청조가 적극적으로 시행한 연납제(捐納制)를 통해서 상인 자신이나 그들의 자손이 대거 신사로 전화(轉化)함으로써, 사회적 지위를 향상시킬 수 있었다. 다섯째 신사의 상업경영과 "기유취상(棄儒就商)"이 갈수록 보편화했다. 이러한 배경으로 말미암아 신사와 상인의 계층적인 괴리가 점차로 축소되어 가다가 청말에 이르면 '신상(紳商)'이란 이름으로, 신사와 상인이 일체화했다. 단, 신사는 줄곧 사회를 지배하는 계층이었으나, 상인은 충분히 그러한 능력을 가졌음에도 불구하고, 대체로 신사의 힘에 의지해야만 그들의 능력을 완전히 발휘할 수 있었고, 이런 현상은 청말까지 계속되었다.[212]

---

210) 張海鵬·張海瀛, 1993; 王世華, 1997 등 참조
211) 余英時, 1987, pp.97~166.
212) 馬敏, 1995; 王日根, 1996; 王先明, 1997; 吳金成, 2007-B.

제3장 江西商人의 選擇과 運命

序 言

생산과 소비의 인적·장소적·시간적·양적·질적 조절기능을 가지는, 상업과 상인에 관한 연구는 사회경제사 연구의 중요한 과제 가운데 하나이다. 중국에서는 고래로 상업을 말업(末業)이라고 비하(卑下)하였지만, 실제로는 무시할 수 없었고 오히려 중시되어 왔다. 중국사에서는 일반적으로 송대를 '상업혁명기'로 지칭하지만, 질적·양적 성장의 측면에서 보면, 명청시대 500여 년 동안이야 말로 오히려 상업이 가장 발달한 시기라 할 수 있으며, 그러한 발전은 명청시대의 정치·사회변화와 궤를 같이 하는 것이었다.

강서상인[예장상인(豫章商人)·강우상(江右商)·강우상방(江右商帮)이라고도 불림]은, 당·송시기에 이미 각종 자료에서 발견되지만, 가장 활발한 활동을 전개한 시기는 역시 명청시대였다. 명청시대의 강서상인은 상인의 수와 활동지역의 광범성, 취급상품의 다양성 등에서 탁월하였다. 그런데 지금까지 명청시대 상업사에 대한 연구는 수없이 많지만, 강서상인에 관해서는 연구가 그리 많지 않고, 아직은 총론 수준에 머물고 있는 느낌이 든다.[1]

명청시대에 중국의 남북을 종단하는 가장 빠른 노선은, 북경→대운하→양자강→파양호→오성진→장수진→감주→대유→대유령→남웅→광주로 이어지는 노선이었다. 이 노선은 경제중심지인 강남지방과 대외 무역창구인 광주로 연결되는 남북 무역의 대로로서, "상인은 구름처럼, 화물은 비처럼 많이

---

1) 傅衣凌, 1982; 方志遠·黄瑞卿, 1991, 1992, 1993; 方志遠, 1993, 2002; 余龍生, 2002; 肖文評, 2005 등이 대표적인 논문이다.

오간다”고 할 정도로 중국의 중앙을 관통하는 수로(水路) 교통로였다.[2] 그러므로 강서성을 남북으로 관통하는 감강은 대단히 중요한 수로였다. 또 강서성 내부를 보면, 양자강 중류 남안에 위치한, 총면적 164,800km^{2}의 지역이 남북으로 길게 뻗어 있는데, 파양호를 북부 중앙에 두고, 그 남단으로 유입하는 감강을 남북의 중심축으로 하여, 무하·신강·요하·수수의 5대 수계(水系)와 수없이 많은 지류가 거미줄 같이 연결되어 있어 강남지방에 버금갈 정도로 수운(水運)이 발달한 지역이다. 그러므로 1916년에 남심선(南潯線)이 개통된 이래 현대적인 철로와 도로가 발달하기 전에는, 강서성은 중국의 가장 중앙에 위치한 지리적 이점과 함께, 북방의 각 성과 광동·복건 등 영남(嶺南)지방에 이르는 교통의 요충지에 위치하고 있었다. 강서는 또한 호광지방과 함께 중국의 곡창지대로서 식량을 강남에 수출하면서도 동시에 인구도 외부로 송출하는, 언뜻 이해하기 어려운 독특한 지역이었다. 그러면서도 강서성 내부에서는 명청시대에 행정중심인 14개 부성(府城)과 70여 개의 현성(縣城) 지역 외에도, 중국의 ‘자도(瓷都)’ 경덕진과 중국의 ‘약도(藥都)’ 장수진을 비롯하여, 교통과 경제 중심지인 하구진·오성진 등의 대도시가 성장하였으며, 그 주변에는 수없이 많은 중소도시와 정기시가 발전하였다.

이 장에서는 이상과 같은 강서지방의 지리적·사회경제적 배경을 고려하면서, 명청시대 강서상인의 흥기와 번영 및 쇠퇴과정을 강서성 내의 사회변화 내지 중국 전체의 정치·사회적 변화와 관련시켜 분석해 보려 한다. 그러기 위해서 제1절에서는 명 초·중기 강서지방의 생산력 회복을 농업생산력의 회복 및 수공업과 도시발달의 두 가지 측면에서 살펴보겠다. 휘주상인 등 다른 상인의 흥기과정도 그러하였지만, 강서상인 역시 강서성의 농부산품의 상품화를 통해서 상인으로 진출한 사례가 많기 때문이다. 제2절에서는 명대 강서상인의 흥기와 그 사회경제적인 배경을 살펴보고, 제3절에서는 명청시대 강서상인의 외성(外省) 진출과정을 살펴보고, 제4절에서는 강서상인이 진출한 지

---

2) 高其倬, 「陶成」, 雍正『江西通志』卷130에 “兩廣往來襟喉, 諸夷朝貢亦于焉取道, 商賈如雲, 貨物如雨, 萬足踐履, 冬無寒土”라 함. 永樂年間(1403～1424) 초부터 남해 제국의 貢品은 광주로부터 이 길을 주로 이용하였다.

역에서 벌인 상업 활동과 그 성격을 살펴보겠다. 끝으로 제5절에서는 청말의 개항으로 야기된 중국의 정치·사회적인 여건의 변화와 그로 말미암은 강서상 인의 추이를 살펴보겠다.

I. 明初 江西의 社會生産力 恢復

강서성에서, 원대(元代)까지 경제적으로 비교적 앞선 지역은 북부의 파양호 주변과 중부의 길태분지(吉泰盆地)의 아홉 부(府) 지역이었다. 이 지역은 이미 당 말기부터 개발되기 시작하였고, 송대에 이르면 농업과 수공업이 발달하여, 강남지방과 함께 경제·문화의 선진지역이 되었으므로 그만큼 외래 인구도 많 이 집중되었다. 그러나 14세기 중엽의 원말에는 오랫동안 지속된 동란으로 강 서성 전체가 황폐해졌다.[3]

명조가 건국(1368년)한 이래, 전국에 걸쳐 적극적인 권농·개간정책을 추진 하고 이갑제를 실시한 결과, 지역에 따라서는 홍무 말기(14세기 말)부터 농업 생산력이 크게 회복되고 사회도 어느 정도 안정되어 갔다. 강서성 모든 지역 역시 예외는 아니었다. 강서성은 명 중기부터 호광성(호남과 호북의 총칭)과 함께 양자강 중류의 곡창지로서, 강남지방에 대한 양식공급지로 유명하였다. 그것은 명초에 파양호 주변과 길태분지의 아홉 부 지역이 먼저 신속하게 농 업생산력을 회복했기 때문이다. 그 결과 경제와 문화의 발전 측면에서, 이 지 역은 강남지방에 버금갈 정도였다.[4] 그 후 명 중기를 거치면서 농업 생산력의 발전에 차이가 생겼으므로, 16세기 말의 만력 장량기(丈量期)에 이르면 강서 모든 지역이 비교적 균형 있게 발전되었다. 비교적 신빙도가 높은 홍무24년과 만력 장량 결과 나타난 토지 통계에 따라 경지증가율을 보면, 명초에 비교적 선진 개발 지역이었던 곳은 경지증가율이 낮은 반면, 비교적 개발이 낙후되었 던 곳은 경지증가율이 높았다.[5] 경지가 증가된 이유는, 종래에 방치되었던 산

---

3) 楊訥, 1982; 邱樹森, 1982; 1993; 方志遠, 1993, pp.365~366.

4) 吳金成, 1986 第2編 第1章 참조.

5) 물론 명초에 선진지역이나 落後地域으로 알려진 지역 사이에도 경지증가율에는 상당

야가 개발된 것 외에, 파양호 주변에 방치되었던 광대한 저습지가 비옥한 우전(圩田)으로 확보되어 곡창지로 변하였고, 강서성을 둘러싸고 있는 서·남·동부의 산구에서 경지가 개발되었기 때문이다. 또한 각지에서 새롭게 수리시설이 수축되거나 확충됨으로써 안전한 경작이 가능해졌다. 명초부터 강서에서는, 이와 같이 농업생산력이 신속하게 회복되어 갔으므로, 명 중기부터 강남과 복건지방에 식량을 수출하면서, 호광과 함께 곡창지라는 명성을 얻을 수 있었던 것이다.6)

이상과 같은 양식 수출 외에도, 강서 경제의 최대의 특징은 각지에서 수없이 많은 경제작물을 재배하고 수공업이 발달한 것이었다. 그리고 처음에는 광범한 농촌에서 이루어지던 수공업이 점차 일정한 지역으로 집중되어 갔고, 그에 따라 수공업이 발달한 지역이 도시화해 갔다. 그 과정에서 이러한 이익을 찾아 성 안팎의 인구가 집중함에 따라 도시와 상업이 발달하였다. 또한 상품운송이 활발해지면서, 수륙교통의 요충지에 상인과 운송업자가 운집하게 되면서, 기본적으로 행정중심이나 수공업과 무관한, 성격이 약간 다른 도시도 성장하였다.

이러한 내용을 우선, 일찍부터 명성을 얻은 도자업(陶磁業)을 통해서 살펴보겠다.7) 강서성 부량현의 자기는 이미 당대에 '가옥기(假玉器)'로 알려졌으며, 송대부터 그 전통이 지리적인 여건이 좋은 경덕진으로 전승되었다. 명대에 오면, 건문4년(1402)부터 경덕진에 관요(官窯) 생산을 위한 어기창(御器廠)이 설치되면서 민요도 따라서 발전하게 되어 전국 제일의 도자기 생산지로서 명성을 떨치게 되었다. 경덕진에서는 궁중용의 최고급 도자기 외에 일반 대중용의 저급품까지 지극히 다양한 자기를 생산하였으며, 이것들은 전국 각지로

한 차이가 있었다. 예컨대 선진지역 가운데 남창부는 같은 기간에 41.7%가 증가하였으나 임강부는 1.4%의 증가에 지나지 않았다. 또 낙후지역 가운데 감주부는 71.8%가 증가하였으나 건창부는 24.3%가 증가하였다. 이렇게 차이가 난 것은 원말 동란기의 황폐화 정도와 명초 이후 개발 가능지역의 有無에도 관계가 있었다. 본서 제1편 지1장 참조.

6) 王根泉 等, 1992; 施由民, 1992; 魏嵩山, 1995; 吳金成, 1986, 第2編 第1章 참조.

7) 梁淼泰, 1991; 許懷林, 1993, pp.529~533; 본서 제3편 제1장 등 參照.

팔려 나갔다. 경덕진의 도자기를 취급한 상인은 명대에는 요주·남강·무주·남창·길안상인 등, 강서성 내의 지역상인과 휘주상인·강절상인이었다. 그러나 청대부터 호남·호북·광동상인이 가담하기 시작하였으며, 청말에 이르면 호북상인의 지배력이 더욱 강화되었다. 이렇게 도자업이 발달하면서 성 안팎의 상인·유민·무뢰들이 모여들었으므로, 16세기 중엽부터 인구 10여 만에 용공이 수만이나 되는 대도시로 발전하였다. 그 결과 경덕진은 '거민들의 부요함이 강서성에서 제일'이라는 평판과 함께 '일 년 사시 불이 끊이지 않는다'[8]는 명성을 얻고 이른바 '자도(瓷都)'로서 명성을 떨치게 되었다. 그런데 이렇게 급증해 간 경덕진 거민 가운데 토착인은 겨우 10%~20%에 지나지 않았다. 그 때문에 토착인과 외래 이주민 사이에 자연히 이해의 대립과 분쟁이 끊이지 않았고 민변(民變)이 계속 일어났다.[9] 경덕진 외에도, 명대 중기부터 광신부 횡봉진에서도 도자업이 발전하였다. 횡봉진은 명 중기부터 성 안팎의 유민이 운집하여 분쟁이 끊이지 않자, 가정39년에는 이곳에 흥안현을 신설하였다.[10]

강서성은 또한 일찍부터 차엽(茶葉)의 생산지로서도 명성을 얻었다.[11] 강서 지방은 이미 당대부터 차의 제조와 수출지역으로 알려졌다. 또한 남송시대 1162년의 기록에 따르면, 전국 총 생산량 1,781.5만 근 가운데 강서의 차 생산량이 462만 근으로 전국 총생산량의 26%를 차지, 수위를 기록했다.[12] 남송시대의 왕견오(汪肩吾)는, 강서성 부량상인이 남송시대부터 종이·자기와 함께 차엽을 판매하였다고 전하고 있다.[13] 명대에 이르면 강서의 거의 모든 지역에서 차를 생산하였는데 그 가운데에서도 남창·요주·남강·구강·길안·광신부 등 지역이 특히 유명하였다.

강서성은 또한 제지업으로도 유명하였다.[14] 이미 당 중엽에 강주(현재의

---

8) 王世懋, 『二酉委譚摘錄』, 『紀錄彙編』 卷206.

9) 梁淼泰, 1991; 巫仁恕, 1991; 佐久間重男, 1964; 본서 제3편 제1장 등 참조.

10) 康熙『廣信府志』卷1, 興地志, 疆域, 興安縣條;『世宗實錄』卷487, 嘉靖39年 8月 丁巳條.

11) 許懷林, 1993, pp.132~135, 523~524; 方志遠·黃瑞卿, 1992, p.91; 方志遠, 1993, p.380; 蕭放, 1987, 1989; 劉石吉, 1989 등 참조.

12)『宋會要輯稿』, 食貨 29-2·3, 「中興會要」; 許懷林, 1993, pp.281~287.

13) 汪肩吾, 「昌江風土記」, 康熙, 『浮梁縣志』 卷8, 記.

392

구강)와 신주(현재의 상요)가 궁중용 종이의 산지로 알려졌다. 송대에는 길주·무주·남강에서도 제지업이 발달하였고, 앞에서 서술한 왕견오의 말처럼, 3대 상품 가운데 하나가 되었다. 명대에 이르면 광신부 소속 4개 현의 제지업이 전국 5대 수공업 중심지 가운데 하나로 도약하였고, 그 밖에 길안·원주·서주·남창 등 부(府) 지역에서도 번성하였다. 명 중엽부터는 특히 광신부 일대에 제지공장의 수가 600여 좌나 될 정도로 제지업이 발달하였는데,[15] 그 가운데 연산현은 강서 제지업의 중심지가 되었고,[16] 죽기업(竹器業)도 발달하였다. 그 때문에 선진 제지기술을 가진 연산인은 이웃한 절강의 구주부 지방으로 들어가 제지공장을 설립하거나 지공(紙工)으로 활약하였다.[17] 광신부 지역에서 생산되는 종이는 전국에 판매되었는데, 처음에는 주로 본성의 상인이 취급하였고, 특히 길안상인은 제지업을 경영하여 치부하는 자가 많았다. 그러나 점차로 휘주상인의 세력이 강성해 갔고, 청말에는 복건·산섬상인도 가담하였다.

　이상의 차엽·제지·죽기업의 발달을 배경으로 하여 성장한 도시가 광신부 연산현의 석당진과 하구진이었다.[18] 석당진은 만력28년에는 제지공장 30여 조(槽)에 용공이 천~2천 명에 달할 정도로 발전하였고,[19] 만력년간에는 지공(紙工)의 수가 4만~5만이나 될 만큼 번영하였다.[20] 한편 하구진은 금강 중류에 위치하고, 동시에 복건·절강과의 교계지역에 위치한 3성(省) 상업의 요충지였으므로, 각지 상품의 왕래가 끊이지 않았다. 이러한 지리적 이점 때문에, 하구진은 이곳에서 생산되는 종이·차엽과 남쪽의 무이산맥 남부에서 생산되는 차엽의 집산지로서 성장하여, 명 중기부터는 경덕진·장수진과 함께 강서

---

14) 許懷林, 1993, pp.526~529 ; 方志遠, 1993, p.381~382 ; 蕭放, 1989.

15) 萬曆 『江西省大志』 卷8, 「楮書」

16) 명 중엽부터 鉛山縣 각지의 製紙業은 송강의 면방직업, 소주·호주·항주의 견직업, 蕪湖의 漿染業, 경덕진의 도자기업과 함께 중국 5대 수공업지역의 한 곳이었다. 5대 수공업지역 가운데 2곳이 강서지역이었다는 것은 명 중기부터 江西의 경제발달 정도를 가늠할 수 있는 지표가 되는 것이다.

17) 陳學文, 1993, pp.433~435.

18) 본편 제2장 참조.

19) 康熙 『上饒縣志』 卷10, 「要害志」

20) 雍正 『江西通志』 卷27, 土産; 許大齡, 1957; 彭澤益, 1955 등 참조.

3대진의 하나로 알려지게 되었다.[21]

강서에서는 면포·모시·마포 등의 생산도 성하였다. 면화 재배와 면포생산이 성한 곳은 구강·남강·요주·무주·길안·원주·남창·광신부 등이었는데, 명조는 이들 지역에 매년 면포 10만 필을 공납케 하였다. 한편 강서에서는 모시를 재배하여 모시베 생산도 성하였는데, 특히 무주·건창·광신·감주·남안·원주·요주부 등 지역이 유명하였다. 무주의 농민은 구강·남강부에서 면화를 수입하는 것도 모자라서 안휘와 호북에서 면화를 수입하여 80만 필의 면포를 짜서 내다 팔았다. 명초부터 강서상인은 강서산 하포(夏布)를, 중기 이후에는 하포와 면포를 사천·호광·귀주·운남·복건·광동 등 지역에 내다 팔았다. 특히 길안포상(吉安布商)은 사천과 광동에 진출하여 촉장(蜀庄)·월장(粵庄)의 칭호를 얻기도 하였다.[22]

이렇게 방직업이 발전하자, 그에 따른 염료의 수요 때문에 종람(種藍)·제전업(製靛業)도 발달하였다. 이 업종은 강서에서 대개 명 중기부터 길안·원주·요주·무주·감주 등지에서 번성하였다. 명 중기부터는 남쪽의 복건인이 산구(山區)에 들어와 남(藍)을 재배하는 경우가 많았는데, 가뭄이나 흉년이 들기라도 하면 이들이 떼 지어 일어나 다른 이주민과 합세하여 봉기하는 일이 많았다.[23]

강서에서는 그 밖에도 감강 중류의 임강부 장수진을 중심으로 약재의 채취 및 가공업도 발전하였다.[24] 장수진에는 당대에 이미 '약허(藥墟)'가 있었고, 남송시대에는 '약시(藥市)'가 있었다. 명대에 들어와서도 전국적인 약재시장이 상설되어 '약도(藥都)'라고 일컬어졌을 뿐 아니라, 남북 무역 대로인 감강의 중류와 호남으로 통하는 원수가 합류하는 지점에 위치한 지리적 이점 때문에 교통과 상업의 중심지로서 성장하여, 명 중기부터는 강서성의 3대진의

---

21) 蕭放, 1987; 劉石吉, 1989.

22) 許懷林, 1993, pp.533~534; 方志遠, 1993, pp.382~384.

23) 張翀, 『鶴樓集』권1, 「虔臺疏集」, 「帝位流寇出劫慘酷力破群議勸平見今地方寧靖疏」「奏爲議論太多行事未便懇乞放歸以延殘軀疏」; 許懷林, 1993, pp.514~515; 吳金成, 1986, pp.116~117.

24) 蕭放, 1987; 劉石吉, 1989; 許懷林, 1993, pp.547~548, 591~593; 본서 제1편 제3장 등 참조.

하나로 유명하였다. 명말에는 약포(藥舖)가 200여 가나 되었고, '거민이 수만 호'25)가 될 정도로 흥왕하였다.

강서지방은 또한 중요한 목재 산지였다. 영락제가 북경으로 천도하고 궁궐을 건축할 때, 사천·호광·절강·산서 등 지역과 함께 강서에서 채목(採木)하였다. 강서의 경우 모든 지역에서 목재가 생산되었으나, 특히 남부의 남안·감주부 지역에서 가장 많이 생산되었다. 명 중기 이후 강서 중북부인들이 대거 남부 산구로 이동한 원인은, 그곳이 금산구로 정부의 통제가 잘 미치지 못한 때문에 자유로이 목재 채취와 개간이 가능하였기 때문이었다.26) 한편, 명말부터는 원주부를 중심으로 사탕수수의 재배도 성하였다.27) 16세기 중엽의 장한에 따르면, 그 밖의 강서의 특산으로 대나무 화살[竹箭]·금칠(金漆)·구리·주석 등도 유명하였다.28)

이상과 같이, 명초에 강서 각지에서 신속하게 농업생산력이 회복되고 경제작물의 재배와 수공업이 발달함에 따라, 기존의 부·주·현성 지역 아닌 곳에 새롭게 도시가 성장하여 갔다. 그 대표적인 사례가 이른바 강서 3대진, 즉 경덕진·하구진과 장수진이었다. 이들은 모두 수공업의 발달과 그로 말미암은 상업의 발달을 배경으로 성장한 사례였다.29)

Ⅱ. 明代 江西商人의 興起

강서성에서는 명초 이래 언뜻 보기에 서로 모순(矛盾)되는 두 가지 현상이 동시에 진행되고 있었다. 앞에서 설명한 것처럼, 한편으로는 명초부터 농업생산력이 회복되고 그에 따라 경제작물을 재배하고 수공업·상업·도시가 삼위일체로 발전해 간 현상이었다. 또 한편으로는, 이갑체제가 이완되면서 농촌에

---

25) 王士性, 『廣志繹』 卷4, 「江南諸省」.

26) 吳金成, 1991; 본서 제1편 제1장 등 참조.

27) 許懷林, 1993, p.516.

28) 張瀚, 『松窗夢語』 卷4, 商賈紀

29) 청대에는 吳城鎭을 합하여 4大鎭이라 하였다. 오성진에 대해서는 본서 제Ⅰ편 제3장 참조.

서 수많은 농민이 석출되어 사방으로 이동해 간 현상이었다. 강서상인은 바로 이러한 변화과정에서 흥기하였다.

바꾸어 말하면, 15세기 초 영락년간에 들어서면서 전국적으로 여러 가지 사회모순 현상이 나타났고 이는 강서지방도 마찬가지였다. 그 원인은, 첫째 새로이 지배층으로 성장하여 간 신사나 세호가에게 토지가 집중되어 갔고, 둘째 점차로 세역의 부담이 무거워지고 불공평해진 것이었고, 셋째는 중소농민층이 고리대 자본에 시달린 때문이었다.[30] 그리고 넷째는 명초부터 인구가 격증하여,[31] '인구과밀' 문제가 점차 심화되면서 식량문제가 심각한 상태에 이르게 되었다.[32] 명초 강서의 인구과잉문제는 이웃한 호광에까지도 잘 알려질 정도였다.[33]

이러한 여러 가지 원인으로 갑수호층인 중소농민은 더 이상 생존을 지속할 수 없게 되었고, 심지어 지주층인 이장호마저도 몰락하는 경우가 많았다. 그 때문에 명조의 국가 기반이었던 이갑제 질서가 점차 해체되고 각지에서 농촌 사회가 분해되어, 농민이 토지를 잃고 그 지역에서 소작인(=전호)이나 노비로 전락하거나 외지로 도망하게 되었다. 강서 각지의 지방지에, 명 중기부터 통계상, 인구가 감소되어 갔다고 기록된 원인은 바로 이 때문이었다.[34]

강서인은 이러한 상태를 해결하고자 다음 세 가지 방법을 강구하였다. 첫째는 어린 아이를 살해하여 인구부담을 줄여보려 하였고,[35] 둘째는 소작인이나 노비로 전락하는 것이었으며, 셋째는 고향을 버리고 달아나는 것이었다.

---

30) 吳金成, 1986, 제2편 제1장.

31) 萬曆『南昌府志』권2, 風俗에 「洪武志」를 인용하여 "生齒繁夥, 南北士民來寓者, 因地利之美, 多占籍焉"이라 전하고 있다. 그 외에도 강서의 다른 많은 지방지에서 외래 인구의 유입을 지적하고 있다. 吳金成, 1986, 第Ⅱ編 第1章 참조.

32) 吳金成, 1986, p.93.

33)『太祖實錄』卷250, 洪武30年 2月 丁酉條.

34) 그러나 실제로는 인구가 오히려 계속하여 증가해갔고 인구 過密狀態였다. 통계상의 戶口 減少는 단지 地方官府의 인구파악 능력의 약화와 한계성을 웅변해주는 것이었다. 吳金成, 1998 참조.

35) 어린아이 살해는 溺男·溺女·洗兒·淹兒 등으로도 불렸는데, 이러한 습관은 이미 宋代 이래 강서에서 보편적인 습속이었다. 傅衣凌, 1982, p.187.

이 경우 이동 방향은 대개 ① 농촌지역→금산구역, ② 선진경제지역→낙후지역, ③ 농촌지역→도시·수공업지역 등으로 유형화해 볼 수 있다.[36] 지역적으로는 강서성 안에서 이동한 경우도 적지 않았지만, 그보다는 다른 성으로 이동하는 경우가 압도적으로 많았다.[37]

위와 같은 인구이동 유형 가운데 강서성 내의 경우만 고려한다면, 제①유형의 결과로, 한편으로는 일부의 유민이 도적으로 변하여 사회혼란을 야기하기도 하였지만, 대부분의 유민은 산구를 개간하거나 산구에 풍부한 산화(山貨)와 광산자원을 개발하여 수공업의 원료로 사용하거나 상품을 생산하였다. 제②유형의 결과, 개발이 비교적 낙후된 지역이나 저습지가 개발되어 갔다. 이러한 결과, 뒤에서 자세히 설명하겠지만, 명 중기부터는 양식·차·목재 등 토산품 외에도 도자기·종이·사탕수수 모시베 등의 수공업 생산품이 강서의 명산품으로 알려지게 되었고, 명말에 이르면 감서 남부 산구에서도 식량이 수출되었다. 또한 제③유형의 결과로, 앞에서 언급한 것처럼, 대도시와 함께 수많은 중소도시가 발달하였다.[38]

이상과 같이, 한편으로는 농업생산력이 회복되고 경제가 발전되는데도 불구하고, 또 한편으로는 점차로 토지가 세호가에게 집중되고 세역의 부담이 무거워지고 인구과밀 상태에까지 몰리게 된 강서인은, 성 안팎으로 이동하여 상공기예(商工技藝)로 호구를 해결하려 하였다.[39] 그러므로 명대에 강서상인의 흥기는, 명 초·중기의 강서사회의 변화와 그로 말미암은 강서인의 외성으로의 이동을 배경으로 하고 있었다.

명청시대의 자료에는, 명초부터 강서인이 성내는 물론이고 전국 각지로 이동하였으며, 그 가운데 일부가 상업을 영위하였다는 기록이 많다. 이제 그 중요한 내용만 보기로 하자. 먼저 남창부의 경우, 『남창부지』에서는 15세기 중·

---

36) 吳金成, 1986, 第2編 第1章 參照.

37) 海瑞, 『海瑞集』 上, 「興國八議」, 地利條에 "今吉·撫·昌·廣數府之民, 雖亦佃田南·贛, 然佃田南·贛者十之一, 遊食他省者十之九"라 함.

38) 본편 제1·2장 참조.

39) 張瀚, 『松窗夢語』 卷4, 「商賈紀」. 蕭近高, 「參內監疏」, 康熙 『西江志』 卷146, 藝文에도, "大都江右土瘠民貧, 無他奇産, 民皆仰食糊口於四方"이라 함.

후반의 사실에 대하여, "땅은 좁고 인구는 조밀하여 수예(手藝)와 교서(敎書)로
생활하는 사람이 많다. 식량을 구하려고 사방으로 나가 살기 때문에 남북요도
(南北要途)에 시(市)를 이루는 경우가 많은데 이를 남창가(南昌街)라 하였다"고
하고, 또 그 후의 일반적인 사정을,

> 인구는 많고 … 농토는 척박하여, 농사와 상마(桑麻)의 수입만으로는 양생송사
> (養生送死)에 드는 비용이 부족하므로, 세역을 납부할 돈은 사방에 나가 벌어온
> 다. 그 때문에 남창·풍성·진현의 상인이나 기능인은 다른 현보다 많다. [이들은]
> 산서·사천·산동·호광·광동·복건을 마치 이웃으로 생각하고 [왕래하며], 바다를
> 건너 이인(夷人)지역까지 가서 떠돌다가 귀향도 잊는 경우가 열 중에 네다섯이
> 나 된다.[40]

고 하고 있다. 이로 보면, 이미 명초부터 남창부 출신이 상인으로서 외성
에 진출하기 시작하였고, 15세기 중엽부터는 북·서·남부 각 지역으로 본격
적으로 진출하였음을 알 수 있다.

무주부의 경우, 동향현 출신인 애남영(1583～1646)이,

> 우리 향의 대상인은 모두 운남성에 있다. … 운남은 비록 서남이(西南夷)가 사
> 는 변방(邊方)이지만, 우리 향 출신 상인은 대개 그 지역에 모인다. … [그 때문
> 에] 우리 향 사람도 그 지역에 많이 간다.[41]

고 하였고, 금계현에 대해서도 '상인이 삼분의 일'[42]이라고 하였다. 길안부
의 경우에도 토지가 부족하여 사방으로 나가 살 길을 찾을 수밖에 없었는

---

40) 萬曆『南昌府志』卷3, 風俗.

41) 艾南英,『天庸子集』卷9,「白城寺僧之滇黔募建觀音閣疏」. 吳嵩梁,『東鄉風土記』에 "謀
生之方不一, 書肆遍天下, 而造瓷器于饒州, 造紙于鉛山尤多. … (其)無籍之民, 不役紙
廠, 則販私鹽"이라 한 것은 청 乾隆年間의 사정을 기록한 글이지만, 이러한 현상은
명대에도 그대로 적용할 수 있다.

42) 康熙『西江志』卷26, 風俗,「嘉靖志」.

데,[43] 특히 길안 면포상인은 사천과 광동의 광주·불산 등 지역에 진출하여 촉장(蜀庄)·월장(粤庄)의 칭호를 얻었을 정도였다. 청대에도 길안상인은 '전국에 퍼져 있다'는 평판을 들었다.[44] 건창부는 위치가 복건과 연접해 있어 관리와 상인의 왕래가 많았으므로,[45] 건창인도 명 중기부터 이미 장사를 잘하는 사람들로 알려졌다. 명 중기까지도 장사할 줄 모르던 신성현 주민도 명말에 이르면 점차로 상업을 배우게 되었다고 한다.[46]

요주부의 경우, 부량현 출신 상인은 이미 당대부터 알려졌고, 경덕진은 명 중기 이래로 중국 제일의 도자업 도시로 번영하였으므로,[47] 사방의 상인과 도공(陶工)이 많이 모여들었다. 광신부의 귀계현의 경우 명말·청초의 사정을,

> 농촌의 백성은 열심히 농사짓는 외에 … 경덕진에 가서 도자업을 하거나 연산에 가서 제지업에 종사한다. … 가끔은 식량을 싣고 요주나 휘주로 가서 팔고, 종이를 호광에 가서 팔고, 죽목(竹木)을 북경·회안·절강 등 먼 곳까지 가서 판다. 돌아오는 날에는 다투어 다른 지역의 토산물을 사서 선물한다.[48]

고 적고 있다. 임강부의 경우에도, 16세기에 이르면, "광동·강남·귀주·운남 등 안 가는 곳이 없고, 호광에는 특히 많이 간다"[49]고 하며, 명말에도 몰락한 이갑호가 상공업에 진출하였다.[50] 또한 강서 남부의 감주부와 남안부는 지리적으로 복건과 광동, 두 성에 접해 있고, 특히 광동의 광주로 통하는 대유령 상업로의 요충지로, 남북의 토산품과 바다의 잡화들이 오가는

---

43) 萬曆『吉安府志』卷11, 風土에 "計畝食口, 僅可得什三焉, 民多取四方之資以爲生"이라 함.

44) 同治『吉安府志』卷2, 風俗

45) 同治『建昌府志』卷1, 風俗에 "江閩孔道, 其仕宦商賈, 舟車負担之往來, 晝夜無停晷"라 함.

46) 正德『新城縣志』卷1, 風俗 ; 康熙『新城縣志』卷1, 風俗.

47) 본편 제1장 참조.

48) 康熙『貴溪縣志』卷1, 風俗.

49) 嘉靖『臨江府志』卷1,「郡域志」에 "俗多習賈, 或棄妻子徒步數千里, 甚有家于外者, 粤·吳·滇·黔無不至焉. 其客楚尤多. … 窮家子自十歲以上卽驅之出, 雖老不休"라 함.

50) 崇禎『淸江縣志』卷1, 風俗에 "近時多以破家徙業矣"라 함.

교통로였기 때문에, '본업은 소홀히 하면서 상업에 종사'하는 풍조가 보편적인 현상이 되었고, 명 중기부터 빈민들은 각부·견부 등 상품 운반의 일에 의존하여 살았다.[51] 그러기에 명 중기의 대향신 비굉(1468~1535)도,

강서는 땅이 천 리나 되지만, 대체로 땅은 좁고 인구는 많다. 마을의 소민(小民)들은 비록 열심히 일하고 절약하며 살지만 자급자족이 어렵다. 그 때문에 기술에 의지하여 사방으로 나가 밥벌이를 하는 사람이 언제나 열 명 중 다섯은 된다.[52]

고 하였고, 16세기 말의 왕사성(1577년 진사)도, "상인이 많기로는 강서 같은 곳이 없고, 강서성에서는 무주부 같은 곳이 없다"[53]고 하였던 것이다.

이상을 종합해 보면, 명대에 강서 상인이 홍기하게 된 것은 대체로 다음과 같은, 명초 이래 중국사회의 변화를 배경으로 하고 있다. 즉, 첫째 강남지방에서의 수공업·도시·상업의 발달과 그로 말미암은 경제 중심지의 분화,[54] 둘째 전국적인 인구증가와 대규모의 이동으로 말미암은 상품 유통량의 증가와 전국적 시장권의 성립,[55] 셋째 가정년간의 후기 왜구(倭寇) 이후로 대운하→양자강→파양호→감강→감주→대유령→북강→광주로 이어지는, 중국의 중앙을 관통하는 수로 교통로의 중요성 제고 등이 그것이다. 그리고 이러한 대전제 아래, 명초 이래의 강서사회의 변화, 즉 ① 농업생산력 회복으로 곡창지화, ② 경제작물의 재배와 수공업·도시의 발달, ③ 강서의 인구과잉으로 말미암은 인구유출 등을 배경으로 하여, 강서상인이 홍기하였다고 할 수 있다.[56] 그러므로 강서상인은 명 중기부터 본격적으로 나타났다고 할 수 있다.

---

51) 嘉靖『南安府志』卷10, 風俗; 吳金成, 1986, 제2편 제1장; 본서 제1편 제1장 참조.

52) 費宏,『太保費文憲公摘稿』(臺北, 文海出版社, 1970) 卷12,「送亞參孫公之江西序」

53) 王士性,『廣志繹』卷4, 江南諸省.

54) 吳金成, 2007-A, 제1편 제2장 등 참조.

55) 許滌新·吳承明, 1985.

56) 명대 江西人의 商人 進出 정황에 대한 광범하고 구체적인 내용은 方志遠·黃瑞卿, 1992, pp.91~93 참조.

Ⅲ. 江西商人의 對外省 進出

1. 明代의 對外 進出

명대에 강서상인은 명 초·중기 강서사회의 변화와 그로 말미암은 강서인의 외성 이동을 배경으로 흥기하였다. 원말의 동란에서 사회가 회복된 후부터, 앞에서 서술한 것처럼, 여러 가지 요인 때문에 강서인이 다른 성으로 이동한 경우가 많았는데, 그 가운데 상업이나 기타의 기능을 가지고 활동하는 사람도 많았다. 앞에서 서술한 『남창부지』에서 남북요도(南北要途) 어느 곳이나 남창가(南昌街)를 세웠다고 하고, 명말청초의 서세부(徐世溥)가,

> 강서상인이 호광에 가는 것은 자기 집에 가는 것이나 다름없다. 북쪽으로 여(汝)·완(宛)·서(徐)·비(邳)·분(汾)·호(鄗), 동쪽으로 소(韶)·하(夏)·기(夔)·무(巫), 서남으로 귀주와 운남, 남쪽으로 창오(蒼梧)·계림·유주(柳州)로 나가 장사를 하는데, 소금·밀·죽전·면포·가죽 등 안하는 것이 없다. 그러므로 남창인으로 호광의 무한에서 장사하고 살면서 자손을 양육하는 자가 열 명 중 아홉은 된다."[57]

고 한 것 등은 결코 과장이 아니었다.

이제 이해를 돕기 위하여, 명대 강서상인의 대외진출 사례 가운데 특기할 만한 내용 몇 가지를 소개하겠다. 강서상인은 수도인 북경에도 많이 진출하였다.[58] 명대 북경의 상인 회관(會館) 41곳 가운데 강서회관은 14곳으로 34%, 그 가운데 가장 빠른 것은 영락년간(1403~1424)에 설립한 것이었다. 그리고 청대 광서년간(1875~1911)에는 387곳으로 증가하였는데 그 가운데 강서회관은 51곳으로, 점유율 면에서는 12%로 낮아졌지만, 당시 큰 상방(商帮)이었던 산서상인의 회관(45곳)보다 오히려 많았고 여전히 수위를 차지하였다.[59]

---

57) 徐世溥, 『榆溪集選』, 「楚游詩序」(傅衣凌, 1982, p.190에서 再引)

58) 張瀚, 『松窗夢語』 卷4, 「百工紀」에 "今天下財貨聚於京師, 而半産於東南, 故百工技藝之人亦出於東南, 江右爲夥, 浙·直次之, 閩·粤又次之"라 하고 있다.

　명대에 강서상인이 가장 많이 진출한 곳은 호광지방이었다.[60] 호광은 강서와 지리적으로 이웃해 있었으므로, 명초 이래 서북의 운양(郞襄)지방과[61] 서남의 정주지방에 이르기까지 호광의 모든 지역에 걸쳐 수많은 강서상인이 진출하였는데, 특히 길안·임강·무주·남창부 출신 상인이 많았다. 그 때문에 "강서 사람이 호광을 메운다"는 속담도 생긴 것이다. 근년의 연구에 따르면, 중국사에서 호남에 유입한 객민 씨족 가운데 44%~51%가 명대에 유입되었고, 그 가운데 60~64%가 강서인이었으며, 동정호 주변지역에 유입한 객민 씨족의 48%가 강서인이고, 강한평원(江漢平原)에 유입한 객민 씨족의 77.6%가 강서인인데 강서인 가운데 80.7%가 남창인이었다.[62] 또 다른 연구에서는 호남에 유입된 씨족의 69.7%가 강서인이었다.[63] 명대에 성장한 호북 경능〔오늘날의 천문〕의 조각시는,

　시는 3,000호인데, 토착인은 열 중 하나고 강서 사람이 일곱이고 휘주인이 둘이다. 농민은 열 중 둘, 상인은 여덟, 유자(儒者)는 백 명 중 하나이다. 강서인 중에는 길안부 영풍인이 가장 많고 … 영풍인 중에는 유씨(劉氏)가 가장 많다. … 명에 들어와 7세 손(孫)인 순정(純正)이 〔이곳에 와〕 식초 장사를 하며 … 정주하게 되었다. … 아들 4명 중 맏이가 하(河)인데, 농사와 상업을 겸업하였다.[64]

고 할 정도였다. 주민 3,000여 가 가운데 70%가 강서인이고 주민 가운데 상인이 80%였다는 것이다.

　강서인과 강서상인은 귀주·운남에도 대량으로 진출하였다.[65] 심지어 주민

---

59) 呂作燮, 1983; 王日根, 1996. 그런데 川勝守, 1992에서는, 淸末에 北京의 江西會館이 66곳이었다고 한다.

60) 傅衣凌, 1982; 葛劍雄·曹樹基, 1993; 張國雄, 1995; 梅莉, 1995; 吳金成, 1986, 第2編 第1·2·3章; 오금성, 1993 등 참조.

61) 萬曆『郞陽府志』卷314, 風俗에 "陝西之民五, 江西之民四, 德黃吳蜀山東河南北之民二, 土着之民二, 皆各以其俗爲俗焉"이라 하고 있다.

62) 曹樹基, 1990,1991,1997 등 참조.

63) 何文君, 1990.

64) 李維楨, 『大泌山房集』卷87, 「劉處士墓誌銘」

의 과반수가 강서인이고 그 가운데 많은 수가 상인인 경우도 있었다. 앞에서 서술한 바와 같이, 무주부 동향현 출신인 애남영(艾南英)이 '우리 향의 대상인 은 모두 운남성에 있다'고 한 것은 그 때문이었다. 16세기 말의 왕사성도,

강서·절강·복건 세 곳은 사람은 많고 땅은 좁다. … 그러므로 몸에 기능을 지니지 않으면 먹고 살 수 없으며 다른 성으로 나가지 않으면 기능을 써먹을 수 없다. [이런 사정은] 강서가 더욱 심하다. 그들 사(士)·상인·공인들은 말을 잘하며 저마다 [생활을] 잘 꾸려나간다. … 빈손으로 나가서 온갖 일을 다 하므로 빈손으로 갔다가 가득 채워 돌아온다. 감여(堪輿)·성상(星相)·의복(醫卜)·윤여(輪輿)·재장(梓匠) 등의 일을 하지만, 염상·목재상·직물상·보석상 등 [대자본이 필요하지만 이익이 많은 상품을 취급하는] 상인은 없다. 그러므로 상인으로 나가는 것은 강서만큼 많은 곳이 없고 강서에서는 무주인이 가장 많다. 나는 병비사(兵備使)로 난창에 간 길에 운남성을 돌아보았는데, 무주인이 열 명 가운데 대여섯이었다. 처음에는 [이들이] '그저 상인으로 도시에나 거주하겠지' 라고 생각하였으나, 더 돌아보니 토부(土府)·토주(土州)나 미개하여 지방관을 둘 수 없는 곳에서는 향촌의 세역을 징수하는 이장(里長) 역은 모두가 무주인이었다. [나는 또] '이곳들은 내지(內地)니 그렇겠지'라고 생각하였다. 그런데 사람을 보내어 면전(緬甸)지방을 초무하면서 지나는 길의 추장의 성명을 적어 오라 하였더니, 영창(永昌)에서 면전(緬甸)·망(莽)에 이르기까지 만리(萬里)나 되는 거리에 두 달이나 걸렸는데, 비록 이역(異域)의 괴족(怪族)지역이라도 마을이 있는 곳의 추장과 두목은 모두가 무주인이었다.[66]

고 전하고 있다. 이를 요약해 보면, 귀주·운남지방에는 강서인이 대거 이주하였고, 강서인 가운데 무주인이 가장 많으며, 그들은 멀리 소수민족 거주지역에까지 들어가 이장·추장·두목으로 활동한 사례도 많았는데, 그들 강서인은 대개 중소 상인이거나 기능인으로 진출하였을 뿐, 대상인은 없었

---

65) 李軍, 1998; 秦佩珩, 1984; 方志遠, 1993; 方志遠·黃瑞卿, 1993.

66) 王士性, 『廣志繹』 卷4, 江南諸省

다는 것이다. 왕사성은 또한 운남지방은 인구가 적어서 강서 상인이 거류하지 않으면 "행정구역이 성립되지 않을"[67] 정도라고 전하고 있다. 운남의 『임안부지』에도 외래 상인 가운데 강서인이 가장 많다고 적고 있다.[68] 강서인이 이렇게 서남부 지역에 많이 진출하게 된 것은, 태조 홍무년간에 홍무제의 의자(義子)인 서평후(西平侯) 목영이 강남·강서인 250여만 명을 통솔하고 운남에 들어가 군둔(軍屯)을 개설하여 1만 경 정도의 경지를 개간한 것이 계기가 되었다는 설도 있다.[69] 광서에는 강서의 염상·목재상·약재상의 활동이 두드러졌으며, 특히 상업이 발달한 오주(梧州)에는 강서인 상호가 110가나 되었다. 강서인은 그 밖에도 동북의 요동, 서북의 감숙·티베트 및 만리장성 등 북변 여러 지역, 산동·하남·섬서·사천·광동과 광서·복건·남직예(강소·안휘)와 절강 지방 등 거의 모든 지역에 족적을 남겼다.[70]

이상을 종합해 보면, 강서상인은 명 중기부터 거의 중국 모든 지역으로 진출하였지만, 특히 많이 진출한 곳은 주로 북·서·남부로, 마치 화살 모양을 이루듯이 진출하였다. 북경과 강남지방을 제외하면, 명대에는 강서상인이 진출한 대부분 지역의 경제와 문화 수준은 강서보다 낮았다. 바꾸어 말하면 강서상인은 경제·문화의 선진성을 배경으로 하여, 경제·문화적으로 낙후한 지역으로 많이 진출하였던 것이다.

2. 淸代의 對外 進出

명청교체기의 강서 사회는 거의 황폐화되어 심한 참상을 겪었다. 그러나 순치10년(1653) 무렵을 지나면서 생산력이 서서히 회복되는 듯하다가,[71] 삼번

---

67) 王士性, 『廣志繹』 卷5, 「西南諸省」에 "滇雲地廣人稀, 非江右商賈僑居之, 則不成其地"라 함.

68) 嘉靖 『臨安府志』 卷7, 風俗에 "自遠方服賈而來者, 西江之人最多, 粵人次之, 蜀人又次之"라 함.

69) 『滇粹』, 「世守黔寧王沐英傳附後嗣十四世事略」. 단, 曹樹基, 1997, p.313에서는 믿을 수 없다고 함.

70) 명대 강서상인의 대외진출에 대해서는 傅衣凌, 1982; 方志遠, 1993, pp.368~372 등에 많은 사례를 소개하고 있다.

71) 본서 제2편 제3장.

의 난 시기에 또다시 참상에 빠졌다. 그러는 사이에 강서상인의 활약은 크게 위축되었다. 그러나 이러한 참상은 단지 강서만의 것은 아니었으므로, 그 후에 얼마나 빠르게 회복되느냐는 주민의 노력 여하에 달린 것이었다. 강서지방은 비교적 빠르게 회복되었을 뿐 아니라, 사회가 안정되면서 명대보다도 더욱 번영을 누렸다.[72] 강서인들은 식량 등 명대에 수출하던 각종 상품을 여전히 수출하였고, 새로이 연초를 광범하게 재배하고 수출하였다.[73] 각지의 수공업과 도시도 여전히 발전하였다.

강서지방의 경제가 이렇게 다시 한 번 활성화하면서 강서상인의 대외활동도 더욱 유리해졌다. 그러므로 이미 명대부터 진출하였던 지역에는 강서상인이 모두 진출하였고, 정보의 증가와 강서 인구의 증가로 말미암아,[74] 오히려 더욱 변방까지 진출하게 되었다. 청대에도 여전히 차상·목재상·남성(南城)의 잡화상·약재상은 특히 유명하였다. 그러므로 이때가 강서상인의 전성기라 할 수 있다.[75]

양자강—파양호—감강—대유령—광주로 연결되는 교통로는 명대에도 중요하였지만, 청조가 강희24년(1685)에 해외무역을 허가하면서 광동의 광주·복건의 하문·절강의 영파·강남의 정해(定海) 등 4개 지역에만 해관을 설치하고 관세를 징수하면서 더욱 중요해졌다. 더구나 1757년에서 1842년까지는 서양무역을 광주 하나만으로 제한하고 13행(行)에게만 대외무역을 허가하는, 이른바 '광동체제' 아래에서는 강서의 상업조건은 더욱 유리해졌고, 따라서 강서가 지닌 경제지리적 중요성은 더욱 제고되었다.[76] 예컨대 옹정7년(1729), 감관에서 징수한 상품세는 죽목세(竹木稅) 이외에 사세(絲稅)와 차세(茶稅)가 대종을 이루었다. 감강을 거슬러 올라 대유령을 넘어 광동으로 가는 상품은

---

72) 徐曉望, 1990; 許懷林, 1993, pp.551~596; 본서 제1편 제3장

73) 煙草는 강서성 내 30~40個縣에서 재배하였으며, 특히 贛南지방은 유명하였다.

74) 許懷林, 1993, pp.566~567에서는, 청대 강서의 인구변화를 順治18년(1661) 1,945,586→康熙24년(1685) 2,126,407→乾隆32년(1767) 11,440,369→嘉慶25년(1820) 23,651,735→咸豊元年(1851) 24,516,010으로 정리하고 있다.

75) 명청시대에 가장 유명한 商幇으로는 吉安·臨江·撫州의 三大 商幇이었다.

76) 본서 제1편 3장 참조.

165종이었는데, 그 가운데 각종 방직품이 16종이었고, 각종 종이가 12종이었으며, 기타 차엽과 자기 등이 있었다. 광동으로부터 대유령을 지나 감강으로 내려오는 상품은 216종이었는데, 광동과 감서 남부의 상품 외에 외국에서 수입되는, 서각(犀角)·침향(沈香)·상아(象牙) 등 양화가 대부분을 차지하였다. 이러한 수출입화물의 세는 강희25년(1686)에 46,471 냥이었던 것이, 가경4년(1799)에는 84,471 냥으로 증가하였다. 구강관(九江關)의 선박세는 더욱 증가하였으니, 양자강을 왕래하는 선박을 포함할 경우, 청초의 9.9만 냥에서 건륭·가경년간에 53.9만 냥으로 증가하였다.[77]

한편, 광주에서 수출되는 제1위 상품은 차(茶)로서, 전체 수출액의 50%를 상회하였다. 주요 수출국은 영국·프랑스·네덜란드·포르투갈·에스파냐 등이었다. 예를 들면, 영국 동인도회사가 강희40년(1701)에 영국으로 수입해 간 차엽은 66,738파운드였으나, 건륭26년(1761)에는 2,862,773파운드로, 60년 동안 4,200배나 증가하였고, 그 후에도 천문학적으로 증가하였다. 수출량의 증가와 함께 차의 가격도 상승하였다. 무이산차는 옹정10년(1732)에 평균 매단(每担)은 13냥~14냥이었으나, 건륭19년(1754)에는 매단 19냥으로 상승하였다. 이렇게 차엽의 수출이 급격하게 증가하면서, 강서의 차농(茶農)과 차상(茶商)의 발전을 촉진하였다.[78]

청대에 강서상인이 진출한 지역 가운데 특히 두드러진 곳은, 첫째로 귀주·운남·사천지방 등이었다.[79] 청대에 편찬된 귀주·운남의 자료에는, '강서·광동·호광·사천 상인이 수레가 서로 스치고 어깨가 스칠 정도로 모여들었는데, 열 명 가운데 여덟아홉은 강서·호광인'이라 한 것[80] 등, 강서상인이 많았음을 누누이 지적하고 있다. 사천의 각 지역에도 강서상인이 많이 진출하였고, 청 중기에는 심지어 천서에서 티벳으로 들어가는 아주(雅州)에도 강서 차상이 진출하였다.[81] 사천의 노주에 대해서도,

---

77) 許懷林, 1993, pp.593~594.

78) 許懷林, 1993, pp.635~636.

79) 王笛, 1993, 第2章; 方志遠·黃瑞卿, 1993.

80) 羅繞典, 『黔南職方紀略』 卷2, 貴州人民出版社, 1992

> 명나라 말기에 유구의 난이 있던 때부터 죽거나 달아나서 남은 사람이 많지 않았다. 다른 성에서 이주해 온 사람 열 중 여섯, 일곱은 호광인이고 광동·강서·복건인이 그 다음이다. 호광과 광동인은 대개 농사를 짓고 강서·복건인은 대개 상업을 경영한다.[82)](#)

고 적고 있다. 이들 강서상인은 위에서 누차 언급한 다양한 상품을 취급하였고, 나아가서는 채광업도 주관하였으며, 뒤에서 자세히 설명하겠지만 전당업과 고리대업도 경영하였다. 강서상인은 남쪽의 광동과 복건에도 많이 진출하였다.[83)](#) 무이차 생산지로 유명한 건녕부의 차농과 차상은 거의 강서인이었다. 매년 봄 이월이 되면 수십만의 강서인이 이곳에 운집하여 마치 '어깨가 서로 스칠' 정도였다.

명대에 이어 청대에도 강서상인이 가장 많이 진출한 곳은 역시 호광지방이었고 그 가운데에서도 호남지방이었다.[84)](#) 앞에서 인용한 서세부(徐世溥)는 '호광은 강서상인의 앞마당이나 다름없다'고 하였고, 호남 유양현의 경우에는 주민의 90%가 강서출신자였다.[85)](#) 그리고 청말의 위원(魏源)은 더 나아가서,

> 명나라 말기에 장헌충이 사천을 도륙(屠蜀)하여 사람이 거의 없어지게 되었고 호광이 그 다음이었으나, 강서는 그 해를 덜 입었다. 사회가 안정된 후에 강서

---

81) 乾隆 『雅州府志』 卷5, 茶政에 "江南·江西·湖廣等茶商多往"라 함.

82) 民國 『瀘州志』 卷30, 禮志

83) 方志遠, 1993, pp. 369~370

84) 이하의 호광부분에서 別註가 없는 한 李華, 1987, 1990, 1991, 1992; 曹樹基, 1997, pp.269~282; Perdue, Peter C., 1986 참조. 그런데 方志遠, 1993, p.372에서는, 명청시기 고정적인 영업 지점이 있으면서 성명을 확인할 수 있는 강서상인 374명을 분석한 결과, 그 가운데 운남·귀주·사천으로 진출한 상인이 102명(27%), 호남·호북이 86명(22%), 복건·광동이 70명(19%), 절강과 직예지방이 72명(19%), 북경 및 北方 여러 지역이 32명(8.6%), 요동 등 변방지역이 7명(1.9%), 해외가 6명(1.6%)의 비율이라고 한다. 이것은 극히 불완전한 자료이지만 강서상인의 진출상황을 대체로 이해할 수는 있을 것이다. 다만, 강서인의 이주자를 수적으로 보면 아마도 호광으로 이주한 자가 가장 많았으리라 생각된다.

85) 康熙 『瀏陽縣志』 卷14, 拾遺志에 "瀏鮮土著, 比閭之內, 十戶有九, 皆江右之客民也"라 함.

인은 호광으로 들어가고 호광인은 사천으로 들어갔다. 그러므로 당시 '강서사람
이 호광을 메우고, 호광 사람이 사천을 메운다'는 속담이 있었다.[86]

고 하였으며, 호남에 대해서는 "강서인이 없으면 시장이 이루어지지 않는
다"[87]는 속담이 생길 정도였다. 강서상인은 특히 호남 최대의 상방(商幇)으
로 그들의 족적은 호남의 모든 지역에 남겼다. 그들은 수적으로도 제일 많
았고 경제적 지위 또한 높아 호남의 다른 지역 출신의 상방을 압도하였다.
다만 막강한 자본력을 바탕으로 하는 장거리 객상보다는, 한 지역에 정착
한 중소규모의 '포호(鋪戶)'가 많았다.

청대 호남에 진출한 강서상인의 활동 가운데, 가장 잘 알려진 곳은 장사부
상담현이다. 상담은 호남의 젖줄인 상강 중류, 즉 남북 수륙교통의 요충지에
위치하여, 명대 이래 호남지방 양식 수출의 중심지였으며, 19세기 중엽까지는
성도(省都)인 장사를 능가하는 상업의 중심지였다.[88] 명청교체기와 삼번의 난
이 지나면서 상담현의 본지인들은 거의 몰락한 것과는 달리 강서인이 오히려
거주자의 대부분을 차지하는 기현상이 나타났다. 강서상인은 상담에서 상업
을 경영하는 과정에서 점차 경쟁이 치열해지자 강서회관을 건립하여 그들의
힘을 결집하였다. 건륭년간에는 상담의 회관이 6개였는데, 이 가운데 2개가
강서회관이었으며, 가경22년(1817)에는 19개 가운데 6개가 강서회관이었다.[89]
청말에 이르면 상담의 강서상인의 세력이 더욱 증가하여 상권을 거의 독점하
게 되었다. 예컨대 임강상인(=장수상인) 가운데 200여 가가 약재를 독점하여
매년 800만 원의 매출을 올렸고, 건창상인은 석박(錫箔)을 독점하였고, 길안상
인은 전점(錢店)을 독점하였으며, 다른 상품도 비슷하였는데 다른 지방 사람
들은 감히 참여할 수 없었다.

---

86) 魏源, 『古微堂外集』 卷6(『近代中國史料叢刊』 第43集).
87) 白眉初, 『中華民國省區大全, 湖南省志』.
88) 重田德, 1956
89) 강서상인은 기타 長沙府 장사·선화현, 형주부 형산현, 보경부 소양현, 정주직예주
　　회동현, 원주부 홍강진, 영순부 룡산현 등 호남의 각지에 강서회관·동정궁·만수궁
　　등의 회관을 건립하였다.

이러한 상황에서, 상담에서는 토착인과 강서인 사이에 수시로 대립과 갈등이 일어났다.[90] 가경3년(1798)에는 강서인 127명이 약탈당하고 13명이 살해되었으며 호남인도 3명이 살해되었다. 가장 치열한 대립은 가경24년(1819) 6월에 있었던 상담폭동이었다. 당시 상담의 강서회관인 만수궁에서 연극을 공연하였는데, 이때 호남인들이 강서 방언을 흉내 내며 조롱하는 사건이 일어났다. 이를 계기로 양측 사이에 격렬한 난투극이 벌어졌다. 이때 강서인은 멀리 장사와 익양에 있는 강서 출신 각부 100여 명을 동원하였고, 호남인도 멀리 형주·영주에서까지 선부(船夫)와 각부를 동원하였다. 수일 동안의 투쟁으로 호남인 3명과 강서인 13명 및 신원 미상 4명, 도합 20명이 사망하고 수없이 많은 부상자가 생겼다. 시장은 며칠 동안 폐쇄되었다. 이 사건으로 멀리 북경에서는 호남 출신과 강서 출신 신사들까지 그 분쟁에 개입하였고 급기야 황제까지 알게 되었다. 그런데 이 때 호남 출신 신사는 대단히 적극적으로 이 사건에 개입한 반면, 강서 출신 신사는 대단히 소극적이었거나 침묵으로 일관하였다.[91]

IV. 江西商人의 活動과 그 性格

명청시대에 줄곧 전국 각지로 진출하였던 강서상인은 그곳에서 어떻게 적응하며 활동하였던가? 이 문제는 명말의 호광의 사정을 전하는 다음과 같은 자료에서 그 일단을 알 수 있다. 즉,

(1) 다른 지방 사람이 많이 모이는데 강서인이 가장 많다. 강자는 침산(侵産)하고 약자는 걸식하면서도 객민은 항상 토착인보다 우위에 있다. 그런데도 객민은 호적이 없어 (역을 부담하지 않고) 호전(湖田) 또한 세가 없다. 그러므로 부자는 부역황책에 편입되지 않고 넓은 토지를 가진 자가 조량(租糧)을 납부하지 않는 자도 있다.[92]

---

90) Perdue, Peter C., 1986.

91) 이때 강서 출신 신사가 왜 소극적이었는지에 대해서는 알려져 있지 않다.

92) 嘉靖 『沔陽州志』 卷9, 食貨.

⑵ 부(府)에는 다른 성(省) 사람이 많은데 강서인이 가장 많다. 상인과 유민은 땅을 빌려 농사를 짓고 가옥을 빌어 거주하다가 오래 되면 점차로 정착한다. 토착 소민은 항상 세역이 무거워, 그 부담 때문에 [객민에게] 빚을 얻어 쓰고 이자를 배로 갚고, 땅과 집을 저당 잡혔다가 오래 되면 객민의 소유가 되고 만다.[93]

⑶ 다른 지방의 유민이 빈손으로 들어와 의식을 의탁한다. 그들을 받아들인 주인집은 처음에는 그들의 노동력을 좋은 농토의 경작에 이용하려고 노복으로 받아들였다. … 세월이 지나자 유민 중에는 자립하여 자영농이 되는 자가 있는 반면 예전의 주인집은 점차 몰락하는 자도 있었다. … 소송사건이 끊임없이 일어나는 원인은 그 때문이다.[94]

⑷ 높고 낮은 땅이 모두 비옥한 농토로 변하였다. 유인(流人)과 상인은 모두 그 이익를 노려서 대개 강호변(江湖邊)에 제방을 쌓아 농토를 보호하고 이로써 재산을 조금씩 늘려 치부하게 되었다. 이리하여 호우(豪右)는 광대한 농토를 가지게 되었고, 평민으로 완(垸)을 축조한 예도 많다.[95]

이 내용을 종합해 보면, 호광으로 진출한 강서인 가운데, 일부는 강서에서 몰락한 뒤 호광 농촌에 전호나 용공 또는 노복의 지위로 유입하였고, 또 어떤 부류는 호광으로 유입해서 황무지를 개간하거나 강호변에 방치된 저습지에 완제(垸堤)를 축조하여 농토를 확보해서 점차 경제적으로 성장하여 갔다. 그러나 상당수의 강서인은 상인이나 각종 기능인, 또는 강서에서 몰락 직전의 이갑호가 상당한 재산을 소지한 채 호광에 유입하여, 처음에는 농토나 가옥을 임차하여 살면서, 재능에 따라 상업 등 여러 종류의 직업에 종사하였다. 그리고 이렇게 호광에 정착하여 경제적으로 점차 성장하게 되면, 2~3대부터는 자제에게 거업(擧業)을 권장하여 신사를 배출한 사례도 적지 않았다.[96]

---

93) 萬曆 『承天府志』 卷6, 風俗.

94) 徐學謨, 『徐氏海隅集』, 「文編」 卷37, 「圖經論」.

95) 萬曆 『荊州志』 卷3, 江防書. 한편 嘉靖 『沔陽州志』 卷8, 河防志에도 "湖田未嘗稅畝, 或田連數十里, 而租不數斛. 客民利之, 多瀕河爲堤以自固, 家富力强, 則又增修之"라 함.

410

　　그러나 호광에 유입한 강서인 모두가 성장하여 간 것은 아니었다. 이미 15
세기 중엽의 호광의 사정을 소개하는 글에서 구준(邱濬; 1420~1495)이,

> 호광지방은 농토는 많고 인구는 적으며, 강서는 농토는 좁고 인구는 많다. 강서
> 인의 태반이 호광에 가는 이유는, 대체로 강서의 소출이 그 인구를 부양하기에
> 부족하여, 반드시 호광의 미곡에 의존해야만 살 수 있기 때문이다. … 강서인으
> 로 호광에 거주한 지 오래되어 경제적으로 자립한 자는 '세호(稅戶)'로 하고, 타
> 인의 농토를 소작하는 자는 '승전호(承佃戶)'로 하며, 상업에 종사하는 자는 '영
> 생호(營生戶)'로 해서, 그 지역의 관청에서 파악하여 그들의 연원을 물어 만일
> 고향에 돌아가지 않겠다면, 그 신고하는 바에 따라 현·리를 정하여 부역황책에
> 편입시켜야 한다.[97]

고 한 것은, 당시 강서와 호광의 사회경제적 상관성을 일목요연하게 전해
주는 내용이다. 바꾸어 말하면, 명초부터 강서인이 호광에 유입하여, 상당
한 시간이 흐른 후 구준(邱濬)이 살던 15세기 후반 정도가 되면, 경제적으
로 성장하여 현지에 부적된 사람이나 상공업을 영위하는 사람이 있는가
하면, 여전히 전호나 노비로 남아 있는 부류도 있었다. 이주민의 이러한
모습은 다른 성 지역에서도 대동소이하였을 것이다.
　　그런데 명청시대 강서상인이 다른 성 지역에 진출해서 활동한 문제는 크게
순기능과 역기능으로 구분하여 생각할 수 있다. 먼저 순기능 면을 보기로 하
자. 호광의 경우, 객상과 객민의 유입으로 호광지방의 경작지가 대대적으로
개발되어, 명초에 247,240경에서 명말에는 838,520경으로 증가하였다(순 증가
분 239.2%). 그 결과 명 중기부터는 "호광지방에 풍년이 들면 천하가 족하다"
이라는 속담이 나올 정도로, 호광지방이 중국 제일의 곡창지로 발돋움하였다.
사시·유가격·한구진·조각시 등 많은 중소도시도 발달하였다.[98] 이들의 유입

---

96) 吳金成, 1986, 제2편 제2·3장.
97) 邱濬, 「江右民遷荊湖議」, 『明經世文編』 卷72.
98) 별주가 없는 한 吳金成, 1986, 제2편 제2·3장, 1993 등 참조.

으로 농업과 관련된 새로운 기술과 농법, 새로운 품종 등이 전수되었다.[99] 강서인은 호광의 수리시설·교량·도로의 수축에도 협조하였다. 즉, 정통4년(1439)에 덕안부 효감현에서 1,000여 무를 관개할 수 있는 후호제를 수축할 때 강서상인이 협조하였고,[100] 성화 3년(1467)에는 양자강 제방을 수축할 때 지방관이 강서인의 측량기술과 객선(客船)의 도움을 받았고, 무창부에서 교량을 수축할 때도 강서 기술자의 토목기술의 협조를 받았으며, 호남의 진주부에서는 만력년간의 토지조사 시에 강서 객민의 지식을 이용하였다.[101] 강서의 남창부·원주부와 인접하고 표고버섯의 산지로 유명한 악주부에서는, 건륭년간에 강서의 객민들이 토지를 빌려 창(廠)을 설치하고 표고버섯을 재배하여 판매하였다.[102] 강서 상인이 호광에서 이렇게 '공익사업'에 참여하며 보여준 순기능적인 역할은 다른 성 지역에서도 추진되었지만 생략하겠다.[103]

그런데 상인들이 적극적으로 공익사업에 참여한 것은, 그들이 사대부나 신사처럼 천하에 대한 사명의식 때문이라기보다는, 자신들의 상업경영의 성공을 위한 '인과응보' 사상에서 발로된 경우가 많았고, 또한 상업경영 과정에서 야기되는 토착인과의 분쟁과 소송을 무마하고, 나아가서는 관청과의 관계를 돈독히 하여, 관료들의 보호를 받으며 유리한 입장에서 상업을 경영하기 위함이었다.[104]

한편, 강서상인은 타성지역에 진출하여 오히려 '백성의 삶을 위태롭게 하여 민변을 야기'하는 역기능을 일으키기도 하였다.[105] 강서인들은 진출지역

---

 99) 吳金成, 2007-A, 제1편 제2장, 「農業의 발전과 明淸社會」 참조.

100) 羅勉, 「重修孝感縣後湖記」, 正德『德安府志』卷10, 詩文, 孝感縣條에 "召編戶之丁壯者二百人, 石工二十五人, 鰕夫四人, 圩長二人, 江右之民邾賈于市來助者, 又百五十人" 이라 함.

101) 黎淳, 「修江岸碑記」, 嘉靖『湖廣圖經志書』卷1, 布政司文類; 趙弼, 「浮溪橋記」, 『湖廣圖經志書』卷2, 武昌府文類, 崇陽縣; 吳一本, 「盧溪淸丈田糧記」, 乾隆『辰州府志』卷41, 藝文.

102) 李華, 1991.

103) 道光『普洱縣志』序에도 "客籍商民於各屬地, 或開墾田土, 或通商貿易而流遇焉"이라고 전하고 있다.

104) 吳金成, 2007-B; 曺永憲, 2006 참조.

105) 별주가 없는 한 吳金成, 1986, 제2편 제2·3장 참조.

에서, 상권을 장악하고 물가와 도량형기를 조작하거나, 전당업과 고리대 또는 고리전대를 하여 폭리를 취하였다. 명대의 경우, 이러한 고리대 행위는 호광의 모든 지역에서 지적되고 있는데, "춘궁기나 화급한 일이 있을 때는 향민은 전지를 담보로 전당잡히거나 '신곡은(新穀銀)'을 얻어서 세량을 납입"[106]한다는 내용은 그 대표적인 사례이다. 청대에 호남의 서북단에 위치한 영순부에 진출한 강서상인들은, 동유(桐油)의 생산지인 용산현으로 진출하여 '정산(定山)'이라고 불리는 전대를 행하였다. 그리고, 호광에서의 강서상인의 고리대 행위와 그로 말미암은 소송사건에 대한 천순2년(1458)의 「형부주준(刑部奏准)」에서 보듯이,[107] 강서인의 이러한 고리대 행위 때문에 토착인과 강서인 사이에서 자주 분쟁과 소송이 일어나곤 하였다. 앞에서 언급한 가경24년(1819)의 상담폭동은 그 대표적인 사례였다.

하남의 경우에도, 선덕10년(1435)에 남양 지현 이환규(李桓圭)가, '강서상인이 높은 이자를 받기 때문에 소송사건이 자주 일어난다'면서 신명금약(申明禁約)을 요구한 일이 있다.[108] 또 15세기 중엽의 이현(1408~1466)이 자기 고향인 하남성 등주의 강서상인의 고리대 활동을 전하면서,

사방의 상인이 몰려오는데 강서상인이 가장 많다. (이들은) 장사만 잘 하는 것이 아니고 잘 속이고 지략도 많아서, … 이른 봄에 민중에게 이르기를, '나는 신맥지전(新麥之錢)이 있으니 돈 쓸 사람은 나에게 오시오'라고 하고 초여름에 시장에서 이르기를 '나는 신곡지전(新穀之錢)이 있으니 어려운 사람은 나에게 와서 가져가시오'라고 한다.[109]

---

106) 李騰芳, 「增餉議」, 乾隆 『長沙府志』 卷24, 政蹟, 議.

107) 李華, 1991. 한편, 『皇明條法事類纂』 卷38, 「聽訟回避」에도 "天順二年(1458), 刑部奏准. 今後江西客人在湖廣等處賣買生理, 有因負久錢債等情應許告理者, 止于所在官司陳告, 卽與准理. 若不候歸結, 輒便赴上司及來京訴告者, 一體依律問罪. 重則照依見行所告詞訟, 不問虛實, 俱各立案不行. … 若有倚勢刁潑, 添捏重情幷不干己事, 慕越赴京奏有, 一體依律問罪, 斷發原籍當差, 所告情詞, 不問虛實, 俱各照例立案不行"이라 하고 있는데, 이 내용에서는 강서상인은 휘주상인이나 산서상인처럼 관청과의 관계가 그리 돈독하지는 못했음도 간취할 수 있다.

108) 方志遠, 1993, p.370.

고 전하고 있다. 이른 봄의 '신맥지전'과 초여름의 '신곡지전'은 단경기에 양식을 담보로 한 고리전대를 전하는 내용이다. 또한 광동의 경우에도 곽도(1487~1540)가 "수많은 강서인이 들어와 돈놀이를 하면서, '백성의 삶을 위태롭게 하여 민변을 야기'하므로, 양민이 쉽게 도적이 된다"[110]고 한 것도 그러한 내용이다. 강서상인은 또한 운남·귀주의 소수민족 지역에 진출해서도 고리대를 행하며 이익을 얻었다.[111] 즉,

> (1) 운남은 땅은 넓고 인구는 적어서 강서의 상인이 들어와 살지 않으면 행정구역이 성립되지 않을 정도이다. … 고리대는 항상 이자가 원금보다 많거나 같다.[112]
>
> (2) 절강·강서의 안복·용유 등 현의 객민과 상인이 3만에서 5만이나 된다. 그들은 위(衛)·부(府)의 도시·농촌·둔보(屯堡)에 두루 퍼져서 고리대를 놓는데, 이자를 미곡으로 받거나 미곡을 싸게 사서 비싸게 판다. 아내를 맞아 자녀를 낳고 노복을 부리며 마음대로 놀고먹으면서 20~30년이 되어도 고향으로 돌아가지 않는다.[113]

고 하는 사례는 그 대표적인 내용이다.

춘궁기나 기근·질병·가내대사 등으로 급전이 필요한 농민은 상인의 고리대에 의존할 수밖에 없었지만, 그들의 폭리와 착취 때문에 강서상인과 토착인 사이에 곧잘 갈등과 반목이 일어났던 것이다. 이러한 몇 가지 사례는 강서상인의 역기능적 활동 가운데 빙산의 일각에 불과하다. 그리고 이러한 역기능의 경우에는 어느 것이나 관부의 규제 대상이 되는 동시에 토착인에게 원성의 대상이 되기도 하였다.

---

109) 李賢, 『古穰集』 卷9, 「吾鄕說」.
110) 霍韜, 『渭厓文集』 卷10, 「兩廣事宜」.
111) 方志遠·黃瑞卿, 1993.
112) 王士性, 『廣志繹』 卷5, 西南諸省.
113) 『皇明條法事類纂』 卷12, 「雲南按察司查究江西等處客人朶住地方生事例」 (成化元 (1465)年 11월, 雲南의 姚安軍民府〈今雲南楚雄彝族自治州西部〉의 관원의 上奏).

V. 淸末의 開港과 江西商人

이상과 같이 번영을 구가하던 강서상인의 여건은 청말로 갈수록 점차 어려워졌다. 이러한 강서상인의 흥망성쇠 과정을 이해하기 위해서는, 이웃한 휘주상인의 행태를 이해할 필요가 있다.[114] 휘주상인의 강점은 대개 다음과 같이 정리할 수 있다. ① 전통 중국의 상업에서 가장 중요한 요소는 지연관계와 혈연결합이었는데, 휘주상인은 이러한 지연과 혈연을 배경으로 강력한 응집력을 발휘하였다.[115] 휘주상인은 어느 상인과도 달리 단일 부(府) 지역 출신의 상인이었으므로, 상인의 수는 그리 많지 않았지만 결집력은 막강하였다. 더욱이 휘주는 송대 이래 종족결합의 전통이 유난히 강했던 곳이었으므로, 이러한 전통을 계승해서 상업도 '가족단위' 내지 '동족합작(同族合作)' 형식을 취하였다. 고염무가 휘주인을 가리켜,

> 신도(新都; 휘주) 사람 … 상인이 외지에 〔있으면서〕 고향의 소송 사건 〔소식〕에 접하면, 자신이 직접 부담할 뿐 아니라 갹금(醵金)하여 힘을 다해 도와준다. 또한 여러 사람이 여러 사람을 도와주는 것도 역시 고향을 위하지 않음이 없다. 근래에는 강서인도 이를 많이 본받고 있다.[116]

고 하였듯이, 휘주출신 관료나 신사들이 그들을 적극적으로 뒷받침한 배경도 여기서 찾아야 할 것이다. ② 중국 전통시대의 장거리 교역은 위험도 컸지만, 경영 여하에 따라서 짧은 시간 내에 막대한 이윤을 제공하는 방법이기도 하였다. 이를 위해서는 막대한 자본력과 고도의 정보를 확보해야만 하였다. 그런데 휘주상인 가운데는 가문 대대로 이어지는, 막대한 자본을 가진 대 상인가가 많았다.[117] 명청시대에 휘주상인 출신들이 상업에 필요

---

114) 傅衣凌, 1956; 王世華, 1997; 張海鵬·王廷元, 1995; 王廷元, 1993; 藤井宏, 1953~1954.

115) 徐茂明, 2004 ; 曹永憲, 2006 등 참조.

116) 顧炎武, 『肇域志』第3冊. 또한 휘주 출신 관료가 어느 지역에 부임하면 그 지역에 진출한 동향인을 잘 보호하였다. 根岸佶, 1940, p.172 참조.

한 상업서를 많이 편찬한 것에서 볼 수 있듯이,[118] 휘상들은 장거리 교역에서 발생할 수 있는 다양하고 복잡한 상업적 비결을 특히 많이 전수하였다. ③ 그리고 이렇게 대대로 전수되는 비결을 기반으로 하여, 흡현출신은 염상, 무원출신은 차상·목재상, 휴녕출신은 전당업 하는 식으로 전문성을 살렸고, 이를 통해 효율적으로 상업을 전개하였다.[119] ④ 끝으로 무엇보다 중요한 요소는 관부와의 관계였다.[120] 휘상들은 다른 어느 상인보다도 관부와 우호적인 관계를 유지하였다. 그 방편으로서 ⓐ 연납(捐納) 등을 통하여 스스로 관리가 되거나, ⓑ 거업(擧業)을 통하여 자제를 관료로 진출케 하거나, ⓒ 종족 자제 가운데 우수한 자를 종족이 합동으로 보조하여 관료로 진출케 하거나, ⓓ 막강한 자본력을 배경으로 각지의 관료나 신사들을 우익으로 삼거나, ⓔ 필요하면 중앙정부나 지방관부에 거액을 제공, ⓕ 진출한 지역에서 적극적으로 공익사업에 참여하는 방법[121] 등을 동원하였다. 이러한 여러 가지 노력을 배경으로, 국가권력의 비호 아래 국가의 핵심 이권인 염전매권(鹽專賣權)을 장악하였고, 식량·면포·차엽 등의 장거리 교역을 원활히 할 수 있었으며,[122] 나아가서는 다른 성 출신 상방이 먼저 진출해 있던 지역에 들어가 그 상권을 잠식해갈 수 있었다.

그러면 강서상인은 어떠하였던가? 첫째 강서상인의 경쟁력은 시대가 지날수록 서서히 감소되어 갔다. 그 원인은, ① 강서상인의 자본의 영세성 때문이었다. 강서상인은 비록 상인의 수·활동지역의 범위·취급상품의 다양성 등에서 다른 상방보다 탁월하였지만, 대개는 소규모의 가족단위 영업이거나 자본

---

117) 謝肇淛, 『五雜俎』 卷4, 地部2에 "富室之稱雄者, 江南則推新安, 江北則推山右, 新安大賈魚鹽爲業, 藏鏹有至百萬者, 其他二三十萬則中賈"라 하고 있다.

118) 陳學文, 1997.

119) 휘주상인 가운데에도 동일인이 여러 가지 품목을 겸하는 사례도 적지 않았고, 심지어 客商·坐賈·牙行을 하나의 계통으로 통합시킨 경우도 있었다. 藤井宏, 1953(2), pp.48~49 참조.

120) 徐茂明, 2004; 曹永憲, 2006 등 참조.

121) 曹永憲, 2006.

122) 許滌新·吳承明, 1985, p.282에 따르면, 아편전쟁 이전 중국 상품유통액은 양식 42%, 면포 24%, 염 15%였고 그 다음이 차와 견직물 등 순서였다.

규모가 영세한 중소상인 내지 포호(鋪戶)였다. 누구나 상업경영에는 대자본이 필요하고,[123] 염·면포 등이 이익이 많음을 익히 알면서도,[124] 강서상인 가운데 그러한 업종에 참여하는 사람은 그리 많지 않았다. 가난하여 과거시험 공부를 더 이상 할 수 없어 "과거시험 공부를 포기하고 상업을 경영[棄儒從商]"하거나 "가난해서 어쩔 수 없이 상업을 경영[貧寒而爲商]"하면 성장에 한계가 있을 수밖에 없었다. 이미 명말의 사조제가 휘상과 강서상인을 비교하여 "휘주상인은 부자가 많은데 강서상인 가운데는 가난한 자가 많다"[125]고 지적한 것도 그 때문이었고, '명청시대 강서상인 1,700여 명 가운데 70% 정도가 빈한한 가정 출신의 중소상인이었다'는 근년의 연구도 이를 반증하는 것이다.[126]

② 그 때문에 청대에 가면, 강서상인은 진출한 지역에서 산서상인과 휘주상인은 물론, 심지어 복건상인과 광동상인에게까지 상권을 잠식당하는 경우가 나타났다. 더구나 청 중기부터는 영파상인·소흥상인 등 신흥상인이 속속 등장하였을 뿐 아니라,[127] 이윽고 이들을 기반으로 하여 절강재벌·광동재벌이 등장함에 따라 경쟁은 더더욱 심해졌다. 하남의 경우 명 초·중기에는 강서상인의 활동이 활발했으나, 청대의 기록에는 산서상인의 세력이 강서상인을 훨씬 앞지르게 되었고, 운남지방에서도 명대에는 강서상인이 가장 많았으나, 청대에는 지역에 따라 "호광사람이 열 명 중 일곱, 강서사람이 열명 중 셋"이라는 식으로, 호남상인에게 잠식되기도 하였다.[128] 호북 각 지역, 특히 한구에서는 산섬상인에게 잠식당했다.[129]

---

123) 同治『宜黃縣志』卷8, 風俗에 "商無挾重貲爲本, 不能居奇販貴以繳重利"라 함.

124) 康熙『西江志』卷146,「零都風土記」에 "商之巨者惟鹽·布, 其餘委瑣耳"라 하고, 앞에서 서술한 王士性도 "如堪輿·星相·醫卜·輪輿·梓匠之類, 非有鹽商·木客·筐絲·聚寶之業也"라 함(王士性,『廣志繹』卷4, 江南諸省).

125) 謝肇淛,『五雜俎』卷4, 地部2.

126) 方志遠, 1993, p.372. 方志遠·黃瑞卿, 1992, p.98에는 강서상인 가운데 처음에 중소상인으로 시작하여 후에 "累貲巨萬"의 대상으로 성장, 장거리 運貿易에 참여한 객상이 적지 않았음도 지적하고 있다.

127) 林樹建, 1993.

128) 李華, 1992; 方志遠, 1993, p.401.

129) 李華, 1987; 田培, 1993.

③ 더구나 강서상인이 진출한 지역에서 그 지역 토착인이 상인으로 성장하여, 경쟁대열에 참여하는 사례도 많았다. 강서상인은 외적으로 보면 중국 모든 지역으로 진출하였지만, 수적으로 보면 북·서북·서·서남·남부지방으로 많이 진출하였다. 이들 지역은 명 초·중기에는 경제적으로 강서보다 낙후된 지역이 대부분이었다. 그러나 이윽고 이들 지역도 발전하기 시작하여, 광동과 복건은 강서를 추월하게 되었고 청대에는 호광과 사천도 강서와 거의 같은 수준으로 발전하였다. 이러한 변화과정에서 그 지역 토착상인이 진입한 객상들과 경쟁하며 성장하여 간 것이다. 호남에서는 청대 호남경제의 발전을 배경으로 호남상인이 성장하여, 호남 내의 상권을 장악해갔을 뿐 아니라 다른 성으로 진출하여 우세한 지위를 획득해 갔다. 더욱이 태평천국 시기를 지난 후에는 상군(湘軍) 세력을 배경으로 호남상인이 괄목할 만큼 성장하였다.130) 또한 태평천국 후에는 군공(軍功)으로 호남과 안휘 지방의 공신들이 관료로 많이 진출하였고, 이를 배경으로 이들 지역의 상인이 급성장하여 갔다.131)

④ 더욱 큰 문제는, 강서성 내부에서조차 외부 상인에게 상업이익을 빼앗기고 추월당하였다는 점이다. 바꾸어 말하면, 시대가 지날수록 강서성 내 경제작물과 수공업 제품 교역의 이득을 노려 강서로 진입한, 자본력이 강한 다른 성 상방에게 점차로 이익을 잠식당하였다. 먼저 경덕진 도자기의 경우, 명대에 경덕진 도자기를 취급한 것은 강서상인과 휘주상인·강절상인이었으나, 청 전기에는 호남·호북·광동상인이 가담하였다. 그리고 청말에 이르면 호북상인의 지배력이 더욱 강화되었다.132)

차엽의 경우에도, 명 중기까지는 강서산 차는 강서상인이 주도하였으나, 명말청초 이후에는 부량차(浮梁茶)는 휘주상인이 주도하였고, 하구진을 중계지로 한 무이산차(武夷山茶)는 휘상과 산서상인이 주도하게 되었다. 또한 청조가 강서에서 발행한 차인(茶引)과 이를 통한 차과(茶課)의 사무는 대개 휘주상인이 관리하였다.133) 더구나 무이산 지구·강절·호광·사천 등 국내의 각 지역

---

130) 李華, 1991, 1992; 梁洪生, 1995; 馮爾康, 1997.
131) 李和承, 1997, p.212~216.
132) 梁淼泰, 1991; 본서 제3편 제1장 등 참조.

418

에서 차를 생산하기 시작하면서 그 질과 양에서 강서차를 능가하게 되었고, 19세기말부터는, 외국 특히 인도·스리랑카·일본에서 양질의 차를 생산하면서 중국은 세계 제4위 차 생산국으로 전락하고 말았다.[134]

제지업의 경우에도, 명대로부터 청초까지는 강서상인 특히 길안상인이 하구진을 중심으로 한 연산·옥산지방의 제지업을 주도하였다. 그러나 그 후 점차로 휘주상인이 가담하였고, 청말에 이르면 휘주상인 외에도 복건상인과 산섬상인이 가담하여 종이에서 얻는 이익을 독점하였다. 더구나 20세기 이후에는 서양종이가 수입되거나 국내에서 생산되면서, 전통 제지업은 더더욱 쇠퇴의 길을 걷게 되었다.[135] 그밖에도 남전(藍靛)의 이익은 산서상인에게 잠식되어 갔다.[136]

그뿐 아니라 성 안 각 도시의 상권도 잠식당하였으니, 예컨대 오성진의 상권은 점차로 휘주상인에게 잠식당하였다. 그런데 청말 함풍·동치년간에 이르면, 증국번·팽옥린 등이 상군수사(湘軍水師)를 거느리고 와서 오성진에 주둔하며 협조해 준 덕분에, 호남상인이 성장하고 회관까지 건립하였다.[137] 다만 유독 장수진의 상권은 비교적 경쟁력을 유지하였다. 청 후기에 이르면, 장수 약재상 가운데 '서북호(西北號)'는 주로 사천·섬서·하북·하남에서 생산되는 약재를 취급하고 "광절호(廣浙號)"는 양광(兩廣)과 절강·복건의 약재를 취급하였다. 이러한 분업은 장수 약상 내부의 경쟁을 피하고 약재시장을 과분(瓜分)함으로써, 외지 약상과의 경쟁력을 갖추기 위한 것이었다. 그러나 다른 성에서도 점차 그 지역 약재상이 성장하였고, 섬서상인 등 다른 성 상방도 약재를 취급하면서 경쟁이 치열해졌다.[138] 청말에 사천의 중경에서 발생한 장수약재

---

133) 蕭放, 1989; 張海瀛·張正明, 1993; 林樹建, 1993, pp.458~459.
134) 方志遠·黃瑞卿, 1992, p.91; 方志遠, 1993, p.380; 蕭放, 1989; 王廷元 等, 1993, pp.506~507; 彭澤益, 1962, pp.180~185; 許懷林, 1993, pp.132~135, 523~524 등 참조
135) 蕭放, 1989; 方志遠, 1993, pp.381~382 참조.
136) 天啓『贛州府志』卷3, 土産에 "城南人種藍作澱, 西北大賈歲一至, 汎舟而下, 州人頗食其利"라 함.
137) 梁洪生, 1995.
138) 田培, 1993, pp.88~89.

상과 광동약재상 사이의 소송은 그 하나의 사례에 지나지 않는다.

이렇게 경쟁이 치열해지자 강서상인도 자신들이 진출한 지역에서 동족·동향·동일 업종 관계 등을 기반으로 하여, 객방(客幇)을 조직하거나 강서출신 신사의 협조를 얻어 강서회관을 설립해서 결집력을 강화시키려 하였다.139) 북경 등 중국 각 지역에 보이는 강서회관·만수궁 등이 그것이었다. 이를 매개로 하여 어떤 상인이 결손이 나거나 뜻밖의 사고를 당하면 곧 여러 사람이 공동으로 보살피고 원조하였다. 그러나 휘상 등이 동족합작 형식이나 집자경영(集資經營) 방식이 많았던 데 견주어, 강서회관을 매개로 한 강서상인의 결집력은 그리 강하지 못하였다.140)

휘주상인에 견주어 강서상인이 부족한 점은 둘째, 휘주상인은 계속해서 고향과 연관을 맺으며 활동하였으나,141) 강서상인은 진출지역에 정착해버렸기 때문에, 강서와의 관계가 점차 소원해지거나 심지어 완전히 단절되는 경우도 많았다는 것이다.142) 그것은 강서지방이 인구과잉 지역이었을 뿐 아니라, 강남지방에 버금갈 만큼 세금이 무거운 지역이었기 때문일 것이다. 앞에서, 강서상인이 외지에 나간 후 "늙어 죽을 때까지 돌아오지 않는" 자가 많다는 표현, 서세부(徐世溥)가 "남창인으로 무한에 가서 장사하는 사람 중, 열에 아홉은 그곳에서 자손을 키우며 정착한다"는 지적, 그리고 앞에서 설명하였듯이, 호북 경능의 조각시에 정착한 영풍 유씨의 경우143) 등은 그 때문이었다. 이러

---

139) 蘇州의 江西會館은 처음 康熙 23년(1684)에 강서출신 신사와 상인이 合建한 후 康熙 46년, 乾隆 7·26년에 각각 再修하였고, 乾隆 58년(1793) 봄에 重修하기 시작하여 60년(1795) 가을에 준공하였다. 이때의 捐賞者는 강서출신으로 소주에 거주하던 신사 16명, 麻·紙·炭·漆器·瓷器·烟·布 등 상인의 합자 16건, 기타 商人·商號 개인 출자가 100건이었다. 蘇州博物館, 「倡修江西會館碑記」(康熙49年)·「重修江西會館樂輸芳名碑」(嘉慶元年), 蘇州歷史博物館, 1981, pp.325~326, 345~349.

140) 方志遠·黃瑞卿, 1992, pp.100~101.

141) 徐茂明, 2004.

142) 方志遠, 1993, pp.403~417에서, 타성 상인과 유사하게 강서상인도 고향에 많은 투자를 한 사례를 열거하고 있다. 그러나 그 많은 강서상인에 비하면 方志遠씨의 사례는 오히려 낮은 비율이다.

143) 李維楨, 『大泌山房集』 卷87, 「劉處士墓誌銘」; 魏禧, 『魏叔子文集』 卷17, 「江氏四世節婦傳」에도 "服賈四方者, … 娶婦出至十年·二十年·三十年不歸, 歸則孫娶婦而子或不識其父"라 하고 있다.

한 관행으로는 휘주상인처럼 다른 동향상인에게 상업경영의 비결을 전수하
는 것은 기대할 수 없었다.

  셋째, 강서상인은 관부와의 관계도 휘주상인이나 산서상인처럼 돈독하지
는 못하였다. 강서상인도 종족관계를 유지하고, 자기 가문이나 자기 종족 내
에서 신사를 배출하기 위하여 많은 노력을 경주하였고, 명청시대에 강소·절
강 등 강남지방에 버금갈 정도로 진사와 사환자(仕宦者)를 많이 배출하였
다.144) 관부와의 관계가 돈독하기 위해서는 대량의 자본을 투여해야 하고, 그
러기 위해서는 대자본이 필요한데, 강서상인은 대대상전(代代相傳)하는 상인
이 많지 않았고 오히려 대부분이 영세상인이었으므로, 휘주·산서상인에게는
크게 뒤질 수밖에 없었다. 명말청초의 고염무는, '휘주상인은 서로서로 협조
를 잘하고 응집력이 매우 강했는데, 명말부터는 강서상인도 이를 배우게 되었
다'고 한다. 그러나 앞에서 서술하였듯이, 호광에서의 강서상인의 고리대와
그로 말미암은 소송사건에 대한 천순2년(1458) 규정이나, 가경24년(1819)의
상담의 폭동사건 때 북경 신사의 사례로 보건대, 강서출신 상인과 신사 사이
의 관계는 휘주인이나 호광인과 같이 돈독하지는 못하였던 듯하다.

  넷째, 강서상인 쇠퇴과정에 결정적인 타격을 준 것은 청 중기의 개항이었
다. 아편전쟁과 남경조약(1842)으로 광주·복주·하문·영파·상해의 5개 항구가
개항되면서 내외의 여건이 완전히 변화되었다. 개항하자, 상해는 월등한 지리
적 이점 때문에 대외무역의 중심지로서 신속하게 발전하여 갔다. 도광25년
(1845)까지에도 광주를 통한 수출량이 사(絲) 6,787곤(捆), 차 763.9만 파운드로
상해(사 6,433곤, 차 380.1만 파운드)보다 앞섰으나, 바로 다음 해에는 상해가
사 15,192곤으로 광주(3,554곤)를 훨씬 앞서게 되었다. 차의 경우에도 함풍2년
(1852) 상해가 5,767.5만 파운드로 광주(3,612.7만 파운드)보다 앞서게 되었고,

---

144) 方志遠, 1993, pp.406~410. Ho, Ping-ti, 1994, HUP., 1959, 제Ⅵ장 〈表27〉·〈表28〉
    에 따르면, 明代의 進士 배출은 浙江 3,280명·江蘇 2,721명·江西 2,400명의 순이었
    고, 清代에는 江蘇 2,920·浙江 2,808·河北 2,701·山東 2,260·江西 1895의 순이었다.
    휘주출신의 進士와 仕宦者가 많았던 사실은 李和承, 1997, pp. 197~202 참조. 명청
    시대의 과거합격자에 대한 통계는 연구자마다 다르다. 이에 대해서는 본서 제2편
    제2장 참조.

그 이후로 대외무역에서 상해의 우위는 더욱 공고해 갔다. 이에 따라 무역항으로서의 광주의 위상은 더욱 위축되었고, 그 때문에 감강→대유령을 경유하던 수출입 무역량이 더더욱 감소됨으로써, 감강수로를 통한 상업은 영락의 길을 걷게 되었다.[145] 그리고 이러한 여파로 강서 각지의 경제작물 내지 수공업 상품의 경쟁력이 점차 감소되거나 상실되어 갔고, 그에 따라 4대 성진(城鎮)도 몰락의 길을 걸을 수밖에 없었다. 요컨대, 개항으로 말미암아 복건·광동·광서·운남 및 장강 수계가 외국 자본주의의 세력범위에 편입되고, 중국에서도 근대 민족자본이 성장하는 과정에서, 중심부에 위치한 강서지방은 그에 적극적으로 대처하지 못하고 여전히 농업생산에 머물러 있었다. 그 때문에 강서지방의 경제적 위상은 갈수록 영락해 갔고, 그에 따라 500여 년 활약하던 강서상인의 존재도 점차 쇠퇴의 길을 걷게 되었다. 바꾸어 말하면, 강서상인은 명초에 강서사회의 발전에 발맞추어 흥기하기 시작하였으나, 청말에는 강서경제와 전국적 경제구조의 변화에 적응하지 못하여 쇠락하고 말았다.

小　結

이상으로 강서지방의 지리적 여건과 사회변화 내지 중국 전체의 정치·사회적 변화를 고려하면서, 명청시대 강서상인의 흥기로부터 번영기를 거쳐 쇠퇴해 가는 과정을 살펴보았다. 명청시대의 강서상인은 상인의 수·활동지역의 범위·취급상품의 다양성 등에서 탁월하였던 상방이었다. 강서상인은 명초부터 강서인의 외성 이민과 함께 흥기하기 시작한 이래 19세기 중엽까지 500여 년 동안 활발한 활동을 전개하다가 개항을 계기로 쇠퇴하고 말았다. 강서상인의 이러한 성쇠과정은 외형상으로는 여타의 상방과 유사하게 보이지만, 개개 상방의 구체적인 특징은 각각 달랐다. 강서상인은 기본적으로 강서지방을 기반으로 흥기하고 번영하다가 쇠퇴하고 말았으므로, 강서상인의 일생은 강서지방의 사회경제 변화상과 궤를 같이 하는 것이었다.

---

145) 許懷林, 1993, pp.635~639; 본서 제1편 제3장 등 참조.

422

강서상인에 대한 연구는 사실 이제부터라고 하여도 지나친 말이 아니다. 그러나 휘주·산서 등 여타 상인에 대한 연구가 많은 진전을 보이고 있으므로 앞으로 강서상인에 대해서도 이러한 연구 성과와 비교하면서 다음 몇 가지를 중점적으로 고찰해야 할 것이다.

첫째는 강서상인의 구체적인 상업경영 내용에 대한 사례연구가 필요하다. 즉, 어느 상인이 어느 지역에 들어가서 토착인·지방 관부·다른 상인과는 어떠한 관계를 맺었으며 이를 어떻게 유지하며 활동했는지, 그리고 그들의 자본 내력과 경영·자본축적 과정 등은 어떠했는지 등의 문제들에 대하여 구체적으로 고찰해야 할 것이다.

둘째는 강서의 각 부 상인 별 활동형태를 고찰해야 한다. 외성에 나가면 다른 성 사람들이 강서 출신 상인을 대개 '강서상인'이라 일컫지만, 강서인끼리는 무주상인·길안상인·남창상인 등 출신 부(府)별로 구별하였기 때문이다.

셋째는 종족과 신사문제이다. 강서상인의 종족배경, 종족결합 등의 문제, 신사와의 관계 등을 구체적으로 밝혀야 한다. 예컨대 상인회관의 경우 대표자가 대상인인 경우도 있지만 신사인 경우도 많았다.146) 그런데 이들 신사는 상인이 연납(捐納) 등으로 획득한 신사였는지, 상인과는 관계없는 독립된 신사였는지, 아니면 상방(商幇)의 우익으로 맡게 된 신사였는지에 따라 그 위상과 사회관계가 달라질 수 있었다. 이러한 차이는 나아가 청말 신상(紳商)의 구체적인 실상과도 관계되는 문제이다. 또한 문제가 발생했을 때 그들은 구체적으로 어떠한 인간관계를 통하여 어떠한 방법으로 해결하였던가 하는 문제도 고찰해야 할 것이다.

넷째는 상인과 아행·지방 군대·서리와 아역·무뢰와의 관계를 밝혀야 할 것이다. 청대 강서를 왕래하는 상인의 선박은 강이나 호수에서 수시로 풍랑을 만났는데, 그 때마다 구호해 준다는 명목으로 승선한 무리에게 약탈당하는 일

---

146) 예컨대 청말의 吳城鎭의 경우, 1907년(光緖 33) 吳城鎭에 商會가 성립했을 때, 總理는 鄕紳 朱錫齡을 公擧하였고, 1909년(宣統 元)의 吳城鎭商務分會 성립시에는 총리는 여전히 朱錫齡이었고, 그 아래 議董 25명 모두가 紳士의 職銜을 가졌다. 이러한 관행은 청말 중국 각 도시에서 비슷하게 보이는 현상이었다. 梁洪生, 1995, pp.107~108 참조. 기타 馬敏, 1995; 王先明, 1997; 王日根, 1996 등 참조.

이 많았다. 선호(船戶)가 도적들의 배와 내통하여 저지르는 것이었는데, 상인은 그저 '달아나서 생명을 보전'할 수밖에 없고, 사후에 관부에 고발해 봐도 그들은 이미 숨어 버린 뒤여서 어찌 해 볼 도리가 없었다. 더구나 선호(船戶)·수수(水手)·아역·신병(汎兵)·무뢰 등이 '서로 더불어 작간(作奸)하는데도 어떻게 따질 수도 없다. 갖가지 불법을 행함이 마치 강도가 약탈하는 것과 다를 바 없다'고 하였으며, '이러한 악풍은 어느 곳이나 있는 일'이기 때문이다.[147]

그리고 끝으로 명 중기에 양명이, "사농공상의 사민은 하는 일은 다르지만 도(道)는 같다"는 '신사민론(新四民論)'[148]을 제창한 이래, 상인의 사회적 지위에 대한 중국사회의 인식이 많이 달라졌으므로, 사회의 계층이동 가운데 수평이동(horizontal mobility) 문제와 관련하여 이러한 인식의 변화도 고찰해야 할 문제라고 생각한다.

---

147) 陳宏謀, 『培遠堂偶存稿』, 「文檄」 卷14, 「禁乘危搶貨檄」(乾隆7年7月)

148) 『王陽明全集』 卷 25, 外集7, 「節庵方公墓表」, p.941. 陽明의 '新四民論'의 의의에 대해서는 余英時, 1993, 第2章 참조.

結 語

　이상의 내용은, 지난 25년 동안 공부해 온, 명청시대 강서사회에 대한 2007년 2월까지의 필자의 인식이다. 외국 학자들의 등 너머로 기웃거리며 혼자 외롭게 방황한 필자의 모습이기도 하다. 처음 시작할 때의 의욕과는 달리, '용두사미'가 되고 만 느낌이다. 이제 조금은 알 법도 하건만, 갈수록 모르는 것이 더 많아, 동학들에게 민망하기만 하다.

　사회구조적으로 보면, 강서지방은 명청시대에 그리 큰 변화가 없었다. 명청 왕조가 교체되었지만, 신사가 계속하여 사회를 지배하였기 때문이다. 다만 청말 '광동체제'의 붕괴는 경제적 쇠퇴 뿐 아니라 문운도 함께 쇠퇴하게 만들었다. 강서인의 의지와는 상관없이 모든 면에서 쇠퇴의 길을 걷게 된 것이다. 그 결과 20세기 후반의 '개혁개방'에도 뒤쳐지게 되었다. 16만㎢가 넘는 강서성에 4년제 대학이 겨우 2개에 불과하다는 사실이 이를 웅변해 주고 있다. 외국인에 대한 도서관 개방도, 아마도 중국 전체에서 가장 낙후한 지역일 것이다. '지역사 연구의 대상으로 강서성을 택한 것이 잘못이 아니었나' 하고 생각될 정도로 답답한 지역이다. 다만 1997년에 경구철도(京九鐵道)가 개통되면서, 홍콩과 심천(深圳)의 배후 기지로 새롭게 발전되고 있으므로, 앞으로의 개방과 발전을 기대해 본다.

　명청시대의 강서사회를 일별해 보면, 사회·경제·문화의 모든 분야에서, 언제나 '모·순이 공존'하였다. 이 책과 동시에 간행된, 『국법과 사회관행』의 결어에 지적한, 명 중기 사회변화의 상반된 두 가지 현상은 대부분 강서사회에서도 발견된다.

　강서지역은 이미 송대부터 문운과 경제가 함께 발전한 지역이었다. 명대에 들어와서는, 다른 지역과 마찬가지로 명 중기(15세기 중엽~16세기 중엽) 100여 년 동안 광범한 사회변화가 진행되었는데, 이 변화는 긍정적인 면과 부정적인 면, 상반되는 두 가지 현상을 모두 가져왔다.

또 한편, 강서사회는 식량과 함께 인구가 외지로 유출되었지만, 동시에 외지의 인구가 많이 들어와 농지를 개간하는 과정에서 여러 가지 사회혼란을 야기하는 등, 복합적인 모순이 공존한 지역이었다. 농촌에서는 경지가 개간되고, 특히 강서 남부 산악지대가 대대적으로 개발되어 식량을 수출하게 되었지만, 바로 그 지역이 동시에 민중봉기의 온상이 되기도 하였다. 전반적으로 농업생산력이 발전하고 상품작물을 생산하였지만, 한족과 소수민족, 그리고 광동과 복건에서 들어온 외래인이 잡거하였으며, 재화의 분배가 공평하지 못하였기 때문이다. 외래 객민은 정착하는데, 토착인은 오히려 몰락하여 유산하는, '인구의 대류현상'도 나타났다. 수많은 도시와 수공업이 발전하고 사치풍조가 나타났지만, 그러한 번영의 그늘에는 실업자와 무뢰도 증가하는 등, 줄곧 '모·순이 공존'하였다.

강서의 신사들은 청군의 침략 앞에서, 조국의 운명과 개인의 사리(私利)를 놓고 심리적인 갈등을 겪었다. 결국 자신들의 생명과 재산과 지위를 지키기 위하여 나라를 이민족에게 헌납하고 말았다. 이러한 현상은 당시 중국의 모든 지역에서 동일하게 진행되었다. 도시에서는 외래인들이 출신지나 종족별로 단합하여 계투(械鬪; 집단 투쟁) 성격의 분쟁을 벌이는 일이 잦았지만, 환관의 횡포와 수탈에 대해서는 거민 모두가 하나로 결속하여 분기하였다. 이러한 민변의 성격 역시 다른 지역과 비슷한 양상을 띠었다.

강서상인은 상인의 수(數)·활동지역의 광범성·취급상품의 다양성 등에서 탁월하였다. 이들은 강서의 경제와 문화적인 선진성을 배경으로 하여, 경제·문화적으로 낙후된 지역으로 많이 진출하였는데, 다른 성 지역에 들어가서는 크게 순기능과 역기능의 상반된 역할을 하였다. 각종 공익사업과 지역개발에 참여하고, 상공업과 도시의 발전에 기여하는 등 순기능적 역할도 하였으나, 물가와 도량형기를 조작하거나 고리대를 통하여 폭리를 취함으로써 "백성의 삶을 위태롭게 하여 민변을 야기"하는 역기능도 초래하였다. 강서상인의 이러한 상반된 역할은 다른 성 지역의 모든 상인에게서도 나타나는 보편적인 현상이었다.

　문화면에서도 그러하였다. '심즉리(心卽理)'·'길거리에 가득한 백성이 모두 성인'·'사농공상의 사민은 하는 일은 다르지만 도(道)는 같다'는 등의 교설을 주장하던 양명(陽明)이었지만, 언뜻 보기에는 무자비하리만큼 구적세력을 소탕하였다. 그러면서도 그러한 구적세력의 소탕과 선후책을 실시하는 과정에서 터득한 경험을 토대로, '심즉리'·'지행합일(知行合一)'·'치양지(致良知)'설 등을 중핵으로 하는 양명학을 완성하였다. '동요하던 강서사회'가 바로 '양명학의 요람'이 되었던 것이다. 이런 현상은 새로운 문물의 전래에서도 드러났다. 명말에 중국에 들어온 천주교 선교사들은 주로 관료와 신사에 의지하여 복음을 전파하려 했지만, 신사들이 도리어 반천주교 운동을 주도했던 것이 그 좋은 예이다.

　지리적인 관점으로 강서사회를 관찰해도 '모·순'은 공존하였다. 명청시대의 강서는 크게 두 지역으로 나누어 고찰해야 하는데, 남부 산간지역은 4성 교계지역으로 사회적인 소요가 자주 발생하였다. 중·북부 지역은 비교적 안정된 지역이었고 경제와 문운이 발전한 지역이었다. 그러나 어느 지역이건, 늘 '모·순'이 공존하고 있었다. 그리고 그러한 현상은 민국시기를 거쳐, 중국 공산주의 정권 아래에서도 여전히 계속되고 있다. 사회는 언제 어디서나, 이렇게 영구히 '모·순이 공존'하며 진행되어 갈 것이다.

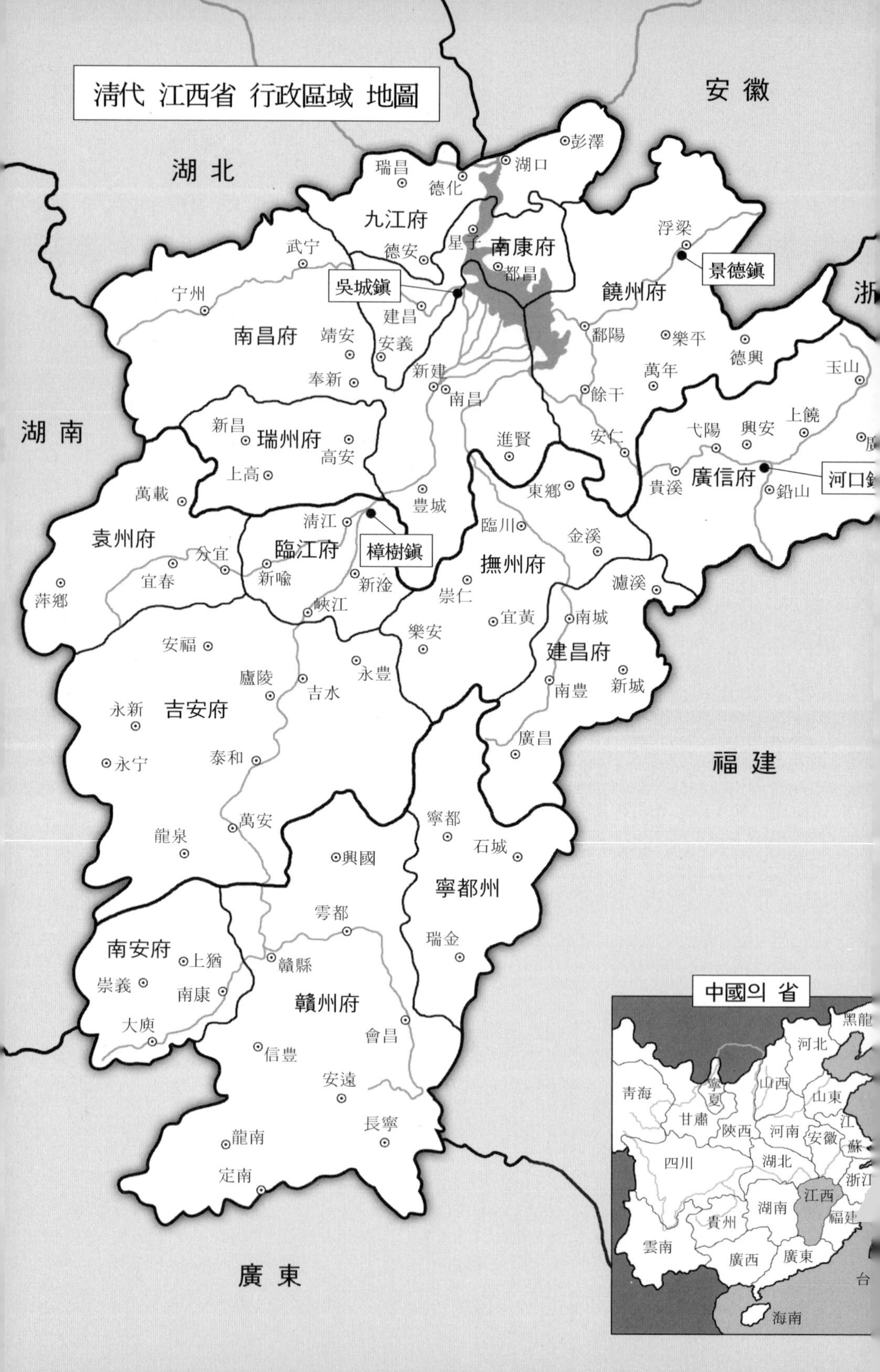

清代 江西省 行政區域 地圖
安徽
湖北
彭澤
瑞昌
湖口
德化
浮梁
九江府
星子
南康府
景德鎮
武寧
德安
饒州府
寧州
吳城鎮
都昌
浙
南昌府
建昌
鄱陽
樂平
德興
靖安
安義
萬年
玉山
奉新
新建
餘干
湖南
新昌
瑞州府
南昌
弋陽
興安
上饒
高安
進賢
安仁
上高
東鄉
貴溪
廣信府
河口
萬載
豐城
金溪
鉛山
袁州府
清江
臨川
臨江府
樟樹鎮
撫州府
瀘溪
分宜
新淦
崇仁
南城
萍鄉
宜春
峽江
樂安
宜黃
建昌府
安福
廬陵
永豐
南豐
新城
永新
吉安府
吉水
永寧
泰和
廣昌
龍泉
萬安
寧都
石城
興國
寧都州
雩都
瑞金
南安府
上猶
贛縣
崇義
南康
贛州府
大庾
會昌
信豐
安遠
龍南
長寧
定南
廣東
中國의 省
黑龍
河北
青海
寧夏
山西
山東
甘肅
陝西
河南
江蘇
安徽
四川
湖北
浙江
江西
貴州
湖南
福建
雲南
廣西
廣東
台
海南

矛·盾的共存

-明淸時代 江西社會 硏究-

吳金成

目 次

第Ⅱ篇　江西的紳士

第3篇　都市·居民·商人

中文概要

I

世上因爲'矛'和'盾'的共存而有趣。如果世上僅僅存在'矛'，那麽世界將會成爲一個充斥著暴力的一元社會，而只存在'盾'則毫無用處。唯有兩者共存，社會才會均衡。無論是如何繁榮的社會，都會有貧窮困頓的人存在。在古今中外的曆史上，光和影子也是時常共存的。這是因爲人是曆史的主體，因爲世間財富有限，而人之欲望卻永無止境。

本書分析了明清時期政治與社會經濟的'矛·盾'共存發展的江西社會。江西省(面積164,800㎢)位於長江南岸呈縱向伸展。江西地區自明初以來，文運的發展和進士及第者人數達到可同江南地區比肩的程度，盡管與湖廣(湖南＋湖北)同屬中國的糧倉地區，卻是同時輸出糧食和人口的奇怪地域。自19世紀中葉開始，經濟開始大幅下滑，今天已成爲中國本土中相對落後的地區。分析江西省的這種變化原因及其意義是本書的宗旨。

本書是同本書一起出版的『國法與社會慣行-明清時代社會經濟史研究-』一書的個案研究。所以，『國法與社會慣行』各篇章的主題同本書各篇章的主題在某種程度上相互對應著。而本書的整體思路亦同『國法與社會慣行』一樣，擬通過對作爲政治和社會統治階層的紳士以及存在於其周邊同其建立各種關系的胥吏·衙役·商人·牙行及無賴等的生存狀況，分析緩慢發生變化的江西社會的情形。

II

第I篇，'矛盾的社會'，分析了在明清時期江西社會變遷過程中，積極方面和消極方面一直共存發展。所以通過本篇可以看到的江西社會各種各樣的現象不僅僅限於江西社會，而是在中國各地均可能發生的現象。

第一章「社會的動蕩和重構」，通過江西社會確認了明朝中葉(15世紀中葉～16世紀中葉)在全國範圍內發生的社會動蕩和重構現象的具體情況。

明初，隨著農村社會的穩定，江西地區的耕地得以迅速恢複和發展，至1400前後，其農業生產力達到了湖廣的4倍程度。但是，自明朝中葉開始，江西社會開始急劇動蕩，統計人口開始下降。隨著各地裏甲制度的解體，人口開始流散，形成了大規模人口移動。他們的移動方向大體上可分爲 ①農村地區→禁山區，②經濟先進(人口密度大＝狹鄉)地區→落後(寬鄉)地區，③農村地區→城鎮·手工業地區等類型。

因爲這種人口移動，不僅在江西內部，而且在全國各地形成了人口的重構。這種人口移動同時顯現出了積極和消極方面。首先，積極方面是江西的所有地區均開墾了新的耕地，先進文化和技術·新種子得到傳播。江西省發展成爲糧食輸出地區就是因爲這種結果。而且原有的大城市自不必言，在交通要地出現了諸多小城鎮和定期集市，陶瓷器·紙張·茶葉·竹器·夏布等手工業亦得到發展。

人口移動還帶來了消極一面。自15世紀中葉開始，江西各地山區相繼發生民眾蜂起。從中國整體來看，荊襄(以湖廣西北部爲中心的四省交界處)和南贛(以江西南部爲中心的四省交界處)的民眾蜂起規模最大。盡管耕地得到開墾，但由於財富分配不公平和人口劇增，江西出現了糧食和人口共同被輸出的怪異現象。一些地區還出現了外來者實現定居，土著人卻反因沒落而流落他鄉的'人口對流現象'。在城市，日漸增多的失業者和無賴(暴力集團)，形成了新的社會階層。明朝中葉，江西社會出現的這種兩極變化在中國其它地區同樣亦有發生。因爲無論是江西地區，還是中國其它地區均爲'矛·盾共存'的社會。

第二章「陽明學的搖籃，江西社會」，分析了在第一章所述的'矛·盾共存'的明朝中葉的江西社會便是陽明學產生的搖籃。王守仁(號陽明，1472～1528)在28歲(弘治12年，1499)進士及第，就在學術上彷徨的過程中，因其反對宦官劉瑾的政治專橫，而被發配貴州省龍場驛丞。其地爲瑤族地區，人煙稀少。在石室冥想過程中，陽明悟出了"聖人之道，吾性自足，向之求理於事物者誤也"。這就是所謂的'龍場之悟'，成爲主張'心即理'的契機。

此後，陽明試圖'讓人人知致良知，而實現大同的理想社會'。就在這一過程中，他被任命爲南贛巡撫(1516)。當時的中國社會，正在向陽明所企盼的反方向發展。而且其將要赴任的贛南(江西南部四省交界處)是全國民衆蜂起最爲激烈的地方。主張‘心即理’·‘親民’·‘滿街都是聖人’·‘四民異業而同道’等的陽明被卷入了與自己平素主張截然相反的社會。可謂面對了嚴峻的‘矛盾’。

他首先毫不手軟地掃蕩了蜂起勢力。他這樣做的目的有二。一，徹底消滅領導蜂起的頭目，以剔除社會動蕩的根本原因；二，區分頭目和脅從者，把協從者作爲新民安插在鄉村。爲此，他采取了善後對策，即在合適的地區設置新縣，實施鄉約和保甲法，建立社學，教化縣民，減免稅役，調查土地，使稅役公正等。這是在國家權力的委任下，利用了原有以鄉村紳士爲中心的社會秩序。而且在這種破敗局面中，他還利用間隙同弟子展開學術討論，致力於‘致良知’等陽明學的發展壯大。

王陽明在平定和招撫蜂起勢力，采取善後對策，並重構鄉村秩序的過程中，確信了庶民的‘良善’和對‘良知’的認知能力。即再一次確認了‘龍場之悟’。其思想的內在發展同在江西的政治·軍事體驗相融合，最終形成了‘致良知’說(正德15年，49歲)。陽明本人亦於50歲時述懷，“近來信得致良知三字。… 往年尚疑未盡。今自多事以來，只此良知無不具足。… 某於此良知之說，從百死千難中得來”。以‘心即理’·‘知行合一’·‘致良知’說爲核心的陽明學，①是體現了當時江西社會現狀的的思想，②是擬克服當時的社會動蕩，試圖最終實現大同理想社會的具有實踐性的思想，③是反映了明朝中葉庶民階層之需要的思想。在理念與現實的極大反差之中，苦惱度日的陽明終於找到了答案。驚奇的是，‘動蕩的江西社會’就是‘陽明學的搖籃’。

第三章 「‘廣東體制’的光和影子」，通過‘廣東貿易體制’(隆22年～道光22年，1757～1842)，分析了國家政策對社會變化的影響。‘廣東體制’是清朝僅將廣州設爲同西方國家進行貿易的貿易港，並將對外貿易交由被稱作‘十三行’的特定商人壟斷的貿易制度。連接北京-大運河-長江-贛江-大庾嶺-珠江-廣州的線路是從北京至廣州最近的交通路線，而江西省正是位於其中央，所以盡管它屬於內陸地區，卻受惠最多。

至18世紀前葉，江西省在糧食生產和商品作物的栽培及手工業基礎上逐漸發展，但在文化方面卻成爲中國的先進地區。此後，“廣東體制”的實施對江西地區產生了如下兩方面的影響。首先，是積極的影響。南北貫通江西省腹地的揚子江-鄱陽湖-贛江-大庾嶺的交通線是南北貿易最重要的信道。通過該交通線有無數商賈和商品在流動。其結果，贛江沿岸原有的城鎮更加繁華，同時還催生了諸多中小城市和定期集市。各

436

地的茶樹·苧麻·棉花·甘蔗·煙草等商品作物的栽培活躍， 造紙·磁器等手工業出現了
空前的繁榮。而且由於運輸·商品作物栽培等領域提供了諸多崗位， 使得江西經濟得
到全方位的提高。廣東體制期間, 江西社會的繁榮是空前絕後的。起初是在交通線周
邊地區實現了繁榮， 進而其影響逐漸擴及鄰近的內陸地區。然而, 廣東體制期間, 江
西社會所得到的實惠除去磁器和茶葉的出口之外, 大部分是通過過境貿易所需的服務
業完成的。所以， 與其說該時期江西內陸地區定期集市的發展·商品作物的栽培和手
工業的發展等現象是受廣東體制的直接影響， 到不如說是同江西社會的全面發展所
同步發展的結果。

其次, 是消極的影響。受這種社會變化的影響， 內外人口的往來頻繁， 因此開始出
現了嚴重的治安問題。最嚴重的是, 隨著19世紀中葉廣東體制的廢除, 江西經濟開始急
劇衰退, 從而產生諸多副作用, 直至今天依舊成爲中國相對落後的地區之一。伴隨廣東
體制的實施和廢除, 江西不爲江西人意志所轉移, 在繁榮和落後間走了一個輪回。

Ⅲ

第2篇, '江西的紳士', 同『國法與社會慣行』的第2篇'國家權力和紳士'相對應, 是爲
了在江西社會具體確認作爲明淸社會統治階層的紳士們的普遍存在狀況。

第一章,「最初的反基督教運動, 南昌教案」通過1607年江西省首府南昌發生的, 生
員爲主動的反天主教運動, 分析了紳士的意識和社會活動。1607年, 南昌已有基督教
信徒600餘人, 成爲中國重要的傳教基地。是年, 生員們爲了將傳教士驅出南昌, 聯名
上書官府。

以利瑪竇(Matteo Ricci; 1552～1610)爲首的, 明末進入中國的耶穌教傳教士大體
通過以下兩種方法進行傳教。第一, 同官僚·紳士等統治階層建立良好的關係; 第二,
爲了避免同中國傳統文化和價值觀的沖突, 強調了儒教和基督教的共同點。在這種傳
教戰略下, 確保了相當數量對基督教存有好感的紳士, 其中部分人已經入教, 全國的信
徒人數也由1605年的1,000餘人增至1610年的2,500餘人和1650年的15,000萬多人。

但是, 絕大多數的紳士和百姓對天主教具有極大的反感。至1616年, 全國共發生54
起教案， 便是其例證。爲了依靠官僚和紳士傳播天主教的傳教士們作出了積極的努

力，不料正是這些傳教士本想依靠的官僚和紳士們反而豎起了反天主教運動的旗幟。其中，下層紳士生員對天主教的反感尤爲強烈。

南昌的生員們在推進驅逐傳教士的過程中，起初試圖以較小數的力量實現計劃。但是，由於僅靠自己的力量無法達到目的，便向平時具有'同類意識'的'士人公議'進行呼籲，使其多數加入進來。當發現力量仍然不足時，便又向'紳士公議'進行呼籲。生員的這種同類意識同士人公議·紳士公議的結合點是儒學的孔廟和書院。南昌的生員首先提出的名分便是作爲士大夫應有的使命意識。但其內心深處的巨大恐懼心理則源自天主教對其自身社會的地位和影響力的威脅。

第二章，「陽明學派的書院講學運動」，通過受陽明主張的學說和實踐行動影響的紳士，尤其是吉安府紳士建立書院進行講學運動的內容，分析了紳士的生存狀況。

明朝時期，吉安府的進士及第人數占江西進士總數的1/3，從洪武至成化年間的百餘年間，占全國進士總數的1/10，一甲進士占1/4，壯元占1/3。因爲有如此的學術環境，所以在江西地區陽明的弟子最多，其中吉安府爲之最。從而，繼承了陽明遺志的紳士展開的社會活動也以吉安府最爲活躍和多樣。明代時期，吉安府的紳士們積極參與廣泛的公益事業，如開發水利·建設橋梁和渡口·實施鄉約·建立書院·進行講學等。其中，最爲典型的是建立書院和進行講學。

在明代，吉安地區的書院數量占據全國之最，從而紳士的文會或文社活動亦非常活躍。吉安地區的書院分爲兩種類型。其一，如白鷺洲書院，建於前朝的這種書院在明朝繼續發展的過程中，在一定程度上受到了陽明學的影響。其二，受陽明和陽明學影響而新建的書院。新建的書院中，起初從講會活動起步而逐漸發展至書院的案例亦爲數不少。

建立·修葺或重建書院時，紳士們均積極參與。若紳士們向地方官員提出建議，地方官們便通過協商而允許工事，繼而在紳士們的積極協助(制造輿論·動員人力·籌措工程費用·監督工程)下，完成工事。此後，書院的維持亦由紳士打理。赴任吉安府的官員因爲以書院爲中心同該地區紳士維持緊密協作關系的結果，取得了良好的業績考核。紳士亦因爲同地方官員維持良好的關系，進一步鞏固了其社會統治力量。

吉安府的紳士們通過一般的講會活動和書院講學，鞏固了彼此間的同類意識。出入講會或書院的紳士們彼此稱作'同志'，稱自己的聚會爲'吾黨'，所以其凝聚力相當強。而到其中參觀的庶民亦能受到教化和馴致，非但如此，在吉安形成的陽明學的影響逐漸達及周邊的湖廣地區，至明末湖北的竟陵還出現了竟陵學派。

第三章，「明清更替和紳士」，分析了明清王朝交替的動蕩時期，江西南部(贛南)地區紳士的向背。該地區是明朝中葉王陽明平定蜂起，重構社會的地區，但其後民亂仍時有發生，至明清更替時期變成了更加混亂的社會。

清軍始入江西省時，肆意進行了殘酷的殺戮。因此，江西各地有很多紳士們組織了勢力規模不等的反清勤王軍。清軍和紳士的勤王軍之間的戰勢多有反轉。同指揮勤王軍的鄉紳有座主門生關系，或複社等文社的同人加入勤王軍中的情況亦爲數不少。盡管如此，最後仍被清軍征服的原因有如下幾條。① 勤王軍的組織是勿忙組成的烏合之眾，所以不但缺乏武器，而且在軍紀和戰鬥力方面亦顯混亂和不足，② 沒有統一的指揮系統和武將，所以彼此間不能協作，③ 由於軍糧不足，所以經常實施掠奪，導致得不到鄉民的協助，④ 指揮層內部的不合，尤其是文官和武官之間的矛盾和反目，導致了頻頻失去戰機。

乘清軍和紳士的勤王軍之間展開戰爭之機，各地流寇和土匪橫行，恣行擄掠。他們的活動，① 少者數百，多者數萬，② 在各地聯合各階層民眾，或數個集團以掎角之勢進行暴動，③ 少者一鄉，多者數縣，甚至在數府地域橫行，④ 短者數日，長者數月，甚至長年累月地占據縣城，⑤ 嚴重的地域一年會遭遇六次的擄掠，情況非常嚴重。

明亡而清軍完全掌控之前，處於動蕩期的江西地區的混亂局面和慘狀，比華北或江南地區時間更長，更凄絕。紳士或族長只能以宗族爲單位，或聯合數個村落，構築寨堡，組織鄉兵·義勇自衛，以等待保護者出現。就在這個時候，清軍出現。但是，戰勢對清軍也不是絕對有利。首先，維持占領地區的秩序並不容易；其次，在兵員數量·軍紀·軍糧等方面，清軍處於相對劣勢，至少並不占優。爲了補充軍糧，清軍恣意進行收刮和掠奪，稍有不從便隨意殺戮。其狀無異於寇賊。所以，在很長一段時間內，清軍亦只能占領縣城和其周邊地區，農村地區依然處於匪寇的控制之下。

贛南地區的紳士們長時間處於這種極其艱難的處境之中。與此同時，清朝爲了恢複占領地區的秩序亦非常需要掌握經濟和武裝的紳士的協助。清朝和紳士，兩者彼此需要對方的協助。爲此，清朝頒布「順治帝即位詔」和各省「恩詔」，認可了紳士的原有權益和特權同明朝一樣不變。從而，紳士們忍受薙發，接受了異族王朝，通過提供武裝(兵力和軍餉)和參謀作用等積極協助清軍作戰。最終而言，紳士階層爲了自身的

‘保身家’, 將‘國家’獻給了‘異族(滿族)’。在贛南地區兩者之所以能夠結合的背景, 在華北·江南·四川亦有很大的類似性。

Ⅳ

第3篇, ‘都市·居民·商人’, 同『國法與社會慣行』第3篇的‘都市和無賴’相對應。自明朝中葉起, 江西省內第③類型的人口流動促成了大量中小城鎮的形成。其中景德鎮·河口鎮·樟樹鎮·吳城鎮等四大鎮的發展尤爲突出。明清時期中國的城鎮大體可分爲兩種類型。其一爲在原有的大城市周邊分布有諸多中小城鎮, 呈‘葡萄狀’形態, 就如江南的情形。這些城鎮通過發達的水陸交通相連, 從而定期集市並不太發達。其二爲如平原地區聳立的‘泰山’一般, 在一定的地域內孤立發展的城市, 在其周邊分布有很多發達的定期集市。這些城鎮大多像府·州·縣所在地那樣, 大多爲地方行政的中心, 但自明朝中葉起, 城鎮開始在交通中心形成和發展。

第一章, 「千年瓷都, 景德鎮」, 分析了明清時期中國第一磁器專業城市景德鎮的發展情況和居民的生存狀態。位於從東側流入江西省鄱陽湖的昌江中遊三個支流彙合處的景德鎮是一個港口, 它擁有供給燃料的有利地理條件和技術優勢, 所以從明朝中葉開始便以專業磁都而名聲遠揚。

至16世紀中期, 景德鎮的土著和外來人口達10萬, 萬曆年間(1573～1620)的傭工每日不下數萬, 18世紀更是達到了‘數十萬’。這些傭工均爲當天出工解決當天的生計, 過著異常艱辛的生活。景德鎮通過瓷器生產產生的利潤, 不是由直接從事生產的窯戶或傭工掌握, 而是由徽州商人等外來客商所壟斷。這種現象以經濟最爲發達的江南地區爲代表, 在全中國範圍內是個普遍現象。

景德鎮曾發生過無數民變, 大體來看可分爲兩種形態。一爲具有‘械鬥’性質的紛爭, 二爲萬曆年間‘反礦稅使’的民變。首先考察械鬥性質的話, 因爲景德鎮居民構成非常複雜, 所以他們相互間的利害沖突非常嚴重。此時, ⓐ 外來商民按出身地域來團結和對抗。因爲外來者大多由同鄉人或宗族聚居生活, 彼此扶助, 並從事相同的行業。ⓑ 因爲窯戶(＝窯主)和傭工之間的關係並非是完全的契約關係, 所以當面臨水災等災害時, 其關系會非常容易惡化。而反礦稅使民變, 則是反對礦稅使對鎮民橫征暴斂的

440

運動, 此時, 前文所述的那些根據地緣·宗族及雇主和被雇傭者而產生的所有利害關系被暫且擱置一邊,　所有居民團結一致奮起反抗礦稅使。景德鎮發生的這種民變的性質, 在其它地區同樣發生。

明清時期, 景德鎮的人口構成由官吏·紳士·磁器生產者·商人·客商·各種工匠·各種服務業者及無賴等形成, 成分非常複雜。但是, 同鄉村社會一樣, 在這裏紳士的社會影響力依然非常大。而且在社會一隅, 無賴作爲一種社會階層而存在, 並作爲社會不穩定因素隨時發生所用。景德鎮社會的這種情況,　在明清時期其它地區的城鎮社會同樣具有類似性質。景德鎮居民的行爲方式和思維方式,　以及城鎮社會內部呈現的社會現象同其它地區城鎮呈現的現象非常相似。

第二章,「幸運的山區城鎮, 河口鎮」, 分析了位於禁山區武夷山脈北邊的河口鎮, 因爲明朝中期自然環境的變化而帶來的發展情況和居民的生存狀況。

至明末,　河口鎮已經發展成2萬人口的城鎮,　至18世紀末的清朝發展成人口達10萬的工商業大鎮。河口鎮之所以發展至此, 是因爲 ⓐ 它是交通中心, ⓑ 背靠造紙業中心, 成爲紙張的加工和集散地, ⓒ 依靠周邊優質的茶葉產地, 發展爲茶葉的加工和貿易中心。

河口鎮是移民城市, 人口中的大部分爲福建人, 部分是來自周邊的農民, 大多數居民的生活非常艱難。河口鎮居民中, 商人的存在非常突出, 他們經曆明清兩代反複了盛衰沉浮。就紙商來看, 明朝由省內的吉安商人和鄰近的徽州商人控制, 自清朝中葉始由福建商人控制, 也由少數山陝商人夾在其中。就茶商來看, 至清朝中葉爲止,　由徽州·山陝商人控制, 此後山陝商人勢力逐漸勝過徽商。

河口鎮的商人們時而自發, 時而受官府或居民之邀, 進行各種公益事業。從而既可以敦實同官府的關系, 又博得了居民的好感。從表面來看, 商人的這種生存狀況和紳士的生存狀況非常類似, 是全國性的一般現象。但是, 紳士具有"先天下之憂而憂, 後天下之樂而樂"的使命意識。而商人與其說是天下意識。不如說是爲了搞活自身商業所采取的手段而已。盡管河口鎮的居民構成複雜, 但在其社會中, 紳士彷佛就是輿論之中心軸, 而商人和無賴則是其兩個輪子。河口鎮居民的構成·行爲方式·思維方式, 以及城市社會內部的社會現象同景德鎮及其它江南城市中呈現的現象並無多大差異。

第三章,「江西商人的選擇和命運」, 分析了明清十大商幫中, 在商人人數·活動地域的廣泛性·涉及商品的多樣性等諸多方面均很卓越的江西籍商人的活動。

自明朝初年, 江西人大量向外省流動, 江西商人隨之興起。但至19世紀中葉, 前後活躍了500多年的江西商人, 以開埠爲契機日漸走向衰落。江西商人的興衰與江西地區社會經濟的變化同步發展。明朝初葉, 江西人不但在省內流動, 而且流向了全國各地, 其中的部分人就是爲了經營商業。自明朝中葉始, 江西商人的足跡幾乎遍及中國的每一個角落。他們經常活動的地區是北部·西部和南部地區, 形成了弓形的活動範圍。其中, 與江西比鄰的湖廣就如江西省的前院一般, 是江西商人經常光顧的地區, 於是出現了'江西填湖廣'的熟話。整體而言, 江西商人活動的大部分地區的經濟和文化水准均落後於江西。江西商人以先進的經濟和文化爲背景, 經常活動於經濟文化相對落後的區域。

江西商人活動於其他地區而體現的作用有正面功能和負面功能。正面功能有參與各種公益事業·地區開發·工商業和城鎮的發展等。一旦江西商人定居某地而在經濟上獲得一定發展之後, 便會對子孫勸勉舉業, 從而培養出紳士的事例亦有不少。但是, 也有不少形成'害民激變'的負面影響的時候。因爲掌握商權, 他們或操控物價和度量衡器具, 或從事典當業·高利貸·高利前貸, 牟取暴利。江西商人的這種兩面作用, 是中國各地商人中出現的普遍現象。

江西商人的興衰過程, 同鄰近的徽州商人相比較, 便能很容易了解。徽州商人, ① 以地緣和血緣爲背景發揮了強有力的凝聚力, ② 很好地傳授了複雜多樣的商業秘訣, ③ 歙縣人多爲鹽商, 婺源人多爲茶商和木商, 休寧人多爲典當商, 他們加強了各自的專業性, ④ 同官府維持良好的關系。作爲權宜之計, 徽州商人ⓐ通過捐納等成爲官吏, ⓑ通過舉業, 讓子弟進入官場, ⓒ輔助宗族子弟中的優秀者進入官場, ⓓ籠絡官僚或紳士爲羽翼, ⓔ必要時, 向中央政府或地方官府提供巨資, ⓕ在活動區域積極參與公益事業等。

與其相比, 江西商人的競爭力則日漸衰落。首先是资本的零散性; 其次, 因爲定居於活動區域, 從而同江西的關系疏遠, 乃至完全斷絕關系的情形亦不少見; 再次, 同官府的關系亦不及徽州或山西商人敦實。因此, 清朝時期江西商人在外省地區的商業利益日漸失於外地商人, 或當地商人。更爲糟糕的是, 就連在江西省內的商業利益亦被外來商人奪去而失去了立足之地。在江西商人衰退過程中, 使其遭受致命打擊的是清朝末年的開埠。盡管江西商人自明初同江西社會的發展同時起步發展, 但至清末卻未能適應江西經濟和全國經濟結構的變化而最終走向衰落。

V

　　從社會結構來看,　明清時期的江西地區並無太大變化。因爲盡管出現了明清王朝的更替, 但紳士仍舊繼續統治著社會。只是清末廣東體制的崩潰, 不但讓江西的經濟走向了衰退, 而且使文運也一同走向了衰弱。所有的方面不爲江西人的意志所轉移地走上了衰退之路。其結果是直至20世紀後半期的改革開放後,　依然處於落後的局面。幅員超過16萬㎢的江西省僅有兩所四年制大學的情況便是其例證。在圖書館向外國人的開放程度方面,　可能也是全中國最爲落後的地區之一。甚至讓人懷疑'選擇江西作爲地區史研究的對象是不是一個錯誤',　是個非常讓人憋屈的地區。只是因爲隨著1997年京九鐵路的貫通, 江西正在以香港和深圳作爲背後基地而重新發展著, 所以江西將來的開放和發展仍舊讓人拭目以待。

　　考察明清時期的江西地區,　在社會·經濟·文化等諸多領域,　'矛·盾'始終相伴其中。與本書一同出版的『國法與社會慣行』一書的結語指出的明朝中期兩種完全相對的社會變化現象, 大多在江西社會亦有發現。

　　早自宋朝始, 江西地區便是文運與經濟一同發展的地區。至明朝之後, 同其它地區一樣, 經歷明朝中葉的(15世紀中葉～16世紀中葉)百餘年時間,　社會發生了廣泛的變化, 該變化有積極方面和消極方面, 兩種相對的現象同時發展。

　　另外,　江西社會糧食和人口一起被輸出外地,　同時外地人口也流入江西開墾耕地, 引起了諸多社會混亂,　使得江西地區成爲'矛·盾'複合共存的地區。農村的耕地得到開墾, 尤其是贛南山區的大量開發, 促進了糧食的輸出, 但正是該地區卻又成了民衆暴動的溫床。整體而言, 盡管農業生產力得到發展, 商品作物得以生產, 但因爲的雜居漢族和少數民族之間, 來自廣東和福建的外來人和本地人之間的財富分配不公平而導致這種局面的發生。江西社會還出現了外來者能夠定居, 土著反因沒落而流散他鄉的'人口對流現象'。盡管城鎮和手工業得到發展, 並出現了奢侈之風, 但同時亦有失業者和無賴增加的'矛·盾'存在。

清軍入侵之時，江西紳士們面對祖國的命運和個體私利經歷了艱難的心理鬥爭，最終他們爲了保護自身的生命·財産·社會的地位而將‘國家’獻給了異族。這種現象在當時中國的所有地域都在上演。在城鎮，外來者根據籍貫和宗族聯合起來進行械鬥性質的糾紛較爲頻繁，但面對宦官的橫征暴斂時，居民全體卻團結一致奮起抵抗。這種民變的性質在其它地區同樣出現。

江西商人在商人人數·活動地域的廣範性和涉及商品的多樣性等方面非常卓越。他們以江西先進的經濟和文化爲背景，經常活動於經濟文化相對落後的地區，並在這些地區體現了具有正面功能和負面功能的相對的兩種作用。他們參與各種公益事業和地區開發，爲工商業和城市發展作出了積極貢獻，但同時還通過操控物價·度量衡器具和高利貸等牟取暴利，從而“害民激變”，這是其負面作用。江西商人的這種相對的作用是在其它地區所有商人中均有體現的普遍現象。

在文化方面亦是如此。王陽明主張‘心即理’·‘滿街都是聖人’·‘四民異業而同道’等，但卻毫不手軟地鎮壓了民眾蜂起。他根據在掃蕩民眾蜂起和采取善後對策的過程中領悟的經驗，完成了以‘心即理·知行合一·致良知’說爲中核的陽明學。正是‘動蕩的江西社會’成了‘陽明學的搖籃’。這種現象同樣體現於新文物的引進過程。明末進入中國的天主教傳教士試圖通過官僚和紳士傳教，不料反天主教運動卻正是由他們主導便是其例證。

從地理觀點來看，江西社會同樣是‘矛·盾’共存。明清時期的江西社會應大致分爲兩個地域來考察。南部山區是四省交界之處，所以經常發生社會動蕩。中·北部地區是比較穩定的地區，是經濟和文化發達的地區。但不論哪裏‘矛·盾’永遠是相伴的。這種現象經歷民國時期，直至新中國成立後的今天依然在繼續。社會無論何時何地，將永遠在這樣‘矛·盾’相伴的狀態中發展下去。

引用文獻目錄

<〈 凡 例 〉>

1. 國文·中文·日文·歐文 順으로 배열하였다.

2. 歐文은 alphabet 순으로, 그 나머지는 모두 한글 발음에 따라 한글 字母順으로 배열하였다.

3. 同一 著者의 論著는 年代順으로 배열하였다.

4. 著者·撰者가 分明치 못하거나, 다른 저자가 인용한 것을 轉引한 것은 書名만 표기하였다.

〈資 料〉

1. 政典類·文集·其他

康范生, 『倣指南錄』(上海書店, 中國歷史研究資料叢書, 1982)

『江西名鎭河口鎭』(『鉛山文史資料』5), 1991

『江西文史資料選輯』 4, 1982

江西社會科學院歷史研究所, 『江西近代工礦史資料選編』, 江西人民, 1989

江西社會科學院歷史研究所, 『江西近代貿易史資料』, 江西人民, 1987

江西地方誌農産資料滙編編輯委員會, 『江西地方誌農産資料滙編』(上·下), 江西人民出版社, 1964

江西布政司, 『江西賦役全書』(萬曆 39年刊), 臺灣, 學生書局, 1970

江西布政司, 『西江政要』(乾隆-道光年間 刊)

『虔台志』(天啓 3년 重修本)

『景德鎭陶磁史稿』(景德鎭, 1959)

『經濟旬刊』

計六奇, 『明季南略』(北京, 中華書局, 1984)

高岱, 『鴻猷錄』(紀錄彙編 本)

顧炎武, 『顧亭林文集』(北京, 中華書局, 1983 再版本)

顧炎武, 『肇域志』(1-4), 上海古籍, 2004

顧炎武, 『天下郡國利病書』(『四部叢刊』三編 手稿本, 臺灣, 商務印書館, 1976)

谷應泰, 『明史紀事本末』, 遼沈書社, 1994

屈大均, 『皇明四朝成仁錄』(上·下), 鼎文書局, 臺北, 1978

凌燽, 『西江視臬紀事』, 『淸史資料』第3輯, 中華書局, 1982

談愷, 『虔臺續志』(嘉靖34年序 刊本)

談遷, 『國榷』(中華書局, 1958 刊本)

戴笠, 『行在陽秋』(臺灣商務印書館, 明季稗史初編本, 1971)

『大庾縣交通志』(大庾縣志編纂委員會)

『東明見聞錄』(明, 佚名, 臺灣商務印書館, 明季稗史初編本, 1971)

『洞麓堂集』(文淵閣 『四庫全書』本)

東亞同文會 編, 『支那省別全誌』卷11, 江西省, 1917

羅漁(譯), 『利瑪竇書信集』(上), 臺灣, 輔仁·光啓聯合出版社, 1986

羅繞典, 『黔南職方紀略』卷2, 貴州人民出版社, 1992

藍浦, 『景德鎭陶錄』(江西人民出版社, 1996)

『名公書判淸明集』, 中華書局, 1987

『明史』(北京, 中華書局, 校勘標點本)

『明實錄類纂』(武漢出版社, 1993-1995)

『明實錄』(中央研究院歷史語言研究所 校引本)

『明淸史料』(中央研究院歷史語言研究所 編刊本)

『明淸進士題名碑錄索引』(上海古籍出版社, 1980)

『明會典』(萬曆 15年刊, 臺北, 東南書報社, 影印本)

蒙正發, 『三湘從事記』(臺灣, 廣文書局, 『三湘從事錄』本, 1964)

文秉, 『定陵註略』(靜嘉堂文庫藏 鈔本)

『白鹿洞書院古志五種』(上下), 中華書局, 1995

白眉初, 『中華民國省區大全, 湖南省志』

傅維鱗, 『明書』(國學基本叢書 本)

『浮梁陶政志』

傅春官, 『江西農工商礦紀略』(光緒30年 刊本 江西省圖書館藏)

費宏, 『太保費文憲公摘稿』(臺北, 文海出版社, 1970)

『四庫全書』(商務印書館本)

謝國楨, 『明代社會經濟史料選編』, 福建人民出版社, 1980-1981

謝國楨, 『清初農民起義資料輯錄』, 上海, 新知識出版社, 1956

『思文大紀』(明, 佚名, 上海書店, 中國歷史研究資料叢書, 1982)

謝肇淛, 『五雜組』(和刻本漢籍隨筆集 第1集, 汲古書院, 1974)

『三省礦防錄』(東京, 東洋文庫 所藏)

上海博物館圖書資料室, 『上海碑刻資料選輯』, 上海人民出版社, 1980

徐宏祖, 『徐霞客遊記』(新華書店, 上海, 1980)

徐世溥, 『江變紀略』(上海書店, 中國歷史研究資料叢書, 1982)

徐學謨, 『徐氏海隅集』(萬曆年間 刊本)

徐鼒, 『小腆紀年附考』(臺灣銀行, 1966 鉛印本)

徐鼒, 『小腆紀傳』(臺灣學生書局, 1977)

邵廷寀, 『東南紀事』(上海書店, 中國歷史研究資料叢書, 1982)

蘇州歷史博物館, 『明清蘇州工商業碑刻集』, 江蘇人民出版社, 1981

孫承澤, 『山書』, 浙江古籍出版社, 1989

『宋史』(北京, 中華書局, 校勘標點本)

宋應星, 『天工開物』, 臺灣商務印書館, 1967

『宋會要輯稿』(中華書局, 1957)

『新安休寧名族志』(黃山書社, 2004)

沈德符, 『萬曆野獲編』(北京, 中華書局, 1980 再版本)

艾南英, 『天傭子集』(康熙38年 刊本)

楊陸榮, 『三藩紀事本末』, 中華書局, 1985

楊士奇, 『東里續集』(『四庫全書』本)

鉛山縣地名志辦公室, 『江西省鉛山縣地名志』, 河口鎭, 1985

葉權, 『賢博編』, 中華書局, 1987

吳山嘉, 『復社姓氏傳略』(北京, 中國書店, 1990)

吳嵩梁, 『東鄉風土記』

汪道昆, 『太函集』, 黃山書社, 2004

王夫之, 『永曆實錄』, 長沙, 岳麓書社, 1982

王士性, 『廣志繹』(中華書局, 1981, 點校本).

王世懋, 『饒南九三府圖說』(萬曆刊本)

王世懋, 『二酉委譚摘錄』, 『紀錄彙編 本』

王世貞, 『弇山堂別集』, 中華書局, 1985

王守仁, 『王陽明全集』, 上海古籍出版社, 1992

王材, 『皇明太學志』(서울大學校 奎章閣 所藏本)

魏禮 , 『魏季子文集』(淸板本, 『魏氏全集』本)

魏源, 『古奧堂外集』

魏禧, 『魏叔子文集』(淸板本, 『魏氏全集』本)

陸世儀, 『復社紀略』(臺北, 明文出版社, 1991)

李芥立, 『天香閣隨筆』(『筆記小說大觀』, 臺北, 正篇 所收)

利瑪竇·金尼閣, 『利瑪竇中國札記』, 何高濟·王遵仲·李申 譯, 何兆武 校, 中華書局, 1983)

李維楨, 『大泌山房集』(萬曆39年刊本)

李鼎 『李長卿集』

李天根, 『爝火錄』(浙江古籍出版社, 1986)

李華, 『明淸以來北京工商會館碑刻選編』, 文物出版社, 1980

張家玉, 『張文烈遺集』(『張家玉集』 本, 廣州, 廣東高敎出版社, 1992)

張朝瑞, 『皇明貢擧考』(萬曆刊本, 內閣文庫).

張瀚 『松窗夢語』(中華書局, 1985 點校本).

張瀚, 『松窗夢語』, 上海古籍出版社, 1986

張淕, 『鶴樓集』(隆慶4年序 刊本)

錢秉鐙, 『所知錄』, 上海古籍出版社, 1992

朱琰, 『陶說』(北京, 輕工業出版社, 1984)

中國社科院歷史研究所, 『清史資料』 第3輯, 中華書局, 1982

中國人民大學歷史系編, 『清代農民戰爭史資料選編』(1-下), 北京, 1984

中國人民大學清史研究所, 『康雍乾時期城鄉人民反抗鬪爭資料』, 中華書局, 1979

曾國藩, 『江西全省輿圖』(同治7年 刊本)

陳谷嘉等, 『中國書院史資料』(上), 浙江教育出版社, 1998.

陳宏謀, 『培遠堂偶存稿』

陳子龍, 『明經世文編』 臺北, 臺聯國風出版社, 1967

陳子壯, 『昭代經濟言』(天啓6年序 刊本)

『天下書院總志』(全3卷), 臺北, 廣文書局影印本, 1974.

『清史列傳』(上海, 中華書局, 1928年 刊本)

清實錄(臺灣, 新文豐出版公社 1978)

『清朝續文獻通考』(臺灣, 新興書局, 1965)

鄒守益, 『東廓集』(隆慶年間 刊本)

彭孫貽, 『湖南遺事』(上海書店, 中國歷史研究資料叢書, 1982)

彭澤益, 『中國近代手工業史資料』(1·2·3), 中華書局, 1962

馮琦, 『宗伯馮先生集』(年序 刊本)

馮夢龍, 『王陽明出身靖亂錄』(中田勝, 『王陽明靖亂錄』, 明德出版社, 東京, 1988).

賀長齡, 『清經世文編』(道光6年 刊本)

韓振飛, 『宋城贛州』, 贛州, 1998

海瑞, 『海瑞集』(不分卷, 北京, 中華書局, 1962)

『皇明經濟文錄』(明, 萬表 編)

『皇明貢擧考』(萬曆年間 本, 日本內閣文庫 所藏)

『皇明制書』(古典研究會, 東京, 1966)

『皇明條法事類纂』(日本, 汲古書院, 1966, 東京大學藏 影印本)

黃宗羲, 『明儒學案』(中華書局, 1985)

黃宗羲, 『行朝錄』(上海書店, 中國歷史研究資料叢書, 1982)

『懷葛堂集』(豫章叢書 第197冊)

『滇粹』

2. 地方志

『江西通志』(嘉靖4·萬曆25·康熙22·康熙59·雍正10·光緒7年 刊本)

『建昌府志』(正德12·萬曆41·乾隆24·同治11年 刊本)

『建昌縣志』(康熙14·同治10年 刊本)

『景德鎭市志』(1991·『景德鎭市地名志』, 1988·『景德鎭市志略』, 1989)

『高安縣志』(康熙10·同治10年 刊本)

『贛州府志』(嘉靖15·天啓元·乾隆47·道光28·同治12年 刊本)

『贛縣志』(乾隆21·同治11年刊, 民國20年 重印本)

『廣信府志』(嘉靖5·康熙22·乾隆48·同治12年 刊本)

『廣昌縣志』(康熙22·同治6年 刊本)

『廣豐縣志』(乾隆49·同治11年 刊本)

『九江府志』(嘉靖6·康熙12·同治13年 刊本)

『貴溪縣志』(康熙22·同治10年 刊本)

『吉水縣志』(道光5·光緒元年 刊本)

『吉安府志』(萬曆13·順治17·乾隆41·光緒元·民國30年 鉛印本)

『金谿縣志』(康熙21·乾隆16·道光6·同治9年 刊本)

『樂安縣志』(康熙23·同治10年 刊本)

『南康府志』(正德10·康熙15·康熙60·同治11年 刊本)

『南康縣志』(嘉靖34·康熙49·乾隆18·同治11年 刊本)

『南城縣志』(康熙19·同治12年 刊本)

『南安府志』(嘉靖15·康熙49·乾隆33·同治7·光緒元年 刊本·光緒『南安府志補正)

『南昌府志』(萬曆16·乾隆54·同治12年 刊本)

『南昌縣志』(乾隆16·乾隆59·道光29·同治9·光緒32年修, 民國8年 刊本)

『南豐縣志』(萬曆14·康熙22·乾隆30·同治10·民國13年 刊本)

『寧州志』(嘉靖22·道光4·同治12年 刊本)

『大庾縣志』(乾隆13·咸豐元·同治13·民國8年 刊本; 新編『大余縣志』)

『德安府志』(正德 12年 刊本)

『德安縣志』(同治10年 刊本)

『德化縣志』(乾隆45·同治11年 刊本)

『德興縣志』(康熙23·道光3·同治11·民國8年 刊本)

『都昌縣志』(康熙33·同治11年 刊本)

『東鄉縣志』(嘉靖5·康熙4·同治8年 刊本)

『樂平縣志』(乾隆17·同治9年 刊本)

『瀘溪縣志』(乾隆16·道光9年 刊本)

『瀘州志』(民國 年刊)

『瀏陽縣志』(雍正11年 刊本)

『萬年縣志』(同治10年 刊本)

『萬安縣志』(同治12年 刊本)

『萬載縣志』(康熙22·雍正11·同治11·民國29年 刊本)

『沔陽州志』(嘉靖 10年 刊本)

『武寧縣志』(嘉靖22·康熙6·隆51·道光4·同治9年 刊本)

『撫州府志』(弘治15·嘉靖33·崇禎7·康熙27·雍正7·光緒2年 刊本)

『奉新縣志』(道光4·同治10年 刊本)

『浮梁縣志』(康熙21·道光3年修, 12年增補 刊本)

『分宜縣志』(康熙22·道光2·同治10·民國29年 刊本)

『佛山忠義鄉志』(道光 10·民國 15年 刊本)

『上高縣志』(嘉靖33·康熙12·同治9年 刊本)

『上饒縣志』(乾隆49·道光6·同治11年 刊本)

『上猶縣志』(康熙36·道光3·光緒19年 重訂本)

『西江志』(康熙59年 刊本)

『瑞金縣志』(嘉靖22·萬曆31·康熙22·康熙49續修·道光2·光緒2年 刊本)

『瑞州府志』(正德10·崇禎元·同治12年 刊本)

『瑞昌縣志』(隆慶4·乾隆20·同治10年 刊本)

『石城縣志』(順治17·乾隆46·道光4年 刊本)

『星子縣志』(同治10年 刊本)

『遂川縣志』(同治12年 刊本)

『崇義縣志』(嘉靖32·同治6·光緒21年 刊本)

『崇仁縣志』(康熙12·道光元·同治12年 刊本)

『承天府志』(萬曆 30年 刊本)

『新淦縣志』(康熙12·康熙54·同治12年 刊本)

『新建縣志』(康熙19·同治10年 刊本)

『新城縣志』(正德11·康熙12·乾隆16·同治9年 刊本)

『新喩縣志』(康熙12·道光5·道光29·同治12年 刊本)

『新昌縣志』(康熙22·同治11年 刊本)

『信豐縣志』(乾隆16·道光4·同治9年 刊本)

『雅州府志』(乾隆 4年 刊本)

『安福縣志』(康熙18·乾隆47·同治11年 刊本)

『安遠縣志』(乾隆16·道光3·同治11年 刊本)

『安義縣志』(同治10年 刊本)

『安仁縣志』(同治11年 補刊本)

『餘干縣志』(康熙23·同治11年 刊本)

『廬陵縣志』(乾隆46·道光5·同治12·9年 刊本)

『鉛山縣志』(嘉靖4·萬曆46·萬曆『鉛書』·康熙22·乾隆8·乾隆49·嘉慶刊本·道光 刊
　　　本·同治12年·1990刊 新編; 光緒刊『鉛山縣鄉土志』)

『永寧縣志』(乾隆15·同治13年 刊本)

『寧都縣志』(萬曆20·乾隆6年·道光4年『寧都直隷州志』)

『永新鄉志』(慶熙22·乾隆11·同治13年 刊本)

『永豐縣志』(嘉靖22·慶熙23·同治23年 刊本)

『醴陵縣志』(民國 15年 刊本)

452

『玉山縣志』(康熙20·乾隆49·道光3·同治12年 刊本)

『饒州府志』(正德6·康熙22·同治11年 刊本)

『龍南縣志』(康熙48·乾隆15·道光6·光緒2年刊, 民國25年 鉛印本)

『龍泉縣志』(乾隆36·同治12年 刊本)

『雩都縣志』(康熙元·乾隆22·道光10·同治13年 刊本)

『袁州府志』(正德9·嘉靖22·嘉靖40·乾隆25·咸豊10·同治13年 刊本)

『宜春縣志』(康熙47·民國29年 石印本)

『宜黃縣志』(康熙3·道光5·同治10年 刊本)

『弋陽縣志』(萬歷9·康熙22·同治10年 刊本)

『臨江府志』(嘉靖15·隆慶6·康熙7·同治10年 刊本)

『臨川縣志』(康熙19·嘉慶22·同治9年 刊本)

『長寧縣志』(乾隆14·咸豊5·光緒2·光緒25年 刊本)

『長沙府志』(乾隆 12年 刊本)

『長汀縣志』(光緒 5年 刊本)

『定南縣志』(順治14·乾隆44·道光5·同治11年 刊本)

『靖安縣志』(嘉靖44·乾隆28·同治年 刊本)

『辰州府志』(乾隆 30年 刊本)

『進賢縣志』(嘉靖42·康熙12·道光3·同治10·光緒24年 補刊本)

『清江縣志』(崇禎15·乾隆45·道光4·同治9年 刊本; 新編 縣志)

『泰和縣志』(萬曆7·乾隆18·同治11·道光6·光緒5年 刊本)

『鄱陽縣志』(康熙22·道光4·同治10年 刊本)

『彭澤縣志』(萬曆10·乾隆21·嘉慶24·同治12年 刊本)

『萍鄉縣志』(康熙22·同治11·民國24年 刊本)

『平和縣志』(康熙 58年 刊本)

『豊城縣志』(嘉靖42·康熙3·道光5·同治12年 刊本)

『婺源縣志』(民國14年 刊本)

『河口鎭志初稿』(1984 草稿, 河口鎭, 未刊)

『峽江新志』(乾隆32·同治10年 刊本)

『荊州志』(萬曆 22年 刊本)

『惠州府志』(嘉靖 21年 刊本)

『湖廣圖經志書』(嘉靖2年 刊本)

『湖口縣志』(康熙12·乾隆21·嘉慶23·同治13年 刊本)

『會昌縣志』(康熙14·乾隆16·同治11年 刊本)

『歙志』(萬曆37年 刊本)

『興國縣志』(康熙22·乾隆15·道光4·同治11年 刊本)

『興安縣志』(同治10年 刊本)

〈研究書〉

1. 國 文

金衡鍾,『淸末 新政期의 硏究: 江蘇省의 新政과 紳士層』, 서울대학교출판부, 2002

宋正洙,『中國近世鄕村社會史硏究』, 혜안, 1997

吳金成,『中國近世社會經濟史硏究──明代紳士層의 形成과 社會經濟的 役割──』, 一
潮閣, 서울, 1986(→日譯本:『明代社會經濟史硏究──紳士層の形成とその
社會經濟的役割──』, 汲古書院, 東京, 1990)

吳金成,『國法과 社會慣行──明淸時代 社會經濟史 硏究』, 지식산업사, 2007(=2007A)

李俊甲,『중국사천사회연구, 1644-1911──개발과 지역질서──』, 서울대학교출판부, 2002

崔韶子,『東西文化交流史硏究 ──明·淸時代 西學受容──』, 三英社, 1987

何炳棣(曺永祿 外譯),『中國科擧制度의 社會史的 硏究』, 東國大學校 出版部, 1987
(← Ho, Ping-ti, The Ladder of Success in Imperial China; Aspects of Social
Mobility, 1368～1911, New York, 1962).

히라카와 스케히로(平川祐弘, 노영희 역),『마테오 리치──동서문명교류의 인문
학 서사시』, 동아시아, 2002

454

2. 中 文

葛劍雄·曹樹基, 『簡明中國移民史』, 福建人民, 1993

江西內河航運史編審委員會, 『江西內河航運史』, 人民交通出版社, 北京, 1991

江西省輕工業廳陶磁研究所, 『景德鎮陶磁史稿』, 三聯書店, 1959

江西省政府經濟委員會, 『江西經濟問題』, 臺北, 1971

江西省測繪局, 『江西省地圖冊』, 中華地圖學社, 1996

顧誠, 『明末農民戰爭史』, 北京, 1984

邱國珍, 『景德鎮瓷俗』, 江西高校出版社, 南昌, 1994

羅香林, 『客家研究導論』, 廣州, 1933

唐立宗, 『在'盜區'與'政區'之間—明代閩粤贛湘交界的秩序變動與地方政演化—』
　　　　　(國立臺灣大學文史叢刊), 臺北, 2002

鄧洪波, 『中國書院攬勝』, 白鷺洲書院, 湖南大學出版社, 2000

鄧洪波, 『中國書院史』, 東方出版中心, 上海, 2004

馬敏, 『過渡形態: 中國早期資産階級構成之謎』, 中國社會科學出版社, 1994

馬敏, 『官商之間—社會劇變中的近代紳商—』, 天津人民出版社, 1995

馬敏·朱英, 『傳統與近代的二重變奏— 晚清蘇州商會的個案研究—』, 巴蜀書店, 1993

梅莉, 『兩湖平原開發探源』, 江西教育, 1995

方志遠, 『明清湘鄂贛地區的人口流動與城鄉商品經濟』, 人民出版社, 2001

方行, 『中國經濟通史, 清代經濟卷』(上·中), 經濟日報出版社, 2000

裵化行(Henri Bernard)著, 管震湖 譯, 『利瑪竇神父傳』, 商務印書館, 北京, 1998

柏樺, 『慶祝王鍾翰教授八十五暨韋慶遠教授七十華誕學術論文合集』, 黃山書社, 1999

樊樹志, 『明清江南市鎮探微』, 復旦大學, 1990

范金民, 『明清江南商業的發展』, 南京大學出, 1998

謝國楨, 『南明史略』, 上海, 1957/1988

謝國楨, 『明清之際黨社運動考』, 中華書局, 1982

社會科學研究叢刊編輯部, 『張獻忠在四川』, 成都, 1981

徐茂明, 『江南士紳與江南社會(1368-1911)』, 北京, 商務印書館, 2004

孫曉芬, 『淸代前期的移民塡四川』, 四川大學出版社, 1997

沈定平, 『明淸之際中西文化交流史』, 北京, 商務印書館, 2001

沈興敬 等, 『江西內河航運史』(古, 近代部分), 人民交通出版社, 1991

楊國榮, 『王學通論─從王陽明到熊十力─』, 上海三聯, 1990 (김형찬 등 역, 『陽明學』,
　　　　예문서원, 1994)

梁淼泰, 『明淸景德鎭城市經濟硏究』, 江西人民出版社, 1991

余家棟, 『江西陶瓷史』, 河南大學出版社, 1997.

余英時, 『中國近世宗敎倫理與商人精神』, 臺北, 1987(鄭仁在 譯, 『中國近世宗敎倫
　　　　理와 商人精神』, 大韓敎科書株式會社, 1993)

吳宣德, 『江右王學與明中後期江西敎育發展』, 江西敎育出版社, 南昌, 1996

王綱, 『張獻忠大西軍史』, 湖南人民, 1987

王先明, 『近代紳士──一个封建階層的歷史命運─』, 天津人民出版社, 1997

王世華, 『富甲一方的徽商』, 浙江人民出版社, 1997

王日根, 『鄕土之鏈─明淸會館與社會變遷─』, 天津人民出版社, 1996

王笛, 『跨出封閉的世界─長江上游區域社會硏究(1644-1911)─』, 中華書局, 1993

魏嵩山, 『鄱陽湖流域開發探源』, 江西敎育出版社, 1995

劉石吉, 『明淸時代江南市鎭硏究』, 北京, 1987

李國鈞, 『中國書院史』, 湖南敎育出版社, 1994

李文治, 『晩明民變』, 上海, 1948

李伯重, 『江南的早期工業化(1550-1850)』, 社會科學文獻, 2000

李才棟, 『江西古代書院硏究』, 江西敎育出版社, 南昌, 1993

李才棟, 『白鹿洞書院考略』(江西敎育學院學刊), 南昌, 1985

林景梧·汪宗達, 『景德鎭』, 中國建築工業出版社, 北京, 1989

林金水, 『利瑪竇與中國』, 中國社會科學出版社, 1996

林仁川·徐曉望, 『明末淸初中西文化衝突』, 華東師範大學出版社, 1999

張國雄, 『明淸時期的兩湖移民』, 陝西敎育出版社, 1995

張力·劉鑒唐, 『中國敎案史』, 四川社會科學出版社, 1987

張立文, 『宋明理學硏究』, 中國人民大學, 1985

蔣兆成, 『明淸杭嘉湖社會經濟史硏究』, 杭州大學出版社, 1994

張忠民, 『前近代中國社會的商人資本與社會再生産』, 上海社會科學院出版社, 1996

張海鵬·王廷元, 『徽商硏究』, 合肥, 安徽人民出版社, 1995

張海鵬·張海瀛, 『中國十大商幇』, 黃山書社, 1993

張海英, 『明淸江南商品流通與市場體系』, 華東師大, 2002

鄭昌淦, 『明淸農村商品經濟』, 人民大學, 1998

曹樹基, 『中國移民史』(4·5·6), 福建人民出版社, 1997(=1997A)

趙子富, 『明代學校與科擧制度硏究』, 北京, 1995

趙泉澄, 『淸代地理沿革表』, 上海, 1955

左東嶺, 『王學與中晩明士人心態』, 人民文學, 2000

朱英, 『辛亥革命時期新式商人社團硏究』, 中國人民大學出版社, 1991

陳鼓應, 『明淸實學思潮史』(上), 齊魯書社, 1989

陳學文, 『明淸時期商業書及商人書之硏究』, 臺北, 1997

陳學文, 『明淸時期太湖流域的商品經濟與市場網絡』, 浙江人民出版社, 2000

陳學文, 『明淸時期杭嘉湖市鎭史硏究』, 群言出版, 1993

畢誠, 『儒學的轉折—陽明學派 敎育思想硏究—』, 北京, 1992

許滌新·吳承明, 『中國資本主義的萌芽』, 人民出版社, 北京, 1985

許懷林, 『江西史稿』, 江西高校出版社, 南昌, 1993

許滌新·吳承明, 『中國資本主義發達史』(第2卷), 人民出版社, 1990

胡昭曦, 『張獻忠屠蜀考辨—兼析湖廣塡四川』, 四川人民出版社, 1980

侯外盧 等, 『宋明理學史』(下), 人民出版社, 1987

侯外盧, 『中國思想通史』(第4下卷), 北京, 1962.

3. 日 文

間野潛龍, 『朱子と王陽明—新儒學と大學の理念—』, 淸水書院, 東京, 1974

岡田武彦, 『陽明學の世界』, 東京, 1986

岡田武彦, 『王陽明と明末の儒學』, 東京, 1970(=1970A)

谷光隆, 『王陽明』, 東京, 1967

谷川道雄·森正夫, 『中國民衆叛亂史』(第3·4卷), 東京, 1982/1983(송정수 역, 『중국민중반란사』, 혜안, 1996)

溝口雄三(趙士林 譯), 『中國的思想』, 中國社會科學出版社, 北京, 1995

溝口雄三, 『儒學史』, 山川出版社, 1987

根岸佶, 『支那ぎるどの研究』, 東京, 1940

島田虔次, 『朱子學と陽明學』, 岩波書店, 1967/1985(김석근 등 역, 『朱子學과 陽明學』, 까치, 1986)

島田虔次, 『中國における近代思惟の挫折』, 東京, 1947/1970

林友春, 「元明時代の書院教育」, 林友春 編, 『近世中國敎育史研究—その文敎政策と庶民敎育—』, 國土社, 東京, 1958

北村敬直, 『淸代社會經濟史研究』, 京都, 1978

山井湧, 『明淸思想史の研究』, 東京, 1980

山下龍二, 『陽明學の研究』(成立編 · 展開編), 東京, 1971

山下龍二, 『王陽明—百死千難に生きる—』, 集英社, 1984

森正夫, 『江南デルタ市鎭研究』, 名古屋大學, 1992

森正夫, 『明代江南土地制度史の研究』, 同朋舍, 京都, 1988

西山榮久, 『最新支那地理』, 東京, 大阪屋號書店, 1928

小野和子, 『明淸時代の政治と社會』, 京都, 1983

松本善海, 『中國村落制度の史的研究』, 東京, 1977

野口鐵郎, 『明代白蓮敎史の研究』, 東京, 1986

野口鐵郎, 『中國における亂の構圖』, 東京, 1986

奧崎裕司, 『中國鄕紳地主の研究』, 東京, 1978

宇野哲人 等, 『陽明學入門』, 東京, 1971

栗林宣夫, 『里甲制の研究』, 東京, 1971

佐藤文俊, 『明末農民反亂の研究』, 東京, 1985

佐佐木達夫, 『元明時代窯業史研究』, 東京, 吉川弘文館, 1985

周藤吉之, 『中國土地制度史研究』, 東京, 1954

458

曾田三郎,『中國近代化過程の指導者たち』, 東方書店, 東京, 1997

川勝守,『明淸江南市鎭社會史硏究』, 汲古書院, 1999

川勝守,『中國封建國家の支配構造——明淸賦役制度史の硏究——』, 東京, 1980

波多野善大,『中國近代工業史の硏究』, 東洋史硏究會刊, 1961

荒木見悟,『明代思想硏究』, 東京, 1972

荒木見悟,『陽明學の展開と佛敎』, 東京, 1984

荒木敏一,『宋代科擧制度硏究』, 京都, 1969

畬族簡史編寫組,『畬族簡史』, 福建人民出版社, 福州, 1980

4. 歐 文

Dennerline, Jerry, The Chia-ting Loyalists: Confucian Leadership and Social Change in Seventeenth Century China, Yale U.P., 1981

Elman, Benjamin A., A Cultural History of Civil Examinations in Late Imperial China, University of California Press, 2000

Ho, Ping-ti(何炳棣), Studies on the Population of China, 1368-1953, Harvard University Press, 1959(정철웅 역,『중국의 인구』, 책세상, 1994)

John W. Dardess, A Ming society: T'ai-ho County, Kiangsi, fourteenth to seventeenth centuries, University of California Press, 1996

Meskill, John, Academies in Ming China, A Historical Essay, The University of Arizona Press, 1982

Parsons, James B., The Peasant Rebellions of the Late Ming Dynasty, The University of Arizona P., 1970

Rankin, Mary B., Elite Activism and Political Transition in China: Zhejiang Province, 1865-1911, Stanford University Press, 1986

Schoppa, R. Keith, Chinese Elites and Political Change: Zhejiang province in the Early Twentieth Century, Cambridge, Mass, Harvard University Press, 1982

Struve, Lynn A., The Southern Ming, 1644-1662, Yale U.P., 1984

〈硏究論文〉

1. 國 文

李成珪, 「清初 地方統治의 確立過程과 鄕紳—順治年間의 山東地方을 中心으로—」, 『서울大東洋史學科論集』 1, 1977

朴元熇, 「明末清初의 民衆反亂」, 『明末·清初社會의 照明』, 한울아카데미, 1990

宋正洙, 「正德朝의 鄕村社會와 王陽明의 鄕約·保甲制」, 『清大史林』 6, 1994

吳金成, 「明代 提學官制의 一硏究」, 『東洋史學硏究』 6, 1973

吳金成, 「睿親王 攝政期의 清朝의 紳士政策」, 『韓沽劤博士停年記念史學論叢』, 서울, 1981

吳金成, 「海瑞(1531-1587) 新論—明末의 江西南部의 社會와 그의 治績—」, 高柄翊先生 回甲記念史學論叢刊行委員會, 『歷史와 人間의 對應』(中國史篇), 한울, 1985

吳金成, 「順治親政期의 清朝權力과 江南紳士」, 『歷史學報』 122, 1989

吳金成, 「明 中期의 人口移動과 그 影響—湖廣地方의 人口流入을 中心으로—」, 『歷史學報』 137, 1993

吳金成, 「明末 湖廣의 社會變化와 承天府民變」, 『東洋史學硏究』 47, 1994

吳金成, 「入關初 清朝權力의 浸透와 地域社會—廣東 東·北部地方을 中心으로—」, 『東洋史學硏究』 54, 1996

吳金成, 「王朝交替期의 地域社會 支配層의 存在形態—明末清初의 福建社會를 中心으로—」, 『近世 東아시아의 國家와 社會』, 知識産業社, 서울, 1998

吳金成, 「신사」, 『명청시대 사회경제사 입문』, 이산, 2007(＝2007B)

元廷植, 「江西에서의 王陽明의 民兵組織과 運用」, 『서울大 東洋史學科論集』 14, 1990

元廷植, 「명청시대 담배의 정치·사회경제사적 의의」, 『明清史硏究』 24, 2005

李俊甲, 「順治初 洪承疇의 江南招撫活動과 그 意義」(서울大學校大學院碩士論文, 1991)

全淳東, 「明王朝成立史硏究」, 漢陽大學校 大學院 博士論文, 1991

鄭炳喆, 「明末·清初 華北에서의 自衛活動과 紳士 山東·北直隷를 中心으로」, 『東洋史學硏究』 43, 1993

曺永祿, 「陽明學의 成立과 展開」, 『講座中國史 IV, 帝國秩序의 完成』, 지식산업사, 1989

460

曺永憲,「大運河와 徽州商人—明末淸初 淮·揚地域을 중심으로—」, 서울대학교
　　　　박사논문, 2006
崔基福,「明末淸初 예수會 선교사들의 補儒論과 性理學 批判」,『敎會史硏究』6, 1988

2. 中 文

江地,「明代中期政治經濟與農民戰爭」,『山西大學學報』1983-1
計翔翔,「關于利瑪竇戴儒冠穿儒服的考析」, 黃時鑒,『東西交流論談』第2集, 上海文
　　　　藝出版社, 2001
郭蘊深,「中俄茶葉貿易初探」,『社會科學戰線』1985
權奎山,「江西景德鎭明淸御器厂落選御用瓷器處理的考察」,『文物』, 2005-2
唐朝暉, 歐陽光,「江西文人群與明初詩文格局」,『學術硏究』2005-4
戴佳臻,「試述明代瑞州浮賦問題」,『宜春師專學報』1984-1
鄧智華,「明後期江西地方財政體制的敗坏」,『江西師範大學學報』2003-5
羅曉翔,「南京教案新探」,『第十屆明史國際學術討論會論文集』, 人民日報出版社, 北京, 2005
羅輝,「淸代淸江商人硏究」, 南昌大學碩士論文, 1999(＝1999A)
羅輝,「淸代淸江商人的經營活動—淸江商人硏究之一—」,『贛文化硏究』6, 1999(＝1999B)
馬楚堅,「明代的家丁」,『明史硏究專刊』8, 1985
馬楚堅,「陽明先生重建社區治安理想與實施」, 周天游,『地域社會與傳統中國』, 西北大學, 1995
梅莉·張國雄,「"湖廣熟, 天下足"補証」,『中國歷史地理論叢』1996-1
毛曜陽,「太平天國時期江西鄉紳的捐輸廣額」,『福州師傳學報』2000-1
巫仁恕,「明淸城市民變硏究—傳統中國城市群衆集體行動之分析—」, 臺灣大學博士論文, 1996
巫仁恕,「明淸湖南市鎭的經濟發展與社會變遷」, 國立臺灣大學歷史學硏究所碩士論文,
　　　　臺北, 1991
方志遠,「江右商帮」, 張海鵬·張海瀛,『中國十大商帮』, 黃山書社, 1993
方志遠,「明代吉安的爭訟」,『江西經濟史論叢』1, 1987
方志遠,「明淸江右商硏究」, 歐陽琛·方志遠,『明淸中央集權與地域經濟』, 中國社會
　　　　科學, 2002

方志遠·黃瑞卿, 「江右商的經營觀念與投資方向」, 『中國史研究』 1991-4

方志遠·黃瑞卿, 「江右商的社會構成及經營方式」, 『中國經濟史研究』 1992-1

方志遠·黃瑞卿, 「明清時期西南地區的江右商」, 『中國社會經濟史研究』 1993-4

方志遠, 「明清江右商研究」, 歐陽琛·方志遠, 『明清中央集權與地域經濟』, 中國社會
　　　科學, 2002

范金民, 「江南重賦原因的探討」, 『中國農史』 14-3, 1995

卞利, 「清代江西串票的發現與初步研究」, 『中國農史』 1998-1

卞利, 「清代江西安遠縣土地買賣契約文書的發現與研究」, 『中國農史』 2004-3

寶成關, 「中西文化的第一次激烈衝突—明季'南京教案'文化背景剖析—」, 『史學集刊』
　　　1993-4(『復印報刊資料, 明清史』 1993-12)

付小紅, 「明清時期江西家族"小八景"的初步研究」, 『南方文物』 2005-2

傅衣凌, 「明代蘇州織工·江西陶工反封建鬪爭史料類輯」, 『廈門大學學報』 1954-1(→
　　　同氏, 『明清社會經濟史論文集』, 人民出版社, 1982)

傅衣凌, 「明代徽州商人」, 同氏, 『明清時代商人及商業資本』, 北京, 1956

傅衣凌, 「明末清初閩贛毗鄰地區的社會經濟與佃農抗租風潮」, 『社會科學』 3-3·4,
　　　1947(→同氏, 『明清社會經濟史論文集』, 北京, 1982)

傅衣凌, 「明清之際的'奴變'和佃農解放運動」, 『明清農村社會經濟』, 北京, 1961

傅衣凌, 「明代江西的工商人口及其移動」, 同氏, 『明清社會經濟史論文集』, 北京, 1982
　　　(←『抖擻』 41, 1980)

傅衣凌, 　「清代農業資本主義萌芽問題的一個探索—江西新城'大荒公禁裁菸約'一篇
　　　史料的分析—」, 『歷史研究』 1775-5(→ 同氏, 『明清社會經濟史論文集』,
　　　北京, 人民出版社, 1982)

傅衣凌, 「明末清初閩贛毗隣地區的社會經濟與佃農抗租風潮」, 『明清社會經濟史論文集』,
　　　北京, 1982

傅春官, 「江西商務說略」, 『江西官報』27, 1906

謝宏維, 「贛湘鄂地區城鄉市場研究」, 江西師範大學 碩士論文, 2001

謝宏維, 「論明清時期江西進士的數量變化與地區分布」, 『江西師範大學學報』 33-4, 2000

謝宏維, 「清代徽州棚民的問題及對應機制」, 『清史研究』 2003-2

謝宏維, 「清中晚期至民國時期江西萬載的土客衝突與國家應對」,『江西社會科學』2004-2

謝廬明, 「贛南的農村墟市與近代社會變遷」,『中國社會經濟史研究』2001-1

謝廬明, 「明清贛南墟市的發展與社會經濟的變遷」,『贛南師範學院學報』1998-5

謝重光, 「新民向化—王陽明巡撫南贛對畬民漢化的推動」,『贛南師範學院學報』2004-1

謝皓燁, 「論宋元之際江西遺民詞人群的群體特徵」,『求索』2004-3

常建華, 「宋明理學是江西之學」,『南昌大學學報』2002-3

上官俅, 「江西修水縣之茶業」,『工商通訊』1-20, 1937

徐建青, 「清代的造紙業」,『中國史研究』1997-3

徐文·江思清, 「從明代景德鎮瓷業看資本主義因素的萌芽」,『中國資本主義萌芽問題討論』(下), 北京, 三聯書店, 1957

徐海松, 「耶穌會士與中西文化交流論著目錄」, 黃時鑒,『東西交流論談』第2集, 上海文藝出版社, 2001

徐曉望, 「明清閩浙贛邊區山區經濟發展的新趨勢」, 傅衣凌·楊國楨,『明清福建社會與鄉村經濟』, 廈門, 1987

徐曉望, 「清代江西農村商品經濟的發展」,『中國社會經濟史研究』1990-4

徐曉望, 「河口考察記」,『中國社會經濟史研究』1986-2

蕭放, 「論明清時期江西四大工商市鎮的發展及其歷史局限」, 江西師範大學歷史系,『江西經濟史論叢』(1), 1987

蕭放, 「論明清時期河口鎮的發展及其特點」,『江西師範大學學報』1989-3

施民, 「清代江西農村社會經濟的發展述略」,『宜春師專學報』1995-4

施由民, 「試析明代江西的佃僕制與租佃制」,『江西社會科學』2003-11

施由民, 「自唐至清南昌地區的農田水利」,『農業考古』1992-3

楊訥, 「天完大漢紅巾軍史述論」,『元史論叢』1, 1982

梁淼泰, 「明代後期景德鎮製瓷業中的資本主義萌芽」, 南京大學歷史系,『明清資本主義萌芽論文集』, 1981

梁淼泰, 「明清時期景德鎮城市經濟的特點」,『南開學報』1984-5

楊聯陞, 「科舉時代的赴考旅費問題」,『清華學報』(New Series) II-6, 1961

梁洪生, 「明清在華耶穌會士面向西方描述的江西」,『江西師範大學學報』, 2003-1

梁洪生,「吳城商鎮及其早期商會」,『中國經濟史研究』1995-1(＝1995A)

梁洪生,「吳城商鎮的發展與蕭公崇拜」,『南昌大學學報』第26-增刊, 1995(＝1995B)

梁洪生,「吳城神廟系統與行業控制—兼論宗族勢力控制商鎮的條件問題—」,許懷林,
　　　『江西歷史研究論集』,江西人民出版社, 1999

楊會清,「清末新政與江西早期現代化」,『江西教育學院學報』2005-2

余龍生,「簡析明代江西商人的行商特色」,『上饒師範學院學報』2002-4

呂作燮,「試論明清時期會館的性質和作用」,南京大學歷史系,『中國資本主義萌芽問
　　　題論文集』,江蘇人民出版社, 1983

吳雯·謝敏華,「試論太平天國對近代江西農村社會的影響」,『宜春學院學報』2002-2

吳薇,「明清江西天主教的傳播」,『江西師範大學學報』2003-1

吳敏波·楊勇,「清中葉江西官私食鹽的運輸途徑與流通方式」,『鹽業史研究』2002-3

吳海若,「中國資本主義生產的萌芽」,『中國資本主義萌芽問題討論』(下),南京, 1957

廖聲豐,「清代贛關研究」,南昌大學碩士論文, 1998

阮忠仁,『清末民初農工商機構的設立—政府與經濟現代化關係之檢討(1903-1916)』,
　　　『國立臺灣師範大學歷史研究所專刊』19, 1988

汪家倫,「明清長江中下游圩田及其防汛工程技術」,『中國農史』1991-2

王根泉 等,「江西古代農田水利芻議」,『農業考古』1992-3

王根泉,「明清時期一个典型農業地區的墟鎮」,『江西大學學報』1990-2

汪林茂,「江浙士紳與辛亥革命」,『近代史研究』1990-5

王秀麗,「元代江西行省的商業交通」,『中國歷史地理論叢』2004-3

王安春,「明代江西廣信府的造紙業」,『上饒師範學院學報』2001-4(＝2001B)

王安春,「淺談清代前期江西佃農抗租鬪爭的原因」,『江西教育學院學報』2001-2(＝2001A)

王鈺欣,「明清兩代江西景德鎮的官窯生產與陶政」,『清史論叢』3,中華書局,北京, 1982

王振忠,「江西填湖廣」,『讀書』1997-4

饒偉新,「明代贛南的移民運動及其分布特徵」,『社會經濟史研究』2000-3

袁誌筱,「元代江西官吏制度管窺」,『江西社會科學』1995-5

喩達志,「樟樹藥業發展簡史」,『江西醫藥志』,南昌, 1985

劉石吉,「明清時代江西墟市與市鎮的發展」,『第二次中國近代經濟史會議』(上),中央

研究院經濟研究所, 臺北, 1989(→ 『山根幸夫敎授退休記念明代史論叢』
　　　　(下), 汲古書院, 1990)

陸敏珍, 「論明末反天主敎運動」, 『安徽史學』 2000-2

劉炎, 「明末城市經濟發展下的初期市民運動」, 『明代社會經濟史論集』(1), 1975

李科友, 「江西貢院與科擧考試」, 『南方文物』 2005-2

李光璧, 「試論明中葉農民起義的歷史作用」, 『歷史敎學』 1961-8·9

李軍, 「明代雲貴地區的移民」, 中央民族大學歷史系, 『民大史學』 2, 民族出版社, 1998

李伯重, 「工業發展與城市變化—明中葉至淸中葉的蘇州—」, 『中國都市構造와 社會
　　　　變化』(2001年 東亞文化硏究所 國際學術會議 發表文)

李志躍, 「明萬曆年間的'南京敎案'」, 『南京史志』 1998-1

李萍, 「從明代墓誌談江西地區的婚姻習俗」, 『南方文物』 1994-3

李華, 「淸代湖南商人的經商活動—淸代地方商人硏究之九—」, 『中國經濟史硏究』 1992-1

李華, 「淸代湖南城鄕商業的發達及其原因」, 『中國社會經濟史硏究』 1991-3(＝1991B)

李華, 「淸代湖南的外籍商人—淸代地方商人硏究之六—」, 『淸史硏究』 1991-1(＝1991A)

李華, 「淸代湖北農村經濟作物的種植和地方商人的活躍—淸代地方商人硏究之五—」,
　　　　『中國社會經濟史硏究』 1987-2

李華, 「淸代湖北的地方商人—淸代地方商人硏究之七—」, 『淸史國際討論會論文集』,
　　　　遼寧人民出版社, 1990

李和承, 「明淸傳統商人區域化現象硏究」, 國立臺灣師範大學 博士論文, 1997

張家炎, 「十年來兩湖地區暨江漢平原明淸經濟史硏究綜述」, 『中國史硏究動態』 1997-1

張桂林, 「贛西棚民與福建佃農」, 『福建師範大學學報』 1986-3

張克偉, 「王陽明社敎思想透視—以十家牌法及南贛鄕約爲例—」, 『贛文化硏究』7, 2000

張明富, 「'賈以好儒'並非徽商特色—以明淸江浙·山西·廣東商人爲中心的考察—」, 『中
　　　　國社會經濟史硏究』 2002-4

張祥浩, 「王陽明與南贛」, 『贛南師範學院學報』 2002-2

張永明, 「王陽明之武功與學術」, 『東方雜誌』(復刊) 12-2, 1978

張顯淸, 「王陽明鎭壓農民起義的反革命策略批判」, 『中國農民戰爭史論叢』1, 山西人民, 1979

田聲, 「河口成鎭及成爲名鎭時間初探」, 『江西名鎭河口鎭』(『鉛山文史資料』5), 1991

鄭建明,「試論江西進士的地理分布」,『中國歷史地理論叢』1999-4

鄭克晟,「明代贛西重賦與江西士大夫」,『第二屆明清史國際學術討論會論文集』,天津人民出版社, 1993

曹國慶,「明代江西科第世家的崛起及其在地方上的作用─以鉛山費氏爲例」,『中國文化研究』, 1999-4

曹國慶「明代鄉約發展的段階性考察─明代鄉約研究之一─」,『江西社會科學』1993-8(=1993A)

曹國慶,「明清時期景德鎮的徽州瓷商」,『江淮論壇』1987-2

曹國慶,「王守仁與南贛鄉約」,『明史研究』3, 1993(=1993B)

趙儷生,「明正德間幾次農民起義的經過和特點」,『文史哲』1954-12(→『中國農民戰爭史論文集』, 上海, 1955)

趙世瑜,「寺廟宮觀與明清中西文化衝突」,『中國史研究』1992-4

曹松葉,「宋元明清書院概況」,『中山大學語言歷史研究所週刊』第10集 第113期, 1930

曹樹基,「明代初年長江流域的人口遷移」,『中華文史論叢』47, 1991

曹樹基,「明清時期的流民和贛南山區的開發」,『中國農史』1985-4

曹樹基,「清代中期的江西人口」,『南昌大學學報』2001-3

曹樹基,「湖南人由來新稿」,『歷史地理』9, 1990

曹樹基,「洪武時期凤陽府的人口遷移」,『安徽史學』1997-3

鍾建安·孫偉,「19世紀中後期江西對外貿易對城鄉社會經濟的影響」,『江西師範大學學報』2004-4

周紹泉,「明代服飾探論」,『史學月刊』1990-6

陳東原,「廬山白鹿洞書院沿革考」,『民鐸雜誌』7-1·2, 1937

秦佩珩,「明代雲南人口·土地問題及封建經濟的發展」, 同氏,『明清社會經濟史論稿』,中州古籍出版社, 鄭州, 1984

陳洪波·萬振凡,「近代江西茶葉出口貿易興衰初探」,『宜春師專學報』1994-4(『復印報刊資料』經濟史 1994-5)

蔡惠琴,「明清無賴的社會活動及其人際關係網之探討─兼論無賴集團·打行及窩訪─」,清華大學碩士論文, 1993

蔡曉榮,「江西士紳與晚清社會劇變─以江西士紳在太平天國運動和辛亥革命時期的

466

歷史作用爲考察中心─」, 江西師範大學 碩士論文, 2002

肖文評, 「試論明清時期的吉安商人」, 『新余高專學報』 10-1, 2005

袁海燕, 「明代中葉鄉約與社區治理─吉安府鄉約的個案研究」, 『華南農業大學學報』 2004-3(=2004A)

袁海燕, 「明清吉安府士紳的結構變遷與地方文化」, 『江西科技師範學院學報』 2004-5(=2004B)

袁海燕, 「清代江西的家族, 鄉紳與義倉─新城縣廣仁莊研究」, 『中國社會經濟史研究』 2002-4

袁海燕, 「清代江西的鄉紳, 望族與地方社會─新城縣中田鎮的個案研究」, 『清史研究』 2003-2

袁海燕, 「鄉紳, 地方教育組織與公共事務─以明清江西吉安府爲中心」, 『江西社會科學』 2005-4

治勘 等, 「王陽明的心學和他鎮壓農民起義的反革命'事功'」, 『南京大學學報』(哲社) 1976-1

彭澤益, 「17世紀末到19世紀初中國封建社會的工場手工業」, 『中國資本主義萌芽問
　　　題討論集』(上), 北京, 1957

馮爾康, 「清朝前期與末季區域人才的變化─以引見官員·鼎甲·翰林爲例─」, 『歷史研究』
　　　1997-1

何文君, 「明至清初江西對湖南人口的遷徙」, 『湖南師範大學社會科學學報』 19-3, 1990

何友良, 「華林農民起義史實辨析」, 『中國農民戰爭史論叢』 5, 中國社科, 1987

何佑森, 「兩宋學風之地理分佈」, 『新亞學報』 1-1, 1955

何佑森, 「元代書院之地理分佈」, 『新亞學報』 2-1, 1956

郝康迪(余新忠 譯), 「十六世紀江西吉安府的鄉約參考文獻」, 『贛文化研究』 7, 2000

許檀, 「明清農村集市的發展」, 『中國經濟史研究』 1997-2

許檀, 「明清時期江西的商業城鎮」, 『中國經濟史研究』 1998-3

許大齡, 「16世紀, 17世紀初期中國封建社會內部資本主義的萌芽」, 『中國資本主義萌
　　　芽問題討論集』 下, 北京, 1957(←『北京大學學報』 1956-3)

許新民, 「晚清江西商道與社會變動述略」, 『歷史教學』 2003-7

許懷林, 「江西古代州縣建置沿革及其發展原因的探討」, 中國地方史志協會, 『中國地
　　　方史志論叢』, 中華書局, 北京, 1984

許懷林, 「試論宋代江西經濟文化的大發展」, 『宋史研究論文集』, 上海, 1982(→『江
　　　西經濟史論叢』 1, 1987)

虎嘯, 「試談王浩八起義」, 『歷史教學』 1962-12

胡水鳳, 「大庾嶺古道的鑿拓及其重要意義」, 黃今言, 『秦漢江南經濟述略』, 江西人民

　　　出版社, 1999

胡水鳳, 「大庾嶺商道的衰落」, 『吉安師專學報』(哲社版) 1993-3

胡水鳳, 「繁華的大庾嶺古商道」, 『江西師範大學學報』(哲社版) 25-4, 1992

黃麗, 「貢院碑石及江西貢院的變遷」, 『南方文物』, 1998-2

黃長椿, 「明代江西王浩八起義史實補正」, 『江西師院學報』 1979-2

黃長椿, 「明正德年間江西農民起義的原因」, 『江西社會科學』 1985-3

黃志繁, 「大庾嶺商路·邊緣市場·內陸市場──試論淸代贛南市場特點──」, 『贛文化研究』5,
　　　1998(＝1998A)

黃志繁, 「淸代贛南市場研究」, 南昌大學 碩士學位論文, 1998(＝1998B)

黃志繁, 「淸代贛南的生態與生計──兼析山區商品生產發展之限制──」, 『中國農史』 2003-3

黃志繁, 「鄕約與保甲: 以明代贛南爲中心的分析」, 『中國社會經濟史研究』 2002-2

黃厚生·周建梅, 「江西縣制考」, 『南昌高專學報』 2005-2

3. 日 文

加藤繁, 「支那における稻作, 特にその品種の發達に就いて」, 『東洋學報』31-1, 1947
　　　(→同氏, 『支那經濟史考證』下, 1953)

岡田武彦, 「王陽明の敎學精神」, 多賀秋五郎, 『近世東アジア敎育史研究』, 東京, 1970
　　　(→岡田武彦, 『中國思想における理想と現實』, 東京, 1983)(＝1970B)

高中利惠, 「明淸時代の景德鎭の陶業」, 『社會經濟史學』 32-5·6, 1967

近藤康信, 「王陽明における學問と現實」, 『椙山女學院大學研究論集』4, 1973

近藤康信, 「王陽明の學問と事功の兩行について」, 『宇野哲人先生白壽祝賀記念東洋
　　　史論叢』, 東京, 1974

今湊良信, 「明代中期の'土賊'について──南贛地帶の葉氏を中心に」, 野口鐵郎, 『中
　　　國史における亂の構圖』, 東京, 1986

金澤陽, 「明代景德鎭民窯製品の販路について」, 『山根幸夫敎授退休紀念明代史論叢』
　　　(下), 東京, 汲古書院, 1990

吉尾寬, 「中國における'明末農民戰爭史研究'の最近の動向」, 『名古屋大學東洋史研

究報告』13, 1988

金子省治, 「萬曆44年の南京事件について」, 『上智史學』2-1, 1957

多賀秋五郎, 「王陽明と明代の教育制度」, 『陽明學入門』, 東京, 明德出版社, 1971

檀上寬, 「明代科擧改革の政治的背景──南北卷の創設をめぐって」, 『東方學報』58, 1986

檀上寬, 「明代南北卷の思想的背景」, 小谷仲男, 『東アジア史における文化傳播と地
　　　　方差の諸相』, 福山大學, 1988

大宅顯浩, 「『皇明條法事類纂』補正」, 『明代史研究』18, 1990

大澤顯浩, 「明末淸初の密密敎について──山間地移住と宗敎傳播の一形態──」, 『山根
　　　　幸夫敎授退休記念明代史論叢』(上), 東京, 1990

渡邊修, 「江西提督金聲桓とその反亂」, 『東洋史研究』49-3, 1990

藤井宏, 「新安商人の研究」(1), 『東洋學報』36-1, 1953(＝1953A)

藤井宏, 「新安商人の研究」(2), 『東洋學報』36-2, 1953(＝1953B)

藤井宏, 「新安商人の研究」(3), 『東洋學報』36-3, 1953(＝1953C)

리치·세메도(矢澤利彦 等 譯), 『中國キリスト敎布敎史』(1), 東京, 1983

夫馬進, 「明末反地方官士變」, 『東方學』52, 1980

夫馬進, 「'明末反地方官士變'補論」, 『富山大學人文學部紀要』4, 1981

夫馬進, 「明淸時代の訟師と訴訟制度」, 『中國近世の法制と社會』, 京都, 1993

濱島敦俊, 「明淸江南城隍考」, 『中國都市の歷史的研究』, 唐代史研究會報告 Ⅵ, 東京, 1988

寺田隆信, 「湖廣熟天下足」, 『文化』43-1·2, 1980

森正夫, 「17世紀の福建寧化縣における黃通の抗租反亂」(1·2·3), 『名古屋大學文學部
　　　　研究論集』59·62·74, 1973·1974·1978

森正夫, 「『寇變紀』の世界──李世熊と明末淸初福建寧化縣の地域社會──」, 『名古屋
　　　　大學文學部研究論集』(史學) 37, 1991

生駒晶, 「明初科擧合格者の出身に關する一考察」, 『山根幸夫敎授退休紀念明代史論
　　　　叢』(上), 汲古書院, 1990

徐復觀, 「政治家としての王陽明」, 岡田武彦 編, 『陽明學の世界』, 東京, 1986

小島毅, 「中國近世の公議」, 『思想』889, 1998

小野和子, 「復社の人びととレジスタンス」, 同氏, 『明季黨社考 東林黨と復社』, 京都, 1996

岩見宏,「湖廣熟天下足」,『東洋史研究』20-4, 1965

野口鐵郎,「明末淸初における千年王國論的宗敎運動」, 鈴木中正,『千年王國的民衆運動の研究』, 東京, 1982

鈴木健一,「明代里甲制と鄕約の敎育史的意義」, 多賀秋五郎,『近世アジア敎育史研究』, 東京, 1966

奧山憲夫,「正德宸濠の亂について」,『佐久間重男敎授退休記念中國史·陶磁史論集』, 東京, 1983

前田司,「王陽明の保甲法について」,『研究紀要』(鹿兒島短期大學)27, 1981

田中正俊,「明·淸時代の問屋制前貸生産について――依料生産を主とする研究史的覺え書――」,『東アジア史における國家と農民』, 東京, 1984(→『田中正俊歷史論文集』, 東京, 汲古書院, 2004)

佐久間重男,「明代景德鎭窯業の一考察」,『淸水博士追悼記念明代史論叢』, 東京, 1962

佐久間重男,「明末景德鎭の民窯の發展と民變」,『鈴木俊敎授還曆記念東洋史論叢』, 東京, 1964

酒井忠夫,「明代前·中期の保甲制について」,『淸水博士追悼記念明代史論叢』, 東京, 1962

重田德,「淸初における湖南米市場の一考察」,『東洋文化研究所紀要』10, 1956(→同氏,『淸代社會經濟史研究』, 東京, 1975)

中村治兵衛,「王陽明と明代の經濟」,『陽明學入門』(『陽明學大系』第)1卷, 東京, 1971

地濃勝利,「南宋代の江南西路産米の市場流通について」,『集刊東洋學』38, 1977

阪倉篤秀,「寧王宸濠の亂――明朝諸王分封制一齣――」,『山根幸夫敎授退休記念明代史論叢』(上), 東京, 1990

和田正廣,「明代擧人層の形成過程に關する一考察 ――科擧條例の檢討を中心として――」,『史學雜誌』87-3, 1978

4. 歐 文

Chao ying Fang and Lienche Tu Fang, "Hsu Chieh(徐階)", Dictionary of Ming Biography 1368-1644, L. Carrington Goodrich and Chaoying Fang, N.Y.

ed., Columbia University Press, 1976

Dillon, Michael, "Jingdezhen as a Ming Industrial Center", Ming Studies 6, 1978

Dudink, Adrian, "Opposition to the Introductinb of Western Science and the Nanjing Persecution(1616-1617)", Catherine Jami, Peter Engelfriet, and Gregory Blue ed., Statecraft and Intellectual Renewal in Late Imperial China, Brill, 2001

Esherick, Joseph W., and Rankin, Mary B., Chinese Local Elites and Pattern of Dominance, University of California Press, 1990

Geiss, James, "The Cheng-te Reign, 1506-1521", in Frederick W. Mote and Denis Twitchett ed., The Ming Dynasty, 1368~1644, Part 1, The Cambridge History of China, V.7, Cambridge University Press, 1988

Hauf, Kandice(郝康迪) "The Community Covenant in Sixteenth Century Ji'an Prefecture, Jiangxi", Late Imperial China, 17-2, 1996(余新忠 譯,「十六世紀江西吉安府的鄉約」,『贛文化研究』6, 1999)

Hauf, Kandice, "The Community Covenant in Sixteenth Century Ji'an Prefecture, Jiangxi", Late Imperial China 17-2, 19960

L. Carrington Goodrich and C. N. Tay, "Chang Huang(章潢)," Dictionary of Ming Biography 1368-1644, L. Carrington Goodrich and Chaoying Fang, N.Y. ed., Columbia University. Press, 1976

Medley, Margaret, "Ching-te Chen and the Problem of the Imperial Kilns," Bulletin of the School of Oriental and African Studies 29-2, 1966

Perdue, Peter C., "Insiders and Outsiders, the Xiangtan Riot of 1819 and Collective Action in Hunan", Modern China 12-2, 1986

Yuan, Tsing, "The Porcelain Industry at Ching-te-chen 1550-1700", Ming Studies 6, 1978